ARITMÉTICA
e Introdução à Álgebra

1.463 PROBLEMAS RESOLVIDOS E EXPLICADOS

Prof. Darcy Chaves Silveira
Prof.ª Maria Sueli Gomes Saldanha
Prof.ª Laura de O. Ramalho Misiti

ARITMÉTICA
e Introdução à Álgebra

1.463 PROBLEMAS RESOLVIDOS E EXPLICADOS

Ensino Fundamental,
Ensino Médio
Vestibular e
Concursos

1ª edição
São Paulo
2012

ícone editora

© Copyright 2012.
Darcy Chaves Silveira
Maria Sueli Gomes Saldanha
Laura de O. Ramalho Misiti
Direitos cedidos à Ícone Editora Ltda.

Dados Internacionais de Catalogação na Publicação (CIP)
(Câmara Brasileira do Livro, SP, Brasil)

Silveira, Darcy Chaves
Aritmética e introdução à Álgebra: 1.463 problemas resolvidos e explicados: ensino fundamental, ensino médio, vestibular e concursos / Darcy Chaves Silveira, Maria Sueli Gomes Saldanha, Laura de O. Ramalho Misiti. – 1ª ed. – São Paulo: Ícone, 2012.

ISBN 978-85-274-1198-1

1. Matemática (Ensino Fundamental). 2. Matemática (Ensino Médio). 3. Matemática (Vestibular). 4. Matemática (Concursos). I. Saldanha, Maria Sueli Gomes. II. Misiti, Laura de O. Ramalho. III. Título.

12-00796

CDD-378.1664
-372.7

Índices para catálogo sistemático:
1. Matemática para vestibulares. 378.1664
2. Matemática: Ensino Fundamental. 372.7

Arte da capa
Isabella Cascaldi Neirouz

Design gráfico e diagramação
Richard Veiga

Revisão técnica
Darcy Chaves Silveira
Maria Sueli Gomes Saldanha
Laura de O. Ramalho Misiti

Proibida a reprodução total ou parcial desta obra, de qualquer forma ou meio eletrônico, mecânico, inclusive através de processos xerográficos, sem permissão expressa do editor (Lei nº 9.610/98).

Todos os direitos reservados à:
ÍCONE EDITORA LTDA.
Rua Anhanguera, 56 – Barra Funda
CEP 01135-000 – São Paulo – SP
Tels./Fax.: (011) 3392-7771
www.iconeeditora.com.br
iconevendas@iconeeditora.com.br

APRESENTAÇÃO

O livro que ora lançamos no mercado editorial, com o nome de *ARITMÉTICA – 1.463 PROBLEMAS RESOLVIDOS E EXPLICADOS*, é o primeiro de uma coleção de quatro livros: Aritmética, Álgebra, Geometria e Trigonometria, todos com as mesmas características didáticas, ou seja, com problemas resolvidos e explicados em cada um dos quatro livros citados e abrangendo a quase totalidade dos assuntos de matemática ministrados no curso básico.

Assim, a clientela que este livro poderá atender são os alunos dos cursos Fundamental e Médio, os vestibulandos, os candidatos à concursos públicos, os estudantes das primeiras séries de cursos superiores (com a finalidade de recordar rapidamente conceitos e problemas já estudados anteriormente) e todos aqueles que, afastados há muito tempo da matemática, queiram reiniciar-se nesse campo de estudos.

Os exercícios e situações-problema apresentados estão todos resolvidos e explicados, de tal forma que o leitor ao refazê-los e encontrando a resposta correta terá um reforço positivo, que o incentivará à busca de algum erro cometido, o que lhe permitirá uma atitude reflexiva, dando-lhe a oportunidade do desenvolvimento do processo de construção do seu conhecimento.

Dedicação, persistência, compreensão das ideias básicas da matemática assim como a aplicação delas na resolução de problemas do mundo real levarão o aluno à independência pessoal na conquista do conhecimento, gerando a segurança necessária à superação de obstáculos e das etapas da vida.

A quase totalidade dos problemas é resolvida com os recursos exclusivos da Aritmética, no caso do presente livro. Em poucos desses problemas, recorremos à aplicação da Álgebra elementar de forma a conduzir o leitor a uma iniciação branda e aprazível nesta área da matemática.

Grande parte dos textos dos exercícios foi criada pelos autores, outros, adaptados, e ainda muitos deles, obtidos de livros de matemática e de listas de problemas aplicados nos exames vestibulares de inúmeras universidades do país e de concursos públicos, sendo, porém, sempre da lavra dos autores a sua resolução, usando a metodologia por estes adotada; resolução passo-a-passo, esmiuçadamente, às vezes cansativo para quem está habituado à matemática, mas inteligível e agradável para o leigo, que se sentirá feliz em conseguir aprender a resolver problemas de matemática, nos níveis apontados. Quando, porém, algum problema tenha sido resolvido por outrem, que não os autores, aquele será sempre citado nominalmente.

Tivemos o objetivo, ao elaborar este livro, de fazer da matemática a mais fácil das disciplinas, porém, longe está dos autores a pretensão de inovar em seu conteúdo.

Entendemos que a forma da apresentação da matéria de maneira clara e pormenorizada, informando a parte teórica, sumariamente, na medida em que tais problemas são resolvidos e em alguns casos, preliminarmente à sua solução, permite ao leitor estudar os exercícios e problemas prazerosamente, desenvolvendo a interpretação de textos e o raciocínio lógico, atributos básicos para um bom aprendizado.

Quando dissemos que a teoria em cada caso foi tratada sumariamente, apenas como recordação, queremos dizer também que essa teoria por inteiro deve ser consultada pelo leitor nos livros didáticos de outros autores, conhecidos e adotados nas escolas de níveis Fundamental e Médio de nosso país; e que não deixem de consultar também os paradidáticos publicados e difundidos no ambiente escolar e fora deste.

Em virtude de ser este livro uma coletânea de exercícios e problemas resolvidos e explicados passo-a-passo, o leitor não necessita iniciá-lo pela primeira página, podendo dirigir-se diretamente ao assunto que lhe interessa, desde que, neste caso, obviamente, tenha já algum pequeno conhecimento de Aritmética elementar. Do contrário, deverá iniciá-lo pela 1ª página.

Conforme apontam o PCN – Parâmetros Curriculares Nacionais – e o PCNEM – Parâmetros Curriculares Nacionais do Ensino Médio, procuramos desenvolver a habilidade de articular nomenclaturas, transcrever mensagens matemáticas da linguagem corrente para a linguagem simbólica (equações, gráficos, diagramas, fórmulas, tabelas, etc.) e vice-versa; formular hipóteses, identificar dados e informações em situações-problema, desenvolvendo estratégias de solução, prever resultados, utilizar adequadamente as calculadoras e designações de grandezas e unidades de medidas incorporadas á linguagem cotidiana, constituindo um ferramental necessário à formação de um pensamento social e senso crítico necessários à realização de atividades e solução de problemas impostos pela vida moderna.

Evitamos, tanto quanto possível, expressões e símbolos incompreensíveis, no intuito de colocar o aluno, o leitor em geral, no centro do aprendizado ativo e interativo, posicionando os interessados na leitura desta modesta obra, não como pacientes do aprendizado, mas como agentes deste processo.

E assim, de acordo com essa orientação e tendo como objetivo precípuo levar o aluno a aprender a aprender sozinho, só recorrendo ao professor em raras ocasiões, é que elaboramos este livro de problemas resolvidos e comentados, passo-a-passo, minuciosamente, de modo que a leitura e o aprendizado da matemática fundamental possam ser acompanhados pelos que por esta matéria estejam interessados, de forma agradável e prazerosa.

Procuramos elaborar um livro, que, por modesto que seja, não sirva apenas para a escola, mas especialmente para a vida.

Se conseguirmos pelo menos entusiasmar o leitor a ler este livro em partes ou na totalidade, consideraremo-nos felizes e realizados.

Desejamos registrar nossos agradecimentos, antecipadamente, a todos os leitores que nos enviarem críticas construtivas e (ou) sugestões para que possamos aprimorar o texto de eventuais futuras edições.

Os autores

OS AUTORES

Prof. Darcy Chaves Silveira é engenheiro civil pela Universidade Mackenzie, fundador do Colégio Anchieta de São Bernardo do Campo, em 1965, do qual foi diretor geral e coordenador do ensino de matemática dos cursos fundamental e médio, até 2011.

Prof.ª Maria Sueli Gomes Saldanha é licenciada em Matemática pela Universidade São Paulo, Pós-Graduada em Matemática Educacional pela Universidade São Judas Tadeu e mestre em Educação Matemática pela Pontifícia Universidade Católica de São Paulo (PUC-SP). É professora de matemática dos cursos fundamental, médio e superior.

Prof.ª Laura De O. Ramalho Misiti é bacharel e licenciada em Matemática pela Pontifícia Universidade Católica de São Paulo (PUC-SP) com mestrado em Ensino da Matemática pela mesma instituição. É professora de matemática dos cursos fundamental, médio e superior.

SUMÁRIO

UNIDADE 1   **TEORIA DOS CONJUNTOS, 17**

Capítulo 1.   **TEORIA DOS CONJUNTOS, 19**
Conceitos primitivos, 19
Representação de conjuntos, 19
Representação de um conjunto pelo diagrama de Venn-Euler, 20
Conjunto unitário e conjunto vazio, 21
Relação de pertinência, 21
Relação de inclusão – subconjuntos, 21
Igualdade de conjuntos, 24
Determinação dos subconjuntos de um conjunto dado, 24
Operações entre conjuntos, 26
Diferença entre conjuntos, 42

UNIDADE 2   **SISTEMAS DE NUMERAÇÃO, 55**

Capítulo 2.   **SISTEMA DE NUMERAÇÃO DECIMAL E NÃO DECIMAL, 57**
Classe, 58
Valor absoluto e valor relativo do algarismo, 61
Forma polinômica no sistema decimal, 63
Sistema de numeração não decimal, 64
– Sistema binário, 64
– Sistema de numeração romana, 67

UNIDADE 3   **CONJUNTOS NUMÉRICOS, 71**

Capítulo 3.   **CONJUNTO DOS NÚMEROS NATURAIS OU NÚMEROS DE CONTAGEM, 73**
Operações com números naturais, 78
– Adição, 78
– Subtração, 86
– Multiplicação, 89
– Divisão exata, 96

- Divisão não exata, 100
- Expressões numéricas com adição, subtração, multiplicação e divisão, 103
- Potenciação de números naturais, 104
- Raiz quadrada de números naturais, 109

Capítulo 4. CONJUNTO DOS NÚMEROS INTEIROS, 113
Números inteiros, 113
Módulo de um número inteiro, 116
Operações com números inteiros e propriedades, 116
- Adição, 116
- Multiplicação, 123
- Divisão, 127
- Potenciação, 129
Subconjuntos do conjunto dos inteiros, 137

Capítulo 5. MÚLTIPLOS E DIVISORES, 157
Múltiplos, 157
Divisores, 162
- Os divisores naturais de um número, 163
- Divisibilidade, 164
Números primos e números compostos, 171
Decomposição de um número natural em fatores primos, 173
Determinação dos divisores de um número natural, 179
Maximo divisor comum, 185
Mínimo múltiplo comum, 195

Capítulo 6. CONJUNTO DOS NÚMEROS RACIONAIS, 211
Noções de frações, 211
- Classificação, 216
- Frações equivalentes, 217
- Simplificação de frações, 218
- Comparação de frações, 219
- Redução de frações ao mesmo denominador, 220
Adição e subtração de frações, 223
Multiplicação de frações, 225
- Frações inversas ou números recíprocos, 226
Divisão de frações, 227
Números decimais, 228
- Propriedades de números decimais, 229
- Transformação de números decimais em frações decimais, 229
- Transformação de frações decimais em números decimais, 230
Operações com números decimais, 231
Dízimas periódicas, 241
- Geratriz de uma dízima periódica, 242
- Arredondamento, 247

- Notação científica, 247
Números racionais, 248
- Subconjuntos do conjunto dos números racionais, 249
- Reta numérica racional, 249
Operações com números racionais, 250
- Adição algébrica, 250
- Multiplicação, 252
- Divisão, 255
- Potenciação, 257
Raiz exata, 261

Capítulo 7. **CONJUNTO DOS NÚMEROS REAIS, 289**
Números reais, 289
Potência com expoente fracionário, 292
Radicais, 293
- Radical de índice par, 293
- Radical de índice impar, 293
- Propriedades dos radicais, 294
- Simplificação de radicais, 297
- Introdução de um fator no radical, 301
- Redução de radicais ao mesmo índice, 302
Operações com radicais, 304
- Adição e subtração, 304
- Multiplicação, 305
- Divisão, 307
- Potenciação, 309
- Racionalização de denominadores irracionais, 311
Operações e propriedades dos números reais, 317
- Propriedades da adição e da multiplicação de números reais, 317
- Subconjuntos do conjunto dos números reais, 318
Operações com intervalos reais, 321
- União, 321
- Intersecção, 322
- Diferença, 322
Relembrando os conjuntos numéricos, 356

UNIDADE 4 SISTEMAS DE MEDIDAS, 359

Capítulo 8. **UNIDADES DE MEDIDAS, 361**
Medidas de comprimento, 363
Perímetro de um polígono, 367
Medidas de superfície, 371
Área de figuras planas, 372
Medidas agrárias, 385

Medidas de volume, 389
Volume do cubo e do paralelepípedo, 391
Medidas de capacidade, 393
Medidas de massa, 400
Medida de massa específica ou densidade, 404
Medidas de tempo, 409
Medidas de ângulos, 415
Medidas de memória de um computador, 416
Outras medidas, 417

UNIDADE 5 NOÇÕES DE ÁLGEBRA, 435

Capítulo 9. INTRODUÇÃO À ÁLGEBRA, 437
Igualdade, 437
Equação, 438
Resolução de uma equação do 1º grau com uma incógnita, 439
Problemas do 1º grau com uma incógnita, 452

UNIDADE 6 MATEMÁTICA COMERCIAL E FINANCEIRA, 473

Capítulo 10. RAZÕES, PROPORÇÕES E MÉDIAS, 475
Preliminares, 475
Proporções, termos das proporções, 477
Exercícios e problemas, 479
Grandezas diretamente proporcionais, 486
Grandezas inversamente proporcionais, 487
Escala, 531
Médias, 538
– Média aritmética, 538
– Média geométrica ou proporcional, 567
– Média ponderada, 568
– Média harmônica, 569
Medidas agrárias, 571
Divisão proporcional, 572
Divisão diretamente proporcional e inversamente proporcional simultaneamente, 574
Divisão inversamente proporcional, 575
Regra de sociedade, 577

Capítulo 11. REGRA DE TRÊS, 581
Regra de três simples – R/3, 581
Regra de três composta, 607

Capítulo 12. PORCENTAGEM, 637
Transformar frações em porcentagens, 637
Transformar porcentagens em frações irredutíveis, 638
Índice de atualização de um valor, 648
Porcentagem de porcentagem, 649

Capítulo 13. NOÇÕES DE MATEMÁTICA FINANCEIRA, 721
Capitalização simples – juros, taxa de juros, capitalização simples, 721
Problemas de aplicação, 723
Tabela de conversão de prazos, 725
Operando com datas (com calculadora), 729
Formulário para cálculo de operações financeiras, 743
Capitalização composta, 746
Cálculo do juro composto – dedução da fórmula, 748
Breve lembrete sobre logaritmos, 752
Logaritmos e antilogaritmos (com calculadora), 757
Equivalência de taxas, 766
Fórmula geral para o cálculo de taxas equivalentes, 769
Descontos, 770
Taxa média e prazo médio, 776
Sequência de pagamentos em parcelas iguais, 778

UNIDADE 7   CONTAGEM, 783

Capítulo 14. OS PRINCÍPIOS FUNDAMENTAIS DA CONTAGEM, 785
Princípio aditivo, 785
Princípio multiplicativo, 785

UNIDADE 8   RACIOCÍNIO LÓGICO, 817

Capítulo 15. NOÇÕES DE LÓGICA, 819
Noções de lógica matemática, 819
Conectivos lógicos, 820
Operações lógicas, 824
Tabelas verdade, 826
Proposições equivalentes, 834

UNIDADE 9   MISTURAS E LIGAS, 891

Capítulo 16. MISTURAS E LIGAS, 893
Densidade, 897

UNIDADE 10 CURIOSIDADES, 901

Capítulo 17. CURIOSIDADES DA MATEMÁTICA, 903

GLOSSÁRIO, 917

Simbologia de conjuntos, 917
Operadores matemáticos, 918
Uma definição importante, 918
A diferença entre número, numeral e algarismo, 918
Unidades de medidas, 919
Alfabeto grego, 919
Números romanos, 920
Sistema métrico decimal, 920
Unidades unidimensionais, 920
Unidades bidimensionais, 921
Unidades tridimensionais, 921

BIBLIOGRAFIA, 923

UNIDADE 1

TEORIA DOS CONJUNTOS

1. TEORIA DOS CONJUNTOS

1. CONCEITOS PRIMITIVOS

O conceito de conjunto é primitivo, ou seja, não é definido. As vogais do nosso alfabeto: a, e, i, o, u as notas musicais: dó, ré, mi, fá, sol,, lá, si, uma coleção de livros, uma coleção de figurinhas são exemplos de conjuntos.

Conjuntos, como usualmente são concebidos, tem elementos. Um elemento de um conjunto pode ser uma vogal, uma nota musical, um livro ou uma figurinha. É importante frisar que um conjunto pode ser elemento de algum outro conjunto.

Em geral indicaremos os conjuntos por letras maiúsculas A, B, C,... e os elementos por letras minúsculas a, b, c,...

2. REPRESENTAÇÃO DE CONJUNTOS

Para representar um conjunto, usamos duas chaves, escrevendo entre elas uma propriedade característica de seus elementos ou escrevendo cada um de seus elementos.

Exemplos:
- A = {vogais do alfabeto} ou A = {a, e, i, o, u}
- B = {notas musicais} ou B {dó, ré, mi, fá, lá, si}

Obs.:
- Num conjunto não se deve repetir elementos iguais.
- Num conjunto, é permitido substituir elementos por reticências, desde que isto não prejudique a compreensão.

Exemplos:
- Conjunto dos números pares: {0, 2, 4, 6,...} ⟶ conjunto infinito

1. Represente os seguintes conjuntos, escrevendo seus elementos entre chaves:
   a) A = conjunto dos números pares entre 9 e 15
   b) B = conjunto dos números ímpares entre 120 e 130
   c) C = conjunto dos meses do ano que começam pela letra m
   d) D = conjunto dos números ímpares

Resolução:
a) A = {10, 12, 14}
b) B = {121, 123, 125, 127, 129}
c) C = {março, maio}
d) D = {1, 3, 5, 7, 9, 11, 13, ... } ⟶ conjunto infinito

2. Represente, por uma propriedade de seus elementos, os conjuntos:
   a) A = {primavera, verão, outono, inverno}
   b) B = {2, 4, 6, 8, 10, 12}
   c) C = {verde, amarelo, azul, branco}
   d) D = {a, b, c, d, e, f}

Resolução:
a) A = {conjunto das estações do ano}
b) B = {conjunto dos números pares entre 0 e 14}
c) C = {conjunto das cores da bandeira brasileira}
d) D = {conjunto das seis primeiras letras do nosso alfabeto}

3. REPRESENTAÇÃO DE UM CONJUNTO PELO DIAGRAMA DE VENN-EULER

O diagrama de Venn-Euler consiste em representar o conjunto através de um círculo de tal forma que seus elementos e somente eles estejam no círculo.

Exemplo:
Se A = {2, 4, 5, 6, 7}, então:

3. Represente por diagrama de Venn-Euler os conjuntos abaixo:
   a) A = conjunto dos algarismos do número 12 349
   b) B = conjunto dos meses do 1º trimestre do ano.

Resolução:

a)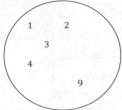

b)
```
   ⎛  Janeiro        ⎞
   ⎜                 ⎟
   ⎜  Fevereiro      ⎟
   ⎜                 ⎟
   ⎝         Março   ⎠
```

4. CONJUNTO UNITÁRIO E CONJUNTO VAZIO

Conjunto Unitário: é aquele que só tem um elemento.

Exemplo:
• A = {meses do ano que começam com f} → A = {fevereiro}

Conjunto Vazio: é aquele que não possui nenhum elemento.
É representado por ∅ ou { }.

Exemplo:
• B = {dias da semana que começam pela letra a} ⟶ B = { }

5. RELAÇÃO DE PERTINÊNCIA

Para indicar que um elemento pertence a um conjunto, usamos o símbolo ∈ (lê-se pertence).
Exemplo:
Seja o conjunto A = {2, 4, 6, 8}, queremos indicar que 6 pertence ao conjunto A, logo escrevemos:
6 ∈ A (lê-se 6 pertence ao conjunto A)

Para indicar que um elemento não pertence a um conjunto, usamos o símbolo ∉ (lê-se: não pertence).
Exemplo:
11 ∉ A (lê-se 11 não pertence ao conjunto A)

6. RELAÇÃO DE INCLUSÃO – SUBCONJUNTOS

Sejam A e B dois conjuntos. Se todo elemento de A é também elemento de B, dizemos que A é subconjunto ou parte de B e indicamos por A ⊂ B.
... (lê-se: o conjunto A está contido no conjunto B)
Por outro lado, A ⊄ B significa que A não é subconjunto de B (parte)
A ⊄ B (lê-se: o conjunto A não está contido no conjunto B)

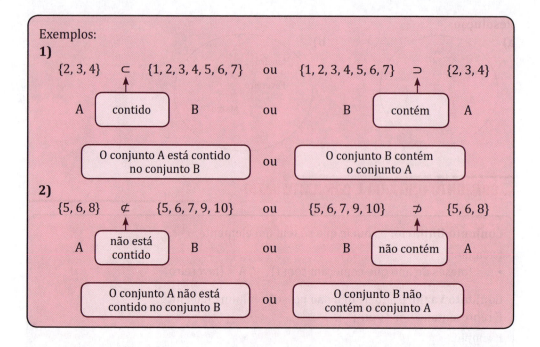

4. Dizer se é verdadeira (V) ou falsa (F) as sentenças abaixo:
  a) $3 \in \{1, 2, 3, 4\}$
  b) $\{3\} \in \{1, 2, 3, 4\}$
  c) $\emptyset \in \{4, 5, 6\}$
  d) $3 \in \{3, \{3\}\}$
  e) $\{3\} \in \{3, \{3\}\}$
  f) $\{1, 2\} \subset \{0, 1, 2, 3, 5\}$
  g) $3 \subset \{3, \{3\}\}$
  h) $\emptyset \subset \{1, 2, 3\}$
  i) $\emptyset \in \{1, 2, 3, 4, 5\}$
  j) $\emptyset \in \{\emptyset, 1, 2\}$

Resolução:
a) (V) → Justificativa: 3 é elemento do conjunto
b) (F) → Justificativa: não é elemento do conjunto $\{1, 2, 3, 4\}$, $\{3\}$ é sub conjunto do conjunto $\{1, 2, 3, 4\}$
c) (F) → Justificativa: $\emptyset$ não é elemento do conjunto $\{4, 5, 6\}$
d) (V) → Justificativa: 3 é elemento do conjunto $\{3, \{3\}\}$
e) (V) → Justificativa: $\{3\}$ é elemento do conjunto $\{3, \{3\}\}$
f) (V) → Justificativa: $\{1, 2\}$ é um subconjunto do conjunto $\{0, 1, 2, 3, 5\}$
g) (F) → Justificativa: pois, $\{3\}$ é um elemento do conjunto $\{3, \{3\}\}$
h) (V) → Justificativa: pois, todo conjunto vazio é subconjunto de qualquer conjunto, inclusive dele próprio
i) (F) → Justificativa: pois, o conjunto vazio é um subconjunto e não um elemento do conjunto $\{1, 2, 3, 4, 5\}$
j) (V) → Justificativa: pois, o conjunto vazio é um elemento do conjunto $\{\emptyset, 1, 2\}$

5. (CPFO) A afirmação correta é:
a) $\{0, 2\} \subset \{1, 2, 3\}$
b) $\{2\} \in \{0, 2, 4\}$
c) $0 \in \emptyset$
d) $\{1, 3\} \subset \{0, 1, 2, 3, 4\}$

Resolução:
a) (F) → Justificativa: o elemento 0 não pertence ao conjunto $\{1, 2, 3\}$
b) (F) → Justificativa: $\{2\}$ é um subconjunto de $\{0, 2, 4\}$
c) (F) → Justificativa: $\emptyset$ é o conjunto vazio, não possui elementos
d) (V) → Justificativa: os elementos 1 e 3 são também elementos do conjunto $\{0, 1, 2, 3, 4\}$, portanto $\{1, 3\}$ é um subconjunto de $\{0, 1, 2, 3, 4\}$

---

6. (EsPCEx) Sendo dados os conjuntos:
L = $\{1\}$, M = $\{1, 2\}$, P = $\{3, 4\}$, S = $\{1, 2, 3\}$ e T = $\{0, 1, 2, 3, 4\}$, então:
a) $M \in S$
b) $L \subset S$
c) $M = P$
d) $P \subset T$
e) n. d. a

Resolução:
Alternativa d pois, os elementos 3 e 4 são também elementos que pertencem ao conjunto T, logo, P é um subconjunto de T.

---

7. Dados os conjuntos A = $\{1, 2\}$ e B = $\{0, 1, 2, 3, 4, 5\}$, represente-os por um diagrama.

Resolução:
Podemos notar que todo elemento do conjunto de A é também elemento de B. Então fazemos a seguinte representação em diagrama.

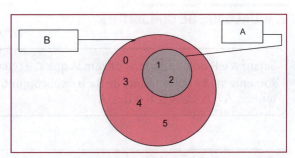

---

8. Dados os conjuntos A = $\{0, 2, 4\}$ e B = $\{1, 2, 3, 4, 5, 6\}$, represente-os por um diagrama.

Resolução:
Podemos notar que os elementos 2 e 4 estão nos dois conjuntos ao mesmo tempo. Podemos, então, fazer a representação em diagrama da seguinte forma:

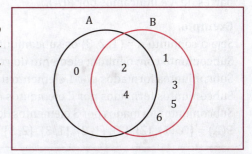

9. São dados os conjuntos A = {0, 3, 9, 12, 15, 18} e B = {1, 3, 9}. Represente os dois conjuntos em um diagrama.

Resolução:
Podemos notar que os elementos 3 e 9 estão nos dois conjuntos ao mesmo tempo. Podemos, então, fazer a seguinte representação em diagrama:

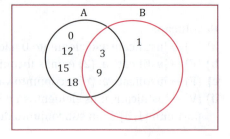

10. São dados dois conjuntos A = {2, 4, 6, 8} e B = {1, 3, 5, 7}. Represente os dois conjuntos em um diagrama.

Resolução:
Podemos notar que os dois conjuntos não têm elementos comuns. Podemos, então, fazer a seguinte representação em diagrama:

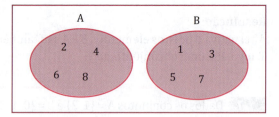

7. IGUALDADE DE CONJUNTOS

Sejam A e B dois conjuntos. Dizemos que A é igual a B e indicaremos por A = B se e somente se, A é subconjunto de B e B é subconjunto de A. Escrevendo simbolicamente temos: $A = B \Leftrightarrow A \subset B$ e $B \subset A$

8. DETERMINAÇÃO DOS SUBCONJUNTOS DE UM CONJUNTO DADO

Dado um conjunto A podemos construir um conjunto formado por todos os subconjuntos (partes) de A. Esse conjunto chama-se conjunto dos subconjuntos de A ou partes de A e indicamos por P(A).

Exemplo:
Seja o conjunto A = {1, 2, 3} os subconjuntos do conjunto A são:
Subconjunto com nenhum elemento do conjunto A: Ø (conjunto vazio)
Subconjuntos formados por 1 elemento do conjunto A: {1}, {2}, {3}
Subconjuntos formados por 2 elementos do conjunto A: {1, 2}, {1, 3}, {2, 3}
Subconjuntos formados por 3 elementos do conjunto A: {1, 2, 3} → próprio conjunto A
P(A) = {Ø, {1}, {2}, {3}, {1, 2}, {1, 3}, {2, 3}, {1, 2, 3}}

11. Dado o conjunto A = {2, 5, 7}, determine todos os subconjuntos de A.

Resolução:
Subconjunto formado com nenhum elemento do conjunto A:
∅ (conjunto vazio)
Subconjuntos formados por 1 elemento do conjunto A.
{2}, {5}, {7}
Subconjuntos formados por 2 elementos do conjunto A
{2, 5}, {2, 7}, {5, 7}
Subconjuntos formado por 3 elementos do conjunto A (o próprio conjunto)
{2, 5, 7}
P(A) = {∅, {2}, {5}, {7}, {2, 5}, {2, 7}, {5, 7}, {2, 5, 7}, {2, 5, 7}}

12. Dado o conjunto B = {a, b, c}, determinar todos os subconjuntos de B (ou partes de B).

Resolução:
Subconjunto formado com nenhum elemento do conjunto B:
∅ (conjunto vazio)
Subconjuntos formados por 1 elemento do conjunto B.
{a}, {b}, {c}
Subconjuntos formados por 2 elementos do conjunto B
{a, b}, {a, c}, {b, c}
Subconjuntos formados por 3 elementos do conjunto B (o próprio conjunto)
{a, b, c}
P(B) = {∅, {a}, {b}, {c}, {a, b}, {a, c}, {b, c}, {a, b, c}}

13. Um conjunto A possui três elementos, determine o número de subconjuntos desse conjunto.

Resolução:

> **Obs.:**
> Se um conjunto A possui n elementos, então o conjunto A possui 2^n subconjuntos.

Se o conjunto A possui 3 elementos o número de subconjuntos é:
$2^3 = 2 \times 2 \times 2 = 8$ subconjuntos

14. O conjunto A possui 6 elementos. Quantos subconjuntos possui o conjunto A.

Resolução:
Número de subconjuntos = $2^6 = 2 \times 2 \times 2 \times 2 \times 2 \times 2 = 64$

15. Seja um conjunto A com 8 subconjuntos. Sabendo-se que {5} e {1, 3} são dois de seus subconjuntos, determine o conjunto A.

Resolução:
O conjunto A possui 8 subconjuntos, 8 pode ser escrito como:
$2 \times 2 \times 2 = 2^3$, logo o conjunto A possui 3 elementos.

> Número de elementos

Os subconjuntos são: {5}, {1, 3}, olhando os subconjuntos e o número de elementos do conjunto podemos dizer que o conjunto A = {1, 3, 5}.

---

16. (CN – modificado) Considere os conjuntos X = {0,1, 2, 3, 4} e Y, Y ⊂ X. O número de conjuntos Y tais que 4 ∈ Y e 0 ∉ Y é:
a) 6   b) 7   c) 8   d) 15   e) 16

Resolução:
Se Y ⊂ X, então Y é subconjunto de X. Vamos determinar os subconjuntos de X, tais que 4 ∈ Y e 0 ∉ Y é:
Subconjunto formado por 1 elemento
{4}, só pode ser este subconjunto
Subconjunto formado por 2 elementos
{1, 4}, {2, 4}, {3, 4]
Subconjunto formado por 3 elementos
{1, 2, 4}, {1, 3, 4}, {2, 3, 4}
Subconjunto formado por 4 elementos
{1, 2, 3, 4}
Os subconjuntos de X que obedecem as condições do problema são 8 subconjuntos, alternativa "c".

9. OPERAÇÕES ENTRE CONJUNTOS

> **Reunião ou União:** Dados dois conjuntos A e B, chama-se reunião ou união de A e B, e simbolicamente se indica por A ∪ B ao conjunto formado pelos elementos de A ou de B.
>
> Exemplos:
> a) {2, 3, 4} ∪ {4, 5, 6, 7} = {2, 3, 4, 5, 6, 7}
> b) ∅ ∪ {1, 3, 5} = {1, 3, 5}

> **Intersecção:** Dados dois conjuntos A e B, chama-se intersecção de A e B, e simbolicamente se indica por ∩, ao conjunto formado pelos elementos de A e B.
>
> Exemplos:
> a) {3, 4, 5} ∩ {3, 4, 6, 7} = {3, 4} → 3 e 4 são elementos que estão presentes nos dois conjuntos.
> b) {5, 6} ∩ {8, 9, 10} = ∅ → não há elementos comuns nos dois conjuntos.
>
> **Obs.:**
> Quando o resultado da intersecção entre dois conjuntos for o conjunto vazio, dizemos que os conjuntos são disjuntos.

17. Dados os conjuntos A = {0, 1, 2, 3, 4}, B = {1, 3, 8, 9, 10} e C = {1, 4, 6, 8, 9} determine os conjuntos abaixo:

a) A ∪ B
b) A ∩ B
c) (A ∪ B) ∩ (B ∪ C)
d) (A ∪ B) ∩ (B ∩ C)
e) A ∪ B ∪ C
f) (A ∩ B) ∪ C

Resolução:
a) A ∪ B → união: formar um conjunto que tenha todos os elementos do conjunto A e do conjunto B.
A ∪ B = {0, 1, 2, 3, 4, 8, 9, 10}

b) A ∩ B → intersecção: formar um conjunto dos elementos comuns aos dois conjuntos.
A ∩ B = {1, 3}

c) (A ∪ B) ∩ (B ∪ C)
1º passo: Determinar A ∪ B (resolvida na questão "a")= {0, 1, 2, 3, 4, 8, 9, 10}
2º passo: Determinar B ∪ C = {1, 3, 4, 6, 8, 9, 10}
3º passo: Determinar (A ∪ B) ∩ (B ∪ C) =
= {0, 1, 2, 3, 4, 8, 9, 10} ∩ {1, 3, 4, 6, 8, 9, 10} = {1, 3, 4, 8, 9, 10}

d) (A ∪ B) ∩ (B ∩ C)
1º passo: Determinar A ∪ B (resolvida na questão "a")= {0, 1, 2, 3, 4, 8, 9, 10}
2º passo: Determinar B ∩ C = {1, 8, 9}
3ª passo: Determinar (A ∪ B) ∩ (B ∩ C) =
= {0, 1, 2, 3, 4, 8, 9, 10} ∩ {1, 8, 9} = {1, 8, 9}

e) A ∪ B ∪ C
1º passo: Determinar A ∪ B (resolvida na questão "a")= {0, 1, 2, 3, 4, 8, 9, 10}
2º passo: Determinar A ∪ B ∪ C =
= {0, 1, 2, 3, 4, 8, 9, 10} ∪ {1, 4, 6, 8, 9} = {0, 1, 2, 3, 4,6, 8, 9, 10}

f) (A ∩ B) ∪ C
1º passo: Determinar A ∩ B = {1, 3}
2º passo: Determinar (A ∩ B) ∪ C =
= {1, 3} ∪ {1, 4, 6, 8, 9} = {1, 3, 4, 6, 8, 9}

18. Nos diagramas abaixo representar hachurando (pintando) o conjunto A ∪ B.

a)
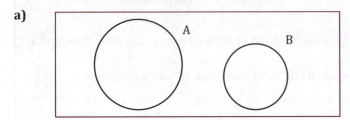

Resolução:
Para representar a união, devemos pintar a região que representa o conjunto A e a região que representa o conjunto B

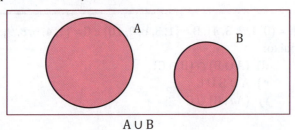

A ∪ B

b)
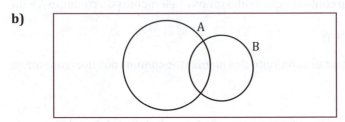

Resolução:
Para representar a união, devemos pintar a região que representa o conjunto A e a região que representa o conjunto B

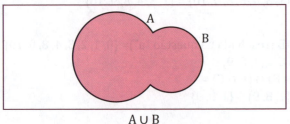

A ∪ B

c)
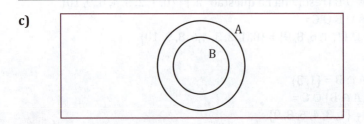

Resolução:
Para representar a união, devemos pintar a região que representa o conjunto A e a região que representa o conjunto B

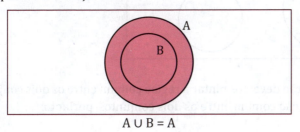

A ∪ B = A

19. Nos diagramas abaixo representar hachurando (pintando) o conjunto A ∩ B.

a)

Resolução:
Para representar a intersecção devemos pintar a região comum entre os dois conjuntos.

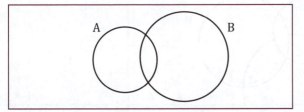

A ∩ B

b)

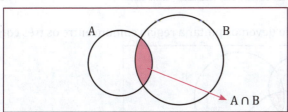

Resolução:
Para representar a intersecção devemos pintar a região comum entre os dois conjuntos.

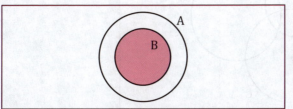

A ∩ B = B

c)

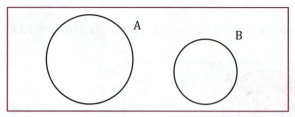

Resolução:
Para representar a intersecção devemos pintar a região comum entre os dois conjuntos. Nesta figura não há uma região comum entre os dois conjuntos, portanto:
A ∩ B = ∅ (conjunto vazio)

20. No diagrama abaixo representar hachurando (pintando) o conjunto A ∩ B ∩ C

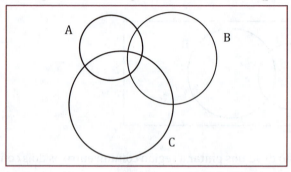

Resolução:
Para representar a intersecção devemos pintar a região comum entre os três conjuntos.

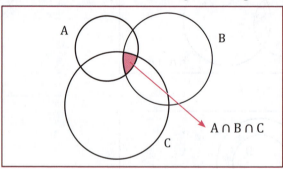

21. No diagrama abaixo representar hachurando (pintando) o conjunto (A ∩ C) ∪ (B ∩ C).

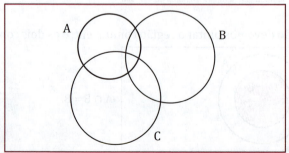

Resolução:
1º passo: pintar a região A ∩ C

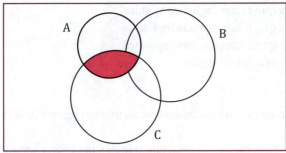

2º passo: pintar a região B ∩ C

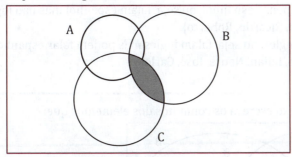

2º passo: juntando as duas figuras temos:

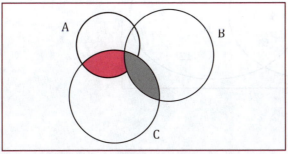

(A ∩ C) ∪ (B ∩ C) → (região magenta + região cinza)

22. Uma empresa que pretendia contratar um estagiário, entrevistou 12 candidatos ao emprego e obteve as informações que aparecem no diagrama abaixo:

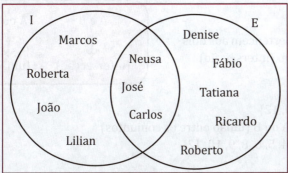

Sabendo que I é o conjunto dos estagiários que falam Inglês e E é o conjunto dos estagiários que falam espanhol, pede-se:
a) o conjunto A: os estagiários que falam inglês e espanhol
b) o conjunto B: os estagiários que falam apenas inglês
c) o conjunto C: os estagiários que falam apenas espanhol
d) o conjunto D: os estagiários que falam inglês

Resolução:
a) São os estagiários que pertencem aos dois conjuntos ao mesmo tempo (intersecção).
A = {Neusa, José, Carlos}
b) Os estagiários que falam apenas inglês, ou seja, falam inglês mas não espanhol.
B = {Marcos, Roberta, João, Lilian}
c) Os estagiários que falam apenas espanhol, ou seja, falam espanhol mas não inglês.
C = {Denise, Fábio, Tatiana, Ricardo, Roberto}
d) Os estagiários que falam inglês, ou seja, falam inglês mas podem falar espanhol.
D = {Marcos, Roberta, João, Lilian, Neusa, José, Carlos}

23. Dado o diagrama abaixo escreva os conjuntos dos elementos que:

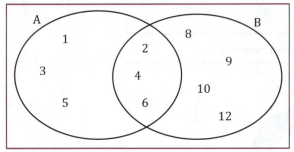

a) são de A
b) são de B
c) são de A e B
d) são apenas de A
e) são apenas de B
f) são de A ou B

Resolução:
a) A = {1, 2, 3, 4, 5, 6}
b) B = {2, 4, 6, 8, 9, 10, 12}
c) A e B: são elementos que pertencem aos dois conjuntos ao mesmo tempo (intersecção)
A e B ou A ∩ B = {2, 4, 6}
d) são apenas de A = {1, 3, 5}
e) são apenas de B = {8, 9, 10, 12}
f) A ou B: são elementos de A ou B (união entre os conjuntos)
A ou B ou A ∪ B = {1, 2, 3, 4, 5, 6, 8, 9, 10, 12}

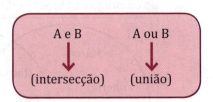

24. Considere o experimento aleatório que consiste em lançar um dado e observar o número de pontos da face superior. Determine:
a) A: conjunto dos possíveis resultados maiores ou iguais a 2
b) B: conjunto dos números ímpares
c) A ∩ B

Resolução:
Ao lançarmos o dado os possíveis resultados são: 1, 2, 3, 4, 5, 6
a) A = {2, 3, 4, 5, 6} (maiores ou iguais a 2)
b) B = {1, 3, 5}
c) A ∩ B → conjunto formado pelos elementos pertencentes ao conjunto A e também ao conjunto B. A ∩ B = {3, 5}

25. Considere o experimento aleatório que consiste em laçar dois dados e observar o número de pontos da face superior de cada um dos dados. Determine:
a) B: conjunto dos possíveis resultados que são iguais
b) C: conjunto dos possíveis resultados que dão soma 4
c) B ∩ C

Resolução:
Vamos determinar todos os resultados possíveis construindo a seguinte tabela de resultados:

	1	2	3	4	5	6
1						
2						
3						
4						
5						
6						

Possíveis resultados do 1º dado

Possíveis resultados do 2º dado

Vamos agora combinar todos os resultados possíveis

2 + 2 = 4
Soma 4

	1	2	3	4	5	6
1	(1,1)	(1,2)	(1,3)	(1,4)	(1,5)	(1,6)
2	(2,1)	(2,2)	(2,3)	(2,4)	(2,5)	(2,6)
3	(3,1)	(3,2)	(3,3)	(3,4)	(3,5)	(3,6)
4	(4,1)	(4,2)	(4,3)	(4,4)	(4,5)	(4,6)
5	(5,1)	(5,2)	(5,3)	(5,4)	(5,5)	(5,6)
6	(6,1)	(6,2)	(6,3)	(6,4)	(6,5)	(6,6)

B = {(1,1), (2,2), (3,3), (4,4), (5,5), (6,6)} possíveis resultados iguais (verde)
C = {(1,3), (2,2), (3,1)}
B ∩ C = {(2,2)}

26. Num grupo de 29 pessoas, sabe-se que 10 falam inglês, 13 falam francês e 6 falam francês e inglês.
a) Quantas pessoas do grupo não falam francês nem inglês?
b) Quantas falam somente inglês?
c) Quantas falam francês ou inglês?

Resolução:
Para resolver este problema vamos recorrer ao diagrama de Venn abaixo:

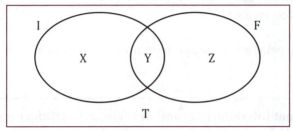

Sendo:
Y: as pessoas que falam francês e inglês
Z: as pessoas que falam apenas francês.
X: as pessoas que falam apenas inglês.
X + Y: todas as pessoas que falam inglês
Y + Z: todas as pessoas que falam francês.
X + Y + Z: todas as pessoas que falam francês ou inglês.
T: todas as pessoas que não falam francês nem inglês.
Substituindo as letras pelos dados do problema temos:

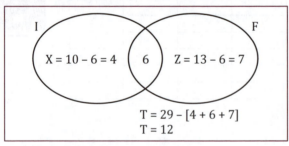

Respondendo as perguntas do problema:
a) 12 pessoas não falam inglês e nem francês.
b) 4 pessoas falam somente inglês.
c) (4 + 6 + 7) = 17 falam inglês ou francês.

27. Numa pesquisa sobre preferência em relação a dois jornais, foram consultados 470 pessoas e o resultado da pesquisa foi a seguinte: 250 delas leem o jornal A, 180 leem o jornal B e 60, os dois jornais.
a) Quantas pessoas leem apenas o jornal A?
b) Quantas leem apenas o jornal B?
c) Quantas leem os dois jornais?
d) Quantas não leem os dois jornais?

Resolução:
Para resolver este problema vamos recorrer ao diagrama de Venn abaixo:

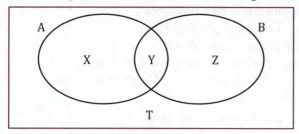

X: as pessoas que leem apenas o jornal A
Z: as pessoas que leem apenas o jornal B
Y: as pessoas que leem o jornal A e o jornal B
X + Y: as pessoas que leem o jornal A.
Z + Y: as pessoas que leem o jornal B.
X + Y + Z: as pessoas que leem os dois jornais
T: as pessoas que não leem os dois jornais.
Substituindo as letras pelos dados do problema temos:

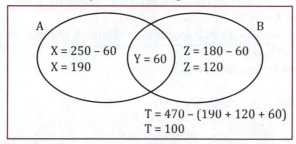

Respondendo as perguntas do problema:
a) 190 pessoas leem apenas o jornal A.
b) 120 pessoas leem apenas o jornal B.
c) Leem os dois jornais = X + Y + Z = 190 + 60 + 120 = 370
d) T = 100 pessoas não leem os dois jornais.

---

28. (Faap – SP) Uma prova era constituída de dois problemas, 300 alunos acertaram somente um dos problemas, 260 acertaram o segundo, 100 acertaram os dois e 210 erraram o primeiro. Quantos alunos fizeram a prova?

Resolução:
Para resolver este problema vamos recorrer ao diagrama de Venn abaixo:

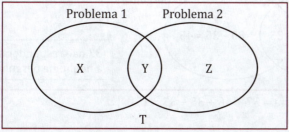

X: número de alunos que acertaram apenas o problema 1
Y: número de alunos que acertaram o problema 1 e o problema 2
Z: número de alunos que acertaram apenas o problema 2
X + Y: número de alunos que acertaram o problema 1
Y + Z: número de alunos que acertaram o problema 2
X + Z: número de alunos que acertaram somente um dos problemas
T: número de alunos que não acertaram o problema 1 nem o problema 2
X + Y + Z + T: número de alunos que fizeram a prova
Substituindo as letras pelos dados do problema temos:

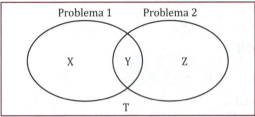

Y = 100
Y + Z = 260, mas Y = 100, logo Z = 160. (acertaram apenas o 2º problema)
X + Z = 300, mas Z = 160, logo X = 140
Se 210 erram o primeiro problema, estes 210 acertaram somente o segundo problema ou não acertaram nenhum problema.
Como 160 acertaram apenas o 2º problema, temos:
210 – 160 = T, T = 50
Número de alunos que fizeram a prova = X + Y + Z + T
X + Y + Z + T = 140 + 100 + 160 + 50
X + Y + Z + T = 450 alunos

29. (CESCEA) Foi realizada uma pesquisa numa indústria X, tendo sido feitas a seus operários apenas duas perguntas. Dentre os operários, 92 responderam sim à primeira pergunta, 80 responderam sim à segunda, 35 responderam sim a ambas e 33 não responderam às perguntas feitas. Pode-se concluir que o total de operários da indústria é:
a) 170   **b)** 204   **c)** 240   **d)** 92   **e)** n. d. a

Resolução:
Para resolver este problema vamos recorrer ao diagrama de Venn

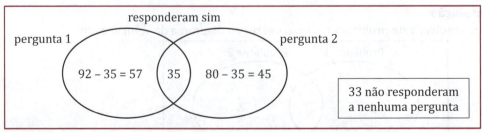

Total de operários da indústria = 57 + 45 + 35 + 33 = 170
Alternativa "a".

30. (Mack-SP) Numa escola há n alunos. Sabe-se que 56 alunos leem o jornal A, 21 leem os jornais A e B, 106 leem apenas um dos dois jornais e 66 não leem o jornal B. O valor de n é:
a) 249   b) 137   c) 158   d) 127   e) 183

Resolução:
Para resolver este problema vamos recorrer ao diagrama de Venn

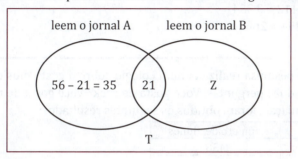

35: leem apenas o jornal A
Z: leem apenas o jornal B
35 + Z: leem apenas um dos dois jornais. Pelo problema:
35 + Z = 106, Z = 106 − 35
Z = 71
Se 66 não leem o jornal B, então este número de pessoas leem apenas o jornal A ou não leem nenhum dos dois jornais. Mas 56 leem o jornal A, logo:
35 + T = 66, T = 66 − 35 = 31 (não leem nenhum dos dois jornais)
Número de alunos = 35 + Z + 21 + T
Número de alunos = 35 + 71 + 21 + 31 = 158
Alternativa "c".

31. Dados os conjuntos A e B contidos em U (Conjunto Universo), tais que:
n (A) = 2 549
n (B) = 1 217
n (A ∩ B) = 412
n (U) = 3 614
Determinar n (U − (A ∪ B))

n (A) : número de elementos do conjunto A

Resolução:
1ª forma de resolução:
Para resolver este problema vamos recorrer ao diagrama de Venn

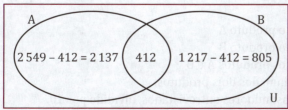

n (A ∪ B) = 2 137 + 412 + 805
n (A ∪ B) = 3 354
n (U − (A ∪ B)) = 3 614 − 3 354 = 260

2ª forma de resolução:
Vamos aplicar a propriedade de operações entre conjuntos que diz:

$$n (A \cup B) = n (A) + n (B) - n (A \cap B)$$

n (A ∪ B) = 2 549 + 1 217 − 412 = 3 354
n (U − (A ∪ B)) = 3 614 − 3 354 = 260

---

32. (Uniube-MG) Numa pesquisa realizada num colégio sobre o gosto musical dos alunos, foram feitas duas perguntas. Você gosta de rock? Você gosta de música clássica? Após a tabulação, foram obtidos os seguintes resultados:

	Número de alunos
Rock	458
Música clássica	112
Ambos	62
Nenhum	36

Com base nesses dados, determine o número de alunos consultados
a) 540   b) 544   c) 444   d) 412   e) 284

Resolução:

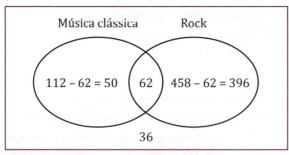

Número de alunos consultados = 50 + 396 + 62 + 36
Número de alunos consultados = 544

Alternativa "b".

---

33. (UFPE) Numa pesquisa de mercado, foram entrevistados consumidores sobre suas preferências em relação aos produtos A e B. Os resultados das pesquisas indicaram que:
• 310 pessoas compram o produto A
• 220 pessoas compram o produto B
• 110 pessoas compram os produtos A e B
• 510 não compram nenhum dos dois produtos.
Indique o número de consumidores entrevistados, dividido por 10.

Resolução:
Para resolver este problema vamos recorrer ao diagrama de Venn.

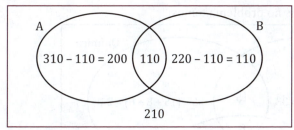

Número de consumidores entrevistados = 200 + 110 + 110 + 510 = 930
Número de consumidores entrevistados dividido por 10 = 930 / 10 = 93

---

34. (FGV – SP) Num universo de N alunos, 80 estudam Física, 90 Biologia, 55 Química, 32 Biologia e Física, 23 Química e Física, 16 Biologia e Química e 8 estudam nas três faculdades. Sabendo que esta Universidade somente mantém as três faculdades, quantos alunos estão matriculados na Universidade?
a) 304   b) 162   c) 146   d) 154   e) n. d. a

Resolução:
Para resolver este problema vamos recorrer ao diagrama de Venn

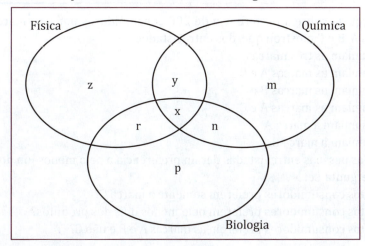

x: alunos que estudam nas três faculdades
y: alunos que estudam apenas Física e Química
n: alunos que estudam apenas Química e Biologia
r: alunos que estudam apenas Física e Biologia
z: alunos que estudam apenas Física
m: alunos que estudam apenas Química
p: alunos que estudam apenas Biologia

Pelo problema temos:
x = 8. (estudam Química, Biologia e Física)
n = 16 – 8 = 8 (apenas Química e Biologia)

y = 23 – 8 = 15 (apenas Química e Física)
r = 32 – 8 = 24 (apenas Física e Biologia)

Substituindo os valores dados no problema temos:

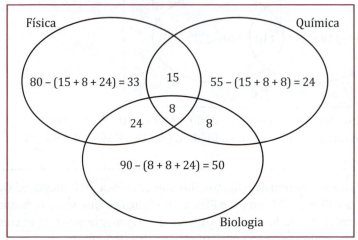

Número de alunos matriculados = 33 + 15 + 8 + 24 + 8 + 24 + 50
Número de alunos matriculados = 162
Alternativa "b".

---

35. Uma pesquisa sobre a preferência de 200 consumidores por três marcas de sucrilhos A, B e C mostrou que, dos entrevistados.
20 consumiam as três marcas
30 consumiam as marcas A e B
50 consumiam as marcas B e C
60 consumiam as marcas A e C
120 consumiam a marca A
75 consumiam a marca B.
Se todas as pessoas entrevistadas deram preferência a pelo menos um dos produtos, pergunta-se:
a) Quantos consumidores preferem somente a marca C?
b) Quantos consumidores preferem pelo menos dois dos produtos?
c) Quantos consumidores preferem as marcas A e B e não C?

Resolução:
Para resolver este problema vamos recorrer ao diagrama de Venn.

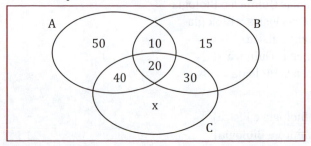

Consomem apenas as marcas A e B = 30 − 20 = 10
Consomem apenas as marcas B e C = 50 − 20 = 30
Consomem apenas as marcas A e C = 60 − 20 = 40
Consomem apenas a marca A = 120 − (40 + 20 + 10) = 50
Consomem apenas a marca B = 75 − (10 + 20 + 30) = 15
X representa os consumidores que preferem somente a marca C, logo pelo diagrama de Venn acima temos:
X + 40 + 10 + 20 + 50 + 30 + 15 = 200
X = 200 − 165 = 35

a) 35 consumidores preferem apenas a marca C.

b) Preferem pelo menos dois produtos = número de consumidores que preferem apenas dois produtos + número de consumidores que preferem os três produtos.
Preferem pelo menos dois produtos = 10 (A e B) + 30 (B e C) + 40 (A e C) + 20 (A, B e C)
Preferem pelo menos dois produtos = 10 + 30 + 40 + 20 = 100

c) Preferem as marcas A e B e não C = 10

---

36. (PUC–Pr) Em um levantamento com 100 vestibulandos da PUC, verificou-se que o número de alunos que estudou para as provas de Matemática, Física e Português foi o seguinte: Matemática, 47; Física, 32; Português, 21; Matemática e Física, 7; Matemática e Português, 5; Física e Português, 6; as três matérias, 2 Quantos dos 100 alunos incluídos no levantamento não estudaram nenhuma das três matérias?

Resolução:
Para resolver este problema vamos recorrer ao diagrama de Venn.

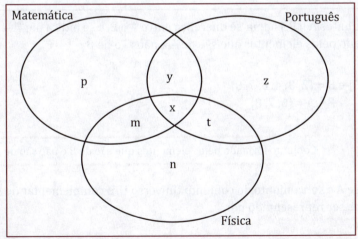

x: estudaram para as três provas
y: estudaram apenas para as provas de matemática e português
x + y: estudaram para as provas de matemática, português e física
t: estudaram apenas para as provas de português e física
x + t: estudaram para as provas de matemática, português e física

m: estudaram apenas para as provas de matemática e física.
m + x: estudaram para as provas de matemática, português e física
p: estudaram só matemática
z: estudaram só português
n: estudaram só física

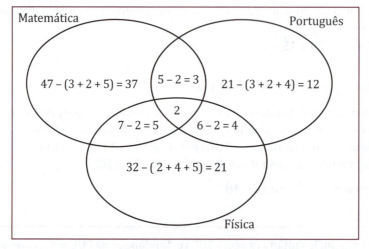

Número de alunos que estudaram = 37 + 3 + 2 + 5 + 12 + 4 + 21 = 84
Número de alunos que não estudaram = 100 − 84 = 16

10. DIFERENÇA ENTRE CONJUNTOS

Dados dois conjuntos A e B, chama-se diferença entre A e B, e se indica por A − B, ao conjunto formado pelos elementos que são de A e não são de B.

Exemplo:
A = {1, **2, 3, 4**, 5} e B = {**2, 3, 4**, 6, 7, 8}
A − B = {1, 5}   B − A = {6, 7, 8}

Conjunto formado pelos elementos que são de B e não são de A

Em particular, se A é subconjunto do conjunto Universo U, o complementar de A em relação a U pode ser representado por:
A = U − A = $C_U A$
Exemplo:
Vamos considerar: U = {1, 2, 3, 4, 5, 6, 7, 8} e o conjunto A = {1, 2}
U − A   ou $C_U A$ ou $\overline{A}$ = {3, 4, 5, 6, 7, 8}

37. Dados os conjuntos A = {2, 4, 6, 8, 10, 12} e B = {3, 6, 9, 12}, determine:
   a) A − B   **b)** B − A

Resolução:
a) A − B (elementos do conjunto A que não pertencem ao conjunto B)
A − B = {2, 4, 8, 10}

b) B − A (elementos do conjunto B que não pertencem ao conjunto A)
B − A = {3, 9,}

---

38. Dado o diagrama abaixo, hachure A − B.

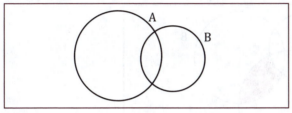

Resolução:
Devemos pintar toda região do conjunto A menos a região do conjunto B.

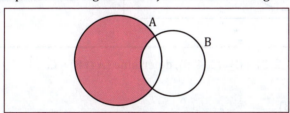

---

39. Dado o diagrama abaixo, hachure C ∩ (B − A).

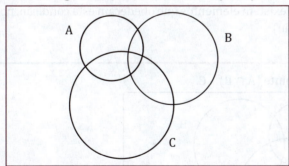

Resolução:
1º passo: Determinar B − A:
Devemos pintar toda região do conjunto B menos a região do conjunto A.

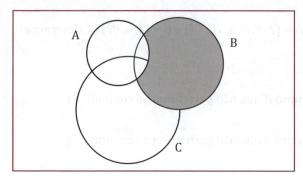

2º passo: Determinar C ∩ (B – A):
Devemos pintar toda região do conjunto C comum com a região do conjunto (B – A).

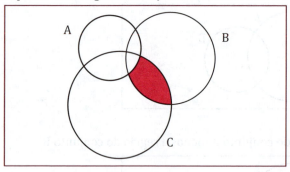

40. Se A = {0, 2, 4}, B = {1, 2, 3} e C = {2, 4, 6}, determine (A ∩ B) – C.

Resolução:
1º **passo:** Determinar: (A ∩ B)
(A ∩ B) = {2}

2ª **passo:** Determinar: (A ∩ B) – C (elementos que estão presentes no conjunto (A ∩ B), mas não estão presentes no conjunto C.
Como podemos perceber não existem elementos que obedeçam esta condição, portanto:
(A ∩ B) – C = ∅ (conjunto vazio)

41. No diagrama abaixo pinte (A ∩ B) – C.

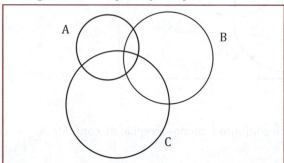

Resolução:
1º passo: Determinemos A ∩ B.

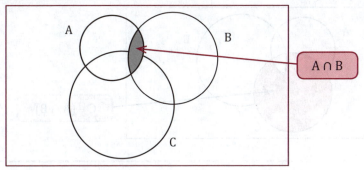

2º passo: Determinemos (A ∩ B) − C (elementos que pertencem ao conjunto A ∩ B, mas não pertencem ao conjunto C).

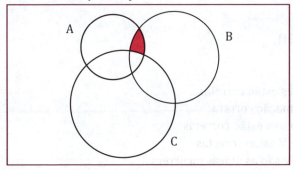

42. No diagrama abaixo pinte C − (A ∩ B).

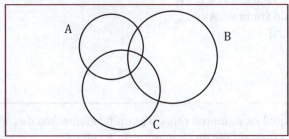

Resolução:
1º passo: Determinemos A ∩ B.

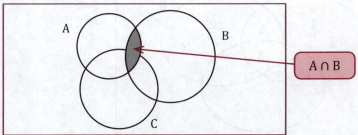

2º passo: Determinemos: C − (A ∩ B) (elementos que pertencem ao conjunto C, mas não pertencem ao conjunto (A ∩ B))

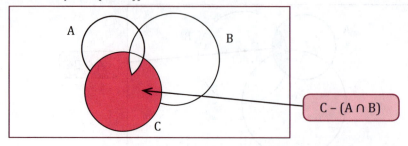

43. (CN) Considere os conjuntos A = {1, {1}, 2} e B = {1, 2, {2}] e as cinco afirmações:
I) A − B = {1}
II) {2} ⊂ (B − A)
III) {1} ⊂ A
IV) A ∪ B = {1, 2, {1, 2}}
V) B − A = {{2}}
Logo,
a) todas as afirmações estão corretas
b) só existe uma afirmação correta
c) as afirmações ímpares estão corretas
d) as afirmações III e V estão corretas
e) as afirmações I e IV são as únicas incorretas

Resolução:
I) F, pois A − B = {{1}}
II) F, pois, B − A = {{2}} e {2} é elemento de B − A
III) V, pois {1} é subconjunto do conjunto A
IV) F, pois, A ∪ B = {1, 2, {1}, {2}}
V) V, vide questão II
Alternativa "d".

44. Dado o diagrama, no qual os números representam os elementos de cada subconjunto, determinar a quantidade de elementos de A ∪ B − C.
a) 5   b) 30   c) 8   d) 41   e) 10

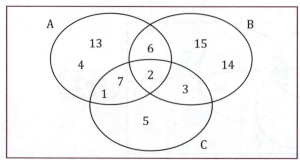

Resolução:
1ª passo: Determinar A ∪ B
A ∪ B = {1, 2, 3, 4, 5, 6, 7, 13}

2º passo: Sabendo que o conjunto C = {2, 3, 6, 14, 15}, vamos determinar agora A ∪ B − C
A ∪ B − C = {1, 4, 5, 7, 13}
O conjunto possui 5 elementos, alternativa "a".

---

45. No diagrama abaixo hachure A ∩ (B − A).

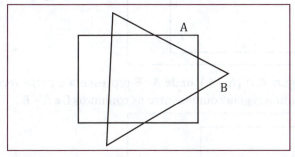

Resolução:
1º passo: Vamos hachurar, em primeiro lugar, B − A.

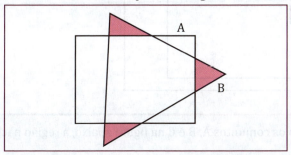

2º passo: Vamos hachuar agora A ∩ (B − A), onde B − A representa a parte vermelha. A intersecção significa procurar a região comum entre os conjuntos A e B − A. Como podemos perceber não há nenhuma regição comum entre os dois conjuntos, portanto:
A ∩ (B − A) = ∅ (conjunto vazio)

---

46. No diagrama abaixo hachure C ∩ (A − B).

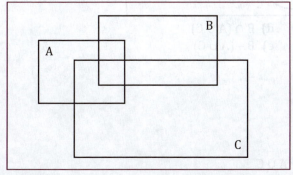

Resolução:
1º passo: Vamos hachurar, em primeiro lugar, A – B (conjunto formado pelos elemento de A mas não são elementos de B).

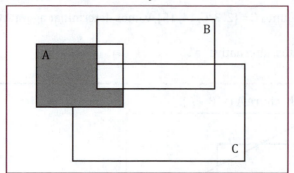

2º passo: Vamos hachuar agora C ∩ (A – B), onde A– B representa a parte vermelha. A intersecção significa procurar a região comum entre os conjuntos C e A – B.

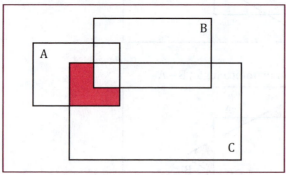

47. (UFPI) Considerando os conjuntos A, B e C na figura abaixo, a região hachurada representa:

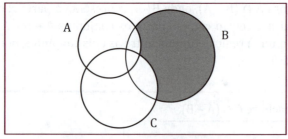

a) B – (A – C)
b) B ∩ (A – C)
c) B ∪ (A ∩ C)
d) B ∩ (A ∪ C)
e) B – (A ∪ C)

Resolução:
Alternativa "e".

Justificativa:
1º passo: Vamos determinar A ∪ C

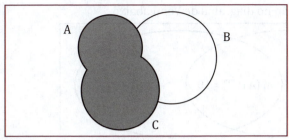

2º passo: Vamos determinar B − (A ∪ C) (conjunto formado pelos elementos de B que não pertencem ao conjunto (A ∪ C))

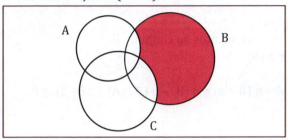

---

48. (Faee-Go) Dados os conjuntos: A = {0, 1, 3, 5}, B = {1, 3, 5, 7} e C = {3, 8, 9}, o conjunto M = B − (A ∪ C) é:
a) {1, 3, 5}   d) {0, 8, 9}
b) {7}   e) {1, 5, 7}
c) {7, 5, 8, 9}

Resolução:
1º passo: Vamos determinar A ∪ C (unir → formar um conjunto que tenha elementos dos conjuntos A e C)
A ∪ C = {0, 1, 3, 5, 8, 9}

2º passo: Determinar M = B − (A ∪ C) → o conjunto M é formado por elementos que pertencem ao conjunto B, mas não pertencem ao conjunto (A ∪ C).
M = {7} → conjunto unitário

Alternativa "b".

---

49. (Mackenzie-SP) A e B são dois conjuntos tais que A − B tem 30 elementos, A ∩ B tem 10 elementos e A ∪ B tem, 48 elementos. Então o número de elementos de B − A é:
a) 22   d) 8   c) 10   b) 12   e) 18

Resolução:
n (A − B) = n (A) − n (A ∩ B)
O número de elementos do conjunto A − B é o número de elementos do conjunto A menos o número de elementos do conjunto intersecção A ∩ B.

Podemos perceber esta relação no diagrama de Venn abaixo.

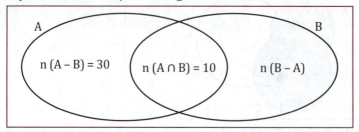

Pelo diagrama podemos calcular o número de elementos do conjunto A que é 30 + 10 = 40.
Pela relação:
n (A ∪ B) = n (A) + n (B) − n (A ∩ B)
Podemos determinar o número de elementos do conjunto B.
48 = 40 + n (B) − 10, 48 = 30 + n (B)
n (B) = 48 − 30, n (B) = 18
Número de elementos de B − A = n (B − A) = n (B) − n (B ∩ A) = 18 − 10 = 8

Alternativa "d".

---

50. Sabendo que n (A) = 18, n (B) = 21 e n (A ∩ B) = 7, determine n (A − B) e n (B − A).

Resolução:
n (A − B) = n (A) − n (A ∩ B)
n (A −B) = 18 − 7 = 11
n (B − A) = n (B) − n (A ∩ B)
n (B − A) = 21 − 7 = 14

---

51. (Unesp) Numa classe de 30 alunos, 16 alunos gostam de Matemática e 20 de História. O número de alunos desta classe que gostam de Matemática e de História é:
a) exatamente 16
b) exatamente 10
c) no máximo 6
d) no mínimo 6
e) exatamente 18

Resolução:
Para resolver este problema vamos recorrer aà relação:
n (A ∪ B) = n (A) + n (B) − n (A ∩ B)

Dados do problema:
n (A ∪ B) = 30, n (A) = 16 e n (B) = 20
30 = 16 + 20 − n (A ∩ B)
30 = 36 − n (A ∩ B)
Para esta igualdade ser verdadeira n (A ∩ B) = 6

Alternativa "c".

52. (Universidade Federal do Paraná – 97) Foi realizada uma pesquisa para avaliar o consumo de três produtos designados por A, B, C. Todas as pessoas consultadas responderam à pesquisa e os resultados estão indicados no quadro a seguir:

Produto	Nº de consumidores
A	25
B	36
C	20
A e B	6
A e C	4
B e C	5
A, B e C	0
Nenhum dos produtos	5

Observação: O consumidor de dois produtos está incluído também como consumidor de cada um destes dois produtos. Com base nestes dados, calcule o número total de pessoas consultadas.

Resolução:
Vamos utilizar o diagrama de Venn.

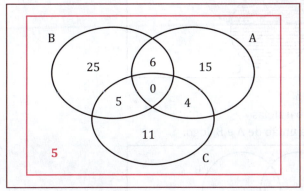

Número de pessoas consultadas = 25 + 5 + 6 + 4 + 15 + 11 + 5 = 71

---

53. (PUC-MG) O diagrama em que está sombreado o conjunto (A ∪ B) – (A ∩ B) é:

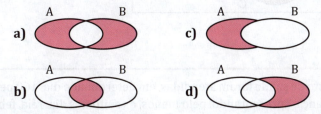

Resolução:
Da união (juntar os dois conjuntos) vou tirar a parte comum entre eles, portanto alternativa "a".

54. (Pucmg) O diagrama em que está sombreado o conjunto (A ∪ C) − (A ∪ B) é:

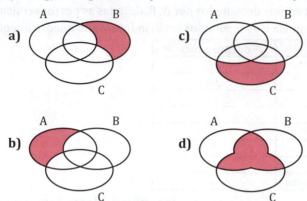

Resolução:

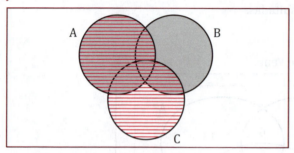

A ∪ B representa a cor cinza
A ∪ C representa as linhas paralelas
Da união de A e C tiramos a união de A e B, logo:

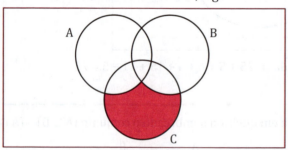

Alternativa "c".

55. (Uerj) Em um posto de saúde foram atendidas, em determinado dia, 160 pessoas com a mesma doença, apresentando, pelo menos, os sintomas diarréia, febre ou dor no corpo, isoladamente ou não.
A partir dos dados registrados nas fichas de atendimento dessas pessoas, foi elaborada a tabela a seguir.

Sintomas	Frequência
diarreia	62
febre	62
dor no corpo	72
diarreia e febre	14
diarreia e dor no corpo	8
febre e dor no corpo	20
diarreia, febre e dor no corpo	X

Na tabela, X corresponde ao número de pessoas que apresentaram, ao mesmo tempo, os três sintomas.

Pode-se concluir que X é igual a:

a) 6   **b)** 8   **c)** 10   **d)** 12

Resolução:

Vamos utilizar o diagrama de Venn.

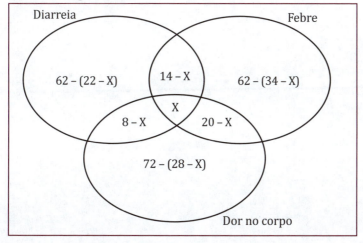

X (diarréia, febre e dor no corpo)
20 − X (apenas febre e dor no corpo)
8 − X (apenas diarréia e dor no corpo)
14 − X (apenas diarréia e febre)
62 − (14 + 8 + X − X − X) = 62 − (22 − X) : apenas diarréia
62 − (20 + 14 − X + X − X) = 62 − (34 − X) : apenas febre
72 − (20 − X + 8 − X + X) = 72 − (28 − X) : apenas dor no corpo

Sabemos que foram atendidas 160 pessoas, logo
X + 20 − X + 8 − X + 14 − X + 62 − (22 − X) + 62 − (34 − X) + 72 − (28 − X) = 160
X + 20 − X + 8 − X + 14 − X + 62 − 22 + X + 62 − 34 + X + 72 − 28 + X = 160

Reduzindo os termos semelhantes temos:
X + 154 = 160
X = 160 − 154
X = 6

O número de pessoas que apresentam ao mesmo tempo os três sintomas são 6.

UNIDADE 2

SISTEMAS DE NUMERAÇÃO

2. SISTEMA DE NUMERAÇÃO DECIMAL E NÃO DECIMAL

SISTEMA DE NUMERAÇÃO DECIMAL

O sistema de numeração decimal é um sistema de posição. Com os algarismos indo-arábicos 0, 1, 2, 3, 4, 5, 6, 7, 8 e 9 e baseados na posição que eles ocupam no numeral, podemos representar qualquer número.

Dois princípios regem esse sistema:
- Um algarismo escrito à esquerda do outro tem um valor dez vezes maior do que se estivesse escrito no lugar desse outro.
- Dez unidades de uma ordem valem uma unidade de ordem imediatamente superior.

Exemplo:

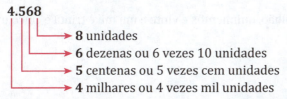

As ordens são dispostas da direita para a esquerda e cada três ordens formam 1 classe.
No exemplo 456894 temos:

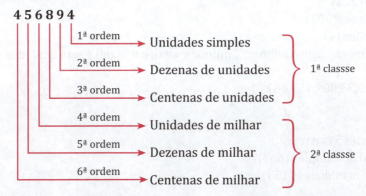

1.1 CLASSE

Cada três algarismos de um número compõem uma classe. As classes são numeradas da direita para a esquerda. Observe o exemplo abaixo.

4ª classe bilhões			3ª classe milhões			2ª classe mil ou milhares			1ª classe unidades simples		
C	D	U	C	D	U	C	D	U	C	D	U
	8	2	4	5	6	1	0	3	4	5	0

OBS.: C (centenas); D (dezenas); U (unidades).

Número: 82. 456. 103.450

Leitura: oitenta e dois bilhões, quatrocentos e cinquenta e seis milhões, cento e três mil e quatrocentos e cinquenta unidades.

---

1. Escreva com palavras os numerais:

a) 1.521.035

Resolução:
O número possui três classes:
1ª classe: unidades simples
2ª classe: mil ou milhar
3ª classe: milhões
Leitura do número: Um milhão, quinhentos e vinte e um mil e trinta e cinco unidades

b) 4.002.023.007

Resolução:
O número possui 4 classes:
1ª classe: unidades simples (007)
2ª classe: mil (023)
3ª classe: milhões (002)
4ª classe: bilhões (4)
Leitura do número: quatro bilhões, 2 milhões, vinte e três mil e sete unidades.

c) 72.433.802.159.667

Resolução:
O número possui 5 classes:
1ª classe: unidade simples (667)
2ª classe: mil ou milhares (159)

3ª classe: milhões (802)
4ª classe: bilhões (433)
5ª classe: trilhões (72)
Leitura do número: setenta e dois trilhões, quatrocentos e trinta e três bilhões, oitocentos e dois milhões, cento e cinquenta e nove mil e seiscentos e sessenta e sete unidades.

2. Escreva, usando algarismos, os numerais:

> **Curiosidade**
> A palavra algarismo vem do nome de um matemático árabe, Mohammed Ibu Musa al-Khowarizmi

a) trinta e cinco milhões e dois

Resolução:
Para facilitar a nota notação vamos utilizar o quadro a seguir:

4ª classe			3ª classe			2ª classe			1ª classe		
bilhões			milhões			mil ou milhares			unidades simples		
C	D	U	C	D	U	C	D	U	C	D	U
				3	5	0	0	0	0	0	2

Escrita do número: 35.000.002

b) quarenta e cinco milhões e dois mil e sete

Resolução:
Para facilitar a notação vamos utilizar o quadro a seguir:

4ª classe			3ª classe			2ª classe			1ª classe		
bilhões			milhões			mil ou milhares			unidades simples		
C	D	U	C	D	U	C	D	U	C	D	U
				4	5	0	0	2	0	0	7

Escrita do número: 45.002.007

c) sete trilhões cento e quarenta e dois milhões e cinco

Para facilitar a nota notação vamos utilizar o quadro a seguir:

5ª classe			4ª classe			3ª classe			2ª classe			1ª classe		
trilhões			bilhões			milhões			mil ou milhares			unidades simples		
C	D	U	C	D	U	C	D	U	C	D	U	C	D	U
		7	0	0	0	1	4	2	0	0	0	0	0	5

Escrita do número: 7.000.142.000.005

3. Escreva por extenso:

a) R$ 5.502,00 → **Resposta:** Cinco mil quinhentos e dois reais

b) R$ 1.016,00 → **Resposta:** Um mil e dezesseis reais
c) R$ 5.017.032,00 → **Resposta:** Cinco milhões, dezessete mil e trinta e dois reais

4. (Saresp – SP) A população de uma cidade é de um milhão, trezentos e oito mil e quarenta e sete habitantes. Utilizando algarismos, o total de habitantes é:
a) 1.308.407
b) 1.308.047
c) 1.308.470
d) 1.380.047

Resolução:
1 milhão = 1.000.000
Trezentos e oito mil = 308.000
Quarenta e sete = 47
O número formado será 1.308.047, alternativa "b".

5. (Olimpíada de Matemática-SP) No sistema decimal de numeração, um número tem 3 classes e 7 ordens. Então, esse número tem:
a) 3 algarismos
b) 7 algarismos
c) 10 algarismos
d) Nenhuma das anteriores

Resolução:

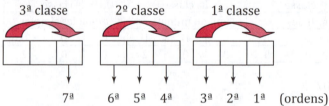

O número possui 7 algarismos, alternativa "b".

6. Determine o número de classes dos números abaixo e escreva-os por extenso.
a) 1427419
b) 98376914

Resolução:
a) 1427419
Sabemos que cada três ordens formam uma classe, logo podemos escrever o número do seguinte modo:
1.427.419
O número possui três classes e a sua leitura é: 1milhão quatrocentos e vinte e sete mil quatrocentos e dezenove.

b) 98386914

Sabemos que cada três ordens formam uma classe, logo podemos escrever o número do seguinte modo:

98.386.914

O número possui três classes e a sua leitura é: noventa e oito milhões trezentos e oitenta e seis mil novecentos e catorze.

1.2 VALOR ABSOLUTO E VALOR RELATIVO DO ALGARISMO

Exemplo:

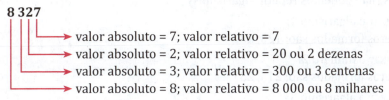

---

7. No número 657382, qual o valor absoluto do algarismo 5 e o valor relativo do algarismo 6 e do algarismo 7

Resolução:
Para facilitar nossa resolução vamos escrever o número da seguinte forma:
657.382 (o número possui duas classes)
O valor absoluto do algarismo 5 é 5
O valor relativo do algarismo 7 é 7.000 ou 7 milhares
O valor relativo do algarismo 6 é 600.000 ou 6 centenas de milhar

---

8. Indique o valor relativo do algarismo 3 no número 35771.

Resolução:
Para facilitar nossa resolução vamos escrever o número da seguinte forma:
35.771 (o número possui 2 classes)
O valor relativo do algarismo 3 é 30.000 ou 3 dezenas de milhar

---

9. Dado o número 5846, responda:
   a) Qual é o algarismo de maior valor absoluto?
   b) Qual é o algarismo de maior valor relativo?
   c) Qual é o algarismo de menor valor absoluto?
   d) Qual é o algarismo de menor valor relativo?

Resposta:
Para facilitar nossa resolução vamos escrever o número da seguinte forma:

5.846
a) O algarismo de maior valor absoluto é o 8
b) O algarismo de maior valor relativo é o 5. O algarismo 5 representa neste número o valor 5.000 ou 5 unidades de milhar.
c) O menor valor absoluto é o 4.
d) O menor valor relativo é o 6. O algarismo 6 está representando 6 unidades

---

10. Com os algarismos 1, 2 e 3 escreva todos os números de 3 algarismos distintos.

Resolução:
Distintos (não podemos repetir algarismos)

Vamos fixar o algarismo 1:
Os números formados são: 123, 132

Vamos fixar o número 2:
Os números formados são: 213, 231

Vamos fixar o algarismo 3:
Os números formados são: 312. 321

Os números formados são: 123, 132, 213, 231, 312 e 321

---

11. Quantos números de 2 algarismos existem com 2 algarismos diferentes?

Resolução:
Total de números de 10 a 99 : 90 números
Algarismos iguais: 11, 22, 33, ..., 99: 9 números
Número total – Número de algarismos iguais = 90 – 9 = 81 números com algarismos diferentes

---

12. (EsPCEx-67) Para numerar um livro de 200 páginas são necessários:
    a) 300 alg. b) 492 alg. c) 489 alg. d) 500 alg. e) 452 alg.

Resolução:

páginas	Total de páginas	Algarismos por páginas	Total de algarismos
1 a 9	9	1	9
10 a 99	90	2	180
100 a 200	101	3	303

Total de algarismos = 303 + 180 + 9 = 492
Alternativa "b".

---

13. Para numerar um livro de 230 páginas são necessários quantos algarismos?

Resolução:

Páginas	Total de páginas	Algarismos por páginas	Total de algarismos
1 a 9	9	1	9
10 a 99	90	2	180
100 a 230	131	3	393

Total de algarismos = 393 + 180 + 9 = 582

---

14. Para numerar um livro de 315 páginas são necessários quantos algarismos?

Resolução:

páginas	Total de páginas	Algarismos por páginas	Total de algarismos
1 a 9	9	1	9
10 a 99	90	2	180
100 a 315	216	3	648

Total de algarismos = 648 + 180 + 9 = 837

---

15. Para numerar um livro de 540 páginas são necessários quantos algarismos?

Resolução:

Páginas	Total de páginas	Algarismos por páginas	Total de algarismos
1 a 9	9	1	9
10 a 99	90	2	180
100 a 540	441	3	1323

Total de algarismos = 1323 + 180 + 9 = 1512

1.3 FORMA POLINÔMICA NO SISTEMA DECIMAL

Sejam a, b, c, d, ... algarismos. A forma polinômica no sistema decimal seria:

$ab = a \cdot 10^1 + b \cdot 10^0 = 10 \cdot a + b$, pois $10^0 = 1$

$abc = a \cdot 10^2 + b \cdot 10^1 + c \cdot 10^0 = 100 \cdot a + 10b + c$

$abcd = a \cdot 10^3 + b \cdot 10^2 + c \cdot 10 + d \cdot 10^0 = 1000a + 100b + 10c + d$

Fórmula Geral:

$$a_n \cdot 10^n + a_{n-1} \cdot 10^{n-1} + a_{n-2} \cdot 10^{n-2} + \ldots a_2 \cdot 10^2 + a_1 \cdot 10^1 + a_0 \cdot 10^0$$

16. Escreva na forma polinômica:

a) 3.896

Resolução:
O número 3.896 pode ser escrito como:
3000 + 800 + 90 + 6 = 3.1000 + 8.100 + 9.10 + 6
3.896 = $3.10^3 + 8.10^2 + 9.10 + 6$ (forma polinômica)

b) 46003

Resolução:
46.003 = 40.000 + 6.000 + 3
46.003 = 4.10 000 + 6.1000 + 3
46.003 = $4.10^4 + 6.10^3 + 3$ (forma polinômica)

c) 253495

Resolução:
253.495 = 200.000 + 50.000 + 3.000 + 400 + 90 + 5
253.495 = 2.100.000 + 5.10.000 + 3.1.000 + 4.100 + 9.10 + 5
253.495 = $2.10^5 + 5.10^4 + 3.10^3 + 4.10^2 + 9.10 + 5$

1.4 SISTEMA DE NUMERAÇÃO NÃO DECIMAL

1.4.1 SISTEMA BINÁRIO

O sistema de numeração binário é muito importante, pois atualmente é muito utilizado nas calculadoras eletrônicas, nos computadores e nas estruturas que envolvem relações binárias. Este sistema é chamado de base dois, binário ou dual porque utiliza apenas os algarismos 0 e 1.

Na base dois, um número imediatamente à esquerda de outro, representa, em relação a este, um número de unidades duas vezes maior. (..., $2^3, 2^2, 2^1, 2^0$)

Como é que se representa um número decimal na base dois?

Vejamos os seguintes exemplos:

Notação decimal	Notação Binária
0	0 = 0×2^0
1	1 = 1×2^0
2	1 0 = $1 \times 2^1 + 0 \times 2^0$
3	1 1 = $1 \times 2^1 + 1 \times 2^0$
4	1 0 0 = $1 \times 2^2 + 0 \times 2^1 + 0 \times 2^0$
5	1 0 1 = $1 \times 2^2 + 0 \times 2^1 + 1 \times 2^0$

Lembrete:
Todo número, diferente de zero, elevado a zero resulta 1.

Exemplos:
$2^0 = 1$
$3^0 = 1$

17. Escreva o número 14 na base 2.

Resolução:

Façamos o seguinte raciocínio:

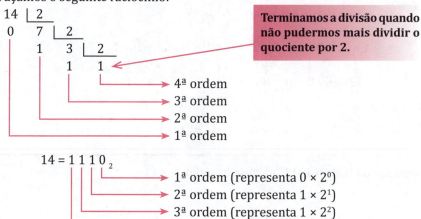

Terminamos a divisão quando não pudermos mais dividir o quociente por 2.

$14 = 1110_2$

→ 1ª ordem (representa 0×2^0)
→ 2ª ordem (representa 1×2^1)
→ 3ª ordem (representa 1×2^2)
→ 4ª ordem (representa 1×2^3)

---

18. Escreva o número 32 na base 2

Resolução:
Façamos o seguinte raciocínio:

```
32 | 2
 0  16 | 2
     0  8 | 2
         0  4 | 2
             0  2 | 2
                 0  1
```

Terminamos a divisão quando não pudermos mais dividir o quociente por 2.

$32 = 100000_2$ (este número possui seis ordens)

---

19. Escreva o número 66 na base 2.

Resolução:
Façamos o seguinte raciocínio:

```
66 | 2
 0  33 | 2
     1  16 | 2
         0  8 | 2
             0  4 | 2
                 0  2 | 2
                     0  1
```

$66 = 1000010_2$ ou $66 = 1 \times 2^6 + 0 \times 2^5 + 0 \times 2^4 + 0 \times 2^3 + 0 \times 2^2 + 1 \times 2^1 + 0 \times 2^0$

20. Representar o número 101001_2 na base 10 (base decimal).

Resolução:
Façamos o seguinte raciocínio:

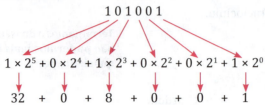

$101001_2 = 32 + 8 + 1$
$101001_2 = 41$

21. Representar o número 1011_2 na base decimal.

Resolução:
Façamos o seguinte raciocínio:

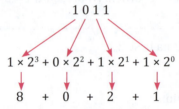

$1011_2 = 8 + 2 + 1$ ou $1011_2 = 11$

22. Representar o número 10100_2 na base decimal.

Resolução:
Façamos o seguinte raciocínio:

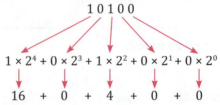

$10100_2 = 16 + 4$
$10100_2 = 20$

23. Efetue $101_2 + 111_2$.

Resolução:
Vamos escrever cada número na sua forma decimal e depois efetuar a soma.

O número 101_2 possui três ordens portanto ele pode ser escrito da seguinte forma:
$1 \times 2^2 + 0 \times 2^1 + 1 \times 2^0 = 4 + 0 + 1 = 5$
O número 111_2 possui três ordens portanto ele pode ser escrito da seguinte forma:
$1 \times 2^2 + 1 \times 2^1 + 1 \times 2^0 = 4 + 2 + 1 = 7$
$101_2 + 111_2 = 5 + 7$
$101_2 + 111_2 = 12$

1.4.2 SISTEMA DE NUMERAÇÃO ROMANA

O sistema de numeração romana é um sistema de base decimal, ou seja, de base dez. Este sistema é utilizado em representações de séculos, em mostradores de relógios, capítulos de livros, nomes de reis e papas e outros tipos de representações.

Este sistema não permite que sejam feitos cálculos, mas que se representem apenas quantidades.

Os símbolos utilizados pelos romanos são:

I	V	X	L	C	D	M
1	5	10	50	100	500	1000

Os números são escritos da seguinte forma:

sete	trinta e seis	cento e cinquenta e dois	mil, setecentos e onze
VII	XXXVI	CLII	MDCCXI
5 + 1 + 1	10 + 10 + 10 + 5 + 1	100 + 50 + 1 + 1	1000 + 500 + 100 + 100 + 10 + 1

Os romanos utilizavam a subtração para representar alguns números

quatro	nove	quarenta	quarenta e quatro	novecentos
IV	IX	XL	XLIV	CM
5 – 1	10 – 1	50 – 10	(50 – 10) + (5 – 1)	1000 – 100

quatrocentos e noventa	mil novecentos e noventa e quatro
CDXC	MCMXCIV
(500 – 100) + (100 – 10)	1000 + (1000 – 100) + (100 – 10) + (5 – 1)

Fonte: *http://educar.sc.usp.br/matematica/l1t6.htm*

24. Converta o número 19 em algarismo romano.

Resolução:
O número 19 pode ser decomposto da seguinte forma 10 + 9,
10 em algarismo romano é representado X
9 em algarismo romano é representado por I X (utilizamos a ideia da subtração 10 – 1,o símbolo colocado à esquerda dá a ideia de subtração)
19 em algarismo romano é XIX

25. Converta o número 123 em algarismo romano

Resolução:
O número 123 pode ser desmembrado da seguinte forma: 100 + 10 + 10 + 3
100 em algarismo romano é representado por C
10 em algarismo romano é representado por X
3 em algarismo romano é representado por III
123 em algarismo romano é representado por CXXIII

26. Converta em algarismo romano o número 1445.

Resolução:
O número 1445 pode ser desmembrado da seguinte forma: 1000 + 400+ 40+ 5
1000 em algarismo romano é representado por M
400 em algarismo romano é representado por CD (500 – 100)
40 em algarismo romano é representado por XL (50 – 10)
5 em algarismo romano é representado por V
1445 em algarismo romano é representado por MCDXLV

27. Escreva com os símbolos indo-arábicos o número romano MVIII.

Resolução:
M representa 1000
V representa 5
III representa 3
MVIII representa 1000 + 5 + 3 = 1008

28. Escreva com os símbolos indo-arábicos o número romano CDII.

Resolução:
C representa 100
D representa 500
II representa 2
Como C está antes do D, CD representa o número 400
CDII representa 400 + 2 = 402

29. Escreva com os símbolos indo-arábicos o número romano CCXIV.

Resolução:
C representa 100
X representa 10

I representa 1
V representa 5
Como I está antes do V, IV representa 4.
O número CCXIV representa 100 + 100 + 10 + 4 = 214

30. Escreva com os símbolos indo-arábicos o número romano LXXI

Resolução:
L representa 50
X representa 10
I representa 1
LXXI representa 50 + 10 + 10 + 1 = 71

UNIDADE 3

CONJUNTOS NUMÉRICOS

3. CONJUNTO DOS NÚMEROS NATURAIS OU NÚMEROS DE CONTAGEM

Vários povos criaram sistemas e maneiras diferentes de registrar números. Atualmente o sistema universal aceito é o sistema decimal e o registro é o indo-arábico. Os números naturais surgiram na história da humanidade pela necessidade de se efetuar contagem no nosso cotidiano. Por exemplo:
• Ao enumerar as páginas de um livro;
• A lista de chamada de uma escola;
• Enumerar o número de habitantes de uma cidade, de um estado ou de um país;
• O número de um telefone,
• O número de calorias consumidas por uma pessoa em uma refeição;
• O CEP de uma rua, etc...

Eles ainda podem representar a identificação de uma pessoa através do Registro Geral (RG) ou o CPF ou ainda a carteira de habilitação, registro de um automóvel entre outros. Como podemos perceber os números naturais fazem parte do nosso dia-a-dia.
Os números 0, 1, 2, 3, 4, 5, e assim por diante são chamados números naturais, e têm este nome porque são os números que usamos naturalmente para contar. O conjunto dos números naturais é representado pela letra N:

N = {0,1, 2, 3, 4, 5, 6, 7,...}

O conjunto N* = {1, 2, 3, 4, 5, 6, 7,...} (não possui o elemento zero)

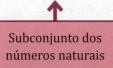
Subconjunto dos números naturais

A sequência dos números naturais cresce de 1 em 1 e dois números vizinhos são chamados números consecutivos.

Exemplo:
O consecutivo de 8 é 9 de 9 é 10 e assim sucessivamente.
Também podemos dizer que o sucessor de 8 é 9 ou o antecessor de 9 é 8

Podemos ainda estabelecer uma relação de ordem entre os números naturais.
Vamos considerar os números consecutivos 11, 12 e 13.
Podemos observar que 11 é menor que 12, que por sua vez é menor que 13. Usando a simbologia matemática escrevemos:

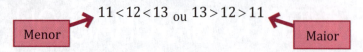

Os números naturais também são representados numa reta numerada. Estes números são representados da seguinte forma:
1) Desenha-se uma reta e marca-se um ponto 0.
2) A partir de 0 e para a direita, marca-se 1, 2, 3, e assim por diante, mantendo distâncias iguais entre esses pontos.

Na reta numerada, os números são marcados na ordem crescente.
0 < 1 < 2 < 3 < 4 < ...

---

1. Dê o sucessor do maior número de 2 algarismos.

Resolução:
O maior número de dois algarismos é 99, logo seu sucessor é:
99 + 1 = 100.

---

2. Dê o antecessor do menor número de quatro algarismos.

Resolução:
O menor número de quatro algarismos é 1 000, logo se antecessor é:
1 000 − 1 = 999

---

3. Escreva cinco números consecutivos de modo que o número do meio seja 7.

Resolução:

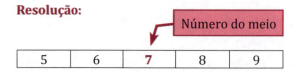

---

4. Quantos algarismos são necessários para numerar um livro de 150 páginas?

Resolução:
Vamos escrever os números de 1 a 150:

1, 2, ... 9,
Números de
1 algarismo

 10, 11, ... 99,
Números de
2 algarismos

 100, 101, ... , 150
Números de
3 algarismos

Temos:
(9 – 1) + 1 = 9 números de 1 algarismo ⟶ 9 × 1 = 9
(99 – 10) + 1 = 90 números de 2 algarismos ⟶ 90 × 2 = 180
(150 – 100) + 1 = 51 números de 3 algarismos ⟶ 51 × 3 = 153
Portanto para numerar um livro de 150 páginas precisamos de (9 + 180 + 153) algarismos, ou seja, 342 algarismos.

5. (Olimpíada de Matemática – SP) Considere como verdadeiras as afirmações:
• O número a é maior que o número b;
• O número a é menor que o número d;
• O número d é menor que o número c;
• O número b é menor que o número c.
Então,
a) a < b < c < d
b) b < a < c < d
c) b < a < d < c
d) b < d < a < c

Resolução:
Vamos resolver esta questão representando os números a, b, c e d por barras.

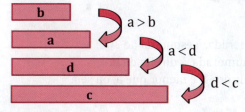

Alternativa correta: "c".

6. Descubra o número:
• É um número entre 2 000 e 3 000;
• Os seus três últimos algarismos são iguais;
• A soma de seus algarismos é 14.

Resolução:
Se é um número entre 2 000 e 3 000 então o número começa com o algarismo 2.

| 2 | | | |

Os outros três números são iguais e tem soma (14 − 2) = 12. Dividindo 12 em três partes iguais temos:
12 : 3 = 4
O número é 2 444

7. Escreva quatro números ímpares consecutivos que estejam entre 1 000 e 1 020

Resolução:
1 001, 1 003, 1 005 e 1 007
Outra solução:
1 009, 1 011, 1 013 e 1 015
Outra solução:
1 011, 1 013, 1 015 e 1 017
(existem outras soluções)

8. As letras a e b representam números naturais. Responda:
   a) se 400 < a e a < b, então 400 > b ou 400 < b?
   b) Se a > 300 e 300 > b, o que se pode concluir sobre a e b?

Resolução:
a) Para resolver este exercício vamos fazer uso da reta numerada.
   400 é menor que a, logo esta na reta numerada à esquerda de **a**.
   a é menor que **b**, logo **a** está à esquerda de **b**.
   Olhando a reta numerada podemos concluir que 400 é menor que **b**, ou seja, 400 < b.

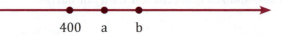

b) **a** é maior que 300, logo **a** está, na reta numerada, à esquerda de 300.
   300 é maior que **b**, logo 300 está, na reta numerada, à direita de **b**.
   Olhando a reta numerada podemos concluir que **b** é menor que **a**, ou seja,
   b < a ou ainda a > b.

9. Nomeie os elementos dos conjuntos abaixo:
   a) A = {x ∈ N | x < 4}
   b) B = {x ∈ N | x > 2}
   c) C = {x ∈ N | 2 ≤ x < 6}
   d) D = {x ∈ N | 1 < x < 5}
   e) E = {x ∈ N | 7 < x ≤ 11}

Resolução:
a) A = {x ∈ N | x < 4}, o conjunto é formado por número naturais menores que 4.
   A = {0, 1, 2, 3}

b) B = {x ∈ N | x > 2}, o conjunto é formado por números maiores que 2.
B = {3, 4, 5, 6, ... } ⟶ conjunto infinito

c) C = {x ∈ N | 2 ≤ x < 6}, o conjunto é formado por números naturais entre 2 e 6 incluindo o 2.
C = {2, 3, 4, 5}

d) D = {x ∈ N | 1 < x < 5}, o conjunto é formado por número naturais entre 1 e 5.
D = {2, 3, 4}

e) E = {x ∈ N | 7 < x ≤ 11}, o conjunto é formado por números naturais entre 7 e 11 incluindo o 11.
E = {8, 9, 10, 11}

---

10. Sendo A = {x ∈ N | 1 < x < 7} e B = {x ∈ N | 3 < x < 9}, determine:
   a) A ∪ B
   b) A ∪ B
   c) A − B

Resolução:
a) A ∪ B
Vamos determinar em um primeiro momento, os elementos de cada conjunto.
A = {x ∈ N | 1 < x < 7}, conjunto formado por número naturais entre 1 e 7.
A = {2, 3, 4, 5, 6}
B = {x ∈ N | 3 < x < 9}, conjunto formado por número naturais entre 3 e 9.
B = {4, 5, 6, 7, 8}
A ∪ B (união entre conjuntos)
A ∪ B = {2, 3, 4, 5, 6, 7, 8}

b) A ∩ B (intersecção ⟶ elementos comuns)
A ∩ B = {4, 5, 6}

c) A − B (elementos que estão presentes no conjunto A, mas não estão presentes no conjunto B)
A − B = {2, 3}

---

11. Dados os conjuntos A = {3, 4, 5, 6, 7, 8} e B = {0, 3, 6, 9, 12, 15, 18}, obter:
B − (A ∩ B)

Resolução:
Vamos calcular primeiro A ∩ B
A ∩ B = {3, 6}

> Conjunto Intersecção: conjunto formado pelos elementos comuns dos conjuntos A e B

B − (A ∩ B) = {0, 9, 12, 15, 18}

> Diferença: Conjunto formado por elementos do conjunto B, mas não da intersecção.

OPERAÇÕES COM NÚMEROS NATURAIS

1. ADIÇÃO

Lembrete:

Quando efetuamos uma adição, por exemplo, 3 + 5 = 8, os números naturais 3 e 5 são chamados de parcelas e o resultado 8 chama-se soma.

Propriedades:

a) Fechamento "a soma de dois números naturais é sempre um número natural"
Simbolicamente podemos escrever: Se a ∈ N | b ∈ N, então (a + b) ∈ N

b) Comutativa ⟶ Se a, b ∈ N, então: a + b = b + a

c) Elemento Neutro
Existe um elemento, o zero, tal que para todo a ∈ N temos: 0 + a = a + 0 = a

d) Associativa
Se a, b, c ∈ N, então: (a + b) + c = a + (b + c)

e) Cancelamento
Se a = b, então a + x = b + x, sendo a, b e x ∈ N

---

12. Roberto tem 23 anos de idade, Pedro tem 5 anos a mais que Roberto. Qual a soma das idades?

Resolução:
Idade de Roberto = 23
Idade de Pedro = 23 + 5 = 28
Soma das idades = 23 + 28 = 51
A soma das idades é 51 anos.

---

13. Um computador custa R$ 4 157,00. O comprador terá ainda que pagar R$ 234,00 de despesa de frete. Quanto o comprador vai gastar?

Resolução:
Preço do computador = R$ 4 157,00
Despesa de frete = R$ 234,00
Gasto = 4 157,00 + 234,00 = 4 391,00
O comprador vai gastar R$ 4 391,00.

---

14. Ao receber meu salário paguei R$ 437,00 de aluguel, R$ 68,00 de prestação e R$ 1 080,00 de alimentação e ainda me sobraram R$ 750,00. Qual é o meu salário?

Resolução:

Salário = 437 + 68 + 1 080 + 750 = 2 335
         ↓   ↓   ↓   ↓   ↓

      aluguel prestação alimentação sobrou salário

O meu salário é de R$ 2 335,00

---

15. Um prêmio deve ser distribuído entre duas pessoas. A primeira recebe R$ 75 425,00. A segunda recebe o que recebeu a primeira mais R$ 1 500,00. Qual o valor do prêmio?

Resolução:
Primeira pessoa = 75 425
Segunda pessoa = 75 425 + 1 500 = 76 925
Valor do prêmio = 152 350
O valor do prêmio é de R$ 152 350,00

---

16. (FUVEST) A soma dos dez primeiros números naturais ímpares é:
    a) 10   **b)** 100   **c)** 120   **d)** 200

Resolução:
Para solução deste problema você pode seguir, pelo menos, dois raciocínios, a seguir indicados. E, com qualquer deles, você obterá, obviamente, o mesmo resultado.

1) Simplesmente, somando os dez primeiros números naturais ímpares, como segue:
$1 + 3 + 5 + 7 + 9 + 11 + 13 + 15 + 17 + 19 = 100$

2) Usando-se o conhecido "procedimento de GAUSS", um famoso gênio da matemática, explicado a seguir.

    a) Colocar os 10 primeiros números naturais ímpares em ordem crescente.

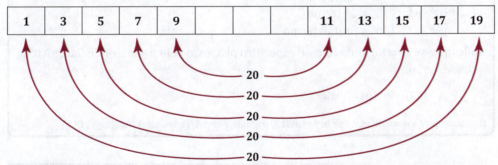

    b) Se somarmos, conforme indicado na figura acima, o primeiro número (1) com o último (19), o resultado será 20.
    Se somarmos, o segundo número (3) com o penúltimo (17), o resultado será 20.
    Se somarmos, o terceiro número (5) com o antepenúltimo (15), o resultado será 20.
    Prosseguindo com o mesmo raciocínio para os números faltantes, os resultados serão, respectivamente, 20 e 20.

Resumindo: a soma de dois números simetricamente colocados na "tabela" é sempre igual a 20.

c) Observe que formamos 5 parcelas de 20, que somadas tem o resultado igual a 100.

Resposta: Alternativa "b".

Leia a seguir alguns dados biográficos do genial GAUSS, Carl Friedrich.

GAUSS, Carl Friedrich (1777-1855)

Carl Friedrich Gauss nasceu em 1777 e viveu até 1855. É considerado um dos maiores matemáticos de todos os tempos. Gauss teve a estatura de Arquimedes e de Newton. Gauss contribuiu para todos os ramos da Matemática e para a Teoria dos Números. Enquanto criança mostrou grande talento para a Matemática.

Uma realização curiosa, muito popular, ocorreu, quando Gauss tinha 10 anos, em sala de aula. O professor pedira aos seus alunos que somassem a sequência dos números naturais de 1 a 100 (1 + 2 + 3 + ... + 97 + 98 + 99 + 100) e, a medida que terminassem essa tarefa, fossem à lousa escrever os resultados encontrados. Gauss, em poucos minutos, fez o exercício e se dirigiu à lousa, escrevendo o número 5050. O professor, de inicio, não ficou surpreso, achando que o jovem havia "chutado" o resultado. Mas, à medida que outros alunos foram terminando a tarefa, assustou-se, pois a maioria havia chegado ao número 5050. O professor, imediatamente interpelou Gauss para que mostrasse aos demais alunos o procedimento que utilizou para chegar tão rapidamente a esse resultado. E Gauss teria dito que observou que, somando os extremos dessa sequência, o resultado era sempre 101, tais como 1 + 100 = 101, 2 + 99 = 101, 3 + 98 = 101, ... até 50 + 51 = 101. E observou, também, que teria que fazer essa operação 50 vezes e, então o resultado dessa operação seria simplesmente realizar a multiplicação 50 × 101, que daria a soma de todos os cem números de 1 a 100, ou seja, o valor de 5050. Gauss, além de deixar o professor maravilhado com a profundidade e rapidez do raciocínio de seu aluno, acabara de demonstrar, intuitivamente, a fórmula que permite calcular a soma de "n" números sequenciais de uma PA (Progressão Aritmética).

$$S = \frac{n}{2} \cdot (a_1 + a_n) \quad \begin{cases} n = \text{número de termos} \\ a_1 = 1^\text{o} \text{ termo} \\ a_n = \text{último termo} \end{cases}$$

Aplicando-se essa fórmula ao caso específico proposto pelo professor de Gauss à toda a classe, teríamos:

$$S = \frac{100}{2}(1+100) = 50 \cdot 101 = 5050$$

(Fonte: http://www.fem.unicamp.br/~em313/paginas/person/gauss.htm) (adaptado, DCS)

---

17. Um filho tem atualmente 24 anos, e seu pai tinha 32 anos quando ele nasceu. Qual é a idade atual do pai?

Resolução: Idade atual do filho
Idade do pai = 32 + 24 = 56
A idade atual do pai é 56 anos.

18. Uma pessoa tem três dívidas para pagar, a primeira de R$ 1 250,00, a segunda, tanto quanto a primeira mais R$ 232,00 e a terceira tanto quanto as duas primeiras juntas. Quanto esta pessoa deve?

Resolução:
Primeira dívida = 1 250
Segunda dívida = 1 250 + 232 = 1 482
Terceira dívida = 1 250 + 1 482 = 2 732
Total da dívida = 1 250 + 1 482 + 2 732 = 5 464
Esta pessoa deve R$ 5 464,0

19. (UECE – CE) Numa corrida de 5 000 metros, o primeiro colocado vence o segundo por 400 metros e o segundo colocado vence o terceiro por 200 metros. Qual a soma das distâncias percorridas, em metros, pelos três corredores no instante em que o primeiro colocado atinge a marca de chegada?

Resolução:
Usaremos a seguinte simbologia para resolver este problema:
A ⟶ 1º lugar
B ⟶ 2º lugar
C ⟶ 3º lugar
A percorreu 5 000 metros
B percorreu (5 000 – 400) = 4 600 metros
C percorreu (4 600 – 200) = 4 400 metros
Soma das distâncias = (5 000 + 4 600 + 4 400) metros
Soma das distâncias = 14 000 metros

20. Com os algarismos 2, 3 e 5 escreva todos os números de dois algarismos possíveis. A seguir some o número maior e o número menor.

Resolução:
23, 25, 32, 35, 53, 52, 22, 33 e 55
Menor número ⟶ 22
Maior número ⟶ 55
Soma = 55 + 22 = 77

21. A região Norte do Brasil é formada por sete estados: Acre, Amapá, Amazonas, Pará, Rondônia, Roraima e Tocantins. O quadro abaixo representa a população de cada estado.

Estado	População
Acre	417 718
Amapá	289 397

Estado	População
Amazonas	2 103 243
Pará	4 950 060
Rondônia	1 132 692
Roraima	217 583
Tocantins	919 863

IBGE – 1 991

a) Identifique o estado que tem menor população.
b) Identifique o estado que tem maior população.
c) Qual é a população da região Norte?

Resolução:

a) Menor população: Roraima com 217 583 habitantes
b) Maior população: Pará com 4 950 060 habitantes
c) População da região Norte = 417 718 + 289 397 + 2 103 243 + 4 950 060 + 1 132 692 +
    + 217 583 + 919 863

População da região Norte = 10 030 556 habitantes

---

22. Na conta abaixo substitua a ☆ por um algarismo de modo que ela fique correta.

```
  ☆ 6 3 ☆
+ 4 ☆ ☆ 8
-----------
  8 3 8 2
```

Resolução:
8 mais ☆ é uma soma cujo algarismo das unidades seja 2.
8 + 1 = 9
8 + 2 = 10
8 + 3 = 11
8 + 4 = 12

O número procurado é 4, logo temos:

```
      1
  ☆ 6 3 4
+ 4 ☆ ☆ 8
-----------
  8 3 8 2
```

3 + 1 + ☆ = 8, logo o número procurado é 4. Temos então:

```
      1
  ☆ 6 3 4
+ 4 ☆ 4 8
-----------
  8 3 8 2
```

6 mais ☆ é uma soma cujo algarismo da unidade representa 3.
6 + 0 = 6
6 + 1 = 7
6 + 2 = 8

```
6 + 3 = 9
6 + 4 = 10
6 + 5 = 11
6 + 6 = 12
6 + 7 = 13
```

O número procurado é 7.

```
   1   1
   ☆  6  3  4
+  4  7  4  8
─────────────
   8  3  8  2
```

A soma 4 + ☆ + 1 = 8, logo o número procurado é 3.

```
   1   1
   3  6  3  4
+  4  7  4  8
─────────────
   8  3  8  2
```

---

23. As idades de Sueli e de sua avó são escritos com os mesmos algarismos. Porem invertidos. A soma dessas idades é 132. Qual é a idade de cada uma?

Resolução:
A soma das idades pode ser escrita da seguinte forma:

```
   a b
+  b a
──────
  1 3 2
```

A soma a + b tem como algarismo das unidades o resultado 2:

Possibilidades:
b pode ser 8 e **a** pode ser 4
b pode ser 9 e **a** pode ser 3
b pode ser 7 e **a** pode ser 5

Se b = 8 e a = 4 temos:

```
    48
+   84
──────
   132
```

Resultado possível.
Se b = 9 e a = 3, temos:

```
    93
+   39
──────
   132
```

Resultado possível:
Se b = 7 e a = 5, temos as idades: 75 e 57 (idades incompatíveis para avó e neta)
Os possíveis resultados são: (48 e 84) e (93 e 39)

24. Uma pessoa economiza no primeiro mês de trabalho, R$ 143,00 e em cada mês seguinte R$ 58,00 mais que o anterior. Quanto economizará após 4 meses de trabalho?

Resolução:
1º mês = 143
2º mês = 143 (mês anterior) + 58 = 201
3º mês = 201 (mês anterior) + 58 = 259
4º mês = 259 (mês anterior) + 58 = 317
Total economizado = 143 + 201 + 259 + 317 = 920
Esta pessoa economizará R$ 920,00.

25. Roberto devia a um amigo R$ 153,00. Prestando um serviço a este amigo e fazendo um acerto de contas, tornou-se credora desse amigo da importância de R$ 207,00. Qual o valor do serviço prestado?

Resolução:

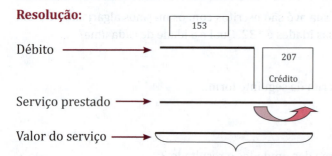

O valor do serviço compreende a importância do débito, que ficou liquidado mais o saldo credor, isto é:
Valor do serviço = 153 + 207 = 360
O valor do serviço foi R$ 360,00

26. Numa competição de tiro ao alvo o primeiro colocado fez 15 pontos a mais que o segundo, este fez 27 pontos a mais que o terceiro e este fez 58 pontos. Quantos pontos fizeram, respectivamente, o primeiro e o segundo colocados e qual o total dos pontos feitos pelos três competidores?

Resolução:

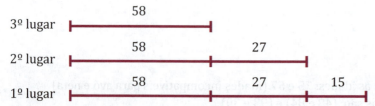

O 2º fez 27 a mais que o 3º = 58 + 17 = 85
O 1º fez 15 a mais que o segundo = 85 + 15 = 100
Total de pontos = 58 + 85 + 100 = 243
O primeiro fez 100 pontos, o segundo 85 e o total de pontos foi 243.

27. Renata foi participar de um congresso de matemática em Belo Horizonte. Ela tomou um ônibus às 8h 20 min e chegou a Belo Horizonte às 16h 50 min. Quanto tempo demorou a viagem?

Resolução:
Das 8h 20min até ás 9 são:
10 minutos para chegar às 8h e 30min + 30 minutos para chegar ás 9h, logo
Totalizamos 10 + 30 = 40 minutos.
Das 9h até 16h é um total de 7 horas
Tempo de viagem = 40 minutos + 7 horas + 50 minutos = 7 horas e 90 minutos
Sabemos que 1 hora tem 60 minutos, logo
90 minutos corresponde a 1 hora e 30 minutos
Tempo de viagem = 7 horas + 1 hora + 30 minutos
Tempo de viagem = 8 h e 30 min

28. (OBM-1998) No quadrado mágico abaixo, a soma dos números em cada linha, coluna e diagonal é sempre a mesma.

15		35
50		
25	x	

Por isso, no lugar do X devemos colocar o número:
(A) 30 **(B)** 20 **(C)** 35 **(D)** 45; **(E)** 40

Resolução:
Pela coluna dada vemos que o resultado da soma constante é 15 + 50 + 25 = 90. Na primeira linha 15 + 35 = 50, portanto falta o número 40.

15	40	35
50		
25	x	

Na diagonal temos 35 + 25 = 60, portanto o termo central é 30.

15	40	35
50	30	
25	x	

Logo x + 40 + 30 deve ser 90, logo x = 20.
Alternativa "b".

2. SUBTRAÇÃO

Lembrete:

Quando efetuamos uma subtração, por exemplo, 8 − 3 = 5, o números natural 8 é chamado minuendo, o número natural 3 é chamado de subtraendo e o resultado 5 é chamado de diferença ou resto.

Propriedades:

1) A subtração não possui a propriedade de fechamento, pois não existe a diferença entre dois números naturais quando o primeiro é menor que o segundo:
6 ∈ N, 8 ∈ N, porem 6 − 8 ∈ N

2) A subtração não possui a propriedade comutativa, pois:
8 − 6 = 2 e 6 − 8 ∈ N

3) A subtração não possui elemento neutro, pois:
4 − 0 = 4 e 0 − 4 ∈ N

4) A subtração não possui a propriedade associativa, pois:
(20 − 8) − 5 = 12 − 5 = 7
20 − (8 − 5) = 20 − 3 = 17
(20 − 8) − 5 ≠ 20 − (8 − 3)

29. Nos primeiro cinco meses do ano de 2 009, o Brasil exportou 9,9 milhões de sacas de café. No mesmo período do ano anterior o volume exportado foi de 10,7 milhões de sacas. Quantas sacas de café, a mais, o Brasil exportou nos primeiros cinco meses de 2 008, em relação ao ano de 2 009?

Resolução:
Sacas de café = 10 700 000 − 9 900 00 = 800 000 mil

30. Uma escola tem 2 543 alunos. No final do ano, 125 alunos pediram transferência e 36 novos alunos foram matriculados. Quantos alunos a escola tem agora?

Resolução:
Após o pedido da transferência = 2 543 − 125 = 2 418 alunos
Total de alunos = 2 418 + 36 = 2 454

31. Uma corrida de taxi custou R$ 37,00 reais. O passageiro deu uma nota de R$ 50,00 para pagar. Para facilitar o troco, o motorista pediu uma nota de R$ 2,00. Quanto o passageiro recebeu de volta?

Resolução:
O passageiro deu ao motorista = 50 + 2 = 52
Recebeu de volta = 52 − 37 = 15
O passageiro recebeu R$ 15,00.

32. Tatiana foi ao shopping e levou R$ 500,00 reais para gastar. A tabela abaixo representa os gastos de Tatiana.

produto	preço
1 par de sapatos	R$ 80,00
1 calça jeans	?
1 perfume	R$ 180,00

Como ela ficou com R$ 10,00, qual a quantia que ela pagou na calça jeans?

Resolução:
Tatiana gastou = 500,00 – 10,00 = 490,00 ← Valor total gasto
Gasto (sapatos + perfume) = 80,00 + 180,00 = 260,00
Preço da calça jeans = 490,00 – 260,00 = 230,00
Tatiana gastou na calça jeans R$ 230,00.

33. Álvaro é 5 anos mais velho do que Newton e 3 anos mais novo que do que Felipe. O pai de Felipe tem hoje 40 anos e, quando Felipe nasceu, ele tinha 28. Diga qual é a idade de:
a) Felipe   b) Álvaro   c) Newton

Resolução:
Idade de Felipe = 40 – 28 = 12 anos

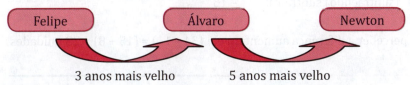

Idade de Álvaro = 12 – 3 = 9 anos
Idade de Newton = 9 – 5 = 4 anos

34. Se Maria ganhar R$ 500,00, poderá pagar uma dívida de R$ 850,00 e ainda lhe sobra R$ 42,00. Qual é a quantia que Maria tem?

Resolução:
Quantia da dívida mais o que sobra = 850 + 42 = 892
Maria tem 500 a menos que a quantia acima, logo
Quantia que Maria tem = 892 – 500 = 392
Maria tem R$ 392,00

35. Dona Estela saiu de casa para fazer compras com R$ 432,00. Gastou R$ 72,00 na farmácia, R$ 135,00 no supermercado e R$ 38,00 no tintureiro. Quanto sobrou?

Resolução:
Total de Gastos = 72 + 135 + 38 = 245
Sobrou = 432 − 245 = 187
Sobrou para Dona Estela R$ 187,00

---

36. Numa adição de três parcelas, a primeira parcela vale 1 450, a terceira é o sucessor de 5 236 e a soma das três parcelas 12 300. Quanto vale a segunda parcela?

Resolução:
Primeira parcela = 1 450
Terceira parcela = sucessor de 5 236 = 5 237
Soma destas parcelas = 1 450 + 5 237 = 6 687
Segunda parcela = 12 300 − 6 687 = 5 613
A segunda parcela vale 5 613

---

37. Numa subtração, se acrescentarmos ao minuendo 15 unidades e subtrairmos 8 unidades do subtraendo, o que acontece com a diferença?

Resolução:
Vamos tomar dois números quaisquer, por exemplo, 35 e 24

$$
\begin{array}{r}
35 \text{ (minuendo) acrescentar 15} \\
-\ 24 \text{ (subtraendo) subtrair 8} \\
\hline
\text{Diferença: } 11
\end{array}
\qquad
\begin{array}{r}
50 \\
-\ 16 \\
\hline
34
\end{array}
$$

Como podemos perceber a diferença aumentará em (34 − 11) = (15 + 8) = 23 unidades

---

38. Quatro irmãs tinham certa quantia: a primeira mais a segunda e a terceira tinham R$ 26,00; a primeira mais a terceira e a quarta tinham R$ 39,00; a primeira mais a segunda e a quarta tinham R$ 33,00 e a segunda mais a terceira e a quarta tinham R$ 43,00. Quanto tinha cada uma?

Resolução:
1ª + 2ª + 3ª = 26
1ª + 3ª + 4ª = 39
1ª + 2ª + 4ª = 33
2ª + 3ª + 4ª = 43

Se somarmos todas estas quantidades temos:
26 + 39 + 33 + 43 = 141

Podemos perceber pelo esquema acima que esta soma corresponde a três vezes a quantia de cada irmã. Logo
1ª + 2ª + 3ª + 4ª = 141 : 3
1ª + 2ª + 3ª + 4ª = 47

Vamos agora voltar ao enunciado do problema:
Sabemos que 1ª + 2ª + 3ª = 26 e 1ª + 2ª + 3ª + 4ª = 47, logo
4ª = 47 − 26 = 21

Sabemos que:
1ª + 3ª + 4ª = 39 e 1ª + 2ª + 3ª + 4ª = 47, logo
2ª = 47 − 39 = 8

Sabemos que:
1ª + 2ª + 4ª = 33 e 1ª + 2ª + 3ª + 4ª = 47, logo
3ª = 47 − 33 = 14

Sabemos que:
2ª + 3ª + 4ª = 43 e 1ª + 2ª + 3ª + 4ª = 47, logo
1ª = 47 − 43 = 4

As quantias de cada uma são: 4, 8, 14 e 21

3. MULTIPLICAÇÃO

Lembrete:
Consideremos a adição de cinco parcelas iguais a 4:
4 + 4 + 4 + 4 + 4 = 20
Podemos representar esta mesma igualdade por:
5 x 4 = 20 ou 5 . 4 = 20
(lê-se: cinco vezes quatro é igual a vinte)

A operação realizada denomina-se multiplicação. Numa multiplicação, os números que multiplicamos são chamados de fatores e o resultado é chamado de produto. No exemplo acima os fatores são 5 e 4 e o produto é 20

Propriedades:
1) Fechamento
   $6 \in N$ e $4 \in N$ ⟶ $6 \times 4 = 24 \in N$
2) Comutativa
   $6 \times 4 = 4 \times 6$ (a ordem dos fatores não altera o produto)
3) Elemento Neutro
   $1 \times 4 = 4 \times 1 = 4$ (o elemento neutro da multiplicação é o número 1)
4) Associativa
   $(5 \times 4) \times 3 = 20 \times 3 = 60$ ou $5 \times (4 \times 3) = 5 \times 12 = 60$
5) Distributiva da multiplicação em relação à adição ou subtração
   a) em relação à adição:
      $4 \times (5 + 6) = 4 \times 11 = 44$ ou $4 \times (5 + 6) = 4 \times 5 + 4 \times 6 = 20 + 24 = 44$
   b) em relação à subtração:
      $5 \times (8 − 2) = 5 \times 6 = 30$ ou $5 \times (8 − 2) = 5 \times 8 − 5 \times 2 = 40 − 10 = 30$

39. Um carro percorre, na cidade, 9 quilômetros com 1 litro de gasolina. Quantos quilômetros poderão ser percorridos com 12 litros de gasolina?

Resolução:
Números de quilômetros = 9 × 12
Podemos realizar esta multiplicação de três formas possíveisl:

1ª forma: *(Decompondo o número 12)*
Números de quilômetros = 12 + 12 + 12 + 12 + 12 + 12 + 12 + 12 + 12 = 108

2ª forma:
Números de quilômetros = 9 × (10 + 2)
Aplicando a propriedade distributiva temos:
Números de quilômetros = 90 + 18 = 108

3ª forma:
```
   12
 ×  9
 ___
  108
```

---

40. Uma hora tem 60 minutos. Quantos minutos têm 5 horas?

Resolução:
Número de minutos = 5 × 60 = 300
5 horas têm 300 minutos

---

41. Comprei um carro por R$ 20 300,00 de entrada mais três prestações mensais de R$ 7 000,00. Ao final dos três meses, quanto terei pago pelo carro?

Resolução:
Três prestações de 7 000,00 ⟶ total pago = 3 × 7 000,00 = 21 000,00
Preço do carro = 20 300,00 + 21 000,00 = 41 300,00
Paguei pelo carro R$ 41 300,00

---

42. Em cada caixote cabem 20 dúzias de maçãs. Um caminhão está carregado de 60 caixotes de maçãs.
  a) Quantas maçãs há em cada caixote?
  b) Quantas maçãs o caminhão está carregando?

Resolução:
a) Número de maçãs por caixote = 20 × 12 *(Uma dúzia representa 12 unidades)*
   Números de maçãs por caixote = 240
b) O caminhão está carregando 60 caixotes, pelo item anterior sabemos que cada caixote tem 240 maçãs, logo:
   Número total de maçãs = 60 × 240 = 14 400
   O caminhão está carregando 14 400 maçãs

43. Se somarmos o quádruplo de 5 com o triplo de 7 e diminuirmos o dobro de 9, quanto obteremos como resultado?

Resolução:
Quádruplo de 5 $\longrightarrow$ 4 × 5 = 20
Triplo de 7 $\longrightarrow$ 3 × 7 = 21
Dobro de 9 $\longrightarrow$ 2 × 9 = 18
Resultado = 20 + 21 − 18
Resultado = 41 − 18
Resultado = 23

---

44. Uma doceira preparou para uma festa de aniversário 8 dúzias de brigadeiros, 5 dezenas de bicho de pé e 3 centenas de doces variados. Quantos doces a doceira fez?

Resolução:
8 dúzias de brigadeiro 8 × 12 = 96   *Uma dezena equivale a 10 unidades*
5 dezenas de bicho de pé 5 × 10 = 50
3 centenas de doces variados 3 × 100 = 300
Uma centena equivale a 100 unidades

Total de doces = 96 + 50 + 300 = 446

---

45. Uma roda gigante dá 4 voltas por minuto. Quantas voltas dá em 1 hora?

Resolução:
1 hora tem 60 minutos logo:
Número de voltas = 4x60 = 240
A roda gigante dá 240 voltas

---

46. Numa adição de 4 parcelas a primeira é 120, a segunda 20 a menos que a primeira, a terceira o dobro da primeira e a quarta 40 a mais que a terceira. Qual é a soma das quatro parcelas?

Resolução:
1ª $\longrightarrow$ 120
2ª $\longrightarrow$ 120 − 20 = 100
3ª $\longrightarrow$ 2 × 120 = 240
4ª $\longrightarrow$ 240 + 40 = 280
Soma = 120 + 100 + 240 + 280 = 740

---

47. Camila comprou 5 caixas de bombons e cada caixa contém 2 dúzias de bombons. Quantos bombons Camila comprou?

Resolução:
1 dúzia = 12 bombons
2 dúzias = 2 × 12 = 24 bombons
Número de bombons comprado = 5 × 24 = 120
Camila comprou 120 bombons.

---

48. Os candidatos ao vestibular de uma faculdade foram distribuídos em 112 salas de 35 lugares cada uma. Tendo sido necessário, ainda, formar uma classe incompleta com 18 candidatos, quantos candidatos havia para o vestibular dessa faculdade?

Resolução:
Cada sala tem 35 lugares, logo 112 salas têm 112 × 35 = 3 920
Número de candidatos = 3 920 + 18 = 3 938

1 sala incompleta

Havia 3 938 candidatos

---

49. (Fuvest – modificado) Duas pessoas A e B disputam partidas de um jogo. Cada vez que A vence uma partida, recebe R$ 20,00 de B e cada vez que B vence recebe R$ 30,00 de A. Qual o prejuízo de A se vencer 51 e perder 49 partidas?

Resolução:
A vence 51 partidas ⟶ ganha = 51 × 20 = 1 020
A perde 49 partidas ⟶ perde = 49 × 30 = 1 470
Prejuízo = 1 470 – 1 020 = 450
O prejuízo de A será de R$ 450,00.

---

50. Certo dia, saíram 50 caminhões de uma fabrica de refrigerantes. Cada caminhão carregava 2 centenas de caixas, com 2 dúzias de garrafas em cada caixa. Qual o total de garrafas transportado neste dia?

Resolução:
1 dúzia tem 12 garrafas
2 dúzias têm 24 garrafas
2 centenas de caixas = 200 caixas
100 caixas possuem = 100 . 24 = 2 400 garrafas
2 centenas de caixas = 2 . 2 400 = 4 800 garrafas
1 caminhão carrega 2 centenas de caixas ou 4 800 garrafas.
50 caminhões carregam = 50 . 4 800 = 240 000 garrafas
Os 50 caminhões carregam 240 000 garrafas.

---

51. Efetuando as multiplicações abaixo, que curiosidade você pode observar?
a) 37 . 3   b) 37 . 6   c) 37 . 9   d) 37 . 12   e) 37 . 15

Resolução:
Efetuando as multiplicações temos:
37 . 3 = 111
37 . 6 = 222
37 . 9 = 333
37 . 12 = 444
37 . 15 = 555
Percebemos que cada resultado é formado por algarismos iguais.

---

52. Um mestre de obras ganha R$ 1 500,00 por semana e um pedreiro R$ 900,00. Quanto ganham os dois em 5 semanas?

Resolução:
Ganho do mestre de obra = 5 . 1 500 = 7 500
Ganho do pedreiro = 5 . 900 = 4 500
Ganho dos dois = 7 500 + 4 500 = 12 000
Juntos eles ganham R$ 12 000,00

---

53. Um mapa foi feito numa escala tal que 25 quilômetros reais são representados por 5 centímetros. Nesse mesmo mapa, a distância entre duas cidades está representada por 14 cm centímetros. Qual a distância real, em quilômetros, entre essas cidades?

Resolução:
5 cm representam 25 quilômetros, ou seja, 1 cm representa 5 quilômetros
14 cm representam 14 . 5 = 70 quilômetros
A distância real entre essas cidades é de 70 quilômetros

---

54. Uma loja de eletrônicos vendeu 18 máquinas fotográficas em um mês, a um preço de R$ 435,00 cada uma. Responda:
a) qual a quantia apurada com a venda dessas 18 máquinas fotográficas?
b) se o custo total dessas máquinas foi de R$ 4 500,00, qual foi o lucro obtido por essa loja?

Resolução:
a) 1 máquina ⟶ 435
   Quantia apurada = 18 . 435 = 7 830
   A quantia apurada é de R$ 7 830,00
b) Lucro = A quantia apurada – Custo total
   Lucro = 7 830 – 4 500
   Lucro = 3 330

O lucro obtido é de R$ 3 330,00

55. Para uma excursão a um museu, um colégio alugou 4 ônibus. Em cada ônibus foram colocados 35 alunos. Além dos alunos 10 professores acompanharam esses alunos na excursão. Quantas pessoas ao todo participaram dessa excursão?

Resolução:
1 ônibus cabem 35 alunos
4 ônibus cabem = 4 . 35 = 140 ← Número total de professores
Número total de pessoas = 140 + 10 = 150
↑ Número total de alunos

Ao todo participaram da excursão 150 pessoas.

56. Um ônibus sai de um bairro e vai até a praça central de uma cidade, retornando a seguir ao bairro. No percurso de ida, 47 passageiros pagaram passagem e, na volta, 34 passageiros foram os pagantes. Se a passagem custa 2 reais, quanto a empresa arrecadou nessa ida e volta?

Resolução:
No percurso de ida = 2 . 47 = 94
No percurso de volta = 2 . 34 = 68
A empresa arrecadou = 94 + 68 = 162
A empresa arrecadou 162 reais

57. O homem respira, em regra, 16 vezes por minuto, em cada inspiração introduz em seus pulmões, aproximadamente, 135 centímetros cúbicos de oxigênio, e em cada expiração devolve à atmosfera 105 centímetros cúbicos do mesmo gás. Que quantidade de oxigênio consome o homem por dia.

Resolução:
A quantidade de oxigênio consumida pelo homem por cada vez que respira, corresponde à diferença entre a quantidade inspirada e a quantidade expirada, logo:
Quantidade consumida por cada vez que respira = 135 − 105 = 30
Por minuto = 16 . 30 = 480
O homem consome por minuto 480 centímetros cúbicos de oxigênio.
Vamos determinar agora a quantidade consumida por dia.
1 dia tem 24 horas e 1 hora 60 minutos, logo
1 dia = 24 . 60 = 1 440 minutos
Quantidade de oxigênio consumida pelo homem por dia = 1 440 . 480
Quantidade de oxigênio consumida pelo homem por dia = 691 200
O homem consome 691 200 centímetros cúbicos de oxigênio por dia.

58. Um trabalhador tem um salário de R$ 54,00 diários, dos quais destina R$ 36,00 ao sustento da família e o resto deposita na poupança. Supondo que cada mês trabalha 20 dias, determine:

a) quanto ganha por ano
b) quanto gasta
c) quanto economiza

Resolução:
a) Um ano tem 12 meses, logo
O número de dias trabalhadas por ano = 12 . 20 = 240 dias
Ganho por ano = 240 . 54 = 12 960
Este trabalhador ganha por ano R$ 12 960,00

b) Gasto por ano = 240 . 36 = 8 640
Este trabalhador gasta por ano R$ 8 640,00

c) Economiza = o ganho menos o gasto
Economiza = 12 960 – 8 640 = 4 320
Este trabalhador economiza R$ 4 320,00 por ano.

---

59. (ENEM) Uma pousada oferece pacotes promocionais para atrair casais a se hospedarem por até 8 noites. A hospedagem seria em apartamentos de luxo e, nos três primeiros dias a diária custaria R$ 150,00, preço da diária fora da promoção. Nos três dias seguintes, seria aplicada uma redução no valor da diária, cuja taxa média de variação, a cada dia, seria de R$ 20,00. Nos dois dias restantes, seria mantido o preço do sexto dia. Nessas condições, um modelo para a promoção idealizada é apresentado, no gráfico a seguir, no qual o valor da diária é função do tempo medido em número de dias.

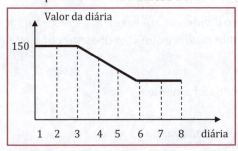

De acordo com os dados e com o modelo, comparando o preço que um casal pagaria pela hospedagem por sete dias fora da promoção, um casal que adquirir o pacote promocional por oito dias fará uma economia de
a) R$ 90,00   b) R$ 110,00   c) R$ 130,00   d) R$ 150,00   e) R$ 170,00

Resolução:
1) Preço pela hospedagem por 7 dias:
7 . R$ 150,00 = R$ 1 050,00
2) Preço da hospedagem por 8 dias na promoção:
3 . R$ 150,00 + R$ 130,00 + R$ 110,00 + 3 . R$ 90,00 =
R$ 450,00 + R$ 130,00 + R$ 110,00 + R$ 270,00 = R$ 960,00
A economia será de R$ 1 050,00 – R$ 960,00 = R$ 90,00
Alternativa "a".

60. Um reservatório é alimentado por duas torneiras A e B: a primeira possui uma vazão de 48 litros por minuto e a segunda 57 litros por minuto. A saída da água dá-se através de um orifício que deixa passar 21 litros por minuto. Deixando abertas as duas torneiras e a saída da água, o reservatório se enche em 580 minutos. Qual o volume do reservatório?

Solução:
Para cada minuto temos:
Entra: 48 litros da torneira A
Entra: 57 litros da torneira B
Sai: 21 litros
Portanto, 48 + 57 − 21 = 84 litros/min, é o saldo líquido da água que abastece o reservatório. Se em 1 minuto são abastecidos 84 litros, nos 580 minutos teremos:
580 . 84 = 48 720 litros, que é o volume do reservatório

4. DIVISÃO EXATA

Lembrete:
Esta operação deve ser relacionada a situações do tipo partir, repartir, dividir, etc. A divisão também pode ser vista como uma operação inversa da multiplicação, ou seja, se 4 × 5 = 20, então 20 : 5 = 4 ou 20 : 4 = 5
- Na divisão 20 : 5 = 4, o número 20 é chamado de dividendo, o número 5 de divisor e o 4 de quociente.
- Na divisão 20 : 4 = 5, o número 20 é o dividendo, o 4 é o divisor e o 5 é o quociente.
- Em uma divisão exata podemos, também, dizer que 20 é divisível por 5 ou 4.

Propriedades:

- A divisão não possui a propriedade de fechamento.
  $(8 : 3) \notin N$

- A divisão não possui a propriedade comutativa.
  8 : 4 = 2
  4 : 8 (não é possível no conjunto dos naturais), logo 8 : 4 ≠ 4 : 8

- A divisão não possui elemento neutro
  9 : 1 = 9 e 1 : 9 (não é possível)

- A divisão não possui a propriedade associativa
  (80 : 8) : 2 = 10 : 2 = 5
  80 : (8 : 2) = 80 : 4 = 20   } (80 : 8) : 2 ≠ 80 : (8 : 2)

- Vale a propriedade distributiva à direita, com relação à adição.
  (20 + 12) : 2 = 32 : 2 = 16
  (20 : 2) + (12 : 2) = 10 + 6 = 16   } (20 + 12) : 2 = (20 : 2) + (12 : 2)

61. Um veículo de transporte de carga comporta 5 760 garrafas de refrigerantes acondicionadas em 240 caixas. Quantos refrigerantes cabem em cada caixa?

Resolução:
Número de refrigerantes × número de caixas = 5 760
Número de refrigerantes × 240 caixas = 5 760
Vamos trabalhar a operação inversa da multiplicação:
Número de refrigerantes = 5 760 : 240

```
 5760 | 240
  480   24
  ‾‾‾
  960
    0
```

Cabem 24 refrigerantes em cada caixa.

---

62. Marcelo correu 12 300 metros numa pista de atletismo de 300 metros. Quantas voltas Marcelo completou na pista?

Resolução:
Número de voltas × comprimento da pista = 12 300
Número de voltas × 300 = 12 300
Vamos trabalhar a operação inversa da multiplicação:
Número de voltas = 12 300 : 300

```
 12300 | 300
  1200   41
  ‾‾‾‾
   300
     0
```

Marcelo completou 41 voltas

---

63. Um fazendeiro possui 24 hectares de terra. Cada hectare produz 82 toneladas de cana. Este fazendeiro possui dois caminhões, que transportam 12 toneladas cada um. Quantas viagens deverão ser realizadas para o transporte de toda a cana?

Resolução:
Total de cana produzida = 82 × 24 = 1 968 toneladas
Número de toneladas por viagem × número de viagens = número total de cana produzida
12 × número de viagens = 1 968
Vamos trabalhar a operação inversa da multiplicação:
Número de viagens = 1 968 : 12

```
 1968 | 12
   12   164
  ‾‾
   76
   72
  ‾‾
   48
    0
```

Como o fazendeiro possui dois caminhões, deverão ser realizadas 164 : 2 = 82 viagens cada caminhão.

64. Consideremos o número 1 680 e adicionemos a ele 240. O resultado obtido representa quantas vezes o número 120?

Resolução:
1 680 + 240 = 1 920

```
 1920 | 120
  120   16
  720
    0
```

Representa 16 vezes o número 120.

---

65. Um armário tem 5 prateleiras. Cada prateleira possui 24 livros. Marcelo retirou todos os livros e vai reparti-los igualmente em 4 caixas. Quantos livros vão em cada caixa?

Resolução:
Número total de livros = 5 × 24 = 120
Número de livros por caixa = 120 : 4 = 30

---

66. Um prêmio será distribuído entre três pessoas, a primeira recebe R$ 540,00, a segunda a metade da primeira e a terceira a terça parte da primeira. Qual é o valor do prêmio?

Resolução:
Primeira = 540
Segunda (metade da primeira) = 540 : 2 = 270
Terceira (terça parte da primeira) = 540 : 3 = 180
Valor do prêmio = 540 + 270 + 180 = 990

O valor do prêmio é R$ 990,00

---

67. Uma pessoa ganha R$ 70,00 por dia trabalhado, se ela trabalha 5 dias por semana, qual seu salário por mês?

Resolução:
1 dia ⟶ 70
5 dias ⟶ 5 × 70 = 350
Vamos considerar que 1 mês possua 4 semanas
Salário = 4 × 350 = 1 400

O salário desta pessoa será de R$ 1 400,00

68. Dividir o número 126 em duas partes, cuja diferença seja 16.

Solução:
A maior parte é igual à menor mais 16, logo
Menor: ─────
Maior: ───── + 16

Portanto:
2 vezes o menor número + 16 = 126
2 vezes o menor número = 126 − 16 = 110
O menor número = 110 : 2 = 55
O maior número = 55 + 16 = 71

Os números são 71 e 55

---

69. Dois motoqueiros partem ao mesmo tempo de dois pontos opostos que distam entre si 250 km, um deles anda 15 km, em 20 minutos e o outro 20 km, em 20 minutos. Qual será a distância entre os dois motoqueiros depois de 2 horas e 20 minutos de corrida?

Resolução:
1) Vamos primeiro determinar o tempo pedido em minutos, para facilitar nosso cálculo:
   2 horas e 20 minutos
   1 hora tem 60 minutos, logo
   2 horas = 2 . 60 = 120 minutos
   2 horas e 20 minutos = 120 + 20 = 140 minutos

2) Vamos agora pensar na distância percorrida pelo primeiro motoqueiro.
   15 km em 20 minutos
   140 : 20 = 7 (sete momentos de 20 minutos)
   Distância percorrida = 7 . 15 = 105 km

3) Vamos agora pensar na distância percorrida pelo segundo motoqueiro
   20 km em 20 minutos
   140 : 20 = 7
   Distância percorrida = 7 . 20 = 140 km

4) Vamos determinar agora a distância que os separa

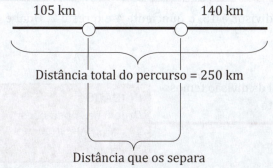

Distância que os separa = 250 − (105 + 140)
Distância que os separa = 250 − 245
Distância que os separa = 5

A distância que separa os motoqueiros é de 5 km.

70. Roberto comprou uma HP – 12 C por R$ 320,00. Deu R$ 80,00 de entrada e o restante foi dividido em quatro prestações iguais. Qual é o valor de cada prestação?

Resolução:
O que sobrou para ser pago em prestações = 320 − 80 = 240
Valor da prestação = 240 : 4 = 60
O valor de cada prestação será de R$ 60,00

5. DIVISÃO NÃO EXATA

Lembrete:
Relação Fundamental da Divisão não-exata:

```
45 | 6
 3   7
```

45   =   6   ×   7   +   3
Dividendo divisor quociente resto

71. Na divisão não-exata, quais os restos possíveis de uma divisão por 4?

O resto deve ser menor que o divisor 4 logo, os possíveis restos são: 1, 2 e 3.

72. Na divisão de um número por 7, quais os restos possíveis?

O resto deve ser menor que o divisor 7 logo, os possíveis restos são:
0 (quando for exata), 1, 2, 3, 4, 5, e 6

73. Numa divisão aproximada o divisor é 15, o quociente 4 e o resto 2. Qual é o dividendo?

Resolução:
Aplicando a propriedade fundamental da divisão temos:
Dividendo = divisor × quociente + resto
Dividendo = 15 × 4 + 2
Dividendo = 60 + 2
Dividendo = 62

CUIDADO
Ordem das operações:
1º – Multiplicação
2º – Soma

74. Qual é o número que dividido por 24 tem quociente 14 e o maior resto possível?

Resolução:
O valor do divisor é 24, o maior resto possível é 23.
Aplicando a propriedade fundamental da divisão temos:
Dividendo = divisor × quociente + resto
Dividendo = 24 × 14 + 23
Dividendo = 336 + 23
Dividendo = 359

75. Numa divisão aproximada o divisor é 6, o quociente é o dobro do divisor e o resto é o maior possível. Qual o dividendo?

Resolução:
Divisor = 6
Quociente = dobro de 6 = 12
Resto o maior possível = 5
Aplicando a propriedade fundamental da divisão temos:
Dividendo = divisor × quociente + resto
Dividendo = 6 × 12 + 5
Dividendo = 72 + 5
Dividendo = 77

76. (Ufrrj) Em uma divisão cujo divisor é 29, temos o quociente igual a 15. Sabendo-se que o resto desta divisão é o maior possível, podemos afirmar que seu dividendo é igual a:
 a) 797   b) 407   c) 391   d) 435   e) 463.

Resolução:
Se o divisor é 29 o maior resto possível será 28 temos então:

```
 ? | 29
28   15
```

Portanto:
Dividendo = 29 . 15 + 28 = 463

Alternativa "e".

77. Quantas horas tem 630 minutos?

Resolução:
1 hora tem 60 minutos

```
630 | 60
 30   10
```

630 minutos têm 10 horas e 30 minutos.

78. Um ano não bissexto tem 365 dias. Quantas semanas há em um ano?

Resolução:
1 semana tem 7 dias

```
365 | 7
 35   52
 15
 14
  1
```

Um ano tem 52 semanas e 1 dia.

---

79. (Vunesp) Um determinado medicamento deve ser administrado a um doente 3 vezes ao dia, em doses de 5 mililitros de cada vez, durante 12 dias. Se cada frasco contém 100 mililitros do medicamento, quantos frascos serão necessários comprar e quantos mililitros do medicamento vão restar no último frasco?

Resolução:
Dose diária necessária = 3 × 5 = 15 mililitros
Dose necessária para os 12 dias = 15 × 12 = 180 mililitros
Dose de cada frasco = 100 mililitros
Dose de dois frascos = 200 mililitros
Dose que irá sobrar = 200 – 180 = 20 mililitros
Serão necessários 2 frascos e irão sobrar 20 mililitros.

---

80. Uma indústria deseja formar grupos de 38 empregados. Como existem 450 empregados contratados, um deles ficará incompleto. Para completar este grupo quantos empregados esta empresa deverá contratar?

Resolução:
Numero de grupos formados = 450 : 38

```
450 | 38
 32   11
```

↑ Sobram   ↑ Grupos formados

Sobraram 32 empregados logo, faltam (38 – 32 = 6) empregados para contratar.

---

81. (Olimpíada Brasileira de Matemática) Um pequeno caminhão pode carregar 50 sacos de areia ou 400 tijolos. Se foram colocados no caminhão 32 sacos de areia, quantos tijolos ele ainda poderá carregar?

Resolução:
50 sacos de areia correspondem a 400 tijolos

1 saco corresponde a $\dfrac{400}{50} = 8$ tijolos

Se o caminhão comporta 50 sacos e foram colocados 32, podemos colocar mais (50 – 32 = 18) sacos de areia ou 18 × 8 = 144 tijolos

82. (Objetivo) Dividindo-se o número natural n por 17, obtemos o quociente 283 e o resto 6. Podemos afirmar que n é igual a:
a) 4 817   b) 4 519   c) 3 815   d) 4 618

Resolução:

$$\begin{array}{c|c} n & 17 \\ \hline 6 & 283 \end{array}$$

Sabemos que numa divisão o dividendo é igual ao produto do divisor pelo quociente mais o resto, logo:
n = 283 . 17 + 6
n = 4 811 + 6 = 4 817

Alternativa "a".

6. EXPRESSÕES NUMÉRICAS COM ADIÇÃO, SUBTRAÇÃO, MULTIPLICAÇÃO E DIVISÃO

Lembrete:
Para resolver uma expressão numérica na qual aparecem operações de adição, subtração, multiplicação e divisão, devemos obedecer à seguinte ordem:
1) As multiplicações e divisões são efetuadas em primeiro lugar e na ordem em que aparecem, da esquerda para direita.
2) As adições e subtrações são efetuadas por último e na ordem em que aparecem, da esquerda para a direita.
3) Quando na expressão aparecem parênteses, colchetes ou chaves, resolvemos inicialmente as operações contidas nos parênteses, a seguir as expressões contidas nos colchetes e, finalmente, as expressões contidas nas chaves.

83. Calcule o valor das expressões abaixo.
a) 25 – [12 + (8 – 5)]
b) 68 – {14 – [10 – (5 – 1)]}
c) 20 – {8 + [3 + (8 – 5) – 1] + 6}
d) 60 – {17 – [6 – (8 – 4) – 1]}
e) 25 – {12 + [(7 – 5) – (6 – 4)] – 10}
f) 10 + [6 + (6 – 4 : 2)]
g) [20 + 3 × (5 – 3)] × 2 – 10
h) 40 + {10 – 2 × [(6 + 4 : 2) – (10 – 3)]}
i) 80 – 3 × {5 + 8 : 2 – [8 – 3 × (7 – 6)]}

Resoluções:

a) 25 − [12 + (8 − 5)]
= 25 − [12 + 3]
= 25 − 15
= 10

b) 68 − {14 − [10 − (5 − 1)]}
= 68 − {14 − [10 − 4]}
= 68 − {14 − 6}
= 68 − 8
= 60

c) 20 − {8 + [3 + (8 − 5) − 1] + 6}
= 20 − {8 + [3 + 3 − 1] + 6}
= 20 − {8 + 5 + 6}
= 20 − 19
= 1

d) 60 − {17 − [6 − (8 − 4) − 1]}
= 60 − {17 − [6 − 4 − 1]}
= 60 − {17 − 1}
= 60 − 16
= 44

e) 25 − {12 + [(7 − 5) − (6 − 4)] − 10}
= 25 − {12 + [2 − 2] − 10}
= 25 − {12 + 0 − 10}
= 25 − 2
= 23

f) 10 + [6 + (6 − 4 : 2)]
= 10 + [6 + (6 − 2)]
= 10 + [6 + 4]
= 10 + 10
= 20

CUIDADO
Primeiro a operação de divisão

g) [20 + 3 × (5 − 3)] × 2 − 10
= [20 + 3 × 2] × 2 − 10
= [20 + 6] × 2 − 10
= 26 × 2 − 10
= 52 − 10
= 42

h) 40 + {10 − 2 × [(6 + 4 : 2) − (10 − 3)]}
= 40 + {10 − 2 × [(6 + 2) − 7]}
= 40 + {10 − 2 × [8 − 7]}
= 40 + {10 − 2 × 1}
= 40 + {10 − 2}
= 40 + 8
= 48

i) 80 − 3 × {5 + 8 : 2 − [8 − 3 × (7 − 6)]}
= 80 − 3 × {5 + 8 : 2 − [8 − 3 × 1]}
= 80 − 3 × {5 + 4 − [8 − 3]}
= 80 − 3 × {5 + 4 − 5}
= 80 − 3 × 4
= 80 − 12
= 68

7. POTENCIAÇÃO DE NÚMEROS NATURAIS

Lembrete:
A potenciação é uma forma de representar a multiplicação de fatores iguais.

Exemplo:
$7 \cdot 7 \cdot 7 \cdot 7 = 7^4$

Definição:
Chama-se potência de expoente **n**, com **n > 1**, de uma base **a** ao produto de **n** fatores iguais à base **a**.

84. Resolva as expressões abaixo:

a) $3.5^2 + (5-3)^2 : (64:16) - (3-1)^2$

b) $5^2 - [(3.2-2^0):(2^2+7^0)] + 4$

c) $(7-3)^3 : (3.2-2.2)^5 + (6^2-3^3)$

Resolução:

a) $3.5^2 + (5-3)^2 : (64:16) - (3-1)^2$
$= 3.25 + 2^2 : 4 - 2^2$
$= 75 + 4 : 4 - 4$
$= 75 + 1 - 4$
$= 76 - 4$
$= 72$

CUIDADO
- Entre multiplicação e potenciação, primeiro a potenciação.
- Se o parênteses estiver associado à potência, primeiro a operação do parênteses.

b) $5^2 - [(3.2-2^0):(2^2+7^0)] + 4$
$= 25 - [(6-1):(4+1)+4] = 25 - [5:5+4]$
$= 25 - [1+4]$
$= 25 - 5$
$= 20$

CUIDADO
Todo número elevado ao expoente zero tem valor 1.
$5^0 = 1$ ou $7^0 = 1$

c) $(7-3)^3 : (3.2-2.2)^5 + (6^2-3^3)$
$= 4^3 : (6-4)^5 + (36-27)$
$= 64 : 2^5 + 9$
$= 64 : 32 + 9$
$= 2 + 9$
$= 11$

PROPRIEDADES DAS POTÊNCIAS:

- **Multiplicação de potências de mesma base.**
  $3^2 . 3^5 = (3.3).(3.3.3.3.3)$
  $3^2 . 3^5 = 3^7$
  Logo: $3^2 . 3^5 = 3^{2+5} = 3^7$ (conservamos a base e somamos os expoentes)

- **Divisão de potências de mesma base**
  $5^3 : 5^2 = 5^{3-2} = 5$, pois $125 : 25 = 5$
  (na divisão conservamos a base e subtraímos os expoentes)

- **Potência de potência**
  $(3^3)^2 = 3^{3 \times 2} = 3^6$
  (conservamos a base e multiplicamos os expoentes)

- **Distribuindo a potência na multiplicação**
  $(3^2 . 5^3)^5 = 3^{2.5} . 5^{3.5} = 3^{10} . 5^{15}$

- **Potências sucessivas:** resolvem-se as potências de cima para baixo.

  a) $5^{2^3} = 5^{2.2.2} = 5^8 = 390625$

  b) $3^{2^{3^2}} = 3^{2^9} = 3^{2.2.2.2.2.2.2.2.2} = 3^{512}$

- **Potência de base 10:** é igual ao número 1 seguido de tantos zeros quantas forem as unidades dos expoentes.
  $10^3 = 1000$

- **Potência de expoente 1 (um):** toda potência de expoente 1 (um) é igual à base.

- **Potência de expoente 0 (zero):** toda potência de expoente ZERO e de base diferente de ZERO é igual a 1 (um).

NOTA: As potências de – 1 são iguais a 1 ou – 1, conforme o expoente seja par ou ímpar, respectivamente.

---

85. Dizer se são verdadeiras ou falsas as igualdades seguintes:

a) $3^3 . 3^2 = 3^5$
b) $5^9 : 5^3 = 5^3$
c) $(2+3)^2 = 2^2 + 3^2$
d) $7^3 . 4^3 = 28^6$

Resposta:
a) Verdadeira: No produto conservamos a base e somamos os expoentes
b) Falsa: Na divisão devemos conversar a base e diminuir os expoentes
c) Falsa: Não aplicamos a propriedade das potências na operação da soma
d) Falsa: Não aplicamos a propriedade das potências com bases diferentes (7 e 4)

---

85. Simplifique.

$(3^2 . 3 . 3^5) : (3^2)^4$

Resolução:

$(3^{2+1+5}) : 3^{2.4} = 3^8 : 3^8 = 3^0 = 1$

> Todo número elevado a zero é igual a 1

---

87. Usando as propriedades simplifique, e dê a resposta na forma de potência.

$(3^5)^8 . 3^{2^{3^2}}$

Resolução:
$3^{40} . 3^{2^9} = 3^{40} . 3^{512} = 3^{552}$

88. Simplifique

$$\left(\frac{3^6 \cdot 6^2 \cdot \left(4^2\right)^3}{27^2 \cdot 2}\right)$$

Resolução:

$$\left(\frac{3^6 \cdot 6^2 \cdot 4^6}{27^2 \cdot 2}\right)$$

O número 6 pode ser escrito 2 . 3, e o número 27 = 3 . 3 . 3, substituindo na expressão temos:

$$\frac{3^6 \cdot (2 \cdot 3)^2 \cdot (2 \cdot 2)^6}{(3 \cdot 3 \cdot 3)^2 \cdot 2},$$

aplicando as propriedades das potências

$$\frac{3^6 \cdot 2^2 \cdot 3^2 \cdot 2^6 \cdot 2^6}{3^2 \cdot 3^2 \cdot 3^2 \cdot 2} = \frac{3^8 \cdot 2^{14}}{3^6 \cdot 2} = 3^2 \cdot 2^{13}$$

---

89. Simplifique, e dê a resposta na forma de potência

$$\left(\frac{8^4 \cdot 32^2}{2^2 \cdot 4^{10}}\right)^{3^2}$$

Resolução:
O número 8 = 2 . 2 . 2 = 2^3
O número 32 = 2 . 2 . 2 . 2 . 2 = 2^5
O número 4 = 2 . 2 = 2^2
Portanto a expressão pode ser escrita:

$$\left(\frac{\left(2^3\right)^4 \cdot \left(2^5\right)^2}{(2)^2 \cdot \left(2^2\right)^{10}}\right)^{3 \cdot 3} = \left(\frac{2^{12} \cdot 2^{10}}{2^2 \cdot 2^{20}}\right)^9 = \left(\frac{2^{22}}{2^{22}}\right)^9 = \left(2^0\right)^9 = (1)^9 = 1$$

---

90. Calcule o valor da seguinte expressão numérica:
$\{(5 - 2^2)^4 + [6^0 - 0^2 + 2^3]^2\} : [4^2 - 28 : 2]$

Resolução:
$\{(5 - 4)^4 + [1 - 0 + 8]^2\} : [16 - 14]$
$\{1^4 + 9^2\} : 2$
$\{1 + 81\} : 2$
$82 : 2 = 41$

91. Dê o resultado da operação 50 000 × 70 000 em potência de 10.

Resolução:
5 . 10 000 . 7 . 10 000 = 35 . 100 000 000 = 35 × 10^8

92. A velocidade da luz é de 300 000 km por segundo. Em uma hora, quantos quilômetros ela percorre? Dê sua resposta usando potência de 10.

Resolução:
1 hora tem 60 minutos
1 minuto tem 60 segundos
1 hora tem = 60 × 60 = 3 600 segundos
Velocidade da luz percorre = 300 000 × 3 600 = 1 080 000 000 ou 108 × 10^7

93. Qual é o número natural sucessor de 12^2 ?

Resolução:
12^2 = 12x 12 = 144
O sucessor de 144 é 144 + 1 = 145

94. Quanto devemos adicionar ao quadrado de 25 para fornecer o quadrado de 26?

Resolução:
O quadrado de 25 = 25^2 = 25 × 25 = 625
O quadrado de 26 = 26^2 = 26 × 26 = 676
Devemos adicionar = 676 – 625 = 51

95. (OBM-1999) O quociente de 50^{50} por 25^{25} é igual a:
 a) 25^{25} b) 10^{25} c) 100^{25} d) 2^{25} e) 2×25^{25}

Resolução:
Podemos escrever o número 50 da seguinte forma:
$(2.25)^{50}$ aplicando a propriedade distributiva da potência temos:
$2^{50}.25^{50}$
Vamos, agora, determinar o quociente pedido:
$$\frac{50^{50}}{25^{25}} = \frac{2^{50}.25^{50}}{25^{25}}$$, aplicando novamente a propriedade da potência (divisão), temos:
$2^{50}.25^{25}$ este número pode ser escrito da seguinte forma:
$2^{25}.2^{25}.25^{25} = (2.2.25)^{25} = (4.25)^{25} = 100^{25}$
Alternativa "c".

8. RAIZ QUADRADA DE NÚMEROS NATURAIS

Lembrete:

$\sqrt{25} = 5$, pois, $5^2 = 25$

Para achar a raiz quadrada de um número a, basta encontrar um número b que elevado ao quadrado resulte o número a:

$\sqrt{}$ (símbolo da raiz)

25 (radicando)
5 (raiz quadrada de 25)

OBS.:

1) Nem sempre é possível encontrar-se na extração da raiz quadrada de um número natural, um valor que elevado ao quadrado reproduza exatamente o número dado. Exemplo: $\sqrt{8}$

2) Diz-se que os números 16, 36, 121, etc, são quadrados perfeitos, porque resultam das multiplicações de 4, 6 e 11, respectivamente, por si mesmos.

---

96. Determine o valor das expressões abaixo:

$\sqrt{49} - \sqrt{25}$

Resolução:

$\sqrt{49} = 7$, pois, $7^2 = 49$
$\sqrt{25} = 5$, pois, $5^2 = 25$

Logo temos:
$\sqrt{49} - \sqrt{25} = 7 - 5 = 2$

---

97. Sabendo que $x = 3^2 \cdot 5^2 - \sqrt{16} : 2$ e $y = (6-5)^2 + (3+2.1)^3$, calcule 2 . x – y.

Resolução:
Determinando o valor de x:
x = 9.25 – 4 : 2
x = 225 – 2
x = 223

Determinando o valor de y:
$y = 1^2 + (3+2)^3$
$y = 1 + 5^3$
y = 1 + 125 = 126

Determinando 2 . x – y:
2x – y = 2 . (223) – 126
2x – y = 446 – 126 = 320

98. A idade de meu irmão é $\sqrt{144}$. A minha idade é o dobro da do meu irmão, menos 8 anos. Qual é a minha idade?

Resolução:
Idade do irmão = $\sqrt{144}$ = 12, pois, 12 × 12 = 144
Idade procurada = 2 × 12 – 8
Idade procurada = 24 – 8
Idade procurada = 16
Ele tem 16 anos.

99. Um pintor gastou $\sqrt{225}$ latas de tinta para pintar a casa. Para cada $\sqrt{16}$ latas de tinta verde ele misturou 1 branca. Quantas latas de tinta verde ele usou?

Resolução:
Gastou: $\sqrt{225}$ = 15 latas
$\sqrt{16}$ = 4 (ele utiliza 1 branca)

4 ele utiliza 1 branca ⟶ total de latas = 5
8 ele utiliza 2 brancas ⟶ total de latas = 10
12 ele utiliza 3 brancas ⟶ total de latas = 15

Ele vai utilizar 12 latas de tinta verde.

100. A diferença entre os quadrados de dois números naturais é 14 175. Sabendo-se que o maior é oito vezes o menor, calcular os dois números.

Resolução:
Vamos chamar de x o menor dos números. O maior será 8x e a diferença entre seus quadrados é expressa por: $(8x)^2 - x^2 = 14175$

Aplicando a propriedade das potências para 8x teremos:
$8^2 x^2 - x^2 = 14\,175$
$64x^2 - x^2 = 14\,175$
$63x^2 = 14\,175$, logo
$x^2 = 14\,175 : 63 = 225$
$x = \sqrt{225}$

Para sabermos a raiz quadrada de 225, vamos raciocinar da seguinte forma:
$10^2 = 100$, podemos então dizer que $\sqrt{100} = 10$
$20^2 = 400$, podemos dizer que $\sqrt{400} = 20$

O número 225 está entre 100 e 400, logo sua raiz quadrada está entre 10 e 20. Outro dado importante é que 225 termina em 5, tentemos então o número 15.
15 . 15 = 225. Concluímos que: x = 15

Os números são: 15 e 120

101. Diga se o número 1 500 é quadrado perfeito.

Resolução:
Para sabermos se o número 1 500 é um quadrado perfeito, vamos raciocinar da seguinte forma:
20^2 = 400, podemos então dizer que $\sqrt{400} = 20$
30^2 = 900, podemos então dizer que $\sqrt{900} = 30$
40^2 = 1 600, podemos então dizer que $\sqrt{1600} = 40$

O número 1 500 está entre 900 e 1 600, logo sua raiz é um número entre 30 e 40 e deve terminar em zero, o que é impossível, pois os únicos quadrados perfeitos neste intervalo são os números 30 e 40. Concluímos que o número 1 500 não é um quadrado perfeito.

102. Calcular o número que devemos somar a $5^2 + 2^2$ para termos o quadrado de 5 + 2.

Resolução:
5 + 2 = 7. O quadrado de 7 = 49
5^2 = 25
2^2 = 4
25 + 4 = 29

Devemos somar 20.

4. CONJUNTO DOS NÚMEROS INTEIROS

NÚMEROS INTEIROS

O ser humano sente a necessidade de um número, que possa expressar situações como:

Tinha R$ 50,00 no banco e saquei no cartão a quantia de R$ 100,00. Qual a quantia que tenho no banco?

A temperatura em Nova York neste momento é de 0°C. Em Otawa está mais frio ainda. Qual poderia ser a temperatura da capital do Canadá?

Mas, quais os símbolos que podem representar os números necessários a essas situações? Podemos utilizar uma idéia que já serviu como símbolo para os comerciantes, em épocas remotas. Quando retiravam uma certa quantidade de um saco de grãos, anotavam essa quantidade com um traço à esquerda do número que a representava.

Se 20kg de feijão fossem retirados, marcava-se no saco:

Daí a origem do símbolo (–) para representar essas quantidades.

*Eu tenho – 50 reais no banco.
Em Otawa está fazendo – 3º C*

Definimos o conjunto dos números inteiros como a reunião do conjunto dos números naturais, o conjunto dos opostos dos números naturais e o zero. Este conjunto é denotado pela letra $\mathbb{Z}$ (Zahlen = número em alemão).

Este conjunto pode ser escrito por:

$\mathbb{Z} = \{..., -4, -3, -2, -1, 0, 1, 2, 3, 4,...\}$

O conjunto $\mathbb{Z}$ pode ser representado em uma reta numerada tendo o número 0 (zero) como origem.

Os números inteiros crescem da esquerda para a direita, razão pela qual indicamos com uma seta para a direita. Observe, por exemplo que 2 > – 1 e que – 3 < – 1.

O sucessor de um número inteiro é o número que está imediatamente à sua direita na reta e o antecessor está imediatamente à sua esquerda.

Podemos observar que todos os números inteiros possuem um e somente um antecessor e também um e somente um sucessor.

Visualize na reta numerada:

4 é sucessor de 3;
2 é antecessor de 3;
– 1 é antecessor de 0;
– 2 é sucessor de – 3.

1. Podemos afirmar que:
   a) O sucessor do sucessor de – 3 é o – 1.
   b) O antecessor do sucessor de 4 é o 3.
   c) O antecessor do antecessor de 0 é o – 1.

Solução:
a) O sucessor de – 3 é o – 2, e o sucessor de – 2 é o – 1, portanto, verdadeira.
b) O sucessor de 4 é o 5, e o antecessor de 5 é o 4, logo, falsa.
c) O antecessor de 0 é o – 1, e o antecessor de – 1 é o – 2, logo, falsa.

Alternativa correta letra "a".

Todo número inteiro, exceto o zero, possui um elemento denominado simétrico ou oposto representado por "a". Geometricamente, eles estão localizados à mesma distância da origem (o zero) do conjunto ℤ.

Observe a representação na reta numerada:

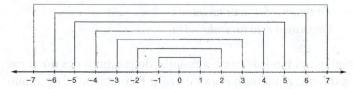

Por exemplo:
o simétrico ou oposto de + 3 é indicado por – (+ 3) que é igual a – 3;
o simétrico ou oposto de – 5 é indicado por – (– 5) que é igual a + 5;
o oposto do oposto de + 3 é indicado por – (– (+ 3)) que é igual a + 3 ou 3.
O oposto do oposto de – 5 é indicado por – (– (– 5)) que é igual a – 5.

Observe que podemos escrever os números positivos sem o uso do sinal (+), mas o sinal (−) antes do número negativo não pode ser dispensado.

2. A alternativa verdadeira é:
a) − (− 12) é o oposto de 12.
b) − 13 equivale a − (− 13).
c) 17 é o simétrico de − 17.
d) + 10 equivale a − (− (− 10))

Solução:
a) o oposto de 12 é − 12 e, − (− 12) = 12, portanto, falsa.
b) − (− 13) significa o oposto do oposto de 13 que é igual a 13, logo, falsa.
c) o simétrico de − 17 é 17, portanto, verdadeira.
d) − (− 10) = 10 e, − (− (− 10)) = − 10, portanto, falsa.
A alternativa verdadeira é a letra "c".

3. Complete as sentenças corretamente:
a) O sucessor do oposto de − 6 é o...
b) O antecessor do simétrico de 7 é o...
c) O simétrico do antecessor de − 3 é o...
d) O oposto do sucessor de 9 é o...

Solução:
a) o oposto de − 6 é o 6, e o sucessor de 6 é o **7**.
b) o simétrico de 7 é o − 7, e o antecessor de − 7 é o **− 8**.
c) o antecessor de − 3 é o − 4, e o simétrico de − 4 é o **4**.
d) o sucessor de 9 é o 10, e o oposto de 10 é o **− 10**.

4. A alternativa correta é:
a) O simétrico do oposto de − x é x.
b) O oposto de − x é x.
c) O oposto do simétrico de x é − x.
d) O simétrico de x é igual ao sucessor de x.

Solução:
a) o oposto de − x é o x, e o simétrico do oposto de x é o − x, portanto, falsa.
b) o oposto de − x, é indicado por − (− x) que é igual a x, logo, verdadeira.
c) o simétrico de x é o − x, e o oposto de − x é o próprio x, logo, falsa.
d) o simétrico de x é − x e, o sucessor de de x é o x + 1, portanto, falsa.
A alternativa correta é a letra "b".

MÓDULO DE UM NÚMERO INTEIRO

O módulo ou valor absoluto de um número inteiro pode ser definido como sendo a quantidade representada por esse número e é representado pelo uso de duas barras verticais | |. A distância entre o número 5, por exemplo, e o 0 (a origem) na reta numerada, chamamos de módulo ou valor absoluto de 5.

O valor absoluto de qualquer número e de seu oposto são iguais. Por exemplo:
| + 5| = 5
| − 5| = 5
Observe na reta numerada:

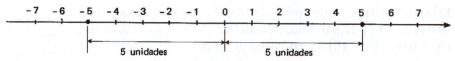

Geralmente, o módulo ou valor absoluto de um número positivo ou zero é o próprio número, e o módulo ou valor absoluto de um número negativo é o oposto dele

Uma dívida, uma perda, um débito ou um valor menor do que zero podemos indicar por um sinal negativo. Esses valores são chamados números inteiros negativos.
Á idéia de ter, ganhar, crédito ou um valor maior do que zero podemos indicar por um sinal positivo ou sem sinal. Esses valores são chamados números inteiros positivos.
Portanto, os números inteiros negativos, o zero e os números inteiros positivos são chamados de números inteiros relativos.

OPERAÇÕES COM NÚMEROS INTEIROS E PROPRIEDADES

ADIÇÃO

Se associarmos aos números inteiros positivos a idéia de ganhar e aos números inteiros negativos a idéia de perder, podemos representar a adição de números inteiros, assim:

	Representação matemática
ganhar 8 + ganhar 5 = ganhar 13	(+ 8) + (+ 5) = + 13
perder 8 + perder 5 = perder 13	(− 8) + (− 5) = (− 13)
ganhar 8 + perder 5 = ganhar 3	(+ 8) + (− 5) = (+ 3)
perder 8 + ganhar 5 = perder 3	(− 8) + (+ 5) = (− 3)

Novamente é oportuno observar que podemos escrever os números positivos sem o uso do sinal (+), mas o sinal (-) antes do número negativo não pode ser dispensado.

Por exemplo:
(− 3) + 3 = 0
6 + 3 = 9
5 + (− 1) = 4

5. Passe para a linguagem matemática as situações abaixo:
   a) Ganhei 7 e perdi 5, logo ganhei 2.
   b) Perdi 11 e ganhei 3, logo perdi 8.
   c) Perdi 12 e ganhei 15, logo ganhei 3.
   d) Ganhei 7 e ganhei 9, então ganhei 16.
   e) Perdi 8 e perdi 5, então perdi 13.

Solução:
a) $7 + (-5) = 7 - 5 = 2$
b) $(-11) + 3 = -11 + 3 = -8$
c) $(-12) + 15 = -12 + 15 = 3$
d) $7 + 9 = 16$
e) $(-8) + (-5) = -8 - 5 = -13$

6. Vamos supor que você tenha uma dívida num banco e vá tirar (emprestado) mais alguma quantia em dinheiro ou, também, pagar ou depositar alguma quantia. Veja as novas situações e complete-as:
   a) Devo 5 e retiro 5   b) Devo 7 e retiro 3   c) Devo 9 e retiro 8
   d) Devo 9 e pago 9   e) Devo 9 e deposito 3   f) Devo 12 e retiro 12
   g) Devo 8 e deposito 13

Solução:
a) $-5 - 5 = -10$, devo 10   b) $-7 - 3 = -10$, devo 10   c) $-9 - 8 = -17$ devo 17
d) $-9 + 9 = 0$ e) $-9 + 3 = -6$, devo 6   f) $-12 - 12 = -24$, devo 24
g) $-8 + 13 = 5$, tenho 5

7. Numa loja de armarinhos uma balconista muito organizada resolveu dividir os botões por cor em 4 caixas, cada uma contendo 48 botões. Para melhor controle, pediu que as demais funcionárias fossem sempre anotando nas caixas quantos botões foram retirados ou colocados em relação à quantidade inicial. Ao final do dia, tinha-se a seguinte situação:

vermelho

azul

verde

preto

   a) Quantos botões há em cada caixa?
   b) Quantos botões há nas quatro caixas?

Solução:
Se todas as caixas, inicialmente, tinham 48 botões, então:
a) Na caixa com botões vermelhos agora há $48 - 15 = 33$ botões. Na azul: $48 + 5 = 53$ botões. Na verde: $48 - 23 = 25$ botões. Na preta: $48 + 9 = 57$ botões.
b) No final do dia havia um total de $33 + 53 + 25 + 57 = 168$ botões.

8. (SEE-RJ) As variações de temperatura, na cidade do Rio de Janeiro, são pequenas. Domingo, a mínima foi de 17 °C e a máxima de 25 °C. Em certas regiões do planeta, a variação é muito grande: no deserto do Saara a temperatura pode alcançar 51°C durante o dia e à noite chegar a – 4 °C. Neste caso a queda de temperatura é de:
a) 47 graus   b) 51 graus   c) 53 graus   d) 55 graus

Solução:
Para determinar a queda de temperatura vamos representar na reta numerada:

De 51°C à 0°C, temos 51 °C de queda de temperatura, e de 0°C à – 4°C mais 4°C de queda. Ou seja, 55°C de queda de temperatura.

Basta, efetuar 51 – (– 4) = 51 + 4 = 55 °C

Portanto, alternativa "d".

---

9. Efetue as operações a seguir:
a) 3 + 4 =   b) 10 – 12 =   c) – 4 – 8 =   d) – 8 + 12 =   e) – 20 – 30 =

Solução:
a) 7   b) – 2   c) – 12   d) 4   e) – 50

---

10. Nas operações a seguir efetue os cálculos agrupando os números negativos depois os positivos e por fim efetue a operação final.
a) 3 – 5 – 3 + 4 + 8 – 6 – 7 + 9 =
b) – 250 + 300 – 120 + 510 – 180 – 300 =
c) – 30 + 180 – 110 + 160 – 200 =
d) 196 – 30 – 125 + 28 – 19 =

Solução:
a) 3 – 5 – 3 + 4 + 8 – 6 – 7 + 9 =

$$\begin{cases} -5-3-6-7=-21 \\ 3+4+8+9=24 \end{cases} \to \{-21+24=3$$

b) – 250 + 300 – 120 + 510 – 180 – 300 =

$$\begin{cases} -250-120-180-300=-850 \\ 300+510=810 \end{cases} \to \{-850+810=-40$$

c) – 30 + 180 – 110 + 160 – 200 =

$$\begin{cases} -30-110-200=-340 \\ 180+160=340 \end{cases} \to \{-340+340=0$$

d) 196 − 30 − 125 + 28 − 19 =

$$\begin{cases} -30-125-19=-174 \\ 196+28=224 \end{cases} \rightarrow \{-174+224=50$$

PROPRIEDADES DA ADIÇÃO

Fechamento: A adição de dois números inteiros é sempre um número inteiro.
a ∈ ℤ, b ∈ ℤ então a + b ∈ ℤ
5 ∈ ℤ, − 3 ∈ ℤ então 5 + (− 3) = 2 ∈ ℤ

Associativa: Se a, b, c pertencem ao conjunto ℤ:
a + (b + c) = (a + b) + c
2 + (3 + 7) = (2 + 3) + 7

Comutativa: Se a,b pertencem ao conjunto ℤ:
a + b = b + a
5 + (− 7) = (− 7) + 5 = − 2

Elemento neutro: Existe 0 em ℤ, que adicionado a cada número **a** pertencente a ℤ, tem como soma o próprio número **a:**
a + 0 = a ou 0 + a = a
(− 5) + 0 = − 5 ou 0 + (− 5) = − 5

Elemento oposto(ou simétrico) : Para todo **a** pertencente a ℤ, existe **(-a)** pertencente a ℤ, tal que:
a + (-a) = 0 ou (-a) + a = 0
8 + (− 8) = 0 ou (− 8) + 8 = 0

Subtração
A operação de subtração de dois números inteiros pode ser apresentada de duas formas:
• A operação está indicada e basta efetuar o cálculo, por exemplo:
12 − 5 = 7 ou − 12 − 5 = − 17
• A operação exige a eliminação de um parêntese precedido de sinal negativo, por exemplo:
5 − (− 3) = 5 + 3 = 8 (lembre que − (− 3) é o oposto de − 3 que é + 3) ou
5 − (+ 3) = 5 − 3 = 2 (lembre que − (+ 3) é o oposto de + 3 que é − 3)

11. Complete os cálculos abaixo, conforme as considerações feitas acima sobre a subtração de números inteiros:

a) 8 − (− 3) =
b) 12 − (+ 5) =
c) − 5 − (− 6) =
d) − 3 − (− 2 + 6) =
e) − 7 − (6 − 4) =
f) 2 − (− 2 + 2) =
g) − 3 − (3 + 5) =
h) 7 − (− 7 − 9) =
i) − 4 − (5 − 3 + 5) =
j) 23 − (32 − 10 + 21) =

Solução:
a) 8 − (− 3) = 8 + 3 = 11
b) 12 − (+ 5) = 12 − 5 = 7
c) − 5 − (− 6) = − 5 + 6 = 1
d) − 3 − (− 2 + 6) = − 3 − (+ 4) = − 3 − 4 = − 7
e) − 7 − (6 − 4) = − 7 − (+ 2) = − 7 − 2 = − 9
f) 2 − (− 2 + 2) = 2 − (0) = 2 − 0 = 2
g) − 3 − (3 + 5) = − 3 − (+ 8) = − 3 − 8 = − 11
h) 7 − (− 7 − 9) = 7 − (− 16) = 7 + 16 = 23
i) − 4 − (5 − 3 + 5) = − 4 − (2 + 5) = − 4 − (+ 7) = − 4 − 7 = − 11
j) 23 − (32 − 10 + 21) = 23 − (22 + 21) = 23 − (+ 43) = 23 − 43 = − 20

12. Elimine os parênteses e efetue:
a) 12 + (− 3) + (− 4) + 5 + (+ 7) =
b) (+ 13) + (+ 9) + (+ 7) =
c) (− 3) + (− 10) + (− 56) =
d) (− 15) + (− 5) + (− 6) + (− 9) =
e) (− 65) + (+ 45) + (− 10) + (− 8) + (+ 4) =

Solução:
a) 12 − 3 − 4 + 5 + 7 = (12 + 5 + 7) + (− 3 − 4) = 24 + (− 7) = 24 − 7 = 17
b) 13 + 9 + 7 = 29
c) − 3 − 10 − 56 = − 69
d) − 15 − 5 − 6 − 9 = − 35
e) (− 65 − 10 − 8) + (45 + 4) = − 83 + 49 = − 34

13. Efetue eliminando os parênteses:
a) 15 − (+ 6) − (− 7) =
b) − 9 − (− 23) − (− 25) =
c) 32 − (+ 8) − (− 21) =
d) − 26 − (− 54) − (+ 54) =
e) − 11 − (− 9) − (− 23) =

Solução:
a) 15 − 6 + 7 = (15 + 7) − 6 = 22 − 6 = 16
b) − 9 + 23 + 25 = (23 + 25) − 9 = 48 − 9 = 39
c) 32 − 8 + 21 = (32 + 21) − 8 = 53 − 8 = 47
d) − 26 + 54 − 54 = − 26 + 0 = − 26 (observe que − 54 é oposto de 54 e pela propriedade do elemento oposto, 54 − 54 = 0)
e) − 11 + 9 + 23 = (9 + 23) − 11 = 32 − 11 = 21

14. Elimine os parênteses e efetue as operações resultantes:
a) − (2 − 7) + (9 − 3) =

b) 3 + (5 − 8) + (6 + 4) =
c) (3 − 9 + 2) − (5 + 1 − 12) =
d) − (− 3 + 7) + (5 − 7) − 5 =

Solução:
a) − (2 − 7) + (9 − 3) =
= − (− 5) + 6 =
= 5 + 6 =
= 11

b) 3 + (5 − 8) + (6 + 4) =
= 3 + (− 3) + 10 =
= 0 + 10 =
= 10

c) (3 − 9 + 2) − (5 + 1 − 12) =
= (3 + 2 − 9) − (6 − 12) =
= (5 − 9) − (− 6) =
= − 4 + 6 =
= 2

d) − (− 3 + 7) + (5 − 7) − 5 =
= − (+ 4) + (− 2) − 5 =
= − 4 − 2 − 5 =
= − 11

---

15. Elimine os parênteses, depois os colchetes e efetue as operações resultantes:
   a) − [9 + (8 − 12) − (10 − 15)] =
   b) 6 − [− (3 − 7) + (13 + 1)] =
   c) [3 − (5 − 13)] − (7 − 9 + 2) =
   d) − [(20 − 12) − (− 8 + 7)] − [(4 − 30) + 16] =

Solução:
a) − [9 + (8 − 12) − (10 − 15)] =
= − [9 + (− 4) − (− 5)] =
= − [9 − 4 + 5] =
= − [9 + 5 − 4] =
= − [14 − 4] =
= − [10] =
= − 10

b) 6 − [− (3 − 7) + (13 + 1)] =
= 6 − [− (− 4) + 14] =
= 6 − [+ 4 + 14] =
= 6 − [+ 18] =
= 6 − 18 =
= − 12

c) [3 − (5 − 13)] − (7 − 9 + 2) =
= [3 − (− 8)] − (7 + 2 − 9) =
= [3 + 8] − (9 − 9) =
= 11 − 0 =
= 11 = 1

d) − [(20 − 12) − (− 8 + 7)] − [(4 − 30) + 16] =
= − [8 − (− 1)] − [− 26 + 16] =
= − [8 + 1] − [− 10] =
= − 9 + 10 =

---

16. Elimine os parênteses, depois os colchetes e por ultimo as chaves; efetue as operações resultantes:
   a) {5 − [(3 − 8) + 13]} − 2 =
   b) − {− [10 − (3 + 6 + 2)] + 15} + 30 =

Respostas:
a) {5 − [(3 − 8) + 13]} − 2 = ⟵ 1º parênteses, 2º colchetes, 3º chaves.

Capítulo 4 CONJUNTO DOS NÚMEROS INTEIROS

= {5 − [(− 5) + 13]} − 2 =
= {5 − [+ 8]} − 2 =
= {5 − 8} − 2 =
= − 3 − 2 =
= − 5

b) − {− [10 − (3 + 6 + 2)] + 15} + 30 =
= − {− [10 − (11)] + 15} + 30 =
= − {− [− 1] + 15} + 30 =
= − {+ 1 + 15} + 30 =
= − {+ 16} + 30 =
= − 16 + 30 =
= 14

17. A temperatura de Montreal no Canadá num período de 14 dias, durante o inverno, oscilou bastante. Subiu 5 graus, desceu 6 graus, subiu novamente 3 graus e por último desceu 10 graus chegando à temperatura mínima de − 20 graus. Qual foi a temperatura inicial?

Solução:
Vamos resolver esse problema pelo método inverso. Basta aplicar as operações inversas a partir da última temperatura para se determinar a temperatura inicial.
A final chegou a − 20 graus, se desceu 10 graus, usamos a operação inversa para determinar a temperatura anterior: − 20 + 10 = − 10 graus.
Se subiu 3 graus, subtraímos 3, efetuamos − 10 − 3 = − 13 graus.
Desceu 6 graus, então antes estava − 13 + 6 = − 7 graus.
Subiu 5 graus, logo inicialmente estava − 7 − 5 = − 12 graus.

Vamos verificar a resposta: − 12 graus, subiu 5 graus: − 12 + 5 = − 7
Desceu 6 graus, − 7 − 6 = − 13 graus
Subiu 3 graus, − 13 + 3 = − 10 graus
Desceu 10 graus, − 10 − 10 = − 20 que é a temperatura final dada.

Assim, a temperatura inicial em Montreal era de − 12 graus.

18. (VUNESP) Um camelô fez 4 vendas. Na primeira teve prejuízo de R$4,00, na segunda teve prejuízo de R$ 11,00, na terceira teve lucro de R$ 13,00 e na última venda teve lucro de R$ 5,00. Pode-se calcular o saldo resultante desses quatro negócios, efetuando:
a) − 4 − (− 11) + 13 + 5 = 25
b) − 4 + (− 11) + 13 + 5 = 3
c) 4 − 11 + 13 + 5 = 11
d) − 4 − 11 − 13 + 5 = − 23

Solução:
Vamos representar simbolicamente as situações:

Prejuízo de 4 reais ⟶ – 4
Prejuízo de 11 reais ⟶ – 11
Lucro de 13 reais ⟶ + 13
Lucro de 5 reais ⟶ + 5
Assim temos: ⟶ – 4 + (– 11) + 13 + 5 = – 15 + 18 = 3

Portanto, alternativa "b".

19. (SEE – SP) Um carregador vai sair de uma câmara frigorífica. Dentro dela, a temperatura é de – 19 °C, fora dela, a temperatura é de 22 °C. A diferença entre essas temperaturas é:
a) 41°C   b) 22°C   c) 4°C   d) 19°C

Solução:
A diferença entre as temperaturas é 22 °C – (– 19°C) = 22°C + 19°C = 41°C

Portanto, alternativa "a".

MULTIPLICAÇÃO

Se, 1 + 1 + 1 + 1 + 1 = 5 então 5 . 1 = 5

Podemos também pensar que:
(– 2) + (– 2) + (– 2) = – 6, então 3 . (– 2) = – 6

Observamos que a multiplicação é um caso particular da adição onde os valores são repetidos.

Na multiplicação o produto dos números a e b, pode ser indicado por a x b, a . b ou ainda ab. Observando a sequência de produtos abaixo, fixando um dos fatores verificamos um determinado padrão:

4 . (– 2) = (– 2) + (– 2) + (– 2) + (– 2) = – 8
3 . (– 2) = (– 2) + (– 2) + (– 2) = – 6
2 . (– 2) = (– 2) + (– 2) = – 4
1 . (– 2) = – 2
0 . (– 2) = 0
– 1 . (– 2) = 2
– 2 . (– 2) = 4
– 3 . (– 2) = 6
– 4 . (– 2) = 8

Observe que na coluna da esquerda os fatores variam de um em um e, na coluna da direita os valores dos produtos crescem de 2 em 2(soma-se sempre 2 unidades).

Podemos verificar, pelas quatro últimas linhas, que a multiplicação de dois números negativos resulta em um número positivo.

– 1 . (– 2) = 2, – 2 . (– 2) = 4 , – 3 . (– 2) = 6 e – 4 . (– 2) = 8

Resumindo, para realizar a multiplicação de dois números inteiros, temos as seguintes regras de sinais:

(+ 1) . (+ 1) = (+ 1)
(+ 1) . (– 1) = (– 1)
(– 1) . (+ 1) = (– 1)
(– 1) . (– 1) = (+ 1)

Com o uso das regras acima, podemos concluir que:

Sinais dos dois números	Resultado do produto
iguais	positivo
diferentes	negativo

20. Observando as regras acima, complete os produtos:

a) 2 . 5 =   **b)** 2 . (– 5) =   **c)** (– 5) . 2 =   **d)** (– 2) . (– 5) =
e) (– 3) . (– 4) =   **f)** 3 . 0 =   **g)** (– 3) . 4 =   **h)** (+ 4) . (+ 6) =

Solução:
a) 2 . 5 = 10 ou (+ 2) . (+ 5) = + 10 (sinais iguais resulta produto positivo)
b) 2 . (– 5) = – 10 (sinais diferentes resulta produto negativo)
c) (– 5) . 2 = – 10 (produto negativo pois os sinais são diferentes)
d) (– 2) . (– 5) = 10 (sinais iguais resulta produto positivo)
e) (– 3) . (– 4) = 12 (sinais iguais resulta produto positivo)
f) 3 . 0 = 0
g) (– 3) . 4 = – 12 (sinais diferentes resulta produto negativo)
h) (+ 4) . (+ 6) = 24 ou + 24 (sinais iguais resulta produto positivo)

PROPRIEDADES DA MULTIPLICAÇÃO

Fechamento: A multiplicação de dois números inteiros é sempre um número inteiro.
$a \in \mathbb{Z}$, $b \in \mathbb{Z}$, então $a . b \in \mathbb{Z}$
$5 \in \mathbb{Z}$, $- 3 \in \mathbb{Z}$, então 5 . (– 3) = – 15 $\in \mathbb{Z}$

Associativa: Se a,b,c pertencem ao conjunto $\mathbb{Z}$:
a . (b. c) = (a . b) . c
2 . (– 3 . 7) = [2 . (– 3)] . 7

Comutativa: Se a,b pertencem ao conjunto $\mathbb{Z}$:
a . b = b . a
5 . (– 7) = (– 7) . 5 = – 35

Elemento neutro: Existe 1 em $\mathbb{Z}$, que multiplicado por qualquer número **a** pertencente a $\mathbb{Z}$, tem como produto o próprio número **a**:
a . 1 = a = 1 . a
(– 5) . 1 = – 5 = 1 . (– 5)

Distributiva da Multiplicação em relação à Adição: Para todos a,b,c em $\mathbb{Z}$:
a. (b + c) = (a . b) + (a . c)
[5 . (2 + (– 5)] = (5 . 2) + [5 . (– 5)] = 10 + (– 25) = – 15

21. Complete os produtos:
a) 2 . 3 . 4 =
b) (– 2) . (– 3) . (– 4) =
c) 2 . (– 3) . 4 =
d) 2 . 3 . (– 4) =
e) (– 2) . 3 . 4 =
f) (– 2)(– 3) . 4 =
g) 2 . (– 3) . (– 4) =
h) (– 2) . 3 . (– 4) =

Solução:
a) 2 . 3 . 4 = (2 . 3) . 4 = 6 . 4 = 24
b) (– 2) . (– 3) . (– 4) = [(– 2) . (– 3)] . (– 4) = 6 . (– 4) = – 24
c) 2 . (– 3) . 4 = [2 . (– 3)] . 4 = [– 6] . 4 = – 24
d) 2 . 3 . (– 4) = [2 . 3] . (– 4) = 6 . (– 4) = – 24
e) (– 2) . 3 . 4 = (– 2) . [3 . 4] = (– 2) . 12 = – 24
f) (– 2) . (– 3) . 4 = [(– 2) . (– 3)] . 4 = 6 . 4 = 24
g) 2 . (– 3) . (– 4) = 2 . [(– 3) . (– 4)] = 2 . [12] = 24
h) (– 2) . 3 . (– 4) = 3 . [(– 2) . (– 4)] = 3 . [8] = 24

← Observe que utilizamos a propriedade associativa

Observando os produtos podemos concluir:
• O produto de dois ou mais números inteiros cujos sinais negativos estejam em número **par** é um número **positivo**.
• O produto de três ou mais números inteiros cujos sinais negativos estejam em número ímpar é um número **negativo.**

22. Complete os produtos:
a) ___ . (– 3) = – 9
b) ___ . (– 2) = 8
c) ___ . (– 5) = – 20
d) ___ . 2 = 0
e) 10 . ___ = – 10
f) ___ . 2 . 6 = – 2
g) 5 . ___ . 3 = 30
h) ___ . (– 3) . 4 = – 36
i) 6 . ___ . 4 = 24
j) (– 1) . (– 3) . ___ = – 6
k) 6 . (– 3) . ___ = 54
l) (– 4) . (– 2) . ___ = 40

Solução:
a) **(3)** . (– 3) = – 9
b) **(– 4)** . (– 2) = 8
c) **(4)** . (– 5) = – 20
d) **0** . 2 = 0
e) 10 . **(– 1)** = – 10
f) **(– 2)** . 2 . 6 = – 24
g) 5 . **(2)** . 3 = 30
h) **(3)** . (– 3) . 4 = – 36
i) 6 . **(1)** . 4 = 24
j) (– 1) . (– 3) . **(– 2)** = – 6
k) 6 . (– 3) . **(– 3)** = 54
l) (– 4) . (– 2) . **(5)** = 40

23. Assinale com um X as colunas V ou F, conforme as sentenças sejam verdadeiras ou falsas.

Sentenças	V	F
a) 10 . 0 = 10		
b) (– 6) . (– 5) = – 30		

Sentenças	V	F
c) 3 . (– 4) . (– 5) = 60		
d) a . (– 1) . (+ 1) = – a		
e) 4 . 3 . (– 9) = 108		
f) 5 . (– 1) . 2 = 10		
g) 2 . 4 . 5 = 30		
h) 0 . (– 3) . (3) = – 9		

Solução:
a) 10 . 0 = 0
b) (– 6) . (– 5) = 30
c) 3 . (– 4) . (– 5) = 3 . [(– 4) . (– 5)] = 3 . 20 = 60
d) a . (– 1) . (+ 1) = a . [(– 1) . (+ 1)] = a . (– 1) = – a
e) 4 . 3 . (– 9) = 12 . (– 9) = – 108
f) 5 . (– 1) . 2 = [5 . (– 1)] . 2 = – 5 . 2 = – 10
g) 2 . 4 . 5 = 40
h) 0 . (– 3) . (3) = 0 . (– 9) = 0

Sentenças	V	F
a) 10 . 0 = 10		X
b) (– 6) . (– 5) = – 30		X
c) 3 . (– 4) . (– 5) = 60	X	
d) a . (– 1) . (+ 1) = – a	X	
e) 4 . 3 . (– 9) = 108		X
f) 5 . (– 1) . 2 = 10		X
g) 2 . 4 . 5 = 30		X
h) 0 . (– 3) . (3) = – 9		X

24. Resolva as expressões envolvendo adição, subtração e multiplicação.
   a) (– 10) + (– 24 – 6) – 2 . (– 4) – (– 36) =
   b) – 2 . [9 – 5 . (– 3 – 1 + 11)] – 4 =
   c) 30 – [5 . (– 2) – 3 – 2] =
   d) (– 3 + 1) – {– 2 . (5 – 12) – 3 + [(– 1 – 3) – (11 – 20)]} =
   e) {– [– 2 – 5 . (– 2)] + (– 3) . (– 2) – (2 + 5 – 3 – 1)} – 5 =

Solução:
Antes de iniciarmos a resolução devemos lembrar a ordem das operações: em primeiro lugar a multiplicação e depois a adição ou subtração, salvo se os sinais de associação indicarem outra ordem.
a) (– 10) + (– 24 – 6) – 2 . (– 4) – (– 36) = (– 10) + (– 30) + 8 + 36 = – 40 + 44 = 4
b) – 2 . [9 – 5 . (– 3 – 1 + 11)] – 4 = – 2 . [9 – 5 . (– 4 + 11)] – 4 = – 2 . [9 – 5 . 7] – 4 =
   = – 2 . [9 – 35] – 4 = – 2 . [– 26] – 4 = 52 – 4 = 48
c) 30 – [5 . (– 2) – 3 – 2] = 30 – [– 10 – 3 – 2] = 30 – [– 15] = 30 + 15 = 45
d) (– 3 + 1) – {– 2 . (5 – 12) – 3 + [(– 1 – 3) – (11 – 20)]} =
   = (– 2) – {– 2 . (– 7) – 3 + [(– 4) – (– 9)]} = (– 2) – {14 – 3 + [– 4 + 9]} =
   = – 2 – {14 – 3 + 5} = – 2 – {11 + 5} = – 2 – {16} = – 18
e) {– [– 2 – 5 . (– 2)] + (– 3) . (– 2) – (2 + 5 – 3 – 1)} – 5 =
   = {– [– 2 + 10] + (+ 6) – (7 – 4)} – 5 = {– [+ 8] + 6 – (+ 3)} – 5 = {– 8 + 6 – 3} – 5 =
   = {– 11 + 6} – 5 = {– 5} – 5 = – 10

25. (UNIP-SP) O valor da expressão numérica (– 1 – 2) . [– 7 . (2 – 5) – 3 . (4 – 2) – 1] é:
   a) – 36   b) – 38   c) – 40   d) – 42

Solução:
(– 1 – 2) . [– 7 . (2 – 5) – 3 . (4 – 2) – 1] =

= (– 3) . [– 7 . (– 3) – 3 . (2) – 1] =
= (– 3) . [21 – 6 – 1] = (– 3) . [21 – 7] = (– 3) . [14] = – 42
Portanto, alternativa "d".

DIVISÃO

A divisão é a operação inversa da multiplicação, a divisão de números inteiros só é possível em $\mathbb{Z}$ se ocorrer a seguinte equivalência:

a : b = c, com a,b,c em $\mathbb{Z}$ $\Leftrightarrow$ c . b = a

A divisão de inteiros apresenta quatro situações:
1) 6 : 3 = 2 $\Leftrightarrow$ 2 . 3 = 6 (ou 3 . 2 = 6)
2) 6 : (– 3) = – 2 $\Leftrightarrow$ (– 2) . (– 3) = 6
3) (– 6) : 3 = – 2 $\Leftrightarrow$ (– 2) . 3 = – 6
4) (– 6) : (– 3) = 2 $\Leftrightarrow$ 2 . (– 3) = – 6

Podemos concluir:
• O quociente de dois números inteiros de **mesmo sinal** é um número inteiro **positivo**.
• O quociente de dois números inteiros de **sinais diferentes** é um número inteiro **negativo**.

26. Efetue as seguintes divisões:
    a) 12 : 4 =   **b)** (– 16) : 4 =   **c)** 15 : (– 3) =
    d) (– 25) : (– 5) =   **e)** 0 : 6 =   **f)** 13 : 0 =

Solução:
a) 12 : 4 = 3 pois 3 . 4 = 12
b) (– 16) : 4 = – 4 pois (– 4) . 4 = – 16
c) 15 : (– 3) = – 5 pois (– 5) . (– 3) = 15
d) (– 25) : (– 5) = 5 pois 5 . (– 5) = – 25
e) 0 : 6 = 0 pois 0 . 6 = 0
f) 13 : 0 = ?, a divisão por 0 não é definida no conjunto dos inteiros pois não existe um número inteiro tal que multiplicado por 0 resulte 13.

27. Efetue as seguintes divisões eliminando os sinais de associação:
    a) [– 24 : (– 6)] : 2 =   **b)** [– 10 : 1] : (– 2) =
    c) [40 : (– 8)] : (– 1) =   **d)** 45 : [(– 9) : 3] =

Solução:
a) [– 24 : (– 6)] : 2 = [+ 4] : 2 = 2
b) [– 10 : 1] : (– 2) = [– 10] : (– 2) = 5
c) [40 : (– 8)] : (– 1) = [– 5] : (– 1) = 5
d) 45 : [(– 9) : 3] = 45 : (– 3) = – 15

28. Complete as sentenças de forma que sejam verdadeiras:
a) ___ : (– 2) = – 8   b) 6 : ___ = – 2
c) – 6 . ___ = – 24   d) ___ . (– 4) = – 36

Solução:
a) 16 : (– 2) = – 8 pois (– 8) . (– 2) = 16
b) 6 : (– 3) = – 2 pois (– 2) . (– 3) = 6
c) – 6 . (4) = – 24 pois (– 24) : 4 = – 6
d) 9 . (– 4) = – 36 pois (– 36) : (– 4) = 9

29. (Uerj-RJ) Um funcionário, ao executar um serviço de cartório, precisou reproduzir cópias de um documento, numa papelaria que cobra R$ 1,00 para cada 4 cópias. Se ele pediu a reprodução de 48 cópias, seu gasto total foi de:
a) R$ 12,00   b) R$14,00   c) R$ 16,00   d) R$ 18,00

Solução:
Se a cada 4 cópias o funcionário paga R$1,00, então para 48 cópias pagará: 48 : 4 = 12 e 12 . R$1, 00 = R$ 12,00
Portanto, alternativa "a".

30. (UMC-SP) Um carro comum consumiu 50 litros de álcool para percorrer 600 km. Supondo condições equivalentes, esse mesmo carro, para percorrer 840 km, consumirá:
a) 70 litros   b) 68 litros   c) 75 litros   d) 80 litros

Solução:
Se um carro consumiu 50 litros para percorrer 600 km, então percorreu
600 : 50 = 12 km por litro.
Para percorrer 840 km, fazendo 12 km por litro, consumirá 840 : 12 = 70 litros
Portanto, alternativa "a".

31. (Uece – CE) A carga máxima admissível num elevador de pessoas corresponde a 7 adultos com 80 kg cada um. O número máximo de crianças, pesando 35 kg cada uma, que poderá ser transportado nesse elevador é:
a) menor que 15
b) maior que 20
c) maior do que 14 e menor do que 18
d) mais do que 17 e menos do que 20

Solução:
Se a carga máxima admissível no elevador corresponde a 7 adultos com 80 kg cada, então corresponde a 7 . 80 = 560 kg
Se cada criança pesa 35 kg, então poderão ser transportadas 560 kg : 35kg = 16 crianças.

Portanto um número maior que 14 e menor do que 18.
Alternativa "c".

32. (Saeb-MEC) O resultado de – 1 – (– 5) . (– 3) + (– 4) . 3 : – 4 é:
a) 0   b) – 2   c) – 13   d) 30

Solução:
– 1 – (– 5) . (– 3) + (– 4) . 3 : – 4 =
= – 1 + 5 . (– 3) + – 12 : – 4 =
= – 1 – 15 + 3 = – 16 + 3 = – 13
Portanto, alternativa "c".

33. (FCC-SP) Digitando em uma calculadora a sequência de teclas indicadas abaixo, o resultado final que irá aparecer no visor será – 10.

| 5 | – | 7 | × | 2 | – | 6 | = |

Em linguagem matemática, a operação feita pela calculadora é equivalente a:
a) (5 – 7) . 2 – 6 =   b) (5 – 7 . 2) – 6 =
c) 5 – (7 . 2) – 6 =   d) 5 – 7 . (2 – 6) =

Solução:
Pela ordem da calculadora a operação efetuada foi (5 – 7) . 2 – 6.
Mas vamos resolver uma a uma para verificar qual delas resulta – 10.
a) (5 – 7) . 2 – 6 = – 2 . 2 – 6 = – 4 – 6 = – 10 correta
b) (5 – 7 . 2) – 6 = (5 – 14) – 6 = – 9 – 6 = – 15 incorreta
c) 5 – (7 . 2) – 6 = 5 – 14 – 6 = 5 – 20 = – 15 incorreta
d) 5 – 7 . (2 – 6) = 5 – 7 . (– 4) = 5 + 28 = 33 incorreta
Portanto, alternativa "a".

34. (UNIP-SP) O valor da expressão (– 1 – 2) . [– 7 . (2 – 5) – 3 . (4 – 2) – 1] é:
a) – 34   b) – 36   c) – 40   d) – 42

Solução:
(– 1 – 2) . [– 7 . (2 – 5) – 3 . (4 – 2) – 1] = – 3 . [– 7 . (– 3) – 3 . 2 – 1] =
= – 3 . [21 – 6 – 1] = – 3 . [21 – 7] = – 3 . 14 = – 42
Portanto, alternativa "d".

POTENCIAÇÃO

A potência a^n do número inteiro **a**, é definida como um produto de **n** fatores iguais. O número **a** é denominado *base* e o número **n** é o *expoente*.

$$a^n = \underbrace{a \times a \times a \times a \times \ldots \times a}_{n \text{ fatores}}$$

a é multiplicado por ele mesmo **n** vezes

Exemplos:
$2^5 = 2 \times 2 \times 2 \times 2 \times 2 = 32$
$(-2)^3 = (-2) \times (-2) \times (-2) = -8$
$(-5)^2 = (-5) \times (-5) = 25$
$(+5)^2 = (+5) \times (+5) = 25$

Para os números inteiros também é valido $a^0 = 1$ para todo **a** inteiro diferente de zero (0^0 não é definido no conjunto dos inteiros).

Para qualquer número natural **n**, tem-se que $0^n = 0$.

Podemos concluir que:
- Todo número inteiro **positivo** elevado a um **expoente** qualquer (**par ou impar**) resulta um número inteiro **positivo**.
- Todo número inteiro **negativo** elevado a um expoente **par** resulta um número inteiro **positivo**.
- Todo número inteiro **negativo** elevado a um expoente ímpar resulta um número inteiro **negativo**.

Vamos resumir as conclusões em uma tabela:

Sinal da base	Expoente	Resultado da potenciação
positivo	qualquer	positivo
negativo	par	positivo
negativo	impar	negativo

---

35. Calcule o valor das seguintes potências:
a) $1^4 =$ b) $3^3 =$ c) $(-2)^4 =$ d) $(-5)^3 =$ e) $0^6 =$

Solução:
a) $1^4 = 1$ pois $1 . 1 . 1 . 1 = 1$
a) $3^3 = 3 . 3 . 3 = 27$
b) $(-2)^4 = 16$, pois base negativa com expoente par resulta positivo
c) $(-5)^3 = -125$, pois base negativa com expoente impar resulta negativo
d) $0^6 = 0$

---

36. (Saeb-MEC) Sendo $N = (-3)^2 - 3^2$ então o valor de N é:
a) 0   b) 6   c) 18   d) – 18

Solução:
$N = (-3)^2 - 3^2 = 9 - 9 = 0$
Portanto, alternativa "a".

37. Coloque V ou F nas seguintes sentenças, conforme sejam verdadeiras ou falsas:
a) $(-3)^3 = -27$ ( )
b) $(-1)^3 = -3$ ( )
c) $2^4 = 16$ ( )
d) $(-8)^0 = 8$ ( )
e) $(-4)^2 = -16$ ( )
f) $(-3)^5 = -729$ ( )

Solução:
a) $(-3)^3 = -27$, pois base negativa com expoente impar resulta numero negativo. (V)
b) $(-1)^3 = -1$, pois temos $(-1) . (-1) . (-1) = -1 \neq -3$. (F)
c) $2^4 = 16$, pois $2 . 2 . 2 . 2 = 16$. (V)
d) $(-8)^0 = 1 \neq 8$, pois todo número inteiro elevado a zero é igual a 1. (F)
e) $(-4)^2 = 16 \neq -16$, pois base negativa com expoente par resulta positivo. (F)
f) $(-3)^5 = (-3) . (-3) . (-3) . (-3) . (-3) = -243 \neq -729$. (F)

Portanto:
a) $(-3)^3 = -27$ (V)
b) $(-1)^3 = -3$ (F)
c) $2^4 = 16$ (V)
d) $(-8)^0 = 8$ (F)
e) $(-4)^2 = -16$ (F)
f) $(-3)^5 = -729$ (F)

---

38. (Fundação Sto André) O valor de $10^0 - 5^2 + (-5)^2 + 2^3$:
a) 9 b) 7 c) 16 d) 59

Solução:
$$10^0 - 5^2 + (-5)^2 + 2^3 = 1 - 25 + 25 + 8 = 1 + 0 + 8 = 9$$
Observe que $-5^2 \neq (-5)^2$; $-5^2 = -25$ e $(-5)^2 = (-5).(-5) = 25$
Portanto, alternativa "a".

---

39. Associe cada item da coluna da esquerda com seu correspondente na coluna da direita:
a) $(-1)^3$ ( ) -1000
b) $(-6)^1$ ( ) 144
c) $(-10)^3$ ( ) 49
d) 100^0 ( ) -125
e) $(-7)^2$ ( ) 1
f) $(-5)^3$ ( ) -6
g) $(-2)^4$ ( ) 225
h) $(-15)^2$ ( ) -729
i) 12^2 ( ) -1
j) $(-9)^3$ ( ) 16

Soluções:
a) $(-1)^3 = -1$
b) $(-6)^1 = -6$
c) $(-10)^3 = -1000$
d) $100^0 = 1$
e) $(-7)^2 = 49$
f) $(-5)^3 = -125$
g) $(-2)^4 = 16$
h) $(-15)^2 = 225$
i) $12^2 = 144$
j) $(-9)^3 = -729$

Resposta:
a) $(-1)^3$
b) $(-6)^1$
c) $(-10)^3$
d) 100^0
e) $(-7)^2$
f) $(-5)^3$
g) $(-2)^4$
h) $(-15)^2$
i) 12^2
j) $(-9)^3$

(c) -1000
(i) 144
(e) 49
(f) -125
(d) 1
(b) -6
(h) 225
(j) -729
(a) -1
(g) 16

---

40. (Cap – Uerj) O resultado da expressão $\{[\,16-(4:4)]:3\}^2 \cdot 2^3$ é:
a) 6   b) 8   c) 150   d) 200

Solução:
$\{[\,16-(4:4)]:3\}^2 \cdot 2^3 = \{[\,16-1]:3\}^2 \cdot 8 = \{15:3\}^2 \cdot 8 = 5^2 \cdot 8 = 25 \cdot 8 = 200$
Portanto, alternativa "d".

---

41. (UNIP-SP) O valor da expressão numérica $-4^2 + (3-5) \cdot (-2)^3 + 3^2 - (-2)^4$:
a) 7   b) 8   c) -7 d) 15

Solução:
$-4^2 + (3-5) \cdot (-2)^3 + 3^2 - (-2)^4 = -16 + (-2) \cdot (-8) + 9 - (+16) =$
$= -16 + 16 + 9 - 16 = 0 + 9 - 16 = -7$
Portanto, alternativa "c".

---

42. (Cesgranrio-RJ) Denomina-se "quadrado mágico" aquele em que a soma dos números de cada linha, coluna ou diagonal é sempre a mesma. Sendo a figura abaixo um "quadrado mágico", o valor da soma A + B + C é:
a) 26   b) 28   c) 30   d) 31

3^2	14	7
A	10	B
13	C	11

Solução:
Na primeira linha do quadrado mágico temos $3^2 + 14 + 7 = 9 + 14 + 7 = 30$
Todas as linhas, colunas e diagonais devem somar 30.
Assim, 9 + A + 13 = 30
A + 22 = 30, então A deve ser 30 − 22 = 8

A + 10 + B = 30, sendo A = 8 :
8 + 10 + B = 30, então B deve ser 30 – 18 = 12
Na última linha 13 + C + 11 = 30, então C deve ser 30 – 24 = 6
Assim, A + B + C = 8 + 12 + 6 = 26

Portanto, alternativa "a".

---

43. (Encceja – MEC) Na sequência de figuras desenhadas abaixo, foi utilizada uma regra para definir a quantidade de quadradinhos pintados. Mantida essa regra, o número de quadradinhos brancos na quinta e na sexta figuras da sequência serão, respectivamente:

a) 20 e 30   **b)** 20 e 36   **c)** 25 e 35   **d)** 30 e 36

Solução:
Na primeira figura temos 0 quadrados brancos, na segunda temos 2 pintados e 2 brancos de um total de 4. Na terceira temos 3 pintados e 6 brancos num total de 9 quadradinhos. Na quarta figura são 4 pintados e 12 brancos num total de 16 quadradinhos.
Observamos que o total de quadradinhos é igual ao número de quadradinhos pintados elevados à potência 2, e os brancos, a diferença entre o total e os pintados.

Vejamos:
$1^2 - 1 = 1 - 1 = 0$ brancos (1ª figura)
$2^2 - 2 = 4 - 2 = 2$ brancos (2ª figura)
$3^2 - 3 = 9 - 6 = 3$ brancos (3ª figura)
Na quarta figura, temos: $4^2 - 4 = 16 - 4 = 12$ brancos.
Portanto, na quinta figura, teremos: $5^2 - 5 = 25 - 5 = 20$ brancos
Na sexta figura: $6^2 - 6 = 36 - 6 = 30$ brancos.
Logo, alternativa "a".

PROPRIEDADES DAS POTÊNCIAS

As propriedades das potências no conjunto dos números naturais são válidas para o conjunto dos inteiros.
Para recordar estas propriedades vamos apresentar exemplos com potências de base negativa, verificando a validade.

P1:
$(-2)^2 \cdot (-2)^3 = [(-2) \cdot (-2)] \cdot [(-2) \cdot (-2) \cdot (-2)] = [(-2) \cdot (-2) \cdot (-2) \cdot (-2) \cdot (-2)] = (-2)^5$
Logo: $(-2)^2 \cdot (-2)^3 = (-2)^{2+3} = (-2)^5$
Generalizando: $a^x \cdot a^y = a^{x+y}$, com a inteiro e x,y naturais.

Concluímos que, para se multiplicar potências de mesma base, conserva-se a base e somam-se os expoentes.

P2:
$(-3)^5 : (-3)^2 = [(-3) \cdot (-3) \cdot (-3) \cdot (-3) \cdot (-3)] : [(-3) \cdot (-3)] =$
$= \dfrac{(-3).(-3).(-3).(-3).(-3).}{(-3).(-3)} = (-3) \cdot (-3) \cdot (-3) = (-3)^3$
Logo: $(-3)^5 : (-3)^2 = (-3)^{5-2} = (-3)^3$
Generalizando: $a^x : a^y = a^{x-y}$, com a inteiro e x,y naturais.
Concluímos que para se dividir potências de mesma base, conserva-se a base e subtraem-se os expoentes.

P3:
$[(-5)^3]^2 = [(-5) \cdot (-5) \cdot (-5)]^2 = [(-5) \cdot (-5) \cdot (-5)] \cdot [(-5) \cdot (-5) \cdot (-5)] = (-5)^6$
Logo: $[(-5)^3]^2 = (-5)^{3 \cdot 2} = (-5)^6$
Generalizando: $(a^x)^y = a^{x \cdot y}$, com a inteiro e x,y naturais.
Concluímos que para se elevar uma potência a outro expoente (potência de potência) conserva-se a base e multiplicam-se os expoentes.

P4:
$[(-1) \cdot (-2) \cdot (-3)]^2 = [(-6)]^2 = 36$
Por outro lado, $[(-1) \cdot (-2) \cdot (-3)]^2 = [(-1) \cdot (-2) \cdot (-3)] \cdot [(-1)(-2)(-3)] =$
$= [(-1) \cdot (-1) \cdot (-2) \cdot (-2)(-3) \cdot (-3)] = [(-1)^2 \cdot (-2)^2 \cdot (-3)^2] = (1) \cdot (4) \cdot (9) = 36$
Logo: $[(-1) \cdot (-2) \cdot (-3)]^2 = [(-1)]^2 \cdot [(-2)]^2 \cdot [(-3)]^2$
Generalizando: $(a \cdot b \cdot c)^x = a^x \cdot b^x \cdot c^x$, com a,b,c inteiros e x natural.
Concluímos que para se elevar um produto de dois ou mais fatores ao mesmo expoente, eleva-se cada fator a esse expoente.

---

44. Efetue as operações, usando as propriedades, dando o resultado na forma de potência.
a) $2^5 \cdot 2^3 =$
b) $(-5)^2 \cdot (-5)^4 =$
c) $(-2)^3 \cdot (-2)^2 \cdot (-2)^4 =$
d) $2^6 : 2^4 =$
e) $(-7)^5 : (-7)^3 =$
f) $3^8 : 3^4 =$
g) $(2^5)^3 =$
h) $[(-4)^3]^2 =$
i) $[(-2) \cdot (-4) \cdot (-3)]^5 =$

Solução:
a) $2^5 \cdot 2^3 = 2^{5+3} = 2^8$ (P1)
b) $(-5)^2 \cdot (-5)^4 = (-5)^{2+4} = (-5)^6$ (P1)
c) $(-2)^3 \cdot (-2)^2 \cdot (-2)^4 = (-2)^{3+2+4} = (-2)^9$ (P1)
d) $2^6 : 2^4 = 2^{6-4} = 2^2$ (P2)
e) $(-7)^5 : (-7)^3 = (-7)^{5-3} = (-7)^2$ (P2)
f) $3^8 : 3^4 = 3^{8-4} = 3^4$ (P2)
g) $(2^5)^3 = (2)^{5 \cdot 3} = 2^{15}$ (P3)
h) $[(-4)^3]^2 = (-4)^{3 \cdot 2} = (-4)^6$ (P3)
i) $[(-2) \cdot (-4) \cdot (-3)]^5 = (-2)^5 \cdot (-4)^5 \cdot (-3)^5$ (P4)

45. Utilizando as propriedades, determine o resultado em forma de potência:
a) $[(-2)^2 \cdot (-5)^3 \cdot (-4)^3]^2 =$
b) $[(-2)^6 : (-2)^2]^3 =$
c) $[(-3)^8 : (-3)^5] \cdot (-3)^2 =$

Solução:
a) $[(-2)^2 \cdot (-5)^3 \cdot (-4)^3]^2 = (-2)^{2 \cdot 2} \cdot (-5)^{3 \cdot 2} \cdot (-4)^{3 \cdot 2} = (-2)^4 \cdot (-5)^6 \cdot (-4)^6$
b) $[(-2)^6 : (-2)^2]^3 = (-2)^{6 \cdot 3} : (-2)^{2 \cdot 3} = (-2)^{18} : (-2)^6 = (-2)^{18-6} = (-2)^{12}$
ou $= [(-2)^{6-2}]^3 = [(-2)^4]^3 = (-2)^{4 \cdot 3} = (-2)^{12}$
c) $[(-3)^8 : (-3)^5] \cdot (-3)^2 = [(-3)^{8-5}] \cdot (-3)^2 = (-3)^3 \cdot (-3)^2 = (-3)^{3+2} = (-3)^5$

---

46. Assinale V ou F, conforme as sentenças sejam verdadeiras ou falsas:
a) $2^6 : 2^3 = 2^2$ ( )
b) $(-8)^2 : (-8) = -8$ ( )
c) $(-1)^5 : (-1)^3 = 1$ ( )
d) $[(-2)^4 : (-2)^3] : (-2) = 2$ ( )

Solução:
a) $2^6 : 2^3 = 2^{6-3} = 2^3 \neq 2^2$ (F)
b) $(-8)^2 : (-8) = (-8)^{2-1} = (-8)^1 = -8$ (V)
c) $(-1)^5 : (-1)^3 = (-1)^{5-3} = (-1)^2 = 1$ (V)
d) $[(-2)^4 : (-2)^3] : (-2) = [(-2)^{4-3}] : (-2) = (-2) : (-2) = (-2)^{1-1} = (-2)^0 = 1 \neq 2$ (F)

---

47. Calcule o valor das expressões seguintes:
a) $(3 + 2)^3 - (2 - 3)^2 + (-2)^3 =$
b) $(-1 - 3)^2 : (-2)^3 - (-1)^3 \cdot (-2 + 3) =$
c) $15 - (-3 - 3)^2 : 12 + [(-5)^3 : 5 + 4 \cdot (-2)^2] =$
d) $-(-2 + 3)^3 + (27 - 12) - (52 - 36)^2 : (-4)^3 =$

Solução:
a) $(3 + 2)^3 - (2 - 3)^2 + (-2)^3 = (5)^3 - (-1)^2 + (-8) = 125 - 1 - 8 = 125 - 9 = 116$
b) $(-1 - 3)^2 : (-2)^3 - (-1)^3 \cdot (-2 + 3) = (-4)^2 : (-8) - (-1) \cdot 1 = 16 : (-8) - (-1) =$
$= -2 + 1 = -1$
c) $15 - (-3 - 3)^2 : 12 + [(-5)^3 : 5 + 4 \cdot (-2)^2] = 15 - (-6)^2 : 12 + [-125 : 5 + 4 \cdot 4] =$
$= 15 - (+36) : 12 + [-25 + 16] = 15 - 3 + [-9] = 12 - 9 = 3$
d) $-(-2 + 3)^3 + (27 - 12) - (52 - 36)^2 : (-4)^3 = -(1)^3 + 15 - (16)^2 : (-64) =$
$= -1 + 15 - 256 : (-64) = -1 + 15 + 4 = 18$

---

48. (Olimpíada Brasileira de Matemática) Os alunos de uma escola participaram de uma excursão, para a qual dois ônibus foram contratados. Quando os ônibus chegaram, 57 alunos entraram no primeiro ônibus e apenas 31 no segundo. Quan-

tos alunos devem passar do primeiro para o segundo ônibus para que a mesma quantidade de alunos seja transportada nos dois ônibus?
a) 8   b) 13   c) 16   d) 18

Solução:
Primeiro devemos saber a quantidade total de alunos que participarão da excursão.
57 + 31 = 88 alunos.
Dividindo igualmente entre os dois ônibus temos 88 : 2 = 44.
Como no primeiro ônibus entraram 57, então devem passar para o segundo ônibus:
57 − 44 = 13.
Portanto, alternativa "b".

49. (UF-MG) Uma empresa tem 750 empregados e comprou marmitas individuais congeladas suficientes para o almoço deles durante 25 dias. Se essa empresa tivesse mais 500 empregados, a quantidade de marmitas já adquiridas seria suficiente para um número de dias igual a:
a) 10   b) 12   c) 15   d) 18

Solução:
Se são 750 empregados com refeição suficiente para 25 dias, temos, portanto, 750 . 25 = 18 750 marmitas.
Acrescentando-se 500 empregados aos já existentes, teremos 750 + 500 = 1250 empregados.
As 18 750 marmitas seriam suficientes para 18 750 : 1250 = 15 dias para o novo total de funcionários.
Portanto, alternativa "c".

50. (FGV-SP) Um vendedor de vinhos quer reduzir o preço de seu vinho de R$ 5,00 para R$ 4,00 o litro, sem reduzir sua receita de vendas. Para isso ele quer adicionar água a seu vinho. Tendo um estoque de 320 litros, o vendedor deverá adicionar:
a) de 50 a 100 litros de água
b) de 150 a 200 litros de água
c) menos de 50 litros de água
d) exatamente 50 litros de água.

Solução:
O estoque do vendedor é composto por 320 litros de vinho, se vendido à R$5,00 teria uma receita de 320 . 5 = 1600 reais.
Reduzindo o custo por litro a R$ 4,00, então 1600 : 4 = 400 litros seria a quantidade de vinho que ele deverá vender para não reduzir sua receita.
Assim, 400 − 320 = 80 litros, é a quantidade de água que o vendedor deverá adicionar
Portanto, 80 litros é uma quantidade de 50 a 100 litros.
Logo, alternativa "a".

SUBCONJUNTOS DO CONJUNTO DOS INTEIROS

Conjunto dos números inteiros excluído o número zero:
$\mathbb{Z}^* = \{..., -4, -3, -2, -1, 1, 2, 3, 4,...\}$

Conjunto dos números inteiros não negativos:
$\mathbb{Z}_+ = \{0, 1, 2, 3, 4,...\}$

Conjunto dos números inteiros não positivos:
$\mathbb{Z}_- = \{..., -4, -3, -2, -1, 0\}$

Conjunto dos números inteiros positivos:
$\mathbb{Z}^*_+ = \{1, 2, 3, 4,...\}$

Conjuntos dos números inteiros negativos:
$\mathbb{Z}^*_- = \{..., -4, -3, -2, -1\}$

Podemos observar que o numero zero não é positivo e nem negativo. Ainda, que o conjunto dos naturais $\mathbb{N}$ é um subconjunto de $\mathbb{Z}$, $\mathbb{N} = \mathbb{Z}_+$

51. Complete com $\in$ (pertence) ou $\notin$ (não pertence) as seguintes sentenças:
   a) $-2...\mathbb{Z}^*$ **b)** $5...\mathbb{Z}_+$ **c)** $-11...\mathbb{Z}_-$ **d)** $0...\mathbb{Z}_+$
   e) $0...\mathbb{Z}^*$ **f)** $-9...\mathbb{Z}^*_+$ **g)** $-555...\mathbb{Z}_+$

Solução:
a) $-2 \in \mathbb{Z}^*$, pois $\mathbb{Z}^*$ é composto por números inteiros positivos e números negativos, o zero não entra.
b) $5 \in \mathbb{Z}_+$, pois $\mathbb{Z}_+$ é o conjunto dos inteiros formado por números não negativos, o zero entra.
c) $-11 \in \mathbb{Z}_-$, pois $\mathbb{Z}_-$ é formado por números inteiros não positivos.
d) $0 \in \mathbb{Z}_+$, pois $\mathbb{Z}_+$ é formado por números inteiros não negativos, o zero entra.
e) $0 \notin \mathbb{Z}^*$, pois $\mathbb{Z}^*$ é composto por números inteiros positivos e negativos, o zero não entra.
f) $-9 \notin \mathbb{Z}^*_+$, pois esse conjunto é formado apenas pelos números inteiros positivos.
g) $-555 \notin \mathbb{Z}_+$, pois esse conjunto possui apenas números inteiros não negativos.

52. Determine os seguintes subconjuntos de $\mathbb{Z}$:
   a) $\mathbb{Z} - \mathbb{N}$ **b)** $\mathbb{Z}_- \cap \mathbb{Z}_+$ **c)** $\mathbb{Z}^*_+ \cup \mathbb{Z}^*_-$

Solução:
a) $\mathbb{Z} - \mathbb{N} = \{..., -3, -2, -1, 0, 1, 2, 3, ...\} - \{0, 1, 2, 3, 4, ...\} = \{..., -3, -2, -1\} = \mathbb{Z}^*_-$
b) $\mathbb{Z}_- \cap \mathbb{Z}_+ \{..., -3, -2, -1, 0\} = \{0\}$
   (observe que o 0 é o único elemento comum aos dois conjuntos)

c) $\mathbb{Z}_+^* \cup \mathbb{Z}_-^* = \{1, 2, 3, 4, ...\} \cup \{..., -5, -4, -3, -2, -1\} = \{..., -4, -3, -2, -1, 1, 2, 3, ...\} = = \mathbb{Z}^*$ (conjunto dos números inteiros não nulos)

---

53. Encontre os seguintes subconjuntos de $\mathbb{Z}$:

$A = \{x \in \mathbb{Z} / x < -2\}$ $\qquad$ $E = \{x \in \mathbb{Z} / -1 \le x \le 4\}$
$B = \{x \in \mathbb{Z} / x \le 4\}$ $\qquad$ $F = \{x \in \mathbb{Z} / -3 < x \le 3\}$
$C = \{x \in \mathbb{Z} / x > -5\}$ $\qquad$ $G = \{x \in \mathbb{Z} / 0 \le x < 6\}$
$D = \{x \in \mathbb{Z} / x \ge 7\}$ $\qquad$ $H = \{x \in \mathbb{Z} / -6 < x < 0\}$

Solução:
$A = \{x \in \mathbb{Z} / x < -2\}$, traduzindo para a linguagem corrente temos que x é um número inteiro tal que, x é menor que – 2, logo, temos: A = {..., – 5, – 4, – 3} (observe que o – 2 não pertence ao conjunto A).

$B = \{x \in \mathbb{Z} / x \le 4\}$, traduzindo em linguagem corrente temos: x é um número inteiro tal que x é menor ou igual a 4, logo, temos: B = {..., – 2, – 3, – 1, 0, 1, 2, 3, 4, ...} (observe que o 4 pertence ao conjunto B).

$C = \{x \in \mathbb{Z} / x > -5\}$, é um número inteiro maior que – 5, logo, C ={..., – 4, – 3, – 2}

$D = \{x \in \mathbb{Z} / x \ge 7\}$, é um número inteiro maior ou igual a 7, logo, D = {7, 8, 9, }

$E = \{x \in \mathbb{Z} / -1 \le x \le 4\}$, x é maior ou igual a – 1 e x é menor ou igual a 4, ou seja, x está entre – 1 e 4, inclusive – 1 e 4, logo, E = {– 1, 0, 1, 2, 3, 4}

$F = \{x \in \mathbb{Z} / -3 < x \le 3\}$, x é maior que – 3 e menor ou igual a 3, ou seja x está entre – 3 e 3, inclusive o 3, logo, F = {– 2, –1, 0, 1, 2, 3}

$G = \{x \in \mathbb{Z} / 0 \le x < 6\}$, está entre 0 e 6, inclusive o 0, G = {0, 1, 2, 3, 4, 5}

$H = \{x \in \mathbb{Z} / -6 < x < 0\}$, está entre – 6 e 0, H ={– 5, – 4, – 3, – 2, – 1}

---

54. O conjunto I = {– 2, – 1, 0, 1, 2, 3} representa:
  a) o conjunto dos números naturais maiores que – 3
  b) o conjunto dos números inteiros maiores que – 3
  c) o conjunto dos números inteiros maiores que – 3 e menores que 4
  d) o conjunto dos inteiros maiores que – 2 e menores que 3

Solução:
A alternativa correta é a "c".

A alternativa "a" é falsa pois, para compor o conjunto dos naturais maiores que – 3, o – 2 e o – 1 não deveriam pertencer a I,pois – 2 e – 1 não são naturais e ainda, o conjunto deveria ser infinito á direita

A alternativa "b" é falsa pois, para inteiros maiores que – 3, o conjunto deveria ser infinito à direita.

A alternativa "d" é falsa pois os elementos de I são maiores que – 2, inclusive o – 2, e menores que 3, inclusive o 3.

55. (Revista da Olimpíada de Matemática-GO – 2001) Maria e João disputaram um jogo no qual são atribuídos 2 pontos por vitória e deduzido um ponto em caso de derrota, não sendo possível ocorrer empate. Inicialmente cada um deles tinha 5 pontos. Se João ganhou exatamente três partidas e Maria no final ficou com 10 pontos, quantas partidas disputaram?

Solução:
Como João ganhou exatamente três partidas, Maria perdeu três pontos, ficando com 2 pontos (5 – 3 = 2).
Como no final Maria ficou com 10 pontos, ela ganhou mais 8 pontos, logo ganhou 4 partidas.
Portanto, foram realizadas 3(que João ganhou) + 4(que Maria ganhou) = 7 partidas.

56. (Revista da Olimpíada de Matemática-GO – 2001) Branca de Neve distribuiu para os sete anões a sua colheita de 707 cogumelos. Começando pelo menor dos sete e, por ordem crescente das suas alturas, cada anão recebe mais um cogumelo do que o anão anterior. Quantos cogumelos receberá o maior dos anões?

Solução:
Branca de Neve tem 707 cogumelos para repartir entre os sete anões. Se todos recebessem a mesma quantidade, teríamos 707 : 7 = 101 cogumelos para cada anão. Como cada anão recebe um cogumelo a mais por ordem crescente de suas alturas, vamos supor que o sétimo anão seja o de maior altura e o primeiro o de menor altura. O quarto anão é o do meio (ficam três com maior altura e três com menor altura) deverá receber 101, o terceiro deverá receber um a menos, 100 e o quinto anão um cogumelo a mais, 102 para que na média dê 101. Assim, teríamos:

anões	1º	2º	3º	4º	5º	6º	7º
cogumelos			100	101	102		

Para o segundo e o sexto anões e, o sétimo e o primeiro anões devem receber em média o mesmo que o quarto anão, então:

anões	1º	2º	3º	4º	5º	6º	7º
cogumelos	98	99	100	101	102	103	104

Portanto, o sétimo anão(o maior deles) deverá receber 104 cogumelos.

57. (Revista da Olimpíada de Matemática-GO – 2001) Dona Isolina teve quatro filhos, cada um dos quais lhe deu quatro netos, cada um dos quais lhe deu quatro bisnetos, cada um dos quais teve quatro filhos. Quantos são os descendentes de dona Isolina?

Solução:
Dona Isolina teve 4 filhos. Cada filho lhe deu 4 netos, portanto um total de 4 . 4 = 16 netos. Cada neto lhe deu 4 bisnetos, logo um total de 4 . 16 = 64 bisnetos.

Cada bisneto lhe deu 4 tataranetos, logo 4 . 64 = 256 tataranetos

Portanto, são descendentes de dona Isolina: 4filhos + 16 netos + 64 bisnetos + 256 tataranetos = 340 descendentes.

---

58. (Revista da Olimpíada de Matemática-GO – 2000-adaptado) Com 5 números ímpares entre – 5 e 4, inclusive o – 5 e com 5 números pares entre – 5 e 4, inclusive o 4, são formados 5 pares de números. Se N é a soma dos produtos, obtidos em cada par de números, qual o valor mínimo possível de N?

Solução:
O menor valor de N será obtido pela soma dos menores produtos, ou seja, pelo produto dos menores números ímpares pelos maiores números pares.
Vejamos:
Os ímpares são – 5, – 3, – 1, 1, 3 e os pares são – 4, – 2, 0, 2 e 4.
Se tomarmos o – 5 com – 4, os menores sendo par e sendo ímpar, o produto seria
– 5 . – 4 = 20 que é positivo e queremos os menores produtos (negativos).
Vamos formar pares de números que em módulo dariam o maior valor.

Formando os pares, sendo um par e outro impar, temos:
(– 5,4), (– 3,2), (– 1,0), (1, – 2), (3, – 4)
– 5 . 4 = – 20 ; – 3 . 2 = – 6 ; – 1 . 0 = 0 ; 1 . – 2 = – 2 ; 3 . – 4 = – 12
Logo, N = (– 20) + (– 6) + (0) + (– 2) + (– 12) = – 40

---

59. (Revista da Olimpíada Matemática-GO – 2001) Escrevemos abaixo os números inteiros positivos de 1 a 15.
1 2 3 4 5 6 7 8 9 10 11 12 13 14 15
Antes de cada um deles, coloque os sinais de + ou – de forma que a soma de todos seja zero.

Solução:
Se somarmos todos eles o resultado é 120, logo, podemos separar esta soma em duas parcelas de 60. Como 15 + 14 + 13 + 12 + 5 + 1 = 60.
Uma solução seria: + 1 – 2 – 3 – 4 + 5 – 6 – 7 – 8 – 9 – 10 – 11 + 12 + 13 + 14 + 15.

---

60. (Revista da Olimpíada Matemática-GO – 2001) Existe um jogo de 9 botões luminosos (de cor verde ou vermelha) dispostos conforme a figura abaixo.

1	2	3
4	5	6
7	8	9

Apertando qualquer botão da extremidade do retângulo, trocam de cor ele e os vizinhos (direita, esquerda, de cima, de baixo e em diagonal). Apertando o botão do centro trocam de cor todos os seus 8 vizinhos, porém ele não. Inicialmente todos os botões estão verdes. É possível apertando alguns botões, torná-los todos vermelhos? Justifique.

Solução:
Não, pois, se apertarmos o botão 3, por exemplo, mudam de cor os botões 3,2,5 e 6. Apertando o botão 6 mudam de cor os botões 6,3,9,2,5,e 8. Em todos os casos sempre mudam de cor um quantidade par de botões, e, como já sabemos, a soma de números pares é sempre um número par.

---

61. Calculando o décimo termo da sequência 22, 18, 14, 10,...obtemos:
a) – 10   b) 0   c) – 12   d) – 14

Solução:
Observando a sequência verificamos que os termos estão em ordem decrescente na razão – 4. Como 10 é o quarto termo para o décimo teremos 6 termos na razão – 4.
Logo, basta efetuar:

$10 + 6 \cdot (-4) = 10 - 24 = -14$.

Portanto, – 14 é o décimo termo.
Alternativa "d".

---

62. Se cada potinho com iogurte custa R$ 1,99, o número máximo de potinhos que eu posso comprar com R$ 12,00 é:
a) 5   b) 6   c) 7   d) 24

Solução:
Se aproximarmos o valor do potinho de iogurte para R$ 2,00, efetuando 12 : 2 = 6, teremos no máximo 6 potinhos.
Alternativa "b".

---

63. Os quadrados mágicos apareceram na China por volta de 2200 a. C.
Nas linhas, nas colunas e nas diagonais os números tem a mesma soma, chamada mágica. No exemplo abaixo a soma mágica é 33.

13	3	17
15	11	7
5	19	9

Construa um quadrado mágico usando os seguintes números inteiros negativos: – 1, – 2, – 3, – 4, – 5, – 6, – 7, – 8 e – 9, cuja soma seja – 15.

Solução:

–1	–5	–9

Uma forma bem simples é colocar o – 5 no centro, já que temos 9 algarismos. Somando-se – 1, – 9 (os extremos) e o – 5 (centro) temos soma – 15.
Assim, basta observar quais outros pares a soma resulta – 10:

– 2 e – 8, – 3 e – 7, – 4 e – 6. Agora, basta dispor os pares de forma a que soma seja sempre – 15, ou seja:

-8	-3	-4
-1	-5	-9
-6	-7	-2

Há mais 7 possibilidades diferentes. Tente encontrá-las.

---

64. A partir do quadrado mágico abaixo, a única afirmação **falsa** é:

2	-3	a
b	1	c
d	5	e

a) e-d = 2
b) a + c = 3
c) d: c = -2
d) b. d = -6

Solução:
Como num quadrado mágico a soma das linhas, colunas e das diagonais é a mesma, concluímos que o valor dessa soma é 3, pois -3 + 1 + 5 = 3. Daí 2 - 3 + a = 3 então:
-1 + a = 3 e **a = 4**
2 + 1 + e = 3, logo **e = 0**
a + c + e = 3, como a = 4, e = 0, temos 4 + c + 0 = 3
c + 4 = 3 então **c = -1**
b + 1 + c = 3, c = -1, então b + 1 - 1 = 3
b + 0 = 3,
b = 3
2 + b + d = 3, b = 3, então 2 + 3 + d = 3
5 + d = 3 daí **d = -2**

Substituindo nas alternativas:
a) e-d = 2, verdadeira pois 0 - (-2) = 2
b) a + c = 3, verdadeira pois 4 + (-1) = 3
c) d: c = -2, falsa pois (-2) : (-1) = 2
d) b. d = -6, verdadeira pois (3) . (-2) = -6

Portanto a alternativa falsa é a "c".

---

65. (PERELMANN – 1970) "Em 1932 eu tinha a idade dos dois últimos algarismos do ano em que nasci". Quando mencionei essa coincidência interessante ao meu avô, ele me surpreendeu dizendo que o mesmo acontecia a ele. Eu achei que era impossível... Creia-me, pois é possível e meu avô provou. Qual era a idade de cada um de nós em 1932?

Solução:
À primeira vista pode parecer que o problema esteja enunciado incorretamente. Basta interpretá-lo com atenção.
É óbvio que o neto tenha nascido no séc. XX. Portanto os dois primeiros algarismos do ano de seu nascimento são 19. Os outros dois algarismos somados a si mesmos são iguais a 32. O número é portanto 16, daí ele nasceu em 1916 e em 1932 ele tinha 16 anos.

O avô, naturalmente, nasceu no século XIX. Daí os dois primeiros algarismos do ano de seu nascimento serem 18. Os algarismos restantes multiplicados por 2 devem ser iguais a 132. O número procurado é a metade de 132, isto é, 66. O avô nasceu em 1866 e em 1932 tinha 66 anos.

Portanto em 1932, o avô e o neto, cada um, tinha idade igual aos dois últimos algarismos do ano em que nasceu.

---

66. (PERELMANN – 1970) Um homem esvaziou uma caixa de fósforos em cima de uma mesa e dividiu-os em três pilhas. Ao todo são 48 palitos de fósforo. Não se sabe quantos palitos há em cada pilha. O homem diz: – Prestem atenção. Se eu subtrair da primeira pilha tantos palitos de fósforo quantos existam na segunda e somá-los à segunda; e depois, tirar tantos palitos de fósforo da segunda quantos existam na terceira e somá-los á terceira; e finalmente subtrair tantos da terceira, quantos existam na primeira e depois somá-los a primeira, então as pilhas terão o mesmo numero de palitos de fósforo. Quantos palitos de fósforo havia originalmente em cada pilha?

Solução:
A melhor maneira de resolver este problema é começar pelo final. Vamos partir do fato de que, após todas as transposições, em cada pilha haja o mesmo número de palitos. Como o número total de palitos de fósforo é 48, e essa quantidade não muda durante o processo, concluímos que no final cada pilha terá 16 palitos.

Logo, o que teremos no final é:

1ª pilha	2ª pilha	3ª pilha
16	16	16

Na última passagem, o homem somou à primeira pilha tantos palitos quantos havia nela, ou seja, dobrado o número. Portanto, antes dessa transposição final, havia somente 8 palitos na primeira pilha, e na terceira, de onde foram retirados os palitos, havia 16 + 8 = 24.

Agora, temos:

1ª pilha	2ª pilha	3ª pilha
16 : 2 = 8	16	16 + 8 = 24

Continuando, sabemos que foram subtraídos da segunda tantos palitos quantos havia na terceira. Isto é, quer dizer que 24 é o dobro do quanto havia antes e como foi retirado da segunda pilha, temos:

1ª pilha	2ª pilha	3ª pilha
8	16 + 12 = 28	24 : 2 = 12

Daí, voltando à primeira transposição, que foram subtraídos tantos palitos da primeira pilha quantos havia na segunda e somados essa quantidade à segunda, chegamos ao numero inicial de palitos em cada pilha:

1ª pilha	2ª pilha	3ª pilha
8 + 14 = 22	28 : 2 = 14	12

Logo, 22 palitos na 1ª pilha, 14 na 2ª e 12 na terceira pilha.

67. Roberto colecionou 8 aranhas e besouros numa caixinha. Ele contou um total de 54 patas. Quantas aranhas e quantos besouros, juntou Roberto?

Solução:
Sabendo que as aranhas tem 8 patas e os besouros 6. Supondo que houvessem somente 8 besouros na caixa, haveriam apenas 48 patas, ou seja 6 patas a menos. Se substituirmos um dos besouros por uma aranha, o número de patas aumentará, mas, teremos 2 patas a mais.

Então, se substituirmos 3 besouros por 3 aranhas teremos 5 besouros ao invés de 8, ou seja, $5 \cdot 6 + 3 \cdot 8 = 30 + 24 = 54$.

Portanto, Roberto pegou 5 besouros e 3 aranhas.

68. O Sr Silva comprou uma capa, um chapéu e um par de galochas e pagou R$ 140,00 por tudo. A capa custou R$ 90,00 mais que o chapéu e, a capa e o chapéu juntos custaram R$120,00 a mais que as galochas. Quanto o Sr Silva pagou por cada artigo?

Solução:
Vamos resolver apenas usando as operações fundamentais, sem equacionar o problema. Se ao invés de uma capa, um chapéu e um par de galochas ele tivesse comprado dois pares de galochas, ele não teria pago 140 reais mas tantas vezes menos quantas vezes o par de galochas era mais barato que a capa e o chapéu, isto é, 120 reais a menos. Consequentemente, os dois pares de galochas custam 140 – 120 = 20 reais, donde concluímos que um par de galochas custa 10 reais.

Agora sabemos que a capa e o chapéu juntos custaram 140 – 10 = 130 reais. Sabemos também que a capa é 90 reais mais cara que o chapéu. Usando o mesmo raciocínio, se fossem dois chapéus ao invés da capa e do chapéu. Neste caso não teríamos que pagar 130 reais, mas 90 reais a menos. Portanto, dois chapéus custam 130 – 90 = 40, daí um chapéu custa 20 reais.

Logo, as galochas custam 10 reais, o chapéu 20 reais e a capa 110 reais.

69. Duas mães deram a suas duas filhas certa quantia em dinheiro. Uma delas deu a sua filha 100 reais e a outra 50 reais. Quando as duas filhas contaram suas economias, descobriram que haviam aumentado em 50 reais. Qual a explicação para esse fato?

Solução:
O segredo está em que uma das mães é filha da outra mãe. Há somente 3 pessoas e não 4, ou seja, avó, mãe e filha. A avó deu à sua filha 100 reais e esta passou adiante 50 reais para sua filha (ou seja, neta da primeira), portanto aumentando seu próprio capital em 50 reais.

70. (Saeb – MEC) Um grupo de amigas alugou um apartamento na praia para uma temporada pelo preço de R$ 300,00, cabendo a cada uma o pagamento de R$ 50,00 para o aluguel. Como não podem pagar esse valor, decidem ampliar o grupo para que a parcela de cada uma passe a ser de R$ 30,00. Elas precisam convidar mais:
a) 3 amigas   b) 4 amigas   c) 5 amigas   d) 6 amigas

Solução:
Para saber o número de amigas no primeiro grupo basta efetuar
$300 : 50 = 6$
Para que cada uma pague R$ 30,00 para compor os R$ 300,00 do aluguel, o grupo deve ter $300 : 30 = 10$
Se o grupo inicial tem 6 amigas para compor um grupo com 10 amigas, elas precisam convidar 4 amigas.
Portanto, alternativa "b".

71. Mostre quatro maneiras diferentes de escrever 100 usando cinco algarismos iguais com apenas as quatro operações fundamentais.

Solução:
Utilizaremos apenas os algarismos 1, 3 e 5.
Com o 5 : $(5 . 5 . 5) - 5 . 5 = 100$
$(5 + 5 + 5 + 5) . 5 = 100$
Com 1 : $111 - 11 = 100$
Com 3 : $33 . 3 + (3 : 3) = 100$

72. Um galo chega ao galinheiro e diz: – Adeus, minhas cem galinhas. As galinhas respondem em coro: – Cem galinhas não somos nós; com mais dois tantos de nós e com você, meu caro galo, cem aves seremos nós. Quantas galinhas estavam no galinheiro?

Solução:
Interpretando o enunciado, temos:
"número que nós somos" = número de galinhas
"dois tantos de nós" = 2 . (número de galinhas)
número de galinhas + 2 . (número de galinhas) + 1 (galo) = 100
Assim: 3 . (número de galinhas) + 1 = 100
3 . (número de galinhas) = 100 – 1 = 99
3 . (número de galinhas) = 99
número de galinhas = 99 : 3 = 33

Ou, resolvendo por meio de simbologia:
Seja $\square$ o número de galinhas.
$\square + 2\square + 1 = 100$
$3\square + 1 = 100$

3 □ = 100 – 1
3 □ = 99
□ = 99 : 3
□ = 33
Portanto, 33 galinhas estavam no galinheiro.

---

73. Um ônibus fez uma viagem de 4 900 quilômetros. O ônibus tinha seis pneus nas suas rodas e mais um de estepe. No fim da viagem, os sete pneus foram usados e rodaram a mesma quilometragem. Qual a distância em quilômetros que cada um dos pneus percorreu?

Solução:
Numa viagem de 4 900 quilômetros de um ônibus com 6 rodas, as seis rodas percorreram 6 . 4 900 = 29 400.
Se os 7 pneus foram usados então cada pneu percorreu, 29 400 : 7 = 4 200 quilômetros.
Cada pneu percorreu 4 200 quilômetros.

---

74. Uma lagarta está na base de uma árvore de 6 metros de altura. Ela sobe 2 metros por dia, pára um pouquinho e escorrega na seiva caindo 1metro. Quantos dias ela levará para alcançar o topo da árvore?

Solução:
Como a cada dia a lagarta sobe 2 metros e desce 1 metro, temos a seguinte situação:
1º dia: sobe 2 e desce 1 = 2 – 1 = 1 metro
2ºdia: 1 metro, sobe 2 metros(1 + 2 = 3 metros) e desce 1 metro (3 – 1 = 2 metros)
3º dia: 2 metros, sobe 2 metros (2 + 2 = 4 metros) e desce 1 metro (4 – 1 = 3 metros)
4º dia: 3 metros, sobe 2 metros (3 + 2 = 5 metros) e desce 1 metro (5 – 1 = 4 metros)
5º dia: 4 metros, sobe 2 metros (4 + 2 = 6 metros), chegou ao topo
A lagarta levará 5 dias para chegar ao topo da árvore.
A resposta apressada e errada é 6 dias, pois é comum esquecer que no 5º dia ela estava a 4 metros, subiu 2 metros, chegando ao topo 6 metros, depois deverá descer 1 metro, mas chegou ao topo no 5º dia.

---

75. (Olimpíada de Matemática-SP) A lotação de um teatro é de 360 lugares, todos do mesmo preço. Uma parte da lotação foi vendida por R$ 3 000,00, tendo ficado ainda por vender ingressos no valor de R$ 6 000,00.
a) Qual o preço de cada ingresso?
b) Quantos ingressos já foram vendidos?

Solução:
Se todos os ingressos são do mesmo preço, então o valor total é 3 000 + 6 000 = 9 000.
Sendo 360 lugares, portanto 360 ingressos.
O preço de cada ingresso é 9 000 : 360 = 25. Cada ingresso custa R$ 25,00

Com os ingressos vendidos foram arrecadados R$ 3 000,00, portanto 3000 : 25 = 120 ingressos.
Assim:
a) O preço de cada ingresso é R$ 25,00.
b) Já foram vendidos 120 ingressos.

76. Todos os dias num parque de diversões, logo pela manhã, é formada uma fila de crianças para entrar na montanha russa, no carrossel ou no gira-gira. As crianças vão chegando formam uma fila e se dirigem, em grupos, para uma dessas diversões nessa ordem. A montanha russa funciona com um grupo de 16 crianças, o carrossel, com 12 e o gira-gira com 6 crianças. Maurício já esteve 3 vezes na fila e foi 2 vezes na montanha russa e 1 vez no gira-gira. Hoje chegou bem cedo, com a esperança de chegar na vez do carrossel, mas a fila já estava grande. Contou quantas crianças havia na fila e resolveu esperar mais uma criança entrar na fila antes que ele entrasse. Por quê ele fez isso?

Solução:
Temos a seguinte situação:
Montanha russa: grupos de 16 crianças
Carrossel: grupos de 12 crianças
Gira-gira: grupos de 6 crianças
Maurício percebeu que a fila funcionava da seguinte maneira:

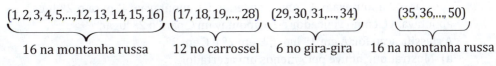

Assim, ele só iria no Carrossel se estivesse do 17º ao 28º lugar, ou do 51° ao 62º, etc... Portanto, como Maurício contou as crianças da fila e resolveu esperar que uma criança entrasse na sua frente, já havia na fila 15 crianças (a criança entrando seria a 16º e ele seria o 17º) ou 49 crianças, assim a criança seria o 50° e ele seria o 51º e, assim por diante.

77. (IMENES& LELLIS – 2003 – adaptado) A pilha de cubos ao lado foi montada seguindo um padrão. Descubra esse padrão e depois complete a pilha. Comece observando qual relação existente entre os valores de dois cubos consecutivos da base com o valor do cubo superior.

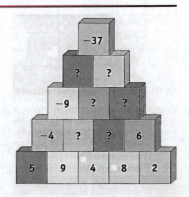

Solução:
Observando a base da pilha de cubos, verificamos que a operação a ser considerada entre 5 e 9 para resultar – 4, só pode ser a subtração. O mesmo ocorrendo com 8 e 2 para resultar 6. Logo, temos que o resultado da subtração de um cubo da esquerda com um da direita consecutivos, determina o valor do cubo imediatamente superior.

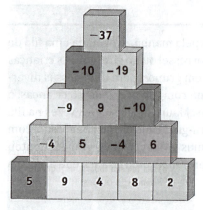

Assim, temos: 9 – 4 = 5 ; 4 – 8 = – 4 (na linha de cima da base, segunda fileira)

Para completar a terceira fileira:
(– 4) – ? = – 9 ↔ ? = 5
5 – ? = 9 ↔ ? = – 4; – 4 – 6 = – 10

Para completar a quarta fileira:
– 9 – 9 = – 18; 9 – (– 10) = 19

Para o último cubo: – 18 – 19 = – 37

---

78. (FUVEST) De uma competição participam 3 concorrentes A,B e C, que serão classificados em 1º, 2º e 3º lugares, sem empates. São feitas 100 apostas, e em cada uma delas o apostador indica qual será a classificação de cada concorrente, um deles para o 1º lugar, outro para o 2º lugar e outro para o 3º lugar. Das 100 apostas, 47 apontavam A como vencedor, 51 apontavam B para o 2º lugar, 34 apontavam C como vencedor e 16 apontavam C para o 2º lugar.
A classificação foi: A em 1º lugar, B em 2º e C em 3º.
a) Mostrar que houve pelo menos um acertador.
b) Qual o número mínimo de acertadores?

Solução:
Considerando o quadro abaixo, observamos inicialmente que existem 6 possibilidades de classificação para os candidatos A,B, e C.

1º lugar	2º lugar	3º lugar	Número de apostas
A	B	C	a
A	C	B	b
B	A	C	c
B	C	A	d
C	A	B	e
C	B	A	f

Como 47 apostas indicam A como vencedor, tem-se a + b = 47   (1)

Como 16 apostas indicam C para o 2º lugar, pode-se ter $0 \leq b \leq 16$ (2)

De (1) e (2) temos $31 \leq a \leq 47$ (se a soma é 47 e b é no mínimo 0 e no máximo 16, a estará entre 47, se b for 0, e 31 pois 47 – 16 = 31)   (3)

De 51 apostas apontam B em 2º lugar, tem-se a + f = 51   (4)

Se 34 apostas apontam C como vencedor, pode-se ter $0 \le f \le 34$ (5)

De (4) e (5) temos $17 \le a \le 51$ (6)

Finalmente, concluímos de (3) e (6) que $31 \le a \le 47$ (é o intervalo comum às duas afirmações)

a) Como $31 \le a \le 47$, houve pelo menos um acertador (pois $a \ge 31$)
b) O número mínimo de acertadores é 31 (o número máximo é 47)

---

79. Se $x^r \cdot y^s = x^{r+s}$, então:
    a) $x = -y$ a) $x = y$ b) $x^r \cdot x^s$ não existe c) $x = 1$

Solução:
Pela propriedade P1, só podemos manter a base e somarmos o expoente se tivermos um produto de potencias de mesma base.

Logo, $x = y$. Portanto letra "b".

---

80. Assinale a afirmação correta, para $x \ne 0$:
    a) $(-x)^2 = -x^2$ b) $-x^2 = x^2$ c) $(-x)^2 = x^2$ d) $x^2 = -(x)^2$

Solução:
$(-x)^2 = x^2$, pois base negativa com expoente par resulta um numero positivo. E, $-(x)^2 = -x^2$ por que o sinal não pertence a base e sim ao resultado da potencia.

Assim:
a) $(-x)^2 = x^2 \ne -x^2$ → incorreta
b) $-x^2 \ne x^2$ → incorreta
c) $(-x)^2 = x^2$ → correta
d) $x^2 \ne -(x)^2 = -x^2$ → incorreta

Logo, a afirmação correta é a alternativa "c".

---

81. A sentença verdadeira é:
    a) $(-3)^4 = (+3)^4$ b) $-5 > 0$ c) $(-2) \cdot (-3) = -6$ d) $(-8)^1 = (+8)^1$

Solução:
a) Base negativa elevada a uma potencia par resulta um numero positivo, assim como a base positiva elevada a uma potência par resulta um número positivo.
   Então: $(-3)^4 = (+3)^4$, verdadeira.
b) $-5 > 0$ é falso; $-5 < 0$
c) $(-2) \cdot (-3) = +6$. portanto é falso que $(-2) \cdot (-3) = -6$
d) $(-8)^1 = -8 \ne (+8)^1$, alternativa falsa

Portanto, a sentença verdadeira é a alternativa "a".

82. Se a = – 2 e b = – 1, então [(– a²) – b] : (a – b) vale:
  a) 5 **b)** – 3 **c)** – 1 **d)** 3

Solução:
Substituindo a = – 2 e b = – 1 na expressão algébrica, temos:
[(– (– 2)² – (– 1)] : ((– 2) – (– 1)) = [– (4) + 1] : (– 2 + 1) = – 3 : (– 1) = 3
Portanto, alternativa "d".

83. [(– 2)² : (– 2 + 1)]⁰ + [(– 5)³ : (5 + 3)]⁰ equivale a:
  a) – 2 **b)** 2 **c)** 1 **d)** 4

Solução:
[(– 2)² : (– 2 + 1)]⁰ + [(– 5)³ : (5 + 3)]⁰ = [4 : (– 1)]⁰ + [– 125 : 8]⁰ = 1 + 1 = 2
Poderíamos de início observar que todo número (não nulo) elevado a potência zero é igual a 1, assim:
[(– 2)² : (– 2 + 1)]⁰ + [(– 5)³ : (5 + 3)]⁰ = 1 + 1 = 2
Alternativa "b".

84. O valor desconhecido de uma sentença é 5. Esta sentença é:
  a) 7 + 2x – 1 = 9 **b)** 3x : 5 – 4 = – 1
  c) x . 8 – 14 = 18 **d)** x : 5 + 7 – 5 = 6

Solução:
Vamos substituir 5 no lugar de cada valor desconhecido de cada sentença.
a) 7 + 2x – 1 = 9, para x = 5 temos: 7 + 2 . 5 – 1 = 9 ↔ 7 + 10 – 1 = 9 ↔ 16 = 9 (F)
b) 3x : 5 – 4 = – 1, para x = 5 temos: 3 . 5 : 5 – 4 = – 1 ↔ 15 : 5 – 4 = – 1 ↔ 3 – 4 = = – 1 ↔ – 1 = – 1 (V)
c) x . 8 – 14 = 18, para x = 5 temos: 5 . 8 – 14 = 18 ↔ 40 – 14 = 18 ↔ 26 = 18 (F)
d) x : 5 + 7 – 5 = 6, para x = 5 temos 5 : 5 + 7 – 5 = 6 ↔ 1 + 7 – 5 = 6 ↔ 3 = 6 (F)
Portanto, alternativa "b".

85. Para x = 3 e y = – 2, a expressão – 4y . (2x – 3y) terá valor igual a:
  a) 0 **b)** – 96 **c)** 96 **d)** 112

Solução:
Substituindo os valores de x e y na expressão, temos:
– 4y (2x – 3y) = – 4 . (– 2) . (2 . (3) – 3 . (– 2)) = 8 . (6 + 6) = 8 . 12 = 96
Portanto, alternativa "c".

86. O valor de b na expressão (5)⁰ . (-b) . (– 2)³ + 3, para que seu resultado seja 59, é:
  a) 7 **b)** 9 **c)** – 7 **d)** Impossível

Solução:
Vamos igualar a expressão a 59 e determinar o valor de b:
$(5)^0 \cdot (-b) \cdot (-2)^3 + 3 = 59 \leftrightarrow 1 \cdot (-b) \cdot (-8) + 3 = 59 \leftrightarrow 8 \cdot b + 3 = 59$
Daí $8 \cdot b = 59 - 3$
$8 \cdot b = 56$
Como $8 \cdot b = 56$, logo $b = 56 : 8 = 7$
Portanto alternativa "a".

---

87. O valor da expressão $- [(4 - 3) : (5^2 : 5 - 4) - 26] \cdot (- 4 - 3) + 60$, é:
    a) – 115 **b)** 115 **c)** – 235 **d)** 235

Solução:
$- [(4 - 3) : (5^2 : 5 - 4) - 26] \cdot (- 4 - 3) + 60 =$
$= - [1 : (25 : 5 - 4) - 26] \cdot (- 7) + 6 =$
$= - [1 : (5 - 4) - 26] \cdot (- 7) + 60 =$
$= - [1 : 1 - 26] \cdot (- 7) + 60 =$
$= - [1 - 26] \cdot (- 7) + 60 =$
$= - [- 25] \cdot (- 7) + 60 =$
$= 25 \cdot (- 7) + 60 =$
$= - 175 + 60 = - 115$
Alternativa "a".

---

88. (FGV – 2006) Observe as cinco primeiras figuras de uma sequência infinita:

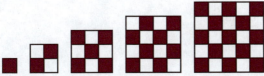

O número de quadradinhos escuros da figura que ocupa o 59º lugar nessa sequência é:
    a) 3 481 **b)** 1 741 **c)** 900 **d)** 84 **e)** 600

Solução:

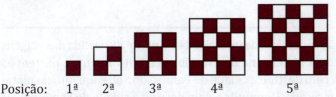

Posição: 1ª   2ª   3ª   4ª   5ª

Na 1ª posição temos: 1 quadrado preenchido
Na 2ª posição temos: 2 quadrados preenchidos
Na 3ª posição temos: 5 quadrados preenchidos
Na 4ª posição temos; 8 quadrados preenchidos
Na 5ª posição temos: 13 quadrados preenchidos.

Podemos perceber nesta sequência alguns padrões, vejamos:

1) O número total de quadrados está relacionado com a sua posição:
Posição 1: possui 1 quadrado
$1^2 = 1$
Posição 2: possui 4 quadrados
$2^2 = 4$
Posição 3: possui 9 quadrados
$3^2 = 9$

2) As posições pares possuem metade dos quadrados preenchidos
Posição 2 : 2 quadrados preenchidos
$$\frac{2^2}{2} = \frac{4}{2} = 2$$
Posição 4 : 8 quadrados preenchidos
$$\frac{4^2}{2} = \frac{16}{2} = 8$$

3) As posições ímpares possuem o número de quadrados mais 1 quadrado divido por 2
Posição 1 : 1 quadrado preenchido
$$\frac{1^2 + 1}{2} = \frac{2}{2} = 1$$
Posição 3 : 5 quadrados preenchidos
$$\frac{3^2 + 1}{2} = \frac{9+1}{2} = \frac{10}{2} = 5$$
Posição 5 : 13 quadrados preenchidos
$$\frac{5^2 + 1}{2} = \frac{25+1}{2} = \frac{26}{2} = 13$$

Logo o número de quadrados preenchidos na sequência, que ocupa o 59° lugar (posição ímpar) é:
$$\frac{59^2 + 1}{2} = 1741$$
Portanto, alternativa "b".

---

89. (FGV – 2006) A estação rodoviária de uma cidade é o ponto de partida das viagens intermunicipais. De uma plataforma da estação, a cada 15 minutos, partem os ônibus da Viação Sol, com destino à cidade de Paraíso do Sol, enquanto da plataforma vizinha partem, a cada 18 minutos, com destino à cidade de São Jorge, os ônibus da Viação Lua.
A jornada diária das duas companhias tem início às 7 horas, e às 22 horas partem juntos os dois ônibus para a última viagem do dia. O número total de viagens diárias das duas companhias é:
a) 100 **b)** 110 **c)** 112 **d)** 120 **e)** 122

Solução:
A jornada diária das duas companhias é de 22 h – 7 h = 15 h.
Após a primeira viagem de cada companhia, são feitas 15 . 60 = 900 viagens pelas duas companhias.
Sendo 900 : 15 = 60 viagens pela companhia Sol e 900 : 18 = 50 viagens pelas companhia Lua.
Assim, o total de viagens ao final do dia é 1 (partida das 7 h) + 1 (partida das 22 h) + 60 + 50 = 112.
Portanto, alternativa "c".

---

90. (FGV – 2007/2) Complete o quadro da figura a seguir, de modo que a soma dos números inteiros, das linhas, das colunas e das diagonais sejam iguais. A soma a + b + c é igual:

d	b	– 4
a	– 3	c
– 2	e	0

a) – 1   b) – 2   c) – 3   d) – 4   e) – 5

Solução:
A soma das linhas, das colunas e das diagonais deve ser: (– 2) – (3) – (4) = – 9
Logo, – 2 + e + 0 = – 9 ↔ e – 2 = – 9 ↔ e = – 9 + 2 ↔ e = – 7
b + (– 3) + e = – 9 daí b – 3 – 7 = – 9 ↔ b – 10 = – 9 ↔ b = – 9 + 10 ↔ b = 1
– 4 + c + 0 = – 9 ↔ – 4 + c = – 9 ↔ c = – 9 + 4 ↔ c = – 5
a + (– 3) + c = – 9 ↔ a – 3 – 5 = – 9 ↔ a – 8 = – 9 ↔ a = – 9 + 8 ↔ a = – 1
Logo a + b + c = – 1 + 1 – 5 = – 5
Portanto, alternativa "e".

---

91. (UNIFESP/EPM – 2006) Um número inteiro positivo m dividido por 15 dá resto 7. A soma dos restos das divisões de m por 3 e por 5 é:
a) 2   b) 3   c) 4   d) 5   e) 6

Solução:
Sendo **q** o quociente da divisão de **m** por 15, temos pelo algoritmo da divisão:

m | 15
7   q

m = 15q + 7; decompondo 15 = 3 . 5 e 7 = 3 . 2 + 1, temos:
m = **3** . 5q + **3** . 2 + 1 = **3**(5q + 2) + 1.

m | 3
1   5q + 2

Daí o resto da divisão de **m** por 3 é 1.
Do mesmo modo, decompondo 15 e 7, temos: m = 15q + 7 = 5 . 3q + 5 . 1 + 2

m = 5(3q + 1) + 2, ou seja,

```
  m  | 5
  2    3q + 1
```

o resto da divisão de **m** por 5 é 2.
Logo a soma dos restos pedidos é *1 + 2 = 3*.

Alternativa "b".

---

92. (FUVEST – 2007) Os estudantes de uma classe organizaram sua festa de final de ano, devendo cada um contribuir com R$ 135,00 para as despesas. Como 7 alunos deixaram a escola antes das arrecadações e as despesas permaneceram as mesmas, cada um dos estudantes restantes teria de pagar R$ 27,00 a mais. No entanto, o diretor, para ajudar, colaborou com R$ 630,00. Quanto pagou cada aluno participante da festa?
a) R$ 136,00 **b)** R$ 138,00 **c)** R$ 140,00 **d)** R$ 142,00 **e)** R$ 144,00.

Solução:
No início cada aluno deveria pagar 135 reais. Com a saída dos 7 alunos, cada um teria que pagar 135 + 27 = 162 reais.
Portanto a diferença a ser paga em razão dos alunos terem desistido é 7 . 162 = 1 134 reais. Como a diferença para cada aluno é 27 reais, então, inicialmente eram 1 134 : 27 = 42 alunos. Desistiram 7, portanto 35 alunos contribuíram para a festa de final de ano.
Temos 35 . 162 = 5 670 e como o diretor contribuiu com 630 reais, então 5 670 – 630 = 5 040 reais. Divididos os 5 040 reais para os 35 alunos, cada um deve ter pago 5 040 : 35 = 144 reais.

Portanto, alternativa "e".

---

93. (Mack – 2007) Um ambulante paga R$ 1,00 pela compra de 3 lápis e revende por R$ 2,00 cada 5 lápis. A quantidade necessária de lápis que deve ser vendida, para que ele tenha um lucro de R$ 50,00 é:
a) 600 **b)** 750 **c)** 550 **d)** 440 **e)** 620

Solução:
O ambulante paga R$ 1,00 pela compra de 3 lápis e revende cada 5 lápis por R$ 2,00. O produto de 3 e 5 é 15, podemos concluir que na compra de 15 lápis, o ambulante paga 5 . R$ 1,00 = R$ 5,00. Se revende 5 lápis por R$ 2,00, os 15 lápis serão revendidos por 3 . R$ 2,00 = R$ 6,00.
Daí, o lucro obtido na compra de 15 lápis é R$ 6,00 – R$ 5,00 = R$ 1,00.
Para que o lucro seja de R$ 50,00 é necessário que ele venda 50 . 15 = 750 lápis.

Portanto, alternativa "b".

---

94. (ESPM/SP – 2007) O algarismo das unidades de $7^{19} - 4^{18}$ é:
a) 3 **b)** 4 **c)** 5 **d)** 6 **e)** 7

Solução:
Cabe lembrar que qualquer potência de um número com o algarismo da unidade 1, será sempre 1; o mesmo acontece com números com o algarismo das unidades 6 e 5. Observando as potências de 7, $7^2 = 49$; $7^3 = 343$; $7^4 = 2401$;

Logo qualquer potência de 7^4, o algarismo das unidades será 1.
Temos que $7^{19} = 7^{4 \cdot 4 + 3} = (7^4)^4 \cdot 7^3 = (2401)^4 \cdot 343$.

⬑ Algarismo da unidade 1 elevada à 4 é igual a 1.

Portanto, o algarismo das unidades de 7^{19} é 3.
Observando $4^{18} = (4^2)^9 = (16)^9$, que com certeza o algarismo das unidades é 6.
O número 7^{19} termina com o algarismo 3
O número 4^{18} termina com o algarismo 6

Fazendo a diferença temos:
```
............3            ............¹3
-...........6            -...........6
............             ............7
```
Logo, o algarismo das unidades de $7^{19} - 4^{18}$ é 7.

Portanto, alternativa "e".

---

95. (IME – 2008) Uma série de Fibonacci é uma sequência de valores definida da seguinte maneira:
- Os dois primeiros termos são iguais à unidade, ou seja, $T_1 = T_2 = 1$
- Cada termo, a partir do terceiro, é igual a soma dos dois termos anteriores, ou seja, $T_N = T_{N-2} + T_{N-1}$.

Se $T_{18} = 2584$ e $T_{21} = 10946$, então T_{22} é igual a:
a) 12225   b) 13530   c) 17711   d) 20412   e) 22121

Solução:
Pelo padrão da sequência temos que $T_{20} = T_{18} + T_{19}$ e $T_{21} = T_{19} + T_{20}$
$T_{21} = T_{19} + (T_{18} + T_{19}) = 2 \cdot T_{19} + T_{18}$
$10946 = 2 \cdot T_{19} + 2584 \leftrightarrow 2 \cdot T_{19} + 2584 = 10946 \leftrightarrow 2 \cdot T_{19} = 10946 - 2584 \leftrightarrow 2 \cdot T_{19} = 8362$
$T_{19} = 4181$
$T_{20} = T_{18} + T_{19} = 2584 + 4181 = 6765$
Logo $T_{22} = T_{21} + T_{20} = 10946 + 6765 = 17711$
Logo, alternativa "c".

---

96. (UNIFESP/EPM – 2008) O 2007º dígito na sequência 123454321234543... é:
a) 1   b) 2   c) 3   d) 4   e) 5

Solução:
A sequência é formada colocando-se apenas grupos 12345432 repetidos.
Tendo a sequência 8 algarismos, dividindo-se 2007 por 8, temos: $2007 = 8 \cdot 250 + 7$,
Sendo o resto da divisão 7, o 2007º dígito na sequência é o 7º dígito do grupo, ou seja o 3.
Logo, alternativa "c".

97. (IBMEC – 2008) Um dos mais famosos problemas da historia da matemática, o "Último teorema de Fermat" foi resolvido em 1995 pelo inglês Andrew Wiles. Demonstrar esse teorema representou um grande desafio aos mais brilhantes matemáticos por mais de 350 anos, apesar de seu enunciado ser relativamente simples, como mostrado a seguir:

> Se n é um número natural maior do que 2, então a equação
> $$x^n = y^n + z^n$$
> não apresenta soluções em que x, y e z sejam simultaneamente números inteiros positivos.

Já para n = 2, a equação $x^n = y^n + z^n$ admite soluções nas condições do teorema acima. Uma dessas soluções é dada por:
a) x = 1, y = 1 e z = 0
b) x = 1, y = 0,6 e z = 0,8
c) x = 13, y = 12 e z = 5
d) x = $\sqrt{5}$, y = 1 e z = 2
e) x = 3, y = 4 e z = 5

Solução:
Observe que 0,6; 0,8 e $\sqrt{5}$ não são inteiros, logo as alternativas "b" e "d" estão descartadas.
Na alternativa "a", z = 0 que não é um inteiro positivo.
Na alternativa "e", $3^2 < 4^2 + 5^2$.
A única alternativa que fornece valores inteiros positivos para x,y e z tais que $x^2 = y^2 + z^2$ é a "c", pois $13^2 = 12^2 + 5^2 \leftrightarrow 169 = 144 + 25$
Portanto, alternativa "c".

---

98. (FGV – 2009) Se calcularmos o valor de 2^{95}, iremos obter um número natural N. O algarismo final (das unidades) desse número N vale:
a) 2 b) 4 c) 5 d) 6 e) 8

Solução:
Para resolver esta questão precisamos lembrar que quando um número tem como algarismo das unidades o 6, ao multiplicarmos esse número por um número par, o algarismo das unidades do produto será sempre igual ao multiplicador.
Exemplos: 16 . 2 = 32; 46 . 4 = 184; 26 . 6 = 156 (observe que por um número impar isto não acontece, 16 . 3 = 48)
Como $2^4 = 16$ então $2^{95} = 2^{4.23+3} = 2^{4.23} \cdot 2^3 = (2^4)^{23} \cdot 8$
Daí, 2^4 termina em 6, $(2^4)^{23}$ também termina em 6
Logo $2^{95} = (2^4)^{23} \cdot 8$ deve terminar em 8
Portanto, alternativa "e".

5. MÚLTIPLOS E DIVISORES

1. MÚLTIPLOS

Acompanhe a seguinte sequência de números:
0, 5, 10, 15, 20, 25, 30, 35, 40, 45, ...

Esta sequência representa os múltiplos de 5. Ela é obtida multiplicando-se o número 5 pelos números naturais 0, 1, 2, 3, ...

OBS.:
- O número zero é múltiplo de qualquer número;
- Todo número é múltiplo de si mesmo;
- O conjunto dos múltiplos de um número é infinito.

1. Determine os múltiplos de 4 menores que 21

Resolução:
$4 \times 0 = 0$
$4 \times 1 = 4$
$4 \times 2 = 8$
$4 \times 3 = 12$
$4 \times 4 = 16$
$4 \times 5 = 20$
Os múltiplos de 4 menores que 21 são: 0, 4, 8, 12, 16 e 20.

> O número 12 é múltiplo de 4 ou 12 é divisível por 4 são sentenças equivalentes.

2. Escreva os múltiplos de 6 entre 29 e 63

Resolução:
Os múltiplos de 6 são:
0, 6, 12, 18, 24, 30, 36, 42, 48, 54, 60, 66
Os múltiplos de 6 entre 29 e 63 são: 30, 36, 42, 48, 54 e 60

3. Qual é o menor múltiplo de 18 maior que 200?

Resolução:
Vamos dividir 200 por 18, para verificar se 200 é múltiplo de 18.

```
200 | 18
  2   11
```

Como o resto é diferente de zero concluímos que 200 não é múltiplo de 18.
Um número anterior a 200 que é múltiplo de 18 seria (200 − 2) = 198
198 é múltiplo de 18, logo:
198 + 18 = 216 (menor múltiplo de 18 maior que 200)

---

4. Qual é o maior múltiplo de 15 menor que 304?

Resolução:
Vamos dividir 304 por 15, para verificar se 304 é múltiplo de 15.

```
304 | 15
  4   20
```

Como o resto é diferente de zero concluímos que 304 não é múltiplo de 18.
Um número anterior a 304 que é múltiplo de 15 é (304 − 4) = 300

---

5. Qual é o menor número que devemos somar a 54 para obter um número divisível por 16?

Resolução:
Vamos dividir 54 por 16.

```
54 | 16
 6   3
```

Um número anterior a 54 que é divisível (múltiplo) de 16 é (54 − 6) = 48
O próximo múltiplo será: 48 + 16 = 64
O menor número que devemos somar a 54 será (64 − 54) = 10

---

6. Qual é o menor número que devemos somar a 82 para obter um número múltiplo de 14?

Resolução:
Vamos dividir 82 por 14.

```
82 | 14
12   5
```

Um número anterior a 82 que é divisível (múltiplo) de 14 é (82 − 12) = 70

O próximo múltiplo será: 70 + 14 = 84
O menor número que devemos somar a 82 será (84 – 82) = 2

7. Qual é o menor múltiplo de 7 maior que 1 000?

Resolução:
Vamos dividir 1 000 por 7.
```
1000 | 7
  6    142
```
Um número anterior a 1 000 que é divisível (múltiplo) de 7 é (1 000 – 6) = 994
O próximo múltiplo será: 994 + 7 = 1 001

8. Existem 5 números múltiplos de 19 e que são formados por dois algarismos. Quais são eles?

Resolução:
Primeiro número = 19
Segundo número = 19 + 19 = 38
Terceiro número = 38 + 19 = 57
Quarto número = 57 + 19 = 76
Quinto número = 76 + 19 = 95

9. O Campeonato Mundial de Futebol acontece a cada 4 anos. A primeira Copa do Mundo de futebol foi realizada em 1 930, no Uruguai, e a última em 2 006 na Alemanha.
 a) Partindo de 2 006 indique os anos em que ocorreram as seis últimas copas.
 b) Podemos dizer que estes anos são múltiplos de 4?
 c) Teremos uma Copa no ano de 2 036?

Resolução:
a) 2 006 – 4 = 2 002
   2 002 – 4 = 1 998
   1 998 – 4 = 1 994
   1 994 – 4 = 1 990
   1 990 – 4 = 1 986

Seis últimas copas: 2 006, 2 002, 1 998, 1 994, 1 990 e 1 986

b) Vamos dividir os anos por 4:
```
2006 | 4       2002 | 4       1998 | 4       1994 | 4
  2    501       2    500       2    499       2    498

1990 | 4       1986 | 4
  2    497       2    496
```
Podemos dizer que os anos não são múltiplos de 4 pois, suas divisões não são exatas.

c) Pelo exercício anterior percebemos que todos os anos que tiveram copa do mundo possuem uma característica: Na divisão por 4 o resto é 2. Vamos portanto efetuar a divisão e verificar se temos resto 2.

```
2036 | 4
   0   508
```

Como temos resto zero podemos concluir que no ano de 2 036 não teremos uma Copa.

10. João e Pedro são pedreiros, João folga a cada 10 dias e Pedro folga a cada 12 dias. Se hoje eles folgaram juntos, daqui a quantos dias folgarão juntos novamente?

Resolução:
Vamos determinar os múltiplos de 10 e de 12
Múltiplos de 10 : 10, 20, 30, 40, 50, **60**, 80, 90,...
Múltiplos de 12 : 12, 24, 36, 48, **60**, 72, 84,...
Eles terão folga juntos novamente depois de 60 dias.

11. Numa corrida de kart o primeiro corredor dá uma volta completa na pista em 6 segundos, o segundo corredor em 8 segundos e o terceiro em 12 segundos. Quantas voltas terão dado cada um quando passarem juntos no início da corrida.

Resolução:
Vamos determinar, em primeiro lugar, depois de quanto tempo os corredores irão se encontrar. Para isto utilizaremos a idéia de números múltiplos.
Múltiplo de 6 : 6, 12, 18, **24**, 30, 36,...
Múltiplo de 8 : 8, 16, **24**, 32, 40, 45,...
Múltiplo de 12 : 12, **24**, 36, 40,...
Os corredores se encontrarão após 24 segundos.

Número de voltas do primeiro corredor = $\dfrac{24}{6} = 4$

Número de voltas do segundo corredor = $\dfrac{24}{8} = 3$

Número de voltas do segundo corredor = $\dfrac{24}{12} = 2$

12. (Fuvest) Duas composições de metrô partem simultaneamente de um mesmo terminal, fazendo itinerários diferentes. Uma delas torna a partir desse terminal a cada 80 minutos, enquanto a outra torna a partir a cada hora e meia. Determine o tempo decorrido entre duas partidas simultâneas dessas composições, nesse terminal.

Resolução:
Utilizaremos aqui o conceito dos números múltiplos:

Múltiplo de 80 : 80, 160, 240, 320, 400, 480, 560, 640, **720**, 800, ...
1 hora e meia = 60 (minutos) + 30 (minutos) = 90 minutos
Múltiplos de 90 = 90, 180, 270, 360, 450, 540, 630, **720**, 810, ...
Eles se encontrarão após 720 minutos ou (720 : 60 = 12) 12 horas.

---

13. (UFMG) Considere-se o conjunto de todos os números inteiros formados por exatamente três algarismos iguais. Pode-se afirmar que todo n pertencente à M é múltiplo de:
a) 5   b) 7   c) 13   d) 17   e) 37

Resolução:
Sabemos que os números de três algarismos iguais são todos múltiplos de 111:
222 = 111 × 2
333 = 111 × 3
444 = 111 × 4

Ao fatorar o número 111, encontramos:
111 = 37 × 3

Portanto, podemos reescrever os números de três algarismos iguais como sendo:
222 = 37 × 3 × 2
333 = 37 × 3 × 3
444 = 37 × 3 × 4

Então, todos os números múltiplos de 111 serão, obrigatoriamente, múltiplos de 37.

Alternativa "e".

---

14. (Unicamp)
a) Quais são o quociente e o resto da divisão de 3 785 por 17?
b) Qual o menor número natural, maior que 3 785, que é múltiplo de 17?

Resolução:
a) 3785 | 17
   11   222 ← quociente
   ↑
   resto

b) Para o número ser múltiplo de 17 o resto da divisão dever ser zero, logo
3 785 − 11 = 3 774

O menor número natural, maior que 3 785 e múltiplo de 17 é: 3 774 + 17 = 3 791

---

15. (FUVEST-2008) Sabendo que os anos bissextos são os múltiplos de 4 e que o primeiro dia de 2 007 foi segunda-feira, o próximo ano a começar também em segunda feira será:
a) 2 012   b) 2 014   c) 2 016   d) 2 018   e) 2 020

Resolução:
Cada ano tem 365 = 52 . 7 + 1 dias, com exceção dos anos bissextos, que tem 366 = 52 . 7 + 2 dias. Assim, o dia da semana do primeiro dia de cada ano avança 1 dia, exceto nos anos seguintes aos bissextos em que avança 2 dias. De 2 008 a 2 012, temos apenas um ano seguinte a ano bissexto (2009). Portanto, para obtermos o dia da semana do primeiro dia de 2 012, avançamos 1 . 4 + 2 . 1 = 6 dias em relação ao primeiro dia de 2 007, ou seja, o primeiro dia de 2 012 será um domingo. Como 2 013 é ano seguinte a bissexto, ele se inicia em uma terça-feira. Finalmente, de 2 014 a 2 018, temos novamente apenas um ano seguinte ano bissexto (2017) e, para obtermos o primeiro dia de 2 018, também avançamos 6 dias em relação ao primeiro dia de 2 013, isto é, 2 018 inicia-se numa segunda-feira.
Alternativa "d".

---

16. (VUNESP-2 009-2) Carla foi escrevendo nas casas de um tabuleiro 100 por 100 os múltiplos positivos de 5, em ordem crescente, conforme a figura:

5	10	15	20	25	...	495	500
1000	995	990	985	980	...	510	505
1005	→	→	→	→	...	→	→
...							
→	→	→	→	→	→	→	→
←	←	←	←	←	←	←	←
→	→	→	→	→	→	→	→
							U

Que número Carla escreveu onde se encontra a letra U?

Resolução:
No tabuleiro há 100 . 100 = 10 000 casas.
Na 1ª casa, Carla escreveu 5 . 1 = 5; na 2ª casa, 5 . 2 = 10 e assim, sucessivamente
Na ordem escolhida por ela, antes da letra U, que está na última linha, há
10 000 – 100 = 9 900 casas e, portanto, ela escreveu na casa U,
(9 900 + 1) . 5 = 49 505.

---

2. DIVISORES

Acompanhe a divisão:

120 | 6
00 | 20

120 é divisível por 6, pois a divisão é exata; ou 120 é múltiplo de 6, pois existe um número natural que multiplicado por 6 resulta em 120; ou que 6 é divisor de 120; pois existe um número natural que divide 120 e resulta em 6.

Divisores são números que dividem outros, desde que a divisão seja exata, por exemplo: 5 é divisor de 20, pois: 20 : 5 = 4

2.1. OS DIVISORES NATURAIS DE UM NÚMERO

Os divisores naturais de 8:

8	1		8	2		8	4		8	8
0	8		0	4		0	2		0	1

D (8) = {1, 2, 4, 8}

OBS.:
- O número 1 é divisor de qualquer número.
- Qualquer número não nulo é divisor de si próprio.
- O zero não é divisor de nenhum número.
- O conjunto dos divisores de um número é finito.

---

17. Determine os divisores de:
    a) 5 **b)** 6 **c)** 10 **d)** 18

Resolução:

a) O número 5 pode ser escrito:
5 = 1 . 5, logo seus divisores são 1 e 5, ou seja, D (5) = {1, 5}

b) O número 6 pode ser escrito:
6 = 1 × 6
mas 6 pode ser escrito como
6 = 2 × 3, logo:
Os divisores de 6 são: 1, 2, 3, 6, ou seja, D (6) = {1, 2, 3, 6}

c) O número 10 pode ser escrito:
10 = 1 × 10
mas 10 pode ser escrito como
10 = 2 × 5, logo:
Os divisores de 10 são: 1, 2, 5, 10, ou seja, D (10) = {1, 2, 5, 10}

d) O número 18 pode ser escrito:
18 = 1 × 18
mas 18 pode ser escrito como
18 = 2 × 9 ou 3 × 6
Os divisores de 18 são: 1, 2, 3, 6, 9, 18, ou seja, D (18) = {1, 2, 3, 6, 9, 18}

---

18. Quais os divisores de 6 que não são divisores de 15?

Resolução:
D (6) = {1, 2, 3, 6} D (15) = {1, 3, 5, 15}
Os divisores de 6 que não são divisores de 15 são 2 e 6.

2.2. DIVISIBILIDADE

Para saber se um número é divisível por outro basta efetuar a divisão entre eles. Essa é a regra geral. Porém, existem regras que permitem verificar se um número é divisível pelo outro sem a necessidade de efetuar a divisão. Essas regras são chamadas de critérios de divisibilidade.

> **CRITÉRIOS DE DIVISIBILIDADE:**
>
> - **Divisibilidade por 2:** O número é divisível por 2 quando for par.
>
> - **Divisibilidade por 3:** O número será divisível por 3 quando a soma de seus algarismos for divisível por 3.
>
> - **Divisibilidade por 4:** O número será divisível por 4 quando terminar em 00 ou quando o número formado pelos seus dois últimos algarismos à direita for divisível por 4.
>
> - **Divisibilidade por 5:** O número é divisível por 5 quando terminar em zero ou 5.
>
> - **Divisibilidade por 6:** O número é divisível por 6 quando for divisível por 2 e por 3.
>
> - **Divisibilidade por 8:** O número será divisível por 8 se terminar em 000 ou se o número formado pelos seus três últimos algarismos for divisível por 8.
>
> - **Divisibilidade por 10:** O número será divisível por 10 quando terminar em zero.
>
> - **Divisibilidade por 11:** O número é divisível por 11 se a soma dos algarismos de ordem par menos a soma dos algarismos de ordem ímpar é um número divisível por 11. Exemplo: 1 320
> Algarismos de ordem par: 3 e 0 (Soma = 3 + 0 = 3)
> Algarismos de ordem ímpar: 1 e 2 (Soma = 1 + 2 = 3)
> O resultado da soma de ordem par é divisível pelo resultado da soma de ordem ímpar, logo 1 320 é divisível por 11.

---

19. Dado o número de 3 algarismos – $\boxed{8}\,\boxed{x}\,\boxed{5}$ – qual é o menor valor de x para que este número seja divisível por 3?

Resolução:
A soma dos algarismos deve formar um número divisível por 3.
8 + 5 = 13
Devemos acrescentar 2, pois 13 + 2 = 15 e 15 é divisível por 3
O valor de x = 2

---

20. Numa divisão, o dividendo é 2 385 e o divisor é 5. Qual é o valor do resto?

Resolução:
Usando os critérios de divisibilidade podemos dizer que resto é zero, pois o número 2 385 é divisível por 5, pois o algarismo das unidades termina em 5.

21. O Ministério da Educação vai distribuir 8 024 livros entre algumas escolas.
   a) É possível distribuí-los igualmente entre 3 escolas, de modo que não sobre nenhum livro?
   b) É possível distribuí-los igualmente entre 4 escolas, de modo que não sobre nenhum livro?

Resolução:
a) Não é possível, pois o número 8 024 não é divisível por 3. (a soma de seus algarismos, 8 + 2 + 4 = 14, não forma um número divisível por 3).
b) Sim é possível, pois o número 8 024 é divisível por 4. (o número formado pelos dois últimos algarismos, 24, é divisível por 4).

22. Seja o número 61b8. Quais algarismos podemos colocar no lugar da letra b para que o número seja divisível por 3?

Resolução:
Para que o número seja divisível por 3 é necessário que a soma de seus algarismos forme um número divisível por 3.
6 + 1 + 8 = 15

Então, temos as seguintes possibilidades para **b**:
b = 0, pois 15 é divisível por 3
b = 3, pois 15 + 3 = 18 e 18 é divisível por 3
b = 6, pois 15 + 6 = 21 e 21 é divisível por 3
b = 9, pois 15 + 9 = 24 e 24 é divisível por 3

23 Considere o número 235C, onde C representa o algarismo das unidades. Se esse número é divisível por 4, então qual é o maior valor que C pode assumir?

Resolução:
Para que o número seja divisível por 4 é necessário que os dois últimos algarismos desse número seja divisível por 4:

Os números que são divisíveis por 4 são 52 e 56. O maior número é 56.

24. (Santa Casa – SP) Considere o número 3 1 3 1 3 1 A, onde A representa o algarismo das unidades. Se esse número é divisível por 4, então o valor máximo que A pode assumir é:
   a) 0   **b)** 4   **c)** 6   **d)** 8

Resolução:
O número será divisível por 4 quando terminar em 00 ou quando o número formado pelos seus dois últimos algarismos à direita for divisível por 4. A pode assumir os valores 2, e 6. Logo o valor máximo que A pode assumir será 6 formando o número 3 131 316.

Alternativa "c".

25. Verifique se o número 614 320 é divisível por 12.

Resolução:
Para que este número seja divisível por 12 é necessário que ele seja divisível por 3 e por 4.
Divisível por 3:
Somando os algarismos do número: 6 + 1 + 4 + 3 + 2 + 0 = 16

16 não é divisível por 3, logo 614 320 não é divisível por 12.

26. Verifique se o número 70 305 é divisível por 15.

Resolução:
Para que este número seja divisível por 15 é necessário que ele seja divisível por 3 e por 5.
Divisível por 3:
Somando os algarismos do número: 7 + 0 + 3 + 0 + 5 = 15
15 é divisível por 3, logo 70 305 é divisível por 3.
70 305 é divisível por 5, pois termina com o algarismo 5.

O número 70 305 é divisível por 3 e por 5, logo é divisível por 15.

27. Qual é o menor número que devemos adicionar ao número 371, para se obter um número divisível por 6?

Resolução:
Um número é divisível por 6 quando for divisível por 2 (par) e por 3 (soma dos algarismos formar um número divisível por 3)
3 + 7 + 1 = 11

Se acrescentarmos 1 unidade formaremos o número 372. Este número será par (divisível por 2) e a soma dos algarismos será 12, ou seja, este número será divisível por 3, portanto o número 372 é um número divisível por 6.

28. Depois do número 100, qual é o menor número divisível ao mesmo tempo por 2, 3 e por 5?

Resolução:
1ª condição: o número deve ser par (para ser divisível por 2)
2ª condição: o algarismo das unidades deve ser 0 ou 5 (para ser divisível por 5)

3ª condição: a soma dos algarismos desse número deve formar um número divisível por 3 (para ser divisível por 3).

Considerando a 1ª e a 2ª condição do problema o número procurado deve ter como algarismo das unidades o zero, portanto pode ser: 110,120,130,140,150,... O menor número que também é divisível por 3 é o número 120.

---

29. (Olimpíada de Matemática – SP) Subtraindo uma unidade do quadrado do número 17 encontramos:
- **a)** um número divisível por 5
- **b)** um número divisível por 8
- **c)** um número divisível por 17
- **d)** um número divisível por 28

Resolução:
1º passo: Encontrar o valor de $17^2 = 289$
2º passo: Subtrair uma unidade desse valor = 289 − 1 = 288
3º passo: Verificar por qual número 288 é divisível
288 não é divisível por 5, pois o algarismo das unidades não é zero e nem 5.

Vamos verificar se é divisível por 8:

```
288 | 8
  0   36
```

O número é divisível por 8. Alternativa "b".

---

30. (UEMS) Considere-se o número de 9 algarismos, dos quais o algarismo das unidades é n e todos os demais são iguais a 2, ou seja:

2 2 2 2 2 2 2 2 n

O valor de **n** a fim de que este número seja divisível por 6 é:
- **a)** 2 ou 8
- **b)** 2 ou 7
- **c)** 0 ou 6
- **d)** 3 ou 9

Resolução:
O número para ser divisível por 6 deve obedecer duas condições:
1ª condição: ser par
2ª condição: a soma de seus algarismos deve formar um número divisível por 3.

Obedecendo a 1ª condição:
n = 0 ou 2 ou 4 ou 6 ou 8 para 22222222n

Para n = 0
Soma dos algarismos = 8 . 2 = 16 (este número não é divisível por 3), logo n = 0 não é uma possibilidade verdadeira.

Para n = 2
Soma dos algarismos = 9 . 2 = 18 (este número é divisível por 3), logo n = 2 é uma possibilidade verdadeira.

Para n = 4
Soma dos algarismos = 8 . 2 + 4 = 20 (este número não é divisível por 3), logo n = 4 não é uma possibilidade verdadeira.

Para n = 8
Soma dos algarismos = 8 . 2 + 8 = 24 (este número é divisível por 3), logo n = 8 é uma possibilidade verdadeira.

Olhando as alternativas apresentadas pelo problema e as possibilidades da 1ª condição podemos concluir que a solução do problema é a alternativa "a".

---

31. Seja o número 3 B 7 6. O algarismo que deve ser colocado entre 3 e 7 de modo que o número seja divisível por 9 é:
a) 0   b) 1   c) 2   d) 3

Resolução:
Somando os algarismos desse número:
3 + 7 + 6 = 16
Devemos acrescentar 2 unidades ao 16 para que esse número seja divisível por 9, logo B = 2.

Alternativa "c".

---

32. (UFMG – 1996) O número de três algarismos divisível ao mesmo tempo por 2, 3, 5, 6, 9 e 11 é:
a) 330   b) 660   c) 676   d) 990   e) 996

Resolução:
O número para ser divisível por 5 dever terminar em 5 ou zero logo, os possíveis números são: 330, 660 ou 990. Entre estes o único que é divisível por 11 e por 9 ao mesmo tempo é o número 990.

Alternativa "d".

---

33. (FGV) Seja X o maior número inteiro de 4 algarismos que é divisível por 13 e Y o menor número inteiro positivo de 4 algarismos que é divisível por 17. A diferença X-Y é um número
a) primo
b) múltiplo de 6
c) menor que 5 000
d) quadrado perfeito
e) divisível por 5

Resolução:
O maior número de 4 algarismos é o número 9 999
1) Vamos dividir o número 9 999 por 13.

```
9999 | 13
   2   769
```

Um número para ser divisível por 13 deve ter resto zero, logo o maior número de quatro algarismos divisível por 13 é:
9 999 – 2 = 9 997

2) Vamos dividir o número 9 999 por 17:
```
9999 | 17
   3   588
```
Um número para ser divisível por 17 deve ter resto zero, logo o maior número de quatro algarismos divisível por 17 é:
9 999 – 3 = 9 996

A diferença entre eles é = 9 997 – 9 996 = 1
O número 1 é quadrado perfeito, pois $1^2 = 1$

Alternativa "d".

34. (UFMG) O MENOR número inteiro positivo que, ao ser dividido por qualquer um dos números, dois, três, cinco ou sete, deixa RESTO UM, é
a) 106   b) 210   c) 211   d) 420   e) 421

Resposta:
O número procurado não é divisível por 2, 3, 5 ou 7, portanto vamos excluir os números 106, 210, 420. Nos resta, então verificar os números 211 e 421.

Vamos verificar o menor deles:
211 : 2 = 105 + 1
211 : 3 = 71 + 1
211 : 5 = 42 + 1
211 : 7 = 30 + 1

Alternativa "c".

35. (FGV-2006) A figura seguinte representa a planificação da superfície de um dado em forma de cubo

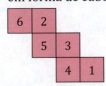

Desse modo, é possível afirmar que:
a) a soma dos pontos das faces opostas é sempre um número par.
b) o produto dos pontos de faces opostas é sempre par.
c) a soma dos pontos de faces opostas é sempre divisor de 3.
d) a soma dos pontos das faces não opostas à face 1 é múltiplo de 3.
e) o produto dos pontos das faces não opostas à face 6 é igual a 20.

Resolução:
O único dado que pode ser construído com a planificação dada é o cubo, onde
a face 6 é oposta à face 3
a face 4 é oposta à face 2
a face 5 é oposta à face 1.

A soma de 6 e 3 é ímpar, logo "a" é falsa.
Assim como o produto de 5 por 1 é ímpar, tornando falsa a alternativa "b".
A soma de 6 e 3 é 9 que não é divisor de 3, logo a "c" é falsa.
As faces não opostas à face 1 são 4, 2, 6 e 3, cuja soma é 15 e é um múltiplo de 3, alternativa "d", verdadeira.
As faces não opostas à face 6 são 1, 2, 4 e 5, cujo produto é 40, logo "e" é falsa.

Logo, alternativa "d".

---

36. (VUNESP-2 009-2) Seja n um número natural de 3 algarismos. Se, ao multiplicar-se n por 7 obtém-se um número terminado em 373, é correto afirmar que:
a) n é par
b) o produto dos algarismos de n é par
c) a soma dos algarismos de n é divisível por 2
d) n é divisível por 3
e) o produto dos algarismos de n é primo.

Solução:
Seja a representação de n = abc (na base dez)
Então, temos:

$$\begin{array}{r} abc \\ \times\ 7 \\ \hline d\,373 \end{array}$$

Considerando que o único algarismo multiplicado por 7 que resulta em um número terminado em 3 é o 9, temos:

$$\begin{array}{r} a\,b^6\,9 \\ \times\ 7 \\ \hline d\,373 \end{array}$$

Analogamente, obtemos b = 3 e

$$\begin{array}{r} a^2\,3^6\,9 \\ \times\ 7 \\ \hline d\,373 \end{array}$$

Finalmente, a = 3 (pois 7x? + 2 termina em 3)

Assim, 339 × 7 = 2 373
n = 339, que é divisível por 3.

Alternativa "d".

3. NÚMEROS PRIMOS E NÚMEROS COMPOSTOS

- **Número primo:** é o número natural divisível apenas por dois números naturais: a unidade 1 e ele próprio.
  Exemplos:
  O número 5 é primo: pode ser dividido apenas por ele mesmo e pela unidade.
  O número 13 é primo: pode ser dividido apenas por ele mesmo e pela unidade.

- **Número composto:** é o número natural divisível por mais de dois números naturais.
  Exemplos:
  O número 6 é composto: pode ser dividido por 1, 2, 3 e 6.
  O número 15 é composto: pode ser dividido por 1, 3, 5 e 15.

OBS.:
1) O número 1 não é primo nem composto: só pode ser dividido por ele mesmo.
2) O número 2 é o único número par primo

37. Verifique se 59 é um número primo

Resolução:
Para saber se um número natural é primo, devemos dividi-lo sucessivamente pelos primos (2, 3, 5, 7, 11, 13, 17, 19, 23,...). Se até obter um quociente menor ou igual ao divisor não encontrarmos nenhuma divisão exata, o número é primo.

$$\begin{array}{c|c} 59 & 2 \\ 1 & 29 \end{array} \qquad \begin{array}{c|c} 59 & 3 \\ 2 & 19 \end{array} \qquad \begin{array}{c|c} 59 & 5 \\ 3 & 11 \end{array} \qquad \begin{array}{c|c} 59 & 7 \\ 3 & 8 \end{array} \qquad \begin{array}{c|c} 59 & 11 \\ 4 & 5 \end{array}$$

$29 > 2 \qquad 19 > 3 \qquad 11 > 5 \qquad 8 > 7 \qquad 5 < 11$

Podemos afirmar que 59 é um número primo porque o quociente 5 é menor que o divisor 11. E nenhuma das divisões é exata.

38. Verifique se 61 é primo.

Resolução:

$$\begin{array}{c|c} 61 & 2 \\ 1 & 30 \end{array} \qquad \begin{array}{c|c} 61 & 3 \\ 2 & 20 \end{array} \qquad \begin{array}{c|c} 61 & 5 \\ 1 & 12 \end{array} \qquad \begin{array}{c|c} 61 & 7 \\ 5 & 8 \end{array} \qquad \begin{array}{c|c} 61 & 11 \\ 6 & 5 \end{array}$$

$30 > 2 \qquad 20 > 3 \qquad 12 > 5 \qquad 8 > 7 \qquad 5 < 11$

Podemos afirma que 61 é um número primo porque o quociente 5 é menor que o divisor 11. E nenhuma das divisões é exata.

39. Verifique se 95 é primo.

Resolução:
O número 95 não é primo, pois esse número é divisível por 5.

Regra de divisibilidade

40. (Giovanni & Giovanni Jr. – 2000) Se adicionarmos os valores das expressões $5^2 + 3.2$ e $10^3 : 5 + 4^2$, vamos encontrar um número natural. Esse número é primo?

Resolução:
1º passo: Vamos calcular o valor de cada expressão:
$5^2 + 3.2 = 25 + 6$
$5^2 + 3.2 = 31$ (1ª expressão)
$10^3 : 5 + 4^2 = 1000 : 5 + 16$
$10^3 : 5 + 4^2 = 200 + 16$
$10^3 : 5 + 4^2 = 216$ (2ª expressão)

2º passo: Vamos somar as duas expressões
$216 + 31 = 247$

3º passo: Verificar se o número 247 é primo

Aplicando os critérios de divisibilidade percebemos que este número não é divisível por 2, 3, 5 e 9.

247	7		247	11		247	13
2	35		6	22		0	19

Esse número não é primo, pois ele é divisível por 13.

---

41. (Olimpíada Brasileira de Matemática) – O número 10 pode ser escrito de duas formas como soma de dois números primos: $10 = 5 + 5$ e $10 = 7 + 3$. De quantas maneiras podemos expressar o número 25 como uma soma de dois números primos?
a) 4   **b)** 1   **c)** 2   **d)** 3   **e)** nenhuma

Resolução:
Temos as seguintes possibilidades para expressar o número 25 como soma de dois números: 1 + 24; 2 + 23; 3 + 22; 4 + 21; 5 + 20; 6 + 19; 7 + 18; 8 + 17; 9 + 16; 10 + 15; 11 + 14 e 12 + 13.

Apenas 1 vez: 2 + 23 = 25

Portanto, alternativa "b".

---

42. (PUC – SP) Qual dos números abaixo é primo?
a) 123   **b)** 143   **c)** 153   **d)** 163

Resolução:
Os números 123 e 153 não são primos, pois a soma de seus algarismos resultam, respectivamente, 6 e 9, portanto pela regra de divisibilidade estes números são divisíveis por 3. O número 143 é divisível por 11.

143	11
0	13

Podemos concluir que o número primo procurado é o 163.
Alternativa "d".

43. (UFMT) Das sequências a seguir, aquela que não contém números primos é:
a) 13, 427, 1 029   b) 189, 300, 529   c) 2, 111, 169   d) 11, 429, 729

Resolução:
A alternativa **a** possui o número primo 13, a alternativa **c** possui o número primo 2, a alternativa **d** possui o número primo 11, portanto só nos resta assinalar como correta a alternativa **b**, a única que não possui números primos.

44. (OBM-1999) Quantos números de dois algarismos são primos e têm como antecessor um quadrado perfeito?
a) 2   b) nenhum   c) 1   d) 3   e) 6

Resolução:
Apenas 2, o 17 (antecessor é o 16) e o 37 (antecessor é o 36).

Alternativa "a".

4. DECOMPOSIÇÃO DE UM NÚMERO NATURAL EM FATORES PRIMOS

Todo número natural não primo, maior que 1, pode ser escrito na forma de uma multiplicação em que todos os fatores são números primos. Esta é a **forma fatorada** do número.

Exemplo:

6 = 2 × 3   ← 3 é um número primo

2 é um número primo

45. Decomponha o número 30.

Resolução:
1ª forma de resolução:

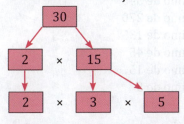

30 = 2 . 3 . 5 (forma fatorada)

2ª forma de resolução:

30	2	30 : 2 = 15	2 é o menor divisor primo de 30
15	3	15 : 3 = 5	3 é o menor divisor primo de 15
5	5	5 : 5 = 5	5 é o menor divisor primo de 5
1			

Logo:
30 = 2 . 3 . 5 (forma fatorada)

---

46. Decomponha em fatores primos o número 140.

Resolução:

140	2	140 : 2 = 70	2 é o menor divisor primo de 140
70	2	70 : 2 = 35	2 é o menor divisor primo de 70
35	5	35 : 5 = 7	5 é o menor divisor primo de 35
7	7	7 : 7 = 1	7 é o menor divisor primo de 7
1			

Logo:
$140 = 2^2 . 5 . 7$ (forma fatorada)

---

47. Decomponha em fatores primos o número 308.

Resolução:

308	2	308 : 2 = 154	2 é o menor divisor primo de 308
154	2	154 : 2 = 77	2 é o menor divisor primo de 154
77	7	77 : 7 = 11	7 é o menor divisor primo de 77
11	11	11 : 11 = 1	11 é o menor divisor primo de 11
1			

Logo:
$308 = 2^2 . 7 . 11$ (forma fatorada)

---

48. Decomponha em fatores primos o número 540.

Resolução:

540	2	540 : 2 = 270	2 é o menor divisor primo de 540
270	2	270 : 2 = 135	2 é o menor divisor primo de 270
135	3	135 : 3 = 45	3 é o menor divisor primo de 135
45	3	45 : 3 = 15	3 é o menor divisor primo de 45
15	3	15 : 3 = 5	3 é o menor divisor primo de 15
5	5	5 : 5 = 1	5 é o menor divisor primo de 5
1			

Logo:
$540 = 2^2 . 3^3 . 5$ (forma fatorada)

49. A forma fatorada de um número é $2^3 . 5 . 11$. Qual é esse número? Qual o quociente desse número por 10?

Resolução:
Vamos determinar o número $2^3 . 5 . 11 = 2 . 2 . 2 . 5 . 11 = 8 . 55 = 440$
O número é divisível por 10 e o quociente é 44.

50. As idades atuais de três irmãos são números primos. O produto deles é 195. Que idade eles têm?

Resolução:
Vamos fatorar o número 195

195	3	$195 : 3 = 65$	3 é o menor divisor primo de 195
65	5	$65 : 5 = 13$	5 é o menor divisor primo de 65
13	13	$13 : 13 = 1$	13 é o menor divisor primo de 13
1			

Logo:
195 = 3 . 5 . 13 (forma fatorada)
As idades dos três irmãos são: 3, 5 e 13 anos.

51. O produto de três números primos é 231. Qual é a diferença entre o maior e o menor desses números?

Resolução:
Vamos fatorar o número 231:

231	3	$231 : 3 = 77$
77	7	$77 : 7 = 11$
11	11	$11 : 11 = 1$
1		

231 = 3 . 7 . 11 (forma fatorada)
Maior número primo = 11
Menor número primo = 3
Diferença = 11 – 3 = 8
A diferença é 8

52. (EsPCEx) Dados os números: $A = 2^3 . 3^4 . 7 . 13$ e $B = 2^5 . 3^2 . 5 . 11$, pergunta-se qual é o menor número pelo qual se deve multiplicar A para se obter um número divisível por B?

Resolução:
$(2^3 . 3^4 . 7 . 13) : (2^5 . 3^2 . 5 . 11) \rightarrow$ (resto zero)

As potências dos números de ($2^3 \cdot 3^4 \cdot 7 \cdot 13$) devem ser maiores ou iguais às potências de ($2^5 \cdot 3^2 \cdot 5 \cdot 11$).
Assim, 2 deve ter potência no mínimo 5, então devemos multiplicar por 2^2, pois $2^3 \cdot 2^2 = 2^5$.
Em A não aparece o fator 5 e nem o 11, logo:

Menor número = $2^5 \cdot 5 \cdot 11$ ou 220.

---

53. (EEAr) É verdadeiro afirmar que:
    a) 3 e 15 são fatores primos do número 60
    b) todo número par não é primo
    c) 81 é um número primo
    d) 17 é um número primo

Resolução:
a) Falso: 15 não é um fator primo, pois é um número composto.
b) Falso: 2 é par é é um número primo.
c) Falso: 81 é um número composto, 81 tem como divisores os números: 1, 3, 9, 27 e 81
d) Verdadeiro: 17 é um número primo.

Alternativa "d".

---

54. Tenho quatro números primos positivos distintos. O primeiro é par, o segundo é um divisor de 100 e é ímpar o terceiro e o quarto são fatores de 1 870. Determine a soma destes quatro números primos.

Resolução:
1º número: 2 (único par que é primo)
Vamos determinar os divisores de 100:
D (100) = {1, 2, 4, 5, 10, 20, 25, 50, 100}

2º número: 5 (único divisor de 100 que é ímpar e primo)
Vamos fatorar o número 1 870 para encontrar o terceiro e o quarto números primos.

1870	2
935	5
187	11
17	17
1	

1 870 = 2 . 5 . 11 . 17
O terceiro e o quarto números primos são: 11 e 17
Soma = 2 + 5 + 11 + 17 = 35

---

55. Verifique se o número 1 080 é divisível por 144 decompondo-os em fatores primos.

Resolução:

1080	2		144	2
540	2		72	2
270	2		36	2
135	3		18	2
45	3		9	3
15	3		3	3
5	5		1	
1				

$1\,080 = 2^3 \cdot 3^3 \cdot 5$ $144 = 2^4 \cdot 3^2$

O número 1 080 não é divisível por 144, pois o fator 2^4 não divide o fator 2^3, a potência de base 2 do número 1 080 deveria ser maior ou igual a 4.

56. (EPCAR) Um conjunto A possui 1 024 subconjuntos. Retirando-se 3 elementos de A, formam-se um novo conjunto que terá m subconjuntos. O valor de m é:
a) 64   b) 128   c) 256   d) 572   e) 1 024

Resolução:
1º passo: Vamos fatorar o número 1 024 para determinar o número de elementos do conjunto A.

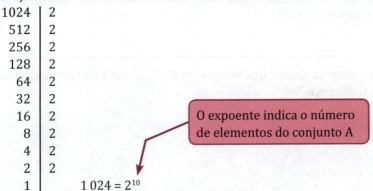

O expoente indica o número de elementos do conjunto A

$1\,024 = 2^{10}$

Se retirarmos 3 elementos o conjunto ficará com 7 elementos. O número de subconjuntos será: $2^7 = 128$

Alternativa "b".

57. (IBMEC-2010) 2 010 é um número composto pelo produto de quatro primos positivos distintos. Seja p o maior destes primos e n o menor inteiro maior do que 2 010 que também é divisível por p. Sobre n, é correto afirmar que
a) é um número par
b) é um número primo
c) é um numero composto pelo produto de apenas dois números primos distintos
d) é um número composto pelo produto de apenas três números primos distintos
e) é um número composto pelo produto de apenas cinco números primos distintos

Resolução:

Temos que 2 010 = 2 . 3 . 5 . 67 e, portanto, p = 67. Como n é o menor inteiro maior que 2 010 que também é divisível por 67, n = 2 . 3 . 5 . 67 + 67 =

= 30 . 67 + 67 = 31 . 67 que é um número composto pelo produto de apenas dois números primos distintos.

Portanto, alternativa "c".

---

58. Diga se o número 1 500 é quadrado perfeito.

Resolução:

Vamos fatorar o número 1 500.

Podemos escrever o número 1 500 da seguinte forma:

1 500 = 15 × 100

1 500 = 3 × 5 × 10 × 10

1 500 = 3 × 5 × 2 × 5 × 2 × 5

Aplicando a propriedade das potências temos:

1 500 = 2^2 × 3 × 5^3

Podemos dizer que o número 1 500 não é quadrado perfeito pois os expoentes de 3 e 5, que são 1 e 3, não são números pares.

---

59. Qual é o menor número natural que se deve multiplicar por 1 944 de modo a se obter um quadrado perfeito?

Resolução:

Valos fatorar o número 1 944

1944	2
972	2
486	2
243	3
81	3
27	3
9	3
3	3
1	

O número 1 944 pode ser escrito = 2^3 × 3^5

Um número será quadrado perfeito quando os expoentes forem números pares, logo 2^3 deverá ser 2^3 × 2 = 2^4 e o número 3^5 deverá ser 3^5 × 3 = 3^6, portanto devemos multiplicar o número por 2 × 3 = 6.

5. DETERMINAÇÃO DOS DIVISORES DE UM NÚMERO NATURAL

Há um processo que permite determinar todos os divisores de um número. Vamos estudá-lo tomando como exemplo o número 40.

- Decompõe-se o número em fatores primos:

40	2
20	2
10	2
5	5
1	

- O número 1, que é divisor de todos os números, é colocado numa linha acima do fator primo 2.

		1
40	2	
20	2	
10	2	
5	5	
1		

- Multiplica-se o fator primo 2 pelo divisor 1 e coloca-se o produto obtido na linha correspondente.

		1	
40	2	2	2 . 1 = 2
20	2		
10	2		
5	5		
1			

- Multiplicam-se os demais fatores primos pelos divisores que estiverem à direita do traço vertical e acima desses fatores. Os divisores que se repetem podem ser eliminados.

		1	
40	2	2	2 . 1 = 2
20	2	4	2 . 2 = 4
10	2	8	2 . 4 = 8
5	5	5, 10, 20, 40	5 . 1 = 5; 5 . 2 = 10; 5 . 4 = 20; 5 . 8 = 40
1			

- Os divisores do número são colocados à direita do segundo traço vertical

  D (60) = {1, 2, 4, 5, 8, 10, 20, 40}

60. Determine os divisores de 36.

Resolução:

```
36 | 2      1
18 | 2      2
 9 | 3      4
 3 | 3      3 – 6 – 12
 1 |        9 – 18 – 36
```

D (36) = {1, 2, 3, 4, 6, 9, 12, 18, 36}

---

61. Determine os divisores de 120.

Resolução:

```
120 | 2      1
 60 | 2      2
 30 | 2      4
 15 | 3      8
  5 | 5      3 – 6 – 12 – 24
  1 |        5 – 10 – 20 – 40 – 15 – 30 – 60 – 120
```

D (120) = {1, 2, 3, 4, 5, 6, 10, 12, 15, 20, 24, 30, 40, 60, 120}

---

62. Quantos divisores naturais possui o número 185?

Resolução:
Em primeiro, devemos fatorar o número.

```
185 | 5
 37 | 37
  1 |
```

> O número de divisores naturais de um número obtém-se somando uma unidade ao expoente de seus fatores primos e multiplicando os resultados obtidos

$185 = 5^1 \cdot 37^1$

Número de divisores = $(1 + 1) \cdot (1 + 1) = 2 \cdot 2 = 4$

O número 185 possui 4 divisores positivos. Poderíamos também resolver utilizando o algoritmo já apresentado anteriormente.

---

63. Quantos divisores naturais possui o número 72?

Resolução:
Em primeiro, devemos fatorar o número.

```
72 | 2
36 | 2
18 | 2
 9 | 3
 3 | 3
 1 |         72 = 2³ . 3²
```

Número de divisores = (3 + 1) . (2 + 1) = 4 . 3 = 12
O número 72 possui 12 divisores positivos.

64. Quantos divisores naturais possui o número $2^5 \cdot 3^4 \cdot 7$?

Resolução:
Número de divisores: (5 + 1) . (4 + 1) . (1 + 1) = 6 . 5 . 2 = 60
O número $2^5 \cdot 3^4 \cdot 7$ possui 60 divisores.

65. Calcule a de modo que o número $2^a \cdot 3^4$ admita 30 divisores.

Resolução:
(a + 1) . (4 + 1) = 30
(a + 1) . 5 = 30
Um número multiplicado por 5 resulta 30, logo este número é 6.
Concluímos que a + 1 = 6, logo a = 5

66. (EPCAR) Se $m = 2^5 \cdot 3^x$ e m tem 60 divisores positivos, ache o valor de x.

Resolução:
(5 + 1) . (x + 1) = 60
6 . (x + 1) = 60
Um número multiplicado por 6 resulta 60, logo este número é 10.
Concluímos que x + 1 = 10, logo x = 9

67. Qual é o menor número natural com 15 divisores?

Resolução:
Com o número de divisores, podemos determinar os expoentes dos fatores primos da decomposição do número procurado.
15 = 3 . 5 = (2 + 1) . (4 + 1)
         ↑   ↑
     expoente   expoente

Os expoentes dos fatores primos são: 2 e 4.

Como temos dois expoentes, precisamos de dois menores fatores primos, que são: 2 e 3 logo, temos as seguintes possibilidades:
$2^2 \cdot 3^4 = 324$ ou $2^4 \cdot 3^2 = 144$ (que é o menor número)

O menor número é 144.

---

68. (EsPCEx – modificado) Qual é o menor número natural com 10 divisores, que admite apenas 2 e 3 como fatores primos?

Resolução:
Com o número de divisores, podemos determinar os expoentes dos fatores primos da decomposição do número procurado.
$10 = 2 \cdot 5 = (1 + 1) \cdot (4 + 1)$

Os expoentes dos fatores primos são: 1 e 4.
Como temos dois expoentes e os fatores primos são: 2 e 3, temos as seguintes possibilidades:
$2^1 \cdot 3^4 = 162$ ou $2^4 \cdot 3^1 = 16$ (que é o menor número)

O menor número é 16.

---

69. Qual é o menor número natural que tem 12 divisores primos e tem para fatores primos somente 2, 3 e 5?

Resolução:
Com o número de divisores, podemos determinar os expoentes dos fatores primos da decomposição do número procurado.
$12 = 2 \cdot 2 \cdot 3 = (1 + 1) \cdot (1 + 1) \cdot (2 + 1)$

Os expoentes dos fatores primos são: 1,1 e 2.
Como temos três expoentes e os fatores primos são: 2,3 e 5, temos as seguintes possibilidades:
$2 \cdot 3 \cdot 5^2 = 150$ ou $2^2 \cdot 3 \cdot 5 = 60$ ou $2 \cdot 3^2 \cdot 5 = 90$

O menor número é 60.

---

70. Quantos divisores naturais ímpares tem o número $2^3 \cdot 3 \cdot 5^3$?

Resolução:

Para calcularmos o número de divisores naturais ímpares, levam-se em conta apenas, os expoentes dos fatores ímpares.

Fatores primos ímpares: 3 e 5
Número de divisores ímpares $= (1 + 1) \cdot (3 + 1) = 2 \cdot 4 = 8$

71. Quantos divisores naturais ímpares tem o número $2^3 \cdot 5^6 \cdot 7^2$?

Resolução:
Fatores primos ímpares: 5 e 7
Número de divisores ímpares = $(6 + 1) \cdot (2 + 1) = 7 \cdot 3 = 21$
O número possui 21 divisores naturais ímpares.

---

72. Quantos divisores naturais pares tem o número $2^6 \cdot 3^4 \cdot 5^2$

Resolução:

> Nº de divisores pares = nº total de divisores – nº de divisores ímpares

Número total de divisores: = $(6 + 1) \cdot (4 + 1) \cdot (2 + 1) = 7 \cdot 5 \cdot 3 = 105$
Número de divisores ímpares = $(4 + 1) \cdot (2 + 1) = 5 \cdot 3 = 15$
Número de divisores pares = $105 - 15 = 90$
O número possui 90 divisores pares.

---

73. Determine o número de divisores naturais pares e ímpares do número $2^2 \cdot 3^5 \cdot 5^2$.

Resolução:
Número de divisores ímpares = $(5 + 1) \cdot (2 + 1) = 6 \cdot 3 = 18$
Número total de divisores = $(2 + 1) \cdot (5 + 1) \cdot (2 + 1) = 3 \cdot 6 \cdot 3 = 54$
Número de divisores pares = $54 - 18 = 36$

---

74. Quantos divisores naturais múltiplos de 10, possui o número $2^4 \cdot 3^3 \cdot 5^2$?

Resolução:
Os múltiplos de 10, são todos da forma: 10. (outro número)
Vamos reescrever o número $2^4 \cdot 3^3 \cdot 5^2$ da seguinte forma:
$2 \cdot 2^3 \cdot 3^3 \cdot 5 \cdot 5$
    10
Logo o número pode ser escrito da seguinte forma: $10 \cdot (2^3 \cdot 3^3 \cdot 5)$
Determinemos o número de divisores do número $2^3 \cdot 3^3 \cdot 5$
Número de divisores = $(3 + 1) \cdot (3 + 1)(1 + 1) = 4 \cdot 4 \cdot 2 = 32$
Temos 32 múltiplos de 10 que são divisores de $2^4 \cdot 3^3 \cdot 5^2$

---

75. Determine o número de divisores naturais múltiplos de 11 do número $3^4 \cdot 5^2 \cdot 11^3$.

Resolução:
Os múltiplos de 11, são todos da forma: 11. (outro número)

Vamos reescrever o número $3^4 \cdot 5^2 \cdot 11^3$ da seguinte forma:
$11 \cdot (3^4 \cdot 5^2 \cdot 11^2)$
Determinemos o número de divisores do número $3^4 \cdot 5^2 \cdot 11^2$
Número de divisores: $(4 + 1) \cdot (2 + 1) \cdot (2 + 1) = 5 \cdot 3 \cdot 3 = 45$

Temos 45 múltiplos de 11 que são divisores do número $3^4 \cdot 5^2 \cdot 11^3$.

---

76. (ITA – SP) O número de divisores de 17 640 que, por sua vez, são divisíveis por 3 é:
    a) 24   **b)** 36   **c)** 48   **d)** 54

Resolução:
Divisíveis por 3 significa que são múltiplos de 3.
Os múltiplos de 3 são todos da forma 3. (outro número)
Vamos reescrever o número 17 640 da forma:
3 . 5 880
Vamos fatorar o número 5 880
5 880 = 10 . 2 . 294 ou 5 . 2 . 2 . 2 . 147
5 880 = 5 . 2 . 2 . 2 . 3 . 49
5 880 = $2^3 \cdot 3 \cdot 5 \cdot 7^2$
Determinemos agora o número de divisores do número: $2^3 \cdot 3 \cdot 5 \cdot 7^2$
Número de divisores = $(3 + 1)(1 + 1)(1 + 1)(2 + 1)$
Número de divisores = 4 . 2 . 2 . 3 = 48

Alternativa "c".

---

77. (Fuvest) O número de divisores do número 40 é:
    a) 8   **b)** 6   **c)** 4   **d)** 2   **e)** 20

Resolução:
Vamos fatorar o número 40
40 = 4 . 10
40 = 2 . 2 . 2 . 5 . aplicando a propriedade da multiplicação das potências temos:
40 = $2^3 \cdot 5$
Número de divisores; $(3 + 1) \cdot (1 + 1) = 4 \cdot 2 = 8$

Alternativa "a".

---

78. (UNIFESP/EPM-2008) O número de inteiros positivos que são divisores do numero $N = 21^4 \times 35^3$, inclusive 1 e N, é:
    a) 84   **b)** 86   **c)** 140   **d)** 160   **e)** 162

Resolução:
Como $N = 21^4 \cdot 35^3 = (3 \cdot 7)^4 \cdot (5 \cdot 7)^3 = 3^4 \cdot 7^4 \cdot 5^3 \cdot 7^3 = 3^4 \cdot 5^3 \cdot 7^7$
Assim o numero de divisores positivos de N é $(4 + 1)(3 + 1)(7 + 1) = 160$.

Alternativa "d".

MAXIMO DIVISOR COMUM

> Dados dois ou mais números naturais diferentes de zero, denomina-se máximo divisor comum o maior de seus divisores comuns.
>
> Processo prático para o cálculo do mdc (máximo divisor comum):
>
> **1º Processo:**
> • Decompõe-se cada número dado em fatores primos.
> • O mdc é o produto dos fatores comuns elevados ao menor expoente.

79. Calcular o mdc dos números 24 e 36.

Resolução:

```
24 | 2        36 | 2
12 | 2        18 | 2
 6 | 2         9 | 3
 3 | 3         3 | 3
 1 |           1 |
```
$24 = 2^3 \cdot 3$ $\qquad$ $36 = 2^2 \cdot 3^2$

Os fatores comuns são: 2 e 3 e os menores expoentes são: 2 e 1

O mdc $(24, 36) = 2^2 \cdot 3 = 4 \cdot 3 = 12$

> **2º Processo:** Divisões Sucessivas
> O cálculo do mdc de dois números pelo processo das divisões sucessivas obedece à seguinte regra:
> • Divide-se o maior número pelo menor número.
> • Divide-se o menor pelo primeiro resto.
> • Divide o primeiro resto pelo segundo resto, e assim sucessivamente até se obter uma divisão exata.
> • O último divisor é o mdc.

80. Determine o mdc dos números 125 e 35.

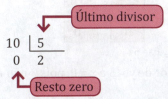

Resolução:

```
125 | 35      35 | 25      25 | 10      10 | 5
 25 |  3      10 |  1       5 |  2       0 | 2
```

Mdc $(125, 35) = 5$

81. Determine o mdc entre os números 180 e 240, pelo 1º processo.

Resolução:

180	2
90	2
45	3
15	3
5	5
1	5
1	

240	2
120	2
60	2
30	2
15	3
5	

$180 = 2^2 \cdot 3^2 \cdot 5$ $240 = 2^4 \cdot 3 \cdot 5$

Fatores comuns: 2, 3 e 5
Menores expoentes 2, 1 e 1

Mdc (180, 240) = $2^2 \cdot 3 \cdot 5 = 60$

82. Determine o mdc entre os números 100, 150 e 60, pelo 1º processo

Resolução:

100	2
50	2
25	5
5	5
1	

150	2
75	3
25	5
5	5
1	

60	2
30	2
15	3
5	5
1	

$100 = 2^2 \cdot 5^2$ $150 = 2 \cdot 3 \cdot 5^2$ $60 = 2^2 \cdot 3 \cdot 5$

Fatores comuns: 2 e 5
Menores expoentes: 1 e 1

Mdc (100, 150, 60) = $2 \cdot 5 = 10$

83. Os números $2^3 \cdot 3 \cdot 5^4$ e $2^2 \cdot 3^x \cdot 5^y$ tem 500 como mdc. Quais os valores de x e y?

Resolução:
Vamos fatorar o número 500.
$500 = 5 \cdot 100$ ou $5 \cdot 10 \cdot 10$
O número 10 pode ser escrito como $5 \cdot 2$, logo
$500 = 5 \cdot \boxed{5 \cdot 2} \cdot \boxed{5 \cdot 2}$
           ↓   ↓
          10   10

$500 = 5^3 \cdot 2^2$
O valor de y = 3 e x = 0, pois 3 não é fator comum.

84. Os números 756 e $2^x \cdot 3^y$, tem 9 como mdc. Quais os valores de x e y?

Resolução:
Vamos fatorar o número 756.

756	2
378	2
189	3
63	3
21	3
7	7
1	

$756 = 2^2 \cdot 3^3 \cdot 7$

O mdc é 9, ou seja, 3^2

O fator comum entre $2^2 \cdot 3^3 \cdot 7$ e $2^x \cdot 3^y$ é o fator 3 e o menor expoente é 2, portanto y = 2 e x = 0, pois 2 não é fator comum

---

85. (ExPCEx) O mdc de dois números é 20, e os quocientes sucessivos das divisões efetuadas para obtê-lo, foram: 1, 2, 3 e 3. Determinar esses dois números.

Resolução:
Vamos representar por x (maior número) e y (menor número) os números procurados. Pelas divisões sucessivas temos:

x	y		y	r1		r1	r2		r2	r3
r1	1		r2	2		r3	3		0	3

Pelo problema o mdc é 20, logo r3 = 20 (último divisor da divisão).

Pelo teorema fundamental da divisão podemos escrever as seguintes relações:
(1) r2 = 3 . 20 + 0 = 60
(2) r1 = 3 . r2 + r3, mas r2 = 60 e e r3 = 20 logo:
r1 = 3 . 60 + 20 = 180 + 20 = 200
(3) y = 2 . r1 + r2, mas r2 = 60 e r1 = 200 logo:
y = 2 . 200 + 60 = 400 + 60 = 460
(4) x = 1 . y + r1, mas r1 = 200 e y = 460 logo:
x = 460 + 200 = 660

Os números procurados são 660 e 460.

---

86. (EEAr – modificado) Três rolos de arame farpado têm, respectivamente, 168m, 264m e 312 m. Deseja-se cortá-lo em partes de mesmo comprimento, de forma que, cada parte, seja a maior possível. Qual o número de partes obtidas e o comprimento em metros de cada parte?

Resolução:
É necessário que esse comprimento seja um divisor comum dos comprimentos 168, 264 e 312 e o maior possível. Devemos então procurar o mdc dos números 168, 264 e 312.

168	2		264	2		312	2
84	2		132	2		156	2
42	2		66	2		78	2
21	3		33	3		39	3
7	7		11	11		13	13
1			1			1	

$168 = 2^3 \cdot 3 \cdot 7$ $264 = 2^3 \cdot 3 \cdot 11$ $312 = 2^3 \cdot 3 \cdot 13$

mdc (168, 264, 312) = $2^3 \cdot 3 = 24$
Comprimento de cada parte = 24 metros
Nº de partes do rolo de 168 = 168 : 24 = 7
Nº de partes do rolo de 264 = 264 : 24 = 11
Nº de partes do rolo de 312 = 312 : 24 = 13
Número de partes obtidas = 7 + 11 + 13 = 31

---

87. (CGE 133) Uma indústria Têxtil fabricou 180 m de tecido de algodão, 216 m de tecido "Jeans" e 288 m de poliéster. Esses tecidos devem ser embalados em peças de mesmo tamanho e comprimento. Considerando que deva haver o MAIOR aproveitamento possível dos tecidos, então, serão embaladas:
a) 5 peças de tecido de algodão com 30 m cada uma
b) 5 peças de tecido de "jeans" com 42 m cada uma
c) 6 peças de tecido de "jeans com 36 m cada uma
d) 6 peças de tecido de poliéster com 42 m cada uma
e) 7 peças de tecido de poliéster com 36 m cada uma

Resolução:
É necessário que esse comprimento seja um divisor comum dos comprimentos 180, 216 e 288 e o maior aproveitamento possível. Devemos então procurar o mdc dos números 180, 216 e 288
Vamos calcular o mdc pelo processo das divisões sucessivas, começando pelos dois maiores números

288	216		216	72
72	1		0	3

O mdc (288,216) = 72. Vamos agora determinar o mdc (180,72)

180	72		72	36	← mdc
36	2		0	2	

O mdc (180,72) = 36. Podemos concluir que o mdc (288, 216, 180) = 36
Número de partes de poliéster = 288 : 36 = 8 partes
Número de partes de jeans = 216 : 36 = 6 partes (216 m de tecido Jeans)
Número de partes de algodão = 180 : 36 = 5 partes

Alternativa "c".

88. (PUC – Campinas) Uma editora tem em seu estoque 750 exemplares de um livro A, 1 200 de um livro B e 2 500 de um livro C. Deseja remetê-los a algumas escolas em pacotes, e cada pacote contenha os três tipos de livros em quantidades iguais e com o maior número possível de exemplares de cada tipo. Nessas condições, remetidos todos os pacotes possíveis, o número de exemplares que restarão no estoque é:
a) 1 500   b) 1 600   c) 1 750   d) 2 000   e) 2 200

Resolução:
Quantidades iguais (mdc)
Vamos fatorar as quantidades dadas:
750 = 75 . 10 = 5 . 25 . 5 . 2
750 = 5 . 5 . 5 . 5 . 2 = 5^4 . 2 (forma fatorada)
1 200 = 12 . 100 = 12 . 10 . 10
1 200 = 4 . 3 . 2 . 5 . 2 . 5
1 200 = 2 . 2 . 3 . 2 . 5 . 2 . 5
1 200 = 2^4 . 3 . 5^2 (forma fatorada)
2 500 = 25 . 100 = 5 . 5 . 10 . 10
2 500 = 5 . 5 . 2 . 5 . 2 . 5
2 500 = 5^4 . 2^2 (forma fatorada)
mdc (750, 1 200, 2 500) = 2 . 5^2 = 50
Número de pacotes possíveis = 750 : 50 = 15, pois é o máximo que poderemos ter com os três livros.
Total de livros remetidos = 15 × 50 (livro A) + 15 × 50 (livro B) + 15 × 50 (livro C)
Total de livros remetidos = 750 + 750 + 750 = 2 250
Total de livros no estoque = 750 + 2 500 + 1 200 = 4 450
Total de livros que restarão no estoque = 4 450 – 2 250 = 2 200

Alternativa "e".

---

89. (U. Católica de Salvador – BA) Sejam os números naturais A = 2^3 . 3^x . 5^y e B = 10^4 . 3^8. Se o máximo divisor comum de A e B é 360, então x + y é igual a:
a) 9   b) 6   c) 5   d) 3   e) 2

Resolução:
1º passo: desmembrar o número B, ou seja, o fator 10 do número B.
B = 10^4 . 3^8 = $(2 . 5)^4$. 3^8 (aplicando a propriedade da potenciação)
B = 2^4 . 5^4 . 3^8
2º passo: Fatorar o número 360
360 = 36 . 10 = 6 . 6 . 10
360 = 2 . 3 . 2 . 3 . 2 . 5
360 = 2^3 . 3^2 . 5
Comparando A = 2^3 . 3^x . 5^y, B = 2^4 . 5^4 . 3^8 e o mdc 2^3 . 5 . 3^2, concluímos que:
x = 2 e y = 1, logo x + y = 2 + 1 = 3, alternativa "d".

90. (UE Londrina) Existem para doação a escolas, 2 000 ingressos de um espetáculo e 1 575 de outro. Cada escola deve receber ingressos somente para um dos espetáculos e todas as escolas devem receber a mesma quantidade de ingressos. Distribuindo-se todos os ingressos, o número mínimo de escolas que poderão ser contempladas nessa doação é:
a) 117   b) 123   c) 128   d) 135   e) 143

Solução:
1º passo: Achar o maior número divisor mdc dos números 2 000 e 1 575, pois o número de ingressos, tanto o do espetáculo "A" (2 000 ingressos), quanto o do espetáculo "B" (1 575 ingressos), deverá ser o mesmo.
Vamos calcular o mdc por divisões sucessivas:

```
2000 | 1575      1575 | 425      425 | 300
 425   1          300   3         125  1

 300 | 125        125 | 50        50 | 25
  50   2           25   2          0   2
```

O mdc (2 000, 1 575) = 25

2º passo: Calcular o número mínimo de escolas que deverá ser contemplado, sabendo-se que cada escola receberá 25 ingressos de cada espetáculo.
Assim para o espetáculo "A" (2 000 ingressos) serão distribuídos para o seguinte número de escolas.

a) $\dfrac{2000}{25}$ = 80 escolas

Para o espetáculo "B" (1 575 ingressos)

b) $\dfrac{1575}{25}$ = 63 escolas

a + b = 143 escolas

Resposta: Letra "e".

---

91. (FEI) Em uma sala retangular de piso plano, nas dimensões 8,80m por 7,60m, deseja-se colocar ladrilhos quadrados iguais, sem necessidade de recortar nenhuma peça. A medida máxima do lado de cada ladrilho é:
a) 10cm   b) 20cm   c) 30cm   d) 40cm   e) 50cm

Solução:
1) A medida máxima de cada ladrilho será o maior divisor a ser encontrado para as dimensões 8,80m e 7,60m. Para isso, basta calcularmos o MDC desses números. Mas, atenção, transformar, primeiro, em centímetros as grandezas dadas em metros, porque o resultado é pedido em centímetros.
a) 8,80m = 8,80 . 100 = 880cm
b) 7,60m = 7,60 . 100 = 760cm   **Lembrete:** Um metro é igual a cem centímetros

2) Achar o MDC de 880 e 760.

880	760		760	120		120	40
120	1		40	6		0	3

Resposta: A média máxima de cada ladrilho é 40cm ou 0,40 m, letra "d".

Vamos verificar se a resposta está correta:
Basta dividir a área da sala pela área de um ladrilho quadrado e devemos ter um número inteiro que traduz o número de ladrilhos necessários para pavimentar toda a sala, sem necessidade de recortar nenhuma peça.

Área da sala =	$7,60 \cdot 8,80 = 66,88 m^2$
Área de cada ladrilho quadrado =	$0,40 \cdot 0,40 = 0,16 m^2$
Número de ladrilhos quadrados a serem aplicados =	$\dfrac{66,88}{0,16} = 418$ peças

Com 418 peças de ladrilhos quadrados de 0,40m de lado, poderemos pavimentar essa sala de 7,60m × 8,80m sem recortar nenhuma peça.

---

92. (UELONDRINA) Considere 2 rolos de barbante, um com 96m e outro com 150m de comprimento. Pretende-se cortar todo o barbante dos dois rolos em pedaços do mesmo comprimento. O menor número de pedaços que poderá ser obtido é:
a) 38   **b)** 41   **c)** 43   **d)** 52   **e)** 55

Solução:
Devemos, primeiramente, achar o maior número (MDC) que divide os números 96 e 150. Esse número, o resultante do MDC deles, representará o maior comprimento dos pedaços e que deverá ser o divisor do comprimento total de cada rolo.
a) Total do comprimento dos rolos:
    96m + 150m = 246m
b) Vamos determinar o mdc (150, 96) pelo método da fatoração:

150	2		42	2
75	3		21	3
25	5		7	7
5	5		1	
1				

$150 = 2 \cdot 3 \cdot 5^2$ $42 = 2 \cdot 3 \cdot 7$
O mdc (150, 42) = 2 · 3 = 6

c) Dividamos esse total de 246m por 6m:
$\dfrac{246}{6} = 41$ pedaços 6cm cada.

Resposta: Letra "b".

---

93. (UELONDRINA) Para levar os alunos de certa escola a um museu, pretende-se formar grupos que tenham iguais quantidades de alunos e de modo que em cada grupo todos sejam do mesmo sexo. Se nessa escola estudam 1 350 rapazes e 1 224 garotas e cada grupo deverá ser acompanhado de um único professor, o número mínimo de professores necessários para acompanhar todos os grupos nessa visita é:

a) 18   b) 68   c) 75   d) 126   e) 143

Solução:

1º Passo: Teremos que achar o maior número que divida, ao mesmo tempo, os números 1 350 e 1 224. Após divididos estes números pelo MDC deles, teremos encontrado o número de grupos de rapazes e de garotas.

Achar o MDC de 1 350 e 1 224.

1350	2
675	3
225	3
75	3
25	5
5	5
1	

1224	2
612	2
306	2
153	3
51	3
17	17
1	

$1\,350 = 2 \cdot 3^2 \cdot 5^2$ $1\,224 = 2^3 \cdot 3^2 \cdot 17$

mdc (1 350, 1 224) = $2 \cdot 3^2 = 2 \cdot 9 = 18$

2º Passo: Agora, vamos dividir o número de rapazes e o de moças por 18 para acharmos o mínimo de grupos de cada um:

a) Número de grupos de rapazes = $\dfrac{1350}{18} = 75$ grupos

b) Número de grupos de garotas = $\dfrac{1224}{18} = 68$ grupos

c) Em seguida somar o número de grupos encontrados = 75 + 68 = 143 grupos.

Resposta: Item "e".

---

94. (Unesp) Um carpinteiro recebeu a incumbência de cortar 40 toras de madeira de 8 metros cada uma e 60 toras da mesma madeira de 6 metros cada uma, em tora do mesmo comprimento, sendo o comprimento o maior possível. Nessas condições, quantas toras deverão ser obtidas, ao todo, pelo carpinteiro?

a) 200   b) 340   c) 680   d) 1 360   e) 1 800

Resolução:

Vamos determinar o mdc (8, 6) por divisões sucessivas

quociente	1	3
8	6	2
2	0	

← 2 é o mdc entre 8 é o número 6

1 tora de 8 metros nos dá 8 : 2 = 4 pedaços de madeira. Como são 40 toras de 8 metros, temos um total de 40 . 4 = 160 pedaços de madeira

1 tora de de 6 metros nos dá 6 : 2 = 3 pedaços de madeira. Como são 60 toras de 6 metros, temos um total de 60 . 3 = 180 pedaços de madeira.
Total de toras = 160 + 180 = 340

Alternativa "b".

---

95. (CN-01) Um pedaço de doce de leite tem a forma de um paralelepípedo, com 6 faces retangulares, como indica a figura abaixo. O doce deve ser dividido totalmente em outros iguais, cada um com X mm na aresta. O maior valor inteiro de X é:

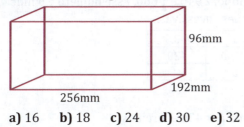

a) 16   b) 18   c) 24   d) 30   e) 32

Solução:
Basta achar o MDC de 256, 192 e 96 para termos a solução do problema.

256	2		192	2		96	2
128	2		96	2		48	2
64	2		48	2		24	2
32	2		24	2		12	2
16	2		12	2		6	2
8	2		6	2		3	3
4	2		3	3		1	
2	2		1				
1							

$256 = 2^8$ $\qquad$ $192 = 2^6 \cdot 3$ $\qquad$ $96 = 2^5 \cdot 3$

O mdc $(256, 192, 96) = 2^5 = 32$

Resposta: O maior valor inteiro de X é 32 mm.

OBS.: Para acharmos a quantidade de cubos que esse paralelepípedo pode fornecer, basta dividir o comprimento (256mm), largura (192mm) e altura (96mm) pelo seu MDC (32) e multiplicarmos os respectivos valores encontrados. Assim:

$$\frac{256}{32} = 8$$

$$\frac{192}{32} = 6$$

$$\frac{96}{32} = 3$$

8 . 6 . 3 = 144 cubos de 32mm de aresta.

96. Duas estradas, que se cortam formando um T, tem 1 940 m e 1 680 m, respectivamente. Pretende-se colocar postes de iluminação ao longo das estradas, de modo que exista um poste em cada extremidade do trecho considerado e um no cruzamento das duas estradas. Exige-se que as distâncias entre cada dois postes seja a mesma e a maior possível. Quantos postes serão empregados?

Resolução:
Como a distância tem que ser a mesma e a maior possível, temos que calcular o maior número capaz de dividir, ao mesmo tempo, 2 940 e 1 680. Esse número é o mdc.
Vamos calculá-lo pelo método de divisões sucessivas.

Quociente		1	1	3
	2 940	1 680	1 260	420
Resto	1 260	420	0	

O mdc entre 2 940 e 1 680 é 420
Vamos dividir cada dimensão da estrada por 420 e teremos:
2 940 : 420 = 7 e 1 680 : 420 = 4
Para separarmos cada uma das 7 partes em que vai ser dividida a estrada maior, precisaremos de 8 postes.
Para separarmos cada uma das 4 partes em que vai ser dividida a estrada menor, precisaremos de 5 postes.
Acontece porém, que o poste colocado no cruzamento, tanto servirá para dividir as partes da estrada menor, como para marcar uma das extremidades da estrada maior. Diante disto bastarão 8 + 5 − 1 = 12 postes

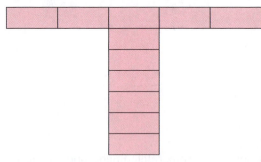

97. Determine o mdc dos números abaixo e verifique quais deles são primos entre si.
    a) 21 e 26   **b)** 15 e 25   **c)** 5 e 9

Resolução:
a) 21 = 3 . 7 (forma fatorada)
    26 = 2 . 13 (forma fatorada)
    mdc (21,26) = 1 ⟶ 21 e 26 são números primos entre si

OBS.: Dois números são primos entre si se, e somente se, o mdc entre eles for igual a 1

b) 15 = 3 . 5
    25 = 5 . 5 = 5^2
    mdc (15, 25) = 5 ⟶ 15 e 25 não são número primos entre si

c) $5 = 5$
$9 = 3 \cdot 3 = 3^2$
mdc $(5, 9) = 1 \longrightarrow$ 5 e 9 são números primos entre si

98. (Fuvest) O produto de dois números inteiros positivos, que não são primos entre si, é igual a 825. Então, o máximo divisor comum desses dois números é:
a) 1   b) 3   c) 5   d) 11   e) 15

Solução:
1º passo: Fatorar o número 825 e buscar entre seus fatores, dois deles, não primos entre si, cujo produto seja 825.

825	3
275	5
55	5
11	11
1	$3 \cdot 5 \cdot 5 \cdot 11 = 825$
	$15 \cdot 55 = 825$

2º passo: calcular o MDC de 15 e 55.

55	5		15	3
11	11		5	5
1			1	
$55 = 5 \cdot 11$			$15 = 3 \cdot 5$	

O mdc $(15, 55) = 5$

Resposta: O mdc dos números é 5, letra "C".

MÍNIMO MÚLTIPLO COMUM

Menor ou mínimo múltiplo comum de dois ou mais números é o menor número divisível pelos números dados. Existem dois processos práticos para determinar o mínimo múltiplo comum (mmc).

1º Processo – fatoração isolada: O mmc de dois ou mais números obtém-se multiplicando-se todos os fatores primos comuns e não comuns, considerados uma única vez e com os maiores expoentes.
Exemplo:
Calcular o mmc (60, 18, e 14)
Vamos fatorar separadamente cada número em questão:

60	2		18	2		14	2
30	2		9	3		7	7
15	3		3	3		1	
5	5		1				
1							
$60 = 2^2 \cdot 3 \cdot 5$			$18 = 2 \cdot 3^2$			$14 = 2 \cdot 7$	

mmc $(60, 18, 14) = 2^2 \cdot 3^2 \cdot 5 \cdot 7 = 1\,260$

2º processo – Por decomposição simultânea:
Exemplo:
Calcular o mmc (10, 15, 20)

10,	15,	20	2
5,	15,	10	2
5,	15,	5	3
5	5	5	5
1	1	1	

mmc (10, 15, 20) = 2 . 2 . 3 . 5 = 60

---

99. Ache o mmc (18, 24) pela decomposição isolada em fatores primos

Resolução:

18	2
9	3
3	3
1	3
1	

24	2
12	2
6	2
3	

$18 = 2 . 3^2$ $24 = 2^3 . 3$

O mmc é o produto de todos os fatores primos com os maiores expoentes, logo:
mmc (18, 24) = $2^3 . 3^2$ = 8 . 9 = 72

---

100. Ache o mmc (12, 16, 40) pela decomposição isolada em fatores primos

Resolução:

12	2
6	2
3	3
1	

16	2
8	2
4	2
2	2
1	

40	2
20	2
10	2
5	5
1	

$12 = 2^2 . 3$ $16 = 2^4$ $40 = 2^3 . 5$

Mmc (12, 16, 40) = $2^4 . 3 . 5$ = 240

---

101. Ache o mmc (21, 18, 24) pela decomposição simultânea em fatores primos

Resolução:

21	18	24	2
21	9	12	2
21	9	6	2
21	9	3	3
7	3	1	3
7	1	1	7
1	1	1	

O mmc (21, 18, 24) = $2^3 \cdot 3^2 \cdot 7$ = 504

---

102. Ache o mmc (15, 25, 60) pela decomposição simultânea em fatores primos

Resolução:

15	25	60	2
15	25	30	2
15	25	15	3
5	25	5	5
1	5	1	5
1	1	1	

O mmc (15, 25, 60) = $2^2 \cdot 3 \cdot 5^2$ = 4 . 3 . 25 = 300

---

103. Dados os números A = $2^3 \cdot 3^2 \cdot 5$; B = 2 . 3 . 7 e C = $3 \cdot 5^2$, determine:
   a) mmc (A, B)   **b)** mmc (A, C)   **c)** mmc (A, B, C)

Resolução:
a) mmc (A, B) = $2^3 \cdot 3^2 \cdot 5 \cdot 7$ = 2 520
b) mmmc (A, C) = $2^3 \cdot 3^2 \cdot 5^2$ = 1 800
c) mmc (A, B, C) = $2^3 \cdot 3^2 \cdot 5^2 \cdot 7$ = 12 600

---

104. Sendo A = $2^5 \cdot 3 \cdot 5^2$ e B = $2^n \cdot 5$. Determine o valor de n para que o mmc (A, B) seja $2^6 \cdot 3^2 \cdot 5^2$.

Resolução:
Sabemos que o mmc é o produto de todos os fatores primos com os maiores expoentes, logo: n = 6

> **OBS.:**
> - Dados dois ou mais números diferentes de zero, se o maior deles for múltiplo de todos os outros, então esse maior número é o mmc dos números dados.
>
>   Exemplo:
>   O mmc (4, 9, 36) = 36

> **OBS.:**
>
> - Se dois ou mais números são primos entre si, então o mmc é o produto entre eles.
>   Exemplo:
>   O mmc (5, 9) = 5 . 9 = 45
>
> - O produto de dois números diferentes de zero é igual ao produto do mdc pelo mmc desses mesmos números.
>   Exemplo:
>   Sejam os números 16 e 30
>   Temos que 16 . 30 = 480
>
>   O mdc (16, 30) = 2
>   O mmc (16, 30) = 240 } mdc (16, 30) . mmc (16, 30) = 2 . 240 = 480

105. Determine o mmc (2, 6, 30, 60)

Resolução:
O mmc (2, 6, 30, 60) = 60, pois 60 é múltiplo de 2, 6 e 30.

106. Determine o mmc (2, 5, 7)

Resolução:
O mmc (2, 5, 7) = 2 . 5 . 7 = 70, pois 2, 5 e 7 são primos entre si.

107. Se a . b = 42 e mdc (a, b) = 1, quanto vale o mmc (a,b)?

Resolução:
Sabemos que:
a . b = mmc (a, b) . mdc (a, b), logo:
42 = 1 . mmc (a, b)
mmc (a,b) = 42

108. Se mdc (a, b) = 5 e o mmc (a, b) = 12, quanto vale a . b?

Resolução:
Sabemos que:
a . b = mmc (a, b) . mdc (a, b), logo:
a . b = 12 . 5
a . b = 60

109. O mdc de dois números é 3 e o mmc é 84. Se um dos números é 4, determine o outro.

Resolução:
Sabemos que:
a . b = mmc (a, b) . mdc (a, b), logo:
4 . b = 3 . 84
4 . b = 252
b = 252 : 4, b = 63

---

110. Se A = 19 e mmc (A, B) = 323, calcular B sabendo que A e B são primos entre si.

Resolução:
1 – A e B são primos entre si, isto significa que mdc (A, B) = 1
2 – A . B = mmc (A, B) . mdc (A, B), logo:
19 . B = 323 . 1
B = 323 : 19
B = 17

---

111. O produto de dois números é igual a 3 584 e o mdc é 16. Ache o mmc.

Resolução:
Sabemos que:
a . b = mmc (a, b) . mdc (a, b), logo
3 584 = mmc (a, b) . 16
mmc (a, b) = 224

---

112. Quais são os números menores que 1 000, divisíveis, respectivamente, por 7, 15 e 45?

Resolução:
Os números que são divisíveis por 7, 15 e 45 devem ser os múltiplos de 7, 15 e 45. De acordo com o problema devemos achar o mmc de 7, 15 e 45. Vamos determiná-lo usando o processo da decomposição simultânea.

```
7   15   45  | 3
7    5   15  | 3
7    5    5  | 5
7    1    1  | 7
1    1    1  |
```

O mmc (7, 15, 45) = $3^2 . 5 . 7$ = 315

Procuremos agora os múltiplos de 315 menores que 1 000. Teremos, então:
315 . 1 = 315

315 . 2 = 630
315 . 3 = 915
Os números são 315, 630 e 915.

113. Determine os menores números pelos quais se devem multiplicar 20 e 45, a fim de obtermos produtos iguais.

Resolução:
Vamos determinar o mmc (20, 45)

20	45	2
10	45	2
5	45	3
5	15	3
5	5	5
1	1	

mmc $(20, 45) = 2^2 . 3^2 . 5 = 180$
Vamos agora dividir o mmc encontrado pelos números 20 e 45.
180 : 20 = 9
180 : 45 = 4
Os números procurados pelo problema são 9 e 4.

114. Ache os dois menores números naturais pelos quais devemos multiplicar 56 e 80 para obtermos produtos iguais.

Resolução:
Vamos determinar o mmc (56, 80)

56	80	2
28	40	2
14	20	2
7	10	2
7	5	5
7	1	7
1	1	

O mmc $(56, 80) = 2^4 . 5 . 7 = 560$
Vamos agora dividir o mmc encontrado pelos números 56 e 80.
560 : 56 = 10
560 : 80 = 7
Os números procurados pelo problema são 10 e 7

115. Tenho mais de 150 livros e menos de 360. Contando-se de 8 em 8; de 10 em 10; ou de 12 em 12; sobram sempre 5 livros. Quantos livros tenho?

Resolução:
Se na contagem dos livros, de 8 em 8, 10 em 10 ou 12 em 12, não sobrasse nenhum, seu número seria múltiplo de 8, 10 e 12.

Vamos calcular o mmc (8, 10, 12)

8	10	12	2
4	5	6	2
2	5	3	2
1	5	3	3
1	5	1	5
1	1	1	

mmc (8, 10, 12) = $2^3 \cdot 3 \cdot 5 = 120$

Como sobram sempre na contagem 5 livros poderei ter 125 livros, mas, tenho mais que 150 livros. Assim sendo, teremos que procurar um múltiplo de 120 que se situe entre 150 e 360, depois de adicionado a 5.

Vemos facilmente que tal número é 240 e que o total de livros não pode deixar de ser 240 + 5 = 245.

---

116. Calcule o menor número natural que dividido por 12 ou 16 deixa resto 3.

Resolução:
Vamos calcular o mmc (12, 16) (menor múltiplo comum), que deixa resto zero.

12	16	2
6	8	2
3	4	2
3	2	2
3	1	3
1	1	

O mmc (12, 16) = $2^4 \cdot 3 = 48$
Basta agora somar a este número o número 3.
O número procurado é = 48 + 3 = 51

---

117. (ESA) O menor número que, dividido por 18, 32 e 54, deixa sempre resto 11 é:
    a) 115   **b)** 875   **c)** 853   **d)** 299

Resolução:
Vamos calcular o mmc (18, 32, 54) (menor múltiplo comum), que deixa resto zero.

18	32	54	2
9	16	27	2
9	8	27	2
9	4	27	2
9	2	27	2
9	1	27	3
3	1	9	3
1	1	3	3
1	1	1	

O mmc (18, 32, 54) = $2^5 \cdot 3^3$ = 864
Basta agora somar a este número o número 11.
O número procurado é = 864 + 11 = 875

Alternativa "b".

---

118. Qual é a menor quantia que se pode obter, agrupando somente notas de R$ 5,00 ou de R$ 10,00 ou de R$ 50,00.

Resolução:
A quantia deverá ser múltipla de 5, 10 e 50. Vamos procurar o mmc (5, 10, 50)

5	10	50	2
5	5	25	5
1	1	5	5
1	1	1	

O mmc (5, 10, 50) = $2 \cdot 5^2$ = 50
A menor quantia obtida é R$ 50,00.

---

119. (FAAP – SP) Um certo planeta possui dois planetas satélites naturais: lua A e lua B. O planeta gira em torno do sol e os satélites em torno do planeta, de forma que o alinhamento sol-planeta-lua A ocorre a cada 18 anos, e o alinhamento sol-planeta-lua B ocorre a cada 48 anos. Se no ano em que estamos ocorrer o alinhamento sol-planeta-lua A-lua B, então esse fenômeno se repetirá daqui a:
a) 860 anos   b) 144 anos   c) 96 anos   d) 66 anos   e) 48 anos

Resolução:
Vamos determinar o mmc (18, 48)

18	48	2
9	24	2
9	12	2
9	6	2
9	3	3
3	1	3
1	1	

O mmc (18, 48) = $2^4 \cdot 3^2$ = 16 . 9 = 144

Vai ocorrer novamente um alinhamento daqui a 144 anos. Alternativa "b".

---

120. (Fuvest – SP) Duas composições de metrô partem simultaneamente de um mesmo terminal fazendo itinerários diferentes. Uma delas torna a partir desse terminal a cada 80 minutos, enquanto a outra torna a partir a cada hora e meia. Determine o tempo decorrido entre duas partidas simultâneas dessas composições, nesse terminal.
a) 4 horas   b) 6 horas   c) 8 horas   d) 10 horas   e) 12 horas

Resolução:
1º momento: transformar as horas em minutos.
1 hora e meia = 60 minutos + 30 minutos = 90 minutos

2º momento: determinar o mmc (80, 90)

80	90	2
40	45	2
20	45	2
10	45	2
5	45	3
5	15	3
5	5	5
1	1	

O mmc (80, 90) = $2^4 \cdot 3^2 \cdot 5 = 720$

Vamos agora transformar 720 minutos em horas
1 hora tem 60 minutos, logo:

720 | 60
0   12

720 minutos = 12 horas

Alternativa "e".

---

121. (FUVEST – modificado) No alto de uma torre de uma emissora de televisão duas luzes "piscam" com frequências diferentes. A primeira "pisca" 15 vezes por minuto e a segunda "pisca" 10 vezes por minuto. Se num certo instante as luzes "piscam" simultaneamente, após quantos segundos elas voltaram a "piscar" simultaneamente?

Solução:
Achar um múltiplo de 10 e 15, que seja o menor deles, e que representa o mesmo intervalo em que as luzes venham a "piscar" simultaneamente.
Achar, portanto, o mmc de 15 e 10.

10, 15	2
5, 15	3
5, 5	5
1, 1	30

Resposta: as luzes voltam a "piscar" simultaneamente após 30 segundos

---

122. (UFMG) De uma praça partem, às 6 horas da manhã, dois ônibus A e B. Sabe-se que o ônibus A volta ao ponto de partida a cada 50 minutos, e o ônibus B, a cada 45 minutos. O primeiro horário, após as 6 horas, em que os ônibus partirão juntos é:
a) 7 horas e 35 minutos
b) 11 horas e 35 minutos

c) 11 horas e 50 minutos
d) 13 horas e 30 minutos
e) 13 horas e 50 minutos

Resolução:

Vamos determinar o mmc (50,45)

50	45	2
25	45	3
25	15	3
25	5	5
5	1	5
1	1	

mmc $(50, 45) = 2 \cdot 3^2 \cdot 5^2 = 2 \cdot 9 \cdot 25 = 450$ minutos.

Vamos transformar 450 minutos em horas e minutos.

```
 450 | 60
-420 | 7
 ---
  30
```

450 minutos = 7 horas e 30 minutos.
Se o ônibus partiu as 6 horas, então:

  6 horas 00 minutos
+ 7 horas 30 minutos
 ────────────────
 13 horas 30 minutos

6h + 7h30min = 13h30min

Alternativa "d".

---

123. (UFMG) Numa república hipotética, o presidente deve permanecer 4 anos em seu cargo; os senadores, 6 anos e os deputados, 3 anos. Nessa república, houve eleição para os três cargos em 1 989.
A próxima eleição simultânea para esses três cargos ocorrerá, novamente, em
a) 1 995 **b)** 1 999 **c)** 2 001 **d)** 2 002 **e)** 2 005

Resolução:

Vamos determinar o mmc (4, 6, 3)

$4 = 2 \cdot 2 = 2^2$
$6 = 2 \cdot 3$
$3 = 3$

mmc $(4, 6, 3) = 2^2 \cdot 3 = 4 \cdot 3 = 12$ anos

Houve eleição no ano de 1 989, logo
Nova eleição = 1 989 + 12 = 2 001

Alternativa "c".

---

124. (UERJ) Dois sinais luminosos fecham juntos num determinado instante. Um deles permanece 10 segundos fechado e 40 segundos aberto, enquanto o outro permanece 10 segundos fechado e 30 segundos aberto. O número mínimo de segundos necessários, a partir daquele instante, para que os dois sinais voltem a fechar juntos outra vez, é:

a) 150   **b)** 160   **c)** 190   **d)** 200

Solução:

O ciclo completo em que os sinais luminosos permanecem fechado + aberto é de:
a) 10 + 40 = 50 segundos
b) 10 + 30 = 40 segundos

Se acharmos o menor número que seja, ao mesmo tempo, múltiplo de 50 e 40, teremos encontrado o número mínimo de segundos necessários para que os dois sinais voltem a funcionar juntos outra vez.

Achar o MMC de 50 e 40:

50, 40	2
25, 20	2
25, 10	2
25, 5	5
5, 1	5
1, 1	$2^3 \cdot 5^2 = 200$

Resposta: 200 segundos. Letra "d".

---

125. (ESA) Sejam a e b números inteiros positivos, não nulos, e "a" divisível por "b". Então o mmc (a,b) é:

a) 1   **b)** a   **c)** b   **d)** a, b   **e)** n. d. a

Solução:

1) Como decorrência de observações sobre processos para o cálculo do MMC, pode-se afirmar que, sempre que dois números a e b, inteiros, positivos e não nulos sejam divisíveis um pelo outro (a ÷ b), o MMC (a, b) será sempre o número maior.

2) Vamos exemplificar.
   Seja calcular o MMC de 216 e 6
   a) Verificar se 216 é divisível por 6:
      216 ÷ 6 = 36
      Os números 216 e 6 atendem a essa condição; a de o maior ser divisível pelo menor.
   b) Agora, calcula-se o MMC dos dois números pelo processo de decomposição em fatores primos.

216, 6	2
108, 3	2
54, 3	2
27, 3	3
9, 1	3
3, 1	3
1, 1	$2^3 \cdot 3^3 = 8 \cdot 27 = 216$

   c) O número 216, o maior deles é divisível pelo menor (6), é o MMC desses números.

3) Agora, voltaremos ao problema proposto.

Sendo "a" maior que "b" e divisível por este, o MMC (a, b) será "a", o número maior.

Resposta: Letra "b".

---

126. O Sr José recebe periodicamente a visita de seus três filhos, Roberto a cada 12 dias; Renata a cada 15 dias e Simone a cada 20 dias. Hoje é dia dos pais, os três foram vê-lo. Daqui a quantos dias coincidirá a visita dos três filhos?

Resolução:
Vamos determinar o mmc (12, 15, 20)

12	15	20	2
6	15	10	2
3	15	5	3
1	5	5	5
1	1	1	

mmc (12, 15, 20) = $2^2 . 3 . 5 = 60$

A visita dos três filhos coincidirá daqui a 60 dias.

---

127. (EEAR) De um aeroporto partem três aviões que fazem rotas internacionais. O primeiro avião faz a rota de ida e volta em 4 dias, o segundo avião, em 5 dias e o terceiro avião em 10 dias. Se, num certo dia, os três aviões partirem, simultaneamente, depois de quantos dias esses aviões partirão novamente no mesmo dia?
a) 10 **b)** 20 **c)** 25 **d)** 30

Solução:
Basta achar o MMC dos números 4, 5 e 10 e teremos encontrado a resposta.

4, 5, 10	2
2, 5, 5	2
1, 5, 5	5
1, 1, 1	$2^2 . 5 = 20$

Resposta: Item "b".

---

128. (ENCCEJA – 2005) Na cozinha de um restaurante, a manutenção do fogão é feita a cada dois dias; a da geladeira a cada três; e a do freezer a cada cinco dias. Hoje, 10 de setembro, os três equipamentos, juntos, então sendo revisados. Esta ocorrência ocorrerá novamente em:
a) 10 de outubro
c) 10 de dezembro
b) 10 de novembro
d) 10 de janeiro

Resolução:
Vamos determinar o mmc (2, 3, 5)

Podemos perceber que os números 2, 3 e 5 são número primos entre si portanto, o mmc é o produto entre os números 2, 3 e 5.
mmc (2, 3, 5) = 2 . 3 . 5 = 30
Se a revisão ocorreu no dia 10 de setembro;
10 + 20 = 30 de setembro
Sobram 10 dias.
A próxima revisão ocorrerá no dia 10 de outubro.

Alternativa "a".

---

129. (EEAr) De uma estação rodoviária parte um ônibus para o Sul a cada 15 minutos; para o Norte, a cada 30 minutos, e para Brasília, a cada 70 minutos. Sabendo-se que às 9 horas houve uma saída simultânea, até as 19h quais os horários em que os embarques tornarão a coincidir?
a) 12h30min e 16h00min   c) 13h00min e 17h00min
b) 12h45min e 16h30min   d) 13h30min e 18h00min

Resolução:
Vamos determinar o mmc (15, 30, 70)

15	30	70	2
15	15	35	3
5	5	35	5
1	1	7	7
1	1	1	

O mmc (15, 30, 70) = 2 . 3 . 5 . 7 = 210
Eles vão ter o 1º encontro após 210 minutos
Vamos trans formar os minutos em horas. Uma hora tem 60 minutos

| 210 | 60 |
| 30 | 3 |

210 minutos = 3 horas e 30 minutos
1º encontro = 9 horas + 3 horas e 30 minutos = 12h30min
2º encontro = 12 horas e 30 minutos + 3 horas e 30 minutos = 15 horas e 60 minutos = 16 horas

Alternativa "a".

---

130. (ESA) Três satélites giram em torno da terra em órbitas constantes. O tempo de rotação do primeiro é de 42 minutos, do segundo 72 minutos e do terceiro 126 minutos. Em dado momento eles se alinham em um mesmo meridiano, embora em latitudes diferentes. Eles voltarão em seguida a passar simultaneamente pelo mesmo meridiano depois de:
a) 16h24min   d) 126min
b) 7h48min   e) 8h24min
c) 140min

Resolução:
Vamos determinar o mmc (42, 72, 126)

42	72	126	2
21	36	63	2
21	18	63	2
21	9	63	3
7	3	21	3
7	1	7	7
1	1	1	

O mmc (42, 72, 126) = $2^3 \cdot 3^2 \cdot 7 = 504$

Eles vão se encontrar após 504 minutos

Vamos trans formar os minutos em horas. Uma hora tem 60 minutos

| 504 | 60 |
| 24 | 8 |

Eles vão se encontrar após 8h24min

Alternativa "e".

---

131. Numa corrida de automóveis, o primeiro piloto dá a volta completa na pista em 10 segundos, o segundo em 11 segundos e o terceiro em 12 segundos. Mantendo-se o mesmo tempo, no final de quantos segundos os três pilotos passarão juntos pela primeira vez pela linha de partida e quantas voltas terão dado cada um nesse tempo?

Resolução:
Vamos determinar o mmc (10, 11, 12)

10	11	12	2
5	11	6	2
5	11	3	3
5	11	1	5
1	11	1	11
1	1	1	

O mmc (10, 11, 12) = $2^2 \cdot 3 \cdot 5 \cdot 11 = 660$

Os três pilotos se encontrarão após 660 segundos. Se cada minuto tem 60 segundos então eles se encontrarão após 11 minutos

O primeiro piloto terá dado = 660 : 10 = 66 voltas
O segundo piloto terá dado = 660 : 11 = 60 voltas
O terceiro piloto terá dado = 660 : 12 = 55 voltas

---

132. (PUC – MG) Se A = $2^5 \cdot 3^2$ e B = $2^7 \cdot 7^5$, então o produto mmc (A, B) . mdc (A, B) vale:

a) $2^{12} \cdot 7^5$ b) $2^{12} \cdot 3^2 \cdot 7^5$ c) $2^7 \cdot 3^2 \cdot 7^5$ d) $2^5 \cdot 3^2 \cdot 7^5$ e) $2^5 \cdot 3^2$

Resolução:
Sabemos que A . B = mmc (A, B) . mdc (A, B), logo
A . B = $2^5 . 3^2 . 2^7 . 7^5$, aplicando a propriedade da potência da multiplicação temos:
A . B = $2^{5+7} . 3^2 . 7^5 = 2^{12} . 3^2 . 7^5$

Alternativa "b".

---

133. (COPEVE) Marcos foi contratado para capinar um sítio na forma retangular com 80 m de comprimento e 70 m de largura. Na hora de receber o pagamento, o dono do sítio, que era matemático, disse para Marcos que seu salário seria dado pela soma do máximo divisor comum e do mínimo múltiplo comum das dimensões do sítio. Quanto Marcos recebeu de salário pelo serviço prestado?
a) R$ 570,00
d) R$ 568,00
b) R$ 660,00
e) R$ 561,00
c) R$ 560,00

Resolução:
1º passo: determinar o mmc (80, 70)

80	70	2
40	35	2
20	35	2
10	35	2
5	35	5
1	7	7
1	1	

O mmc (80, 70) = $2^4 . 5 . 7 = 560$

2º passo: determinar o mdc (80, 70) Determinaremos o mdc pelo processo de divisões sucessivas.

	1	7
80	70	10
10	0	

O número 10 é o máximo divisor comum entre 80 e 70

Marcos receberá = 560 + 10 = 570 reais.

Alternativa "a".

---

134. (PUC) Pedro tirou menos de uma centena de fotos da festa em comemoração ao seu aniversário e quer colocá-las todas num álbum de 20 páginas. Em cada página desse álbum cabem, no máximo, 10 fotos. Inicialmente, Pedro tentou colocar 6 fotos em cada página. Ao final, depois de preenchidas algumas páginas do álbum, ficou sobrando uma foto. Em nova tentativa, dispôs 7 fotos por página e ainda assim sobrou uma foto. Finalmente, Pedro conseguiu colocar todas as fotos, de modo que cada página contivesse o mesmo número de fotos. Quantas páginas do álbum Pedro preencheu?
a) 9   b) 17   c) 18   d) 19   e) 20

Solução:

Seja **n** a quantidade de fotos que Pedro quer colocar no álbum. Como ao colocar 6 ou 7 fotos por página sobrou uma foto, n – 1 é múltiplo de 6 e de 7 e portanto, é múltiplo de mmc (6, 7) = 42.

Sendo n menor que 100, temos n – 1 = 42 ou n – 1 = 84, ou seja, n = 43 ou n = 85. Pedro não conseguiria colocar 43 fotos no álbum de modo que cada uma das 20 páginas contivesse o mesmo número de fotos menor ou igual a 10 pois 43 é primo.

Logo n = 85 = 5 . 17 e, como em cada uma das 20 páginas do álbum cabem no máximo 10 fotos, Pedro preencheu 17 páginas do álbum, cada uma com 5 fotos.

Alternativa "b".

---

135. (Vunesp – 2008) A tabela mostra aproximadamente a duração do ano (uma volta completa em torno do Sol) de alguns planetas do sistema solar, em relação ao ano terrestre.

Planeta	Duração do ano
Júpiter	12 anos terrestres
Saturno	30 anos terrestres
Urano	84 anos terrestres

Se, em uma noite, os planetas Júpiter, Saturno e Urano são observados alinhados, de um determinado local da Terra, determine após essa ocasião, quantos anos terrestres se passarão para que o próximo alinhamento desses planetas possa ser observado do mesmo local.

Resolução:

O próximo alinhamento desse planetas acontecerá no tempo dado pelo mínimo múltiplo comum entre 12, 30 e 84.
$12 = 2^2 . 3$; $30 = 2 . 3 . 5$; $84 = 2^2 . 3 . 7$;
mmc $(12, 30, 84) = 2^2 . 3 . 5 . 7 = 420$ anos.

6. CONJUNTO DOS NÚMEROS RACIONAIS

NOÇÕES DE FRAÇÕES

Já apresentamos nos capítulos anteriores símbolos que representam quantidades inteiras, números naturais e números inteiros. Quando dividimos um todo em partes iguais e queremos representar simbolicamente alguma ou algumas dessas partes, usamos um par ordenado de números naturais que é denominado fração ou número fracionário.

A representação é dada por dois números separados por uma barra.

Por exemplo:

Na fração, o primeiro número chama-se numerador (número de partes consideradas) e o segundo, denominador (dá nome à fração).

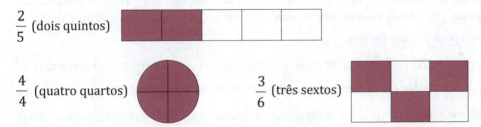

$\dfrac{2}{5}$ (dois quintos)

$\dfrac{4}{4}$ (quatro quartos)

$\dfrac{3}{6}$ (três sextos)

Observe, nos exemplos acima, que o primeiro número (acima da barra) indica quantas partes foram tomadas do todo e, o segundo número (abaixo da barra) que deve ser diferente de zero, indica em quantas partes iguais foi dividido o todo.

$\dfrac{2 \to \text{numerador}}{5 \to \text{denominador}}$

Foram tomadas duas partes do todo (o numerador é 2) e o todo está dividido em 5 partes iguais (o denominador é 5)

Não são consideradas frações as representações cujos denominadores são iguais à zero, por exemplo: $\dfrac{2}{0}, \dfrac{5}{0}$ e $\dfrac{5}{0}$.

O denominador nomeia as frações, por exemplo, se ele for 2, temos meios, se for 3, terços e se for 4, quartos e assim por diante conforme os quadros abaixo:

$\frac{1}{2}$ um meio	$\frac{3}{7}$ três sétimos	$\frac{1}{12}$ um doze avos
$\frac{5}{3}$ cinco terços	$\frac{5}{8}$ cinco oitavos	$\frac{1}{40}$ um quarenta avos
$\frac{3}{4}$ três quartos	$\frac{3}{9}$ três nonos	$\frac{3}{80}$ três oitenta avos
$\frac{2}{5}$ dois quintos	$\frac{2}{10}$ dois décimos	$\frac{2}{100}$ dois centésimos
$\frac{7}{6}$ sete sextos	$\frac{7}{11}$ sete onze avos	$\frac{7}{1000}$ sete milésimos

Podemos exemplificar a utilização de frações em algumas situações:

1) Uma barra de chocolate de 170g é composta de 21 tabletinhos. Se eu comer quatro deles, terei comido $\frac{4}{21}$ da barra toda.

2) Uma caixa de lápis contem 12 unidades, cada lápis representa a fração $\frac{1}{12}$.

Uma fração pode ter vários significados alem da relação parte-todo, como apresentada acima.

Na situação: Em um saco de balões coloridos, a cada três vermelhos temos quatro azuis; podemos dizer que a razão entre a quantidade de balões vermelhos e azuis é de 3 vermelhos para 4 azuis, ou seja $\frac{3}{4}$.

A fração é usada para comparar duas quantidades de mesma grandeza; poderíamos ter comparado balões azuis com os vermelhos e nesse caso a fração seria $\frac{4}{3}$.

Ainda, uma fração pode estar representando apenas um quociente entre dois números inteiros positivos: Num lanche da tarde, 10 pães serão repartidos entre 6 pessoas, então cada pessoa receberá $\frac{10}{6}$ dos pães.

Vamos resolver algumas situações problema:

1. Num porta guardanapos havia 50 guardanapos, retirei 4, qual fração do todo retirei?

Solução:
O todo está representado por 50 guardanapos, portanto é o denominador da fração. Retirei 4, portanto 4 representa quantas partes do todo foram tomadas, é o numerador. Portanto a fração é $\frac{4}{50}$.

2. Numa festa a cada quatro pessoas, três eram mulheres, qual a razão entre o número de mulheres e as demais pessoas da festa?

Solução:
Se a cada 4 pessoas, 3 são mulheres, podemos estabelecer a razão do número de mulheres para as pessoas da festa como $\frac{3}{4}$.

Ou seja $\frac{3}{4}$ das pessoas que estavam na festa eram mulheres.

---

3. (Saeb-MEC) Para fazer uma horta, Marcelo dividiu um terreno em 7 partes iguais. Em cada uma das partes, ele plantará um tipo de semente. Que fração representará cada uma das partes dessa horta?
a) $\frac{1}{7}$ b) $\frac{7}{1}$ c) $\frac{2}{7}$ d) $\frac{7}{7}$

Solução:
O todo está representado pelo terreno, que será uma horta, que foi dividido em 7 partes, daí 7 é o denominador. Se em cada parte da divisão do terreno, Marcelo irá plantar um tipo de semente, então cada parte dessa horta representará $\frac{1}{7}$ do terreno.
Alternativa "a".

---

4. (Olimpíada de Matemática-CE) Eu e mais três amigos fomos a um passeio e gastamos juntos R$ 15,00. Gastei R$ 3,00, o primeiro amigo gastou o dobro e o segundo amigo gastou um terço do que gastei. Quanto gastou o terceiro amigo?
a) R$ 4,00   b) R$ 6,00   c) R$ 5,00   d) R$ 7,00

Solução:
Se eu gastei 3 reais dos 15 que gastei junto com meus amigos, então 15 – 3 = 12 reais é o que resta para os outros três terem gasto.

Como o primeiro amigo gastou o dobro do que gastei, então ele gastou 2 . 3 = 6 reais.

Dos 12 reais, 12 – 6 = 6 reais restam para o segundo e o terceiro amigos.

O segundo amigo gastou um terço do que gastei (basta dividir por 3), logo 3 : 3 = 1 real. Assim, dos 6 reais retirando 1 real do segundo amigo, restam 5 reais para o terceiro amigo ter gasto.

Alternativa "c".

---

5. (FOC-SP) Numa cidade de 200 000 habitantes, $\frac{2}{5}$ da população trabalha na agricultura. Isso significa que o numero de pessoas que não trabalha na agricultura é?
a) 4 000   b) 80 000   c) 120 000   d) 160 000

Solução:
O todo corresponde a 200 000 e a fração correspondente ao todo $\frac{5}{5}$.

$\frac{5}{5}$ ⟶ 200 000 (todo)

$\frac{1}{5}$ ⟶ 200 000 : 5 = 40 000 (uma parte)

$\frac{2}{5}$ ⟶ 40 000 . 2 = 80 000 (duas partes)

Logo, 80 000 correspondem aos habitantes que trabalham na agricultura. Como o total de habitantes é 200 000, temos que 200 000 − 80 000 = 120 000 habitantes que não trabalham na agricultura.

Logo, alternativa "c".

---

6. (VUNESP) Uma micro empresa produziu 6 450 peças. Destas, a metade foi vendida a R$ 5,00 a unidade e a terça parte, a R$ 6,00 a unidade. Mais tarde, se as peças restantes foram vendidas a R$ 8,00 a unidade, a micro empresa arrecadou com esta última venda, em reais:
a) 8 000   **b)** 8 200   **c)** 8 400   **d)** 8 600

Solução:
Uma micro empresa produziu 6 450 peças, a metade corresponde a:
6 450 : 2 = 3 225 peças. Cada uma dessas peças vendidas a 5 reais, temos 3 225 . 5 = 16 125 reais.
A terça parte de 6 450 corresponde a 6 450 : 3 = 2 150, vendidas a 6 reais a unidade, temos 2 150 . 6 = 12 900 reais.
Até então foram vendidas 3 225 + 2 150 = 5 375 peças por 16 125 + 12 900 = 29 025 reais.
Restaram 6 450 − 5 375 = 1 075 peças. Se foram vendidas a 8 reais a unidade,
1 075 . 8 = 8 600 reais.
Logo, a empresa arrecadou com a última venda R$ 8 600, 00.

Alternativa "d".

---

7. A Avenida Paulista tem 2 800 metros de extensão. Quantos metros terá percorrido uma pessoa após andar $\frac{1}{8}$ dessa avenida?

Solução:
A avenida tem 2 800 metros de extensão então:

$\frac{8}{8}$ ⟶ 2 800 metros (representa o todo, a distancia total)

$\frac{1}{8}$ ⟶ 2 800 : 8 = 350 metros

Uma pessoa que andou $\frac{1}{8}$ da Avenida Paulista, percorreu 350 metros.

8. Da quantia que Maria recebe mensalmente, aplica $\frac{2}{5}$ em caderneta de poupança, o que corresponde a uma aplicação de R$ 500,00. Qual quantia Maria recebe mensalmente?

Solução:
Se Maria aplica R$ 500,00 que corresponde a $\frac{2}{5}$ do que recebe mensalmente, temos:

$\frac{2}{5}$ ⟶ R$ 500,00 (duas partes do todo)

$\frac{1}{5}$ ⟶ R$ 500 : 2 = R$ 250,00 (uma parte do todo)

$\frac{5}{5}$ ⟶ R$ 250,00 . 5 = R$ 1 250,00 (o todo)

Logo, Maria recebe mensalmente R$ 1 250,00.

9. Bruno acertou $\frac{5}{6}$ das 30 questões de uma prova de Matemática Financeira. Quantas destas questões Bruno acertou?

Solução:
O total das questões, 30, correspondente à fração $\frac{6}{6}$.

$\frac{6}{6}$ ⟶ 30 questões

$\frac{1}{6}$ ⟶ 30 : 6 = 5 questões

$\frac{5}{6}$ ⟶ 5 . 5 = 25 questões

Logo, Bruno acertou 25 questões de uma prova de Matemática Financeira.

10. Para um concurso público inscreveram-se 7 200 candidatos. Deste número, apenas $\frac{5}{12}$ foram aprovados. Qual o número de aprovados e quantos foram reprovados?

Solução:
Se $\frac{5}{12}$ representa quantos foram aprovados no concurso então $\frac{12}{12}$ representa o total de inscritos no concurso.

$\frac{12}{12}$ ⟶ 7 200 candidatos

$\frac{1}{12}$ ⟶ 7 200 : 12 = 600 candidatos

$\frac{5}{12}$ ⟶ 5 . 600 = 3 000 candidatos

Então 3 000 candidatos foram aprovados no concurso público.

Do total de 7 200 inscritos, 7 200 − 3 000 = 4 200 foram reprovados no concurso público. Logo, foram 3 000 aprovados e 4 200 reprovados no concurso público.

11. Numa pesquisa de mercado, foram entrevistadas 700 pessoas. Verificou-se que $\frac{4}{7}$ do número de pessoas entrevistadas compravam uma determinada marca de sabão em pó. Quantas, das pessoas entrevistadas, compravam esse produto?

Solução:
Se $\frac{4}{7}$ representa o número de pessoas entrevistadas que compravam uma determinada marca de sabão em pó, então $\frac{7}{7}$ representa o número total de pessoas entrevistadas.

$\frac{7}{7}$ ⟶ 700 pessoas

$\frac{1}{7}$ ⟶ 700 : 7 = 100 pessoas

$\frac{4}{7}$ ⟶ 4 . 100 = 400 pessoas

Portanto 400 pessoas compravam uma determinada marca de sabão em pó.

CLASSIFICAÇÃO

• **Fração Própria:**

$\frac{2}{5}$ é denominada fração própria pois o numerador é menor que o denominador.

• **Fração Aparente:**

As frações $\frac{4}{4}$ e $\frac{6}{3}$ são denominadas frações aparentes pois o numerador é múltiplo do denominador, ou ainda, representam um ou mais inteiros.

• **Fração Imprópria:**

$\frac{5}{2}$

$\dfrac{5}{2}$ é denominada fração imprópria pois o numerador é maior que o denominador; representa mais de um inteiro.

• **Fração Decimal:**

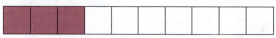

$\dfrac{3}{10}$ é denominada fração decimal, pois o denominador é uma potência de 10.

Outros exemplos, $\dfrac{2}{100}, \dfrac{32}{10}, \dfrac{101}{1000},...$

FRAÇÕES EQUIVALENTES

Observe e compare as frações abaixo:

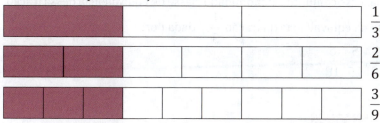

As frações $\dfrac{1}{3}, \dfrac{2}{6}$ e $\dfrac{3}{9}$ representam a mesma parte do inteiro.

Podemos concluir que duas ou mais frações que representam a mesma parte do todo são equivalentes.

PROPRIEDADE FUNDAMENTAL

Dada uma fração podemos obter uma fração equivalente à fração dada, multiplicando-se ou dividindo-se cada termo da fração pelo mesmo número natural, diferente de zero.

Por exemplo: A fração um terço é equivalente à dois sextos, ou seja,

$\dfrac{1}{3} = \dfrac{2}{6}$ pois $\dfrac{1 \times 2}{3 \times 2} = \dfrac{2}{6}$

A fração três nonos é equivalente à um terço, ou seja, $\dfrac{3}{9} = \dfrac{1}{3}$ pois $\dfrac{3:3}{9:3} = \dfrac{1}{3}$

12. Assinale qual fração é equivalente a $\dfrac{2}{3}$:

a) $\dfrac{4}{9}$ b) $\dfrac{6}{9}$ c) $\dfrac{10}{9}$ d) $\dfrac{2}{12}$

Solução:
Pela propriedade fundamental: Dada uma fração podemos obter uma fração equivalente à fração dada, multiplicando-se ou dividindo-se cada termo da fração pelo mesmo número natural, diferente de zero.

Assim, vamos dividir os termos de cada fração dada para verificar qual é equivalente a $\frac{2}{3}$.

a) $\frac{4:2}{9:2} = \frac{2}{?}$, numa fração o numerador e denominador são números inteiros positivos (ou naturais, sendo o denominador diferente de zero)

b) $\frac{6:3}{9:3} = \frac{2}{3}; \frac{6}{9}$ é uma fração equivalente a $\frac{2}{3}$.

c) $\frac{10:2}{9:2} = \frac{5}{?}$

d) $\frac{2:2}{12:2} = \frac{1}{6} \neq \frac{2}{3}$

CLASSE DE EQUIVALÊNCIA

Aplicando a propriedade fundamental a uma fração, obtemos o conjunto de frações equivalentes à fração dada. Esse conjunto é denominado classe de equivalência dessa fração.

Por exemplo: A classe de equivalência da fração $\frac{1}{3}$ é dada por:

$$C\left(\frac{1}{3}\right) = \left\{\frac{1}{3}, \frac{2}{6}, \frac{3}{9}, \frac{4}{12}, \frac{5}{15}, \frac{6}{18}, ...\right\}$$

SIMPLIFICAÇÃO DE FRAÇÕES

Simplificar uma fração significa encontrar outra equivalente à fração inicial de forma que seus termos sejam primos entre si (o mdc entre eles é 1). Desta forma a nova fração será chamada irredutível.

Por exemplo: Seja a fração $\frac{30}{36}$, cujos termos não são primos entre si (pois o mdc (30, 36) = 6. Portanto, não está na sua forma irredutível, podendo ser simplificada. Para a simplificação temos dois processos.

1° processo (Divisões Sucessivas):

Podemos encontrar uma fração equivalente à fração $\frac{30}{36}$, que seja irredutível, pela propriedade fundamental de frações, dividindo os termos da fração, sucessivamente, por um fator comum.

$\frac{30}{36} = \frac{30:2}{36:2} = \frac{15:3}{18:3} = \frac{5}{6}$ ⟶ fração irredutível. (5 e 6 são primos entre si, mdc (5,6) = 1)

Portanto, $\frac{30}{36} = \frac{5}{6}$

2° processo (M. D. C.):

Podemos encontrar uma fração equivalente á fração $\frac{30}{36}$, que seja irredutível, dividindo cada termo da fração pelo mdc (30, 36).

O mdc (30,36) = 6, assim:

$\dfrac{30:6}{36:6} = \dfrac{5}{6}$ ⟶ fração irredutível.

Vale observar que o m. d. c. é importante para verificar se uma fração pode ser simplificada; se é ou não irredutível.

COMPARAÇÃO DE FRAÇÕES

Para compararmos duas frações devemos estabelecer uma relação de igualdade ou de desigualdade entre elas.

Essas relações podem ser estabelecidas de forma clara, através dos exemplos:

1) Consideremos duas frações com o mesmo denominador:

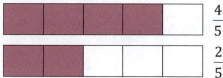

Pela representação gráfica, podemos observar que $\dfrac{4}{5} > \dfrac{2}{5}$

Se as frações têm o mesmo denominador, basta comparar o numerador; a maior fração será aquela com o numerador maior.

2) Consideremos duas frações com denominadores diferentes, mas com numeradores iguais:

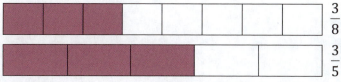

Podemos observar pelo gráfico que $\dfrac{3}{5} > \dfrac{3}{8}$, pois uma parte de um inteiro dividido em 5 partes é maior do que uma parte de um inteiro dividido em 8 partes.

Logo, quando os numeradores forem iguais, a maior fração será aquela de menor denominador.

3) Consideremos duas frações com numeradores e denominadores diferentes:

Podemos observar que mesmo com o gráfico fica difícil comparar as frações.

Para podermos determinar qual é a maior, devemos reduzi-las ao menor denominador comum, ou seja, encontrar frações equivalentes às frações dadas de forma que tenham a mesma divisão do todo.

REDUÇÃO DE FRAÇÕES AO MESMO DENOMINADOR

Determinamos o mmc (5,7) para determinar o menor denominador comum entre 5 e 7, o mmc (5,7) = 35 que será o novo denominador das frações.
Encontramos as frações equivalentes às frações dadas, dividindo-se o novo denominador comum pelo denominador de cada fração e multiplicando-se o resultado obtido pelo respectivo numerador.

As duas frações são $\frac{2}{5}$ e $\frac{3}{7}$.

$\frac{2}{5} = \frac{2.7}{35} = \frac{14}{35}$ (35 é o novo denominador que dividido por 5 resulta 7. O novo numerador é dado pelo produto de 7 pelo 2, numerador antigo)

$\frac{3}{7} = \frac{3.5}{35} = \frac{15}{35}$

Dividindo-se 35 por 7 obtemos 5, daí 5 multiplicado por 3, obtemos 15.

Logo $\frac{15}{35} > \frac{14}{35}$, então $\frac{3}{7} > \frac{2}{5}$

---

13. Qual é a maior fração?

a) $\frac{10}{3}$ ou $\frac{15}{3}$?

b) $\frac{5}{4}$ ou $\frac{5}{9}$?

c) $\frac{5}{6}$ ou $\frac{9}{10}$?

Solução:

a) $\frac{15}{3}$ é maior do que $\frac{10}{3}$ porque os denominadores são iguais e 15 > 10.

b) $\frac{5}{4}$ é maior do que $\frac{5}{9}$ pois sendo os numeradores iguais, a maior fração é aquela com menor denominador.

c) Para comparar essas duas frações, devemos reduzí-las ao mesmo denominador encontrando o menor denominador comum, ou seja, encontrando o mmc (6,10).
Como 6 = 2 . 3 e 10 = 2 . 5, o mmc (6,10) = 2 . 3 . 5 = 30.
Daí, 30 dividido por 6 resulta 5, e 5 multiplicado por 5 resulta 25, ou seja:

$\frac{5}{6} = \frac{5.5}{30} = \frac{25}{30}$

E, 30 dividido por 10 resulta 3, e 3 multiplicado por 9 resulta 27, ou seja:

$\frac{9}{10} = \frac{9.3}{30} = \frac{27}{30}$

Como 27 é maior do que 25, então $\frac{9}{10} > \frac{5}{6}$

14. Num pacote de cereais encontram-se as seguintes inscrições: $\frac{5}{9}$ de aveia, $\frac{1}{9}$ de semente de linhaça, $\frac{1}{3}$ de flocos de milho e $\frac{5}{10}$ de castanhas de caju. Qual produto encontra-se em maior quantidade?

Solução:
Devemos encontrar o menor denominador comum entre 9, 3 e 10.
O mmc (3,9,10) = 90 pois $9 = 3^2$ e $10 = 2 \cdot 5$
Daí, temos:

$\frac{5}{9} = \frac{5.10}{90} = \frac{50}{90}$

$\frac{1}{9} = \frac{1.10}{90} = \frac{10}{90}$

$\frac{1}{3} = \frac{30.1}{90} = \frac{30}{90}$

$\frac{5}{10} = \frac{5.9}{90} = \frac{45}{90}$

A maior fração é $\frac{5}{9}$ (pois $\frac{50}{90}$ é a maior), portanto encontra-se a aveia em maior quantidade.

---

15. Duas echarpes retangulares possuem tamanhos iguais e estão estampadas de forma equivalente, qual delas possui maior parte colorida?

Solução:
Como as duas echarpes são equivalentes e estão divididas em partes iguais, basta verificar qual delas tem mais partes coloridas.
A segunda echarpe tem maior parte colorida pois possui 8 pedaços coloridos contra 7 da primeira echarpe.

---

16. (Olimpíada de Matemática-SP) Pedro, Paulo e João construíram um clube recreativo. Pedro mora a $\frac{2}{3}$ de quilômetro do clube, João a $\frac{7}{5}$ e Paulo a $\frac{5}{8}$ de quilômetro. No diagrama a seguir, A representa a casa do que mora mais próximo do clube, B a seguinte e C a do que mora mais longe.

Responda:
a) Quem mora em A?
b) Quem mora em B?
c) Quem mora em C?

Solução:
Para determinar quem mora mais próximo ou mais distante do clube, temos que reduzir ao menor denominador comum os denominadores das frações apresentadas.
O mmc (3,5,8) = 120 e as frações equivalentes são:

$$\frac{2}{3} = \frac{2.40}{120} = \frac{80}{120}$$

$$\frac{7}{5} = \frac{24.7}{120} = \frac{168}{120}$$

$$\frac{5}{8} = \frac{5.15}{120} = \frac{75}{120}$$

Como $\frac{7}{5} = \frac{168}{120}$ é a maior fração, então, João mora na casa mais distante, portanto casa C.

A fração $\frac{5}{8}$ é a menor fração, logo Paulo mora na casa mais próxima, a casa A.

Consequentemente, Pedro mora na casa B.
a) Paulo na casa A
b) Pedro na casa B
c) João na casa C.

---

17. (Olimpíada Brasileira de Matemática) Dezoito quadrados iguais são construídos e sombreados como mostra a figura. Qual fração da área total é sombreada?

a) $\frac{7}{18}$ b) $\frac{4}{9}$ c) $\frac{1}{3}$ d) $\frac{5}{9}$

Solução:
Observando a figura podemos verificar que estão sombreados ao meio 10 quadrados, portanto seriam 5 quadrados sombreados totalmente. E, mais 3 quadrados estão totalmente sombreados.

Temos 5 + 3 = 8 quadrados sombreados (numerador) num total de 18 quadrados (denominador) então a fração da área sombreada é $\frac{8}{18}$. Como a fração não é irredutível, admite simplificação.

Daí, $\frac{8}{18} = \frac{8:2}{18:2} = \frac{4}{9}$

Portanto, alternativa "b".

---

18. (UFG) Uma fração equivalente a $\frac{3}{4}$ cujo denominador é um múltiplo dos números 3 e 4 é:

a) $\frac{6}{8}$ b) $\frac{9}{12}$ c) $\frac{16}{24}$ d) $\frac{12}{16}$

Solução:
Dos denominadores apresentados nas frações acima, apenas 12 e 24 são múltiplos comuns de 3 e 4.
Vejamos:

$\frac{3}{4} = \frac{3.3}{12} = \frac{9}{12}$

$\frac{3}{4} = \frac{3.6}{24} = \frac{18}{24}$

Portanto a fração $\frac{9}{12}$ é equivalente a $\frac{3}{4}$.
Alternativa "b".

ADIÇÃO E SUBTRAÇÃO DE FRAÇÕES

1) Consideremos duas frações com o mesmo denominador:

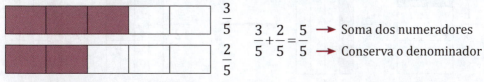

$\frac{3}{5}$

$\frac{2}{5}$

$\frac{3}{5} + \frac{2}{5} = \frac{5}{5}$ → Soma dos numeradores
→ Conserva o denominador

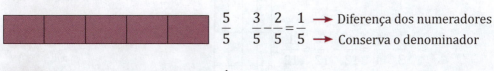

$\frac{5}{5}$

$\frac{1}{5}$

$\frac{3}{5} - \frac{2}{5} = \frac{1}{5}$ → Diferença dos numeradores
→ Conserva o denominador

2) Consideremos duas frações com denominadores diferentes:

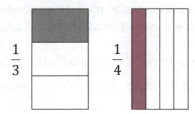

Vamos encontrar frações equivalentes às frações dadas, dividindo a figura que representa um terço em quatro partes iguais e, a figura que representa um quarto em três partes iguais, assim:

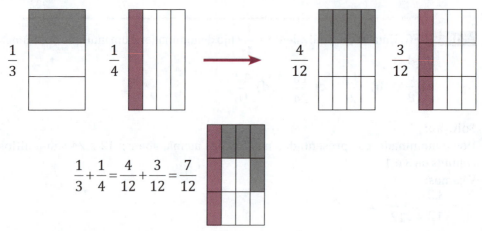

$$\frac{1}{3}+\frac{1}{4}=\frac{4}{12}+\frac{3}{12}=\frac{7}{12}$$

Algebricamente, efetuamos $\frac{1}{3}+\frac{1}{4}$, encontrando o mmc (3, 4) = 12 e reduzindo as frações ao mesmo denominador, e o novo numerador será dado pela soma dos numeradores, assim temos:

$$\frac{1}{3}+\frac{1}{4}=\frac{4}{12}+\frac{3}{12}=\frac{7}{12}$$

De forma semelhante, efetuamos a subtração:

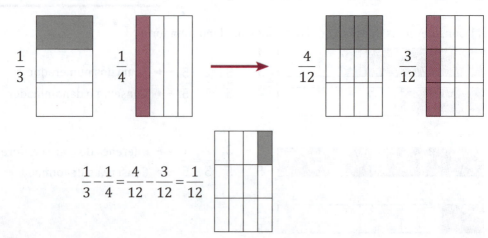

$$\frac{1}{3}-\frac{1}{4}=\frac{4}{12}-\frac{3}{12}=\frac{1}{12}$$

Algebricamente, efetuamos $\dfrac{1}{3} - \dfrac{1}{4}$, encontrando o mmc (3, 4) = 12 e reduzindo as frações ao mesmo denominador, e o novo numerador será dado pela diferença dos numeradores, assim temos:

$$\dfrac{1}{3} - \dfrac{1}{4} = \dfrac{4}{12} - \dfrac{3}{12} = \dfrac{1}{12}$$

MULTIPLICAÇÃO DE FRAÇÕES

Multiplicar duas frações significa calcular uma fração de outra fração.

1) Que fração representa $\dfrac{1}{2}$ de $\dfrac{1}{3}$?

Consideremos ☐ como a unidade.

$\dfrac{1}{3}$ da unidade:

$\dfrac{1}{2}$ de $\dfrac{1}{3}$ da unidade:

que representa $\dfrac{1}{6}$ da unidade.

Assim, $\dfrac{1}{2} \cdot \dfrac{1}{3} = \dfrac{1.1}{2.3} = \dfrac{1}{6}$ ⟶ Produto dos numeradores
⟶ Produto dos denominadores

2) Que fração representa $\dfrac{2}{3}$ de $\dfrac{3}{4}$?

Consideremos ☐ como a unidade.

$\dfrac{3}{4}$ da unidade:

$\dfrac{2}{3}$ de $\dfrac{3}{4}$ da unidade:

(observe que dividimos a unidade em três partes na vertical e tomamos duas partes da região pintada)

$\dfrac{2}{3}$ de $\dfrac{3}{4}$ da unidade representa $\dfrac{6}{12}$ da unidade

Assim, $\dfrac{2}{3} \cdot \dfrac{3}{4} = \dfrac{2.3}{3.4} = \dfrac{6}{12} = \dfrac{6:6}{12:6} = \dfrac{1}{2}$

Podemos representar o produto acima com outra interpretação:

$\dfrac{3}{4}$ da unidade:

$\dfrac{2}{3}$ de $\dfrac{3}{4}$ da unidade: que representa $\dfrac{2}{4} = \dfrac{1}{2}$

Tomar $\dfrac{2}{3}$, significa duas partes das três hachuradas.

Então, $\dfrac{2}{\cancel{3}} \cdot \dfrac{\cancel{3}}{4} = \dfrac{2}{4} = \dfrac{1}{2}$

Algebricamente, a multiplicação de duas frações é uma fração onde o numerador é o produto dos numeradores das frações fatores e o denominador é o produto dos denominadores das frações fatores:

$\dfrac{a}{b} \cdot \dfrac{c}{d} = \dfrac{ac}{bd}$ com b, d diferentes de zero.

FRAÇÕES INVERSAS OU NÚMEROS RECÍPROCOS

Duas frações são chamadas inversas ou recíprocas quando o produto delas é igual a 1.

As frações $\dfrac{3}{4}$ e $\dfrac{4}{3}$ são frações inversas ou números recíprocos pois:

$\dfrac{3}{4} \cdot \dfrac{4}{3} = \dfrac{12}{12} = 1$

Na prática, obtemos o inverso de uma fração, diferente de zero, trocando o denominador pelo numerador e vice-versa.

Vejamos alguns exemplos:

A fração inversa de $\dfrac{2}{5}$ é $\dfrac{5}{2}$

A fração inversa de $\dfrac{1}{4}$ é $\dfrac{4}{1} = 4$

A fração inversa de $7 = \dfrac{7}{1}$ é $\dfrac{1}{7}$

DIVISÃO DE FRAÇÕES

O quociente da divisão de uma fração pela outra representa quantas vezes o divisor está contido no dividendo.

Por exemplo:

1) $1 : \dfrac{1}{3}$ significa quantas vezes $\dfrac{1}{3}$ está contido em 1

Graficamente, temos:

$\dfrac{1}{3}$	$\dfrac{1}{3}$	$\dfrac{1}{3}$

É fácil perceber que $\dfrac{1}{3}$ está contido 3 vezes em 1.

$1 : \dfrac{1}{3} = 3$

Algebricamente, sendo a multiplicação a operação inversa da divisão, efetuamos a divisão de duas frações multiplicando a primeira fração pelo inverso da segunda, ou seja:

$1 : \dfrac{1}{3} = \dfrac{1}{1} \cdot \dfrac{3}{1} = 3$

2) $\dfrac{1}{2} : \dfrac{3}{2}$ significa quantas vezes $\dfrac{3}{2}$ "cabem" em $\dfrac{1}{2}$.

Como $\dfrac{3}{2} > \dfrac{1}{2}$, temos que $\dfrac{3}{2}$ só pode "caber" uma fração de vezes.

Assim, temos:

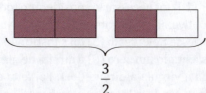

Pelo gráfico podemos observar que cabe a terça parte de $\dfrac{3}{2}$ em $\dfrac{1}{2}$, logo temos: $\dfrac{1}{2} : \dfrac{3}{2} = \dfrac{1}{3}$

$\dfrac{3}{2}$ é a inversa de $\dfrac{2}{3}$

Algebricamente, temos: $\dfrac{1}{2} : \dfrac{3}{2} = \dfrac{1}{2} \cdot \dfrac{2}{3} = \dfrac{2}{6} = \dfrac{1}{3}$

Concluindo, a divisão de duas frações é dada pelo produto da primeira pelo inverso da segunda.

NÚMEROS DECIMAIS

Os números decimais são muito utilizados em situações do cotidiano, no sistema monetário, nas unidades de medida, na notação científica, no tratamento da informação, entre outros. Os números decimais tiveram origem nas frações decimais.

Por exemplo, a fração $\frac{1}{2}$ equivale à fração $\frac{5}{10}$ que equivale ao número decimal 0,5 (cinco décimos).

A fração $\frac{1}{4}$ equivale à fração $\frac{25}{100}$ que equivale ao número decimal 0,25 (vinte e cinco centésimos).

A fração $\frac{1}{8}$ equivale à fração $\frac{125}{1000}$ que equivale ao número decimal 0,125 (cento e vinte e cinco milésimos)

Toda fração decimal, cujo denominador é uma potência de 10, pode ser representada por um número decimal exato, isto é, um número que tem uma parte inteira e, após a vírgula, uma quantidade finita de algarismos nem todos nulos.

A fração $\frac{15}{10}$ pode ser escrita na forma decimal como 1,5 onde 1 representa a parte inteira e 5 representa a parte decimal. Podemos decompor a fração da seguinte forma:

$\frac{15}{10} = \frac{10+5}{10} = \frac{10}{10} + \frac{5}{10} = 1 + 0,5 = 1,5$ (um inteiro e cinco décimos)

Ou, ainda, podemos entender um número decimal como o quociente de uma divisão de dois números inteiros.

A seguir, apresentaremos uma descrição passo a passo dessa divisão, como exemplo, tomaremos a divisão de 15 por 10.

> ```
> 15 | 10
> 50   1,5
>  0
> ```
> Observa-se no início, como o número das dezenas (1) é menor do que o divisor (10) foi necessário considerar o todo (15). Ao dividirmos 15 por 10, obtivemos o quociente 1 e resto 5. Novamente, para continuar a divisão, esse novo resto (5) foi substituído por 50 décimos, por isso foi acrescentado um zero (0) à direita do algarismo 5 do resto e, para compensar, foi colocada a vírgula à direita do 1. Foi feita a divisão e encontramos como quociente 5 décimos, sendo colocado o algarismo 5 no quociente do lado direito do algarismo 1. A vírgula foi colocada entre os algarismos 1 e 5 para separar a parte inteira da parte decimal do quociente. Obtemos assim, o quociente 1,5 e resto 0.

LEITURA DOS NÚMEROS DECIMAIS

Já vimos alguns exemplos de números decimais e sabemos que são compostos de uma parte inteira e outra decimal; primeiro lemos a parte inteira e depois a decimal.
Agora vamos apresentar um esquema para facilitar a leitura.

4	6	3	0	,	2	1	7	5
milhar	centenas	dezenas	unidades		décimos	centésimos	milésimos	Décimos de milésimos

O número decimal 4 630,2175 tem a seguinte leitura: quatro mil seiscentos e trinta inteiros (parte sombreada) e dois mil cento e setenta e cinco décimos de milésimos.
Quando a parte inteira é zero, lemos apenas a parte decimal. Por exemplo: 0,76 setenta e seis centésimos.
Quando a parte decimal é nula, lemos apenas o número inteiro. Por exemplo: 23,0 vinte e três inteiros ou apenas vinte e três.

PROPRIEDADES DE NÚMEROS DECIMAIS

P_1: Quando dividimos um número decimal por uma potência de 10, basta deslocar a vírgula para a esquerda na mesma quantidade de casas quantos forem os zeros da potência de 10.
Exemplo: 34,5 : 1 000 = 34,5 : 10^3 = 0,0345 (a vírgula foi deslocada três casas para a esquerda)

P_2: Quando multiplicamos um número decimal por uma potência de 10, basta deslocar a vírgula para a direita na mesma quantidade de casas quantos forem os zeros da potência de 10.
Exemplo: 0,0065 . 100 = 0,0065 . 10^2 = 0,65 (a vírgula foi deslocada duas casas para a direita)

P_3: Um número decimal não se altera quando acrescentamos ou retiramos um ou mais zeros que se apresentam à direita de sua parte decimal.
Exemplo: 2,500 = 2,5 = 2,50

TRANSFORMAÇÃO DE NÚMEROS DECIMAIS EM FRAÇÕES DECIMAIS

Dado um número decimal 12, 56 para representá-lo em forma de fração decimal, basta escrever uma fração tal que:
• o numerador é o número decimal sem a vírgula, nesse caso é o 1 256.
• o denominador é formado pelo número 1 seguido de tantos zeros quantos forem os algarismos da parte decimal (algarismos depois da vírgula), nesse caso temos dois algarismos (56), portanto, o denominador é 100.

$12{,}56 = \dfrac{1256}{100}$

O número 53,7 pode ser representado por $\dfrac{537}{10}$ (pois o numerador é o numero sem vírgula e o denominador é 10, pois temos apenas um algarismo depois da vírgula)

O numero 0,003 pode ser representado por $\dfrac{3}{1000}$ (pois o numerador é o número 3 sem os zeros à esquerda e o denominador é 1 000 pois temos três casas ou três algarismos depois da vírgula)

TRANSFORMAÇÃO DE FRAÇÕES DECIMAIS EM NÚMEROS DECIMAIS

Dada uma fração decimal $\frac{15}{10}$ para representá-la em forma de número decimal procedemos da seguinte forma:
- escrevemos o numerador da fração; nesse caso é 15.
- colocamos a vírgula à esquerda desse número após tantas casas tantos quantos forem os zeros do denominador; nesse caso como o denominador tem um zero, colocamos a vírgula após uma casa.

$$\frac{15}{10} = 1,5$$

A fração $\frac{301}{100}$ pode ser representada por 3,01 (observe que considerando 301,0 andamos com a vírgula duas casas à esquerda pois o denominador possui dois zeros)

A fração $\frac{3}{1000}$ pode ser representada por 0,003 (observe que considerando 3,0 andamos com a vírgula três casas à esquerda, completando com zeros, pois o denominador possui três zeros)

---

19. Complete o quadro:

		um inteiro e quarenta e cinco centésimos
	0,005	
	8,04	
		nove inteiros e dez milésimos
	16,001	

Solução:

1,45	um inteiro e quarenta e cinco centésimos
0,005	cinco milésimos
8,04	oito inteiros e quatro centésimos
9,010	nove inteiros e dez milésimos
16,001	dezesseis inteiros e um milésimo

---

20. Indique quais das frações abaixo são decimais:

a) $\frac{9}{30}$ b) $\frac{10}{5}$ c) $\frac{17}{100}$ d) $\frac{10}{1000}$ e) $\frac{100}{8}$

Solução:
São frações decimais apenas as representadas nos itens c) e d) pois os denominadores dessas frações são potências de 10.

OPERAÇÕES COM NÚMEROS DECIMAIS

Sendo os números decimais escritos no sistema decimal posicional, assim como os naturais, os cálculos são efetuados de forma semelhante aos cálculos com números naturais.

Para efetuar a **adição** 7,234 + 11,54
$$\begin{array}{r} 07,234 \\ +\ 11,540 \\ \hline 18,774 \end{array}$$

Observe que somamos milésimos com milésimos, centésimos com centésimos, décimos com décimos e assim por diante, somando unidade com unidade, dezena com dezena.

Na **subtração** de 8 – 4,32, utilizamos as mesmas ideias da subtração de números naturais.

$$\begin{array}{r} 8,\ 0\ \ 0 \\ -\ 4,\ 3\ \ 2 \end{array}$$

Vamos transformar 1 unidade em 10 décimos e 1 décimo em 10 centésimos. Podemos escrever o número 8 da seguinte forma:
7 unidades, 9 décimos, 10 centésimos. Fazendo a operação indicada temos:

$$\begin{array}{r} 7,\ 9\ \ 10 \\ -\ 4,\ 3\ \ 2 \\ \hline 3,\ 6\ \ 8 \end{array}$$

8 – 4,32 = 3,68

Esclarecendo:
$$\begin{array}{ll} 7,00 & \rightarrow \text{sete unidades} \\ 0,9 & \rightarrow \text{nove décimos} \\ \underline{0,10} & \rightarrow \text{dez décimos} \\ 8,00 & \end{array}$$

Na **multiplicação** de 2,43 por 2,1 utilizamos, também, o processo de multiplicação de números naturais com alguns ajustes.

243 × 21 ─── 243 + 4860 ───── 5103 Efetuamos uma multiplicação sem considerar as vírgulas	2,43 × 2,1 ──── 243 + 4860 ───── 5,103 Colocamos a vírgula no final. O produto tem 3 casas decimais porque os fatores juntos também têm	Resumindo: – Multiplicamos os fatores como na multiplicação de naturais. – Colocamos tantas casas decimais no produto tantas quantas forem as casas decimais dos fatores juntos

Para a **divisão** de 2,4 : 0,16 temos:

2,4 | 0,16
↓ ↓ × 100
240 | 16
 	
Multiplicamos dividendo e divisor por 100 para eliminar as vírgulas
	240 | 16
	  8 1
	
	240 | 16
	 80 15
	  5
		Resumindo:
		
		Multiplicamos dividendo e divisor pela mesma potência de 10 de forma a igualar as casas decimais e eliminar as vírgulas e procedemos a divisão

Vamos efetuar 3,6 : 0,125

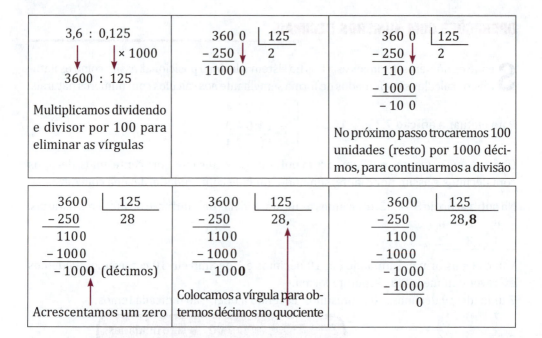

Na **potenciação** de números decimais basta lembrar que é a multiplicação de fatores iguais, lembrando das mesmas convenções adotadas para os números inteiros.

a) $(1,4)^2 = (1,4) \cdot (1,4) = 1,96$
b) $(0,01)^3 = (0,01) \cdot (0,01) \cdot (0,01) = 0,000001$
c) $(2,67)^0 = 1$
d) $(9,98)^1 = 9,98$

---

21. Se multiplicarmos 542 por 211 obteremos 114 362. Com base nessa informação, sem fazer cálculos, determine o resultado das multiplicações abaixo:
    a) 542 × 21,1   c) 0,211 × 0,542
    b) 21,1 × 5,42   d) 5,42 × 0,211

Solução:
Lembrando que para multiplicarmos números decimais utilizamos o algoritmo da multiplicação de números naturais e depois adequamos as vírgulas.
a) 542 × 21,1 = 11 436,2 o produto resulta com décimos (uma casa decimal) pois um dos fatores tem décimos.
b) 21,1 × 5,42 = 114, 362 o produto resulta com milésimos (três casas decimais) pois um dos fatores tem décimos (uma casa decimal) e o outro centésimos (duas casas decimais).
c) 0,211 × 0,542 = 0,114362 o produto resulta com milionésimos (6 casas decimais) pois temos milésimos por milésimos.
d) 5,42 × 0,211 = 1,14362 o produto resulta com 5 casas decimais pois o primeiro fator tem 2 e o segundo tem 3 casas decimais.

22. Calcule o valor das expressões com decimais
   a) $15,1 - (0,03 \cdot 2,1 + 4) \cdot 2 =$
   b) $2 \cdot [1,4 + 0,25 - 0,02 \cdot 3] + 12,33 =$
   c) $(0,25 + 0,05) \cdot \{2 - 0,8 + [1,24 : 0,62 + 1,2] - 1\} =$
   d) $(0,2)^2 : 0,1 + 3 \cdot 2,6 - (1,44 : 1,2) =$

Solução:
a) $15,1 - (0,03 \cdot 2,1 + 4) \cdot 2 =$
   $= 15,1 - (0,063 + 4) \cdot 2 =$
   $= 15,1 - (4,063) \cdot 2 =$
   $= 15,1 - 8,126 =$
   $= 6,974$

b) $2 \cdot [1,4 + 0,25 - 0,02 \cdot 3] + 12,33 =$
   $= 2 \cdot [1,4 + 0,25 - 0,06] + 12,33 =$
   $= 2 \cdot [1,65 - 0,06] + 12,33 =$
   $= 2 \cdot [1,59] + 12,33 =$
   $= 3,18 + 12,33 =$
   $= 15,51$

c) $(0,25 + 0,05) \cdot \{2 - 0,8 + [1,24 : 0,62 + 1,2] - 1\} =$
   $= 0,3 \cdot \{2 - 0,8 + [2 + 1,2] - 1\} =$
   $= 0,3 \cdot \{2 - 0,8 + 3,2 - 1\} =$
   $= 0,3 \cdot \{1,2 + 2,2\} =$
   $= 0,3 \cdot 3,4 =$
   $= 1,02$

d) $(0,2)^2 : 0,1 + 3 \cdot 2,6 - (1,44 : 1,2) =$
   $= 0,04 : 0,1 + 7,8 - 1,2 =$
   $= 0,4 + 7,8 - 1,2 =$
   $= 7$

23. Se o preço do quilo de peito de frango é de R$ 12,50, determine o preço de 1,6 quilos.

Solução:
Se o quilo do peito de frango é 12,50 então 1,6 quilos custam 12,50 . 1,6.
Lembrando da regra de multiplicação descrita no quadro explicativo, primeiro multiplicamos os números sem as vírgulas: 1 250 . 16 = 20 000.
Depois posicionamos a vírgula conforme a quantidade de casas decimais dos dois fatores juntos: 20,000 (três casas decimais dos dois fatores)
Logo, 1,6 quilos custam R$ 20,00.

24. Uma padaria de um bairro residencial vende em média 200 pãezinhos por dia. Na receita desses pãezinhos, o padeiro utiliza 0,45 quilos de farinha de trigo por unidade. O proprietário da padaria quer deixar em estoque uma quantidade suficiente de farinha de trigo para a produção dos pãezinhos por 15 dias em média. Quantas sacas de 60 quilos ele deverá comprar?

Solução:
Se a padaria produz em média 200 pãezinhos por dia, por 15 dias, produzirá aproximadamente 3 000 pãezinhos.
Para cada unidade o padeiro utiliza 0,45 quilos de farinha, para a produção de 15 dias, utilizará 0,45 . 3 000 = 1 350 quilos de farinha.
Como cada saca tem 60 quilos, então 1 350 quilos: 60 quilos = 22,5 sacas.
Mas, como só são vendidas sacas completas, o proprietário da padaria deverá comprar 23 sacas de farinha de trigo.

25. Na prática, para saber se um carro é econômico ou não, calcula-se quantos quilômetros, em média, o carro percorre com 1 litro de combustível.
   a) Qual é o consumo médio de um carro da Voe que rodou 404,8 quilômetros com 40 litros de combustível? E o de um carro da Forte que rodou 423 quilômetros com 45 litros de combustível?
   b) Qual veículo é mais econômico?
   c) Quantos quilômetros o Forte roda com 15 litros de combustível?

Solução:
a) Se o carro da Voe rodou 404,8 quilômetros com 40 litros então rodou
404,8 : 40 = 10,12 quilômetros por litro.
O carro da Forte rodou 423 quilômetros com 45 litros então rodou 423 : 45 = 9,4 quilômetros por litro.
b) O veículo mais econômico é o da Voe pois rodou 10,12 quilômetros por litro.
c) Se o carro da Forte roda 9,4 por litro, rodará 9,4 . 15 = 141 quilômetros com 15 litros de combustível.

26. (Olimpíada de Matemática-CE) Paulo foi à mercearia fazer compras. Sua conta deu R$ 9,67, e ele pagou com uma nota de R$ 10,00. Ele recebeu o troco com a menor quantidade de moedas possível. Quantas moedas Paulo recebeu de troco? Lembre-se que existem moedas de 1 centavo, 5, 10, 25 e 50 centavos e, de 1 real.
   a) 5   **b)** 6   **c)** 7   **d)** 8

Solução:
Se Paulo pagou a compra de R$ 9, 67 com uma nota de R$ 10,00, recebeu de troco 10,00 − 9,67 = 0,33.
Para compor o troco com moedas de 1 centavo, 5, 10 e 25 centavos, temos muitas possibilidades, porém o problema pede com a menor quantidade de moedas possível.
Logo, podemos ter:
1 moeda de 25 centavos (0,25) (que é a de maior valor que poderemos usar para o troco de 0,33 centavos)

Se usarmos uma moeda de 10 centavos, ultrapassará o valor do troco.
Se usarmos 1 moeda de 5 centavos (0,05), teremos 0,25 + 0,05 = 0,30.

Assim ficam faltando apenas 3 moedas de 1 centavo, 0,30 + 0,03 = 0,33.
Para compor R$ 0,33 com o menor número de moedas usamos 1 de R$ 0,25, 1 de R$ 0,05 e 3 de R$ 0,01; logo, 5 moedas.

Portanto, alternativa "a".

---

27. (Olimpíada de Matemática – RS) Um estacionamento cobra 1 real pela primeira hora e 75 centavos a cada hora ou fração de hora seguinte. Gisele estacionou seu carro às 11h20min e saiu às 15h40min. Quantos reais ela deve ter pago?
a) R$ 3,75   b) R$ 4,75   c) R$ 4,00   d) R$ 5,00

Solução:
Se Gisele chegou às 11h 20min e saiu às 15h 40min, seu carro permaneceu no estacionamento por 4h20min (4 horas das 11h20min até 15h20min e mais 20min, das 15h20min até 15h40min)
Portanto, Gisele pagou 1 real pela primeira hora.

Como o estacionamento cobra 75 centavos pelas horas ou frações de hora adicionais, temos 3 . 0,75 (as 3 horas completas) + 1 . 0,75 (pelos 20 min adicionais) = 2,25 + 0,75 = 3,00 (para efetuar 3 . 0,75, primeiro efetuamos 3 . 75 = 225 e depois colocamos a vírgula compondo duas casas decimais pois um dos fatores (0,75) possui duas casas decimais. Assim, 3 . 0,75 = 2,25)

Então, Gisele pagou 4 reais, 1 real pela primeira hora mais 3 reais pelas horas e fração de hora adicionais.

Portanto, alternativa "c".

---

28. (VUNESP) O caminhão de Antonio pode transportar, no máximo, 3 000 kg de carga. Verificando que teria de transportar numa única viagem 683,5 kg de batata, 1 562,25 kg de cebola, 428,75 kg de alho e 1 050 kg de tomate, Antonio se negou a transportá-los pois havia excesso de carga de:
a) 725 kg   b) 724,5 kg   c) 724 kg   d) 723,5 kg

Solução:
Para verificar a carga total que Antonio teria que transportar basta efetuar:
683,5 + 1 562,25 + 428,75 + 1 050

```
   0683,50
   1562,25
   0428,75
 + 1050,00
   3724,50
```

Para saber quanto excedeu a carga efetuamos 3 724,50 – 3 000

```
  3724,50
- 3000,00
  0724,50
```

A carga que Antonio deveria levar excedeu em 724, 50 kg.

Portanto, alternativa "b".

---

29. (UFPR) Um certo banco oferece a seguinte modalidade de tarifa para uso de cheques: o cliente paga R$ 4,00 para receber o talão de cheques no seu domicílio e paga R$ 0,30 por folha de cheque utilizada, até 20 folhas; a partir da 21ª folha, paga R$ 1,10 por folha utilizada. Quanto o cliente paga pelo uso de 23 folhas de cheque?

Solução:
Se o cliente recebeu o talão de cheques em sua casa, pagou 4 reais; se usou as 20 folhas, 20 . 0,30 e, mais três folhas a 1,10 cada:
4,00 + 20 . 0,30 + 3 . 1,10 = 4,00 + 6,00 + 3,30 = 13,30

Portanto, o cliente pagou R$ 13,30 pelo uso de 23 folhas de cheque.

---

30. (FGV-SP) As tarifas praticadas por duas agências de locação de automóveis para veículos idênticos são:

Agência A	Agência B
14,40 reais por dia mais 1,67 reais por km rodado	14,10 reais por dia mais 1,70 reais por km rodado

Para um percurso diário de 110 km, qual agência oferece o menor preço?

Solução:
Vejamos os custo de cada agência
Agência A: 14,40 + 1,67 . 110 = 14,40 + 183,7 = 198,10
O custo da agência A é de R$ 198,10
Agência B: 14,10 + 1,70 . 110 = 14,10 + 187,00 = 201,10
O custo da agência B é de R$ 201,10

Portanto, a agência A oferece o menor preço.

---

31. (Olimpíadas de Matemática –CE) O dono de uma mercearia comprou 5 caixas de rapadura por R$ 80,00. Cada caixa tem 20 rapaduras e ele vendeu cada uma por R$ 1,10.
a) Quanto ele lucrou em cada rapadura?
b) Quanto ele lucrou nas 5 caixas de rapadura?

Solução:
Se o dono da mercearia comprou 5 caixas por 80 reais:

5 caixas → 80 reais
1 caixa → 80 : 5 = 16 reais
Cada caixa tem 20 rapaduras e se cada caixa custou 16 reais, então
20 rapaduras → 16 reais
1 rapadura → 16 : 20 = 0,80 reais
Se o dono da mercearia vendeu cada rapadura por 1,10 reais, então obteve
1,10 − 0,80 = 0,30 de lucro por rapadura.
Se cada caixa tem 20 rapaduras, na venda de uma caixa ele lucrou 20 . 0,30 = 6 reais.
Se vendeu 5 caixas, tendo lucro de 6 reais por caixa, lucrou 5 . 6 = 30 reais nas 5 caixas de rapadura.

Logo:
a) O dono da mercearia obteve R$ 0,30 de lucro com a venda de cada rapadura.
b) O dono da mercearia lucrou R$ 30,00 com a venda das 5 caixas de rapadura.

32. (Cesgranrio-RJ) A representação decimal de $(0,01)^3$ é:
a) 0,03   b) 0,001   c) 0,0001   d) 0,000001

Solução:
$(0,01)^3$ = (0,01).(0,01).(0,01) = 0,000001 (os fatores têm duas casas decimais cada um, logo o produto deve ter seis casas decimais.

Portanto, alternativa "d".

33. (Colégio Pedro – II-RJ) A companhia Estadual de Gás do Rio de Janeiro (CEG) é a responsável pelo fornecimento de gás às residências de nossa cidade. O consumo de gás é medido por um aparelho conhecido como "relógio de gás". Uma vez por mês, os funcionários da CEG passam em cada residência para efetuar a leitura desses relógios, anotando o número que eles indicam. A quantia a ser paga é calculada a partir da seguinte tabela:

Consumo (m³)	Preço de 1 m³ (R$) *
0 a 18	0,85
18 a 55	1,10
Acima de 55	1,40

* (valores aproximados em 2004)

Assim, se o consumo de uma residência foi de 30 m³ de gás, o morador deverá pagar R$ 0,85 por cada um dos primeiros metros cúbicos (1ª faixa de preço) e R$ 1,10 por cada metro cúbico que excedeu a 18 m³ (2ª faixa de preço). A quantia a ser paga é calculada da seguinte forma: 18 . 0,85 + 12 . 1,10 = 15,30 + 13,20 = 28,50
Se uma residência consumir acima de 55 m³ de gás em um mês, entrará na 3ª faixa de preço. Com base nas informações acima, responda:
Quanto irá pagar o morador de uma residência que consumir 60 m³ de gás em um mês?

Solução:
Seguindo o exemplo apresentado no enunciado do problema, podemos calcular quanto o morador pagará por um consumo de 60 m³ de gás.

Vamos calcular por faixa de preço de consumo:
0,85 por cada um dos 18 primeiros m³ (1ª faixa de preço) → 18 . 0,85 = 15,3
Para a segunda faixa de preço temos 55 m³ − 18 m³ = 37 m³
1,10 por cada um dos 37 m³ (2ª faixa de preço) → 37 . 1,10 = 40,7
Para a terceira faixa de preço temos 60 m³ − 55m³ = 5 m³ (55 = 18 + 37)

[1ª faixa]   [2ª faixa]

1,40 por cada um dos 5 m³ (3ª faixa de preço) → 5 . 1,40 = 7,0
A quantia a ser paga é calculada da seguinte forma:
18 . 0,85 + 37 . 1,10 + 5 . 1,40 = 15,30 + 40,70 + 7,00 = 63,00
O morador irá pagar R$ 63,00 pelos 60 m³ de gás consumido em um mês.

34. (Olimpíada de Matemática-SP) Fábio e Luis compraram chocolates. Fábio comprou 8 chocolates e pagou R$ 9,60. Luis pagou R$ 9,60 e comprou 5 chocolates. Fábio quer trocar 3 dos seus chocolates por 2 chocolates de Luis. Se Luis fizer essa troca, vai lucrar ou perder? Quanto?

Solução:
Se Fábio comprou 8 chocolates por 9,60 reais, então pagou
9,60 : 8 = 1,20 por cada chocolate.
Se Luis comprou 5 chocolates por 9,60 reais, então pagou 9,60 : 5 = 1,92 por cada chocolate.
Por 3 chocolates, Fábio pagou 3 . 1,20 = 3,60
Por 2 chocolates, Luis pagou 2 . 1,92 = 3,84
Luis pagou mais caro por 2 chocolates do que Fábio por 3 chocolates.
Se Luis fizer a troca sairá perdendo 3,84 − 3,60 = 0,24.

Portanto, Luis irá perder R$ 0,24 se fizer a troca com Fábio.

35. (Faculdade Oswaldo Cruz-SP) O valor de $\dfrac{0,064}{0,008}$ é:
  a) 8   b) 0,8   c) 80   d) 800

Solução:
A fração $\dfrac{0,064}{0,008}$ representa a divisão 0,064 : 0,008.
Como o dividendo (0,064) e o divisor (0,008) têm o mesmo número de casas decimais, podemos efetuar a divisão sem as vírgulas:
64 : 8 = 8
Portanto, alternativa "a".

36. (FUVEST-SP) O valor de $(0,2)^3 + (0,16)^2$ é:
  a) 0,0264   b) 0,0336   c) 0,1056   d) 0,2568

Solução:
Lembrando que a potência é a multiplicação de fatores iguais, temos:

$(0,2)^3 = 0,2 \cdot 0,2 \cdot 0,2 = 0,008$ (podemos efetuar $2 \cdot 2 \cdot 2 = 8$ e inserir os zeros à esquerda e a vírgula de forma que o 8 fique na terceira casa decimal, pois décimo multiplicado por décimo multiplicado por décimo resulta milésimo)

$(0,16)^2 = 0,16 \cdot 0,16 = 0,0256$ (da mesma forma podemos efetuar $16 \cdot 16 = 256$ e inserir os zeros à esquerda e a vírgula de forma que o resultado tenha quatro casas decimais)

$(0,2)^3 + (0,16)^2 = 0,008 + 0,0256 = 0,0080 + 0,0256 = 0,0336$

Portanto, alternativa "b".

---

37. (VUNESP-SP) Para encontrar a metade de 1 356, posso efetuar:

a) $1356 \cdot 0,5$ b) $1356 : 0,5$ c) $1356 \cdot 2$ d) $\dfrac{1356}{\frac{1}{2}}$

Solução:
1ª maneira:
Encontrar a metade é o mesmo que dividir por 2, ou seja, $1356 : 2$.
Como não há essa expressão, vamos verificar qual expressão acima é equivalente a essa ideia.
Lembrando que a divisão é a operação inversa da multiplicação, então dividir por 2 é o mesmo que multiplicar pela metade (já que o inverso de 2 é $\dfrac{1}{2}$)

Então, efetuar $1356 : 2 = 1356 \cdot \dfrac{1}{2}$

A fração $\dfrac{1}{2} = \dfrac{1 \cdot 5}{2 \cdot 5} = \dfrac{5}{10} = 0,5$

$1356 : 2 = 1356 \cdot \dfrac{1}{2} = 1356 \cdot 0,5$

Portanto alternativa "a".

2ª maneira:
Encontrar a metade de 1 356, significa efetuar $1356 : 2 = 678$
Podemos resolver cada item apresentado para decidir qual expressão é equivalente.
a) $1356 \cdot 0,5 = 678$ verdadeira
b) $1356 : 0,5 = 2712$ falsa
c) $1356 \cdot 2 = 2712$ falsa
d) $\dfrac{1356}{\frac{1}{2}} = 1356 : \dfrac{1}{2} = 1356 : 0,5 = 2712$

Portanto, alternativa "a".

---

38. (UFRJ) Ana comprou 3 litros de água de coco e dois litros de leite. Pagou a conta com uma nota de R$ 10,00 e recebeu o troco de R$ 3,26. Sabendo que o litro de leite custa R$ 1,12, o preço do litro de água de coco, em reais, é:
a) 1,50   b) 1,75   c) 2,25   d) 3,00

Solução:
Se Ana pagou a compra com 10 reais e recebeu de troco 3,26 então o valor da compra é
10,00 − 3,26 = 6,74.
Daí, temos que 3 litros de água de coco mais 2 litros de leite custam R$ 6,74.
Se um litro de leite custa 1,12 reais então 2 litros custam 2 . 1,12 = 2,24 reais
Então 3 litros de água de coco custam 6,74 − 2,24 = 4,50 reais
Logo, cada litro de água de coco custa 4,50 : 3 = 1,50 reais
Portanto, alternativa "a".

---

39. (PUC-SP) O valor de $\dfrac{4 \cdot (0,3)^2}{2 - 1,4}$ é:

a) 3 **b)** 6 **c)** 0,6 **d)** 0,3

Solução:
Começamos resolvendo a potência: $(0,3)^2 = 0,3 \cdot 0,3 = 0,09$
$$\dfrac{4 \cdot (0,3)^2}{2 - 1,4} = \dfrac{4 \cdot 0,09}{2 - 1,4} = \dfrac{0,36}{2 - 1,4} = \dfrac{0,36}{0,6} = 0,36 : 0,6 = 0,6$$
Portanto, alternativa "c".

---

40. (PUC-SP) O valor de $\dfrac{\frac{1}{2} + 0,3}{8}$ é:

a) 0,1 **b)** $\dfrac{13}{16}$ ... **c)** 0,2 **d)** $\dfrac{1,3}{16}$

Solução:
Resolvendo primeiramente o numerador, temos: $\dfrac{1}{2} + 0,3 = (1 : 2) + 0,3 = 0,5 + 0,3 = 0,8$
$$\dfrac{\frac{1}{2} + 0,3}{8} = \dfrac{0,8}{8} = (0,8) : 8 = 0,1$$
Portanto, alternativa "a".

---

41. (Mack-SP) O valor de $\dfrac{0,2 \cdot 0,7 - 4 \cdot 0,01}{0,5 \cdot 0,2}$ é:

a) 0,1 **b)** 0,01 **c)** 1 **d)** 10

Solução:
$$\dfrac{0,2 \cdot 0,7 - 4 \cdot 0,01}{0,5 \cdot 0,2} = \dfrac{0,14 - 0,04}{0,10} = \dfrac{0,10}{0,10} = 0,10 : 0,10 = 1$$
Observe que para efetuar 0,2 . 0,7: fazemos 2 . 7 = 14, o produto deve ter duas casas decimais pois os fatores juntos também tem. Então 0,2 . 0,7 = 0,14
4 . 0,01 = 0,04
0,5 . 0,2 = 0,10 pois 5 . 2 = 10 e como os fatores tem juntos duas casas decimais, o produto de 0,5 . 0,2 = 0,10
Portanto, alternativa "c".

42. (Unirio-RJ) Três dúzias de ovos valem 4 dúzias de maçãs; 5 dúzias de maças valem 3 dúzias de peras. Sabendo que uma dúzia de pêra custa R$ 6,00, podemos afirmar que uma dúzia de ovos custará:
a) R$ 4,00   b) R$ 4,80   c) R$ 5,00   d) R$ 5,20

Solução:
Os dados do problema indicam que:
preço de 3 dúzias de ovos = preço de 4 dúzias de maçãs (1)
preço de 5 dúzias de maçãs = preço de 3 dúzias de peras. (2)
Se 1 dúzia de pêra custa R$ 6,00, então 3 dúzias custarão:
3 . R$ 6,00 = R$ 18,00
Então, pela (2) temos que 5 dúzias de maçãs custam 18 reais.
Uma dúzia de maçã custa 18 reais: 5 = 3,60 reais.
4 dúzias de maçãs custam 4 . 3,60 reais = 14,40 reais
Pela (1) o preço de 4 dúzias de maçãs equivale ao preço de 3 dúzias de ovos.
Logo, 3 dúzias de ovos custam 14,40 reais, uma dúzia deverá custar 14,40 reais: 3 = 4,80 reais. Uma dúzia de ovos deverá custar R$ 4,80
Alternativa "b".

43. (PUC-SP) Um feirante compra maçãs ao preço de R$ 0,75 para cada duas unidades e as vende ao preço de R$ 3,00 para cada 6 unidades. O número de maçãs que deverá vender para obter um lucro de R$ 50,00 é:
a) 40   b) 52   c) 400   d) 520

Solução:
Se o feirante compra duas maçãs por R$ 0,75, então cada maçã custa R$ 0,75 : 2 = R$ 0,375.
Se o preço de venda de 6 maçãs é de R$ 3,00, logo o preço de venda de cada maçã é R$ 3,00 : 6 = R$ 0,50.
O lucro na venda de cada maçã é igual à diferença entre o preço de venda e o preço de custo = 0,50 – 0,375 = 0,125
Se o feirante pretende ter um lucro de R$ 50,00, precisamos saber quantas maçãs ele precisa vender sendo que o lucro de cada maçã é de R$ 0,125.
Assim, R$ 50,00 : R$ 0,125 = 400 maçãs.
Portanto, alternativa "c".

DÍZIMAS PERIÓDICAS

Neste capítulo já estudamos que toda fração decimal, cujo denominador é uma potência de 10, pode ser representada por um número decimal exato. Por exemplo $\frac{7}{10}$ pode ser representado por 0,7. Frações equivalentes às frações decimais, como por exemplo $\frac{7}{5} = \frac{14}{10} = 1,4$, também representam decimais exatos.

Se uma fração irredutível (não admite simplificação) tiver como denominador um número diferente de uma potência de 2 ou de 5, ou seja, que tenha em sua decomposição de fatores primos, pelo menos um fator diferente de 2 e 5, não representará um número decimal exato, mas uma dízima periódica ou um número decimal periódico.

É chamada dízima periódica um número cuja parte decimal é formada por um ou mais algarismos que se repetem indefinidamente.

Por exemplo, a fração irredutível $\frac{1}{9}$ pode ser representada por uma dízima periódica.

Observe que a divisão 1 : 9 = 0,111... é um número cuja parte decimal se repete indefinidamente, e o período é 1.

A fração $\frac{7}{3}$ pode ser representada pela dízima periódica 2,333... cujo período é 3.

A fração $\frac{104}{33}$ pode ser representada pela dízima periódica 3,151515... cujo período é 15.

As dízimas 0,111..., 2,333... e 3,151515... são chamadas de dízimas periódicas simples pois o período começa logo após a vírgula.

A fração $\frac{1}{6}$ = 0,1666... é chamada dízima periódica composta pois logo após a vírgula há uma parte não periódica, o algarismo 1 que não se repete, e depois o algarismo 6, o período, que se repete.

A fração $\frac{1111}{900}$ = 1,23444... é uma dízima periódica composta cujo período é 4, e uma parte não periódica formada pelo 23.

Analisando o que já foi apresentado, podemos concluir que todo número decimal exato ou decimal periódico (dízima periódica) pode ser apresentado na forma de fração $\frac{a}{b}$, com a e b inteiros sendo b ≠ 0.

Quando o decimal é exato, podemos transformá-lo em uma fração cujo numerador é o numeral decimal sem a vírgula e o denominador é composto pelo algarismo 1 seguido de tantos zeros quantas forem as casas decimais do numeral decimal dado. Por exemplo

0,12 = $\frac{12}{100}$; 2,765 = $\frac{2765}{1000}$; 27,6543 = $\frac{276543}{10000}$

Quando o decimal é uma dízima periódica, para transformá-lo em uma fração devemos encontrar sua geratriz, ou seja, qual fração deu origem à dízima periódica.

Vamos encontrar as geratrizes de algumas dízimas periódicas, ou seja, escrever números decimais periódicos na forma de fração.

GERATRIZ DE UMA DÍZIMA PERIÓDICA

Geratriz de uma dízima periódica simples

Exemplo 1: Seja a dízima periódica 0,333..., encontrar sua geratriz para poder representá-la na forma de fração.

Vamos chamar 0,333... de x, para podermos estabelecer uma igualdade.

x = 0,333... (I)

Multiplicando os dois membros da igualdade por 10, temos:
10 x = 3,333... (II) (utilizamos esta estratégia para que o decimal periódico apresentasse uma parte inteira diferente de zero)
Subtraindo as duas sentenças, (II) – (I), mantendo a igualdade, temos:
10 x – x = 3,333... – 0,333...
9 x = 3 (observe que este artifício foi utilizado para que a parte infinita desaparecesse)
$x = \dfrac{3}{9}$ é uma geratriz de 0,333... , ou seja, $0,333... = \dfrac{3}{9}$

$\dfrac{3:3}{9:3} = \dfrac{1}{3}$ também é uma geratriz de 0,333...

Qualquer fração equivalente à $\dfrac{1}{3}$ será geratriz de 0,333...

Exemplo 2: Escrever sob a forma de fração 0, 2424...
Seguindo o mesmo raciocínio:
x = 0,2424...
100 x = 24,2424... (observe que nesse caso multiplicamos por 100 pois o período é 24, dois algarismos)
Subtraindo as duas sentenças, temos:
100 x – x = 24,2424... – 0,24 24...
99 x = 24
$x = \dfrac{24}{99}$

$\dfrac{24:3}{99:3} = \dfrac{8}{33}$ também é uma representação em forma de fração da dízima 0,2424...

Então $0,2424... = \dfrac{24}{99}$

Exemplo 3: Escrever na forma fracionária a dízima 0,123123...
Seja x = 0,123123...
1 000 x = 123,123... (observe que o período é 123, três algarismos, daí multiplicamos por 1000)
Subtraindo as sentenças:
1 000 x – x = 123,123... – 0,123123...
999x = 123
$x = \dfrac{123}{999}$

Então $0,123123... = \dfrac{123}{999}$

Observando os resultados dos três exemplos, podemos estabelecer uma regra prática para encontrar uma geratriz de uma dízima periódica simples: A fração geratriz de uma dízima periódica simples (observe os retângulos sombreados) tem como numerador o período e o denominador é composto por tantos noves quantos são os algarismos do período. No exemplo 1 (0,333...), o período é 3 formado por um algarismo que indica que o denominador terá apenas um 9, daí $0,333... = \dfrac{3}{9}$.

No exemplo 2 (0,2424...), o período é 24 formado por dois algarismos indicando que o denominador terá dois noves, daí 0,2424... = $\frac{24}{99}$

E, finalmente, no exemplo 3 (0,123123...), o período é 123 formado por três algarismos que indica que o denominador terá três noves, daí 0,123123... = $\frac{123}{999}$

---

44. Escreva sob forma de fração as seguintes dízimas:
  a) 4,333...   b) 51,1313...   c) 1,435435...

Solução:
a) A dízima 4,333... pode ser decomposta 4,333... = 4 + 0,333... sendo 4 a parte inteira e 0,333... a parte infinita. Assim, basta encontrar a geratriz de 0,333...

No exemplo 1, obtivemos 0,333... = $\frac{3}{9}$.

Então 4,333... = 4 + 0,333... =

= $4 + \frac{3}{9} = \frac{4}{1} + \frac{3}{9}$ = (precisamos reduzir as frações ao menor denominador comum)

= $\frac{4 \cdot 9}{9} + \frac{3}{9} = \frac{36}{9} + \frac{3}{9} = \frac{39}{9}$

4,333... = $\frac{39}{9}$

b) 51,1313... = 51 + 0,1313...

0,1313... = $\frac{13}{99}$ (pela regra prática, o período é 13 que é o numerador, e o denominador tem dois noves, pois 13 tem dois algarismos)

51,1313... = 51 + 0,1313... = $51 + \frac{13}{99} = \frac{51 \cdot 99}{99} + \frac{13}{99} = \frac{5049}{99} + \frac{13}{99} = \frac{5062}{99}$

51,1313... = $\frac{5062}{99}$

c) 1,435435... = 1 + 0,435435...

A geratriz de 0,435435... = $\frac{435}{999}$ (435 é o período que será o numerador, e o denominador tem três noves)

1 + 0,435435... = $1 + \frac{435}{999} = \frac{999}{999} + \frac{435}{999} = \frac{1434}{999}$

1,435435... = $\frac{1434}{999}$

Geratriz de uma dízima periódica composta

Seja a dízima periódica 0,25555...

Segundo a definição já apresentada a dízima 0,2555... é uma dízima periódica composta, onde 5 é o período e 2 é a parte não periódica. Assim, podemos escrever a dízima isolando a parte não periódica da seguinte forma:

$0,2555... = \dfrac{10.(0,2555...)}{10} = \dfrac{2,555...}{10}$ (multiplicamos e dividimos por 10 pois a parte que não repete, o 2, tem apenas um algarismo)

$\dfrac{2,555...}{10} = \dfrac{2+0,555...}{10} = \dfrac{2+\dfrac{5}{9}}{10}$ (a geratriz de 0,555... é $\dfrac{5}{9}$, pela regra prática)

$\dfrac{2+\dfrac{5}{9}}{10} = \dfrac{\dfrac{2.9}{9}+\dfrac{5}{9}}{10} = \dfrac{\dfrac{18}{9}+\dfrac{5}{9}}{10} = \dfrac{\dfrac{23}{9}}{10}$

$\dfrac{\dfrac{23}{9}}{10} = \dfrac{23}{9} : 10 = \dfrac{23}{9} \cdot \dfrac{1}{10}$ (dividir duas frações significa multiplicar a primeira pelo inverso da segunda; e a fração inversa de 10 é $\dfrac{1}{10}$)

$\dfrac{23}{9} \cdot \dfrac{1}{10} = \dfrac{23}{90}$ (o produto é dado pelo produtos dos numeradores e o produto dos denominadores)

Portanto a geratriz de 0,2555... é $\dfrac{23}{90}$

Observando o resultado obtido, podemos estabelecer uma regra prática para obter a geratriz de uma dízima periódica composta:

A geratriz de 0,2555... é a fração cujo numerador é igual à parte não periódica (2) seguida do período (5) menos a parte não periódica (2) e cujo denominador é formado por tantos noves quantos são os algarismos do período (o período é 5, então apenas 9) seguidos de tantos zeros quantos são os algarismos da parte não periódica (o 2 é parte não periódica, portanto apenas um 0).

Ou seja: $0,2555... = \dfrac{25-2}{90} = \dfrac{23}{90}$

---

45. Escrever na forma de fração a dízima periódica 3,051212...

Solução:
A dízima periódica 3,051212... é composta, podemos decompor em parte inteira e parte infinita:
3,051212... = 3 + 0,051212...
A dízima encontrada na decomposição da original também é composta, e sendo os algarismo 0 e 5 que não repetem podemos multiplicar e dividir por 100:

$0,051212... = \dfrac{5,1212...}{100} = \dfrac{5+0,1212...}{100} = \dfrac{5+\dfrac{12}{99}}{100}$ (pela regra prática a geratriz de 0,1212... é $\dfrac{12}{99}$)

$$5 + \dfrac{\dfrac{12}{99}}{100} = \dfrac{\dfrac{5.99}{99} + \dfrac{12}{99}}{100} = \dfrac{\dfrac{495}{99} + \dfrac{12}{99}}{100} = \dfrac{\dfrac{507}{99}}{100}$$

$$\dfrac{\dfrac{507}{99}}{100} = \dfrac{507}{99} : 100 = \dfrac{507}{99} \cdot \dfrac{1}{100} = \dfrac{507}{9900}$$

Assim, $0,051212... = \dfrac{507}{9900}$

Ou, usando a regra prática, temos:

$0,051212... = \dfrac{0512 - 05}{9900} = \dfrac{507}{9900}$

---

46. Utilizando a regra prática, determine as geratrizes das seguintes dízimas periódicas compostas:

a) 2,13444...   **b)** 31,0213213...

Solução:

a) $2,13444... = \dfrac{2134 - 213}{900} = \dfrac{1921}{900}$

b) $31,0213213... = \dfrac{310213 - 310}{9990} = \dfrac{309903}{9990}$

---

47. (UMC) A expressão $1,333... + 0,666... + \dfrac{1}{3}$ é igual a:

a) $\dfrac{7}{3}$ **b)** $\dfrac{11}{9}$ **c)** $\dfrac{11}{21}$ **d)** $\dfrac{20}{21}$

Solução:

Para resolver a expressão vamos determinar primeiro as geratrizes das dízimas periódicas:

$1,333... = 1 + 0,333...$

$1,333... = 1 + \dfrac{3}{9}$

(o período é 3, tendo o período um algarismo, o denominador terá apenas um 9)

$1 + \dfrac{3}{9} = \dfrac{9}{9} + \dfrac{3}{9} = \dfrac{12}{9}$

Simplificando a fração, temos:

$0,666... = \dfrac{6}{9}$

(o período é 6, o denominador terá apenas um 9)

$1,333... + 0,666... + \dfrac{1}{3} = \dfrac{12}{9} + \dfrac{6}{9} + \dfrac{1}{3}$

$$1,333\ldots + 0,666\ldots + \frac{1}{3} = \frac{12}{9} + \frac{6}{9} + \frac{3}{9}$$

$$1,333\ldots + 0,666\ldots + \frac{1}{3} = \frac{21}{9}$$

Simplificando a fração, temos:

$$1,333\ldots + 0,666\ldots + \frac{1}{3} = \frac{21:3}{9:3} = \frac{7}{3}$$

Portanto, alternativa "a".

---

48. (UFRN) O valor de $\dfrac{2}{0,666\ldots}$ é:

a) 3   b) 0,333...   c) 3,333...   d) 1,333...

Solução:
A dízima periódica 0,666... pode ser representada pela fração $\dfrac{6}{9}$ daí:

$$\frac{2}{0,666\ldots} = \frac{2}{\frac{6}{9}} = 2 : \frac{6}{9} = \frac{2}{1} \cdot \frac{9}{6} = \frac{2:2}{1} \cdot \frac{9}{6:2} = \frac{1}{1} \cdot \frac{9:3}{3:3} = \frac{3}{1} = 3$$

Portanto, alternativa "a".

ARREDONDAMENTO

Muitas vezes temos a necessidade de arredondar um número decimal para o inteiro mais próximo, para décimos ou para centésimos mais próximos dependendo do contexto em que estão inseridos.
Para fazer arredondamentos, devemos observar o algarismo que vem logo à direita do algarismo da ordem que se vai arredondar:
• Se for 0,1,2,3 ou 4 mantém-se o mesmo valor.
• Se for 5,6,7,8,ou 9, arredonda-se uma unidade para cima.
Por exemplo, se quisermos arredondar o número 23,167 para o décimo mais próximo, ou seja, arredondar a ordem indicada 23,167, observamos que o algarismo que vem logo à direita é 6, portanto o valor arredondado é 23,2 (o valor do décimo foi acrescido em uma unidade).
Ao arredondarmos o número 134,253 para o centésimo mais próximo, arredondamento da ordem indicada 134,253, observamos que o algarismo à direita de 5 é o 3 (mantém-se o valor), logo o valor é 134,25.

NOTAÇÃO CIENTÍFICA

A representação de um número na forma de notação científica é formada pelo produto de dois fatores, sendo um deles um número maior que 1 e menor do que 10, e,o outro, uma potência inteira de 10 (pode ser positiva ou negativa).

Por exemplo, a notação científica de 130 000 000 é $1,3 \cdot 10^8$ (um dos fatores está entre 1 e 10, e o outro é uma potência de 10)
$130\,000\,000 = 13 \cdot 10^7 = (1,3 \cdot 10) \, 10^7 = 1,3 \cdot 10^8$
Ou, pela regra prática: $130\,000\,000 = 1,3 \cdot 10^8$; temos 10^8 porque a vírgula deslocou 8 casas para a esquerda.
A notação científica de 0,000 000 67 é $6,7 \cdot 10^{-7}$, pois a vírgula deslocou 7 casas para a direita.
Observe que:
• Quando a vírgula se desloca para a direita o expoente de 10 é negativo.
• Quando a vírgula se desloca para a esquerda o expoente de 10 é positivo.

49. Escreva em notação científica, os números dados abaixo:
   a) 123,4567   **b)** 0,004001   **c)** $54,1 \cdot 10^5$ **d)** $438,7 \cdot 10^{-12}$

Solução:
Vamos utilizar a regra prática para representar os números dados em notação científica.
a) $123,4567 = 1,234567 \cdot 10^2$ (a potência de 10 é 2 pois a vírgula deslocou duas casas para a esquerda).
b) $0,004\,001 = 4,001 \cdot 10^{-3}$ (a potência de 10 é – 3 pois a vírgula deslocou três casas para a direita).
c) $54,1 \cdot 10^5 = 5,41 \cdot 10^1 \cdot 10^5 = 5,41 \cdot 10^{5+1} = 5,41 \cdot 10^6$ (a vírgula deslocou uma casa para a esquerda, por isso 10^1; daí $10^1 \cdot 10^5 = 10^6$ produto de potências de mesma base, conserva-se a base e soma-se os expoentes).
d) $438,7 \cdot 10^{-12} = 4,387 \cdot 10^2 \cdot 10^{-12} = 4,387 \cdot 10^{2-12} = 4,387 \cdot 10^{-10}$ (a vírgula deslocou duas casas para a esquerda, por isso 10^2; novamente produto de potências de mesma base, soma-se os expoentes $2 + (-12) = -10$).

50. Segundo dados divulgados em 21/12/2007 pelo IBGE (Instituto Brasileiro de Geografia e Estatísticas) a população brasileira cresceu 8,4% desde 2000, chegando a 183 987 291 habitantes. Passe para a notação científica o número de habitantes do Brasil em 2007.

Solução:
$183\,987\,291 = 1,83987291 \cdot 10^8$ (a vírgula foi deslocada 8 casas para a esquerda)
Podemos arredondar $1,83987291 \cdot 10^8$ para centésimos, lembrando que o algarismo à direita do 3 (centésimo) é 9 (maior que 4, veja a regra de arredondamento) e teremos aproximadamente $1,84 \cdot 10^8$ habitantes.

NÚMEROS RACIONAIS

O conjunto dos números racionais é composto por todos os números que podem ser escritos na forma de fração, ou seja, na forma $\frac{a}{b}$ com a e b inteiros, b ≠ 0.
Podemos observar que:

- Todos os **números naturais** podem ser escritos na forma de fração:

$5 = \dfrac{5}{1}$; $12 = \dfrac{24}{2}$; $0 = \dfrac{0}{9}$

- Todos os **números inteiros** podem ser representados na forma de fração:

$-1 = \dfrac{-5}{5}$; $-60 = \dfrac{-60}{1}$; $-9 = \dfrac{-18}{9}$

- Todos os **números decimais** podem ser escritos na forma de fração:

$0{,}4 = \dfrac{4}{10}$; $1{,}22 = \dfrac{122}{100}$; $23{,}1 = \dfrac{231}{10}$

- Todas as **dízimas periódicas** podem ser representadas na forma de fração:

$0{,}555\ldots = \dfrac{5}{9}$; $2{,}4141\ldots = \dfrac{239}{99}$; $3{,}122\ldots = \dfrac{281}{90}$

A reunião do conjunto dos naturais, dos inteiros e das frações é o conjunto dos números racionais, que representamos pela letra $\mathbb{Q}$.

O conjunto $\mathbb{Q}$ é também denominado conjunto dos números racionais relativos pois é um conjunto constituído pelos números racionais positivos, pelo zero e pelos números racionais negativos.

Podemos escrever o conjunto dos números racionais relativos:

$\mathbb{Q} = \left\{\ldots, -2, \ldots, \dfrac{-5}{3}, \ldots, -1, \ldots, \dfrac{-1}{3}, \ldots, 0, \ldots, \dfrac{2}{5}, \ldots, 1, \ldots, \dfrac{3}{2}, \ldots, 2, \ldots\right\}$

SUBCONJUNTOS DO CONJUNTO DOS NÚMEROS RACIONAIS

Além do próprio conjunto $\mathbb{Q}$, os conjuntos $\mathbb{N}$ e $\mathbb{Z}$, podemos ainda identificar os seguintes subconjuntos de $\mathbb{Q}$:

$\mathbb{Q}^* = \mathbb{Q} - \{0\}$

$\mathbb{Q}_+ = \{$números racionais não negativos$\}$

$\mathbb{Q}_- = \{$números racionais não positivos$\}$

$\mathbb{Q}_+^* = \{$números racionais positivos$\}$

$\mathbb{Q}_-^* = \{$números racionais negativos$\}$

RETA NUMÉRICA RACIONAL

Da mesma forma como representamos os números inteiros na reta numérica, podemos representar os números racionais relativos na reta numerada.

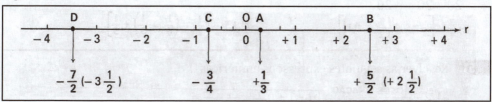

OPERAÇÕES COM NÚMEROS RACIONAIS

ADIÇÃO ALGÉBRICA

Chamamos de adição algébrica a adição e a subtração de números racionais relativos. Observe os exemplos:

1) $+\dfrac{4}{5}+\left(-\dfrac{7}{5}\right)=\dfrac{4-7}{5}=-\dfrac{3}{5}$

Os denominadores são iguais, portanto basta efetuar a adição algébrica dos numeradores observando as regras de sinais já vistas no capítulo de números inteiros.

2) $\left(-\dfrac{4}{10}\right)-\left(-\dfrac{3}{5}\right)=\left(\dfrac{-4}{10}\right)-\left(-\dfrac{3.2}{5.2}\right)=\left(-\dfrac{4}{10}\right)-\left(-\dfrac{6}{10}\right)=$

$=\left(-\dfrac{4}{10}\right)+\left(\dfrac{6}{10}\right)=\dfrac{-4+6}{10}=\dfrac{2}{10}=\dfrac{2:2}{10:2}=\dfrac{1}{5}$

Os denominadores são diferentes, portanto reduzimos ao mesmo denominador comum (ver redução de frações ao mesmo denominador), encontrando o mmc (10,5) = 10 e os novos numeradores. Procedemos a adição numérica utilizando as regras e no final simplificamos a fração resultante.

3) $-0,3-\dfrac{3}{5}+\dfrac{1}{4}=$

1º passo:
Vamos transformar o decimal 0,3 em uma fração.
$-\dfrac{3}{10}-\dfrac{3}{5}+\dfrac{1}{4}$

2º passo:
Determinar o mmc (10, 5, 4) = 20 e determinar as frações equivalentes com denominador 20.
$-\dfrac{3.2}{10.2}-\dfrac{3.4}{5.4}+\dfrac{1.5}{4.5}=-\dfrac{6}{20}-\dfrac{12}{20}+\dfrac{5}{20}$

3º passo:
Efetuamos a adição numérica dos numeradores
$-\dfrac{18}{20}+\dfrac{5}{20}=-\dfrac{13}{20}$

---

51. Resolver as seguintes expressões numéricas:

a) $2-\dfrac{1}{8}+\dfrac{3}{4}-\dfrac{5}{2}=$ b) $-1+0,7+\dfrac{7}{15}-\dfrac{1}{3}=$

Solução:

a) $2 - \dfrac{1}{8} + \dfrac{3}{4} - \dfrac{5}{2} = \dfrac{2.8}{8} - \dfrac{1}{8} + \dfrac{3.2}{8} - \dfrac{5.4}{8} = \dfrac{16}{8} - \dfrac{1}{8} + \dfrac{6}{8} - \dfrac{20}{8} = \dfrac{16+6-1-20}{8} =$

$= \dfrac{22-21}{8} = \dfrac{1}{8}$

b) $-1 + 0,7 + \dfrac{7}{15} - \dfrac{1}{3} = -1 + \dfrac{7}{10} + \dfrac{7}{15} - \dfrac{1}{3} = -\dfrac{1.30}{30} + \dfrac{7.3}{30} + \dfrac{7.2}{30} - \dfrac{1.10}{30} =$

$= -\dfrac{30}{30} + \dfrac{21}{30} + \dfrac{14}{30} - \dfrac{10}{30} = \dfrac{21+14-30-10}{30} = \dfrac{35-40}{30} =$

$= \dfrac{-5}{30} = \dfrac{-5:5}{30:5} = \dfrac{-1}{6}$ ou $-\dfrac{1}{6}$

---

52. Eliminando parênteses e colchetes, determine as seguintes somas algébricas:

a) $1 - [2 - (-1,2 + \dfrac{1}{2})] =$ b) $\dfrac{-1}{6} - \left[\dfrac{1}{4} - \left(\dfrac{1}{6} - \dfrac{1}{8} \right) - \dfrac{1}{3} \right] =$

Solução:

a) $1 - \left[2 - \left(-1,2 + \dfrac{1}{2} \right) \right] = 1 - [2 - (-\dfrac{12}{10} + \dfrac{1}{2})] = 1 - [2 - (-\dfrac{12}{10} + \dfrac{1.5}{10})] =$

$= 1 - \left[2 - \left(-\dfrac{12}{10} + \dfrac{5}{10} \right) \right] = 1 - \left[2 - \left(\dfrac{-12+5}{10} \right) \right] = 1 - \left[2 - \left(-\dfrac{7}{10} \right) \right] =$

$= 1 - \left[2 + \dfrac{7}{10} \right] = 1 - \left[\dfrac{2.10}{10} + \dfrac{7}{10} \right] = 1 - \left[\dfrac{20}{10} + \dfrac{7}{10} \right] = 1 - \left[\dfrac{27}{10} \right] =$

$= 1 - \dfrac{27}{10} = \dfrac{10}{10} - \dfrac{27}{10} = -\dfrac{17}{10}$

b) $\dfrac{-1}{6} - \left[\dfrac{1}{4} - \left(\dfrac{1}{6} - \dfrac{1}{8} \right) - \dfrac{1}{3} \right] = \dfrac{-1}{6} - \left[\dfrac{1}{4} - \left(\dfrac{1.4}{24} - \dfrac{1.3}{24} \right) - \dfrac{1}{3} \right] =$

$= \dfrac{-1}{6} - \left[\dfrac{1}{4} - \left(\dfrac{4}{24} - \dfrac{3}{24} \right) - \dfrac{1}{3} \right] = \dfrac{-1}{6} - \left[\dfrac{1}{4} - \left(\dfrac{4-3}{24} \right) - \dfrac{1}{3} \right] = \dfrac{-1}{6} - \left[\dfrac{1}{4} - \dfrac{1}{24} - \dfrac{1}{3} \right] =$

$= \dfrac{-1}{6} - \left[\dfrac{1.6}{24} - \dfrac{1}{24} - \dfrac{1.8}{24} \right] = \dfrac{-1}{6} - \left[\dfrac{6}{24} - \dfrac{1}{24} - \dfrac{8}{24} \right] = \dfrac{-1}{6} - \left[\dfrac{6-1-8}{24} \right] =$

$= \dfrac{-1}{6} - \left[\dfrac{6-9}{24} \right] = \dfrac{-1}{6} - \left[\dfrac{-3}{24} \right] = -\dfrac{1}{6} + \dfrac{3}{24} = -\dfrac{1.4}{24} + \dfrac{3}{24} = -\dfrac{4}{24} + \dfrac{3}{24} = \dfrac{-4+3}{24} = \dfrac{-1}{24}$

53. Transforme os números mistos em frações impróprias antes de efetuar as operações: $1\frac{1}{3}+2\frac{1}{2}-1\frac{5}{6}=$

Solução:

$$1\frac{1}{3}+2\frac{1}{2}-1\frac{5}{6}=\left(1+\frac{1}{3}\right)+\left(2+\frac{1}{2}\right)-\left(1+\frac{5}{6}\right)$$

$$1\frac{1}{3}+2\frac{1}{2}-1\frac{5}{6}=\left(\frac{3}{3}+\frac{1}{3}\right)+\left(\frac{4}{2}+\frac{1}{2}\right)-\left(\frac{6}{6}+\frac{5}{6}\right)$$

$$1\frac{1}{3}+2\frac{1}{2}-1\frac{5}{6}=\frac{4}{3}+\frac{5}{2}-\frac{11}{6}$$

$$1\frac{1}{3}+2\frac{1}{2}-1\frac{5}{6}=\frac{8}{6}+\frac{15}{6}-\frac{11}{6}$$

$$1\frac{1}{3}+2\frac{1}{2}-1\frac{5}{6}=\frac{12}{6}$$

Simplificando temos:

$$1\frac{1}{3}+2\frac{1}{2}-1\frac{5}{6}=2$$

Os números $1\frac{1}{3}, 2\frac{1}{2}$ e $1\frac{5}{6}$ (um inteiro e um terço; dois inteiros e um meio; um inteiro e cinco sextos) são chamados números mistos, que podem ser escritos em forma de frações impróprias, respectivamente, $\frac{4}{3}, \frac{5}{2}$ e $\frac{11}{6}$.

Podemos usar a seguinte regra prática:

$$1\frac{1}{3}=\frac{3.1+1}{3}=\frac{4}{3}$$

$$2\frac{1}{2}=\frac{2.2+1}{2}=\frac{5}{2}$$

$$1\frac{5}{6}=\frac{6.1+5}{6}=\frac{11}{6}$$

MULTIPLICAÇÃO

Observe os exemplos de multiplicação de números racionais relativos:

1) $(-2)\cdot\frac{5}{3}=\left(\frac{-2}{1}\right)\cdot\frac{5}{3}=\frac{-2.5}{1.3}=\frac{-10}{3}$

O número inteiro – 2 pode ser escrito na forma de fração $\frac{-2}{1}$. Usando a regra da multiplicação de frações, o produto é uma fração cujo numerador é o produto dos numeradores e o denominador é o produto dos denominadores.

2) $(-0,3) \cdot \left(-\dfrac{4}{3}\right) \cdot \dfrac{5}{2} = \left(-\dfrac{3}{10}\right) \cdot \left(-\dfrac{4}{3}\right) \cdot \dfrac{5}{2}$

Multiplicando as frações temos:

$\dfrac{(-3) \cdot (-4) \cdot 5}{10 \cdot 3 \cdot 2} = \dfrac{60}{60} = 1$

O número decimal foi transformado em fração decimal e em seguida usamos a regra da multiplicação, observando as regras de sinais.

$(-0,2) \cdot \left(\dfrac{1}{4}\right) \cdot \left(\dfrac{5}{3}\right) = -\dfrac{2}{10} \cdot \dfrac{1}{4} \cdot \dfrac{5}{3}$

Multiplicando as frações temos:

$\dfrac{-2 \cdot 1 \cdot 5}{10 \cdot 4 \cdot 3} = -\dfrac{10}{120}$

Simplificando a fração temos:

$-\dfrac{10 : 10}{120 : 10} = -\dfrac{1}{12}$

Antes de realizar o produto fizemos simplificações entre o numerador e o denominador das frações, usando a propriedade fundamental das frações, dada no início do capítulo. Podemos resolver esse produto de uma forma mais rápida:

$(-0,2) \cdot \left(+\dfrac{1}{4}\right) \cdot \left(+\dfrac{5}{3}\right) = \left(-\dfrac{\cancel{2}}{\cancel{10}}\right) \cdot \left(+\dfrac{1}{\cancel{4}}\right) \cdot \left(+\dfrac{\cancel{5}}{3}\right) = -\dfrac{1}{12}$

A determinação do produto foi facilitada por uma operação preliminar denominada cancelamento que consiste em simplificar o numerador e o denominador por um divisor comum. No exemplo acima, simplificamos o 2 e o 4 pelo fator 2 (divisor comum a 2 e a 4) e simplificamos o 10 e o 5 pelo fator 5 (divisor comum entre 10 e 5).

---

54. Determine os seguintes produtos:

a) $\left(-\dfrac{4}{3}\right) \cdot \left(-\dfrac{11}{6}\right) \cdot (-3) =$

b) $\dfrac{1}{5} \cdot \left(-\dfrac{10}{6}\right) \cdot (-0,2) =$

Solução:

a) $\left(-\dfrac{4}{3}\right) \cdot \left(-\dfrac{11}{6}\right) \cdot (-3) = \left(-\dfrac{4:2}{3:3}\right) \cdot \left(-\dfrac{11}{6:2}\right) \cdot \left(-\dfrac{3:3}{1}\right) = \left(-\dfrac{2}{1}\right) \cdot \left(-\dfrac{11}{3}\right) \cdot \left(-\dfrac{1}{1}\right) = -\dfrac{22}{3}$

b) $\dfrac{1}{5} \cdot \left(-\dfrac{10}{6}\right) \cdot (-0,2) = \dfrac{1}{5} \cdot \left(-\dfrac{10}{6}\right) \cdot \left(-\dfrac{2}{10}\right) =$

$= \dfrac{1}{5} \cdot \left(-\dfrac{10:10}{6:2}\right) \cdot \left(-\dfrac{2:2}{10:10}\right) = \dfrac{1}{5} \cdot \left(-\dfrac{1}{3}\right) \cdot \left(-\dfrac{1}{1}\right) = \dfrac{1}{15}$

55. Determine o valor das seguintes expressões:

a) $\left(-\dfrac{1}{2}\right)\cdot\left(+\dfrac{1}{4}\right)-\dfrac{2}{3}\cdot\left(+\dfrac{3}{8}\right)=$

b) $\dfrac{1}{2}-2\cdot\left(-\dfrac{1}{3}\right)+\left(-\dfrac{2}{5}\right)\cdot\left(+\dfrac{5}{12}\right)=$

Solução:

a) $\left(-\dfrac{1}{2}\right)\cdot\left(+\dfrac{1}{4}\right)-\dfrac{2}{3}\cdot\left(+\dfrac{3}{8}\right)=$

$=\left(-\dfrac{1}{2}\right)\cdot\left(+\dfrac{1}{4}\right)-\dfrac{2:2}{3:3}\cdot\left(+\dfrac{3:3}{8:2}\right)=-\dfrac{1}{8}-\dfrac{1}{1}\cdot\left(+\dfrac{1}{4}\right)=$

$=-\dfrac{1}{8}-\dfrac{1}{4}=-\dfrac{1}{8}-\dfrac{2}{8}=-\dfrac{3}{8}$

b) $\dfrac{1}{2}-2\cdot\left(-\dfrac{1}{3}\right)+\left(-\dfrac{2}{5}\right)\cdot\left(+\dfrac{5}{12}\right)=$

$=\dfrac{1}{2}-\dfrac{2}{1}\cdot\left(-\dfrac{1}{3}\right)+\left(-\dfrac{2:2}{5:5}\right)\cdot\left(+\dfrac{5:5}{12:2}\right)=$

$=\dfrac{1}{2}+\dfrac{2}{3}+\left(-\dfrac{1}{1}\right)\cdot\left(+\dfrac{1}{6}\right)=$

$=\dfrac{1}{2}+\dfrac{2}{3}+\left(-\dfrac{1}{6}\right)=\dfrac{3}{6}+\dfrac{4}{6}-\dfrac{1}{6}=\dfrac{6}{6}=1$

Números inversos ou recíprocos

Dois números racionais são chamados inversos ou recíprocos quando o produto deles é igual a 1.

As frações $\dfrac{3}{4}$ e $\dfrac{4}{3}$ são frações inversas ou números recíprocos pois: $\dfrac{3}{4}\cdot\dfrac{4}{3}=\dfrac{12}{12}=1$

Na prática, obtemos o inverso de um número racional, diferente de zero, trocando o denominador pelo numerador e vice-versa.

Vejamos alguns exemplos:

A fração inversa de $\dfrac{2}{5}$ é $\dfrac{5}{2}$

O inverso de $-\dfrac{1}{4}$ é $-\dfrac{4}{1}=-4$

O inverso de $7=\dfrac{7}{1}$ é $\dfrac{1}{7}$

DIVISÃO

Para aplicarmos a regra da divisão, precisamos recordar alguns conceitos:
- A divisão é a operação inversa da multiplicação
- Dado um número $\frac{2}{3}$, seu inverso ou recíproco é $\frac{3}{2}$; -3 e $\frac{-1}{3}$ são inversos ou recíprocos.

Observe, agora, alguns exemplos de divisão de números racionais relativos:

$$\frac{2}{3} : \left(-\frac{8}{5}\right) = \frac{2}{3} \cdot \left(-\frac{5}{8}\right) = \frac{2:2}{3} \cdot \left(-\frac{5}{8:2}\right) = \frac{1}{3} \cdot \left(-\frac{5}{4}\right) =$$

$$= -\frac{5}{12}$$

Dividir dois números racionais significa multiplicar o primeiro pelo inverso do segundo; podemos utilizar a simplificação como nas frações, lembrando das regras de sinais.

$$\left(-\frac{3}{8}\right) : (-9) = \left(-\frac{3}{8}\right) \cdot \left(-\frac{1}{9}\right) = \left(-\frac{3:3}{8}\right) \cdot \left(-\frac{1}{9:3}\right) =$$

$$= \left(-\frac{1}{8}\right) \cdot \left(-\frac{1}{3}\right) = \frac{1}{24}$$

O inverso de $-9 = \left(-\frac{9}{1}\right)$ é $-\frac{1}{9}$

$$+0,5 : \left(-\frac{5}{6}\right) = \left(\frac{5}{10}\right) : \left(-\frac{5}{6}\right) = \left(\frac{5}{10}\right) \cdot \left(-\frac{6}{5}\right) =$$

$$= \left(\frac{5:5}{10:2}\right) \cdot \left(-\frac{6:2}{5:5}\right) = \left(\frac{1}{5}\right) \cdot \left(-\frac{3}{1}\right) = \left(-\frac{3}{5}\right)$$

Podemos observar que a divisão sempre é possível no conjunto dos racionais relativos, basta que o divisor seja diferente de zero.

---

56. Determinar o valor da expressão:

$$3 \cdot \left(-\frac{6}{5}\right) + 3,2 : \left(+\frac{5}{2}\right) =$$

Solução:

$$3 \cdot \left(-\frac{6}{5}\right) + 3,2 : \left(+\frac{5}{2}\right) = \frac{3}{1} \cdot \left(-\frac{6}{5}\right) + \frac{32}{10} : \left(+\frac{5}{2}\right) =$$

$$= -\frac{18}{5} + \frac{32}{10} \cdot \left(\frac{2}{5}\right) = -\frac{18}{5} + \frac{32:2}{10:2} \cdot \left(\frac{2}{5}\right) = -\frac{18}{5} + \frac{16}{5} \cdot \left(\frac{2}{5}\right) =$$

$$= -\frac{18}{5} + \frac{32}{25} = -\frac{18 \cdot 5}{25} + \frac{32}{25} = -\frac{90}{25} + \frac{32}{25} = -\frac{58}{25}$$

57. Resolver a seguinte expressão:
$$\left(+\frac{1}{4}\right):\left(-\frac{1}{5}\right)+2\cdot\left(+\frac{5}{2}\right)+5=$$

Solução:
$$\left(+\frac{1}{4}\right):\left(-\frac{1}{5}\right)+2\cdot\left(+\frac{5}{2}\right)+5=$$

$$=\left(+\frac{1}{4}\right)\cdot\left(-\frac{5}{1}\right)+\frac{2}{1}\cdot\left(+\frac{5}{2}\right)+\frac{5}{1}=$$

$$=\left(-\frac{5}{4}\right)+\frac{2:2}{1}\cdot\left(+\frac{5}{2:2}\right)+\frac{5}{1}=$$

$$=\left(-\frac{5}{4}\right)+\frac{1}{1}\cdot\left(+\frac{5}{1}\right)+\frac{5}{1}=$$

$$=\left(-\frac{5}{4}\right)+\left(+\frac{5}{1}\right)+\frac{5}{1}=-\frac{5}{4}+\frac{5\cdot4}{4}+\frac{5\cdot4}{4}=$$

$$=-\frac{5}{4}+\frac{20}{4}+\frac{20}{4}=\frac{35}{4}$$

Há outra maneira de realizar a divisão, porém não muito utilizada:

Por exemplo $\frac{1}{2}:\frac{3}{5}$, 1 não é divisível por 3 e, 2 não é divisível por 5.

Precisamos encontrar uma fração equivalente à $\frac{1}{2}$ de forma que seja possível a divisão.

Para encontrar uma fração equivalente teremos que encontrar um múltiplo de 1 que seja divisível por 3 e um múltiplo de 2 que seja divisível por 5, logo, o mmc (3,5) = 15.

Assim: $\frac{1\cdot15}{2\cdot15}=\frac{15}{30}$

Daí $\frac{15}{30}:\frac{3}{5}=\frac{15:3}{30:5}=\frac{5}{6}$

58. Resolver as seguintes divisões pelo método apresentado:

a) $\frac{3}{2}:\frac{5}{7}=$ b) $\frac{6}{5}:\frac{5}{8}=$

Solução:

a) $\frac{3}{2}:\frac{5}{7}=$

O mmc (5,7) = 35

$\frac{3}{2}:\frac{5}{7}=\frac{3\cdot35}{2\cdot35}:\frac{5}{7}=\frac{105}{70}:\frac{5}{7}=\frac{21}{10}$

b) $\dfrac{6}{5} : \dfrac{5}{8} =$

O mmc (5,8) = 40

$\dfrac{6.40}{5.40} : \dfrac{5}{8} = \dfrac{240}{200} : \dfrac{5}{8} = \dfrac{48}{25}$

POTENCIAÇÃO

As propriedades de potências válidas para os números inteiros também são válidas para os números racionais.

Vejamos alguns exemplos:

- O expoente é par, a potência é sempre positiva:

$$\left(+\dfrac{2}{5}\right)^2 = \dfrac{4}{25}$$

$$\left(-\dfrac{1}{3}\right)^4 = \dfrac{1}{81}$$

- O expoente é ímpar, a potência tem o mesmo sinal da base:

$$\left(+\dfrac{2}{5}\right)^3 = \dfrac{8}{125}$$

$$\left(-\dfrac{1}{3}\right)^5 = -\dfrac{1}{243}$$

- Potência de expoente um é igual a ela mesma:

$$\left(+\dfrac{2}{5}\right)^1 = \dfrac{2}{5}$$

- Potência não nula de expoente zero é igual a 1:

$$\left(-\dfrac{2}{5}\right)^0 = 1$$

- Produto de potências de mesma base, conserva-se a base e somam-se os expoentes:

$$\left(+\dfrac{2}{5}\right)^2 \cdot \left(+\dfrac{2}{5}\right)^5 = \left(+\dfrac{2}{5}\right)^7$$

- Quociente de potências de mesma base, conserva-se a base e subtraem-se os expoentes:

$$\left(-\dfrac{1}{6}\right)^5 : \left(-\dfrac{1}{6}\right)^2 = \left(-\dfrac{1}{6}\right)^3$$

- Potência de potência, conserva-se a base e multiplicam-se os expoentes:

$$\left[(-1,2)^3\right]^5 = (-1,2)^{15}$$

59. (PUC-MG) O valor da expressão: $\left(\dfrac{2}{3}+1\right)^2 : \left(2-\dfrac{8}{9}\right)$ é:

a) 1,0   b) 1,5   c) 2,0   d) 2,5

Solução:

$$\left(\dfrac{2}{3}+1\right)^2 : \left(2-\dfrac{8}{9}\right) = \left(\dfrac{2}{3}+\dfrac{3}{3}\right)^2 : \left(\dfrac{18}{9}-\dfrac{8}{9}\right) = \left(\dfrac{5}{3}\right)^2 : \left(\dfrac{10}{9}\right) = \dfrac{25}{9} \cdot \left(\dfrac{9}{10}\right) = \dfrac{25}{10} = 2,5$$

Portanto, alternativa "d".

---

60. Resolver as expressões numéricas:

a) $\left(-\dfrac{2}{3}\right)^2 + \left(-\dfrac{1}{2}\right)^5 : \left(-\dfrac{1}{2}\right)^2 =$

b) $(0,1) \cdot \left(-\dfrac{2}{5}\right)^0 - \left(-\dfrac{1}{2}\right)^3 =$

c) $\left[\left(-\dfrac{2}{3}\right)^2\right]^2 - \left(-\dfrac{2}{3}\right)^1 =$

Solução:

a) $\left(-\dfrac{2}{3}\right)^2 + \left(-\dfrac{1}{2}\right)^5 : \left(-\dfrac{1}{2}\right)^2 = \left(\dfrac{4}{9}\right) + \left(-\dfrac{1}{2}\right)^{5-2} =$

$= \dfrac{4}{9} + \left(-\dfrac{1}{2}\right)^3 = = \dfrac{4}{9} - \dfrac{1}{8} = \dfrac{4 \cdot 8}{72} - \dfrac{1 \cdot 9}{72} = \dfrac{32}{72} - \dfrac{9}{72} =$

$= \dfrac{32-9}{72} = \dfrac{23}{72}$

b) $(0,1) \cdot \left(-\dfrac{2}{5}\right)^0 - \left(-\dfrac{1}{2}\right)^3 = \left(\dfrac{1}{10}\right) \cdot 1 - \left(-\dfrac{1}{8}\right) = \dfrac{1}{10} + \dfrac{1}{8} = \dfrac{4 \cdot 1}{40} + \dfrac{1,5}{40} = \dfrac{4}{40} + \dfrac{5}{40} = \dfrac{9}{40}$

c) $\left[\left(-\dfrac{2}{3}\right)^2\right]^2 - \left(-\dfrac{2}{3}\right)^1 = \left(-\dfrac{2}{3}\right)^4 - \left(-\dfrac{2}{3}\right)^1 = \dfrac{16}{81} + \dfrac{2}{3} = \dfrac{16}{81} + \dfrac{2 \cdot 27}{81} = \dfrac{16}{81} + \dfrac{54}{81} = \dfrac{70}{81}$

---

61. (UF-SE) Simplificando a expressão $[2^9 : (2^2 \cdot 2)^3]^3$, obtém-se:

a) 1   b) 2^{36} c) 2^{-6} d) 2^{-30}

Solução:

$[2^9 : (2^2 \cdot 2)^3]^3 = [2^9 : (2^{2 \cdot 3} \cdot 2^3)]^3 = [2^9 : (2^6 \cdot 2^3)]^3 = [2^9 : (2^{6+3})]^3 =$
$= [2^9 : 2^9]^3 = 1^3 = 1$

Alternativa "a".

Potência com expoente inteiro negativo

Além das propriedades recordadas anteriormente, no conjunto dos números racionais é possível determinar a potência com um expoente inteiro negativo.

Consideremos o quociente $2^3 : 2^4$
Pela propriedade, temos: $2^3 : 2^4 = 2^{3-4} = 2^{-1}$
Escrevendo o quociente na forma de fração temos: $2^3 : 2^4 = \dfrac{2^3}{2^4} = \dfrac{2.2.2}{2.2.2.2} = \dfrac{1}{2}$
Por convenção, temos $2^{-1} = \dfrac{1}{2}$

A potência de um número racional com expoente – 1 é igual ao inverso desse número.

---

62. Determine as seguintes potências:

a) $\left(-\dfrac{2}{3}\right)^{-1} =$ b) $(1,2)^{-1} =$ c) $\left(-\dfrac{1}{2}\right)^{-1} =$

Solução:

a) $\left(-\dfrac{2}{3}\right)^{-1} = -\dfrac{3}{2}$

b) $(1,2)^{-1} = \left(\dfrac{12}{10}\right)^{-1} = \dfrac{10}{12}$

(observe que temos que transformar o número decimal em fração decimal)

c) $\left(-\dfrac{1}{2}\right)^{-1} = -\dfrac{2}{1} = -2$

Se o expoente for diferente de – 1

Consideremos o quociente $2^3 : 2^7$
Pela propriedade, temos: $2^3 : 2^7 = 2^{3-7} = 2^{-4}$
Escrevendo o quociente na forma de fração temos:

$2^3 : 2^7 = \dfrac{2^3}{2^7} = \dfrac{2.2.2}{2.2.2.2.2.2.2} = \dfrac{1}{2^4} = \left(\dfrac{1}{2}\right)^4$

Por convenção, temos $2^{-4} = \left(\dfrac{1}{2}\right)^4$

A potência de um número racional, diferente de zero, com expoente inteiro negativo é igual ao inverso desse número racional, elevado ao mesmo expoente só que positivo, ou seja, inverte-se a base e o expoente fica positivo.

63. Determine as seguintes potências:

a) $(-5)^{-3} =$ b) $\left(-\dfrac{2}{3}\right)^{-2} =$ c) $(1,2)^{-2} =$

Solução:

a) $(-5)^{-3} = (-\dfrac{1}{5})^3 = -\dfrac{1}{125}$ (observe que primeiro invertemos a base, mantendo o sinal da base mas o expoente se tornou positivo; depois aplicamos a propriedade de potência com expoente ímpar.)

b) $\left(-\dfrac{2}{3}\right)^{-2} = \left(-\dfrac{3}{2}\right)^2 = \dfrac{9}{4}$ (primeiro invertemos a base mantendo o sinal da base mas o expoente se tornou positivo, em seguida aplicamos a propriedade de potência com expoente par.

c) $(1,2)^{-2} = \left(\dfrac{12}{10}\right)^{-2} = \left(\dfrac{10}{12}\right)^2 = \dfrac{100}{144} = \dfrac{100:4}{144:4} = \dfrac{25}{36}$ (primeiro transformamos o decimal em fração decimal, depois invertemos a fração resultante, invertendo o sinal do expoente também; depois aplicamos a propriedade de potência com expoente par, por último, simplificamos a fração resultante)

---

64. Determine o valor das expressões:

a) $\left(-\dfrac{1}{3}\right)^{-2} + 2\cdot\left(-\dfrac{1}{2}\right)^{-1} =$

b) $\left(-\dfrac{1}{2}\right)^{-2}\cdot(-6) + 4\cdot\left(-\dfrac{3}{2}\right)^4 =$

Solução:

a) $\left(-\dfrac{1}{3}\right)^{-2} + 2\cdot\left(-\dfrac{1}{2}\right)^{-1} = \left(-\dfrac{3}{1}\right)^2 + 2\cdot\left(-\dfrac{2}{1}\right)^1 =$
$= 9 - 4 = 5$

b) $\left(-\dfrac{1}{2}\right)^{-2}\cdot(-6) + 4\cdot\left(-\dfrac{3}{2}\right)^4 = \left(-\dfrac{2}{1}\right)^2\cdot(-6) + 4\cdot\left(\dfrac{81}{16}\right) =$

$= 4\cdot(-6) + \dfrac{4:4}{1}\cdot\dfrac{81}{16:4} = -24 + \dfrac{1}{1}\cdot\dfrac{81}{4} = -24 + \dfrac{81}{4} =$

$= -\dfrac{24\cdot 4}{4} + \dfrac{81}{4} = -\dfrac{96}{4} + \dfrac{81}{4} = -\dfrac{15}{4}$

---

65. (FUVEST-SP) Calcule o valor da expressão: $\left(1\dfrac{1}{3}\right)^3 - \left(-\dfrac{1}{3}\right)^3 + \left(\dfrac{3}{2}\right)^{-2}$

Solução:

$$\left(1\frac{1}{3}\right)^3 - \left(-\frac{1}{3}\right)^3 + \left(\frac{3}{2}\right)^{-2} = \left(1+\frac{1}{3}\right)^3 - \left(-\frac{1}{27}\right) + \left(\frac{2}{3}\right)^2 = \left(\frac{3}{3}+\frac{1}{3}\right)^3 + \frac{1}{27} + \frac{4}{9} = (\quad)$$

$$= \left(\frac{4}{3}\right)^3 + \frac{1}{27} + \frac{4}{9} = \frac{64}{27} + \frac{1}{27} + \frac{4}{9} = \frac{64}{27} + \frac{1}{27} + \frac{12}{27} = \frac{77}{27}$$

---

66. (Santa Casa-SP) O valor de $\dfrac{3^{-1}+5^{-1}}{2^{-1}}$ é:

a) $\dfrac{1}{2}$ b) $\dfrac{1}{8}$ c) $\dfrac{4}{15}$ d) $\dfrac{16}{15}$

Solução:

$$\frac{3^{-1}+5^{-1}}{2^{-1}} = \frac{\frac{1}{3}+\frac{1}{5}}{\frac{1}{2}} = \frac{\frac{5}{15}+\frac{3}{15}}{\frac{1}{2}} = \frac{\frac{8}{15}}{\frac{1}{2}} = \frac{8}{15}:\frac{1}{2} = \frac{8.2}{15.2}:\frac{1}{2} = \frac{16}{30}:\frac{1}{2} = \frac{16}{15}$$

Portanto, alternativa "d".

RAIZ EXATA

Observe abaixo alguns exemplos da extração da raiz exata de números racionais:

1) $\sqrt{\dfrac{16}{144}} = \dfrac{4}{12}$ pois, $\dfrac{4}{12} \cdot \dfrac{4}{12} = \dfrac{16}{144}$

2) $\sqrt{2,25} = 1,5$ pois, $1,5 \cdot 1,5 = 2,25$ ou $\sqrt{2,25} = \sqrt{\dfrac{225}{100}} = \dfrac{15}{10} = 1,5$

3) $\sqrt[3]{-8} = -2$ pois $(-2) \cdot (-2) \cdot (-2) = -8$

4) $\sqrt{-\dfrac{9}{100}}$ não pertence ao conjunto dos racionais, pois não há um racional que multiplicado por ele mesmo resulte um valor positivo.

5) $-\sqrt{\dfrac{9}{100}} = -\dfrac{3}{10}$ pois $\dfrac{3}{10} \cdot \dfrac{3}{10} = \dfrac{9}{100}$, o sinal negativo antecede a raiz, portanto se conserva à esquerda do valor encontrado.

6) $\sqrt[4]{-16}$ não pertence ao conjunto dos racionais, pois não há um racional que elevado à quarta potência resulte – 16.
Observe que $(-2) \cdot (-2) \cdot (-2) \cdot (-2) = 16$

Concluímos que raízes, de índice par, de racionais negativos não são números racionais

67. Determine o valor da seguinte expressão:
$$\left(-\frac{1}{3}+1\right)^2 + 2.\left[\left(-\frac{1}{2}\right)^{-1}+\left(+\frac{3}{4}\right)\right]:\sqrt{\frac{9}{36}} =$$

Solução:

$$\left(-\frac{1}{3}+1\right)^2 + 2.\left[\left(-\frac{1}{2}\right)^{-1}+\left(+\frac{3}{4}\right)\right]:\sqrt{\frac{9}{36}} =$$

$$= \left(-\frac{1}{3}+\frac{3}{3}\right)^2 + 2.\left[\left(-\frac{2}{1}\right)^1+\left(+\frac{3}{4}\right)\right]:\frac{3}{6} =$$

$$= \left(\frac{2}{3}\right)^2 + 2.\left[\left(-\frac{2}{1}\right)^1+\left(+\frac{3}{4}\right)\right]:\frac{3}{6} =$$

$$= \frac{4}{9} + 2.\left[(-2)+\left(+\frac{3}{4}\right)\right]:\frac{3}{6} =$$

$$= \frac{4}{9} + 2.\left[-\frac{2}{1}+\frac{3}{4}\right]:\frac{3}{6} = \frac{4}{9} + 2.\left[-\frac{2.4}{4}+\frac{3}{4}\right]:\frac{3}{6} =$$

$$= \frac{4}{9} + 2.\left[-\frac{8}{4}+\frac{3}{4}\right]:\frac{3}{6} = \frac{4}{9} + 2.\left[-\frac{5}{4}\right]:\frac{3}{6} = \frac{4}{9} - \frac{10}{4}:\frac{3}{6} =$$

$$= \frac{4}{9} - \frac{10}{4}.\frac{6}{3} = \frac{4}{9} - \frac{10:2}{4:2}.\frac{6:3}{3:3} = \frac{4}{9} - \frac{5}{2}.\frac{2:2}{2:2} = \frac{4}{9} - \frac{5}{1} =$$

$$= \frac{4}{9} - \frac{45}{9} = -\frac{41}{9}$$

---

68. Calcule o valor de: $\dfrac{3-\dfrac{16}{3}}{3+5\dfrac{1}{3}} \cdot \left(1-\dfrac{1}{5}+0,2\right)^{-1}$

Solução:
Para resolver a expressão acima, em primeiro lugar vamos resolver cada fator do produto separadamente:

Primeiro fator:

$$\frac{3-\dfrac{16}{3}}{3+5\dfrac{1}{3}} = \frac{\dfrac{9}{3}-\dfrac{16}{3}}{3+5+\dfrac{1}{3}} = \frac{-\dfrac{7}{3}}{8+\dfrac{1}{3}} = \frac{-\dfrac{7}{3}}{\dfrac{24}{3}+\dfrac{1}{3}} = \frac{-\dfrac{7}{3}}{\dfrac{25}{3}} = -\frac{7}{3}:\frac{25}{3} =$$

$$= -\frac{7}{3:3}.\frac{3:3}{25} = -\frac{7}{1}.\frac{1}{25} = -\frac{7}{25}$$

Segundo fator:

$$\left(1-\frac{1}{5}+0{,}2\right)^{-1} = \left(1-\frac{1}{5}+\frac{2}{10}\right)^{-1} =$$

$$= \left(\frac{10}{10}-\frac{2}{10}+\frac{2}{10}\right)^{-1} = \left(\frac{10-2+2}{10}\right)^{-1} = 1^{-1} = 1$$

Assim, $\dfrac{3-\dfrac{16}{3}}{3+5\dfrac{1}{3}} \cdot \left(1-\dfrac{1}{5}+0{,}2\right)^{-1} = -\dfrac{7}{25} \cdot 1 = -\dfrac{7}{25}$

---

69. (MACK-SP) A expressão $\left(\dfrac{1}{2}+\dfrac{1}{3}\right)^{-1} + \dfrac{2}{3}$ é igual a:

a) $\dfrac{1}{4}$ b) $\dfrac{28}{15}$ c) $\dfrac{13}{15}$ d) $-\dfrac{12}{5}$

Solução:

$$\left(\frac{1}{2}+\frac{1}{3}\right)^{-1} + \frac{2}{3} = \left(\frac{3}{6}+\frac{2}{6}\right)^{-1} + \frac{2}{3} = \left(\frac{5}{6}\right)^{-1} + \frac{2}{3} =$$

$$= \frac{6}{5}+\frac{2}{3} = \frac{3 \cdot 6}{15} + \frac{5 \cdot 2}{15} = \frac{18}{15}+\frac{10}{15} = \frac{28}{15} = \frac{28}{15}$$

Alternativa "b".

---

70. (FUVEST) O valor da expressão $\left[1-\left(\dfrac{1}{6}-\dfrac{1}{3}\right)\right] : \left[\left(\dfrac{1}{6}+\dfrac{1}{2}\right)^{2}+\dfrac{3}{2}\right]$ é:

a) $\dfrac{1}{2}$ b) $\dfrac{3}{4}$ c) $\dfrac{7}{6}$ d) $\dfrac{3}{5}$

Solução:

$$\left[1-\left(\frac{1}{6}-\frac{1}{3}\right)\right] : \left[\left(\frac{1}{6}+\frac{1}{2}\right)^{2}+\frac{3}{2}\right] =$$

$$= \left[1-\left(\frac{1}{6}-\frac{2}{6}\right)\right] : \left[\left(\frac{1}{6}+\frac{3}{6}\right)^{2}+\frac{3}{2}\right] =$$

$$= \left[1-\left(-\frac{1}{6}\right)\right] : \left[\left(\frac{4}{6}\right)^{2}+\frac{3}{2}\right] = [1+1/6] : \left[\frac{16:4}{36:4}+\frac{3}{2}\right] =$$

$$=\left[\frac{6}{6}+\frac{1}{6}\right]:\left[\frac{4}{9}+\frac{3}{2}\right]=\frac{7}{6}:\left[\frac{8}{18}+\frac{27}{18}\right]=\frac{7}{6}:\frac{35}{18}=\frac{7}{6}\cdot\frac{18}{35}=$$

$$=\frac{7:7}{6:6}\cdot\frac{18:6}{35:7}=\frac{1}{1}\cdot\frac{3}{5}=\frac{3}{5}$$

Outra maneira de resolver:

$$\left[1-\left(\frac{1}{6}-\frac{1}{3}\right)\right]:\left[\left(\frac{1}{6}+\frac{1}{2}\right)^2+\frac{3}{2}\right]=$$

$$=\left[1-\left(\frac{1}{6}-\frac{1.2}{6}\right)\right]:\left[\left(\frac{1}{6}+\frac{1.3}{6}\right)^2+\frac{3}{2}\right]=$$

$$=\left[1-\left(\frac{1}{6}-\frac{2}{6}\right)\right]:\left[\left(\frac{1}{6}+\frac{3}{6}\right)^2+\frac{3}{2}\right]=$$

$$=\left[1-\frac{-1}{6}\right]:\left[\left(\frac{4}{6}\right)^2+\frac{3}{2}\right]=\left[1+\frac{1}{6}\right]:\left[\frac{16}{36}+\frac{3}{2}\right]=$$

$$=\left[\frac{6}{6}+\frac{1}{6}\right]:\left[\frac{16}{36}+\frac{3.18}{36}\right]=\frac{7}{6}:\frac{70}{36}=\frac{7}{6}\cdot\frac{36}{70}=\frac{7:7}{6:6}\cdot\frac{36:6}{70:7}=\frac{1}{1}\cdot\frac{6}{10}=$$

$$=\frac{6:2}{10:2}=\frac{3}{5}$$

Portanto, alternativa "d".

---

71. (Olimpíada de Matemática-GO-2003) Que frações devem ser retiradas da soma $\frac{1}{2}+\frac{1}{4}+\frac{1}{6}+\frac{1}{8}+\frac{1}{10}+\frac{1}{12}$ para que a soma das restantes seja igual a 1?

Solução:
Efetuando-se a soma $\frac{1}{2}+\frac{1}{4}+\frac{1}{6}+\frac{1}{8}+\frac{1}{10}+\frac{1}{12}=\frac{60+30+20+15+12+10}{120}$, observamos que destes numeradores 60 + 30 + 20 + 10 resultam 120, portanto basta excluirmos dessa soma os demais, ou seja as frações cujos numeradores correspondem à 15 e 12.

Devemos retirar as frações $\frac{1}{8}$ e $\frac{1}{10}$ para que o resultado seja $\frac{120}{120}=1$.

---

72. (PUC-SP) O valor da expressão $\frac{1}{3}-\frac{1}{10}\cdot\frac{4}{3}$ é:

a) $\frac{14}{15}$ b) $\frac{1}{5}$ c) $\frac{7}{30}$ d) $\frac{1}{9}$

Solução:

$$\frac{1}{3} - \frac{1}{10} \cdot \frac{4}{3}$$

Vamos efetuar primeiro a operação de multiplicação:

$$\frac{1}{3} - \frac{1}{10} \cdot \frac{4}{3} = \frac{1}{3} - \frac{4}{30}$$

Calculando o MMC (3,30) = 30, pois 30 é o menor múltiplo entre 3 e 30.

$$\frac{1}{3} - \frac{1}{10} \cdot \frac{4}{3} = \frac{10}{30} - \frac{4}{30}$$

Efetuando a operação de subtração:

$$\frac{1}{3} - \frac{1}{10} \cdot \frac{4}{3} = \frac{6}{30}$$

Simplificando a fração por 6:

$$\frac{1}{3} - \frac{1}{10} \cdot \frac{4}{3} = \frac{1}{5}$$

Portanto, alternativa "b".

---

73. Em um bingo beneficente, os preços dos ingressos foram cobrados da seguinte forma: mulheres pagam R$ 2,50 e homens pagam R$ 5,50. Compareceram ao bingo 165 mulheres e 100 homens. Como os organizadores tiveram uma despesa de R$ 370,00 para promover o evento, determine o lucro final.

Solução:
Compareceram 165 mulheres, cada uma pagou 2,50, temos
165 . 2,50 = 412,50.
Compareceram 100 homens, cada um pagou 5,50, temos 100 . 5,50 = 550,00
Foi arrecadado 412,50 + 550,00 = 962,50
Como os organizadores gastaram 370,00 na organização do evento, então o lucro final foi de: 962,50 – 370,00 = 592,50.

Portanto, os organizadores do bingo tiveram um lucro final de R$ 592,50.

---

74. De uma lista de exercícios, Marisa já resolveu $\frac{4}{7}$ do total. Restam, ainda, 6 exercícios para serem resolvidos. Quantos exercícios há na lista?

Solução:

$\frac{7}{7}$ → representa o total de exercícios da lista

$\frac{4}{7}$ → representa quantos exercícios já foram resolvidos

$\dfrac{7}{7} - \dfrac{4}{7} = \dfrac{3}{7}$ → representa o número de exercícios que restam para fazer

$\dfrac{3}{7}$ → 6 exercícios

$\dfrac{1}{7}$ → 6 : 3 = 2 exercícios

$\dfrac{7}{7}$ → 2 . 7 = 14 exercícios

Foram dados 14 exercícios.

---

75. Uma viagem de ônibus entre São Paulo e Brasília é feita por etapas. Na primeira etapa, percorre-se $\dfrac{1}{4}$ da distância entre as duas cidades e, na segunda etapa, percorre-se mais $\dfrac{1}{3}$ da mesma distância. Verificou-se, após a segunda etapa, que já foram percorridos 700 km. Qual a distância entre São Paulo e Brasília?

Solução:
A viagem foi realizada em três etapas. Primeiro vamos determinar a fração correspondente às duas etapas:

$\dfrac{1}{4} + \dfrac{1}{3} = \dfrac{3}{12} + \dfrac{4}{12} = \dfrac{7}{12}$ → representa a distância percorrida após a segunda etapa.

$\dfrac{7}{12}$ → 700 km

$\dfrac{1}{12}$ → 700 : 7 = 100 km

$\dfrac{12}{12}$ → 12 . 100 = 1 200 → é a distância entre São Paulo e Brasília.

A distância entre São Paulo e Brasília é de 1 200 km.

---

76. Uma viagem de moto entre a província Argentina de Jujuy à Santa Maria, no Rio Grande do Sul (Projeto Andes-02/2010), foi realizada em três etapas. Na primeira etapa, foram percorridos $\dfrac{3}{8}$ da distância entre as duas cidades; na segunda, percorreu-se $\dfrac{1}{4}$ da mesma distância, e na terceira, percorreram-se 600 km. Qual a distância entre as cidades?

Solução:
Inicialmente vamos determinar a fração correspondente às duas etapas da viagem:

$\dfrac{3}{8} + \dfrac{1}{4} = \dfrac{3}{8} + \dfrac{2}{8} = \dfrac{5}{8}$ → representa a distância percorrida nas duas etapas.

$\dfrac{8}{8}$ → representa a distância total percorrida

$\dfrac{8}{8} - \dfrac{5}{8} = \dfrac{3}{8}$ → representa a distância percorrida na terceira etapa.

Se na terceira etapa foram percorridos 600km, então:

$\dfrac{3}{8}$ → 600 km

$\dfrac{1}{8}$ → 600 : 3 = 200 km

$\dfrac{8}{8}$ → 200 . 8 = 1 600 km

A distância entre as cidades é de 1 600 km.

77. No Natal de 2009, ganhei uma bicicleta de presente de meu pai. Sei que ele vai pagá-la em duas prestações, sendo a primeira de R$ 420,00 reais, que corresponde a $\dfrac{5}{8}$ do preço da bicicleta. Qual o preço da bicicleta e de quanto será a segunda prestação?

Solução:
Se a primeira prestação é de R$ 420,00 que corresponde a $\dfrac{5}{8}$ do preço da bicicleta, temos:

$\dfrac{5}{8}$ → 420 reais

$\dfrac{1}{8}$ → 420 : 5 = 84 reais

$\dfrac{8}{8}$ → 84 . 8 = 672 reais

A bicicleta custou R$ 672,00.
A segunda prestação representa $\dfrac{8}{8} - \dfrac{5}{8} = \dfrac{3}{8}$, assim:

$\dfrac{1}{8}$ → 84 reais

$\dfrac{3}{8}$ → 84 . 3 = 252 reais

A segunda prestação será de R$ 252,00.

Poderíamos resolver de outra maneira:
Se o preço total da bicicleta é R$ 672,00 e a primeira prestação é de R$ 420,00, então a segunda prestação será de R$ 672,00 – R$ 420,00 = R$ 252,00.
Concluímos que o preço da bicicleta é R$ 672,00 e o valor da segunda prestação é de R$ 252,00

78. Numa fábrica onde trabalham homens e mulheres, o número de homens corresponde a $\frac{7}{11}$ do número total de empregados. Sabe-se que nessa fábrica trabalham 16 mulheres. Determine o número total de empregados e o número de homens que trabalham na fábrica.

Solução:
Se $\frac{7}{11}$ corresponde ao número de homens que trabalham numa fábrica, a fração que representa o número de homens e mulheres é $\frac{11}{11}$.
Então $\frac{11}{11} - \frac{7}{11} = \frac{4}{11}$ representa o número de mulheres que trabalham nessa fábrica.
Logo:

$\frac{4}{11}$ → 16 mulheres que trabalham na fábrica

$\frac{1}{11}$ → 16 : 4 = 4

$\frac{7}{11}$ → 7 . 4 = 28 → 28 homens que trabalham na fábrica.

$\frac{11}{11}$ → 11 . 4 = 44 → 44 pessoas entre homens e mulheres que trabalham na fábrica.

Portanto, a fábrica tem 44 trabalhadores dos quais 28 são homens.

---

79. Uma pesquisa feita sobre a preferência entre três jornais A, B e C, verificou-se que $\frac{3}{5}$ dos entrevistados preferem o jornal A, $\frac{1}{4}$ prefere o jornal B, e 60 leitores preferem o jornal C. Quantas pessoas foram entrevistadas? Quantas preferem o jornal B?

Solução:
Se $\frac{3}{5}$ dos entrevistados preferem o jornal A e $\frac{1}{4}$ prefere o jornal B, temos que $\frac{3}{5} + \frac{1}{4}$ representam o número de entrevistados que preferem os dois jornais.

$\frac{3}{5} + \frac{1}{4} = \frac{3.4}{20} + \frac{1.5}{20} = \frac{12}{20} + \frac{5}{20} = \frac{17}{20}$ → representa o número de entrevistados que preferem os dois jornais (A e B).

$\frac{20}{20}$ → representa o número total de entrevistados

$\frac{20}{20} - \frac{17}{20} = \frac{3}{20}$ → 60 leitores que preferem o jornal C.

$\dfrac{1}{20} \to 60 : 3 = 20$

$\dfrac{20}{20} \to 20 \cdot 20 = 400 \to$ o número total de entrevistados

Para determinar quantos leitores preferem o jornal B, temos que:

$\dfrac{1}{4} = \dfrac{5}{20}$

$\dfrac{1}{20} \to 20$

$\dfrac{5}{20} \to 5 \cdot 20 = 100 \to$ o número de entrevistados que preferem o jornal B.

Portanto, foram 400 pessoas entrevistadas das quais 100 preferem o jornal B.

---

80. De uma quantia de R$ 4 500,00, Gianluca recebeu $\dfrac{2}{5}$ e Giulio recebeu $\dfrac{4}{9}$; então podemos dizer que:
a) Gianluca recebeu R$ 200,00 a mais que Giulio
b) Gianluca e Giulio receberam quantias iguais
c) Gianluca recebeu R$ 200,00 a menos que Giulio
d) Gianluca e Giulio receberam juntos R$ 3 500,00

Solução:

Se Gianluca recebeu $\dfrac{2}{5}$ de uma quantia de R$ 4 500,00, então, recebeu:

$\dfrac{2}{5}$ de $4\,500 \to \dfrac{2}{5} \cdot 4500 = \dfrac{2}{5} \cdot \dfrac{4500}{1} = \dfrac{2}{5:5} \cdot \dfrac{4500:5}{1} = 2 \cdot 900 = 1\,800.$

Se Giulio recebeu $\dfrac{4}{9}$ de uma quantia de R$ 4 500,00, então recebeu:

$\dfrac{4}{9}$ de $4\,500 \to \dfrac{4}{9} \cdot 4500 = \dfrac{4}{9} \cdot \dfrac{4500}{1} = \dfrac{4}{9:3} \cdot \dfrac{4500:3}{1} =$

$= \dfrac{4}{3:3} \cdot \dfrac{1500:3}{1} = 4 \cdot 500 = 2\,000$

Portanto, Gianluca recebeu R$ 1 800,00 e Giulio recebeu R$ 2 000,00; Gianluca recebeu R$ 200,00 a menos do que Giulio.

Logo, alternativa "c".

---

81. Uma pessoa gastou $\dfrac{1}{5}$ do que possuía, fez uma nova despesa de $\dfrac{1}{3}$ do que sobrava e, finalmente, um terceiro gasto importou em $\dfrac{1}{4}$ do resto, ficando-lhe ainda, um saldo de R$ 384,00. Quanto possuía a pessoa no início?

Solução:
Veja, a seguir, duas maneiras de resolver este problema.

1) Vamos, em primeiro lugar, elaborar um esquema que identifique as informações e operações enunciadas:

	Tinha	Gastou	Restou
1ª Despesa:	1	$\dfrac{1}{5}$	$\dfrac{4}{5}$
2ª Despesa:	$\dfrac{4}{5}$	$\dfrac{1}{3} \cdot \dfrac{4}{5} = \dfrac{4}{15}$	$\dfrac{4}{5} - \dfrac{4}{15} = \dfrac{12-4}{15} = \dfrac{8}{15}$
3ª Despesa:	$\dfrac{8}{15}$	$\dfrac{1}{4} \cdot \dfrac{8}{15} = \dfrac{2}{15}$	$\dfrac{8}{15} - \dfrac{2}{15} = \dfrac{6}{15} = \dfrac{2}{5}$

Após a 3ª despesa (a última) restaram $\dfrac{2}{5}$ do total, que tinha no início, equivalente a R$ 384,00.

Se $\dfrac{2}{5}$ do total valem 384,00

$\dfrac{1}{5}$ do total vale $\dfrac{384}{2} = 192,00$

$\dfrac{5}{5}$ do total valem 192 . 5 = 960,00

Portanto, R$ 960,00 é a importância que a pessoa possuía no início.

2) Outra maneira de resolver o problema, semelhante à indicada em "1".

Tinha	Gastou	Restou
1	$\dfrac{1}{5}$	$\dfrac{4}{5}$

1ª Despesa: Se gastou $\dfrac{1}{5}$ do que possuía, restou-lhe, após a primeira despesa, $\dfrac{4}{5}$ do total.

2ª Despesa: Como na segunda despesa gastou $\dfrac{1}{3}$ do que lhe restara, ficou com $\dfrac{2}{3}$ de $\dfrac{4}{5}$ ou: $\dfrac{2}{3} \cdot \dfrac{4}{5} = \dfrac{8}{15}$

3ª Despesa: Tendo gasto $\dfrac{1}{4}$ do resto, ficou com $\dfrac{3}{4}$ de $\dfrac{8}{15}$ ou: $\dfrac{3}{4} \cdot \dfrac{8}{15} = \dfrac{24}{60} = \dfrac{2}{5}$

Se $\dfrac{2}{5}$ do que possuía no início são representados por R$ 384,00, $\dfrac{1}{5}$ do total vale $\dfrac{384}{2} = 192$, $\dfrac{5}{5}$ do total valem 192 . 5 = 960,00.

Logo, R$ 960,00 é a importância que a pessoa tinha no início.

82. Alice recebeu R$ 540,00 como presente de aniversário. Logo a seguir, depositou no Banco, em sua conta poupança, 40% desse valor; do que sobrara gastou 35% na compra de um par de sapatos e, depois, gastou o resto na compra de um vestido. Quanto custou o vestido?

Solução:

1	Valor recebido =	540,00
2	Depositar no banco 40% . 540,00 = $\frac{40}{100} \cdot 540 = \frac{21600}{100} = 216$	(−) $\frac{216,00}{324,00}$
3	Do que sobrou (540 − 216 = 324) gastou 35% . 324,00 na compra de sapatos = $\frac{35}{100} \cdot 324 = \frac{11340}{100} = 113,40$	113,40
4	Sobrou a importância indicada (210,60), com o qual comprou um vestido.	210,60

O preço do vestido foi de R$ 210,60.

Vamos conferir:
1) Depositar no banco 216,00
2) Compra de sapato 113,40
3) Compra de vestido 210,60
                              540,00

83. João comprou uma torta e comeu $\frac{1}{5}$ dela. Depois seu amigo Pedro comeu $\frac{1}{6}$ do que sobrou. Quanto sobrou da torta inteira?

Solução:

	Comeu	Restou
João	$\frac{1}{5}$	$\frac{4}{5} \left(= \frac{5}{5} - \frac{1}{5} \right)$
Pedro	$\frac{1}{6} \cdot \frac{4}{5} = \frac{4}{30} = \frac{2}{15}$	

Ambos comeram: $\frac{1}{5} + \frac{2}{15} = \frac{3+2}{15} = \frac{5}{15} = \frac{1}{3}$

Se ambos comeram $\frac{1}{3}$ da torta, portanto, a quantidade de torta que sobrou foi de $\frac{2}{3}$.

84. (UFMG) A soma de dois inversos de dois números é igual a 1. Se um dos números é $\frac{7}{2}$, o outro é:

a) $\frac{2}{7}$ b) $\frac{5}{7}$ c) $\frac{7}{5}$ d) $\frac{5}{3}$ e) $\frac{7}{2}$

Solução:

1) Se um dos números é $\frac{7}{2}$, seu inverso é $\frac{2}{7}$.

2) A fração, que somada a $\frac{2}{7}$, produzirá um inteiro, será $\frac{5}{7}$;

$\frac{2}{7} + \frac{5}{7} = \frac{7}{7} = 1$

3) Mas o enunciado do problema diz que a soma dos inversos é igual a um inteiro.

Como o 1º número $\left(\frac{2}{7}\right)$ é o inverso do número dado no problema, o 2º número $\left(\frac{5}{7}\right)$ também é o inverso do número procurado.

Portanto, o número procurado é: $\frac{7}{5}$.

Confirmando o resultado:

a) Um dos números (o dado no problema) é $\frac{7}{2}$ e seu inverso é $\frac{2}{7}$.

b) O outro número (o encontrado na solução do problema) é $\frac{7}{5}$ e seu inverso é $\frac{5}{7}$.

c) A soma dos inversos: $\frac{2}{7} + \frac{5}{7} = \frac{7}{7} = 1$

Alternativa "c".

---

85. Num tanque há 2 torneiras, a primeira torneira enche esse tanque em 6 horas e a segunda torneira em 4 horas. Se o tanque estiver vazio e as duas torneiras forem abertas num mesmo instante, depois de quanto tempo o tanque estará cheio?

Solução:

Se a primeira torneira leva 6 horas para encher o referido tanque, então em 1 hora ela enche $\frac{1}{6}$ da capacidade do tanque.

Se a segunda torneira leva 4 horas para encher o tanque então em 1 hora temos $\frac{1}{4}$ do tanque cheio.

Daí, em 1 hora com as duas torneiras abertas $\frac{1}{6} + \frac{1}{4} = \frac{2}{12} + \frac{3}{12} = \frac{5}{12}$ do tanque estará cheio. Ou seja, por hora $\frac{5}{12}$ do tanque é cheio.

Se a fração correspondente ao tanque cheio é $\dfrac{12}{12}$, então para determinar em quanto tempo o tanque estará cheio resolvemos:

$$\dfrac{12}{12} : \dfrac{5}{12} = \dfrac{12}{12} \cdot \dfrac{12}{5} = \dfrac{12}{5}$$

$\begin{array}{r|l} 12 & \underline{5} \\ 2 & 2\text{ h} \end{array}$ 2h = 2 . 60min = 120 min $\begin{array}{r|l} 120\text{ min} & \underline{5} \\ 20 & 24\text{ min} \\ 0 & \end{array}$

Portanto as duas torneiras levarão 2h24min para encher o tanque.

---

86. Uma caixa d'água é alimentada por duas torneiras que a completam com água em 8 horas. Se só a primeira estiver aberta, enche a caixa d'água em 10 horas. Em quanto tempo a segunda torneira estando aberta, mas a primeira estando fechada, deixará a caixa cheia de água?

Solução:
Se as duas torneiras enchem a caixa d'água em 8 horas, então em 1 hora, $\dfrac{1}{8}$ da caixa estará com água. A primeira torneira sozinha enche a caixa em 10 horas, portanto em 1 h a primeira torneira sozinha enche $\dfrac{1}{10}$ da caixa.

Assim, em 1 hora, a segunda torneira aberta, e a primeira fechada, encherá:
$$\dfrac{1}{8} - \dfrac{1}{10} = \dfrac{5}{40} - \dfrac{4}{40} = \dfrac{1}{40}$$

A fração correspondente à caixa cheia é $\dfrac{40}{40}$.

Para encher a caixa totalmente a segunda torneira levará: $\dfrac{40}{40} : \dfrac{1}{40} = 1 \cdot \dfrac{40}{1} = 40\text{h}$

Portanto, a segunda torneira levará 40 h para encher a caixa d'água.

---

87. Uma piscina está sendo cheia por 3 mangueiras. A primeira despeja $\dfrac{35}{4}$ litros de água por minuto; a segunda despeja $\dfrac{91}{2}$ litros por minuto e a terceira despeja $\dfrac{40}{3}$ litros por minuto. Sabendo-se que a capacidade da piscina é de 8 110 litros, em quanto tempo ela estará cheia se as três mangueiras, simultaneamente, estiverem despejando água.

Solução:
Pelos dados do problema, temos que em 1 minuto as 3 mangueiras despejam na piscina:
$$\dfrac{35}{4} + \dfrac{91}{2} + \dfrac{40}{3} = \dfrac{3.35 + 6.91 + 4.40}{12} = \dfrac{105 + 546 + 160}{12} = \dfrac{811}{12} \text{ litros de água.}$$

Se a capacidade da piscina é de 8 110 litros, então as 3 mangueiras para despejar os 8 110 litros levarão:

$$8\,110 : \frac{811}{12} = 8\,110 \cdot \frac{12}{811} = (8\,110 : 811) \cdot \frac{12}{(811:811)} = 10 \cdot 12 = 120\,h$$

Se cada dia tem 24 horas, então 120 h : 24 h = 5 dias.

Portanto, as 3 mangueiras encherão a piscina em 5 dias.

---

88. Carlos e Pedro estão comparando capacidades. Carlos tem uma garrafa com capacidade para $1\frac{1}{2}$ litros. Pedro tem uma garrafa com capacidade para $\frac{1}{4}$ de litro. Quantas unidades da garrafa de Pedro são necessárias para encher a garrafa de Carlos?

Solução:
Se a garrafa de Carlos tem capacidade para $1\frac{1}{2}$ litros, podemos representar graficamente por:

$1\frac{1}{2}$ é o mesmo que $1 + \frac{1}{2}$

A garrafa de Pedro tem capacidade de $\frac{1}{4}$ de litro:

Comparando as duas representações, podemos dizer que $\frac{1}{4}$ "cabe" 6 vezes em $1\frac{1}{2}$.

Logo, são necessárias 6 unidades da garrafa de Pedro para encher a garrafa de Carlos.

---

89. Numa lanchonete para fazer o suco de maracujá, misturam 1 parte de concentrado de maracujá com 2 partes de água. A garçonete experimentou o suco e achou muito forte, retirou $\frac{1}{3}$ da mistura e substituiu por água. Na nova mistura, qual fração o concentrado de maracujá representa?

Solução:
Vamos representa a mistura inicial pelo gráfico:

maracujá	água	água

A garçonete retirou $\frac{1}{3}$ da mistura e substituiu por água.

Antes de representar a retirada da mistura, no gráfico seguinte representamos a situação inicial numa divisão equivalente.

maracujá	água	água
maracujá	água	água
maracujá	água	água

Substituindo, agora, $\dfrac{1}{3}$ da mistura por água, temos:

água	água	água
maracujá	água	água
maracujá	água	água

Sendo assim, a parte de maracujá na nova mistura é $\dfrac{2}{9}$.

90. André, Cláudio e Rafael colecionam cartões de jogadores de futebol. Eles juntos tinham 100 cartões. Desse total $\dfrac{1}{2}$ era de André, $\dfrac{1}{4}$ de Cláudio e, $\dfrac{1}{4}$ de Rafael.

Numa competição com os colegas da escola Cláudio e Rafael ganharam 20 cartões cada um. Como a coleção aumentou para 140 cartões, qual a fração que passou a representar a quantidade de cartões de André?

Solução:
O total inicial de cartões é 100. Se André tinha $\dfrac{1}{2}$, então,
$\dfrac{1}{2} \cdot 100 = 50$.

Se Cláudio e Rafael ganharam 20 cartões cada um aumentando a coleção para 140 cartões. Então, agora, André continua com 50 cartões de um total de 140.

Assim, André tem $\dfrac{50}{140} = \dfrac{5}{14}$

A quantidade de cartões de André passou a ser representada pela fração $\dfrac{5}{14}$.

91. Um atleta participou de uma caminhada que durou 3 horas. Na primeira hora ele andou $\dfrac{2}{5}$ do percurso. Na segunda hora percorreu $\dfrac{2}{4}$ do percurso restante.

Na última hora ele andou 3 000 metros que faltavam. Quanto andou o atleta na primeira hora?

Solução:
Para facilitar a resolução podemos representar em um diagrama, dividindo o percurso total em 5 partes iguais.

Na primeira hora o atleta percorreu $\frac{2}{5}$

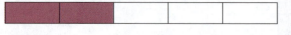

Tomando agora a parte restante (os $\frac{3}{5}$) e dividindo em 4 partes iguais temos:

Ele percorreu na segunda hora $\frac{2}{4}$ do percurso restante

Podemos perceber que o atleta andou a mesma distância na segunda e na terceira horas, então $\frac{2}{4} = \frac{1}{2}$ corresponde a 3 000 metros.

A distância percorrida na segunda e na terceira horas foram de 3 000 + 3 000 = 6 000 metros.

Observando que esses 6 000 correspondem a $\frac{3}{5}$ do percurso total

(compare a segunda barra com a quarta barra, pois tomamos os $\frac{3}{5}$ da barra inicial e subdividimos em 4 partes), temos:

$\frac{3}{5} \rightarrow 6\,000$

$\frac{1}{5} \rightarrow 6\,000 : 3 = 2\,000$

$\frac{2}{5} \rightarrow 2 \cdot 2\,000 = 4\,000$

Portanto, o atleta caminhou 4 000 metros na primeira hora.

Outra forma de resolver:

1ª hora: Percorreu $\frac{2}{5}$ do total. Sobraram $\frac{3}{5}$ do total para percorrer.

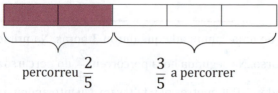

2ª hora: Percorreu $\frac{1}{2} \left(= \frac{2}{4} \right)$ do que sobrou, ou seja, metade de $\left(\frac{3}{5} \right)$.

Portanto, metade de $\frac{3}{5}$ é:

$\frac{1}{2} \cdot \frac{3}{5} = \frac{3}{10}$

Representando graficamente essa nova situação:

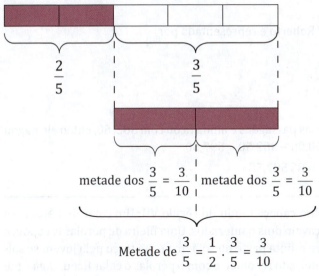

Pelos gráficos acima, verifica-se que:

a) na 2ª hora, percorreu $\dfrac{3}{10}$ da distância total

b) e que ficaram faltando, também, $\dfrac{3}{10}$ do caminho para percorrer

c) esses $\dfrac{3}{10}$ restantes correspondem a 3 000 metros:

Então:

$\dfrac{3}{10} = 3\,000$

$\dfrac{1}{10} = 1\,000$

$\dfrac{10}{10} = 10\,000 \longrightarrow$ que é o comprimento total da pista que está sendo percorrida.

Assim, como andou $\dfrac{2}{5}$ do percurso total durante a 1ª hora, percorreu nessa 1ª hora $\dfrac{2}{5} \cdot 10\,000 = 4\,000$ metros.

---

92. Roberto fez uma viagem com o dinheiro recebido pelas suas férias. Pagou R$ 550,00 pelas passagens, mais uma certa quantia pela hospedagem e ainda ficou com $\dfrac{1}{4}$ do dinheiro recebido. Quanto Roberto pagou pela hospedagem se lhe restaram R$ 382,50?

Solução:
Após ter pago a hospedagem e as passagens, Roberto ficou com 382,50 reais que corresponde a $\dfrac{1}{4}$ da quantia recebida.

$\dfrac{1}{4}$ → 382,50 reais.

O total da quantia recebida por Roberto é representada por $\dfrac{4}{4}$.

$\dfrac{1}{4}$ → 382,50 reais

$\dfrac{4}{4}$ → 4 . 382,50 = 1 530 reais

Como ele pagou 550,00 reais pelas passagens e ainda ficou com 382,50, então ele pagou pela hospedagem 1 530,00 − 550,00 − 382,50 = 597,50.

Roberto pagou pela hospedagem R$ 597,50

93. Vamos resolver um quebra cabeça hindu do século VII: Um colar de pérolas se rompeu quando se abraçavam dois namorados. Uma fileira de pérolas escapou, a sexta parte no solo caiu, a quinta parte no sofá ficou, um terço pela jovem se salvou, a décima parte o namorado recolheu e com 6 pérolas o colar ficou. Diga – me leitor quantas pérolas tinha o colar?

Solução:
Primeiramente vamos determinar qual fração corresponde às pérolas que se soltaram do colar. Temos que:

- a sexta parte caiu no solo → $\dfrac{1}{6}$
- a quinta parte no sofá ficou → $\dfrac{1}{5}$
- um terço foi salvo pela jovem → $\dfrac{1}{3}$
- a décima parte o namorado recolheu → $\dfrac{1}{10}$

$\dfrac{1}{6} + \dfrac{1}{5} + \dfrac{1}{3} + \dfrac{1}{10} = \dfrac{5+6+10+3}{30} = \dfrac{24}{30}$

Pérolas que caíram do colar → $\dfrac{24}{30}$

Total de pérolas no colar → $\dfrac{30}{30}$

Pérolas que ficaram no colar → $\dfrac{30}{30} - \dfrac{24}{30} = \dfrac{6}{30}$

Como ficaram 6 pérolas no colar, então:

$\dfrac{6}{30}$ → 6

$\dfrac{1}{30}$ → 6 : 6 = 1

$\dfrac{30}{30}$ → 1 . 30 = 30

O colar tinha 30 pérolas.

94. (Pérolas do Rajá-adaptado) Um pai deixou de herança para suas 6 filhas, 36 pérolas que deveriam ser divididas da seguinte forma: A primeira filha receberia 1 pérola mais $\frac{1}{7}$ das restantes. A segunda filha receberia 2 pérolas mais $\frac{1}{7}$ das restantes. E, assim, sucessivamente até a sexta filha que receberia apenas 6 pérolas. Quantas pérolas cada filha recebeu?

Solução:
O total de pérolas é 36. A primeira filha recebeu 1 pérola e $\frac{1}{7}$ do restante.

Tirando 1 pérola, restam 35. Logo, ela recebeu $1 + 35 \cdot \frac{1}{7} = 1 + 5 = 6$ pérolas.

Restaram $36 - 6 = 30$ pérolas.
A segunda filha recebeu 2 pérolas mais $\frac{1}{7}$ do restante ($30 - 2 = 28$), ou seja, $2 + \frac{1}{7} \cdot 28 = 2 + 4 = 6$.

Restaram $30 - 6 = 24$ pérolas
A terceira filha recebeu $3 + \frac{1}{7} \cdot 21$, (pois $21 = 24-3$) recebeu:
$3 + \frac{1}{7} \cdot 21 = 3 + 3 = 6$ pérolas.

Restaram $24 - 6 = 18$ pérolas
A quarta filha recebeu $4 + \frac{1}{7} \cdot 14 = 4 + 2 = 6$ pérolas.

(observe que $14 = 18 - 4$)
Restaram $18 - 6 = 12$ pérolas
A quinta filha recebeu $5 + \frac{1}{7} \cdot 7 = 5 + 1 = 6$ pérolas.

Restaram portanto 6 pérolas que a sexta filha recebeu.

Portanto, cada filha recebeu 6 pérolas.

95. (PERELMANN-1970) Vamos resolver o famoso problema intitulado "O Epitáfio de Diofanto". Diofanto (ou Diofante) de Alexandria, matemático grego do século 3 a. C., ficou famoso pelos seus problemas, os chamados Problemas Diofantinos, envolvendo números inteiros e equações não-determinadas com solução engenhosa. Tudo que se sabe da vida do célebre matemático da antiguidade está na inscrição de seu sepulcro:

"*Caminhante! Aqui foram sepultados os restos de Diofanto. E os números podem, ó milagre!, revelar quão dilatada foi sua vida, cuja sexta parte constituiu sua linda infância. Transcorreu uma duodécima parte de sua vida, quando seu queixo se cobriu de penugem. A sétima parte de sua existência, transcorreu num matrimônio estéril. Passado um quinquênio, fê-lo feliz o nascimento de seu precioso primogênito, o qual entregou seu corpo, sua formosa existência, que durou a metade da de seu pai, à Terra. E com dor profunda desceu à sepultura, tendo sobrevivido quatro anos ao falecimento de seu filho. Diz-me quantos anos vivera Diofanto quando lhe sobreveio a morte.*"

Solução:
Vamos interpretar cada frase do epitáfio.

cuja sexta parte constituiu sua linda infância → $\dfrac{1}{6}$

Transcorreu uma duodécima parte de sua vida, quando seu queixo se cobriu de penugem → $\dfrac{1}{12}$

A sétima parte de sua existência, transcorreu num matrimônio estéril → $\dfrac{1}{7}$

Passado um quinquênio, fê-lo feliz o nascimento de seu precioso primogênito, → 5 anos

Seu precioso primogênito, o qual entregou seu corpo, sua formosa existência, que durou a metade da de seu pai, à Terra → $\dfrac{1}{2}$

E com dor profunda desceu à sepultura, tendo sobrevivido quatro anos ao falecimento de seu filho → 4 anos

Somando as frações temos $\dfrac{1}{6}+\dfrac{1}{12}+\dfrac{1}{7}+\dfrac{1}{2}=\dfrac{14+7+12+42}{84}=\dfrac{75}{84}$

A fração que representa toda a sua existência é, portanto $\dfrac{84}{84}$

Então a fração que representa o quinquênio (5 anos antes do nascimento do filho) e 4 anos após a morte do mesmo, é: $\dfrac{84}{84}-\dfrac{75}{84}=\dfrac{9}{84}$

$\dfrac{9}{84}$ → 5 + 4 = 9 anos

$\dfrac{1}{84}$ → 9 : 9 = 1

$\dfrac{84}{84}$ → 84 . 1 = 84

Diofanto viveu, portanto, 84 anos.

---

96. (UNESP) Do tempo gasto para executar o projeto e a construção de uma casa, $\dfrac{1}{5}$ foi empregado para a elaboração do projeto e $\dfrac{4}{15}$ para o levantamento das paredes e cobertura. A fração de tempo no acabamento foi:

a) $\dfrac{16}{30}$ b) $\dfrac{17}{30}$ c) $\dfrac{18}{30}$ d) $\dfrac{19}{30}$ e) $\dfrac{20}{30}$

Solução:
Para a execução do projeto, conforme enunciado do problema, foi empregado $\dfrac{1}{5}+\dfrac{4}{15}$ para elaboração do projeto e para o levantamento de paredes e cobertura. Foram gastos, então, $\dfrac{1}{5}+\dfrac{4}{15}=\dfrac{3}{15}+\dfrac{4}{15}=\dfrac{7}{15}$ do tempo total.

Para o acabamento restam $\dfrac{15}{15}-\dfrac{7}{15}=\dfrac{8}{15}$

Como não há nenhuma alternativa com esse valor, percebemos que temos que encontrar um fração equivalente.
$$\frac{8.2}{15.2} = \frac{16}{30}$$
Portanto, alternativa "a".

---

97. (FUVEST-adaptado) A fração que representa o número de fumantes de uma cidade é $\frac{8}{25}$. Se 3 em cada 11 fumantes deixarem de fumar, o número de fumantes ficará reduzido a 12 800. Calcule:
a) O número de fumantes da cidade
b) O número de habitantes da cidade

Solução:

Se $\frac{8}{25}$ representam o número de fumantes de uma cidade, então $\frac{25}{25}$ representam o número de habitantes da cidade.

Se 3 em cada 11 deixarem de fumar então 8 em cada 11 continuam fumando, $\frac{8}{11}$ representam o novo número de fumantes, que dado no problema seria 12 800.

$\frac{8}{11}$ → 12 800

$\frac{1}{11}$ → 12 800 : 8 = 1 600

$\frac{11}{11}$ → 11 . 1 600 = 17 600

O número atual de fumantes é, portanto, 17 600.

Se 17 600 corresponde a $\frac{8}{25}$ então:

$\frac{8}{25}$ → 17 600

$\frac{1}{25}$ → 17 600 : 8 = 2 200

$\frac{25}{25}$ → 25 . 2 200 = 55 000

Portanto:
a) O número de fumantes é 17 600.
b) O total de habitantes da cidade é 55 000.

---

98. (Revista da Olimpíada de Matemática-GO-2000) Um elevador pode levar 20 adultos ou 24 crianças. Se 15 adultos já estão dentro do elevador, quantas crianças podem ainda entrar?

Solução:
Se o elevador pode levar 20 adultos, então os 15 adultos que já estão no elevador representam $\frac{15}{20}$ da capacidade total do elevador.

$\frac{15}{20} = \frac{15:5}{20:5} = \frac{3}{4}$

Então se os adultos representam $\frac{3}{4}$ da capacidade, está disponível $\frac{4}{4} - \frac{3}{4} = \frac{1}{4}$.

Como essa capacidade restante deveria ser preenchida pelas crianças, e seriam necessárias 24 crianças para a capacidade total, então $\frac{1}{4}$ da capacidade corresponde a:

$24 \cdot \frac{1}{4} = \frac{24}{4} = 6$ crianças.

Portanto, podem entrar ainda 6 crianças.

---

99. (Olimpíada de Matemática-G0-2001) Três pescadores voltaram ao acampamento depois de um dia de pescaria, deixaram os peixes num viveiro e foram descansar. Durante a noite, um dos pescadores resolveu deixar o acampamento. Como o número de peixes era divisível por 3, dividiu os peixes em três partes iguais, e levou a terça parte.
Mais tarde, outro pescador também resolveu ir embora. Não sabendo o que ocorrera antes, esse segundo pescador também notou que o número de peixes era divisível por 3, dividiu os peixes em três partes iguais, e levou a terça parte.
Por fim o terceiro pescador teve a mesma ideia e, sem saber dos outros dois, fez exatamente a mesma coisa, depois que notou que o número de peixes era divisível por 3.
Se o terceiro pescador levou 4 peixes, quantos peixes foram pescados? Quantos peixes levaram os outros pescadores?

Solução:
Interpretando o enunciado, percebemos que cada pescador levou $\frac{1}{3}$ da quantidade encontrada e deixou $\frac{2}{3}$.

O terceiro pescador levou 4 peixes que corresponde a $\frac{1}{3}$ da quantidade que ele encontrou.

$\frac{1}{3} \rightarrow 4$ peixes

$\frac{3}{3} \rightarrow 4 \cdot 3 = 12$ peixes.

Então, antes do terceiro pescador retirar os seus peixes, havia um total de 12 peixes. (a quantidade que ele encontrou depois que o segundo retirou seus peixes)

Esses 12 peixes correspondem a $\frac{2}{3}$ da quantidade encontrada pelo segundo pescador (pois cada um retira $\frac{1}{3}$ e deixa $\frac{2}{3}$)

$\dfrac{2}{3}$ → 12 peixes

$\dfrac{1}{3}$ → 12 : 2 = 6 peixes.

Então o segundo pescador retirou 6 peixes, e se havia deixado 12, então o segundo pescador encontrou 18 peixes.

Finalmente, os 18 peixes correspondem a $\dfrac{2}{3}$ da quantidade encontrada pelo primeiro pescador.

$\dfrac{2}{3}$ → 18

$\dfrac{1}{3}$ → 18 : 2 = 9

Então, o terceiro pescador levou 9 peixes e como deixou 18, então no início haviam 9 + 18 = 27 peixes no viveiro.

Resumindo, haviam 27 peixes no viveiro, o primeiro levou 9 peixes, o segundo levou 6 e o terceiro levou 4 peixes, sendo que 8 peixes ficaram no viveiro.

---

100. (ESAF-2002-TJ-CE) Simplifique: ((0 ÷ 3) + (0,75 . 4)) / (1 + 0,5).
    a) 1,5   **b)** 2   **c)** 4   **d)** 5,5   **e)** 6

Solução:
((0 ÷ 3) + (0,75 . 4)) / (1 + 0,5) = (0 + 3)/ 1,5 = 3/1,5 = 3 : 1,5 = 2

Portanto, alternativa "b".

---

101. (ESAF-2002-TJ-CE) Qual a fração que dá origem à dízima 2,54646... em representação decimal?
    a) 2 521/990   **d)** 2 546/900
    b) 2 546/999   **e)** 2 521/999
    c) 2 546/990

Solução:
A dízima 2,54646... é uma dízima periódica composta cujo período é 46. Podemos decompor 2,54646... = 2 + 0,54646...

$0{,}54646\ldots = \dfrac{5{,}4646\ldots}{10} = \dfrac{5 + 0{,}4646\ldots}{10}$

Encontramos a geratriz de 0,4646..., pela regra prática, estudada neste capítulo, 0,4646... = $\dfrac{46}{99}$, o numerador é o período e o denominador possui tantos noves quantos forem os algarismos do período.

$0{,}54646\ldots = \dfrac{5{,}4646\ldots}{10} = \dfrac{5 + 0{,}4646\ldots}{10} = \dfrac{5 + \dfrac{46}{99}}{10} = \dfrac{\dfrac{495}{99} + \dfrac{46}{99}}{10} = \dfrac{\dfrac{541}{99}}{10} = \dfrac{541}{99} \cdot \dfrac{1}{10} = \dfrac{541}{990}$

$$2{,}54646\ldots = 2 + 0{,}54646\ldots = 2 + \frac{541}{990} = \frac{1980}{990} + \frac{541}{990} = \frac{2521}{990}$$

Ou, utilizando a regra prática para determinar a geratriz de dízimas compostas:

$$2{,}54646\ldots = \frac{2546-25}{990} = \frac{2521}{990}$$

Portanto, alternativa "a".

---

102. (UFMS-2004) Dois filhos, A e B, receberam do pai uma mesada de mesmo valor. No final dos mês, o filho A havia gasto $\frac{4}{5}$ do total de sua mesada, o filho B havia gasto $\frac{5}{6}$ do total de sua mesada. Sabendo que o filho A ficou com R$ 8,00 a mais que o filho B, é correto afirmar que o filho A, naquele mês, economizou o valor de
a) R$ 48,00   b) R$ 40,00   c) R$ 35,00   d) R$ 42,00   e) R$ 8,00

Solução:
Para resolver o problema temos um fato importante que os dois filhos receberam do pai uma mesada de mesmo valor.

Se o filho A gastou $\frac{4}{5}$ da sua mesada então lhe restou $\frac{5}{5} - \frac{4}{5} = \frac{1}{5}$ da mesada. Se o filho B gastou $\frac{5}{6}$ da sua mesada, então lhe restou $\frac{6}{6} - \frac{5}{6} = \frac{1}{6}$ da mesada.

Sendo o valor da mesada o mesmo para cada filho então a fração $\frac{30}{30}$ representa o valor total (lembre-se que mmc (5,6) = 30)

O filho A ficou com $\frac{1}{5} = \frac{6}{30}$ da mesada

O filho B ficou com $\frac{1}{6} = \frac{5}{30}$ da mesada

Podemos observar que o filho A economizou $\frac{1}{30}$ a mais que o filho B

Se o filho A economizou 8 reais a mais que o filho B, então $\frac{1}{30} \to 8$

$\frac{30}{30} \to 8 \cdot 30 = 240$.

O valor da mesada é R$ 240,00.

Se o filho A economizou $\frac{1}{5}$ da mesada, então $\frac{1}{5} \cdot 240 = 240 : 5 = 48$

Logo, o valor economizado pelo filho A foi de R$ 48,00.

Alternativa "a".

---

103. (FCC-2009-TRT) Ao receber um pagamento em moedas, um caixa de um Banco as contou inicialmente, encontrando x de 1 real, y de 50 centavos, z de 25 centavos, w de 10 centavos e r de 5 centavos, num total de R$ 13,40. Percebeu, em seguida,

que havia se enganado, pois contara 4 moedas de 10 centavos como se fossem de 50 centavos e 3 de 25 centavos como se fossem de 5 centavos. A quantia correta recebida por ele foi:
a) R$ 14,60   b) R$ 14,40   c) R$ 12,40   d) R$ 11,60   e) R$ 11,20

Solução:
O caixa do banco contou moedas de 10 centavos como fossem de 50 centavos. Então contou 4 . 0,50 = 2,00 reais como se fossem 4 . 0,10 = 0,40.
Então do total temos que deduzir R$ 2,00 e incluir R$ 0,40.
Contou, ainda, 3 de 25 centavos como se fossem 3 de 5 centavos. Então contou 3 . 0,25 = 0,75 como 3 . 0,05 = 0,15. Do total devemos deduzir R$ 0,15 e incluir R$ 0,75.
Resumindo, do total R$ 13,40 devemos deduzir R$ 2,15 (R$ 2,00 + R$ 0,15);
13,40 – 2,15 = 11,25.
Temos que incluir, na soma, R$ 1,15 (R$ 0,40 + R$ 0,75);
11,25 + 1,15 = 12,40
A soma real é R$ 12,40.

Alternativa "c".

---

104. (ENEM – 2009) A música e a matemática se encontram na representação dos tempos das notas musicais, conforme a figura seguinte:

Semibreve	1
Mínima	1/2
Semínima	1/4
Colcheia	1/8
Semicolcheia	1/16
Fusa	1/32
Semifusa	1/64

Um compasso é uma unidade musical composta por determinada quantidade de notas musicais em que a soma das durações coincide com a fração indicada como fórmula do compasso. Por exemplo, se a fórmula do compasso for $\frac{1}{2}$ poderia ter um compasso ou com duas semínimas ou uma mínima ou quatro colcheias, sendo possível a combinação de diferentes figuras. Um trecho musical de oito compassos, cuja fórmula é $\frac{3}{4}$ poderia ser preenchido com:

a) 24 fusas
b) 3 semínimas
c) 8 semínimas
d) 24 colcheias e 12 semínimas
e) 16 semínimas e 8 semicolcheias

Solução:
Um trecho musical de oito compassos, cuja fórmula é $\frac{3}{4}$ poderia ser preenchido com 8 . $\frac{3}{4}$ = 6 semibreves (que vale 6 tempos)

Como uma colcheia equivale a $\frac{1}{8}$ de semibreve e uma semínima $\frac{1}{4}$ de semibreve, para 6 tempos, o trecho musical em questão também pode ser preenchido com 24 colcheias (24 . $\frac{1}{8}$ = 3) e 12 semínimas (12 . $\frac{1}{4}$ = 3), alternativa "d".

A alternativa "a" não é correta pois 24 fusas = 24 . $\frac{1}{32}$ que não resulta um número inteiro.

A alternativa "b", 3 semínimas = 3 . $\frac{1}{4}$, não é possível.

A alternativa "c", 8 semínimas = 8 . $\frac{1}{4} = 2 \neq 6$

A alternativa "e", 16 semínimas e 8 semicolcheias = 16 $\frac{1}{4}$ + 8 $\frac{1}{16}$ = 4 + $\frac{1}{2}$

Assim a alternativa correta é a "d".

---

105. (FGV-2010-adaptado) Uma pesquisa feita em 46 países publicada pela revista "The Economist" mostra que, se transformarmos a moeda de cada país para dólar e calcularmos o preço do Big Mac (o conhecido sanduíche do Mc Donald's), o Brasil tem o 6º Big Mac mais caro do mundo, devido à alta do real.

MAIS CAROS Preço, em US$		MAIS BARATOS Preço, em US$	
1º Noruega	6,15	41º Tailândia	1,89
2º Suíça	5,98	42º Malásia	1,88
3º Dinamarca	5,53	43º China	1,83
4º Islândia	4,99	Sri Lanka	1,83
5º Suécia	4,93	Ucrânia	1,83
6º Brasil	4,02	46º Hong Kong	1,72
Fonte: "The Economist"			

Quando a pesquisa foi publicada, o dólar estava cotado a R$ 2,00. Suponha que um jovem casal entrou em uma lanchonete situada no bairro da Liberdade e comprou dois Big Macs e dois sucos de laranja. Cada suco de laranja custava R$ 3,40. Pagaram com uma nota de R$ 20,00 e uma de R$ 5,00. Receberam o troco somente em moedas e no menor número possível de moedas. Quantas moedas receberam de troco?

Solução:
De acordo com a tabela, o preço de cada Big Mac no Brasil é de US$ 4,02 se o dólar estava cotado a R$ 2,00 então dois Big Macs custaram
2 . 4,02 . 2,00 = 16,08 reais.
Como o valor de dois sucos é 2 . 3,40 = 6,80 reais, o total gasto pelo casal foi de 16,08 + 6,80 = 22,88 reais.
Se o pagamento foi efetuado com R$ 25,00, o troco recebido foi 25,00 – 22,88 = 2,12 reais. Sendo o troco pago em moedas, e em menor número possível, então:
o casal recebeu duas moedas de 1 real, uma de 10 centavos e duas de um centavo, totalizando 5 moedas.

106. (UNICAMP-2010-adaptado) Uma confeitaria produz dois tipos de bolos de festa. Cada quilograma do bolo do tipo A consome 0,4 kg de açúcar e 0,2 kg de farinha. Por sua vez, o bolo tipo B consome 0,2 kg de açúcar e 0,3 kg de farinha para cada quilograma produzido. Sabendo que, no momento, a confeitaria dispõe de 10 kg de açúcar e 6 kg de farinha, responda à questão abaixo:
Será que é possível produzir 7 kg de bolo do tipo A e 18 kg de bolo do tipo B? Justifique sua resposta.

Solução:
Como 7 kg do bolo A consomem 7 . 0,2 = 1,4 kg de farinha e 18 kg do bolo B consomem 18 . 0,3 = 5,4 kg de farinha, seriam necessários:
1,4 + 5,4 = 6,8 kg de farinha.
Logo não é possível produzir os bolos dos tipos A e B nas quantidades especificadas.

107. (ENEM – 2010) Uma escola recebeu do governo uma verba de R$ 1 000,00 para enviar dois tipos de folhetos pelo correio. O diretor da escola pesquisou que tipos de selos deveriam ser utilizados. Concluiu que, para o primeiro tipo de folheto, bastava um selo de R$ 0,65 enquanto para folhetos do segundo tipo seriam necessários três selos, um de R$ 0,65, um de R$ 0,60 e um de R$ 0,20. O diretor solicitou que se comprassem selos de modo que fossem postados exatamente 500 folhetos do segundo tipo e uma quantidade restante de selos que permitisse o envio do máximo possível de folhetos do primeiro tipo. Quantos selos de R$ 0,65 foram comprados?
a) 476   **b)** 675   **c)** 923   **d)** 965   **e)** 1 538

Solução:
Para enviar folhetos do segundo tipo, serão gastos:
500 . (0,65 + 0,60 + 0,20) = 500 . 1,45 = 725 reais.
Dos 1 000 reais que a escola recebeu, deverão sobrar 1 000 – 725 = 275 reais para a compra de selos para o envio dos folhetos do primeiro tipo, ou seja, para compra de selos de 65 centavos.
Assim, 275 reais = 27 500 centavos e como para cada folheto do primeiro tipo é necessário um selo de 65 centavos, então:

```
27500 | 65
  150   423
   200
     5
```

2 750 = 65 . 423 + 5

Portanto, poderão ser comprados 423 selos de 65 centavos para a postagem dos folhetos do primeiro tipo. Como serão comprados 500 selos para a postagem dos folhetos do segundo tipo, temos 500 + 423 = 923 selos de 65 centavos.

Logo, alternativa "c".

7. CONJUNTO DOS NÚMEROS REAIS

NÚMEROS REAIS

Nos capítulos anteriores apresentamos os números naturais, os números inteiros, e os números fracionários, que podem ser expressos como uma razão de dois números inteiros, daí chamados de números racionais.

E que número é chamado de número real?

Todo número real ou é racional ou é irracional.

Se um número racional é qualquer número que pode ser representado pelo quociente de dois números inteiros, sendo o segundo diferente de zero, então, nessa divisão de números inteiros só podem ocorrer duas possibilidades, a divisão é exata ou não é exata.

Quando a divisão é exata, o quociente representa números inteiros, o denominador é divisor do numerador, por exemplo:

$$5 = \frac{10}{2}; \quad -3 = -\frac{15}{5}; \quad 9 = \frac{81}{9}; \quad 0 = \frac{0}{6}$$

Quando a divisão não é exata ou são decimais exatos, numerais com finitas casas decimais, por exemplo:

$$0,25 = \frac{25}{100}; \quad -3,2 = -\frac{32}{10} = \frac{-16}{5}$$

Ou, são decimais infinitos periódicos, numerais com infinitas casas decimais que se repetem, por exemplo:

$$1,222... = \frac{11}{9}; \quad 0,4343... = \frac{43}{99}; \quad 2,1333... = \frac{192}{90}.$$

Então, um número que não pode ser representado pelo quociente de dois números inteiros, é chamado **número irracional**, cuja representação é decimal infinita e não periódica.

Vejamos alguns exemplos: 0,05532467...; 2,34334434...; p = 3,14159265358...; 1,41421356...

O número irracional 1,41421356...pode ser representado pelo radical $\sqrt{2}$.

Por volta de 530 a.C. Pitágoras, filósofo, matemático e mestre dos pitagóricos, demonstrou que para qualquer triângulo retângulo,(triângulo com ângulo reto) o quadrado da hipotenusa(lado oposto ao ângulo reto) é igual à soma dos quadrados dos dois catetos, traçando figuras na areia ou com auxílio de cordas. Nesse processo de demonstração, construindo um triângulo cujos catetos mediam uma unidade, concluiu que não era possível descobrir um segmento unitário que coubesse um número inteiro de vezes em cada cateto e na hipotenusa. O número irracional $\sqrt{2}$ surgiu dessa situação, apesar dos gregos não conhecerem o radical $\sqrt{\ }$, diziam o número que multiplicado por si mesmo é 2.

Os catetos medem 1 e a hipotenusa mede a.

$$a^2 = 1^2 + 1^2$$
$$a^2 = 2$$
$$a = \sqrt{2}$$

A partir da descoberta do $\sqrt{2}$, foram descobertos muitos outros irracionais. Entre eles, no século V a.C., os atenienses para combaterem uma epidemia de peste, conforme instruções do oráculo de Apolo, deveriam duplicar o altar que tinha a forma de um cubo, mas duplicaram os lados fazendo com que o volume fosse multiplicado por 8.

Para duplicar o volume de um cubo de arestas 1 cm, por exemplo, descobrimos pela resolução de uma equação que a medida do lado do cubo duplicado é $\sqrt[3]{2}$, observe:

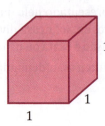
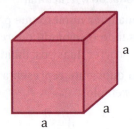

O volume do cubo de 1 cm de aresta é dado por $V_1 = 1 \cdot 1 \cdot 1 = 1^3$

Para determinar o lado do cubo cujo volume deve ser duplicado, temos que $V_2 = 2V_1$

Sendo $V_2 = a \cdot a \cdot a = a^3$ e $V_2 = 2V_1$, então:

$a^3 = 2 \cdot (1^3) = 2$, daí $a^3 = 2$ e o único valor que elevado ao cubo resulta 2 é o número irracional $\sqrt[3]{2}$.

Mais alguns radicais que representam irracionais:

$\sqrt{5} = 2,2360679...$; $\sqrt{6} = 2,4494897...$; $\sqrt[3]{4} = 1,58740...$; $\sqrt[4]{7} = 1,62657...$; $\sqrt[5]{10} = 1,58487...$

(lembramos que, por exemplo, na expressão $\sqrt[3]{4}$, 3 é o índice do radical e 4 é o radicando).

Nem toda raiz ou radical representa um número irracional, como por exemplo:

$\sqrt{9} = 3$; $\sqrt[3]{8} = 2$; $\sqrt[4]{81} = 3$; $-\sqrt[5]{32} = -2$; $\sqrt{0,36} = 0,6$; $\sqrt{\dfrac{16}{9}} = \dfrac{4}{3}$; são números racionais.

Portanto, o conjunto formado pelos números que não podem ser escritos na forma $\frac{a}{b}$, com a e b inteiros, b ≠ 0 é chamado **conjunto dos números irracionais** que representamos pelo símbolo 𝕀.

Observe que todos os números grafados nessa pagina, e ainda todos os que apareceram nos capítulos anteriores, são chamados de **número reais**.

O **conjunto dos números reais** é formado pela união do conjunto dos números racionais com o conjunto dos números irracionais e é representado pelo símbolo ℝ.

Portanto, ℚ ∪ 𝕀 = ℝ

Como todo número real ou é racional ou é irracional, então não há elemento comum ao conjunto dos racionais e ao conjunto dos irracionais, ou seja, ℚ ∩ 𝕀 = φ

Podemos representar todos os conjuntos numéricos estudados no seguinte diagrama:

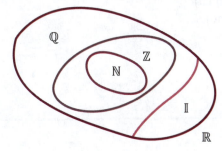

Os números reais são representados graficamente na reta numerada, considerando que a cada ponto da reta corresponde apenas um número real e vice-versa, tornando a reta totalmente contínua.

Representamos, na reta numerada seguinte, apenas alguns números reais:

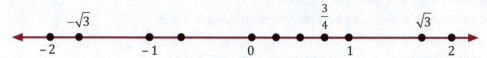

Vamos resolver alguns exercícios de aplicação:

1. (UFPR)Uma das instruções de um exame vestibular afirmava que cada teste que compunha a prova apresentava cinco alternativas, das quais apenas uma correta. Passados alguns dias da prova, foi divulgado que um dos testes havia sido anulado. O teste anulado apresentava as seguintes alternativas:
a) x é um número natural
b) x é um número inteiro
c) x é um número racional
d) x é um número irracional
e) x é um número real
Explique por que o teste foi anulado.

Solução:

No início deste capítulo lembramos a definição de número racional, e apresentamos as definições de número irracional e real. Todo número natural é um número inteiro, é um número racional e também um número real. Logo se a resposta fosse um número natural, poderiam ser assinaladas as alternativas "a", "b", "c" ou "e". Ainda, se fosse um número inteiro, poderiam ser assinaladas as alternativas "b", "c" ou "e".

Para a resposta em que o número fosse racional, poderiam ser assinaladas as alternativas "c" ou "e". E,finalmente,se fosse um número irracional, seriam corretas as alternativas "d" e "e".

---

2. (UF-Viçosa) Assinale a alternativa INCORRETA. Dados os conjuntos:
A = { x/x é um número real}
B = { x/x é um número racional}
C = { x/x é um número primo}
Então:
a) $C \subset B$
b) $5 \in (B \cap C)$
c) $B \subset A$
d) $6 \in (A \cap B \cap C)$
e) $7 \in (A \cap C)$

Solução:
Vamos analisar uma a uma as alternativas.

A alternativa "a" é correta pois todos os números primos são números racionais.

A alternativa "b" é correta pois 5 é um número primo e racional(inteiro), portanto pertence à intersecção dos dois conjuntos.

A alternativa "c" é correta pois todo número racional é real.

A alternativa "d" é INCORRETA pois 6 não é primo, não é elemento do conjunto C e portanto não pode estar na intersecção dos conjuntos A,B e C.

A alternativa "e" é correta pois 7 é primo e um número real (inteiro), portanto pertence à intersecção.

Portanto, alternativa "d".

POTÊNCIA COM EXPOENTE FRACIONÁRIO

Considerando que um número real é um número racional ou um número irracional, podemos definir potência com expoente fracionário:

$4^{\frac{1}{2}} = \sqrt[2]{4^1} = \sqrt[2]{4} = 2$ (real racional);

$5^{\frac{2}{3}} = \sqrt[3]{5^2}$ (real irracional);

$\left(\dfrac{16}{25}\right)^{\frac{1}{2}} = \sqrt[2]{\dfrac{16}{25}} = \dfrac{4}{5}$ (real racional);

$\left(\dfrac{3}{5}\right)^{\frac{2}{5}} = \sqrt[5]{\left(\dfrac{3}{5}\right)^2} = \sqrt[5]{\dfrac{9}{25}}$ (real irracional)

Toda potência de um número real de expoente fracionário pode ser representada por um radical, sendo o numerador a potência do radicando e o denominador, o índice do radical, ou seja, $a^{\frac{p}{n}} = \sqrt[n]{a^p}$, sendo a ≥ 0, p inteiro e n natural não nulo.

Vamos, agora, apresentar um estudo dos radicais.

RADICAIS

RADICAL DE ÍNDICE PAR

Observamos que $\sqrt{4}$ = 2, pois (2)² = 4

$\sqrt{4}$ = – 2, pois (-2)² = 4

Como o resultado de uma operação matemática deve ser único, convenciona-se que $\sqrt{4}$ = 2 e que – $\sqrt{4}$ = – 2, que representam números reais racionais.

Os radicais $\sqrt[4]{16}$ = 2 (pois 2^4 = 16) e $\sqrt[6]{64}$ = 2 (pois 2^6 = 64), também são reais racionais.

Por outro lado, $\sqrt{-4}$ *não é um número real* pois, não existe um número real tal que elevado a um expoente par (no caso expoente 2) resulte em um número negativo, o – 4. O mesmo acontece para qualquer radical com radicando negativo cujo índice seja par, por exemplo, $\sqrt[4]{-16}$, $\sqrt[6]{-64}$ *que não representam números reais.*

Os radicais $\sqrt{2}, \sqrt[4]{30}, \sqrt{\dfrac{2}{3}}, \sqrt[6]{4}$, são irracionais que representam números reais.

RADICAL DE ÍNDICE ÍMPAR

Observamos que $\sqrt[3]{8}$ = 2 pois 2^3 = 8, e

$\sqrt[3]{-8}$ = – 2 pois $(-2)^3 = -8$

O radical $\sqrt[5]{-243} = -3$, pois $(-3)^5 = -243$

Os radicais $\sqrt[3]{8}$, $\sqrt[3]{-8}$ e $\sqrt[5]{-243}$ que expressam as raízes 2, – 2 e – 3, são números reais racionais.

Os radicais $\sqrt[3]{2}, \sqrt[3]{-15}, \sqrt[5]{24}$ são números reais irracionais.

Logo, podemos resumir:
- se o radicando é positivo, a raiz é positiva, qualquer que seja o índice.
- se o radicando é negativo e o índice é ímpar a raiz é negativa.
- se o radicando é negativo e o índice é par, não existe raiz real.

OBS.:

$\sqrt[1]{a} = a$

$\sqrt[0]{a}$ não tem significado matemático.

PROPRIEDADES DOS RADICAIS

$P_1 : \left(\sqrt[n]{a}\right)^n = \sqrt[n]{a^n} = a$

(a raiz n-ésima da potência n-ésima de um número real **a** é igual a **a**).

Exemplos:

1) $\sqrt{4} = \sqrt{2^2} = 2$

2) $\sqrt[3]{(-5)^3} = -5$

3) $\sqrt[4]{16} = \sqrt[4]{2^4} = 2$

$P_2 : \sqrt[n]{a} = \sqrt[n.p]{a^p}$

(o valor do radical não se altera se multiplicamos o índice do radical e o expoente do radicando pelo mesmo número.)

Exemplos:

1) $\sqrt[3]{5} = \sqrt[3]{5^1} = \sqrt[3.2]{5^{1.2}} = \sqrt[6]{5^2} = \sqrt[6]{25}$

2) $\sqrt[6]{3^8} = \sqrt[6.2]{3^{8.2}} = \sqrt[12]{3^{16}}$

3) $\sqrt[4]{2^2 . 5^4} = \sqrt[4.2]{2^{2.2} . 5^{4.2}} = \sqrt[8]{2^4 . 5^8}$

$P_3 : \sqrt[n]{a.b} = \sqrt[n]{a} . \sqrt[n]{b}$

(a raiz n-ésima de um produto é igual ao produto das raízes n-ésimas dos fatores.)

Exemplos:

1) $\sqrt{49 . 3} = \sqrt{49} . \sqrt{3} = 7.\sqrt{3}$

2) $\sqrt[3]{27a^3} = \sqrt[3]{27} . \sqrt[3]{a^3} = 3a$

P_4: $\sqrt[n]{\dfrac{a}{b}} = \dfrac{\sqrt[n]{a}}{\sqrt[n]{b}}$

(a raiz n-ésima de um quociente é igual ao quociente das raízes n-ésimas dos termos da divisão.)

Exemplos:

1) $\sqrt[3]{\dfrac{8}{27}} = \dfrac{\sqrt[3]{8}}{\sqrt[3]{27}} = \dfrac{\sqrt[3]{2^3}}{\sqrt[3]{3^3}} = \dfrac{2}{3}$

1) $\sqrt{\dfrac{4a^2}{36}} = \dfrac{\sqrt{4}\cdot\sqrt{a^2}}{\sqrt{36}} = \dfrac{\sqrt{2^2}\cdot\sqrt{a^2}}{\sqrt{6^2}} = \dfrac{2\cdot a}{6} = \dfrac{2:2 \cdot a}{6:2} = \dfrac{a}{3}$

3. Determine o valor de $8^{0,333\ldots}$

Solução:

$8^{0,333\ldots} = 8^{\frac{3}{9}} = 8^{\frac{1}{3}} =$ (uma geratriz de $0,333\ldots$ é $\dfrac{3}{9}$)

$= \sqrt[3]{8} = \sqrt[3]{2^3} = 2$ (fatoramos o 8 e usamos a P_1)

4. Calcular o valor de cada um dos radicais:

a) $\sqrt[5]{32}$ b) $\sqrt[7]{-128}$ c) $\sqrt[4]{625}$ d) $\sqrt[3]{-1}$

Solução:
Vamos fatorar os radicandos e utilizar a P_1.

a) $\sqrt[5]{32} = \sqrt[5]{2^5} = 2$

a) $\sqrt[7]{-128} = \sqrt[7]{(-2^7)} = -2$

b) $\sqrt[4]{625} = \sqrt[4]{5^4} = 5$

c) $\sqrt[3]{-1} = \sqrt[3]{(-1)^3} = -1$

5. Calcule $(0,36)^{\frac{1}{2}} + (1,44)^{\frac{1}{2}}$

Solução:

$(0,36)^{\frac{1}{2}} + (1,44)^{\frac{1}{2}} =$

$$= \left(\frac{36}{100}\right)^{\frac{1}{2}} + \left(\frac{144}{100}\right)^{\frac{1}{2}} = \text{(representamos os decimais em frações decimais)}$$

$$= \sqrt[2]{\frac{36}{100}} + \sqrt[2]{\frac{144}{100}} = \text{(potência com expoente fracionário pode ser representada por um radical)}$$

$$= \sqrt[2]{\frac{6^2}{10^2}} + \sqrt[2]{\frac{12^2}{10^2}} = \text{(fatoramos os radicandos)}$$

$$= \frac{6}{10} + \frac{12}{10} = \frac{18}{10} = 1{,}8 \text{ (propriedade } P_1 \text{ e adição de racionais)}$$

6. Calcule o valor de cada uma das expressões:

a) $2\sqrt[5]{32} - 3\sqrt[4]{16} + 5\sqrt[4]{81} =$

b) $\sqrt[3]{-125} + 4\sqrt[6]{64} - 2\sqrt[3]{-8} =$

c) $\sqrt[2]{25} - 3\sqrt[4]{16} + 2\sqrt[5]{-3125} =$

Solução:

a) $2\sqrt[5]{32} - 3\sqrt[4]{16} + 5\sqrt[4]{81} = 2\sqrt[5]{2^5} - 3\sqrt[4]{2^4} + 5\sqrt[4]{3^4} = 2 \cdot 2 - 3 \cdot 2 + 5 \cdot 3 = 4 - 6 + 15 = 13$

b) $\sqrt[3]{-125} + 4\sqrt[6]{64} - 2\sqrt[3]{-8} = \sqrt[3]{(-5)^3} + 4\sqrt[6]{2^6} - 2\sqrt[3]{(-2)^3} = -5 + 4 \cdot 2 - 2 \cdot (-2) = -5 + 8 + 4 = 7$

c) $\sqrt[2]{25} - 3\sqrt[4]{16} + 2\sqrt[5]{-3125} = \sqrt{5^2} - 3\sqrt[4]{2^4} + 2\sqrt[5]{(-5)^5} = 5 - 3 \cdot 2 + 2 \cdot (-5) = 5 - 6 - 10 = -11$

7. Determine o valor das expressões abaixo:

a) $2\sqrt[3]{27} - 3\sqrt[3]{8} =$

b) $5\sqrt[5]{32} + 2\sqrt[5]{-32} =$

c) $\sqrt{100 - 64} =$

d) $\sqrt[3]{0{,}001} - \sqrt{0{,}0016} =$

Solução:

a) $2\sqrt[3]{27} - 3\sqrt[3]{8} = 2\sqrt[3]{3^3} - 3\sqrt[3]{2^3} = 2 \cdot 3 - 3 \cdot 2 = 6 - 6 = 0$

b) $5\sqrt[5]{32} + 2\sqrt[5]{-32} = 5\sqrt[5]{2^5} + 2\sqrt[5]{(-2)^5} = 5 \cdot 2 + 2 \cdot (-2) = 10 - 4 = 6$

c) $\sqrt{100 - 64} = \sqrt{36} = \sqrt{6^2} = 6$

d) $\sqrt[3]{0,001} - \sqrt{0,0016} = \sqrt[3]{\dfrac{1}{1000}} - \sqrt[2]{\dfrac{16}{10000}} = \dfrac{\sqrt[3]{1}}{\sqrt[3]{1000}} - \dfrac{\sqrt[2]{16}}{\sqrt[2]{10000}} = \dfrac{1}{\sqrt[3]{10^3}} - \dfrac{\sqrt[2]{4^2}}{\sqrt[2]{100^2}}$

$= \dfrac{1}{10} - \dfrac{4}{100} =$

$= \dfrac{10}{100} - \dfrac{4}{100} = \dfrac{6}{100} = 0,06$

SIMPLIFICAÇÃO DE RADICAIS

Podemos apresentar a **simplificação** de radicais considerando duas situações:

1) Podemos simplificar o índice do radical e o(s) expoente(s) do(s) fator(es) do radicando por um **fator comum**.

a) $\sqrt[8]{a^4} = \sqrt[8:4]{a^{4:4}} = \sqrt[2]{a} = \sqrt{a}$ (observe que 4 é divisor comum de 8 e 4)

b) $\sqrt[6]{2^3 \cdot 5^9} = \sqrt[6:3]{2^{3:3} \cdot 5^{9:3}} = \sqrt[2]{2 \cdot 5^3} = \sqrt{2 \cdot 5^3}$ (observe que 3 é divisor comum de 6, 3 e 9, mdc (3,6,9) = 3

O radical não se altera quando o índice e o(s) expoente(s) do(s) fator(es) do radicando são divididos por um fator comum, esse fator comum em geral é o maior divisor comum entre o índice e o (s) expoente (s).

2) Podemos simplificar o índice do radical e o expoente do radicando pelo valor do índice.

$$\sqrt[\text{índice do radical}]{radicando}^{expoente}$$

a) $\sqrt[3]{a^6 \cdot b} = \sqrt[3]{a^6} \cdot \sqrt[3]{b}$ (utilizamos a propriedade P_3)

$\sqrt[3]{a^6} \cdot \sqrt[3]{b} = \sqrt[3:3]{a^{6:3}} \cdot \sqrt[3]{b} = a^2 \cdot \sqrt[3]{b}$

Portanto $\sqrt[3]{a^6 \cdot b} = a^2 \cdot \sqrt[3]{b}$

b) $\sqrt[3]{432}$

Primeiro temos que fatorar o radicando 432.
$432 = 2^4 \cdot 3^3$

$\sqrt[3]{432} = \sqrt[3]{2^4 \cdot 3^3}$, como o expoente de base 2 é 4, sendo maior que 3, podemos ainda fatorar de forma que apareça o expoente 3 permitindo a simplificação: $\sqrt[3]{2^4 \cdot 3^3} = \sqrt[3]{2^3 \cdot 2 \cdot 3^3}$

Assim, $\sqrt[3]{2^3 \cdot 2 \cdot 3^3} = \sqrt[3]{2^3} \cdot \sqrt[3]{2} \cdot \sqrt[3]{3^3} = \sqrt[3:3]{2^{3:3}} \cdot \sqrt[3]{2} \cdot \sqrt[3:3]{3^{3:3}} = 2 \cdot \sqrt[3]{2} \cdot 3 = 6\sqrt[3]{2}$

Observamos que quando o radicando possui um fator cujo expoente é divisível pelo índice do radical, esse fator pode ser colocado fora do radical com o expoente resultante do quociente.

8. Simplifique os radicais seguintes, utilizando as propriedades de radicais, quando necessário.

a) $\sqrt[15]{a^6}$ d) $2a\sqrt{162a^3}$ g) $\sqrt{\dfrac{288a^2}{75b^4}}$

b) $\sqrt[10]{1024}$ e) $\sqrt[3]{\dfrac{2^4}{3^6}}$ h) $\sqrt[3]{\dfrac{x^6 \cdot y^7}{z^5}}$

c) $\sqrt[5]{a^7}$ f) $\sqrt[10]{81(a+b)^8}$ i) $\sqrt{\dfrac{4a^4}{36}}$

Solução:

a) $\sqrt[15]{a^6} = \sqrt[15:3]{a^{6:3}} = \sqrt[5]{a^2}$ (dividimos o índice e o expoente por 3, pois o mdc (15,6) = 3)

b) $\sqrt[10]{1024} = \sqrt[10]{2^{10}} = 2$ (usamos a propriedade P_1)

c) $\sqrt[5]{a^7} = \sqrt[5]{a^5 \cdot a^2}$ (fatoramos de forma conveniente)
$\sqrt[5]{a^5 \cdot a^2} = \sqrt[5]{a^5} \cdot \sqrt[5]{a^2}$ (propriedade P_3)
$\sqrt[5]{a^5} \cdot \sqrt[5]{a^2} = a\sqrt[5]{a^2}$ (propriedade P_1)

d) $2a\sqrt{162a^3} = 2a\sqrt{2 \cdot 3^4 \cdot a^2 \cdot a^1} =$ (fatoramos o radicando)
$= 2 \cdot a \cdot \sqrt{2} \cdot \sqrt{3^4} \cdot \sqrt{a^2} \cdot \sqrt{a} =$ (P_3)
$= 2 \cdot a \cdot \sqrt{2} \cdot \sqrt[2:2]{3^{4:2}} \cdot \sqrt{a^2} \cdot \sqrt{a} =$ (simplificação)
$= 2 \cdot a \cdot \sqrt{2} \cdot 3^2 \cdot a\sqrt{a} =$ (P_1)
$= 18 \cdot a^2 \cdot \sqrt{2} \cdot \sqrt{a} = 18a^2\sqrt{2a}$

e) $\sqrt[3]{\dfrac{2^4}{3^6}} = \sqrt[3]{\dfrac{2^3 \cdot 2^1}{3^6}} =$ (fatoração)

$= \dfrac{\sqrt[3]{2^3 \cdot 2^1}}{\sqrt[3]{3^6}} =$ (P_4)

$= \dfrac{\sqrt[3]{2^3} \cdot \sqrt[3]{2}}{\sqrt[3:3]{3^{6:3}}} =$ (P_3 e simplificação)

$= \dfrac{2 \cdot \sqrt[3]{2}}{3^2} =$ (P_1)

$= \dfrac{2\sqrt[3]{2}}{9}$

f) $\sqrt[10]{81(a+b)^8} = \sqrt[10]{3^4(a+b)^8} =$ (fatoração)

$= \sqrt[10:2]{3^{4:2}(a+b)^{8:2}} =$ (simplificação)

$= \sqrt[5]{3^2(a+b)^4} = \sqrt[5]{9(a+b)^4}$

g) $\sqrt{\dfrac{288a^2}{75b^4}} = \sqrt{\dfrac{2^5 \cdot 3^2 \cdot a^2}{3 \cdot 5^2 \cdot b^4}} =$ (fatoração)

$= \sqrt{\dfrac{2^5 \cdot 3^2 \cdot a^2}{3 \cdot 5^2 \cdot b^4}} = \dfrac{\sqrt{2^5} \cdot \sqrt{3^2} \cdot \sqrt{a^2}}{\sqrt{3} \cdot \sqrt{5^2} \cdot \sqrt{b^4}} =$ (P_3 e P_4)

$= \dfrac{\sqrt{2^4} \cdot \sqrt{2} \cdot \sqrt{3^2} \cdot \sqrt{a^2}}{\sqrt{3} \cdot \sqrt{5^2} \cdot \sqrt{b^4}} =$ (fatoração)

$= \dfrac{\sqrt[2:2]{2^{4:2}} \cdot \sqrt{2} \cdot \sqrt{3^2} \cdot \sqrt{a^2}}{\sqrt{3} \cdot \sqrt{5^2} \cdot \sqrt[2]{b^{4:2}}} =$ (simplificação)

$= \dfrac{2^2 \cdot \sqrt{2} \cdot 3 \cdot a}{\sqrt{3} \cdot 5 \cdot b^2} =$ (P_1)

$= \dfrac{12a\sqrt{2}}{5b^2\sqrt{3}}$

h) $\sqrt[3]{\dfrac{x^6 \cdot y^7}{z^5}} = \dfrac{\sqrt[3]{x^6 \cdot y^7}}{\sqrt[3]{z^5}} =$ (P_4)

$= \dfrac{\sqrt[3]{x^6} \cdot \sqrt[3]{y^6 \cdot y^1}}{\sqrt[3]{z^3 \cdot z^2}} =$ (P_3 e fatoração)

$= \dfrac{\sqrt[3]{x^6} \cdot \sqrt[3]{y^6} \cdot \sqrt[3]{y}}{\sqrt[3]{z^3} \cdot \sqrt[3]{z^2}} =$ (P_3)

$= \dfrac{\sqrt[3:3]{x^{6:3}} \cdot \sqrt[3:3]{y^{6:3}} \cdot \sqrt[3]{y}}{\sqrt[3]{z^3} \cdot \sqrt[3]{z^2}} =$ (simplificação)

$= \dfrac{x^2 \cdot y^2 \cdot \sqrt[3]{y}}{z \cdot \sqrt[3]{z^2}}$

i) $\sqrt{\dfrac{4a^4}{36}} = \dfrac{\sqrt{4}.\sqrt{a^4}}{\sqrt{36}} =$ (P$_3$ e P$_4$)

$= \dfrac{2.\sqrt[2:2]{a^{4:2}}}{6} =$ (simplificação)

$= \dfrac{(2:2).a^2}{6:2} =$ (simplificação)

$= \dfrac{a^2}{3}$

---

9. Calcule as raízes fatorando os radicais:

a) $\sqrt{576}$ d) $\sqrt[5]{59049}$

b) $\sqrt[3]{343}$ e) $\sqrt[6]{729}$

c) $\sqrt[4]{4096}$

Solução:

a) $\sqrt{576} = \sqrt{2^6.3^2} = \sqrt{2^6}.\sqrt{3^2} = \sqrt[2:2]{2^{6:2}}.\sqrt[2:2]{3^2} = 2^3.3 = 8.3 = 24$

b) $\sqrt[3]{343} = \sqrt[3]{7^3} = 7$

c) $\sqrt[4]{4096} = \sqrt[4]{2^{12}} = \sqrt[4:4]{2^{12:4}} = 2^3 = 8$

d) $\sqrt[5]{59049} = \sqrt[5]{3^{10}} = \sqrt[5:5]{3^{10:5}} = 3^2 = 9$

e) $\sqrt[6]{729} = \sqrt[6]{3^6} = 3$

---

10. Simplifique os seguintes radicais, fatorando os radicandos:

a) $\sqrt{8}$ d) $\sqrt{1000}$

b) $\sqrt[3]{81}$ e) $\sqrt[9]{1024}$

c) $\sqrt[4]{32}$

Solução:

$\sqrt{8} = \sqrt{2^3} = \sqrt{2^2.2^1} = \sqrt[2]{2^2}.\sqrt[2]{2} = 2\sqrt{2}$

$\sqrt[3]{81} = \sqrt[3]{3^4} = \sqrt[3]{3^3.3^1} = \sqrt[3]{3^3}.\sqrt[3]{3} = 3\sqrt[3]{3}$

$\sqrt[4]{32} = \sqrt[4]{2^5} = \sqrt[4]{2^4.2^1} = \sqrt[4]{2^4}.\sqrt[4]{2} = 2\sqrt[4]{2}$

$\sqrt{1000} = \sqrt{2^3.5^3} = \sqrt{2^3}.\sqrt{5^3} = \sqrt{2^2.2^1}.\sqrt{5^2.5^1} = \sqrt{2^2}.\sqrt{2}.\sqrt{5^2}.\sqrt{5} = 2.\sqrt{2}.5.\sqrt{5} =$

$= 2.5.\sqrt{2}.\sqrt{5} = 10\sqrt{10}$ ou $\sqrt{1000} = \sqrt{10^3} = \sqrt{10^2}.\sqrt{10^1} = 10\sqrt{10}$

$\sqrt[9]{1024} = \sqrt[9]{2^{10}} = \sqrt[9]{2^9}.\sqrt[9]{2} = 2\sqrt[9]{2}$

INTRODUÇÃO DE UM FATOR NO RADICAL

Se pudermos simplificar o expoente de um radicando com o índice de um radical de forma que esse radicando possa ser colocado fora do radical, então, pela propriedade reflexiva da igualdade, podemos introduzir um fator num radical, da seguinte forma:

Vimos que $\sqrt[3]{a^6.b} = a^2.\sqrt[3]{b}$, no exemplo de simplificação de radicais.

Pela reflexiva da igualdade, temos: $a^2.\sqrt[3]{b} = \sqrt[3]{a^6.b}$

Vamos mostrar passo a passo o processo. Para um termo ser introduzido no radical ele deve receber uma potência idêntica ao índice do radical no qual está sendo inserido, vejamos:

$a^2.\sqrt[3]{b} = \sqrt[3]{\left(a^2\right)^3.b} = \sqrt[3]{a^6.b}$

Para introduzir um fator em um radical é necessário multiplicar o expoente desse fator pelo índice do radical

---

11. Introduza no radical os fatores abaixo:

a) $2\sqrt{3}$ b) $5\sqrt[3]{5}$ c) $5\sqrt[4]{2}$

Solução:

a) $2\sqrt{3} = \sqrt{2^2.3} = \sqrt{12}$

b) $5\sqrt[3]{5} = \sqrt[3]{5^3.5} = \sqrt[3]{5^4} = \sqrt[3]{625}$

c) $5\sqrt[4]{2} = \sqrt[4]{5^4.2} = \sqrt[4]{625.2} = \sqrt[4]{1350}$

---

12. Introduza no radical os fatores de cada uma das expressões abaixo:

a) $a\sqrt[3]{b}$ c) $a\sqrt{\dfrac{b}{a}}$ e) $\dfrac{p^2}{3q}\sqrt[3]{\dfrac{27q}{p}}$

b) $ab^2\sqrt[3]{b}$ d) $(x+a)\sqrt{x-a}$

Solução:

$a\sqrt[3]{b} = \sqrt[3]{a^3.b}$

$ab^2\sqrt[3]{b} = \sqrt[3]{a^3.\left(b^2\right)^3.b} = \sqrt[3]{a^3.b^6.b} = \sqrt[3]{a^3.b^7}$

$$a\sqrt{\dfrac{b}{a}} = \sqrt{a^2 \cdot \dfrac{b}{a}} = \sqrt{a^{2-1} \cdot b} = \sqrt{a \cdot b}$$

$$(x+a)\sqrt{x-a} = \sqrt{(x+a)^2 \cdot (x-a)}$$

$$\dfrac{p^2}{3q}\sqrt[3]{\dfrac{27q}{p}} = \sqrt[3]{\dfrac{(p^2)^3}{(3q)^3} \cdot \dfrac{27q}{p}} = \sqrt[3]{\dfrac{p^6}{27q^3} \cdot \dfrac{27q}{p}} = \sqrt[3]{\dfrac{27q \cdot p^6}{27q^3 \cdot p}} = \sqrt[3]{\dfrac{27}{27} \cdot \dfrac{q}{q^3} \cdot \dfrac{p^6}{p}} =$$

$$= \sqrt[3]{q^{1-3} \cdot p^{6-1}} =$$

$$= \sqrt[3]{q^{-2} \cdot p^5} = \sqrt[3]{\dfrac{p^5}{q^2}}$$

REDUÇÃO DE RADICAIS AO MESMO ÍNDICE

Queremos reduzir os radicais $\sqrt{6}$ e $\sqrt[3]{5}$ ao mesmo índice.

Pela P_2 (o valor do radical não se altera se multiplicarmos o índice do radical e o expoente do radicando pelo mesmo número) temos:

$\sqrt{6} = \sqrt[2 \cdot 3]{6^{1 \cdot 3}} = \sqrt[6]{6^3}$

$\sqrt[3]{5} = \sqrt[3 \cdot 2]{5^{1 \cdot 2}} = \sqrt[6]{5^2}$

Observe que multiplicamos o índice e o expoente do primeiro radical por 3 e o índice e o expoente do segundo radical por 2, obtendo o índice comum 6, pois 2 e 3 são primos entre si e o mmc (2,3) = 6.

No caso dos índices não serem primos entre si:

Como exemplo, vamos reduzir os radicais $\sqrt{3}$, $\sqrt[4]{3}$, $\sqrt[3]{4}$ ao mesmo índice.

Temos que mmc (2,3,4) = 12

Para encontrarmos os novos radicais, dividimos o índice comum (obtido pelo mmc entre os índices) pelo índice de cada radical, multiplicando o quociente obtido, em cada caso, pelo expoente do radicando.

Assim, 12:2 = 6 então $\sqrt{3} = \sqrt[12]{3^{1 \cdot 6}} = \sqrt[12]{3^6}$;

12 : 4 = 3 então $\sqrt[4]{3} = \sqrt[12]{3^{1 \cdot 3}} = \sqrt[12]{3^3}$;

12: 3 = 4 então $\sqrt[3]{4} = \sqrt[12]{4^{1 \cdot 4}} = \sqrt[12]{4^4}$

$\sqrt[12]{3^6}$; $\sqrt[12]{3^3}$; $\sqrt[12]{4^4}$

13. Reduza os seguintes radicais ao mesmo índice:

a) $\sqrt{2}$; $\sqrt[3]{3}$

b) $\sqrt[3]{a}$; $\sqrt{ab}$; $\sqrt[4]{2a^3}$

c) $\sqrt{xy}$; $\sqrt[4]{x^2}$; $\sqrt{3a^2}$

d) $\sqrt{a+b}$; $\sqrt[3]{a^2+b^2}$; $\sqrt[4]{a-b}$

Solução:

a) $\sqrt{2}$; $\sqrt[3]{3}$

Temos 2 e 3 como índices, o mmc (2,3) = 6

No primeiro radical $\sqrt{2}$, o novo índice é 6, vamos dividir o novo índice pelo antigo 6 : 2 = 3, agora multiplicamos 3 pelo expoente do radicando que é 1, logo $\sqrt{2} = \sqrt[6]{2^{1.3}} = \sqrt[6]{2^3}$

No segundo radical $\sqrt[3]{3}$, sendo 6 o novo índice, dividimos 6 por 3 obtendo 2, e multiplicando 2 pelo expoente do radicando 1, obtemos 2; então $\sqrt[3]{3} = \sqrt[6]{3^2}$

Logo, temos $\sqrt[6]{2^3}$ e $\sqrt[6]{3^2}$ ou $\sqrt[6]{8}$ e $\sqrt[6]{9}$

$\sqrt[3]{a}$; $\sqrt{ab}$; $\sqrt[4]{2a^3}$

O mmc(3,2,4) = 12

12 : 3 = 4, $\sqrt[3]{a} = \sqrt[12]{a^4}$

12 : 2 = 6, $\sqrt{ab} = \sqrt[12]{(ab)^6} = \sqrt[12]{a^6 \cdot b^6}$

12 : 4 = 3, $\sqrt[4]{2a^3} = \sqrt[12]{(2a^3)^3} = \sqrt[12]{2^3 \cdot a^9} = \sqrt[12]{8a^9}$

$\sqrt{xy}$; $\sqrt[4]{x^2}$; $\sqrt{3a^2}$

O mmc(2,4,2) = 4

4 : 2 = 2, $\sqrt{xy} = \sqrt[4]{(xy)^2} = \sqrt[4]{x^2 y^2}$

4 : 4 = 1, $\sqrt[4]{x^2}$

4 : 2 = 2, $\sqrt{3a^2} = \sqrt[4]{(3a^2)^2} = \sqrt[4]{3^2 a^{2.2}} = \sqrt[4]{9a^4}$

$\sqrt{a+b}$; $\sqrt[3]{a^2+b^2}$; $\sqrt[4]{a-b}$

O mmc(2,3,4) = 12

12 : 2 = 6, $\sqrt{a+b} = \sqrt[12]{(a+b)^6}$

12 : 3 = 4, $\sqrt[3]{a^2+b^2} = \sqrt[12]{(a^2+b^2)^4}$

12 : 4 = 3, $\sqrt[4]{a-b} = \sqrt[12]{(a-b)^3}$

OPERAÇÕES COM RADICAIS

ADIÇÃO E SUBTRAÇÃO

Para efetuarmos a adição e a subtração de radicais é necessário que eles sejam semelhantes, ou seja, possuam o mesmo índice e o mesmo radicando.

Para efetuar $\sqrt{3} - 2\sqrt{3} + 7\sqrt{3}$ basta colocar o radical em evidência, fator comum, e efetuar a soma algébrica dos coeficientes dos radicais.

Assim, $\sqrt{3} - 2\sqrt{3} + 7\sqrt{3} = (1 - 2 + 7)\sqrt{3} = 6\sqrt{3}$

---

14. Efetue as operações com radicais:

a) $\sqrt{2} - 2\sqrt{3} + 7\sqrt{3} + 5\sqrt{2}$

b) $3\sqrt[3]{5} + 2\sqrt[3]{5} - \sqrt[3]{5} - 4\sqrt[3]{5}$

c) $3\sqrt{50} - 2\sqrt{18} + \sqrt{98}$

Solução:

a) $\sqrt{2} - 2\sqrt{3} + 7\sqrt{3} + 5\sqrt{2} = (\sqrt{2} + 5\sqrt{2}) + (-2\sqrt{3} + 7\sqrt{3}) =$
$= (1+5)\sqrt{2} + (-2+7)\sqrt{3} = 6\sqrt{2} + 5\sqrt{3}$

b) $3\sqrt[3]{5} + 2\sqrt[3]{5} - \sqrt[3]{5} - 4\sqrt[3]{5} = (3+2-1-4)\sqrt[3]{5} = 0\sqrt[3]{5} = 0$

c) $3\sqrt{50} - 2\sqrt{18} + \sqrt{98} = 3\sqrt{2.5^2} - 2\sqrt{2.3^2} + \sqrt{2.7^2} = 3\sqrt{2}.\sqrt{5^2} - 2\sqrt{2}.\sqrt{3^2} + \sqrt{2}.\sqrt{7^2} =$
$= 3.\sqrt{2}.5 - 2.\sqrt{2}.3 + \sqrt{2}.7 = 15\sqrt{2} - 6\sqrt{2} + 7\sqrt{2} = (15 - 6 + 7)\sqrt{2} = 16\sqrt{2}$

---

15. Efetuar as seguintes operações com radicais, simplificando quando necessário:

a) $-8\sqrt{3} + 5\sqrt{3} + \sqrt{3}$

b) $3\sqrt{5} - \sqrt[3]{4} + 6\sqrt[3]{4} - 8\sqrt{5}$

c) $2\sqrt{12} + \sqrt{27} - 3\sqrt{48} + \sqrt{3}$

d) $4y\sqrt{x} - 3\sqrt{y^2.x} + 3x\sqrt{x} - 5\sqrt{x}$

e) $2\sqrt{4x+8} - \sqrt{9x+18} - 4\sqrt{16x+32}$

Solução:

a) $-8\sqrt{3} + 5\sqrt{3} + \sqrt{3} = (-8 + 5 + 1)\sqrt{3} = -2\sqrt{3}$

b) $3\sqrt{5} - \sqrt[3]{4} + 6\sqrt[3]{4} - 8\sqrt{5} = (3-8)\sqrt{5} + (-1+6)\sqrt[3]{4} = -5\sqrt{5} + 5\sqrt[3]{4} = 5(-\sqrt{5} + \sqrt[3]{4})$

c) $2\sqrt{12} + \sqrt{27} - 3\sqrt{48} + \sqrt{3} = 2\sqrt{2^2 \cdot 3} + \sqrt{3^3} - 3\sqrt{2^4 \cdot 3} + \sqrt{3} =$

$= 2.\sqrt[2]{2^2}.\sqrt[2]{3} + \sqrt[2]{3^2 \cdot 3} - 3.\sqrt[2]{2^4}.\sqrt[2]{3} + \sqrt[2]{3} =$

$= 2.2.\sqrt[2]{3} + \sqrt[2]{3^2}.\sqrt[2]{3} - 3.\sqrt[2:2]{2^{4:2}}.\sqrt[2]{3} + \sqrt[2]{3} =$

$= 4\sqrt[2]{3} + 3.\sqrt[2]{3} - 3.2^2\sqrt[2]{3} + \sqrt[2]{3} =$

$= 4\sqrt[2]{3} + 3\sqrt[2]{3} - 12\sqrt[2]{3} + \sqrt[2]{3} =$

$= (4+3-12+1)\sqrt[2]{3} = -4\sqrt[2]{3} \text{ ou } -4\sqrt{3}$

d) $4y\sqrt{x} - 3\sqrt{y^2 \cdot x} + 3x\sqrt{x} - 5\sqrt{x} =$

$= 4y\sqrt{x} - 3\sqrt{y^2}.\sqrt{x} + 3x\sqrt{x} - 5\sqrt{x} =$

$= 4y\sqrt{x} - 3y\sqrt{x} + 3x\sqrt{x} - 5\sqrt{x} =$

$= (4y - 3y + 3x - 5)\sqrt{x} =$

$= (y + 3x - 5)\sqrt{x}$

e) $2\sqrt{4x+8} - \sqrt{9x+18} - 4\sqrt{16x+32} =$

$= 2\sqrt{4(x+2)} - \sqrt{9(x+2)} - 4\sqrt{16(x+2)} =$

$= 2.\sqrt{4}.\sqrt{x+2} - \sqrt{9}.\sqrt{x+2} - 4.\sqrt{16}.\sqrt{x+2} =$

$= 2.2\sqrt{x+2} - 3\sqrt{x+2} - 4.4\sqrt{x+2} =$

$= 4\sqrt{x+2} - 3\sqrt{x+2} - 16\sqrt{x+2} =$

$= (4 - 3 - 16)\sqrt{x+2} = -15\sqrt{x+2}$

MULTIPLICAÇÃO

Na multiplicação de radicais temos duas situações distintas:

1ª) Radicais com índices iguais:
Para efetuarmos a multiplicação de radicais com índices iguais, utilizamos a reflexiva da propriedade P_3 ($\sqrt[n]{a.b} = \sqrt[n]{a}.\sqrt[n]{b}$) e definimos multiplicação de radicais por: $\sqrt[n]{a}.\sqrt[n]{b} = \sqrt[n]{a.b}$
Por exemplo, para efetuar $\sqrt{3}.\sqrt{7}.\sqrt{2}$, basta utilizar a definição acima:
$\sqrt{3}.\sqrt{7}.\sqrt{2} = \sqrt{3.7.2} = \sqrt{42}$

Um exemplo com coeficientes nos radicais: $2\sqrt{5}.\sqrt{7}.3\sqrt{3}$, multiplica-se os coeficientes deixando o produto fora do radical e multiplica-se os radicandos conforme a definição acima.

$2\sqrt{5}.\sqrt{7}.3\sqrt{3} = 2.3.\sqrt{5.7.3} = 6\sqrt{105}$

2ª) Radicais com índices diferentes:

Por exemplo, para efetuar $\sqrt{7}.\sqrt[3]{4}$, basta reduzir os radicais ao mesmo índice e depois proceder como na situação anterior.

$\sqrt{7}.\sqrt[3]{4} = \sqrt[6]{7^{1.3}}.\sqrt[6]{4^{1.2}} = \sqrt[6]{7^3}.\sqrt[6]{4^2} = \sqrt[6]{7^3.4^2} = \sqrt[6]{5488}$

No caso de potências de mesma base, $\sqrt{ab}.\sqrt[6]{a^3.b^2}$, basta reduzir os radicais ao mesmo índice e aplicar a propriedade do produto de potências e de radicais.

$\sqrt{ab}.\sqrt[6]{a^3.b^2} = \sqrt[6]{a^3.b^3}.\sqrt[6]{a^3.b^2} = \sqrt[6]{a^3.b^3.a^3.b^2} = \sqrt[6]{a^6.b^5} = \sqrt[6]{a^6}.\sqrt[6]{b^5} = a\sqrt[6]{b^5}$

---

16. Efetue as multiplicações dos radicais de mesmo índice:

a) $\sqrt[4]{5}.\sqrt[4]{3}.\sqrt[4]{7}$

b) $\sqrt{a}.\sqrt{a^5}.\sqrt{a.b^3}$

c) $\sqrt{18}.\sqrt{50}$

d) $\sqrt{\dfrac{a^2.b}{4c}}.\sqrt{\dfrac{2c^5}{2b}}$

Solução:

a) $\sqrt[4]{5}.\sqrt[4]{3}.\sqrt[4]{7} = \sqrt[4]{5.3.7} = \sqrt[4]{105}$

b) $\sqrt{a}.\sqrt{a^5}.\sqrt{a.b^3} = \sqrt{a.a^5.a.b^3} = \sqrt{a^{1+5+1}.b^3} = \sqrt{a^7.b^3}$

c) $\sqrt{18}.\sqrt{50} = \sqrt{900} = 30$

d) $\sqrt{\dfrac{a^2.b}{4c}}.\sqrt{\dfrac{2c^5}{2b}} = \sqrt{\dfrac{a^2.b.2c^5}{4c.2b}} = \sqrt{\dfrac{a^2.c^5}{4c}} = \sqrt{\dfrac{a^2.c^{5-1}}{4}} = \dfrac{\sqrt{a^2}.\sqrt{c^4}}{\sqrt{4}} = \dfrac{a.\sqrt[2:2]{c^{4:2}}}{2} = \dfrac{ac^2}{2}$

---

17. Efetue as multiplicações de radicais de índices diferentes:

a) $\sqrt[10]{a^3}.\sqrt[2]{a^5}$

b) $\sqrt[3]{a^4}.\sqrt[4]{b.a^2}.\sqrt{a^3.b^2}$

Solução:

a) Vamos reduzir os radicais ao mesmo índice e aplicar as propriedades:

$$\sqrt[10]{a^3} \cdot \sqrt[2]{a^5} = \sqrt[10]{a^3} \cdot \sqrt[2 \cdot 5]{a^{5 \cdot 5}} = \sqrt[10]{a^3} \cdot \sqrt[10]{a^{25}} = \sqrt[10]{a^{3} \cdot a^{25}} = \sqrt[10]{a^{28}} = \sqrt[10:2]{a^{28:2}} = \sqrt[5]{a^{14}}$$

b) O mesmo para $\sqrt[3]{a^4} \cdot \sqrt[4]{b \cdot a^2} \cdot \sqrt{a^3 \cdot b^2}$

O mmc(3,4,2) = 12, vamos dividir 12 por cada um dos índices multiplicando cada resultado por cada expoente correspondente.

$$\sqrt[3]{a^4} \cdot \sqrt[4]{b \cdot a^2} \cdot \sqrt{a^3 \cdot b^2} = \sqrt[12]{a^{4 \cdot 4}} \cdot \sqrt[12]{b^{1 \cdot 3} \cdot a^{2 \cdot 3}} \cdot \sqrt[12]{a^{3 \cdot 6} \cdot b^{2 \cdot 6}} =$$

$$= \sqrt[12]{a^{16}} \cdot \sqrt[12]{b^3 \cdot a^6} \cdot \sqrt[12]{a^{18} \cdot b^{12}} =$$

$$= \sqrt[12]{a^{16} \cdot a^6 \cdot a^{18} \cdot b^3 \cdot b^{12}} =$$

$$= \sqrt[12]{a^{16+6+18} \cdot b^{3+12}} =$$

$$= \sqrt[12]{a^{40} \cdot b^{15}}$$

18. Em qual das alternativas abaixo temos um número racional resultante do produto de dois números irracionais?

a) $\sqrt{7} \cdot \sqrt{4}$ c) $\sqrt{20} \cdot \sqrt{5}$

b) $\sqrt{9} \cdot \sqrt{49}$ d) $\sqrt{3} \cdot \sqrt{2}$

Solução:

a) $\sqrt{7} \cdot \sqrt{4} = \sqrt{7 \cdot 2} = 2\sqrt{7}$ é irracional

b) $\sqrt{9} \cdot \sqrt{49} = 3 \cdot 7 = 21$ que é racional mas, $\sqrt{9}$ e $\sqrt{49}$ são racionais, não são irracionais.

c) $\sqrt{20} \cdot \sqrt{5} = \sqrt{20 \cdot 5} = \sqrt{100} = 10$ é racional

d) $\sqrt{3} \cdot \sqrt{2} = \sqrt{6}$ é irracional.

Portanto, a alternativa correta é a "c".

DIVISÃO

Para efetuarmos a divisão de dois radicais usamos a reflexiva da propriedade P_4 ($\sqrt[n]{a:b} = \sqrt[n]{a} : \sqrt[n]{b}$), ou seja, definimos divisão de radicais pela relação:

$$\frac{\sqrt[n]{a}}{\sqrt[n]{b}} = \sqrt[n]{\frac{a}{b}} \quad \text{ou} \quad \sqrt[n]{a} : \sqrt[n]{b} = \sqrt[n]{a:b}$$

Como na multiplicação, temos duas situações:

1ª) Radicais com mesmo índice:

$$\sqrt[5]{3^7} : \sqrt[5]{3^2} = \sqrt[5]{3^7 : 3^2} = \sqrt[5]{3^{7-2}} = \sqrt[5]{3^5} = 3$$

Observe que no radicando utilizamos a propriedade de quociente de potências de mesma base.

2ª) Radicais com índices diferentes:

$\sqrt{5^6} : \sqrt[4]{5^3} = \sqrt[4]{5^{6.2}} : \sqrt[4]{5^{3.1}} = \sqrt[4]{5^{12}} : \sqrt[4]{5^3} = \sqrt[4]{5^{12-3}} = \sqrt[4]{5^9} = \sqrt[4]{5^4.5^4.5^1} =$

$= \sqrt[4]{5^4}.\sqrt[4]{5^4}.\sqrt[4]{5^1} = 5.5.\sqrt[4]{5} = 25\sqrt[4]{5}$

Observe que reduzimos os radicais ao mesmo índice e depois procedemos como no caso anterior.

---

19. Obtenha o quociente da divisão dos seguintes radicais de mesmo índice:

a) $\sqrt[3]{48} : \sqrt[3]{6}$

b) $4\sqrt{81} : \sqrt{3}$

c) $\sqrt[4]{a^{12}.b^7} : \sqrt[4]{a^6.b^3}$

Solução:

a) $\sqrt[3]{48} : \sqrt[3]{6} = \sqrt[3]{48:6} = \sqrt[3]{8} = \sqrt[3]{2^3} = 2$

b) $4\sqrt{81} : \sqrt{3} = 4\sqrt{81:3} = 4\sqrt{27} = 4\sqrt{3^3} = 4\sqrt{3^2}.\sqrt{3} = 4.3\sqrt{3} = 12\sqrt{3}$

c) $\sqrt[4]{a^{12}.b^7} : \sqrt[4]{a^6.b^3} = \sqrt[4]{a^{12}:a^6}.\sqrt[4]{b^7:b^3} = \sqrt[4]{a^6}.\sqrt[4]{b^4} = \sqrt[4:2]{a^{6:2}}.\sqrt[4]{b^4} = \sqrt{a^3}.b = b\sqrt{a^3}$

---

20. Efetue as divisões dos seguintes radicais:

a) $\sqrt[3]{6} : \sqrt{2}$

b) $2\sqrt[6]{27} : 4\sqrt[4]{9}$

c) $\dfrac{\sqrt[3]{8}}{\sqrt[5]{4}}$

Solução:
Nesse caso, primeiro reduziremos os radicais ao mesmo índice para depois efetuarmos a divisão.

a) $\sqrt[3]{6} : \sqrt{2} = \sqrt[3.2]{6^{1.2}} : \sqrt[2.3]{2^{1.3}} = \sqrt[6]{6^2} : \sqrt[6]{2^3} = \sqrt[6]{6^2 : 2^3} = \sqrt[6]{(2.3)^2 : 2^3} = \sqrt[6]{\dfrac{2^2.3^2}{2^3}} =$

$= \sqrt[6]{\dfrac{3^2}{2^{3-2}}} = \sqrt[6]{\dfrac{9}{2}}$

b) $2\sqrt[6]{27} : 4\sqrt[4]{9} = 2\sqrt[6]{3^3} : 4\sqrt[4]{3^2} = 2\sqrt[12]{(3^3)^2} : 4\sqrt[12]{(3^2)^3} = 2\sqrt[12]{3^6} : 4\sqrt[12]{3^6} = \dfrac{2\sqrt[12]{3^6}}{4\sqrt[12]{3^6}} = \dfrac{2}{4} = \dfrac{1}{2}$

c) $\dfrac{\sqrt[3]{8}}{\sqrt[5]{4}} = \dfrac{\sqrt[3]{2^3}}{\sqrt[5]{2^2}} = \dfrac{\sqrt[15]{(2^3)^5}}{\sqrt[15]{(2^2)^3}} = \dfrac{\sqrt[15]{2^{15}}}{\sqrt[15]{2^6}} = \sqrt[15]{2^{15}:2^6} = \sqrt[15]{2^{15-6}} = \sqrt[15]{2^9}$

POTENCIAÇÃO

Para resolver a potência $\left(\sqrt[3]{2}\right)^5$ aplicamos a definição de potenciação:

$\left(\sqrt[3]{2}\right)^5 = \sqrt[3]{2}.\sqrt[3]{2}.\sqrt[3]{2}.\sqrt[3]{2}.\sqrt[3]{2}$

Pela propriedade P_3, temos:

$\sqrt[3]{2}.\sqrt[3]{2}.\sqrt[3]{2}.\sqrt[3]{2}.\sqrt[3]{2} = \sqrt[3]{2.2.2.2.2} = \sqrt[3]{2^5}$

Portanto, $\left(\sqrt[3]{2}\right)^5 = \sqrt[3]{2^5}$

Podemos ainda simplificar: $\sqrt[3]{2^5} = \sqrt[3]{2^3.2^2} = \sqrt[3]{2^3}.\sqrt[3]{2^2} = 2\sqrt[3]{4}$

Assim, $\left(\sqrt[3]{2}\right)^5 = \sqrt[3]{2^5} = 2\sqrt[3]{4}$

---

21. Efetue as potenciações simplificando os resultados quando possível:

a) $\left(\sqrt[3]{25}\right)^2$ d) $\left(4\sqrt{1-x}\right)^2$

b) $\left(3\sqrt[5]{2}\right)^3$ e) $\left(\dfrac{2b}{a}.\sqrt[2]{\dfrac{a}{2b}}\right)^2$

c) $\left(\sqrt{a.b^3}\right)^4$

Solução:

a) $\left(\sqrt[3]{25}\right)^2 = \sqrt[3]{(5^2)^2} = \sqrt[3]{5^4} = \sqrt[3]{5^3}.\sqrt[3]{5^1} = 5\sqrt[3]{5}$

b) $\left(3\sqrt[5]{2}\right)^3 = 3^3\sqrt[5]{2^3} = 27\sqrt[5]{8}$

c) $\left(\sqrt{a.b^3}\right)^4 = \sqrt{a^4.(b^3)^4} = \sqrt[2]{a^4}.\sqrt[2]{b^{12}} = \sqrt[2:2]{a^{4:2}}.\sqrt[2:2]{b^{12:2}} = a^2.b^6$

d) $\left(4\sqrt{1-x}\right)^2 = 4^2\sqrt{(1-x)^2} = 16(1-x)$

e) $\left(\dfrac{2b}{a}.\sqrt[2]{\dfrac{a}{2b}}\right)^2 = \left(\dfrac{2b}{a}\right)^2\left(\sqrt[2]{\dfrac{a}{2b}}\right)^2 = \dfrac{4b^2}{a^2}.\dfrac{a}{2b} = \dfrac{4}{2}.\dfrac{b^2}{b}.\dfrac{a}{a^2} = \dfrac{2b^{2-1}}{a^{2-1}} = \dfrac{2b}{a}$

RADICIAÇÃO

A radiciação de um radical é definida pelo radical cujo índice é o produto dos índices dos radicais iniciais, mantendo-se o radicando:

$$\sqrt[3]{\sqrt[2]{6}} = \sqrt[3.2]{6} = \sqrt[6]{6}$$

Assim, podemos generalizar, $\sqrt[n]{\sqrt[p]{a}} = \sqrt[n.p]{a}$

Para efetuar $\sqrt[3]{4\sqrt{5}}$, basta introduzir o algarismo 4 no radical mais interno

$$\sqrt[3]{4\sqrt{5}} = \sqrt[3]{\sqrt{4^2.5}} = \sqrt[3.2]{16.5} = \sqrt[6]{80}$$

---

22. Efetue as radiciações simplificando o resultado quando possível:

a) $\sqrt[4]{\sqrt[3]{3}}$

b) $\sqrt[3]{2\sqrt[4]{5}}$

c) $\sqrt{\sqrt[3]{\sqrt{512}}}$

d) $\sqrt[5]{\dfrac{a}{b}\sqrt{\dfrac{b}{a}}}$

Solução:

a) $\sqrt[4]{\sqrt[3]{3}} = \sqrt[4.3]{3} = \sqrt[12]{3}$

b) $\sqrt[3]{2\sqrt[4]{5}}$, nesse caso primeiro precisamos inserir o 2 no radical á direita, colocando uma potência igual ao índice 4.

$$\sqrt[3]{2\sqrt[4]{5}} = \sqrt[3]{\sqrt[4]{2^4.5}} = \sqrt[12]{16.5} = \sqrt[12]{80}$$

c) $\sqrt{\sqrt[3]{\sqrt{512}}} = \sqrt[2.3.2]{512} = \sqrt[12]{512} = \sqrt[12]{2^9} = \sqrt[12:3]{2^{9:3}} = \sqrt[4]{2^3} = \sqrt[4]{8}$

d) $\sqrt[5]{\dfrac{a}{b}\sqrt{\dfrac{b}{a}}} = \sqrt[5]{\sqrt{\left(\dfrac{a}{b}\right)^2 \dfrac{b}{a}}} = \sqrt[5.2]{\dfrac{a^2.b}{b^2.a}} = \sqrt[10]{\dfrac{a}{b}}$

---

23. Bruno vai completar 21 anos e gostaria que em sua festa viessem apenas os amigos que gostam de matemática. Assim, escreveu no convite:

"Aí, galera! Vou reunir a turma em casa dia $\left(\sqrt{2+\sqrt{3}} + \sqrt{2-\sqrt{3}}\right)^2$ de Abril às 20 h, aparece tá?" Qual a data da festa de Bruno?

Solução:
Para determinar a data da festa vamos resolver $\left(\sqrt{2+\sqrt{3}} + \sqrt{2-\sqrt{3}}\right)^2$.

Lembrando que $(a + b)^2 = a^2 + 2 \cdot a \cdot b + b^2$, e fazendo a $= \sqrt{2+\sqrt{3}}$ e b $= \sqrt{2-\sqrt{3}}$ temos:

$$\left(\sqrt{2+\sqrt{3}}+\sqrt{2-\sqrt{3}}\right)^2 = \left(\sqrt{2+\sqrt{3}}\right)^2 + 2\sqrt{2+\sqrt{3}}\cdot\sqrt{2-\sqrt{3}} + \left(\sqrt{2-\sqrt{3}}\right)^2 =$$

$$= 2+\sqrt{3} + 2\cdot\sqrt{(2+\sqrt{3})\cdot(2-\sqrt{3})} + 2-\sqrt{3} = \text{(lembramos que (a + b) (a-b) = a}^2 - \text{b}^2)$$

$$= 2+\sqrt{3}+2-\sqrt{3}+2\cdot\sqrt{2^2-\left(\sqrt{3}\right)^2} = 4+2\sqrt{4-3} = 4+2\sqrt{1} = 4+2 = 6$$

A data da festa de Bruno é dia 6 de Abril.

RACIONALIZAÇÃO DE DENOMINADORES IRRACIONAIS

Racionalizar um número real representado por uma expressão $\dfrac{a}{b}$ onde b é irracional, significa encontrar uma expressão equivalente tal que o denominador seja racional. Vamos apresentar os casos mais frequentes através de exemplos:

1) Racionalizar o denominador de $\dfrac{3}{\sqrt{2}}$.

Para obter uma expressão equivalente a essa, com denominador racional, temos que eliminar a raiz quadrada do denominador. Como não podemos elevar ao quadrado, pois não encontraríamos uma expressão equivalente, podemos multiplicar numerador e denominador pelo fator $\sqrt{2}$.

$$\dfrac{3}{\sqrt{2}} = \dfrac{3\cdot\sqrt{2}}{\sqrt{2}\cdot\sqrt{2}} = \dfrac{3\sqrt{2}}{2}$$

Após apresentar o modo de conduzir os cálculos para encontrar a fração $\dfrac{3\sqrt{2}}{2}$ que é uma fração com denominador racional, equivalente a $\dfrac{3}{\sqrt{2}}$, podemos também justificar que são equivalentes, realizando as respectivas operações indicadas a seguir:

a) $\dfrac{3}{\sqrt{2}} = \dfrac{3}{1,41421356} = 2,12132034$

b) $\dfrac{3\sqrt{2}}{2} = \dfrac{3\cdot 1,41421356}{2} = 2,12132034$

Verifica-se, portanto, que as frações mencionadas nos itens "a" e "b" são equivalentes, pois seus quocientes são iguais.

2) Racionalizar o denominador de $\dfrac{2}{\sqrt[3]{2}}$.

Para eliminar a raiz cúbica do denominador, a potência do radicando deve ser 3. Como temos $\sqrt[3]{2}$, devemos multiplicar por $\sqrt[3]{2^2}$. Assim, $\sqrt[3]{2}\cdot\sqrt[3]{2^2} = \sqrt[3]{2^3} = 2$

$$\dfrac{2}{\sqrt[3]{2}} = \dfrac{2\cdot\sqrt[3]{2^2}}{\sqrt[3]{2}\cdot\sqrt[3]{2^2}} = \dfrac{2\sqrt[3]{4}}{\sqrt[3]{2^3}} = \dfrac{2\sqrt[3]{4}}{2} = \sqrt[3]{4}$$

Observe que multiplicamos sempre pelo fator cuja potência do radicando é o complemento, a diferença entre o índice e a potência do radicando. Ou seja, o fator racionalizante de $\sqrt[3]{2}$ é encontrado determinando a diferença entre o índice e a potência do radicando para a nova potência.

$\sqrt[3]{2^{3-1}} = \sqrt[3]{2^2}$

Portanto, o fator racionalizante de $\sqrt[p]{a^n}$ será $\sqrt[p]{a^{n-p}}$

3) Racionalizar o denominador de $\dfrac{2}{\sqrt{2}-\sqrt{3}}$

Observe que $(a-b)(a+b) = a^2 + ab - ba - b^2 = a^2 - b^2$.

Fazendo $a = \sqrt{2}$ e $b = \sqrt{3}$, temos:

$\left(\sqrt{2}-\sqrt{3}\right)\left(\sqrt{2}+\sqrt{3}\right) = \sqrt{2}^2 + \sqrt{2}.\sqrt{3} - \sqrt{3}.\sqrt{2} - \sqrt{3}^2 = \sqrt{2}^2 - \sqrt{3}^2$

Assim:

$\dfrac{2}{\sqrt{2}-\sqrt{3}} \cdot \dfrac{\sqrt{2}+\sqrt{3}}{\sqrt{2}+\sqrt{3}} = \dfrac{2(\sqrt{2}+\sqrt{3})}{\left(\sqrt{2}-\sqrt{3}\right).\left(\sqrt{2}+\sqrt{3}\right)} = \dfrac{2(\sqrt{2}+\sqrt{3})}{\left(\sqrt{2}\right)^2 - \left(\sqrt{3}\right)^2} = \dfrac{2(\sqrt{2}+\sqrt{3})}{2-3} =$

$= \dfrac{2(\sqrt{2}+\sqrt{3})}{-1} = -2(\sqrt{2}+\sqrt{3})$

4) Racionalizar o denominador de $\dfrac{2}{4+\sqrt{3}}$

De forma semelhante ao anterior, multiplicamos o denominador pelo conjugado dele (para encontrar o conjugado basta trocar apenas um sinal da expressão), ou seja, o conjugado de $4 + \sqrt{3}$ é $4 - \sqrt{3}$.

$\dfrac{2}{4+\sqrt{3}} = \dfrac{2}{4+\sqrt{3}} \cdot \dfrac{4-\sqrt{3}}{4-\sqrt{3}} = \dfrac{2(4-\sqrt{3})}{4^2 - \left(\sqrt{3}\right)^2} = \dfrac{2(4-\sqrt{3})}{16-3} = \dfrac{2(4-\sqrt{3})}{13}$

---

24. Racionalize os denominadores das seguintes expressões:

a) $\dfrac{3}{\sqrt{3}}$

b) $\dfrac{8}{\sqrt[3]{4}}$

c) $\dfrac{2}{\sqrt{ab}}$

d) $\dfrac{5}{\sqrt[4]{5^2}}$

Solução:

$\dfrac{3}{\sqrt{3}} \cdot \dfrac{\sqrt{3}}{\sqrt{3}} = \dfrac{3\sqrt{3}}{\sqrt{3^2}} = \dfrac{3\sqrt{3}}{3} = \sqrt{3}$

b) $\dfrac{8}{\sqrt[3]{4}} = \dfrac{8}{\sqrt[3]{4}} \cdot \dfrac{\sqrt[3]{4^2}}{\sqrt[3]{4^2}} = \dfrac{8\sqrt[3]{16}}{\sqrt[3]{4^3}} = \dfrac{8\sqrt[3]{16}}{4} = 2\sqrt[3]{16}$

c) $\dfrac{2}{\sqrt{ab}} = \dfrac{2}{\sqrt{ab}} \cdot \dfrac{\sqrt{ab}}{\sqrt{ab}} = \dfrac{2\sqrt{ab}}{ab}$

d) $\dfrac{5}{\sqrt[4]{5^2}} = \dfrac{5}{\sqrt[4]{5^2}} \cdot \dfrac{\sqrt[4]{5^2}}{\sqrt[4]{5^2}} = \dfrac{5\sqrt[4]{5^2}}{\sqrt[4]{5^4}} = \dfrac{5\sqrt[4]{5^2}}{5} = \sqrt[4]{5^2} = \sqrt[4]{25}$

---

25. Racionalize os denominadores:

a) $\dfrac{1}{\sqrt{5}+\sqrt{3}}$

b) $\dfrac{\sqrt{3}+1}{\sqrt{3}-1}$

c) $\dfrac{4}{2-\sqrt{2}}$

Solução:

a) $\dfrac{1}{\sqrt{5}+\sqrt{3}} = \dfrac{1}{\sqrt{5}+\sqrt{3}} \cdot \dfrac{\sqrt{5}-\sqrt{3}}{\sqrt{5}-\sqrt{3}} = \dfrac{\sqrt{5}-\sqrt{3}}{\left(\sqrt{5}\right)^2 - \left(\sqrt{3}\right)^2} = \dfrac{\sqrt{5}-\sqrt{3}}{5-3} = \dfrac{\sqrt{5}-\sqrt{3}}{2}$

Observe que para racionalizar o denominador multiplicamos pelo conjugado de $\sqrt{5}+\sqrt{3}$.

b) $\dfrac{\sqrt{3}+1}{\sqrt{3}-1} = \dfrac{\sqrt{3}+1}{\sqrt{3}-1} \cdot \dfrac{\sqrt{3}+1}{\sqrt{3}+1} = \dfrac{\left(\sqrt{3}+1\right)\cdot\left(\sqrt{3}+1\right)}{\left(\sqrt{3}\right)^2 - 1^2} = \dfrac{\sqrt{3}\cdot\sqrt{3} + \sqrt{3}\cdot1 + 1\cdot\sqrt{3} + 1\cdot1}{3-1} =$

$= \dfrac{3+2\sqrt{3}+1}{2} = \dfrac{4+2\sqrt{3}}{2} = \dfrac{2(2+\sqrt{3})}{2} = 2+\sqrt{3}$

c) $\dfrac{4}{2-\sqrt{2}} = \dfrac{4}{2-\sqrt{2}} \cdot \dfrac{2+\sqrt{2}}{2+\sqrt{2}} = \dfrac{4(2+\sqrt{2})}{2^2 - \left(\sqrt{2}\right)^2} = \dfrac{4(2+\sqrt{2})}{4-2} = \dfrac{4(2+\sqrt{2})}{2} = 2(2+\sqrt{2})$

---

26. Efetue $3\sqrt[3]{56} + \sqrt[3]{189} + \sqrt[3]{448} - 2\sqrt[6]{49} + \sqrt[9]{343}$

Solução:
$3\sqrt[3]{56} + \sqrt[3]{189} + \sqrt[3]{448} - 2\sqrt[6]{49} + \sqrt[9]{343} =$

$= 3\sqrt[3]{2^3 \cdot 7} + \sqrt[3]{3^3 \cdot 7} + \sqrt[3]{2^6 \cdot 7} - 2\sqrt[6]{7^2} + \sqrt[9]{7^3} =$

$= 3\sqrt[3]{2^3} \cdot \sqrt[3]{7} + \sqrt[3]{3^3} \cdot \sqrt[3]{7} + \sqrt[3]{2^6} \cdot \sqrt[3]{7} - 2\sqrt[6]{7^2} + \sqrt[9]{7^3} =$

$= 3\cdot 2\cdot\sqrt[3]{7} + 3\cdot\sqrt[3]{7} + \sqrt[3:3]{2^{6:3}} \cdot \sqrt[3]{7} - 2\cdot\sqrt[6:2]{7^{2:2}} + \sqrt[9:3]{7^{3:3}} =$

Capítulo 7   CONJUNTO DOS NÚMEROS REAIS

$$= 3.2.\sqrt[3]{7} + 3.\sqrt[3]{7} + 2^2.\sqrt[3]{7} - 2.\sqrt[3]{7} + \sqrt[3]{7} =$$
$$= 6\sqrt[3]{7} + 3\sqrt[3]{7} + 4\sqrt[3]{7} - 2\sqrt[3]{7} + \sqrt[3]{7} =$$
$$= (6+3+4-2+1)\sqrt[3]{7} =$$
$$= 12\sqrt[3]{7}$$

27. Racionalize $\dfrac{1}{\left(1+\sqrt{2}\right)-\sqrt{3}}$

Solução:

$$\dfrac{1}{\left(1+\sqrt{2}\right)-\sqrt{3}} = \dfrac{1}{\left(1+\sqrt{2}\right)-\sqrt{3}} \cdot \dfrac{\left(1+\sqrt{2}\right)+\sqrt{3}}{\left(1+\sqrt{2}\right)+\sqrt{3}} = \dfrac{\left(1+\sqrt{2}\right)+\sqrt{3}}{\left(1+\sqrt{2}\right)^2 - \left(\sqrt{3}\right)^2} =$$

$$= \dfrac{\left(1+\sqrt{2}\right)+\sqrt{3}}{\left((1+2.1.\sqrt{2}+\sqrt{2}^2)-3\right)} =$$

$$= \dfrac{\left(1+\sqrt{2}\right)+\sqrt{3}}{1+2\sqrt{2}+2-3} = \dfrac{\left(1+\sqrt{2}\right)-\sqrt{3}}{2\sqrt{2}}$$

Precisamos utilizar outro método complementar para poder racionalizar

$$\dfrac{\left(1+\sqrt{2}\right)-\sqrt{3}}{2\sqrt{2}} = \dfrac{\left(1+\sqrt{2}\right)-\sqrt{3}}{2\sqrt{2}} \cdot \dfrac{\sqrt{2}}{\sqrt{2}} = \dfrac{\left[\left(1+\sqrt{2}\right)-\sqrt{3}\right].\sqrt{2}}{2\sqrt{2}.\sqrt{2}} = \dfrac{1.\sqrt{2}+\sqrt{2}.\sqrt{2}-\sqrt{3}.\sqrt{2}}{2.2} =$$

$$= \dfrac{\sqrt{2}+2-\sqrt{6}}{4}$$

28. Simplifique $\dfrac{1+\sqrt{3}}{1-\sqrt{2}} + \dfrac{2-\sqrt{2}}{1+\sqrt{2}}$

Solução:

1º modo: Para simplificar esta expressão podemos racionalizar cada termo para depois efetuar a soma.
Primeiro termo:

$$\dfrac{1+\sqrt{3}}{1-\sqrt{2}} = \dfrac{1+\sqrt{3}}{1-\sqrt{2}} \cdot \dfrac{1+\sqrt{2}}{1+\sqrt{2}} = \dfrac{\left(1+\sqrt{3}\right).\left(1+\sqrt{2}\right)}{\left(1-\sqrt{2}\right).\left(1+\sqrt{2}\right)} = \dfrac{1.1+1.\sqrt{2}+\sqrt{3}.1+\sqrt{3}.\sqrt{2}}{1^2-\left(\sqrt{2}\right)^2} =$$

$$= \frac{1+\sqrt{2}+\sqrt{3}+\sqrt{6}}{1-2} = \frac{1+\sqrt{2}+\sqrt{3}+\sqrt{6}}{-1} = -1-\sqrt{2}-\sqrt{3}-\sqrt{6}$$

Segundo termo:

$$\frac{2-\sqrt{2}}{1+\sqrt{2}} = \frac{2-\sqrt{2}}{1+\sqrt{2}} \cdot \frac{1-\sqrt{2}}{1-\sqrt{2}} = \frac{(2-\sqrt{2}) \cdot (1-\sqrt{2})}{(1+\sqrt{2}) \cdot (1-\sqrt{2})} =$$

$$= \frac{2 \cdot 1 - 2 \cdot \sqrt{2} - \sqrt{2} \cdot 1 + \sqrt{2} \cdot \sqrt{2}}{1^2 - (\sqrt{2})^2} = \frac{2 - 2\sqrt{2} - \sqrt{2} + 2}{1-2} =$$

$$= \frac{4 - 3\sqrt{2}}{-1} = -4 + 3\sqrt{2}$$

$$\frac{1+\sqrt{3}}{1-\sqrt{2}} + \frac{2-\sqrt{2}}{1+\sqrt{2}} = -1-\sqrt{2}-\sqrt{3}-\sqrt{6} + (-4+3\sqrt{2}) = -5+2\sqrt{2}-\sqrt{3}-\sqrt{6}$$

2º modo: Vamos efetuar a soma, determinando o mmc dos denominadores

$$\frac{1+\sqrt{3}}{1-\sqrt{2}} + \frac{2-\sqrt{2}}{1+\sqrt{2}} = \frac{(1+\sqrt{2}) \cdot (1+\sqrt{3}) + (1-\sqrt{2}) \cdot (2-\sqrt{2})}{(1-\sqrt{2})(1+\sqrt{2})} =$$

$$= \frac{1+\sqrt{3}+\sqrt{2}+\sqrt{6}+2-\sqrt{2}-2\sqrt{2}+\sqrt{2} \cdot \sqrt{2}}{1^2 - (\sqrt{2})^2} =$$

$$= \frac{1+2+2+\sqrt{2}-\sqrt{2}-2\sqrt{2}+\sqrt{3}+\sqrt{6}}{1-2} = \frac{5-2\sqrt{2}+\sqrt{3}+\sqrt{6}}{-1} =$$

$$= -5+2\sqrt{2}-\sqrt{3}-\sqrt{6}$$

---

29. Mostre que são equivalentes: $\dfrac{5a\sqrt{3}}{\sqrt{2a}}$ e $\dfrac{5\sqrt{6a}}{2}$

Solução:
Para mostrar a equivalência das frações vamos racionalizar o denominador da primeira.

$$\frac{5a\sqrt{3}}{\sqrt{2a}} = \frac{5a\sqrt{3}}{\sqrt{2a}} \cdot \frac{\sqrt{2a}}{\sqrt{2a}} = \frac{5a\sqrt{6a}}{(\sqrt{2a})^2} = \frac{5a\sqrt{6a}}{2a} = \frac{5\sqrt{6a}}{2}$$

Logo, $\dfrac{5a\sqrt{3}}{\sqrt{2a}} = \dfrac{5\sqrt{6a}}{2}$

30. Calcule a expressão, sendo a um número real maior que zero, $\sqrt{\dfrac{a}{\sqrt[5]{a^4}}}$

Solução:

$\sqrt{\dfrac{a}{\sqrt[5]{a^4}}} = \dfrac{\sqrt{a}}{\sqrt{\sqrt[5]{a^4}}} =$ (P_4)

$= \dfrac{\sqrt{a}}{\sqrt[10]{a^4}} =$ (radiciação do radical)

$= \dfrac{\sqrt[2.5]{a^{1.5}}}{\sqrt[10]{a^4}} =$ (redução ao mesmo índice)

$= \dfrac{\sqrt[10]{a^5}}{\sqrt[10]{a^4}} = \sqrt[10]{\dfrac{a^5}{a^4}} =$ (divisão de radicais)

$= \sqrt[10]{a^{5-4}} = \sqrt[10]{a}$ (propriedade de quociente de potências de mesma base)

---

31. Racionalize $\dfrac{2\sqrt{3}}{\sqrt{5+\sqrt{3}}-\sqrt{5-\sqrt{3}}}$

Solução:

$\dfrac{2\sqrt{3}}{\sqrt{5+\sqrt{3}}-\sqrt{5-\sqrt{3}}} =$

$= \dfrac{2\sqrt{3}}{\sqrt{5+\sqrt{3}}-\sqrt{5-\sqrt{3}}} \cdot \dfrac{\sqrt{5+\sqrt{3}}+\sqrt{5-\sqrt{3}}}{\sqrt{5+\sqrt{3}}+\sqrt{5-\sqrt{3}}} =$

$= \dfrac{2\sqrt{3}\cdot\left(\sqrt{5+\sqrt{3}}+\sqrt{5-\sqrt{3}}\right)}{\left(\sqrt{5+\sqrt{3}}-\sqrt{5-\sqrt{3}}\right)\cdot\left(\sqrt{5+\sqrt{3}}+\sqrt{5-\sqrt{3}}\right)} =$

$= \dfrac{2\sqrt{3}\cdot\left(\sqrt{5+\sqrt{3}}\right)+2\sqrt{3}\cdot\left(\sqrt{5-\sqrt{3}}\right)}{\left(\sqrt{5+\sqrt{3}}\right)^2-\left(\sqrt{5-\sqrt{3}}\right)^2} = \dfrac{2\sqrt{3\cdot 5+3\sqrt{3}}+2\sqrt{3\cdot 5-3\sqrt{3}}}{\left(5+\sqrt{3}\right)-\left(5-\sqrt{3}\right)} =$

$= \dfrac{2\sqrt{15+3\sqrt{3}}+2\sqrt{15-3\sqrt{3}}}{5+\sqrt{3}-5+\sqrt{3}} = \dfrac{2\sqrt{15+3\sqrt{3}}+2\sqrt{15-3\sqrt{3}}}{2\sqrt{3}}$

Racionalizando, novamente:

$$\frac{2\sqrt{15+3\sqrt{3}}+2\sqrt{15-3\sqrt{3}}}{2\sqrt{3}} = \frac{2\sqrt{15+3\sqrt{3}}+2\sqrt{15-3\sqrt{3}}}{2\sqrt{3}} \cdot \frac{\sqrt{3}}{\sqrt{3}} =$$

$$= \frac{2\sqrt{3}\sqrt{15+3\sqrt{3}}+2\sqrt{3}\sqrt{15-3\sqrt{3}}}{2\sqrt{3}\cdot\sqrt{3}} =$$

$$= \frac{2\sqrt{3.15+3.3\sqrt{3}}+2\sqrt{3.15-3.3\sqrt{3}}}{2.3} =$$

$$= \frac{2\sqrt{45+9.\sqrt{3}}+2\sqrt{45-9.\sqrt{3}}}{6} = \frac{2(\sqrt{45+9.\sqrt{3}}+\sqrt{45-9.\sqrt{3}})}{6} =$$

$$= \frac{(\sqrt{45+9.\sqrt{3}}+\sqrt{45-9.\sqrt{3}})}{3}$$

OPERAÇÕES E PROPRIEDADES DOS NÚMEROS REAIS

Vimos que no conjunto dos naturais, a adição e a multiplicação são sempre possíveis; quando o minuendo é menor que o subtraendo, a subtração não é possível e, as divisões não exatas não são possíveis.

No conjunto dos inteiros apenas as divisões não exatas não são possíveis.

No conjunto dos reais, sejam números racionais ou irracionais, podemos sempre efetuar as operações de adição, subtração, multiplicação e divisão (com divisor diferente de zero)

PROPRIEDADES DA ADIÇÃO E DA MULTIPLICAÇÃO DE NÚMEROS REAIS

Fechamento
A adição de dois números reais é sempre um número real.
$a \in \mathbb{R}$, $b \in \mathbb{R}$ então $a + b \in \mathbb{R}$
A multiplicação de dois números reais é sempre um número real.
$a \in \mathbb{R}$, $b \in \mathbb{R}$ então $a \cdot b \in \mathbb{R}$

Comutativa
$a \in \mathbb{R}$, $b \in \mathbb{R}$ então $a + b = b + a$
$a \in \mathbb{R}$, $b \in \mathbb{R}$ então $a \cdot b = b \cdot a$

Associativa
$a \in \mathbb{R}$, $b \in \mathbb{R}$ então $(a + b) + c = a + (b + c)$
$a \in \mathbb{R}$, $b \in \mathbb{R}$ então $(a \cdot b) \cdot c = a \cdot (b \cdot c)$

Elemento Neutro

$a \in \mathbb{R}, 0 \in \mathbb{R}$ então $a + 0 = 0 + a = a$

$a \in \mathbb{R}, 1 \in \mathbb{R}$ então $a \cdot 1 = 1 \cdot a = a$

Elemento Simétrico

$a \in \mathbb{R}, -a \in \mathbb{R}$ então $a + (-a) = (-a) + a = 0$ (-a é chamado oposto de a)

$a \in \mathbb{R}, \dfrac{1}{a} \in \mathbb{R}$ então $a \cdot \dfrac{1}{a} = \dfrac{1}{a} \cdot a = 1$ $\left(\dfrac{1}{a}\right.$ é chamado inverso de a$\left.\right)$

Distributiva da multiplicação em relação à adição

$a \in \mathbb{R}, b \in \mathbb{R}$ $a \cdot (b + c) = a \cdot b + a \cdot c = b \cdot a + c \cdot a = (b + c) \cdot a$

SUBCONJUNTOS DO CONJUNTO DOS NÚMEROS REAIS

Conforme já visto anteriormente, os conjuntos $\mathbb{N}$ (números naturais), $\mathbb{Z}$ (números inteiros), $\mathbb{Q}$ (números racionais) e $\mathbb{I}$ (números irracionais), e o próprio $\mathbb{R}$ (números reais) são subconjuntos de $\mathbb{R}$ (números reais).

Também são subconjuntos de $\mathbb{R}$, os conjuntos:

$\mathbb{R}^* = \mathbb{R} - \{0\}$ (conjunto dos reais não nulos)

$\mathbb{R}_+ = \{x \in \mathbb{R} \mid x \geq 0\}$ (conjunto dos reais não negativos)

$\mathbb{R}_- = \{x \in \mathbb{R} \mid x \leq 0\}$ (conjunto dos reais não positivos)

Ainda, existem outros subconjuntos de $\mathbb{R}$ que são representados por uma linguagem simbólica que identificam uma propriedade, **os intervalos reais.**

Vamos apresentar alguns desses subconjuntos e sua representação na reta numerada:

1) A é o conjunto dos números reais maiores que 2, ou seja, A = $\{x \in \mathbb{R} \mid x > 2\}$

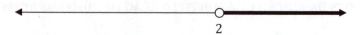

Observe que colocamos uma bola aberta em 2 pois 2 não é maior que ele mesmo, $2 \notin A$ e marcamos todos os reais à direita de 2.

Podemos representar esse conjunto pela simbologia de intervalos: $]2, +\infty[$

2) B é o conjunto dos números reais maiores ou iguais a -1, ou seja, B = $\{x \in \mathbb{R} \mid x \geq -1\}$

Observe que colocamos uma bola fechada em -1 pois $-1 \in B$ e marcamos todos os reais à direita de -1.

Podemos representar esse conjunto pelo intervalo: $[-1, +\infty[$

3) C é o conjunto dos números reais menores que $\frac{1}{2}$, ou seja, C = $\left\{x \in \mathbb{R} \mid x < \frac{1}{2}\right\}$

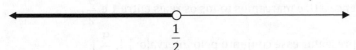

Observe que colocamos uma bola aberta em $\frac{1}{2}$, pois $\frac{1}{2}$ não é maior que ele mesmo, $\frac{1}{2} \notin C$, e marcamos os valores à esquerda de $\frac{1}{2}$. Podemos representar esse conjunto pelo intervalo: $\left]-\infty, \frac{1}{2}\right[$

4) D é o conjunto dos números reais menores ou iguais a 5, ou seja, D = $\{x \in \mathbb{R} \mid x \leq 5\}$

Observe que colocamos uma bola fechada em 5 pois 5 ∈ D e marcamos os reais à esquerda de 5.
Podemos representar esse conjunto pelo intervalo: $]-\infty, 5]$

5) E é o conjunto dos números reais maiores que – 1 e menores que 2, ou seja,
E = $\{x \in \mathbb{R} \mid x > -1 \, e \, x < 2\}$ ou D = $\{x \in \mathbb{R} \mid -1 < x < 2\}$

Observe que colocamos bola aberta em – 1 e em 2, pois ambos não pertencem à E e marcamos todos os reais entre – 1 e 2.
Podemos representar esse conjunto pelo intervalo: $]-1, 2[$

6) F é o conjunto dos números reais maiores ou iguais a – 3 e menores que 0, ou seja,
F = $\{x \in \mathbb{R} \mid x \geq -3 \, e \, x < 0\}$ ou F = $\{x \in \mathbb{R} \mid -3 \leq x < 0\}$

Observe que colocamos bola fechada em – 3, pois – 3 pertence a F e bola aberta em 0, pois 0 não pertence a F e marcamos todos os reais entre – 3 e 0.
Podemos representar esse conjunto pelo intervalo: $[-3, 0[$

7) G é o conjunto dos números reais maiores que 1 e menores ou iguais a $\frac{9}{2}$, ou seja,
G = $\left\{x \in \mathbb{R} \mid x > 1 \, e \, x \leq \frac{9}{2}\right\}$ ou G = $\left\{x \in \mathbb{R} \mid 1 < x \leq \frac{9}{2}\right\}$

Observe que colocamos bola aberta em 1, pois 1 não pertence a G, e bola fechada em $\frac{9}{2}$, pois $\frac{9}{2}$ pertence à G; e marcamos todos os reais entre 1 e $\frac{9}{2}$.

Podemos representar esse conjunto pelo intervalo: $]\,1, \frac{9}{2}\,]$

8) H é o conjunto dos números reais maiores ou iguais a −1 e menores ou iguais a 4, ou seja, H = $\{x \in \mathbb{R} \mid x \geq -1\ e\ x \leq 4\}$ ou G = $\{x \in \mathbb{R} \mid -1 \leq x \leq 4\}$

Observe que colocamos bola fechada em −1 e em 4, pois ambos pertencem a H.; e marcamos todos os reais entre −1 e 4.

Podemos representar esse conjunto pelo intervalo: [−1, 4]

9) O conjunto $\mathbb{R}$, o conjunto dos números reais pode ser representado pelo intervalo $]-\infty, +\infty[$

Vale ressaltar que $-\infty$ e $+\infty$ não são números reais, são apenas componentes da representação de intervalos ilimitados.

Chamando a e b de números reais quaisquer tais que a < b, podemos representar os intervalos reais:

Intervalo real	Símbolo	Nome	Representação
$\{x \in \mathbb{R} \mid x > a\}$	$]a, +\infty[$	Intervalo infinito aberto à esquerda em a	
$\{x \in \mathbb{R} \mid x \geq a\}$	$[a, +\infty[$	Intervalo infinito fechado à esquerda em a	
$\{x \in \mathbb{R} \mid x < a\}$	$]-\infty, a[$	Intervalo infinito aberto à direita em a	
$\{x \in \mathbb{R} \mid x \leq a\}$	$]-\infty, a]$	Intervalo infinito fechado à direita em a	
$\{x \in \mathbb{R} \mid a < x < b\}$	$]a, b[$	Intervalo aberto de extremos a e b	
$\{x \in \mathbb{R} \mid a \leq x < b\}$	$[a, b[$	Intervalo de extremos a e b, fechado à esquerda em a e aberto a direita em b	
$\{x \in \mathbb{R} \mid a < x \leq b\}$	$]a, b]$	Intervalo de extremos a e b, aberto à esquerda em a e fechado à direita em b	

Intervalo real	Símbolo	Nome	Representação
$\{x \in \mathbb{R} \mid a \leq x \leq b\}$	[a, b]	Intervalo fechado de extremos a e b.	•——• a b
$\mathbb{R}$	] −∞, +∞ [	Intervalo aberto sem extremos	←——→

OPERAÇÕES COM INTERVALOS REAIS

Sendo os intervalos reais conjuntos numéricos, podemos efetuar com eles qualquer uma das operações entre conjuntos, ou seja, união, intersecção e diferença.

Vamos apresentar um exemplo de cada operação, descrevendo passo a passo.

1) UNIÃO

Determinar A ∪ B, sendo A = [− 1,5] e B =] 3,7 [

Solução:
Para representarmos a união, consideramos três retas paralelas de forma que as marcações estejam alinhadas, ou seja:

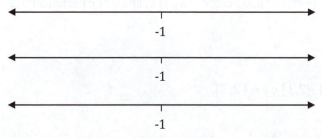

Em geral, para efetuar A ∪ B, na primeira reta representamos A e na segunda o conjunto B (identificando cada reta). Na terceira reta representamos A ∪ B lembrando que a união de A com B é o conjunto formado por todos os elementos de A ou de B.

Assim:

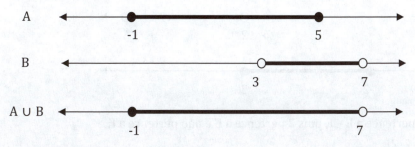

Observe que apesar de 3 não pertencer à B, ele está na união pois pertence à A. E, 7 não pertence à união pois não pertence à A e não pertence à B.

Logo, A ∪ B = [– 1,7 [

2) INTERSECÇÃO

Determinar C ∩ D, sendo C =] – 2, 1] e D =] 0, 3].

Solução:
Representamos C na primeira reta, D na segunda e na terceira reta C ∩ D.

Assim:

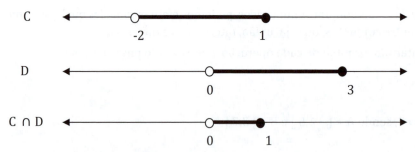

Lembramos que a intersecção é o conjunto formado pelos elementos que pertencem à C e também à D, somente os elementos comuns aos dois conjuntos.
Observe que 0 não pertence à D, portanto não pertence à C ∩ D, apesar de pertencer à C.
Logo C ∩ D =] 0,1]

3) DIFERENÇA

a) Determinar E – F, sendo E = [– 2,3] e F =] 2, 5].

Solução:
Representamos o E na primeira reta, o F na segunda reta e E – F na terceira reta.
Lembramos que E – F é o conjunto dos elementos que pertencem a E e não pertencem a F.

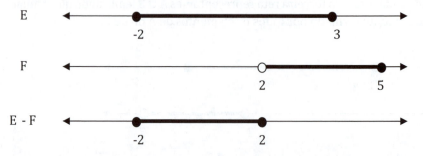

Observe que 2 pertence a E – F, pois 2 pertence a E e não pertence a F.
Logo E – F = [– 2, 2]

b) Determinar F – E.

Solução:
Representamos o F =] 2, 5] na primeira reta, E = [– 2,3] na segunda e F – E na terceira reta.
Lembramos que F – E é o conjunto dos elementos que pertencem a F e não pertencem a E.

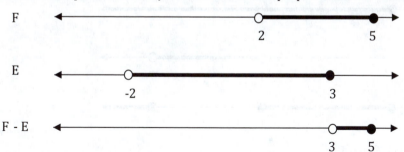

Observe que 3 não pertence a F – E pois 3 pertence a F e 3 pertence a E.
Logo F – E =] 3, 5]

32. Dados os intervalos A =] – 3, 10] e B = [5, 13], determine A ∪ B.

Solução:

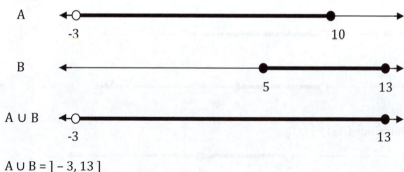

A ∪ B =] – 3, 13]

33. Determine o intervalo correspondente à [2, +∞ [∩] –∞, 4[

Solução:

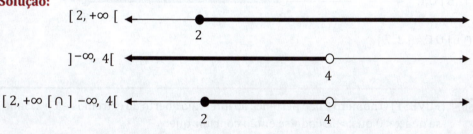

[2, +∞ [∩] –∞, 4[= [2, 4 [

34. Considerando os intervalos A = [− 2, +∞ [e B =] 1, 7 [
Obtenha A − B.

Solução:

A − B = [− 2,1] ∪ [7, +∞ [

35. Dados os intervalos A =]1,4], B =] 2,6 [e C = [4,7], determine: (A ∩ B) ∪ C

Solução:

Agora vamos determinar (A ∩ B) ∪ C

(A ∩ B) ∪ C =] 2, 7]

36. (FUVEST) O número x não pertence ao intervalo aberto de extremos − 1 e 2. Sabe-se que x < 0 ou x > 3. Pode-se então concluir que:
a) x ≤ − 1 ou x > 3

b) x ≥ 2 ou x < 0
c) x ≥ 2 ou x ≤ – 1
d) x > 3
e) n.d.a.

Solução:
Se x não pertence ao intervalo aberto de extremos – 1 e 2. Representando na reta numerada, x não pertence ao intervalo abaixo:

Então x pertence ao intervalo complementar: x é menor ou igual a – 1 (x ≤ – 1) ou x é maior ou igual a 2 (x ≥ 2).

Pelos dados do enunciado, x < 0 ou x > 3. Então x deve satisfazer as duas condições. Efetuando a intersecção, temos:

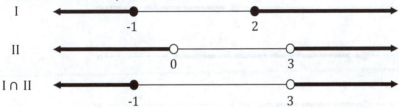

Logo, x ≤ – 1 ou x > 3.
Portanto, alternativa "a".

---

37. (UF-Viçosa) Sejam os conjuntos $A = \{x \in \mathbb{R} | 1 \leq x < 5\}$ e $B = \{x \in \mathbb{R} | 2 \leq x \leq 6\}$. Assinale a alternativa correta.

a) $A \cap B = \{2, 3, 4\}$
b) $A \cap B = \{x \in \mathbb{R} | 2 \leq x \leq 5\}$
c) $A \cap B = \{x \in \mathbb{R} | 2 < x < 5\}$
d) $A \cap B = \{x \in \mathbb{R} | 2 < x \leq 5\}$
e) $A \cap B = \{x \in \mathbb{R} | 2 \leq x < 5\}$

Solução:
Representando os conjuntos na reta numerada, temos:

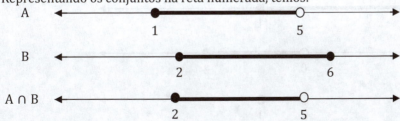

Logo, x ≥ 2 e x < 5, ou seja, 2 ≤ x < 5, sendo x real.
Portanto, alternativa "e".

38. (UF – Viçosa) Considere os intervalos a seguir:
I = $\{x \in \mathbb{R} | x \geq 2\}$ e J = $\{x \in \mathbb{R} | -2 \leq x < 4\}$
O intervalo obtido de J – I é:
a) Fechado à direita e á esquerda
b) Aberto à esquerda e fechado à direita
c) Fechado à esquerda e aberto à direita
d) Aberto à direita e aberto à esquerda
e) Diferente das alternativas anteriores

Solução:
Representando os conjuntos na reta numerada, temos:

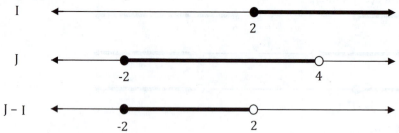

O intervalo obtido é fechado à esquerda e aberto à direita.
Portanto, alternativa "c".

39. (FGV-SP) Sejam os intervalos A =] – ∞, 1], B =] 0, 2] e
C = [– 1, 1]. O intervalo C ∪ (A ∩ B) é:
a)] – 1, 1]
b) [– 1, 1]
c) [0, 1]
d)] 0, 1]
e)] ∞, –1]

Solução:
Primeiro vamos representar A ∩ B:

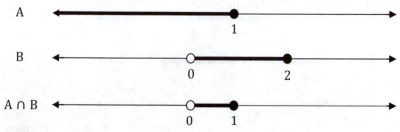

Representamos C e efetuamos a união com A ∩ B.

C
-1   1

A ∩ B
0   1

C ∪ (A ∩ B)
-1   1

C ∪ (A ∩ B) = [– 1, 1]
Portanto, alternativa "b".

---

40. (FATEC-SP) Se A = $\{x \mid x \in \mathbb{R} \text{ e } 0 < x < 2\}$ e B = $\{x \mid x \in \mathbb{R} \text{ e } -3 \leq x \leq 1\}$, então o conjunto (A ∪ B) – (A ∩ B) é:
  a) [– 3, 0] ∪] – 1, 2 [
  b) [– 3, 0 [∪ [1, 2 [
  c)] – ∞, – 3 [∪ [2, +∞ [
  d)] 0, 1]
  e) [– 3, 2 [

Solução:
Para determinar (A ∪ B) – (A ∩ B), primeiro efetuamos (A ∪ B)

A
0   2

B
-3   1

A ∪ B
-3   2

Depois determinamos (A ∩ B)

A
0   2

B
-3   1

A ∩ B
0   1

E, por fim, (A ∪ B) – (A ∩ B)

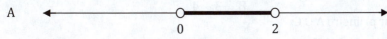

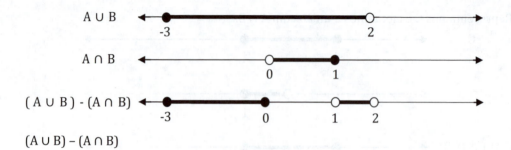

(A ∪ B) – (A ∩ B)

Observe que 0 não pertence a A ∩ B, portanto pertence a (A ∪ B) – (A ∩ B) e, 1 pertence a A ∩ B, portanto 1 não pertence a (A ∪ B) – (A ∩ B).
Logo (A ∪ B) – (A ∩ B) = [– 3, 0] ∪] 1, 2 [
Portanto, alternativa "a"

---

41. (UF-MG) Se $A = \left\{x \in \mathbb{R} \mid x > \dfrac{5}{8}\right\}$, $B = \left\{x \in \mathbb{R} \mid x < \dfrac{2}{3}\right\}$ e $C = \left\{x \in \mathbb{R} \mid \dfrac{5}{8} \leq x \leq \dfrac{3}{4}\right\}$, então (A ∪ C) ∩ B é:

a) $\left\{x \in \mathbb{R} \mid x < \dfrac{2}{3}\right\}$

b) $\left\{x \in \mathbb{R} \mid x \leq \dfrac{3}{4}\right\}$

c) $\left\{x \in \mathbb{R} \mid \dfrac{5}{8} \leq x < \dfrac{2}{3}\right\}$

d) $\left\{x \in \mathbb{R} \mid x \geq \dfrac{5}{8}\right\}$

e) $\left\{x \in \mathbb{R} \mid \dfrac{5}{8} \leq x \leq \dfrac{3}{4}\right\}$

Solução:
Antes de representarmos os conjuntos, vamos transformar os valores fracionários em decimais para melhor localizá-los na reta numerada.

$\dfrac{5}{8} = 0{,}625; \quad \dfrac{2}{3} = 0{,}666\ldots; \quad \dfrac{3}{4} = 0{,}75$

Podemos colocá-los em ordem crescente: $\dfrac{5}{8} < \dfrac{2}{3} < \dfrac{3}{4}$

Vamos representar primeiro A ∪ C:

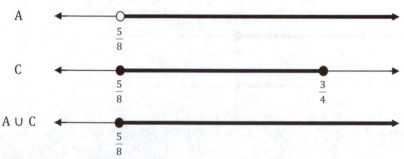

Agora, efetuamos (A ∪ C) ∩ B

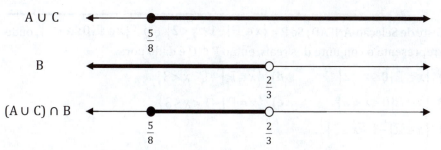

Portanto (A∪C) ∩ B = $\left\{x \in \mathbb{R} \mid \dfrac{5}{8} \leq x < \dfrac{2}{3}\right\}$, alternativa "c".

42. (MACK-SP) Sejam os conjuntos:
$A = \{x \in \mathbb{R} \mid 0 \leq x \leq 3\}$
$B = \{x \in \mathbb{R} \mid x \leq 3\}$
$C = \{x \in \mathbb{R} \mid -2 \leq x \leq 3\}$
O conjunto (B − A) ∩ C é:

a) ∅
b) $\{x \in \mathbb{R} \mid x < 0\}$
c) $\{x \in \mathbb{R} \mid x > -2\}$
d) $\{x \in \mathbb{R} \mid -2 \leq x < 0\}$
e) $\{x \in \mathbb{R} \mid -2 < x \leq 3\}$

Solução:
Efetuamos primeiro B − A:

Representamos B e efetuamos (B − A) ∩ C

Logo, (B − A) ∩ C = $\{x \in \mathbb{R} \mid -2 \leq x < 0\}$ Portanto, alternativa "d"

43. (Teste de Seleção-ANPAD) Se $P = \{x \in \mathbb{R} | -1 < x < 2\}$ e $Q = \{x \in \mathbb{R} | 0 \leq x < 3\}$, onde $\mathbb{R}$ representa o conjunto dos reais, então $P \cap Q$ é dado por:

a) $\{x \in \mathbb{R} | 0 \leq x < 2\}$
d) $\{x \in \mathbb{R} | -1 < x < 3\}$
b) $\{x \in \mathbb{R} | 0 < x < 2\}$
e) $\{x \in \mathbb{R} | -1 < x \leq 3\}$
c) $\{x \in \mathbb{R} | -1 \leq x \leq 3\}$

Solução:

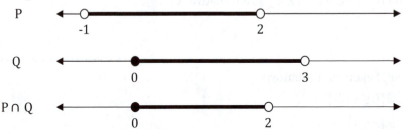

Logo, $P \cap Q = \{x \in \mathbb{R} | 0 \leq x < 2\}$
Portanto, alternativa "a".

---

44. (PUC-RS) Sejam a, b e c números reais, com a < b < c. O conjunto] a,c [−] b, c [é igual ao conjunto:

a) $\{x \in \mathbb{R} | a < x < b\}$
d) $\{x \in \mathbb{R} | b \leq x < c\}$
b) $\{x \in \mathbb{R} | a < x \leq b\}$
e) $\{x \in \mathbb{R} | b < x \leq c\}$
c) $\{x \in \mathbb{R} | a < x \leq c\}$

Solução:
Representando os intervalos, temos:

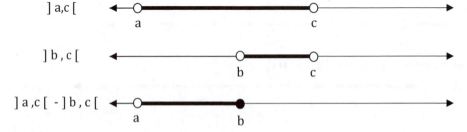

Portanto] a,c [−] b, c [= $\{x \in \mathbb{R} | a < x \leq b\}$, alternativa "b".

45. (PUC-RS) Se M = (− ∞ , 3); N = [− 1, + ∞) e P = [− 2, √10) então P − (M ∩ N) é o intervalo:
a) [− 2, 1)
b) [− 2, 3)
c) [− 1, √10)
d) (− ∞ , − 1] ∪ (3, + ∞)
e) [− 2, − 1) ∪ [3, √10)

Solução:
Neste teste foi utilizada a notação com parêntese para indicar o intervalo aberto.

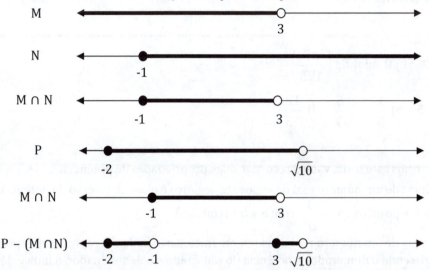

Portanto P − (M ∩ N) = [− 2, − 1) ∪ [3, √10), alternativa "e".

---

46. (FUVEST) O valor da expressão $\dfrac{0{,}3 - \dfrac{1}{4}}{\sqrt[5]{-1}} + 0{,}036 : 0{,}04$ é:

a) 0,85   b) 0,95   c) 8,85   d) 8,95

Solução:

$$\dfrac{0{,}3 - \dfrac{1}{4}}{\sqrt[5]{-1}} + 0{,}036 : 0{,}04 = \dfrac{\dfrac{3}{10} - \dfrac{1}{4}}{-1} + 0{,}9 = \dfrac{\dfrac{6-5}{20}}{-1} + \dfrac{9}{10} =$$

$$= -\dfrac{1}{20} + \dfrac{9}{10} = -\dfrac{1}{20} + \dfrac{18}{20} = \dfrac{17}{20} = = 0{,}85.$$

Portanto, alternativa "a".

47. (PUC-SP) Simplificando $\sqrt{\dfrac{75}{12}}$, obtemos:

a) $\dfrac{5}{3}$ b) $\dfrac{5}{2}$ c) $\sqrt{\dfrac{5}{3}}$ d) $\sqrt{\dfrac{5}{2}}$

Solução:
$$\sqrt{\dfrac{75}{12}} = \sqrt{\dfrac{75:3}{12:3}} = \sqrt{\dfrac{25}{4}} = \dfrac{\sqrt{25}}{\sqrt{4}} = \dfrac{5}{2}$$

Portanto, alternativa "b".

---

48. (PUC-SP) O valor de $\left(\dfrac{27}{125}\right)^{\frac{-1}{3}}$ é:

a) 15 b) $\dfrac{1}{5}$ c) $\dfrac{5}{3}$ d) $\dfrac{125}{3}$

Solução:
Para resolvermos este teste, vamos recordar duas propriedades de potência:
- Toda potência de um número real de expoente negativo é igual ao inverso da potência com expoente positivo. ($a^{-n} = \dfrac{1}{a^n}$ com $a \neq 0$ e n inteiro)
- Toda potência de um número real de expoente fracionário pode ser representada por um radical, sendo o numerador a potência do radicando e o denominador, o índice do radical, ou seja, $a^{\frac{p}{n}} = \sqrt[n]{a^p}$, sendo $a \geq 0$, p inteiro e n natural não nulo.

Assim:
$$\left(\dfrac{27}{125}\right)^{\frac{-1}{3}} = \left(\dfrac{125}{27}\right)^{\frac{1}{3}} = \sqrt[3]{\dfrac{125}{27}} = \sqrt[3]{\dfrac{5^3}{3^3}} = \dfrac{5}{3}$$

Portanto, alternativa "c".

---

49. (PUC-SP) Qual o valor de $\dfrac{\sqrt{1+\sqrt{289}}}{\sqrt{21+\sqrt{121}}}$?

a) $\dfrac{3}{4}$ b) $\dfrac{4}{7}$ c) $\dfrac{3}{8}$ d) $\dfrac{5}{11}$

Solução:
$$\dfrac{\sqrt{1+\sqrt{289}}}{\sqrt{21+\sqrt{121}}} = \dfrac{\sqrt{1+\sqrt{17^2}}}{\sqrt{21+\sqrt{11^2}}} = \dfrac{\sqrt{1+17}}{\sqrt{21+11}} = \dfrac{\sqrt{18}}{\sqrt{32}} = \dfrac{\sqrt{2 \cdot 9}}{\sqrt{2 \cdot 16}} = \dfrac{\sqrt{2} \cdot \sqrt{9}}{\sqrt{2} \cdot \sqrt{16}} = \dfrac{3\sqrt{2}}{4\sqrt{2}} = \dfrac{3}{4}$$

Portanto, alternativa "a".

50. (PUC-RJ) O valor de $\sqrt{0,444...}$ é:

a) 0,222...   b) 0,333...   c) 0,444...   d) 0,666...

Solução:
$$\sqrt{0,444...} = \sqrt{\frac{4}{9}} = \frac{2}{3} = 0,666...$$
Portanto, alternativa "d".

---

51. (SEE-SP) A sentença verdadeira é:

a) $\sqrt{12} > 4$ c) $\sqrt{12} > 3\sqrt{2}$
b) $\sqrt{12} < 2\sqrt{3}$ d) $\sqrt{12} < 4\sqrt{3}$

Solução:
Primeiro vamos fatorar o 12 para podermos comparar.
$\sqrt{12} = \sqrt{2^2 \cdot 3} = 2\sqrt{3}$
A alternativa "a" é falsa pois $\sqrt{3} < 2$, aproximadamente 1,7, $\sqrt{12} = 2\sqrt{3} < 2 \cdot 2$, logo $\sqrt{12} < 4$
A alternativa "b" é falsa pois $\sqrt{12} = 2\sqrt{3}$
A alternativa "c" é falsa pois se $\sqrt{12} = 2\sqrt{3} < 3\sqrt{3}$
A alternativa "d" é verdadeira pois $\sqrt{12} = 2\sqrt{3} < 4\sqrt{3}$
Portanto, a alternativa verdadeira é "d".

---

52. (SEE-SP) $\sqrt{50}$ e $\sqrt[3]{120}$ são respectivamente iguais a:

a) $5\sqrt{10}$ e $2\sqrt[3]{15}$ c) $5\sqrt{10}$ e $3\sqrt[3]{40}$
b) $5\sqrt{2}$ e $2\sqrt[3]{15}$ d) $5\sqrt{2}$ e $3\sqrt[3]{40}$

Solução:
Temos que $\sqrt{50} = \sqrt{2 \cdot 5^2} = 5\sqrt{2}$
$\sqrt[3]{120} = \sqrt[3]{2^3 \cdot 3 \cdot 5} = \sqrt[3]{2^3} \cdot \sqrt[3]{15} = 2\sqrt[3]{15}$
Portanto, alternativa "b".

---

53. (UFPel-RS) O valor da expressão $\left(\dfrac{1}{4}\right)^{0,5} : \left(\dfrac{1}{32}\right)^{0,2}$ é:

a) 0,5   b) 0,25   c) 0,75   d) 1

Solução:
Primeiro vamos transformar as potências decimais em frações decimais:
$$\left(\frac{1}{4}\right)^{0,5} : \left(\frac{1}{32}\right)^{0,2} = \left(\frac{1}{4}\right)^{\frac{5}{10}} : \left(\frac{1}{32}\right)^{\frac{2}{10}} = \left(\frac{1}{4}\right)^{\frac{5:5}{10:5}} : \left(\frac{1}{32}\right)^{\frac{2:2}{10:2}} = \left(\frac{1}{4}\right)^{\frac{1}{2}} : \left(\frac{1}{32}\right)^{\frac{1}{5}}$$

Lembrando da propriedade de potências fracionárias, temos:

$$\left(\frac{1}{4}\right)^{\frac{1}{2}} : \left(\frac{1}{32}\right)^{\frac{1}{5}} = \sqrt[2]{\left(\frac{1}{4}\right)^1} : \sqrt[5]{\left(\frac{1}{32}\right)^1} = \frac{\sqrt{1}}{\sqrt{4}} : \frac{\sqrt[5]{1}}{\sqrt[5]{32}} = \frac{1}{2} : \frac{1}{\sqrt[5]{2^5}} = \frac{1}{2} : \frac{1}{2} = 1$$

Portanto, alternativa "d".

---

54. (UFRN) $\sqrt{13+\sqrt{7+\sqrt{2+\sqrt{4}}}}$ é igual a:

a) 4   b) 5   c) 6   d) 7

Solução:
Vamos resolver as raízes de dentro para fora, ou nesse caso, da direita para a esquerda.

$$\sqrt{13+\sqrt{7+\sqrt{2+\sqrt{4}}}} = \sqrt{13+\sqrt{7+\sqrt{2+2}}} = \sqrt{13+\sqrt{7+\sqrt{4}}} = \sqrt{13+\sqrt{7+2}} =$$
$$= \sqrt{13+\sqrt{9}} = \sqrt{13+3} = \sqrt{16} = 4$$

---

55. (Uni-Rio-RJ) O valor de $\sqrt{15-\sqrt{32+\sqrt{25-\sqrt{81}}}}$ é:

a) 1   b) 2   c) 3   d) 4   e) 5

Solução:
Mesma forma de resolução do que o teste anterior.

$$\sqrt{15-\sqrt{32+\sqrt{25-\sqrt{81}}}} = \sqrt{15-\sqrt{32+\sqrt{25-9}}} = \sqrt{15-\sqrt{32+\sqrt{16}}} =$$
$$= \sqrt{15-\sqrt{32+4}} =$$
$$= \sqrt{15-\sqrt{36}} = \sqrt{15-6} = \sqrt{9} = 3$$

Portanto, alternativa "c".

---

56. (Saresp-SP) No quadrilátero, as medidas dos lados estão dadas em centímetros. Qual o perímetro desse quadrilátero.

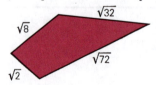

Solução:
Lembrando que o perímetro de um polígono é dado pela soma de seus lados, temos:

$$\sqrt{8}+\sqrt{32}+\sqrt{2}+\sqrt{72} = \sqrt{2^3}+\sqrt{2^5}+\sqrt{2}+\sqrt{2^3 \cdot 3^2} =$$

$$= \sqrt{2^2.2} + \sqrt{2^4.2} + \sqrt{2} + \sqrt{2^2.2.3^2} =$$
$$= \sqrt{2^2}.\sqrt{2} + \sqrt{2^4}.\sqrt{2} + \sqrt{2} + \sqrt{2^2}.\sqrt{2}.\sqrt{3^2} =$$
$$= 2\sqrt{2} + 4\sqrt{2} + \sqrt{2} + 2.\sqrt{2}.3 = 2\sqrt{2} + 4\sqrt{2} + \sqrt{2} + 6\sqrt{2} =$$
$$= (2+4+1+6)\sqrt{2} = 13\sqrt{2}$$

---

57. (UF-GO) $\sqrt{18} - \sqrt{8} - \sqrt{2}$ é igual a:
   a) 0   b) 4   c) $\sqrt{18}$ d) $\sqrt{18} - \sqrt{6}$

Solução:
$$\sqrt{18} - \sqrt{8} - \sqrt{2} = \sqrt{2.9} - \sqrt{2^3} - \sqrt{2} = \sqrt{2}.\sqrt{9} - \sqrt{2^2}.\sqrt{2} - \sqrt{2} =$$
$$= 3\sqrt{2} - 2\sqrt{2} - \sqrt{2} = (3-2-1)\sqrt{2} = 0$$
Portanto, alternativa "a".

---

58. (SEE-SP) O valor de $5\sqrt{45} + 3\sqrt{5} - 2\sqrt{125}$ é:
   a) $6\sqrt{3}$ b) $6\sqrt{5}$ c) $8\sqrt{5}$ d) $-6\sqrt{5}$

Solução:
$$5\sqrt{45} + 3\sqrt{5} - 2\sqrt{125} = 5\sqrt{3^2.5} + 3\sqrt{5} - 2\sqrt{5^3} = 5.\sqrt{3^2}.\sqrt{5} + 3\sqrt{5} - 2.\sqrt{5^2.5} =$$
$$= 5.3\sqrt{5} + 3\sqrt{5} - 2.5\sqrt{5} = 15\sqrt{5} + 3\sqrt{5} - 10\sqrt{5} = 8\sqrt{5}$$
Portanto, alternativa "c".

---

59. (PUC-SP) Os números $\sqrt[4]{5}, \sqrt[3]{3}$ e $\sqrt{2}$, são colocados:
   a) Em ordem crescente
   b) Em ordem decrescente
   c) Em ordem não decrescente
   d) n.d.a.

Solução:
Para comparar os radicais, é necessário que tenham o mesmo índice.
Vamos reduzir ao mesmo índice os radicais $\sqrt[4]{5}, \sqrt[3]{3}$ e $\sqrt{2}$.
O mmc(4,3 2) = 12
12 : 4 = 3, $\sqrt[4]{5} = \sqrt[12]{5^3} = \sqrt[12]{125}$
12 : 3 = 4, $\sqrt[3]{3} = \sqrt[12]{3^4} = \sqrt[12]{81}$
12 : 2 = 6, $\sqrt{2} = \sqrt[12]{2^6} = \sqrt[12]{64}$

Logo, os radicais estão colocados em ordem decrescente (do maior para o menor)
Portanto, alternativa "b".

60. (PUC-SP) Sendo $\sqrt{2}+\sqrt{3}=\sqrt{5+2\sqrt{n}}$, calcule n.

Solução:
Para determinarmos o valor de n na igualdade $\sqrt{2}+\sqrt{3}=\sqrt{5+2\sqrt{n}}$, vamos elevar ambos os membros da iguald:

$$(\sqrt{2}+\sqrt{3})^2 = (\sqrt{2}+\sqrt{3})(\sqrt{2}+\sqrt{3})$$

$$(\sqrt{2}+\sqrt{3})^2 = \sqrt{4}+\sqrt{2.3}+\sqrt{2.3}+\sqrt{9}$$

$$(\sqrt{2}+\sqrt{3})^2 = 2+2.\sqrt{6}+3 = 5+2\sqrt{6} \quad (1)$$

$$\left(\sqrt{5+2\sqrt{n}}\right)^2 = 5+2\sqrt{n} \quad (2)$$

De (1) e (2) temos:

$5+2\sqrt{n} = 5+2\sqrt{6}$

$\cancel{5}+2\sqrt{n} = \cancel{5}+2\sqrt{6}$

$2\sqrt{n} = 2\sqrt{6}$, dividindo ambos os membros por 2, temos:

$\dfrac{\cancel{2}\sqrt{n}}{\cancel{2}} = \dfrac{\cancel{2}\sqrt{6}}{\cancel{2}}$, $\sqrt{n}=\sqrt{6}$, elevando novamente ao quadrado, $n=6$

---

61. (FUVEST) Seja $r = \sqrt{2}+\sqrt{3}$. Escreva $\sqrt{6}$ em função de r.

Solução:
Pelo exercício anterior, podemos observar que $\left(\sqrt{2}+\sqrt{3}\right)^2 = 5+2\sqrt{6}$.

Assim, se $r = \sqrt{2}+\sqrt{3}$ então $r^2 = \left(\sqrt{2}+\sqrt{3}\right)^2 = 5+2\sqrt{6}$

Logo, $r^2 - 5 = 2\sqrt{6}$

Portanto, $\dfrac{r^2-5}{2} = \sqrt{6}$

---

62. (UFCE) Se $p = 8.\sqrt{\dfrac{3}{4} - \dfrac{\sqrt{12}}{2}}$ e que $q = 3\sqrt{27} - 2.\sqrt{\dfrac{6}{32}}$, então $2\sqrt{3}(p+q)$ é igual a:

a) 63   b) 65   c) 67   d) 69

Solução:
Vamos determinar primeiro o valor de p + q:

$p = 8.\sqrt{\dfrac{3}{4}} - \dfrac{\sqrt{12}}{2}$ e $q = 3\sqrt{27} - 2.\sqrt{\dfrac{6}{32}}$

$p + q = 8.\sqrt{\dfrac{3}{4}} - \dfrac{\sqrt{12}}{2} + 3\sqrt{27} - 2.\sqrt{\dfrac{6}{32}} = 8.\sqrt{\dfrac{3}{4}} - \dfrac{\sqrt{2^2.3}}{2} + 3\sqrt{3^3} - 2.\sqrt{\dfrac{6:2}{32:2}} =$

$= 8.\sqrt{\dfrac{3}{4}} - \dfrac{\sqrt{2^2}.\sqrt{3}}{2} + 3\sqrt{3^2}.\sqrt{3} - 2.\sqrt{\dfrac{3}{16}} =$

$= 8.\dfrac{\sqrt{3}}{\sqrt{4}} - \dfrac{2\sqrt{3}}{2} + 3.3.\sqrt{3} - 2.\dfrac{\sqrt{3}}{\sqrt{16}} =$

$= \dfrac{8}{2}\sqrt{3} - \sqrt{3} + 9\sqrt{3} - \dfrac{2}{4}\sqrt{3} = \dfrac{8}{2}\sqrt{3} - \sqrt{3} + 9\sqrt{3} - \dfrac{1}{2}\sqrt{3} =$

$= \left(\dfrac{8}{2} - 1 + 9 - \dfrac{1}{2}\right)\sqrt{3} = \left(\dfrac{8 - 2 + 18 - 1}{2}\right)\sqrt{3} = \dfrac{23}{2}\sqrt{3}$

Se $p + q = \dfrac{23}{2}\sqrt{3}$, então:

$2\sqrt{3}(p+q) = 2\sqrt{3}\left(\dfrac{23}{2}\sqrt{3}\right) = \dfrac{2}{2}.\sqrt{3}.\sqrt{3}.23 = 3.23 = 69$

Portanto, alternativa "d".

---

63. (MACK-SP) A expressão $\sqrt{2} + \sqrt{3}.\sqrt{18}$ é igual a:

a) $\sqrt{56}$ b) $\sqrt{108}$ c) $\sqrt{6} + 6$ d) $\sqrt{2}(1 + 3\sqrt{3})$

Solução:
$\sqrt{2} + \sqrt{3}.\sqrt{18} = \sqrt{2} + \sqrt{3}.\sqrt{2.9} = \sqrt{2} + \sqrt{3}.\sqrt{2}.\sqrt{9} = \sqrt{2} + \sqrt{3}.\sqrt{2}.3 = \sqrt{2}(1 + \sqrt{3}.3) =$
$= \sqrt{2}(1 + 3\sqrt{3})$

Portanto, alternativa "d".

---

64. (Fec-ABC-SP) A expressão $\dfrac{\sqrt{50} - \sqrt{8}}{\sqrt{2}}$ simplificada resulta:

a) 3   b) $\sqrt{21}$ c) $\sqrt{42}$ d) n.d.a.

Solução:
$\dfrac{\sqrt{50} - \sqrt{8}}{\sqrt{2}} = \dfrac{\sqrt{2}.\sqrt{5^2} - \sqrt{2^2}.\sqrt{2}}{\sqrt{2}} = \dfrac{5\sqrt{2} - 2\sqrt{2}}{\sqrt{2}} = \dfrac{\sqrt{2}(5-2)}{\sqrt{2}} = 3$

Portanto, alternativa "a".

65. (UFRN) O valor que devemos adicionar a 5 para obter o quadrado de $\sqrt{2}+\sqrt{3}$ é:

a) $\sqrt{6}$ b) $2\sqrt{2}$ c) $2\sqrt{3}$ d) $2\sqrt{6}$

Solução:
Vamos determinar o quadrado de $\sqrt{2}+\sqrt{3}$

$$\left(\sqrt{2}+\sqrt{3}\right)^2 = \left(\sqrt{2}\right)^2 + 2.\sqrt{2}.\sqrt{3} + \left(\sqrt{3}\right)^2 = 2 + 2\sqrt{6} + 3 = 5 + 2\sqrt{6}$$

Então para obtermos o quadrado de $\sqrt{2}+\sqrt{3}$, basta adicionar $2\sqrt{6}$ a 5.
Portanto, alternativa "d".

---

66. (UFMG) O quociente $\left(7\sqrt{3} - 5\sqrt{48} + 2\sqrt{192}\right) : 3\sqrt{3}$ é igual a:

a) 1   b) 2   c) $2\sqrt{3}$ d) $3\sqrt{3}$

Solução:
$$\left(7\sqrt{3} - 5\sqrt{48} + 2\sqrt{192}\right) : 3\sqrt{3} = \left(7\sqrt{3} - 5\sqrt{2^4.3} + 2\sqrt{2^6.3}\right) : 3\sqrt{3} =$$
$$= \left(7\sqrt{3} - 5\sqrt{2^4}.\sqrt{3} + 2\sqrt{2^6}.\sqrt{3}\right) : 3\sqrt{3} = \left(7\sqrt{3} - 5.2^2.\sqrt{3} + 2.2^3\sqrt{3}\right) : 3\sqrt{3} =$$
$$= \left(7\sqrt{3} - 20\sqrt{3} + 16\sqrt{3}\right) : 3\sqrt{3} = 3\sqrt{3} : 3\sqrt{3} = 1$$

Portanto, alternativa "a".

---

67. (FUVEST) $\dfrac{\sqrt{2}+\sqrt{3}}{\sqrt{3}}$ é igual a:

a) $\dfrac{2+\sqrt{6}}{6}$ b) $\dfrac{3+\sqrt{6}}{6}$ c) $\dfrac{2+\sqrt{6}}{3}$ d) $\dfrac{3+\sqrt{6}}{3}$

Solução:
$$\dfrac{\sqrt{2}+\sqrt{3}}{\sqrt{3}} = \dfrac{\sqrt{2}+\sqrt{3}}{\sqrt{3}} \cdot \dfrac{\sqrt{3}}{\sqrt{3}} = \dfrac{\left(\sqrt{2}+\sqrt{3}\right).\sqrt{3}}{\sqrt{3}.\sqrt{3}} = \dfrac{\sqrt{2}.\sqrt{3}+\sqrt{3}.\sqrt{3}}{3} = \dfrac{\sqrt{6}+3}{3}$$

Portanto alternativa "d".

---

68. (FUVEST) Qual é o valor da expressão $\dfrac{\sqrt{3}+1}{\sqrt{3}-1} + \dfrac{\sqrt{3}-1}{\sqrt{3}+1}$?

a) 4   b) 3   c) 2   d) $\sqrt{2}$

Solução:

$$\frac{\sqrt{3}+1}{\sqrt{3}-1}+\frac{\sqrt{3}-1}{\sqrt{3}+1}=\frac{(\sqrt{3}+1).(\sqrt{3}+1)+(\sqrt{3}-1)(\sqrt{3}-1)}{(\sqrt{3}-1).(\sqrt{3}+1)}=$$

$$=\frac{\sqrt{3}.\sqrt{3}+\sqrt{3}.1+1.\sqrt{3}+1.1+\sqrt{3}.\sqrt{3}+\sqrt{3}.(-1)-1.\sqrt{3}+(-1).(-1)}{(\sqrt{3})^2-1^2}=$$

$$=\frac{3+2\sqrt{3}+1+3-2\sqrt{3}+1}{3-1}=\frac{8}{2}=4$$

Portanto, alternativa "a".

---

69. (FUVEST) $\dfrac{2}{\sqrt{5}-\sqrt{3}}-\dfrac{2}{\sqrt[3]{2}}$ é igual a:

a) $\sqrt{5}+\sqrt{3}+\sqrt[3]{4}$ c) $\sqrt{5}-\sqrt{3}-\sqrt[3]{2}$
b) $\sqrt{5}+\sqrt{3}-\sqrt[3]{2}$ d) $\sqrt{5}+\sqrt{3}-\sqrt[3]{4}$

Solução:
Para resolver a expressão o caminho mais simples é racionalizar o denominador de cada fração para depois realizar a subtração.

Vamos racionalizar o denominador do minuendo:

$$\frac{2}{\sqrt{5}-\sqrt{3}}=\frac{2}{\sqrt{5}-\sqrt{3}}\cdot\frac{\sqrt{5}+\sqrt{3}}{\sqrt{5}+\sqrt{3}}=\frac{2(\sqrt{5}+\sqrt{3})}{(\sqrt{5}-\sqrt{3}).(\sqrt{5}+\sqrt{3})}=\frac{2(\sqrt{5}+\sqrt{3})}{(\sqrt{5})^2-(\sqrt{3})^2}=\frac{2(\sqrt{5}+\sqrt{3})}{5-3}=$$

$$=\frac{2(\sqrt{5}+\sqrt{3})}{2}=\sqrt{5}+\sqrt{3}$$

Vamos racionalizar o denominador do subtraendo:

$$\frac{2}{\sqrt[3]{2}}=\frac{2}{\sqrt[3]{2}}\cdot\frac{\sqrt[3]{2^2}}{\sqrt[3]{2^2}}=\frac{2\sqrt[3]{2^2}}{\sqrt[3]{2^3}}=\frac{2\sqrt[3]{2^2}}{2}=\sqrt[3]{4}$$

Então, $\dfrac{2}{\sqrt{5}-\sqrt{3}}-\dfrac{2}{\sqrt[3]{2}}=\sqrt{5}+\sqrt{3}-\sqrt[3]{4}$

Portanto, alternativa "d".

---

70. (MACK-SP) Racionalizando o denominador da fração $\dfrac{1}{\sqrt{5}-2}$, obtemos:

a) $2+\sqrt{5}$ b) $2-\sqrt{5}$ c) $3+\sqrt{5}$ d) $\sqrt{5}-2$

Solução:

$$\frac{1}{\sqrt{5}-2} = \frac{1}{\sqrt{5}-2} \cdot \frac{\sqrt{5}+2}{\sqrt{5}+2} = \frac{\sqrt{5}+2}{(\sqrt{5}-2)\cdot(\sqrt{5}+2)} = \frac{\sqrt{5}+2}{(\sqrt{5})^2 - 2^2} = \frac{\sqrt{5}+2}{5-4} = \sqrt{5}+2$$

Portanto, alternativa "a".

---

71. (UFU-MG) Racionalizando o denominador da fração $\dfrac{2\sqrt{3}}{\sqrt{5}-\sqrt{3}}$, obtém-se:

a) $\sqrt{15}-3$ c) $\sqrt{15}+3$

b) $\dfrac{\sqrt{15}-3}{2}$ d) $\dfrac{\sqrt{15}+3}{2}$

Solução:

$$\frac{2\sqrt{3}}{\sqrt{5}-\sqrt{3}} = \frac{2\sqrt{3}}{\sqrt{5}-\sqrt{3}} \cdot \frac{\sqrt{5}+\sqrt{3}}{\sqrt{5}+\sqrt{3}} = \frac{2\sqrt{3}\cdot(\sqrt{5}+\sqrt{3})}{(\sqrt{5}-\sqrt{3})\cdot(\sqrt{5}+\sqrt{3})} = \frac{2\sqrt{3}\cdot\sqrt{5}+2\sqrt{3}\cdot\sqrt{3}}{(\sqrt{5})^2-(\sqrt{3})^2} =$$

$$= \frac{2\sqrt{15}+2\cdot3}{5-3} = \frac{2\sqrt{15}+6}{2} = \frac{2(\sqrt{15}+3)}{2} = \sqrt{15}+3$$

Portanto, alternativa "c".

---

72. (UF-PR) A expressão $\dfrac{2-\sqrt{2}}{\sqrt{2}-1}$ se reduz a:

a) 2   b) $\sqrt{2}$ c) $\sqrt{2}+1$ d) $\dfrac{1}{\sqrt{2}}$

Solução:

$$\frac{2-\sqrt{2}}{\sqrt{2}-1} = \frac{2-\sqrt{2}}{\sqrt{2}-1} \cdot \frac{\sqrt{2}+1}{\sqrt{2}+1} = \frac{(2-\sqrt{2})\cdot(\sqrt{2}+1)}{(\sqrt{2}-1)\cdot(\sqrt{2}+1)} = \frac{2\cdot\sqrt{2}+2\cdot1-\sqrt{2}\cdot\sqrt{2}-\sqrt{2}\cdot1}{(\sqrt{2})^2-1^2} =$$

$$= \frac{2\sqrt{2}+2-2-\sqrt{2}}{2-1} = \frac{(2-1)\sqrt{2}}{1} = \sqrt{2}$$

Portanto, alternativa "b".

---

73. (Unip-SP) $\dfrac{4+\sqrt{5}}{2+\sqrt{5}}$ é igual a:

a) $\sqrt{5}+1$ c) $\sqrt{5}+3$

b) $\sqrt{5}-1$ d) $2\sqrt{5}-3$

Solução:

$$\frac{4+\sqrt{5}}{2+\sqrt{5}} = \frac{4+\sqrt{5}}{2+\sqrt{5}} \cdot \frac{2-\sqrt{5}}{2-\sqrt{5}} = \frac{(4+\sqrt{5}) \cdot (2-\sqrt{5})}{(2+\sqrt{5}) \cdot (2-\sqrt{5})} = \frac{4 \cdot 2 + 4 \cdot (-\sqrt{5}) + \sqrt{5} \cdot 2 + \sqrt{5} \cdot (-\sqrt{5})}{2^2 - (\sqrt{5})^2} =$$

$$= \frac{8 - 4\sqrt{5} + 2\sqrt{5} - 5}{4-5} = \frac{3 - 2\sqrt{5}}{-1} = 2\sqrt{5} - 3$$

Portanto, alternativa "d".

---

74. (Cesgranrio-RJ) Racionalizando o denominador vemos que a razão $\frac{1+\sqrt{3}}{\sqrt{3}-1}$ é igual a:

a) $2+\sqrt{3}$ c) $1+2\sqrt{3}$
b) $\sqrt{3}+\sqrt{2}$ d) $2+2\sqrt{3}$

Solução:

$$\frac{1+\sqrt{3}}{\sqrt{3}-1} = \frac{1+\sqrt{3}}{\sqrt{3}-1} \cdot \frac{\sqrt{3}+1}{\sqrt{3}+1} = \frac{(1+\sqrt{3}) \cdot (\sqrt{3}+1)}{(\sqrt{3}-1) \cdot (\sqrt{3}+1)} = \frac{1 \cdot \sqrt{3} + 1 \cdot 1 + \sqrt{3} \cdot \sqrt{3} + \sqrt{3} \cdot 1}{(\sqrt{3})^2 - 1^2} =$$

$$= \frac{\sqrt{3}+1+3+\sqrt{3}}{3-1} = \frac{4+2\sqrt{3}}{2} = \frac{2(2+\sqrt{3})}{2} = 2+\sqrt{3}$$

Portanto, alternativa "a"

---

75. (FCC-RJ) Se $x \in \mathbb{R}$ é tal que o inverso de $x - \sqrt{3}$ é $x + \sqrt{3}$, então x^2 vale:

a) 4   b) 3   c) 2   d) 1   e) 0

Solução:
Se o inverso de $x - \sqrt{3}$ é $x + \sqrt{3}$, então

$$\frac{1}{x-\sqrt{3}} = x + \sqrt{3}$$

Calculando o primeiro membro:

$$\frac{1}{x-\sqrt{3}} = \frac{1}{x-\sqrt{3}} \cdot \frac{x+\sqrt{3}}{x+\sqrt{3}} = \frac{x+\sqrt{3}}{x^2 - 3}$$

Mas,

$$\frac{x+\sqrt{3}}{x^2-3} = x+\sqrt{3}$$

$$\frac{x+\sqrt{3}}{x^2-3} = \frac{x+\sqrt{3}}{1}$$

Para que haja a igualdade, o numerador da fração da esquerda é igual ao numerador da fração da direita e, o denominador da fração da esquerda deve ser igual ao denominador da fração da direita.

Então, $x^2 - 3 = 1$

$x^2 = 4$

Portanto, alternativa "a".

---

76. (FUVEST) $\sqrt[3]{\dfrac{2^{28} + 2^{30}}{10}}$ é igual a:

a) $\dfrac{2^8}{5}$ b) $\dfrac{2^9}{5}$ c) 2^8 d) 2^9 e) $\left(\dfrac{2^{58}}{10}\right)^{\frac{1}{3}}$

Solução:

$$\sqrt[3]{\frac{2^{28}+2^{30}}{10}} = \sqrt[3]{\frac{2^{28}(1+2^2)}{10}} = \sqrt[3]{\frac{2^{28} \cdot 5}{10}} = \sqrt[3]{\frac{2^{28}}{2}} = \sqrt[3]{2^{28-1}} = \sqrt[3]{2^{27}} = \sqrt[3:3]{2^{27:3}} = 2^9$$

Portanto, alternativa "d".

---

77. (Unifor-CE) Se a e b são números reais positivos, tais que a . b¹ 0, e a ≠ b, a expressão $\dfrac{a^{-1}-b^{-1}}{a^{-\frac{1}{2}}-b^{-\frac{1}{2}}}$ é equivalente a:

a) $\dfrac{1}{a}+\dfrac{1}{b}$ c) $\dfrac{\sqrt{a}}{a}+\dfrac{\sqrt{b}}{b}$ e) $\dfrac{\sqrt{a}+\sqrt{b}}{b+a}$

b) $\sqrt{a}+\sqrt{b}$ d) $\dfrac{\sqrt{a}+\sqrt{b}}{ab}$

Solução:

Para resolver a expressão $\dfrac{a^{-1}-b^{-1}}{a^{-\frac{1}{2}}-b^{-\frac{1}{2}}}$, vamos recordar algumas definições.

Uma potência com expoente negativo é igual ao inverso da mesma potência com o expoente positivo.

E, o expoente fracionário é uma representação de um radical, $\sqrt[p]{a^n} = a^{\frac{n}{p}}$

$$\frac{a^{-1}-b^{-1}}{a^{-\frac{1}{2}}-b^{-\frac{1}{2}}} = \frac{\frac{1}{a}-\frac{1}{b}}{\left(\frac{1}{a}\right)^{\frac{1}{2}}-\left(\frac{1}{b}\right)^{\frac{1}{2}}} = \frac{\frac{b}{ab}-\frac{a}{ab}}{\sqrt{\frac{1}{a}}-\sqrt{\frac{1}{b}}} = \frac{\frac{b-a}{ab}}{\frac{1}{\sqrt{a}}-\frac{1}{\sqrt{b}}} = \left(\frac{b-a}{ab}\right) : \left(\frac{1}{\sqrt{a}}\cdot\frac{\sqrt{a}}{\sqrt{a}}-\frac{1}{\sqrt{b}}\cdot\frac{\sqrt{b}}{\sqrt{b}}\right) =$$

$$= \left(\frac{b-a}{ab}\right) : \left(\frac{\sqrt{a}}{a}-\frac{\sqrt{b}}{b}\right) =$$

$$= \left(\frac{b-a}{ab}\right) : \left(\frac{b\sqrt{a}}{ab}-\frac{a\sqrt{b}}{ab}\right) = \left(\frac{b-a}{ab}\right) : \left(\frac{b\sqrt{a}-a\sqrt{b}}{ab}\right) =$$

$$= \left(\frac{b-a}{ab}\right) \cdot \left(\frac{ab}{b\sqrt{a}-a\sqrt{b}}\right) = \frac{b-a}{b\sqrt{a}-a\sqrt{b}} =$$

$$= \frac{b-a}{b\sqrt{a}-a\sqrt{b}} \cdot \frac{b\sqrt{a}+a\sqrt{b}}{b\sqrt{a}+a\sqrt{b}} =$$

$$= \frac{b^2\sqrt{a}+ba\sqrt{b}-ab\sqrt{a}-a^2\sqrt{b}}{\left(b\sqrt{a}\right)^2-\left(a\sqrt{b}\right)^2} = \frac{b^2\sqrt{a}-ab\sqrt{a}+ba\sqrt{b}-a^2\sqrt{b}}{b^2a-a^2b} =$$

$$= \frac{b\sqrt{a}(b-a)+a\sqrt{b}(b-a)}{ab(b-a)} = \frac{\left(b\sqrt{a}+a\sqrt{b}\right)(b-a)}{ab(b-a)} =$$

$$= \frac{b\sqrt{a}}{ab}+\frac{a\sqrt{b}}{ab} = \frac{\sqrt{a}}{a}+\frac{\sqrt{b}}{b}$$

Portanto, alternativa "c".

---

78. (UFPE) Assinale a afirmativa correta.

a) $\dfrac{\sqrt{3}+\sqrt{2}}{\sqrt{3}-\sqrt{2}}-2\sqrt{6}$ é um número irracional

b) $0{,}6\%$ de $3\dfrac{1}{3}$ é igual a $0{,}2$.

c) $\dfrac{0{,}178178178\ldots}{0{,}5050\ldots}$ é um número real irracional

d) $\left(\dfrac{2}{3}\right)^{30} > \left(\dfrac{2}{5}\right)^{50}$

e) $\left|\dfrac{1}{11}-\dfrac{1}{12}\right| = \dfrac{1}{12}-\dfrac{1}{11}$

Solução:
Vamos simplificar cada afirmação para determinar a única alternativa correta.

a) $\dfrac{\sqrt{3}+\sqrt{2}}{\sqrt{3}-\sqrt{2}} - 2\sqrt{6}$ é um número irracional

$$\dfrac{\sqrt{3}+\sqrt{2}}{\sqrt{3}-\sqrt{2}} - 2\sqrt{6} = \dfrac{\sqrt{3}+\sqrt{2}}{\sqrt{3}-\sqrt{2}} \cdot \dfrac{\sqrt{3}+\sqrt{2}}{\sqrt{3}+\sqrt{2}} - 2\sqrt{6} = \dfrac{3+2\sqrt{2}\cdot\sqrt{3}+2}{\left(\sqrt{3}\right)^2-\left(\sqrt{2}\right)^2} - 2\sqrt{6} =$$

$$= \dfrac{5+2\sqrt{6}}{3-2} - 2\sqrt{6} = 5 + 2\sqrt{6} - 2\sqrt{6} = 5 \text{ que é um número racional natural.}$$

Portanto é falsa a afirmação "a".

b) $0{,}6\%$ de $3\dfrac{1}{3}$ é igual a $0{,}2$.

$0{,}6\%$ de $3\dfrac{1}{3}$ é equivalente a $\dfrac{0{,}6}{100}$ de $3\dfrac{1}{3}$

$\dfrac{0{,}6}{100}\cdot\dfrac{1}{3} = \dfrac{\frac{6}{10}}{100}\cdot\dfrac{1}{3} = \dfrac{6}{10}\cdot\dfrac{1}{100}\cdot\dfrac{1}{3} = \dfrac{6}{1000}$

Então $\dfrac{0{,}6}{100}$ de $3\dfrac{1}{3}$ é equivalente a $\dfrac{6}{1000}\cdot\dfrac{10}{3} = \dfrac{6:3}{1000:10}\cdot\dfrac{10:10}{3:3} = \dfrac{2}{100} = 0{,}02$

Portanto, a alternativa "b" é falsa.

c) $\dfrac{0{,}178178178\ldots}{0{,}5050\ldots}$ é um número real irracional.

Lembramos que $0{,}178178\ldots$ é uma dízima periódica simples e uma geratriz é $\dfrac{178}{999}$ (já estudada no capítulo de números racionais)

A dízima periódica $0{,}5050\ldots$ é simples e uma geratriz de $0{,}5050\ldots$ é $\dfrac{50}{99}$

$\dfrac{0{,}178178178\ldots}{0{,}5050\ldots} = \dfrac{\frac{178}{999}}{\frac{50}{99}} = \dfrac{178}{999}\cdot\dfrac{99}{50} = \dfrac{178:2}{999:9}\cdot\dfrac{99:9}{50:2} =$

$= \dfrac{89}{111}\cdot\dfrac{11}{25} = \dfrac{979}{275}$ que é um número real racional.

Portanto a alternativa "c" é falsa.

d) $\left(\dfrac{2}{3}\right)^{30} > \left(\dfrac{2}{5}\right)^{50}$

Temos que $\dfrac{2}{3} > \dfrac{2}{5}$, daí $\left(\dfrac{2}{3}\right)^3 = \dfrac{8}{27} = 0{,}296296\ldots$ e $\left(\dfrac{2}{5}\right)^5 = \dfrac{32}{3125} = 0{,}01024$ então $\left(\dfrac{2}{3}\right)^3 > \left(\dfrac{2}{5}\right)^5$

Logo $\left(\left(\dfrac{2}{3}\right)^3\right)^{10} > \left(\left(\dfrac{2}{5}\right)^5\right)^{10}$, ou seja, $\left(\dfrac{2}{3}\right)^{30} > \left(\dfrac{2}{5}\right)^{50}$

Alternativa correta

e) $\left|\dfrac{1}{11} - \dfrac{1}{12}\right| = \dfrac{1}{12} - \dfrac{1}{11}$

O valor de $\left|\dfrac{1}{11} - \dfrac{1}{12}\right| = \left|\dfrac{12}{11 \cdot 12} - \dfrac{11}{11 \cdot 12}\right| = \left|\dfrac{12}{132} - \dfrac{11}{132}\right| = \left|\dfrac{1}{132}\right| = \dfrac{1}{132}$

Por outro lado $\dfrac{1}{12} - \dfrac{1}{11} = \dfrac{11}{12 \cdot 11} - \dfrac{12}{12 \cdot 11} = \dfrac{11}{132} - \dfrac{12}{132} = -\dfrac{1}{132}$

Portanto, "e" é falsa.

Conclusão, a alternativa correta é a "d".

---

79. (VUNESP) Assinale a alternativa que contém a afirmação correta:

a) Para a e b reais, sendo a ≠ 0, $2a^{-1}b = \dfrac{b}{2a}$

b) Para quaisquer a e b reais, $a^2 \cdot b^3 = (ab)^6$

c) Para quaisquer a e b reais, 5a + 4b = 9 ab

d) Para quaisquer a e b reais, se $a^3 = b^3$, $a = b$

e) Para a e b reais, sendo a > 0 e b > 0, $\sqrt{a^2 + b^2} = a + b$

Solução:
Vamos verificar a veracidade de cada alternativa:

a) $2a^{-1}b = 2\dfrac{1}{a}b = \dfrac{2b}{a} \neq \dfrac{b}{2a}$, alternativa falsa.

b) $(ab)^6 = a^6 \cdot b^6 \neq a^2 \cdot b^3$, alternativa falsa

c) 5a + 4b ≠ 9 ab, pois só podemos somar termos semelhantes.

d) se $a^3 = b^3$ então $\sqrt[3]{a^3} = \sqrt[3]{b^3}$, $a = b$ alternativa correta

e) $a + b = \sqrt{(a+b)^2} = \sqrt{a^2 + 2ab + b^2} \neq \sqrt{a^2 + b^2}$, alternativa falsa

Portanto, alternativa "d".

80. (PUC-SP) Qual é a afirmação verdadeira?
a) A soma de dois números irracionais positivos é um número irracional.
b) O produto de dois números irracionais distintos é um número irracional.
c) O quadrado de um número irracional é um número racional.
d) A diferença entre um número racional e um número irracional é um número irracional.
e) A raiz quadrada de um número racional é um número irracional.

Solução:
Vamos analisar cada afirmação tentando encontrar um contra exemplo.

A alternativa "a" é falsa, pois apesar de haver soma de irracionais positivos que resulta em um número irracional, há soma de irracionais positivos que resulta em um número racional.

Por exemplo:

Sejam os números irracionais: $\sqrt{2}+2$ e $2-\sqrt{2}$

$\sqrt{2}+2+2-\sqrt{2}=4$ (racional), que contraria a afirmação.

A alternativa "b" é falsa pois, por exemplo, sejam os irracionais $\sqrt{3}$ e $\sqrt{12}$, o produto $\sqrt{3} \cdot \sqrt{12} = \sqrt{36} = 6$ que é racional.

A alternativa "c" é falsa pois, por exemplo seja $\sqrt[3]{2}$ um número irracional, e $\left(\sqrt[3]{2}\right)^2 = \sqrt[3]{4}$ é irracional.

A alternativa "e" é falsa pois por exemplo seja 4 um número racional, a raiz quadrada $\sqrt{4}=2$ é um número racional.

Logo, a alternativa correta é a alternativa "d".

---

81. (FATEC-SP) Sejam a e b números irracionais. Das afirmações:
I – a . b é um número irracional
II – a + b é um número irracional
III – a – b pode ser um número racional.
Pode-se concluir que:
a) As três são falsas
b) As três são verdadeiras
c) Somente I e III são verdadeiras
d) Somente I é verdadeira
e) Somente I e II são falsas

Solução:
Vamos analisar as afirmações por meio de exemplos e contra exemplos.
Se a e b são irracionais então a . b poderá ser irracional ou racional, vejamos:
a = $\sqrt{3}$ e b = $\sqrt{5}$ então a . b = $\sqrt{15}$ que é irracional; por outro lado,

a = $\sqrt{3}$ e b = $\sqrt{12}$ então a . b = $\sqrt{36}$ = 6 que é racional.
Logo, I é falsa.
Se a = $\sqrt[3]{5}$ e b = $-\sqrt[3]{5}$ então a + b = $\sqrt[3]{5} + \left(-\sqrt[3]{5}\right) = 0$ que é racional
Logo, II é falsa
Se a = $\sqrt[3]{5}$ e b = $\sqrt[3]{5}$, a − b = $\sqrt[3]{5} - \sqrt[3]{5} = 0$ que é racional
Mas se a = $\sqrt[3]{5}$ e b = = $-\sqrt[3]{5}$, a − b = $\sqrt[3]{5} - \left(-\sqrt[3]{5}\right) = 2\sqrt[3]{5}$ que é irracional.
Sendo a e b irracionais, a − b pode ser racional
Logo, III é verdadeira
Portanto, alternativa "e".

82. (FGV-SP) O produto $\left(x + \sqrt{x^2 - a^2}\right) \cdot \left(x - \sqrt{x^2 - a^2}\right)$ é igual a:

a) $x - a$ b) x^2 c) x^2 d) a^2 e) x

Solução:

$\left(x + \sqrt{x^2 - a^2}\right) \cdot \left(x - \sqrt{x^2 - a^2}\right) = x^2 - \left(\sqrt{x^2 - a^2}\right)^2 = x^2 - \left(x^2 - a^2\right) =$
$= x^2 - x^2 + a^2 = a^2$

Portanto, alternativa "d".

83. (PUC-SP) Se $0 < x < 1$, qual dos números abaixo é maior que x?

a) x^2 b) x^3 c) $\sqrt{x}$ d) $-x$ e) $0,9x$

Solução:
Se $0 < x < 1$, vamos atribuir um valor à x para analisar as alternativas.
Seja $x = 0,1$ então: $x^2 = 0,01$
$x^3 = 0,001$
$\sqrt{x} = \sqrt{0,1} = 0,3162277\ldots$
$0,9x = 0,9 \cdot 0,1 = 0,09$
Portanto $\sqrt{x}$, para $0 < x < 1$, é maior que x.
Alternativa "c"

84. (UF-Uberlândia) Sejam x, y e z números reais quaisquer. A sentença verdadeira é:
a) $-x < 0$
b) $\sqrt{y}$ é um número irracional

c) Se x > y, então x + z > y + z
d) Se x < y, então | x | ≠ | y |
e) Se x < y, então x . z > y . z

Solução:
Para determinar a sentença verdadeira, vamos analisar cada uma delas verificando se há um contra-exemplo(um valor que não satisfaça a sentença)

A alternativa "a" é falsa, pois se por exemplo x = – 4, que é real, – x = – (-4) = 4 > 0.

A alternativa "b" é falsa, pois seja y = 100, que é real, $\sqrt{100} = 10$ que é racional

A alternativa "d" é falsa, pois seja x = – 3 e y = 3, ambos reais sendo x < y, temos | – 3| = 3 e | 3 | = 3 . Existem valores para x, y, sendo x < y tal que |x| = |y |

A alternativa "e" é falsa, pois usando o mesmo exemplo anterior, x = – 3, y = 3, x < y, fazendo z = 2 (que é real) temos: x . z = (-3) . (2) = – 6 e y . z = 3.(2) = 6

Daí, nesse caso, x . z < y . z Observe que para z < 0 teríamos x . z > y . z, o sinal da desigualdade depende do sinal de z.

A alternativa "c" é verdadeira pois podemos somar a mesma quantidade em ambos os membros de uma relação de ordem que a desigualdade não se altera.

Portanto, alternativa "c".

---

85. (FATEC-SP) Sejam x e y números reais não nulos. Assinale a sentença verdadeira.

a) Se x < y, então $x^2 < y^2$
b) Se 0 < x < y, então $\frac{1}{x} > \frac{1}{y}$
c) Se | x | = | y |, então x = y
d) Se x < 0 e y > 0, então x > y
e) Se x < 0, então $x = \sqrt{x^2}$

Solução:
Vamos analisar cada uma das sentenças.

A alternativa "a" é falsa pois suponhamos que x = – 2 e que y = – 1 (x < y) então $x^2 = 4$ e $y^2 = 1$, nesse caso $x^2 > y^2$.

A alternativa "c" é falsa. Seja | – 5 | = | 5| e – 5 ≠ 5, contrariando a afirmação.

A alternativa "d" é falsa, simplesmente observando a ordem dos números reais, um número real negativo é menor que um número real positivo.

A alternativa "e" é falsa pois, por convenção adotamos $\sqrt{x^2} = x$, para x > 0 (verifique no início deste capítulo no estudo de radicais)

Portanto, a alternativa correta é a "b".

---

86. (FEI-SP) Se x > y > 0 e z ≠ 0, a única desigualdade que nem sempre é verdadeira é:

a) x + z > y + z
b) x z > y z
c) $x z^2 > y z^2$
d) $\frac{z^2}{x} < \frac{z^2}{y}$
e) n.d.a.

Solução:

Para $x > y > 0$ e $z \neq 0$, temos sempre $x + z > y + z$ pois somar um valor real em ambos os membros não altera a desigualdade. (Monotonicidade da adição de números reais) Logo "a" é sempre válida

Sendo $x > y > 0$ e $z \neq 0$, multiplicando os membros de $x > y$ por z^2, a desigualdade não se altera pois z^2 será sempre positivo. (Monotonicidade da multiplicação de números reais). Logo "c" é sempre válida.

Se $x > y$ então $\dfrac{1}{x} < \dfrac{1}{y}$ e sendo $z^2 \neq 0$ e positivo temos sempre $\dfrac{z^2}{x} < \dfrac{z^2}{y}$. Logo, "d" é sempre válida.

Para $x > y > 0$ e $z \neq 0$, se $z < 0$, teremos $xz < yz$. Por exemplo, sendo $z = -1$, $x = 5$ e $y = 3$, temos $xz = -5$, $yz = -3$ e $xz < yz$.

Logo, a alternativa "b" nem sempre é verdadeira.

---

87. (Teste de Seleção-ANPAD) Se x e y são dois números reais tais que $y > x$ e $x > 5$, então *não* se pode afirmar que:
 a) $y > 5$ **b)** $x - y < 0$ **c)** $x + y > 5$ **d)** $y/x > 1$ **e)** $y > x + 5$

Solução:
A alternativa "a" é verdadeira pois, pela propriedade transitiva se $y > x$ e $x > z$ então $y > z$. Nesse caso temos $y > x$ e $x > 5$, então $y > 5$

A alternativa "b" é verdadeira pois $y > x$, então $y - x > 0$. Multiplicando-se ambos os membros por -1, temos: $-y + x < 0$.(observe que se $5 > 3$ então $5 < 3$)

Se $y > x$ e $x > 5$, então $x + y > 5$. Alternativa "c" verdadeira.

A alternativa "d" é verdadeira, pois sendo $y > x$, temos $\dfrac{y}{x} > 1$.

Nada podemos afirmar sobre $y > x + 5$.

Portanto, alternativa "e".

---

88. (Teste de Seleção-ANPAD) Considere a expressão algébrica $p \cdot q = p + q$, onde p e q são números reais. Qual das afirmações abaixo é verdadeira?
 a) Não há valores de p e q que verifiquem a expressão porque o produto de dois números sempre é maior que a sua soma.
 b) A expressão só se verifica para $p = q = 0$.
 c) Se $p = 4/3$, então $q = 3$.
 d) Fixando um valor qualquer para q, sempre haverá um valor de p que verifica a expressão.
 e) Se $p = 1$, não existe valor de q que verifica a expressão.

Solução:
Facilmente verificamos que $p = q = 2$ satisfaz a expressão, tornando as alternativas "a" e "b" falsas. Outro exemplo $p = \dfrac{1}{2}$ e $q = -1$.

Sendo $p = \dfrac{4}{3}$ e $q = 3$ temos $\dfrac{4}{3} + 3 = \dfrac{4}{3} + \dfrac{9}{3} = \dfrac{13}{3}$ e $p \cdot q = \dfrac{4}{3} \cdot 3 = 4$, logo a alternativa "c" é falsa.

Se fixarmos q = 1, não conseguimos determinar p que satisfaça a expressão, p . 1 = p + 1; não existe p real tal que p = p + 1. Alternativa "d" falsa.

Assim, a alternativa "e" é verdadeira, pois se p = 1, então q = q + 1, e não existe q que verifique a expressão.

Portanto, alternativa "e".

---

89. (ITA-2005) Sobre o número $x = \sqrt{7 - 4\sqrt{3}} + \sqrt{3}$ é correto afirmar que:

a) $x \in\ ]0, 2[$
b) x é racional
c) $\sqrt{2x}$ é irracional
d) x^2 é irracional
e) $x \in\ ]2, 3\ [$

Solução:

$x = \sqrt{7 - 4\sqrt{3}} + \sqrt{3}$, é a soma de dois números irracionais, mas nada podemos afirmar sobre o resultado desta soma na forma apresentada, pois a soma de dois números irracionais pode ser irracional ou não.

Vamos reescrever o termo $\sqrt{7 - 4\sqrt{3}}$:

$\sqrt{7 - 4\sqrt{3}} = \sqrt{7 - 2 \cdot 2 \cdot \sqrt{3}}$, observamos que o radicando é um quadrado da diferença, $(a - b)^2 = a^2 - 2 \cdot a \cdot b + b^2$, pois o termo $4\sqrt{3}$ pode ser decomposto em $2 \cdot 2 \cdot \sqrt{3}$ (comparando com $2 \cdot a \cdot b$), daí identificamos o primeiro termo por 2 e o segundo termo $\sqrt{3}$.

Logo $a^2 = 2^2 = 4$ e $b^2 = \left(\sqrt{3}\right)^2 = 3$, resultando $a^2 + b^2 = 7$

Daí $7 - 4\sqrt{3} = \left(2 - \sqrt{3}\right)^2$

$\sqrt{7 - 4\sqrt{3}} = \sqrt{\left(2 - \sqrt{3}\right)^2} = 2 - \sqrt{3}$

$x = \sqrt{7 - 4\sqrt{3}} + \sqrt{3} = 2 - \sqrt{3} + \sqrt{3} = 2$

$x = 2$

As alternativas "a" e "e" são falsas pois $2 \notin\ ]\ 0,2\ [$ e $2 \notin\ ]\ 2,3\ [$
A alternativa "c" é falsa pois $2^2 = 4$ é racional
A alternativa "d" é falsa pois $\sqrt{2x} = \sqrt{2 \cdot 2} = \sqrt{4} = 2$ é racional
Portanto x é racional, alternativa "b".

---

90. (ESPM-2005) A metade de $2^{1,2}$ e o triplo de $\left(\dfrac{1}{3}\right)^{\frac{1}{3}}$ valem, respectivamente:

a) $2^{0,6}$ e $\dfrac{1}{3}$
b) $\sqrt[5]{2}$ e 1
c) 1 e $\sqrt[3]{9}$
d) $\sqrt[5]{2}$ e $\sqrt[3]{9}$

Solução:

A metade de $2^{1,2}$ significa $\dfrac{2^{1,2}}{2} = \dfrac{2^{\frac{12}{10}}}{2} = \dfrac{2^{\frac{6}{5}}}{2} = 2^{\frac{6}{5}-1} = 2^{\frac{6}{5}-\frac{5}{5}} = 2^{\frac{1}{5}} = \sqrt[5]{2}$

O triplo de $\left(\dfrac{1}{3}\right)^{\frac{1}{3}}$, ou seja $3 \cdot \left(\dfrac{1}{3}\right)^{\frac{1}{3}} = 3 \cdot 3^{-\frac{1}{3}} = 3^{1+\left(-\frac{1}{3}\right)} = 3^{\frac{3-1}{3}} = 3^{\frac{2}{3}} = \sqrt[3]{3^2} = \sqrt[3]{9}$

Alternativa "d".

---

91. (ESPM-2006) Assinale a alternativa correspondente à expressão de menor valor:

a) $[(-2)^{-2}]^3$

b) $[-2^{-2}]^3$

c) $[(-2)^3]^{-2}$

d) $[-2^3]^{-2}$

e) $[-2^{-3}]^2$

Solução:

a) $[(-2)^{-2}]^3 = \left[\left(\dfrac{1}{-2}\right)^2\right]^3 = \left[\dfrac{1}{4}\right]^3 = \dfrac{1}{64}$

b) $[-2^{-2}]^3 = \left[-\left(\dfrac{1}{2}\right)^2\right]^3 = \left[-\dfrac{1}{4}\right]^3 = -\dfrac{1}{64}$

c) $[(-2)^3]^{-2} = [-8]^{-2} = \left[-\dfrac{1}{8}\right]^2 = \dfrac{1}{64}$

d) $[-2^3]^{-2} = [-8]^{-2} = \left[-\dfrac{1}{8}\right]^2 = \dfrac{1}{64}$

e) $[-2^{-3}]^2 = \left[-\dfrac{1}{2}^3\right]^2 = \left[-\dfrac{1}{8}\right]^2 = \dfrac{1}{64}$

Logo, o menor valor é $-\dfrac{1}{64}$, alternativa "b".

---

92. (Cesgranrio-IBGE-2006) Sejam a, b e c números reais distintos, sobre os quais afirma-se:

I – Se b > a e c > b, então c é o maior dos três números

II – Se b > a e c > a, então c é o maior dos três números

III – Se b > a e c > a, então a é o menor dos três números.

É (São) correta(s) a(s) afirmativa(s):

a) I, somente
b) II, somente
c) III, somente
d) I e III, somente
e) I, II e III

Solução:
Vamos analisar cada uma das afirmações:

I – Se c > b e b > a, então pela transitiva c > a, logo c é o maior dos três. Afirmação correta.
II – Se b > a e c > a, nada podemos concluir a respeito de c. Afirmação incorreta.
III – Se b > a e c > a, então a é o menor dos três. Afirmação correta.

Logo I e III são corretas.

Portanto, alternativa "d".

---

93. (ESPM-2007) Entre as alternativas abaixo, assinale a de maior valor:

a) 81^8 b) 16^7 c) 3^{31} d) 243^6 e) 8^{10}

Solução:
Para comparar as potências dadas, vamos fatorar cada uma das bases, utilizar as propriedades de potências e escrevê-las na mesma base, base 2 ou base 3.

$81^8 = \left(3^4\right)^8 = 3^{32}$ $243^6 = \left(3^5\right)^6 = 3^{30}$

$16^7 = \left(2^4\right)^7 = 2^{28}$ $8^{10} = \left(2^3\right)^{10} = 2^{30}$

3^{31}

Das potências acima, $3^{32}, 2^{28}, 3^{30}, 3^{31}, 2^{30}$, a maior base é 3 e o maior expoente é 32.

Logo, a potência de maior valor é 3^{32}, alternativa "a".

---

94. (ESPM-2007) Sendo x e y números reais positivos, $\sqrt{x} + \sqrt{y} = 6$ e $x + y = 20$, o valor de $x\sqrt{x} + y\sqrt{y}$ é igual a:

a) 64   b) 72   c) 52   d) 86   e) 168

Solução:
Do enunciado do problema temos que $\sqrt{x} + \sqrt{y} = 6$.

Então $\left(\sqrt{x} + \sqrt{y}\right)^2 = 6^2$.

Lembrando que $(a+b)^2 = a^2 + 2.a.b + b^2$, temos:

$\left(\sqrt{x} + \sqrt{y}\right)^2 = 6^2$

$$(\sqrt{x})^2 + 2\sqrt{x}.\sqrt{y} + (\sqrt{y})^2 = 36$$
$$x + 2\sqrt{x.y} + y = 36$$
$$x + y + 2\sqrt{xy} = 36$$

É dado do problema que x + y = 20
$$20 + 2\sqrt{xy} = 36$$
$$2\sqrt{xy} = 36 - 20$$
$$2\sqrt{xy} = 16$$
$$\sqrt{xy} = 16 : 2$$
$$\sqrt{xy} = 8$$

Temos que determinar o valor de $x\sqrt{x} + y\sqrt{y}$. Se inserirmos os termos x e y no radical, temos: $x\sqrt{x} + y\sqrt{y} = \sqrt{x^2.x} + \sqrt{y^2.y} = \sqrt{x^3} + \sqrt{y^3} = (\sqrt{x})^3 + (\sqrt{y})^3$

Para determinar $(\sqrt{x})^3 + (\sqrt{y})^3$, devemos encontrar a potência cúbica de $\sqrt{x} + \sqrt{y}$.

Lembramos que $(a+b)^3 = a^3 + 3.a^2.b + 3.a.b^2 + b^3 = a^3 + b^3 + 3ab(a+b)$

Logo: $(\sqrt{x} + \sqrt{y})^3 = 6^3$

$$(\sqrt{x})^3 + (\sqrt{y})^3 + 3\sqrt{x}\sqrt{y}(\sqrt{x} + \sqrt{y}) = 216$$
$$(\sqrt{x})^3 + (\sqrt{y})^3 + 3\sqrt{x}\sqrt{y}(\sqrt{x} + \sqrt{y}) = 216$$

Substituímos $\sqrt{xy} = 8$ e $\sqrt{x} + \sqrt{y} = 6$

$$(\sqrt{x})^3 + (\sqrt{y})^3 + 3.8.6 = 216$$
$$(\sqrt{x})^3 + (\sqrt{y})^3 = 216 - 144$$
$$(\sqrt{x})^3 + (\sqrt{y})^3 = 72, \text{ ou seja, } x\sqrt{x} + y\sqrt{y} = 72$$

Alternativa "b".

95. (IME-2007) Sejam a, b e c números reais não nulos. Sabendo que $\dfrac{a+b}{c} = \dfrac{b+c}{a} = \dfrac{a+c}{b}$, determine o valor numérico de $\dfrac{a+b}{c}$.

Solução:
Temos que a, b e c são reais não nulos, mas a soma deles pode ser nula ou não.

Se a + b + c = 0, temos a + b = – c então $\dfrac{a+b}{c} = \dfrac{-c}{c} = -1$

Se a + b + c $\neq$ 0, pela igualdade dada e por uma propriedade das razões, temos:

$$\dfrac{a+b}{c} = \dfrac{b+c}{a} = \dfrac{a+c}{b} = \dfrac{a+b+b+c+a+c}{c+a+b} = \dfrac{2a+2b+2c}{c+a+b} = \dfrac{2(a+b+c)}{c+a+b} = 2$$

---

96. (VUNESP-2007-CONCURSO Professor de Educação Básica II) Assinale a afirmação falsa:
a) O produto de um número racional não nulo por um número irracional é sempre um número irracional.
b) A soma de um número racional com um número irracional é sempre um número irracional.
c) Entre dois números irracionais distintos sempre existe um número racional.
d) Entre dois números racionais distintos sempre existe um número irracional.
e) A soma de dois números irracionais é sempre um número irracional.

Solução:
Analisando cada uma das afirmações, a alternativa "e" é a afirmação falsa pois podemos apresentar um contra exemplo.
Sejam dois números irracionais, $\sqrt{2}$ e $-\sqrt{2}$, a soma $\sqrt{2} + \left(-\sqrt{2}\right) = 0$ que é racional.
Portanto, alternativa "e".

---

97. (VUNESP-2007 – CONCURSO – Professor de Educação Básica II) Assinale a afirmação verdadeira.
a) A expansão decimal de $\dfrac{10}{17}$ é infinita e periódica
b) A expansão decimal de $\sqrt{17}$ é infinita e periódica
c) 1,9 = 1,999... < 2
d) $\sqrt{1,21}$ é um número irracional
e) $\dfrac{\pi}{2}$ é um número racional.

Solução:
Vamos analisar cada uma das afirmações:

a) $\dfrac{10}{17}$ = 0,5882352...; se o número pode ser expresso em forma de uma razão, o resultado da divisão ou é exata ou decimal periódica. A divisão não é exata, sobra, portanto, a segunda opção.

b) $\sqrt{17}$ não representa uma raiz exata, $\sqrt{17} = 4,1231056...$; logo o radical representa um decimal infinito não periódico.

c) $1,999... = \dfrac{19-1}{9} = \dfrac{18}{9} = 2$

d) $\sqrt{1,21} = \sqrt{\dfrac{121}{100}} = \dfrac{\sqrt{121}}{\sqrt{100}} = \dfrac{11}{10} = 1,1$ que é racional.

e) π é um número irracional, $\pi = 3,14158...$, então $\dfrac{\pi}{2}$ também é irracional.

Portanto, a alternativa que possui a afirmação verdadeira é "a".

---

98. (UFSCAR-2008) Considere a, b e c algarismos que fazem com que a conta a seguir, realizada com números de três algarismos, esteja correta.

$$\begin{array}{r} 4\,a\,5 \\ -\,1\,5\,b \\ \hline c\,7\,7 \end{array}$$

Nas condições dadas, $b \cdot c^{-a}$ é igual a:

a) 0 **b)** $\dfrac{1}{16}$ **c)** $\dfrac{1}{4}$ **d)** 1 **e)** 16

Solução:
Na conta apresentada temos 4 a 5 − 1 5 b = c 7 7

Fazendo a decomposição, 4 a 5 = 400 + 10 a + 5 = 405 + 10 a
1 5 b = 100 + 50 + b = 150 + b
c 7 7 = 100 c + 70 + 7 = 100 c + 77

Podemos reescrever a operação 4 a 5 − 1 5 b = c 7 7
405 + 10 a − (150 + b) = 100 c + 77
405 + 10 a − 150 − b = 100 c + 77
405 − 150 − 77 + 10 a = 100 c + b
10 a + 178 = 100 c + b   ✧

Como a, b e c são algarismos, o dígito das unidades de 10 a + 178 é 8 (o número 10a tem unidade zero, 178 tem unidade 8, a soma tem unidade 8)

100 c tem unidade zero somado com b, o algarismo da unidade é b.

Em ✧, pela igualdade, b = 8.
10 a + 178 = 100 c + 8
10 a + 178 − 8 = 100 c
10 a + 170 = 100 c, dividindo a sentença por 10:
a + 17 = 10 c

O algarismo das unidades de 10 c é zero, para que a + 17 resulte em um número cujo algarismo das unidades também seja zero, a deve ser 3 pois 3 + 17 = 20, algarismo das unidades é zero. Se a = 3, consequentemente, 20 = 10 c, temos c = 2.

Logo b . c $^{-a}$ = 8 . 2^{-3} = 8. $\dfrac{1}{8} = \dfrac{8}{8} = 1$

Portanto, alternativa "d".

---

99. (UNIFESP-2008) Se 0 < a < b, racionalizando o denominador, tem-se que

$$\dfrac{1}{\sqrt{a}+\sqrt{b}} = \dfrac{\sqrt{b}-\sqrt{a}}{b-a}$$

Assim o valor da soma

$$\dfrac{1}{1+\sqrt{2}} + \dfrac{1}{\sqrt{2}+\sqrt{3}} + \dfrac{1}{\sqrt{3}+\sqrt{4}} + \ldots + \dfrac{1}{\sqrt{999}+\sqrt{1000}} \text{ é}$$

a) $10\sqrt{10} - 1$ b) $10\sqrt{10}$ c) 99   d) 100   e) 101

Solução:

Efetuando a racionalização da soma apresentada utilizando a relação dada no enunciado, temos:

$$\dfrac{1}{1+\sqrt{2}} + \dfrac{1}{\sqrt{2}+\sqrt{3}} + \dfrac{1}{\sqrt{3}+\sqrt{4}} + \ldots + \dfrac{1}{\sqrt{999}+\sqrt{1000}} =$$

$$= \dfrac{\sqrt{2}-\sqrt{1}}{2-1} + \dfrac{\sqrt{3}-\sqrt{2}}{3-2} + \dfrac{\sqrt{4}-\sqrt{3}}{4-3} + \ldots + \dfrac{\sqrt{999}-\sqrt{998}}{999-998} + \dfrac{\sqrt{1000}-\sqrt{999}}{1000-999} =$$

$$= \sqrt{2}-\sqrt{1}+\sqrt{3}-\sqrt{2}+\sqrt{4}-\sqrt{3}+\ldots+\sqrt{999}-\sqrt{998}+\sqrt{1000}-\sqrt{999} =$$

$$= \sqrt{1000} - \sqrt{1} = \sqrt{10^3} - 1 = \sqrt{10^2} \cdot \sqrt{10} - 1 = 10\sqrt{10} - 1$$

Portanto, alternativa "a".

RELEMBRANDO OS CONJUNTOS NUMÉRICOS

Definição de Conjunto Numérico

Conjunto é um agrupamento de elementos com características semelhantes. Quando estes elementos são números, denominamos este agrupamento de conjunto numérico.

Conjunto de Números Naturais

Este conjunto é representado pela letra ℕ e é formado pelos números:

ℕ = {0,1,2,3,4,5,...}

As chaves são utilizadas na representação para dar a ideia de conjunto. Os pontos de reticências dão a ideia de infinidade, já que os conjuntos numéricos são infinitos.

O símbolo $\mathbb{N}^*$ é usado para indicar o conjunto de números naturais não nulos:

$\mathbb{N}^* = \{1,2,3,4,5,6,...\}$

Conjunto dos Números Inteiros

O conjunto dos números inteiros é o conjunto dos números naturais acrescido de seus opostos negativos. Este conjunto é representado pela letra $\mathbb{Z}$.

$\mathbb{Z} = \{...,-3,-2,-1,0,1,2,3,4,5,6,...\}$

O símbolo $\mathbb{Z}^*$ é usado para indicar o conjunto dos números inteiros não nulos:

$\mathbb{Z}^* = \{...,-3,-2,-1,1,2,3,4,5,6,...\}$

O símbolo $\mathbb{Z}_+$ é usado para indicar o conjunto dos números inteiros não negativos:

$\mathbb{Z}_+ = \{0,1,2,3,4,5,6,...\}$

O símbolo $\mathbb{Z}_-$ é usado para indicar o conjunto dos números inteiros não positivos:

$\mathbb{Z}_- = \{...,-5,-4,-3,-2,-1,0\}$

O símbolo $\mathbb{Z}_+^*$ é usado para indicar o conjunto dos números inteiros positivos:

$\mathbb{Z}_+^* = \{0,1,2,3,4,5,...\}$

O símbolo $\mathbb{Z}_-^*$ é usado para indicar o conjunto dos números inteiros negativos:

$\mathbb{Z}_-^* = \{...,-5,-4,-3,-2,-1\}$

Podemos perceber que todos os números naturais também são números inteiros, dizemos que $\mathbb{N}$ é subconjunto de $\mathbb{Z}$ ou que $\mathbb{N} \subset \mathbb{Z}$ (o conjunto dos números naturais está contido no conjunto dos inteiros).

Conjunto dos Números Racionais

Números Racionais são aqueles que podem ser expressos na forma de fração. O numerador e o denominador devem pertencer ao conjunto dos números inteiros, sendo o denomindor deferente de zero. Este conjunto é representado pela letra $\mathbb{Q}$. A letra $\mathbb{Q}$ deriva da palavra grega *quotient*, que significa quociente.

Por exemplo, se a = 8 e b = 4, obtemos o racional:

$\dfrac{8}{4} = 2$

Se a = –3 e b = 15, obtemos o racional:

$-\dfrac{3}{15} = -0{,}2$

Quando o número racional tem um número finito de casas decimais são chamados de racional de decimal exata.

Há casos que o número de casas após a vírgula é infinito, por exemplo a = 2 e b = 3, obtemos o racional:

$$\frac{2}{3} = 0,6666666...$$

Este número é chamado de dízima periódica. Representamos o conjunto dos números racionais da seguinte forma:

$$\mathbb{Q} = \left\{ \frac{a}{b} \mid a \text{ e } b \in \mathbb{Z} \text{ e } b \neq 0 \right\}$$

O símbolo $\mathbb{Q}^*$ é usado para indicar o conjunto dos números racionais não nulos:

O símbolo $\mathbb{Q}_+$ é usado para indicar o conjunto dos números racionais não negativos:

O símbolo $\mathbb{Q}_-$ é usado para indicar o conjunto dos números racionais não positivos:

O símbolo $\mathbb{Q}_+^*$ é usado para indicar o conjunto dos números racionais positivos:

O símbolo $\mathbb{Q}_-^*$ é usado para indicar o conjunto dos números racionais negativos:

Conjunto dos Números Irracionais

Os Números Irracionais são dízimas infinitas não periódicas, ou seja, são números que não podem ser escritos na forma de fração (divisão de dois inteiros). Provavelmente os mais conhecidos são:

- Número Pi (π), que representa o comprimento de meia circunferência e vale 3,1415926535...

- A raiz quadrada de dois ($\sqrt{2}$), que representa o comprimento da diagonal de um quadrado de lado 1,4142135623730950488016887242097...

Outros exemplos são:
$\sqrt{3}$ = 1,7320508075688772935274463415059...
O conjunto dos números irracionais é representado pela letra $\mathbb{I}$.

Conjunto dos Números Reais

O conjunto dos Números Reais é formado pela união dos números racionais e irracionais.

O diagrama abaixo mostra a relação entre so conjuntos numéricos:

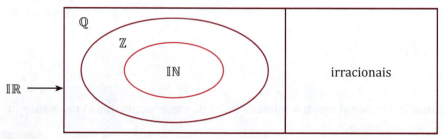

UNIDADE 4

SISTEMAS DE MEDIDAS

8. UNIDADES DE MEDIDAS

As primeiras unidades de medida utilizadas pelo homem foram relacionadas à partes do próprio corpo, como: palmo (medida da mão bem aberta em torno de 22 centímetros); polegada (a largura do polegar de um homem, corresponde a aproximadamente 2,54 centímetros); pé (equivale a 12 polegadas, aproximadamente 30,4801 centímetros); cúbito (ou côvado, definido pelo comprimento do braço medido do cotovelo à extremidade do dedo médio distendido; equivalente a aproximadamente 52,4 cm é dividido em 28 dedos, cinco "dedos" constituem a "mão" e doze "dedos" formam um "vão"); braça (medida correspondente a dois braços abertos-2,2 metros); jarda (originalmente a medida do cinturão masculino, distância entre a ponta do nariz ao dedo polegar, com o braço esticado).

Já que estas medidas eram baseadas em partes do corpo, eram de tamanhos diferentes, não havia um padrão, trazendo muitos problemas.

Os babilônios, os egípcios, os gregos e os romanos chegaram a fazer vários tipos de pequenos pesos de pedra para representar quantidades de outras coisas, de forma a padronizar pesos e medidas atendendo às necessidades de suas civilizações.

Após a Revolução Francesa, em 1790, marco do início do capitalismo, o sistema métrico foi criado pelos franceses, com intuito de recomeçar a vida social e econômica no país.

O metro, que em grego significa medida, foi instituído como unidade fundamental do sistema francês, inicialmente estabelecido como sendo a décima milionésima parte da distância entre o Polo Norte e o Equador, sobre um meridiano terrestre. Apesar das imprecisões dos instrumentos da época, o metro já havia sido adotado por vários países, e no início do século XIX, resolveram não corrigi-lo e foi definido pelo "comprimento entre os traços médios da barra de platina iridiada" depositada no Bureau de Pesos e Medidas, em Paris. Chegou a ser redefinido como o comprimento de onda da radiação emitida pelo átomo de criptônio no vácuo, a partir de 1983, é definido como o comprimento do trajeto da luz no vácuo durante o intervalo de tempo de 1/299 792 458 de segundo.

Entretanto, essas diferentes conceituações do metro, na prática, não modificaram seu tamanho, é o mesmo desde 1790 quando foi criado.

O Brasil adotou sistematicamente o Sistema Métrico Decimal a partir de 1938, que acabou sendo substituído pelo Sistema Internacional de Unidades (sigla SI que é um conjunto sistematizado e padronizado de definições para unidades de medida), mais complexo e sofisticado, em 1962 e ratificado pela Resolução nº 12 de 1998 do Conselho Nacional de Metrologia, Normalização e Qualidade Industrial (Conmetro), tornando-se de uso obrigatório em todo o Território Nacional. Todas as unidades de medida do SI são definidas por sete unidades de base, a saber: metro (comprimento), quilograma (massa), tempo (segundo), corrente elétrica (ampère), temperatura termodinâmica (Kelvin), quantidade de substância (mol), e intensidade luminosa;(candela) e todas as demais são unidades derivadas definidas como produtos de potências de unidades de base (como área (metro quadrado), volume (metro cúbico) ,massa específica entre outras)

Hoje, esse sistema é utilizado pela maioria dos países, com a exceção de quatro países Myanmar (Birmânia) , Libéria, Estados Unidos da América e Reino Unido que não adotaram oficialmente o Sistema Internacional de Unidades como seu principal ou único sistema de medidas. O Reino Unido e os EUA, utilizam o Sistema Imperial (jarda, libra e milhas são exemplos de algumas unidades).

Algumas regras que devem ser seguidas para a utilização do SI:

- O nome das unidades deve ser sempre escrito em letra minúscula,por exemplo:
  Unidade de comprimento – nome: metro, símbolo: m.
  Unidade de tempo – nome: segundo, símbolo: s.
  Unidade de massa – nome: kilograma, símbolo: kg.
  Com exceção de graus Celsius °C(medida de temperatura) ou quando escritas no início da frase.

- As unidades do SI podem ser escritas por seus nomes ou representadas por meio de símbolos.

- Símbolo não é abreviatura é um sinal convencional, por isso não é seguido de ponto (é errado escrever mt. para metro, o símbolo correto é m)

- Símbolo é invariável, não admite plural, não é seguido de "s" (não existe "kgs" ou "hs")

Principais prefixos das Unidades SI

NOME	SÍMBOLO	FATOR DE MULTIPLICAÇÃO DA UNIDADE
tera	T	10^{12} = 1 000 000 000 000
giga	G	10^9 = 1 000 000 000
mega	M	10^6 = 1 000 000
quilo	k	10^3 = 1 000
hecto	h	10^2 = 100

NOME	SÍMBOLO	FATOR DE MULTIPLICAÇÃO DA UNIDADE
deca	da	10
deci	d	$10^{-1} = 0,1$
centi	c	$10^{-2} = 0,01$
mili	m	$10^{-3} = 0,001$
micro	u	$10^{-6} = 0,000\ 001$
nano	n	$10^{-9} = 0,000\ 000\ 000\ 001$
pico	p	$10^{-12} = 0,000\ 000\ 000\ 001$

Fonte: Inmetro

MEDIDAS DE COMPRIMENTO

A unidade padrão de comprimento é o metro, cujo símbolo é **m**.

Os múltiplos do metro são obtidos multiplicando-se o metro por 10 (decâmetro = dam), por 100 (hectômetro = hm) e por 1 000 (quilômetro = km). Os submúltiplos são obtidos dividindo-se o metro por 10 (decímetro = dm) por 100 (centímetro = cm) e por 1000 (milímetro = mm).

Assim temos:

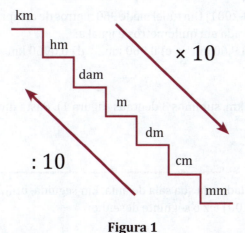

Figura 1

Observe na figura 1 que ao descer cada degrau, a medida é multiplicada por 10; ao subir cada degrau a medida é dividida por 10.

Vamos resolver alguns exercícios de aplicação:

1. Escreva como se lê, as seguintes medidas:
a) 10,025 m   b) 5,075 km   c) 0,005

Solução:
a) 10,025 m lê-se 10 metros e 25 milímetros.
b) 5,075 km lê-se 5 quilômetros e 75 metros
c) 0,005 m lê-se 5 milímetros.

2. Transforme 25,50 km em m.

Solução:
Para transformar km em m (observe na figura 1,três degraus abaixo) multiplicamos por 1 000 (10 × 10 × 10)
25,50 × 1 000 = 25 500
25,50 km = 25 500 m (observe que a vírgula andou 3 casas para a direita, acrescentando-se os zeros necessários)

3. Transforme 975 dm em km.

Solução:
Para transformar 975 dm em km, subimos 4 degraus (veja figura 1), então dividimos por 10 000
975,0 : 10 000 = 0,0975 km (Observe que a vírgula andou 4 casas para a esquerda).

4. (SIMAVE-PROEB-2001) Um túnel mede 960 metros de comprimento. Essa medida quando considerada em quilômetros é igual a:
a) 96,0 km   b) 9,60 km   c) 0,960 km   d) 0,0960 km

Solução:
Para transformar m em km, subimos 3 degraus (figura 1). Basta dividir 960 por 1 000
960 : 1000 = 0,960 km
Portanto, alternativa "c".

5. Pedro mediu os lados da sua sala de aula. Em seguida, utilizando uma escala de 1 para 100 (1 : 100) fez o seguinte desenho:

Observando o desenho, pode-se concluir que os lados da sala de aula medem, respectivamente:
a) 300 m e 600 m   b) 30 m e 60 m   c) 0,3 cm e 0,6 cm   d) 3 m e 6 m

Solução:

Pela escala adotada no desenho, 1 cm corresponde à 100 cm na realidade. No desenho a largura da sala mede 3 cm então mede, na realidade, 300 cm. O comprimento no desenho mede 6 cm, então a sala tem realmente 600 cm.

Para transformar cm em m, dividimos o valor por 100(na figura 1, subimos 2 degraus) então as dimensões da sala são 300 cm : 100 = 3 m e 600 cm : 100 = 6 m.

Alternativa "d".

---

6. Uma fita de cetim de 14,4 m foi cortada em pedaços de 1,2 m cada um. Quantos pedaços foram cortados?

Solução:

Para determinar quantos pedaços de fita de 1,2 m cada um, basta dividir 14,4 m por 1,2 m. Logo, 14,4 m : 1,2 m = 12 pedaços.

---

7. Afonso comprou 9 345,7 cm de rede para cercar o seu pomar. Sobraram-lhe 11,2 dm. Quantos metros de rede eram necessários para cercar o pomar?

Solução:

Convertendo cada medida para metros, temos: 9 345,7 cm : 100 = 93,457 m.

11,2 dm : 10 = 1,12 m.

Daí 93,457 m − 1,12 m = 92,337 m eram necessários para cercar o pomar.

---

8. Completar:
a) 3 m = _____ dm
b) 45 m = _____ cm
c) 50 dm = _____ m
d) 450 cm = _____ dm
e) 500 cm = _____ m
f) 500 m = _____ km
g) 7 km = _____ m

Solução:

Observando a figura 1, podemos transformar as seguintes medidas:
a) 3 m = 3 . 10 dm = 30 dm
b) 45 m = 45 . 100 cm = 4 500 cm
c) 50 dm = 50 : 10 m = 5 m
d) 450 cm = 450 : 10 dm = 45 dm
e) 500 cm = 500 : 100 m = 5 m
f) 500 m = 500 : 1 000 km = 0,5 km
g) 7 km = 7 . 1 000 m = 7 000 m

9. Completar de forma a dar sempre 1 metro.
   a) 3 dm + ____
   b) 12 dm – ____
   c) 400 cm – ____
   d) 20 cm + ____
   e) 80 mm + ____

Solução:
a) Como 10 dm = 1 m, então 3 dm + 7 dm = 10 dm = 1 m
b) Como 10 dm = 1 m, então 12 dm – 2 dm = 10 dm = 1 m
c) Como 100 cm = 1 m, temos 400 cm – 300 cm = 100 cm = 1 m
d) Como 100 cm = 1 m, então 20 cm + 80 cm = 100 cm = 1 m
e) Como 1 000 mm = 1 m, temos 80 mm + 920 mm = 1 000 mm = 1 m

Temos assim:
a) 3 dm + 7 dm
b) 12 dm – 2 dm
c) 400 cm – 300 cm
d) 20 cm + 80 cm
e) 80 mm + 920 mm

10. Beatriz tinha 73 m de tecido. Fez uma saia e gastou a terça parte. Quantos metros gastou?

Solução:
Se Beatriz gastou a terça parte de 73 m então gastou $\frac{1}{3}$ de 73 ou seja, 73 : 3 = 24,333 m, gastou aproximadamente 24 m e 33 cm.

11. Marília comprou 34,56 dm de tecido para fazer a cortina de uma janela. Faltam-lhe 1,78 m para que a cortina esteja na medida certa. Quantos metros de tecido serão necessários para a cortina dessa janela?

Solução:
34,56 dm = 34,56 : 10 m = 3,456 m. Se ainda faltam 1,78 m de tecido, então 3,456 m + 1,78 m = 5,236 m
Portanto serão necessários 5,236 m.

12. Uma bola foi arremessada do ponto 120 cm do arremessador e parou em 15 m, qual foi seu deslocamento?

Solução:
Sendo 15 m = 15 . 100 cm = 1 500 cm. Logo, o deslocamento foi de 1 500 cm – 120 cm =

= 1 380 cm ou 13,8 m

120 cm

15 m = 1500 cm

13. Roberto e Carlos estão jogando bolinhas de gude na calçada em frente a casa de Carlos. Do ponto inicial marcado pelos meninos, a bolinha de gude de Roberto foi lançada a 0,01 hm de distância, se Carlos conseguir lançar sua bolinha de gude cuja distância percorrida for o triplo da distância percorrida pela bolinha de Roberto, quantos cm a bolinha de Carlos terá alcançado?

Solução:
Se a bolinha de gude de Roberto alcançou 0,01 hm = 0,01 . 10 000 cm = 100 cm
Se a bolinha de gude de Carlos alcançar o triplo da distância, então, alcançará
3 . 100 cm = 300 cm

MEDIDAS DE COMPRIMENTO

Apresentamos na tabela abaixo algumas medidas de distância mais utilizadas:

1 metro	100 cm
1 kilometro (km)	1 000 m
1 polegada	2,54 cm
1 pé	30,48 cm

1 jarda	0,914 m
1 milha terrestre	1,6093 km
1 milha marítima	1,853 km
1 braça	2,2 m

PERÍMETRO DE UM POLÍGONO

O perímetro de um polígono é a soma das medidas de seus lados.
Por exemplo, o perímetro de um quadrilátero (polígono com 4 lados):

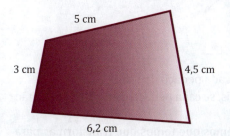

P = 5 cm + 3 cm + 6,2 cm + 4,5 cm = 18,7 cm

O comprimento de uma circunferência de raio r é dado por C = 2 . π . r, onde o valor aproximado para π é 3,14.

Por exemplo, o comprimento de uma circunferência de raio 6 cm é dado por:

C = 2 . π . r = 2 . (3,14) . 6 cm = 37,68 cm

14. (PUC-MG) Em metrologia, pé é uma unidade de medida equivalente a 30,48 cm. Um avião que trafega a 30 000 pés do solo está voando a uma altura mais próxima de:
a) 6 km   b) 7 km   c) 8 km   d) 9 km

Solução:
Se 1 pé equivale a 30,48 cm então 30 000 pés equivalem a:
30 000 . 30,48 = 914 400 cm
Para transformar 914 400 cm em km, dividimos por 100 000 (veja na figura 1, subimos 5 degraus, ou, a vírgula anda 5 casas para a esquerda)
914 400 : 100 000 km = 9,144 km; utilizando o arredondamento para inteiros, a altura é mais próxima de 9 km.(o número à direita é 1, mantém-se o 9)
Portanto, alternativa "d".

15. (VUNESP) Uma fita foi fracionada em 4 pedaços de tamanhos iguais. De cada um deles, tiraram-se 2 centímetros, ficando, então, com 185 milímetros de comprimento cada um. O comprimento original da fita era de:
a) 8,2 m   b) 8,2 cm   c) 0,82 m   d) 0,82 cm

Solução:
Vamos resolver o problema pelo método inverso, ou seja do final para o início.

Cada pedaço de fita ficou medindo 185 mm, após terem retirado 2 cm. Temos que 185 mm corresponde a 18,5 cm (apenas um degrau acima, figura 1, dividimos por 10)

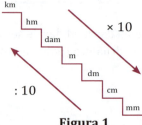

Figura 1

18,5 cm + 2 cm = 20,5 cm era o comprimento de cada pedaço da fita.
A fita foi dividida em 4 pedaços de tamanhos iguais, se cada pedaço mede 20,5 cm, então a fita mede 4 . 20,5 cm = 82 cm .
Como não há alternativa com esse valor, percebemos que temos que transformar para metros.
82 cm = 82 : 100 = 0,82 m
Logo, alternativa "c".

16. (FCC-SP) A milha é uma medida usada nos Estados Unidos e corresponde a 1,6 km. Assim, uma distância de 80 km corresponde, em milhas, a:
a) 50   b) 65   c) 72   d) 108

Solução:
Se cada milha corresponde a 1,6 km, então em 80 km temos 80 : 1,6 = 50 milhas.

Portanto, alternativa "a".

17. (Ufac) Num campo de futebol não oficial, as traves verticais do gol distam entre si 8,15 m. Considerando que 1 jarda vale 3 pés e que 1 pé mede 30,48 cm, a largura mais aproximada desse gol, em jardas é:
a) 6,3   b) 8,9   c) 10,2   d) 12,5

Solução:
Se 1 pé mede 30,48 cm, transformando em metros temos:

30,48 cm = 30,48 : 100 m = 0,3048 m

Se 1 jarda vale 3 pés então 1 jarda vale 3 . 0,3048 m = 0,9144 m

Se as traves do gol distam 8,15 m então distam 8,15 m : 0,9144 m = 8,9129483 jardas, ou, aproximadamente 8,9 jardas.

Portanto, alternativa "b".

18. (PUC-SP) Em volta de um terreno retangular de 12 m por 30 m, deve-se construir uma cerca com 5 fios de arame farpado, vendido em rolos de 50 m. Quantos rolos devem ser comprados?
a) 5   b) 9   c) 12   d) 18

Solução:

O terreno é retangular com dimensões 12 m por 30 m, então seu perímetro é:
2 . 12 m + 2 . 30 m = 84 m.

Pretende-se construir a cerca com 5 fios de arame, logo, 84 m . 5 = 420 m serão necessários.

Como cada rolo tem 50 m, então 420 m : 50 m = 8,4 rolos. Para um número inteiro de rolos, 9 rolos deverão ser comprados.

Alternativa "b".

---

19. (UNICAMP) Antônio comprou um terreno retangular . Quando foi medir o terreno, para determinar a quantidade de arame necessária para cercá-lo, percebeu que havia esquecido a trena. Para não perder a viagem, Antônio usou um pedaço de barbante e mediu o comprimento e a largura do terreno, observando que a soma das suas medidas valia 25 vezes o comprimento do barbante. Antônio comprou então 180 m de arame, o suficiente para construir uma cerca de 3 fios, sem sobrar arame. O pedaço de barbante mede:
a) 1,2 m   **b)** 2,4 m   **c)** 3,6 m   **d)** 12 m

Solução:
Vamos utilizar o método inverso para resolver este problema.

Se Antônio comprou 180 m de arame suficientes para construir uma cerca com 3 voltas de arame, então a cerca tem 180 m : 3 = 60 m .

Se o terreno é retangular, então seu perímetro é 60 m e portanto, seu semi perímetro (soma de uma largura e um comprimento) é 60 : 2 = 30 m

Se essa soma (comprimento + largura) valia 25 vezes o comprimento do barbante, então é 30 m : 25 = 1,2 m .

Portanto, alternativa "a".

---

20. A base de um lata de bolachas tem a forma de um círculo. Para calcular o perímetro desse círculo (ou comprimento dessa circunferência), Luisa contornou a lata com uma fita métrica e obteve 63 cm. Se tivesse medido o raio do círculo e obtido 10 cm, qual cálculo Luisa deveria fazer para chegar próximo a esse valor?

Solução:
Luisa poderia ter utilizado a expressão que determina o comprimento da circunferência:

C = 2 . π. r
C = 2 . (3,14). 10
C = 62,8 cm que é bem próximo de 63 cm.

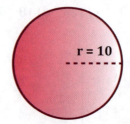

21. Sabendo-se que cada face do relógio inglês Big Ben tem diâmetro de aproximadamente 6,9 m, qual é o comprimento da circunferência de cada face?

Solução:
Sabendo que o diâmetro d é o dobro do raio, d = 2 r.

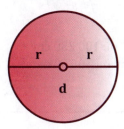

Substituindo os dados na expressão C = 2 . π . r = (2 . r) . π = d . π, temos:

C = 6,9 . (3,14) = 21,666 m

Logo, o comprimento da circunferência de cada face do Big Ben é de aproximadamente 21, 67 m.

MEDIDAS DE SUPERFÍCIE

Múltiplos			Unidade padrão	Submúltiplos		
km²	hm²	dam²	m²	dm²	cm²	mm²
quilometro quadrado	hectômetro quadrado	decametro quadrado	metro quadrado	decímetro quadrado	centimetro quadrado	milimetro quadrado
1 000 000 m²	10 000 m²	100 m²	1 m²	0,01 m²	0,0001 m²	0,000001 m²

Superfície é uma grandeza com duas dimensões, medida por um número denominado área. A unidade padrão para medir áreas no sistema métrico decimal é o metro quadrado, representado por **m²**, que equivale à superfície de um quadrado de 1 m de lado.
Observe que cada unidade de superfície é 100 vezes maior que a unidade imediatamente inferior. Para a transformação de medidas temos:

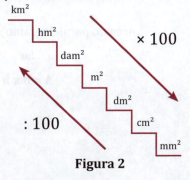

Figura 2

Observe na figura 2 que ao descer cada degrau, a medida é multiplicada por 100; ao subir cada degrau a medida é dividida por 100.

22. Escreva como se lê, as seguintes medidas:
a) 10,025 m² b) 5,075 km² c) 0,05 m²

Solução:
a) 10,025 m² lê-se 10 m² e 250 cm² ou 100 250 cm²
b) 5,075 km² lê-se 5 km² e 750 dam² ou 50 750 dam²
c) 0,05 m² lê-se 5 dm²

23. Transforme 125 478 m² em km²

Solução:
Para transformar m² em km², observando a figura 2, subimos 3 degraus então basta dividir por (100 . 100 .100) 1 000 000, assim,

125 478 m² = 125 478 : 1 000 000 km² = 0,125 478 km²

Ou ainda, a vírgula anda 6 casas para a esquerda.

24. Transforme 3,5 km² em m².

Solução:
Para transformar km² em m², observando a figura 2, basta multiplicar por (100 . 100 . 100) = 1 000 000.

Assim, 3,5 km² = 3,5 . 1 000 000 m² = 3 500 000 m² ou, a vírgula anda seis casas para a direita.

ÁREA DE FIGURAS PLANAS

Área do Paralelogramo:

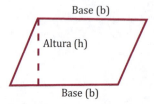

Área do paralelogramo = base × altura

ou

A = b x h

Área do Retângulo:

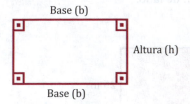

Área do retângulo = base × altura

ou

$A = b \times h$

Área do Quadrado:

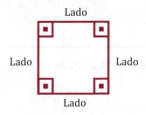

Área do quadrado = lado × lado

ou

$A = \ell \times \ell$

Área do Losango:

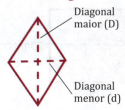

Área do losango = $\dfrac{(\text{diagonal maior} \times \text{diagonal menor})}{2}$

ou

$A = \dfrac{(D \cdot d)}{2}$

Área do Trapézio:

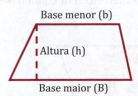

Área do trapézio =

$\dfrac{(\text{base menor} + \text{base maior}) \times \text{altura}}{2}$

ou

$A = \dfrac{(B + b) \times h}{2}$

Área do triângulo:

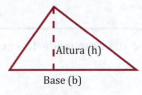

Área do triângulo = $\dfrac{\text{base} \times \text{altura}}{2}$

ou

$A = \dfrac{b \times h}{2}$

Área do círculo:

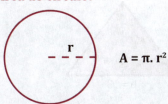

$A = \pi \cdot r^2$

25. Calcular a área de um terreno quadrado de 25 m de lado.

Solução:
A área de um quadrado é dada por $A = \ell^2$ (lado ^{2}), sendo $\ell = 25$ m

$A = (25)^2 = 625$

Logo a área do terreno é 625 m².

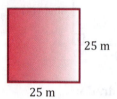

---

26. Calcular a área de um campo de futebol, cujas dimensões são: 110 m de comprimento por 75 m de largura.

Solução:
A área de um retângulo é dada por A = base . altura ou
A = comprimento . largura.

Assim, A = 110 m . 75 m = 8 250 m²

Logo, a área do campo de futebol é 8 250 m².

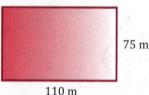

---

27. Determine a área de um paralelogramo em que a altura mede 10 cm e sua base mede 6 cm.

Solução:
A área de um paralelogramo é dada por A = base . altura

A = 6 cm . 10 cm = 60 cm².

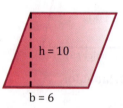

---

28. Sabendo-se que a altura de um triângulo mede 8 cm e sua base mede 13 cm. Determine sua área.

Solução:
A área de um triângulo é dada por $A = \dfrac{base \, . \, altura}{2}$

$A = \dfrac{13 \, . \, 8}{2} = 52$ cm²

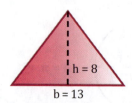

29. Um losango possui a diagonal maior medindo 8 cm e a menor medindo 6 cm. Calcule a área deste losango.

Solução:
A área de um losango é dada por

$A = \dfrac{\text{Diagonal maior . diagonal menor}}{2}$

$A = \dfrac{8 \cdot 6}{2} = 24 \text{ cm}^2$

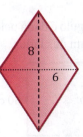

30. A base maior de um trapézio mede 40 cm e sua base menor mede 25 cm. Calcule sua área sabendo que a altura mede 20 cm.

Solução:
A área de um trapézio é dada por

$A = \dfrac{(\text{Base maior} + \text{base menor}) \cdot \text{altura}}{2}$

$A = \dfrac{(40+25) \cdot 20}{2} = \dfrac{65 \cdot 20}{2} =$

$A = 650 \text{ cm}^2$

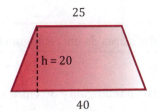

31. Uma placa de propaganda tem a forma de um trapézio. Sua área é de 11,16 m², e as medidas das suas bases são 4 m e 3,20 m. Qual é a medida da altura da placa?

Solução:
Observando os dados, temos: A = 11,16 m², B = 4 m, b = 3,2 m e h = ?
Colocando os dados na figura:

A = 11,16 m²

b = 3,2 m
h = ?
B = 4 m

Daí, temos $A = \dfrac{(B+b) \cdot h}{2}$. Se a área é 11,16 m², então o dobro da área é 22,32 m². Sendo a soma das bases 4 + 3,2 = 7,2; então a altura será 22,32 m² : 7,2 m = 3,1 m

Portanto a medida da altura da placa é 3,1 m.

32. A área de um retângulo é 2 m², se um de seus lados mede 50 cm, qual a medida do outro lado?

Solução:
A área do retângulo é dada pelo produto das medidas dos lados, nesse caso temos a área e a medida de um dos lados.

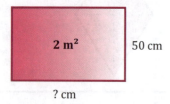

Transformando 2 m² = 2 . 10 000 cm² = 20 000 cm².

Daí, basta efetuar 20 000 cm² : 50 cm = 400 cm.

Portanto, a medida do outro lado é 400 cm.

33. Calcular a área de um retângulo de lado 5 cm e perímetro 30 cm.

Solução:
Se o perímetro do retângulo é 30 cm, a soma dos quatro lados é 30 cm.

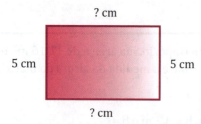

Se um dos lados é 5 cm temos que dois lados medem 10 cm.

Para 30 cm de perímetro, o dobro da medida do outro lado mede 30 − 10 = 20 cm, assim, o outro lado mede 10 cm.

Se os lados medem 5 cm e 10 cm, a área é igual a 5 . 10 = 50 cm².

34. Determinar a área de um quadrado cujo perímetro é $12\sqrt{3}$ cm.

Solução:
Como o quadrado tem 4 lados com a mesma medida, e o perímetro é a soma de todos os lados, temos que cada lado mede $12\sqrt{3}$ cm : 4 = $3\sqrt{3}$ cm

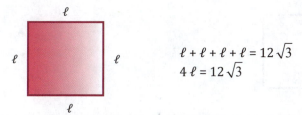

$\ell + \ell + \ell + \ell = 12\sqrt{3}$
$4\ell = 12\sqrt{3}$

Assim, se cada lado mede $3\sqrt{3}$ cm, a área é dada por $\ell^2 = (3\sqrt{3})^2$ cm² =
= $(3)^2 \cdot (\sqrt{3})^2$ cm² = 9 . 3 cm² = 27 cm².
A área do quadrado é 27 cm²

35. O senhor Miguel pretende construir um galinheiro retangular com 20 m de tela. Quais devem ser as medidas dos lados para que ele tenha a maior área possível?

Solução:
A área de um retângulo é dada pelo produto do comprimento pela largura. Se temos 20 m de tela, com a metade ele deve construir a metade do galinheiro, ou seja comprimento + largura = 10 m.

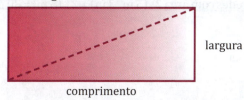

Para essa soma, temos as medidas possíveis para o comprimento e a largura.

1 m e 9 m, área = 9 m²
2 m e 8 m, área = 16 m²
3 m e 7 m, área = 21 m²
4 m e 6 m, área = 24 m²
5 m e 5 m, área = 25 m²

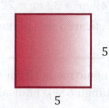

Logo, para que o senhor Miguel tenha a maior área possível em seu galinheiro, que será quadrado, a medida do lado deverá ser 5 m.

36. Para revestir a parede retangular de um banheiro, com altura de 3 m, foram usados 800 azulejos quadrados de 15 cm de lado. Qual o comprimento da parede do banheiro?

Solução:
Cada azulejo mede 15 cm de lado, para atingir 3 m de altura foram usados 20 azulejos, pois, 3 m : 15 cm = 300 cm : 15 cm = 20 .

15 cm 3 m

Sendo o total de azulejos 800, então no comprimento foram usados 40 azulejos, pois 20 . 40 = 800.

Logo, o comprimento da parede é o dobro da altura, ou seja, 2 . 3 m = 6 m.

37. Um salão de festas tem 7 m de comprimento, 5 m de largura e 3 m de altura. Com uma lata de tinta, é possível pintar 50 m² das paredes desse salão. Quantos m² de parede do salão ficarão sem pintar quando a tinta da primeira lata terminar?

Solução:

Se o comprimento do salão é 7 m e a altura 3 m, então temos duas paredes com área 2 . (7 m . 3 m) = 2 . 21 m² = 42 m².

Sendo a largura 5 m, temos outras duas paredes com área 2 . (5 m . 3 m) = 2 . 15 m² = 30 m².

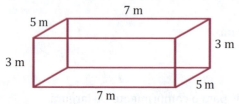

Logo, a área total das paredes é 42 m² + 32 m² = 72 m².

Se uma lata de tinta cobre 50 m², ficarão sem pintar 72 m² – 50 m² = 22 m².

38. Um dos lados de um retângulo mede 10 cm. Qual deve ser a medida do outro lado para que a área deste retângulo seja equivalente à área do retângulo cujos lados medem 9 cm e 12 cm?

Solução:

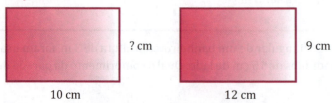

A área do segundo retângulo é 9 cm . 12 cm = 108 cm².

Tendo o primeiro retângulo a mesma área e um dos lados medindo 10 cm, o outro lado mede:

108 cm² : 10 cm = 10,8 cm

39. Se um retângulo possui o comprimento igual ao quíntuplo da largura e a área é igual a 80 cm², quais são as medidas de seus lados?

Solução:
Se a área é 80 cm² então o produto do comprimento pela largura é igual a 80 cm². Sendo a medida do comprimento cinco vezes à da largura, temos que encontrar dois números positivos tais que o produto seja 80 e um deles seja 5 vezes maior que o outro.

Vejamos:
1 e 5 ,mas 1 . 5 ≠ 80
2 e 10 , mas 2 . 10 = 20 ≠ 80
3 e 15 , mas 3 . 15 = 45 ≠ 80
4 e 20, mas 4 . 20 = 80

Portanto as medidas dos lados do retângulo são 4 cm e 20 cm.

Outro modo de solucionar o problema.

Consideremos:

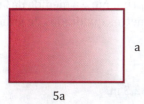

Como a área é 80 cm², então o produto do comprimento pela largura é 80 cm². Diz também o problema que a medida do comprimento do retângulo é cinco vezes a da largura. Então, para encontrarmos dois números positivos, tais que seu produto seja 80 e um deles seja 5 vezes maior que o outro, vamos determinar todos os divisores de 80 e escolher entre estes, dois números que satisfaçam à solicitação do problema.

Determinar todos os divisores de 80:

		1
80	2	2
40	2	4
20	2	8
10	2	16
5	5	5, 10, 20, 40, 80

Escolhem-se, agora, entre os divisores acima dois deles cujo produto é 80 e que um deles seja o quíntuplo do outro.

Tais números são 4 e 20, pois: 4 . 20 = 80

20 = 5 . 4

Portanto, as medidas dos lados do retângulo são 4 cm e 20 cm.

---

40. O centímetro quadrado de um anúncio em certo jornal de bairro custa R$ 0,75 ao dia. Sabendo que uma agência de vendas de veículos publicou nesse jornal durante 7 dias, um anúncio de 10 cm por 75 mm, quanto a agência pagou ao jornal?

Solução:
Primeiro vamos calcular a área do anúncio.

A = 10 cm . 75 mm =
= 10 cm .(75 : 100) cm =
= 10 cm . 0,75 cm =
= 7,5 cm ^{2}.

O preço do cm^2 é R$ 0,75 ao dia, assim,(7,5 . 0,75) = 5,625 ou R$ 5,62 por dia.

Como o anúncio foi publicado por 7 dias, (5,62 . 7) = 39,34.

Portanto, a agência pagou ao jornal R$ 39,34 pelo anúncio.

---

41. Um campo de futebol, não oficial, tem 110 m de comprimento e a medida da largura é ¾ da medida de seu comprimento. Quantos metros quadrados de grama serão necessários para cobrir esse campo?

Solução:
Como a largura é ¾ do comprimento, temos l = (¾). 110 = 82,5 m.

Sendo a área dada por A = comprimento . largura = 110 m. 82,5 m = 9 075 m^2.

Serão necessários 9 075 m^2 de grama.

---

42. Um paisagista está preparando um jardim de inverno de forma retangular com dimensões dos lados 1,60 m e 2,40 m. Se ele plantar um pé de lírio da paz por dm^2, quantos pés plantará no jardim todo?

Solução:
Inicialmente devemos calcular a área do jardim de inverno.

A = 1,60 m . 2,40 m = 3,84 m^2

Transformando a área para dm^2 temos: 3,84 m^2 = (3,84 .100) dm^2 = 384 dm^2

O paisagista plantará 384 pés de lírio no jardim todo.

43. Uma região triangular limitada por um triângulo retângulo tem 30 cm² de área. Se sua base mede 6 cm, quanto mede sua altura?

Solução:
A área do triângulo é dada por $A = \dfrac{b \cdot h}{2}$. Sendo b = 6 cm e a área 30 cm². Como a área do triângulo é a metade da área de um retângulo de mesmas dimensões, a área desse retângulo é 60 cm², daí sendo a base 6 cm, a altura será dada por

60 cm² : 6 cm = 10 cm.

A altura mede 10 cm.

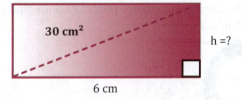

44. Determinar as medidas dos lados de um triângulo sabendo-se que seu perímetro é 12 cm e as medidas de seus lados são três números inteiros consecutivos.

Solução:

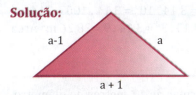

Se o perímetro é 12 cm, então a soma dos três lados é 12 cm. Se os três lados tivessem a mesma medida, cada lado mediria 4 cm. Como é dado do problema que eles são números consecutivos, temos como medidas 3 cm, 4 cm e 5 cm.

45. O diâmetro da parte circular de uma lata de doce de leite mede 10 cm. Sua altura é de 12 cm. Um rótulo cobre toda a parte lateral da lata. Qual é a forma do rótulo antes de ser colocado na lata e qual sua área aproximada?

Solução:
A forma do rótulo é de um retângulo.

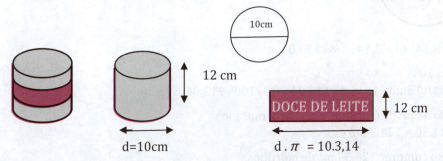

Se o diâmetro da parte circular mede 10 cm, então o comprimento mede:
C = 10 . π = 10 . 3,14 = 31,4 cm.

Se a altura mede 12 cm, então sua área aproximada pode ser dada pelo comprimento da circunferência multiplicado pela altura da lata =

= 31,4 cm . 12 cm = 376,8 cm² .

A área aproximada do rótulo é 376,8 cm² .

46. Determine a área da região em destaque representada pela figura a seguir. Considerando que a região maior possui raio medindo 10 metros, e a região menor, raio medindo 3 metros.

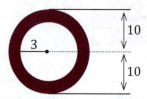

Solução:
Primeiro vamos calcular a área de cada região:
Área da região com raio medindo 10 metros A = π . r² = 3,14 . 10² = 3,14 . 100 = 314 m²
Área da região com raio medindo 3 metros A = π . r² = 3,14 . 3² = 3,14 . 9 = 28,26 m² Área da região em destaque = 314 – 28,26 = 285,74 m² .

47. Deseja – se ladrilhar uma área no formato circular de 12 metros de diâmetro. Ao realizar o orçamento da obra, o pedreiro aumenta em 10% a quantidade de metros quadrados de ladrilhos, alegando algumas perdas na construção. Determine quantos metros quadrados de ladrilhos devem ser comprados.

Solução:
Se o diâmetro é igual a 12 m, então o raio equivale a 6 m pois r = d: 2

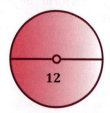

A = π .r² = 3,14 . 6² = 3,14 . 36 = 113,04 m²

Calculando 10%
10% = 10/100 então 10 % de 113,04 = 10/100 . 113,04 = 11,30

Quantidade de m² de ladrilhos a serem comprados
113,04 + 11,30 = 124,34 m²

Será preciso comprar 124,34 m² de ladrilhos.

48. Uma praça de forma circular de uma cidade do interior de Goiás, de 40 m de diâmetro, ficou lotada com o show de um cantor sertanejo. Admitindo uma ocupação média de 4 pessoas por metro quadrado, qual foi o número de pessoas presentes?

Solução:
A área da praça, com formato de círculo, é $A = \pi \cdot r^2$.
Como o diâmetro $D = 2r = 40$ m, então, $r = 20$ m.

Segue que a área da praça é $A = (3,14) \cdot (20)^2 = 3,14 \cdot 400 = 1\,256$ m².
Assim, se em cada m² cabe 4 pessoas, então, em 1 256 m² cabem 1 256×4 = 5 024 pessoas.

Portanto, estavam presentes 5 024 pessoas na praça.

---

49. (FUVEST) Um cavalo se encontra preso num cercado de pastagem, cuja forma é um quadrado, com lado medindo 50 m. Ele está amarrado a uma corda de 40 m que está fixada num dos cantos do quadrado.

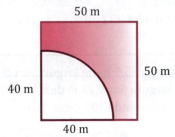

Considerando $\pi = 3,14$, calcule a área, em metros quadrados, da região do cercado que o cavalo não conseguirá alcançar, porque está amarrado.
a) 1 244   **b)** 1 256   **c)** 1 422   **d)** 1 424   **e)** 1 444

Solução:
Cálculo da área do quadrado: $A_1 = 50 \times 50 = 2\,500$ m².

Cálculo da área de ¼ do círculo:
$A_2 = (3,14 \times (40)^2) : 4 = 5\,024 : 4 = 1\,256$ m²
A área procurada é a área do quadrado menos a área de ¼ do círculo.
Assim, $A = A_1 - A_2 = 2\,500 - 1\,256 = 1\,244$ m².
Portanto, a alternativa correta é a "a".

---

50. A mãe de Adriano deseja revestir o piso de sua cozinha com ladrilhos. As dimensões da cozinha são 3 m por 4 m.
  a) Quantos metros quadrados de ladrilhos ela deverá comprar, desconsiderando as perdas?
  b) Sabendo que a largura da porta é de 1 m, quantos metros de rodapé ela deverá comprar?
  c) Sabendo-se que 1 m² do ladrilho custa R$ 15,00 e 1 m de rodapé custa R$ 4,00, quanto ela gastará nesta obra com rodapé e ladrilhos?

Solução:

a) Ela deverá comprar o equivalente á área da cozinha, desconsiderando as possíveis perdas.

Portanto, A = 3 m . 4 m = 12 m²

b) Temos o perímetro da cozinha, P = 2 . 3 + 2 . 4 = 6 + 8 = 14. Desconsiderando 1 m da largura da porta, temos 13 m de rodapé.

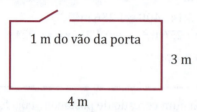

c) Com ladrilho ela gastará 12 . 15 = 180, logo R$ 180,00.
Com o rodapé, gastará 13 . 4 = 52, ou seja, R$ 52,00

Portanto, ela gastará na obra R$ 180,00 + R$ 52,00 = R$ 232,00

---

51. Uma sala de aula de $6\frac{3}{4}$ m de comprimento por 5,5 m de largura, precisa ser revestida por tacos de madeira de 15 cm de largura por 0,25 m de comprimento. Quantos tacos de madeira serão necessários se em cada 100 tacos, 10 deles estão com defeito?

Solução:

O comprimento da sala é $6\frac{3}{4}$ m, ou seja, $6 + \frac{3}{4} = 6 + 0,75 = 6,75$ m. Sendo a largura da sala 5,5 m, então a área é 6,75 m . 5,5 m = 37,125 m².

Os tacos de madeira medem 0,25 m de comprimento por 15 cm = 0,15 m de largura. Portanto, cada taco possui uma área de 0,25 m . 0,15 m = 0,0375 m².

O número de tacos para revestir a área da sala de aula é 37,125 : 0,0375 = 990 tacos.

Como, em cada 100 tacos 10 vieram com defeito, então $\frac{10}{100} = \frac{1}{10}$ do total de tacos estão com defeito. Logo, $\frac{1}{10}$ de 990 = $\frac{990}{10}$ = 99 tacos estão com defeito.

Logo, serão necessários 990 + 99 = 1 089 tacos.

---

52. Um criador de carpas encomendou um tanque cilíndrico com 7,3 m de diâmetro e 1,5 m de profundidade. A empresa que irá revestir a superfície interna do tanque com alumínio cobra R$ 40,00 por m². Quanto o criador de carpas gastará com o tanque?

Solução:
Se o tanque tem a forma de um cilindro, então:

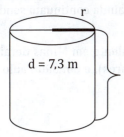

Sendo o diâmetro do tanque 7,3 m então o raio r mede d: 2 = 7,3 m : 2 = 3,65 m.

Se a planificação da superfície lateral de um cilindro é um retângulo, então a área total desse cilindro será dada pela soma da área lateral com a área da base (que é um círculo)

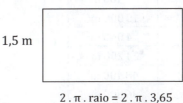

2 . π . raio = 2 . π . 3,65
Superfície lateral

base do cilindro

Área da superfície lateral = área do retângulo =
= comprimento da circunferência. altura =
= (2 . 3,14 . 3,65) . 1,5 = (22,922) . 1,5 = 34,383 m²
Área da base = π . r² = (3,14) . (3,65) ² = (3,14).(13,3225) = 41,83265 m²
Área total = 34,383 m² + 41,83265 m ² = 76,21565 m ², aproximadamente 76,22 m².
Se o m² do revestimento sai a R$ 40,00, então o revestimento do tanque sairá por 76,22 . 40 = 3 048,8.
Portanto o tanque dará um gasto de R$ 3 048,80.

MEDIDAS AGRÁRIAS

Para medidas agrárias, normalmente usadas para medir superfícies de plantações, fazendas, pastos, etc, a unidade de superfície adotada é o are (símbolo: a) que corresponde a 100 m² ou 1 dam² . Geralmente é usado um múltiplo, o hectare (ha) e um submúltiplo, o centiare (ca) .

Temos as seguintes relações:
1 ha = 1 hm² , 1 a = 1 dam² , 1 ca = 1 m²

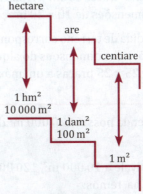

Figura 3

O alqueire é uma palavra de origem árabe (al kayl), que designa uma das bolsas de carga que eram amarradas e carregadas no dorso dos animais usados para o transporte de grãos. Mesmo com o sistema decimal, os alqueires tradicionais ainda continuam sendo utilizados, apesar de variar conforme a região.

O Alqueire é a unidade de medida de superfície agrária equivalente em Minas Gerais, Rio de Janeiro e Goiás a 10 000 braças quadradas (4,84 hectares), e em São Paulo a 5 000 braças quadradas (2,42 hectares).

1 are (a)	100 m²
1 hectare (ha)	100 a
1 hectare (ha)	10 000 m²
1 acre	4 046 m²
1 alqueire paulista	24 200 m²
1 alqueire mineiro (goiano)	48 400 m²
1 alqueire baiano	96 800 m²
1 alqueire do norte	27 200 m²

O alqueire corresponde a uma medida ideal variável de acordo com o número de litros ou pratos de plantio de milho que comporta, segundo os costumes locais. Daí a expressão de alqueire de tantos litros ou alqueire de tantos pratos.

Litro – É a área do terreno em que se faz a semeadura de um litro (capacidade) de sementes de milho debulhado, num compasso de um metro quadrado, para cada cinco ou seis grãos, cobrindo uma área de 605 metros quadrados. Varia conforme a região, muitas vezes é considerada como $\frac{1}{20}$ do alqueire paulista, aproximadamente $\frac{24\,200\,m^2}{20} = 1\,210\,m^2$.

Braça – É uma antiga medida (equivale a 10 palmos) de comprimento equivalente a 2,2 m. Apesar de antiga, atualmente ainda é usada e compreendida por muitos trabalhadores rurais e outras pessoas envolvidas com o meio rural.

Braça quadrada – Medida agrária que se usa em Mato Grosso e Mato Grosso do Sul é igual à tarefa, de Alagoas e Sergipe: 3 052 m² (1 braça = 2,2 m || 30 braças = 66 m || 30 × 30 braças = 4 356 m² = braça quadrada = br²)

Prato – Corresponde à área de um terreno com capacidade de plantio de um prato de milho, sendo as suas dimensões de 10 × 20 braças e correspondendo a 968 metros quadrados.

Quarta – É a medida de terreno correspondendo sempre à quarta parte (1/4) do alqueire. Dadas as variações das dimensões do alqueire, a quarta varia na mesma proporção, isto é, no mínimo de 25 × 25 braças a um máximo de 100 × 100 braças.

53. Uma fazenda possui 120 000 m² de área, qual a sua medida em hectare?

Solução:
Como 1 hm² equivale a 10 000 m², 120 000 : 10 000 = 12 hm².
Como 1 hm² = 1 ha, temos:
12 hm² = 12 ha

54. Uma fazenda possui 23,4 ha de área, qual a sua área em m^2?

Solução:
1 ha = 1 hm^2 = 10 000 m^2

Assim: 23,4 há = 23,4 × 10 000 m^2 = 234.000 m^2.

---

55. Quantos ares tem uma área de 370 m^2?

Solução:
Como cada are tem 100 m^2, basta dividir 370 por 100, ou seja,
370 : 100 = 3,7 a.

---

56. Quantos hectares correspondem 100.000 m^2?

Solução:
Como cada hectare tem 10.000 m^2, basta dividir a área dada por 10.000, isto é:
$$\frac{100.000}{10.000} = 10 \text{ ha.}$$

---

57. Quantos m^2 correspondem 2,5 ha?

Solução:
Sabemos que 1 ha = 1 hm^2

Para transformar hm^2 em m^2, basta multiplicar por 10.000 :
2,5 × 10.000 = 25 000 m^2

---

58. Quantos alqueires paulistas têm o Parque Nacional da Serra da Canastra (MG) com área de 71 525 ha?

Solução:
Para determinar quantos alqueires paulistas tem o parque nacional, primeiro precisamos saber a quantos m^2 corresponde a área do parque.

Temos 71 525 ha = 71 525 hm^2 = 71 525 ha × 10.000 = 715.250.000 m^2

Como cada alqueire paulista corresponde a 24.200 m^2 (vide tabela no início do tópico – medidas agrárias), assim temos:
715 250 000 : 24 200 = 29 555,785

Logo, o Parque Nacional da Serra da Canastra tem aproximadamente 29 556 alqueires paulistas.

59. Um pai deixou de herança para seus dois filhos uma propriedade com 130,25 ha de área. Um dos filhos propôs comprar 5,75 ha da parte do outro por R$ 10 350 000,00. Qual parte coube a cada um dos filhos e qual o valor total da propriedade?

Solução:
Pelo enunciado temos que 130,25 ha é a área total da propriedade, a soma das duas partes e 5,75 ha é a diferença.

Assim, podemos determinar a parte maior $\dfrac{130,25 ha + 5,75 ha}{2} = \dfrac{136}{2} ha = 68 ha$

E, a parte menor: $\dfrac{130,25 ha - 5,75 ha}{2} = \dfrac{124,50}{2} ha = 62,25 ha$

Se por 5,75 ha um filho quer pagar R$ 10 350 000,00 então 1 ha deve custar:
R$ 10 350 000,00 : 5,75 = 1 800 000,00

Logo, o preço da propriedade é 130,25 . 1 800 00 = 234 450 000

Portanto, coube a cada um, 68 ha e 62,25 ha. E, o valor da propriedade é
R$ 234 450 000.

---

60. Um lote de formato quadrado foi medido com uma trena que se supunha ter 10 m de comprimento, mas que na realidade tinha 2 cm à menos. A medida da superfície encontrada foi de 4,5796 ha. Determinar a medida real da superfície e a medida do lado do lote.

Solução:
Usar a relação de proporcionalidade entre os lados de dois polígonos.

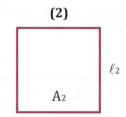

Medida com trena de 9,98 m de comprimento

$A_1 = 45796 \, m^2$

$\ell_1 = \sqrt{45796}$

$\ell_1 = 214 \, m$

Medida com trena de 10 m de comprimento

$A_2 = ?$

$\ell_2 = ?$

No quadrado (1) o lado calculado, em função da área dada, mede 214 m de comprimento e tem por homólogo o lado de um quadrado com 9,98 m de comprimento; e no quadrado (2), cujo lado é a incógnita, tem por homólogo o lado de um quadrado com 10 m de comprimento.
Fazendo a relação entre lados homólogos, teremos:

$$\frac{\ell_1}{9,98} = \frac{\ell_2}{10} \rightarrow \frac{214}{9,98} = \frac{\ell_2}{10}$$

$$\ell_2 = \frac{214 \cdot 10}{9,98} = 214,428857 \text{ m}$$

Outra maneira de resolver o problema:
Sabe-se que "as áreas de dois polígonos semelhantes são proporcionais aos quadrados de seus lados homólogos".

Pelo enunciado do problema, teremos 2 quadrados a analisar, um deles com lado igual a 9,98 m e outro com lados de 10,00 m.

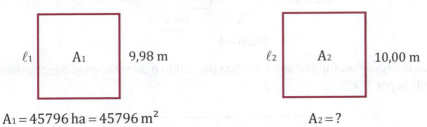

$A_1 = 45796$ ha $= 45796$ m² $\qquad\qquad A_2 = ?$

Aplicando a relação lembrada acima, teremos:

$$\frac{A_1}{A_2} = \left(\frac{\ell_1}{\ell_2}\right)^2 \rightarrow \frac{45796}{A_2} = \left(\frac{9,98}{10,00}\right)^2 \rightarrow \frac{45796}{A_2} = \frac{99,60}{100}$$

$$A_1 = \frac{100}{99,60} \cdot 45796 = 45979,91967 \text{ m}^2$$

E o lado desse quadrado será:

$$\ell^2 = 45979,91967 \rightarrow \ell = \sqrt{45979,91967} \rightarrow \ell = 214,429883 \text{ m}$$

MEDIDAS DE VOLUME

O espaço ocupado por qualquer objeto ou coisa é denominado volume.
A unidade padrão de volume, no sistema métrico decimal, **é o metro cúbico, representado por m^3**, que corresponde ao espaço ocupado por um cubo com 1 m de comprimento, 1 m de largura e 1 m de altura.

Múltiplos			Unidade padrão	Submúltiplos		
km³	hm³	dam³	m³	dm³	cm³	mm³
quilometro cúbico	hectômetro cúbico	decametro cúbico	metro cúbico	decímetro cúbico	centimetro cúbico	milimetro cúbico
1000000000 m³	1000000 m³	1000 m³	1 m³	0,001 m³	0,000001 m³	0,000000001 m³

Observe que cada unidade de volume é 1 000 vezes maior que a unidade imediatamente inferior.

Para a transformação de medidas temos:

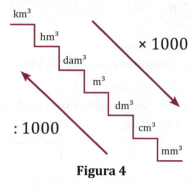

Figura 4

Ao descer cada degrau multiplicamos a medida por 1 000 e ao subir cada degrau, dividimos a medida por 1 000.

61. Decomponha as seguintes medidas da forma em que é feita a leitura:
a) 10,025 m³   b) 5,075 cm³   c) 0,05 m³

Solução:
a) 10,025 m³ = 10 m³ e 25 dm³ ou 10 025 dm³
b) 5,075 cm³ = 5 cm³ e 75 mm³ ou 5 075 mm³
c) 0,05 m³ = 50 dm³

62. Transforme 1 254 578 m³ em km³

Solução:
Observando a figura 4, para transformar m³ em km³ subimos três degraus da escada, ou seja, dividimos por 1 000 000 000, a vírgula anda 9 casas para a esquerda.
Assim, 1 254 578 m³ = 1 254 578 : 1 000 000 000 km³ = 0,001254578 km³
Ou,
Como 1 m³ equivale a 0,000000001 km³, basta dividir 1 254 578 por 1 000 000 000.
Logo, 1 254 578 : 1 000 000 000 = 0,001254578 km³

63. Transforme 3,5 km³ em m³.

Solução:
Como 1 km³ equivale a 1 000 000 000 m³, temos:
3,5 km³ = 3,5 . 1 000 000 000 = 3 500 000 000 m³.
(Observando a figura 4, descemos três degraus, 1 000 . 1 000 . 1 000, nove casas para a direita.)

VOLUME DO CUBO E DO PARALELEPÍPEDO

CUBO

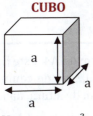

$V = a \cdot a \cdot a = a^3$

PARALELEPÍPEDO

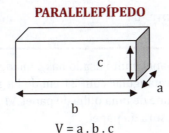

$V = a \cdot b \cdot c$

64. As dimensões de um tijolo são 0,20 m de comprimento, 0,10 m de largura e 0,05 m de altura. Qual o volume de argila empregado para fabricar esse tijolo?

Solução:
O tijolo tem a forma de um paralelepípedo, portanto o volume é dado por

V = comprimento . largura . altura
V = 0,2 m . 0,1 m . 0,05 m = 0,001 m³
V = 0,001 m³ = 1 dm³

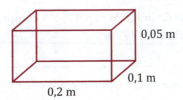

65. (FUVEST) Dois blocos de alumínio, em forma de cubo, com arestas medindo 10 cm e 6 cm, são levados juntos à fusão e em seguida o alumínio líquido é moldado como um paralelepípedo reto de arestas 8 cm, 8 cm e x cm. O valor de x é:
a) 16 cm   **b)** 17 cm   **c)** 18 cm   **d)** 19 cm   **e)** 20 cm

Solução:
Pelo enunciado, o volume do paralelepípedo é igual à soma dos volumes dos dois cubos.

Assim, o volume do primeiro cubo é 6 . 6 . 6 = 216 cm³ e o volume do segundo cubo é 10 . 10 . 10 = 1 000 cm³.
O volume do paralelepípedo será 216 cm³ + 1 000 cm³ = 1 216 cm³.

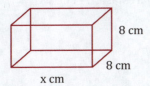

Capítulo 8   UNIDADES DE MEDIDAS

Como as arestas do paralelepípedo medem 8 cm, 8 cm e x cm, o produto de duas delas é 64 cm². A terceira aresta será dada por:
1 216 cm³ : 64 cm² = 19 cm

O valor de x é 19 cm, alternativa "d".

---

66. Um tipo de folha de papel muito usado nas copiadoras é o formato A4. Este tipo de papel tem forma retangular com 21 cm de largura por 29,7 cm de comprimento. Calcule o volume de uma pilha de papel A4, com 20 cm de altura, não se considerando a espessura do papel.

Solução:
Esta pilha tem o formato de um paralelepípedo

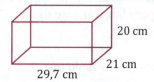

Logo o volume da pilha de papel é: V = comprimento . largura . altura =
= 29,7 . 21 . 20 = 12 474 cm³.

---

67. Uma face de um cubo tem área de 64 cm². Determine seu volume.

Solução:
Todo cubo é formado por 6 faces quadradas.

Sendo cada face um quadrado e a área 64 cm², então, cada aresta deve medir a raiz quadrada da medida da área.

$\ell = \sqrt{64\,cm^2}$ = 8 cm. O lado do quadrado é a aresta do cubo, portanto:

O volume é dado por (aresta)³, logo (8 cm)³ = 512 cm³

---

68. Se a soma das medidas das arestas de um cubo é igual a 64 cm, qual o volume desse cubo em dm³?

Solução:
Um cubo tem 12 arestas e a soma das medidas de suas arestas é 64 cm.

Sendo todas as arestas de mesma medida então 64 cm : 12 = 5,33 cm.
Cada aresta mede 5,33 cm.

O volume do cubo é aresta . aresta . aresta:
V = (5,33 cm)³ = 151,41943 cm³

O volume do cubo é aproximadamente 151,42 cm³ = 151,42 : 1 000 dm³ =
= 0,151 42 dm³.

69. Um determinado bloco de cimento usado em construção civil tem dimensões 10 cm, 15 cm e 25 cm. Marcelo pretende transportar blocos desse tipo em seu caminhão cuja carroceria tem como dimensões internas, 4 m de comprimento; 2,5 m de largura e 0,6 m de profundidade. Quantos blocos, no máximo, Marcelo poderá transportar numa viagem, de forma que a carga não ultrapasse a altura da carroceria?

Solução:
Vamos primeiro determinar qual volume a carroceria pode transportar.
V = 4 m . 2,5 m . 0,6 m = 400 cm . 250 cm. 60 cm = 6 000 000 cm³.

Cada bloco de cimento tem como volume V = 10 cm . 15 cm . 25 cm = 3 750 cm³.

Daí 6 000 000 cm³ : 3 750 cm³ = 1 600 blocos de cimento.

Marcelo poderá transportar no máximo 1 600 blocos de cimento.

70. Felipe pretende alugar um salão de festas destinado à uma recepção para 150 pessoas. Qual deve ser o comprimento mínimo do salão se tiver 8 m de largura e 3 m de altura, de forma que para cada convidado tenha um espaço de 3 m³?

Solução:
Se para a recepção pretende-se locar um salão que comporte 150 convidados de forma que cada um tenha um espaço de 3 m³, então
150 . 3 m³ = 450 m³ é o espaço total para os convidados.

Se o salão tem 8 m de comprimento por 3 m de altura, então 8 m . 3 m = 24 m².

Logo, o comprimento mínimo do salão deverá ser 450 m³ : 24 m² = 18,75 m

MEDIDAS DE CAPACIDADE

A unidade padrão para medir a capacidade, no sistema métrico decimal, é o litro. A capacidade é a quantidade que um recipiente pode conter. Um litro é definido como a capacidade de um recipiente internamente ocupado por 1 kg de água destilada e isenta de ar, à temperatura de 4°C sob pressão atmosférica normal.

Existe uma relação entre volume e capacidade, a cada 1 dm³ corresponde 1 litro.

Múltiplos			Unidade padrão	Submúltiplos		
kl	hl	dal	l ou L	dl	cl	ml
quilolitro	hectolitro	decalitro	litro	decilitro	centilitro	mililitro
1 000 l	100 l	10 l	1 l	0,1 l	0,01 l	0,001 l

Observe que cada unidade de capacidade é 10 vezes maior que a unidade imediatamente inferior.

Para simbolizar litro também é utilizado L (letra maiúscula) pelo fato, de em muitos casos ser confundido com l (número 1 em romano)

Para transformação de medidas temos:

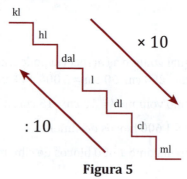

Figura 5

Observe na figura 5 que ao descer cada degrau, a medida é multiplicada por 10; ao subir cada degrau a medida é dividida por 10.

Além da relação 1 dm³ = 1 l, podemos estabelecer: 1 cm³ = 1 ml, 1 m³ = 1 kl.

---

71. Escreva por extenso como se lê, as seguintes medidas de capacidade:
   a) 25,425 l   b) 0,250 l   c) 2,50 hl

Solução:
a) 25,425 l = 25 litros e 425 mililitros
b) 0,250 l = 0 litros e 250 mililitros = 250 mililitros
c) 2,50 hl = 2 hectolitros e 50 litros

---

72. Transforme 75 dl em l

Solução:
Para transformar dl em l, conforme a figura 5, subimos um degrau, ou seja, dividimos por 10.

75 dl = 75 : 10 l = 7,5 l

73. Transforme 3 458 ml em l

Solução:
Para transformar ml em l, conforme a figura 5, subimos 3 degraus, então dividimos por 1 000.

3 458 ml = 3 458 : 1 000 l = 3,458 l

---

74. Transforme 0,540 l em ml

Solução:
Para transformar l em ml, descemos três degraus conforme a figura 5, então multiplicamos por 1 000.

0,540 l = 0,540 . 1 000 ml = 540 ml

---

75. Uma piscina tem 50 m de comprimento, 25 m de largura, 2 m de profundidade.
   a) Qual a área de sua superfície?
   b) Qual o volume de água que ela contém, quando totalmente cheia?
   c) Quantas garrafas, de 250 ml, você poderia encher com toda a água desta piscina?

Solução:
Consideremos uma piscina com formato de um paralelepípedo:

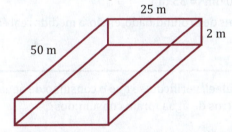

a) A área da superfície da piscina é dada pelo comprimento multiplicado pela largura =
   = 50 m . 25 m = 1 250 m²

b) O volume de água contida na piscina é dado pela área da superfície multiplicada pela altura da piscina = 1 250 m² . 2 m = 2 500 m³.

c) Temos que 2 500 m³ correspondem a 2 500 . 1 000 dm³ = 2 500 000 dm³ = 2 500 000 l =
   = 2 500 000 . 1 000 ml = 2 500 000 000 ml

Podemos encher 2 500 000 000 ml: 250 ml = 10 000 000 garrafas.

---

76. Uma caixa de água mede 50 cm x 50 cm e tem 50 cm de altura. Qual o seu volume? Quantas latas de 250 ml cada uma podem ser cheias com a água desta caixa?

Solução:
O volume da caixa é determinado por 50 cm . 50 cm . 50 cm = 125 000 cm³.

125 000 cm³ = 125 000 : 1 000 dm³ = 125 dm³ = 125 l = 125 . 1 000 ml = 125 000 ml

Se cada lata tem capacidade para 250 ml, então com 125 000 ml poderemos encher: 125 000 ml: 250 ml = 500 latas.

---

77. Um tanque tem 40 dm de comprimento por 3,2 m de largura. Se tivesse 0,5 m a mais de profundidade, sua capacidade seria de 44 800 litros. Qual a real profundidade do tanque?

Solução:
Já que 1 dm³ equivale a 1 litro, vamos transformar todas as medidas para dm.

Se as dimensões do tanque são 40 dm e 3,2 m = 32 dm, então a área do chão do tanque é de 40 dm . 32 dm = 1 280 dm².

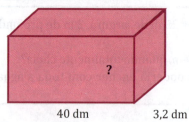

Se o volume do tanque, com 0,5 m a mais de profundidade, é 44 800 l = 44 800 dm³
Então a profundidade seria 44 800 dm³ : 1 280 dm² = 35 dm

Como esse volume foi calculado com 0,5 m a mais de profundidade, então, a medida real é:
35 dm − 0,5 m = 3,5 m − 0,5 m = 3 m.

---

78. Na leitura do hidrômetro da casa de Rafael, verificou-se que o consumo de água no ultimo mês foi de 38 m³. Quantos litros de água foram consumidos?

Solução:
O consumo de 38 m³ equivale a 38 . 1 000 dm³ = 38 000 dm³ = 38 000 l
Foram consumidos 38 000 l.

---

79. Uma indústria farmacêutica produz 1 500 litros de um medicamento que devem ser colocados em frascos de 10 cm³ cada um. Quantos frascos serão envasilhados com essa quantidade de medicamento?

Solução:
Cada frasco comporta 10 cm³ = 10 ml.
Temos 1 500 l de medicamento que equivalem a 1 500 . 1 000 ml = 1 500 000 ml.
Logo 1 500 000 ml: 10 ml = 150 000 frascos.

80) Qual a capacidade em litros de um embalagem Tetra Pak de ervilhas cujas dimensões são 8,5 cm, 4,5 cm e 9,5 cm?

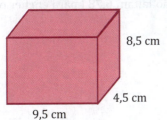

Solução:
Para determinar a capacidade da embalagem de ervilhas, vamos primeiro determinar o volume da embalagem.

Temos 8,5 cm . 4,5 cm . 9,5 cm = 363,375 cm³ = 363,375 : 1 000 dm³ = 0,363 375 dm³.

Como 1 dm³ = 1 litro

Logo a capacidade da embalagem é aproximadamente 0,363 l.

---

81. Uma jarra tem suco de laranja até 1/4 de sua capacidade; colocando-se mais um litro de suco, atinge-se 2/3. Qual a capacidade total da jarra?

Solução:

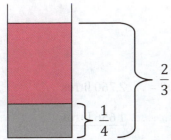

$$\frac{2}{3} - \frac{1}{4} \rightarrow 1000 \text{ ml}$$

$$\frac{8-3}{12} \rightarrow \frac{5}{12} \rightarrow 1000 \text{ ml}$$

$$\frac{1}{12} = \frac{1000}{5} = 200 \text{ ml}$$

O todo $= \frac{12}{12} \rightarrow 200 \times 12 = 2400 \text{ ml} = 2,4 \text{ l}$

Portanto, a capacidade da jarra é 2 400 ml ou 2,4 l

---

82. (FCC-2003-TRE-AM-Técnico Judiciário) Se os 13,56 litros de água no interior de um bebedouro estão ocupando os 2/3 de sua capacidade, quantos metros cúbicos de água faltam para encher esse bebedouro?
a) 0,968   **b)** 0,678   **c)** 0,0968   **d)** 0,0678   **e)** 0,00678

Solução:
Representando o bebedouro com 2/3 de sua capacidade:

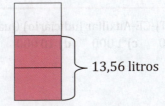

13,56 litros

Se 2/3 da capacidade do bebedouro corresponde a 13,56 l, então 1/3 corresponde a 13,56 l: 2 = 6,78 l.

Como faltam 1/3 da capacidade do bebedouro então faltam 6,78 l para encher o bebedouro completamente.

Transformando a medida para m³, temos:
6,78 l = 6,78 dm³ = 6,78 : 1 000 m³ = 0,00678 m³

Portanto, alternativa "e".

---

83. (FCC-2002-TRE-PI-Técnico Judiciário) O volume de uma caixa d'água é de 2,760 m³. Se a água nela contida está ocupando os 3/5 de sua capacidade, quantos decalitros de água devem ser colocados nessa caixa para enchê-la completamente?
a) 331,2 **b)** 184 **c)** 165,5 **d)** 110,4 **e)** 55,2

Solução:

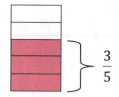

Dados do problema:
Volume total da caixa d'água = 2,760 m³

Água já contida na caixa = $\dfrac{3}{5}$ de 2,760

- Volume total da caixa d'água, em litros = 2,760 m³ × 1 000 = ... 2 760 litros

- Água já contida na caixa = $\dfrac{3}{5}$ de 2,760 = ... 1 656 litros

- Volume d'água que ainda cabe na caixa = ... 1 104 litros

- Para transformar litros em decalitros (*dal*) é necessário lembrar que 1 *dal* (decalitro) corresponde a 10 litros (*l*)

1 104 *l* = 1104 : 10 *dal* = 110,4 *dal*

Portanto, alternativa "d".

---

84. (ESAF – 2002-TJ-CE-Auxiliar Judiciário) Quantos cm³ existem em 10 litros?
a) 10 **b)** 100 **c)** 1 000 **d)** 10 000 **e)** 100 000

Solução:
Sabemos que 1 l corresponde a 1 dm³, portanto 10 l correspondem a 10 dm³.

10 dm³ = 10 . 1 000 cm³ = 10 000 cm³.

Portanto, alternativa "d".

---

85. (FCC-2009-TJ-AP-Técnico Judiciário) Uma indústria farmacêutica dispõe em estoque 21,6 litros de certo medicamento que devem ser colocados em frascos, cada qual com capacidade para 0,000003 m³. Considerando que não há perda de medicamento no ato de preenchimento dos frascos, a quantidade mínima de frascos necessários para acomodar os 21,6 litros.
a) É maior que 4 000
b) Está compreendida entre 3 000 e 4 000
c) Está compreendida entre 2 000 e 3 000
d) Está compreendida entre 1 000 e 2 000
e) É menor que 1 000

Solução:
Temos 21,6 l de certo medicamento, portanto 21,6 dm³.

A capacidade de cada frasco é de 0,000003 m³ = 0,000003 . 1 000 dm³ = 0,003 dm³

Assim, a quantidade de frascos é dada por 21,6 dm³ : 0,003 dm³ = 7 200

Observe que 7 200 frascos é uma quantidade maior que 4 000.

Portanto, alternativa "a".

---

86. (FCC-2009-TJ-AP-Técnico Judiciário) Habitualmente, são servidos 26 litros de café com leite na lanchonete de uma empresa. Para o seu preparo, o café e o leite são usados em quantidades que estão entre si assim como 4 está para 9, respectivamente. Quantos litros de café com leite poderiam ser preparados se, mantida a quantidade original de leite, a proporção passasse a ser de duas partes de café para três partes de leite?
a) 26   b) 27   c) 28   d) 29   e) 30

Solução:
Se habitualmente são servidos 26 litros de café com leite, então a quantidade de café (c) mais a quantidade de leite (l) é igual a 26 litros (c + l = 26).
A proporção da quantidade de café para a quantidade de leite é de 4 para 9, ou seja:

Habitualmente são servidos 18 litros de leite e 8 litros de café.

Se mantivermos a quantidade de leite, 18 litros, e considerássemos a quantidade de café na proporção: $\dfrac{c}{18} = \dfrac{2}{3}$, então teríamos:

$\dfrac{c}{18} = \dfrac{2}{3} = \dfrac{2.6}{3.6} = \dfrac{12}{18}$, logo c = 12 litros.

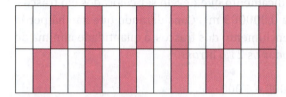

Assim a nova quantidade de café com leite seria 18 + 12 = 30 litros.

Portanto, alternativa "e".

MEDIDAS DE MASSA

Um corpo conserva sua quantidade de matéria independentemente do local que se encontre; essa quantidade de matéria é chamada massa.

O peso de um corpo varia de acordo com o local em que se encontra, pois é a força com que a massa desse corpo é atraída para o centro da terra. (atração da gravidade)

Vale observar que muitas embalagens apresentam a inscrição peso bruto e peso líquido:

Peso bruto: peso do produto com a embalagem.

Peso líquido: peso somente do produto

A unidade padrão para medir massa, no sistema decimal, é *o quilograma* (kg), entre as unidades de base do SI, é a única cujo nome, por motivos históricos, contém um prefixo. É definido como a massa de 1 dm^3 (1 litro) de água destilada à temperatura de 4 °C. Assim, para a água pura, podemos estabelecer a seguinte relação:

1 kg ↔ 1 dm^3 ↔ 1 litro

Na medida de grandes massas, podemos utilizar ainda as seguintes unidades especiais:

1 arroba = 15 kg
1 tonelada (t) = 1 000 kg
1 megaton = 1 000 t ou 1 000 000 kg

Para medida de massa de pedras preciosas é utilizado o quilate que equivale a 0,2 g da pedra.

MÚLTIPLOS E SUBMÚLTIPLOS

Múltiplos			Unidade padrão	Submúltiplos		
kg	hg	dag	g	dg	cg	mg
quilograma	hectograma	decagrama	grama	decigrama	centigrama	miligrama
1.000 g	100 g	10 g	1 g	0,1 g	0,01 g	0,001 g

Observe que cada unidade de massa é 10 vezes maior que a unidade imediatamente inferior. Para a transformação de medidas temos:

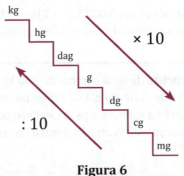

Figura 6

Observe na figura 6 que ao descer cada degrau, a medida é multiplicada por 10; ao subir cada degrau a medida é dividida por 10.

87. Escreva por extenso, como se lê, as seguintes medidas:
a) 54,320 g   b) 0,750 kg   c) 2,0050 kg

Solução:
a) 54,320 g = 54 gramas e 320 miligramas
b) 0,750 kg = 0 quilogramas e 750 gramas = 750 gramas
c) 2,0050 kg = 2 quilogramas e 5 gramas ou 2 quilogramas e 50 decigramas

88. Transformar 575 dg em kg.

Solução:
Observando a figura 6, temos que subir 4 degraus, ou seja dividir a medida por 10 000.
575 dg = 575 : 10 000 kg = 0,0575 kg

89. Transformar 23, 465 kg em g.

Solução:
Observando a figura 6, temos que descer 3 degraus, ou seja, multiplicar a medida por 1 000.
23,456 kg = 23,456 . 1 000 g = 23 456 g

90. Transformar 5 087 543 mg em kg.

Solução:
Observando a figura 6, temos que subir 6 degraus, ou seja, dividir por 1 000 000.
5 087 543 mg = 5 087 543 : 1 000 000 = 5, 087543 kg

91. Quantas arrobas têm 5 087 kg?

Solução:
A cada 15 kg corresponde 1 arroba, logo 5 087 kg : 15 kg = 339,133
Então 5 078 kg correspondem aproximadamente à 339 arrobas.

92. O pai de Marcos é motorista de uma carreta de 860 kg. Hoje ele está carregando seu caminhão com 2,5 t de cimento e 120 caixas de revestimento de 50 kg cada uma. Na pesagem que fará na rodovia, o peso total não poderá ultrapassar 8 500 kg. A carreta do pai de Marcos estará ou não dentro das normas estabelecidas pela fiscalização?

Solução:
Cada tonelada corresponde a 1 000 kg, logo a carreta do pai de Marcos está sendo carregada com 2,5 t = 2,5 . 1 000 kg = 2 500 kg. Ainda mais 120 caixas de revestimento de 50 kg cada, num total de 120 .50 kg = 6 000 kg.

Se só a carreta pesa 860 kg,com mais 2 500 kg de cimento e 6 000 kg de revestimento, 860 kg + 2 500 kg + 6 000 kg = 9 360 kg.

Portanto, a carreta do pai de Marcos não será aprovada pela fiscalização, pois seu peso ultrapassou 9 360 kg – 8 500 kg = 860 kg .

93. Gustavo comprou 18 arrobas de carne para vender em seu supermercado e pagou R$ 21,50 a arroba. Em seu supermercado colocou á venda toda a carne por R$ 3,00 o quilograma. Se Gustavo vendeu toda a carne, qual foi o lucro obtido nessa venda?

Solução:
Se Gustavo comprou 18 arrobas de carne por R$ 21,50 a arroba,
gastou 18 . R$ 21,50 = R$ 387,00.

Sabemos que 1 arroba equivale a 15 kg, logo 18 arrobas = 18 . 15 = 270 kg.

Se Gustavo vendeu cada kg por R$ 3,00 então recebeu R$ 3,00 . 270 = R$ 810,00.

Seu lucro obtido na venda foi de R$ 810,00 – 387,00 = R$ 423,00.

94. O restaurante Ponto 7, serve comida por quilo, cobrando o quilo de comida R$ 22,00, descontado o peso do prato de 400 g. Se uma pessoa se servir num prato de 1 200 g, quanto pagará pela refeição?

Solução:
Se a pessoa se serviu num prato de 1 200 g, descontando 400 g do prato servido, temos de 1 200 g – 400 g = 800 g

Transformando a medida em kg, temos 800 : 1 000 kg = 0,80 kg

Se o quilo custa R$ 22,00, então 0,80 . 22 = 17,60.

Portanto, a refeição custou R$ 17,60.

---

95. Em uma refinaria, um reservatório tem as seguintes dimensões: 7 m de comprimento, 5 m de largura e 4 m de profundidade. Se o reservatório estiver cheio de óleo até o nível de 30 cm da borda e sabendo-se que o litro do óleo tem massa de 1,2 kg, determinar a massa, em toneladas, do óleo contido nesse reservatório.

Solução:
Se o reservatório tem 4 m de profundidade e está cheio de óleo até 30 cm da borda, então a altura do óleo é 4 m – 30 cm = 4 m – 0,3 m = 3,7 m.

Então o volume ocupado pelo óleo deve ser 7 m . 5 m . 3,7 m = 129,5 m^3

Transformando a medida em litros:
129,5 m^3 = 129,5 . 1 000 dm^3 = 129 500 dm^3 = 129 500 l

Se 1 litro desse óleo tem massa de 0,8 kg, então, o óleo do reservatório terá:
129 500 . 0,8 kg = 103 600 kg

Ainda, cada 1 000 kg corresponde a 1 tonelada, então:
103 600 kg = 103 600 : 1 000 t = 103,6 t

A massa do óleo contida no reservatório é de 103,6 t.

---

96. Para a construção de um galpão foram necessárias 6 colunas de concreto armado de 3 m de altura, sendo as bases quadradas de 30 cm de lado cada uma. Sabendo-se que o ferro tem a massa de 7 kg e o concreto 2,5 kg por decímetro cúbico, calcular a massa do ferro e do concreto, se o ferro corresponde a $\frac{1}{30}$ do volume total.

Solução:
Cada coluna do galpão tem a base quadrada com 30 cm de lado, portanto com área de 30 cm . 30 cm = 900 cm^2.

O volume de cada coluna é dado pelo produto da área da base pela altura:

900 cm² . 3 m = 900 cm² . 300 cm = 270 000 cm³ = 270 000 : 1 000 dm³ = 270 dm³

O volume das 6 colunas é: 6 . 270 dm³ = 1 620 dm³

O volume das 6 colunas inclui o ferro e o concreto utilizados na construção.

Se o volume do ferro utilizado corresponde a $\frac{1}{30}$ do volume total, o volume do ferro é:

$\frac{1}{30}$ de 1 620 dm³ = 1 620 dm³ : 30 = 54 dm³.

Já que o ferro tem a massa de 7 kg por dm³, então a massa total do ferro utilizado é 54 . 7 kg = 378 kg.

O volume do concreto, excluindo-se o ferro, é:
1 620 dm³ − 54 dm³ = 1 566 dm³

Então, a massa do concreto é de: 1 566 . 2,5 kg = 3 915 kg

Portanto, a massa do ferro é 378 kg e a massa do concreto é 3 915 kg.

---

97. (FCC-2003-TRE – AC – Técnico Judiciário) Duas cestas idênticas, uma com laranjas e outra com maçãs, são colocadas juntas em uma balança que acusa massa total igual a 32,5 kg. Juntando as laranjas e as maçãs em uma única cesta, a massa indicada na balança é igual a 31,5 kg. Nestas condições, a massa de duas cestas vazias, em kg, é igual a:
a) 0,5   b) 1,0   c) 1,5   d) 2,0   e) 2,5

Solução:
Se as duas cestas com laranjas e maçãs tem massa igual a 32,5 kg e apenas a massa das laranjas juntamente com as maçãs em uma das cestas é 31,5 kg, então:
A massa de uma das cestas vazias é igual a 32,5 kg − 31,5 kg = 1,0 kg.

Como as duas cestas são idênticas, a massa das duas cestas vazias é 2 kg.

Portanto, alternativa "d".

MEDIDA DE MASSA ESPECÍFICA OU DENSIDADE

A massa específica de uma substância é dada pela razão entre a massa de uma certa quantidade da substância e o volume correspondente.

$\mu = \dfrac{m}{V}$

Normalmente o termo massa específica é usado para representar a razão entre a massa e o volume de líquidos e substâncias, e o termo densidade, para representar a razão entre a massa e o volume de objetos sólidos, ocos ou maciços.

$D = \dfrac{m}{V}$

Pelo Sistema Internacional de Medidas (S I), a unidade para massa específica (e densidade) é o kg/m^3. Eventualmente a unidade g/cm^3 também é usada. Podemos estabelecer uma relação entre elas:

$1\ g/cm^3 = 0{,}001\ kg/\ 0{,}000001\ m^3 = (10^{-3} : 10^{-6})\ kg/m^3 = 10^3\ kg/m^3$.

---

98. Qual é o valor da massa específica da Terra, se seu volume é aproximadamente $20 \cdot 10^{19}\ m^3$ e sua massa vale $6 \cdot 10^{24}\ kg$.

Solução:
Como se trata da Terra, que é sólida, podemos chamar a massa específica de densidade.

Sendo $D = \dfrac{m}{V}$ ou $D = m : V$

$D = (6 \cdot 10^{24}) : (20 \cdot 10^{19}) = (6 : 20) \cdot (10^{24} : 10^{19}) = 0{,}3 \cdot 10^5 = 3 \cdot 10^4\ kg/m^3$

---

99. A densidade do alumínio é $2{,}7\ g/cm^3$. Isso significa que um cubo maciço de alumínio com aresta de 0,8 m, terá qual massa?

Solução:
Primeiro vamos determinar o volume do cubo de 0,8 m de aresta.
$V = 0{,}8\ m \cdot 0{,}8\ m \cdot 0{,}8\ m = 0{,}512\ m^3 = 512\ 000\ cm^3$.

$D = m : V$, então $m = D \cdot V$

Logo, $m = 2{,}7\ g/cm^3 \cdot 512\ 000\ m^3 = 1\ 382\ 400\ g$ ou $1\ 382{,}4\ kg$

O cubo terá massa de aproximadamente 1 382 kg.

---

100. Um corpo de massa de 800 g ocupa um volume de $200\ cm^3$. Calcule a densidade desse corpo em kg/m^3.

Solução:
$D = m : V$, a massa $m = 800\ g = 800 : 1\ 000\ kg = 0{,}8\ kg$.

$V = 200\ cm^3 = 200 : 1\ 000\ 000\ m^3 = 0{,}0002\ m^3$

$D = 0{,}8\ kg : 0{,}0002\ m^3 = 4\ 000\ kg/m^3$ ou $4 \cdot 10^3\ kg/m^3$.

---

101. A capacidade de uma caixinha Tetra Pak de ervilhas é de 0,363 litros, sabendo que a massa do produto drenado é de 200 g, determinar a densidade das ervilhas em kg/m^3.

Solução:
Se a massa do produto drenado é 200 g, então $200\ g = 200 : 1\ 000\ kg = 0{,}2\ kg$

A capacidade da caixinha é 0,363 litros = 0,363 dm³, logo, o volume das ervilhas corresponde a 0,363 dm³ = 0,363 : 1 000 m³ = 0,000363 m³.

A densidade é dada pela relação D = m : V

D = 0,2 kg : 0,000363 m³ = 550, 96 kg/m³.

---

102. São misturados volumes iguais de dois líquidos com massas específicas de 0,65 g/cm³ e 0,85 g/cm³. Determine a massa específica da mistura.

Solução:
Sendo os volumes iguais, temos $V_1 = V_2 = V$. Portanto, o volume da mistura é 2 V. Por outro lado, podemos dizer que a massa da mistura é igual à soma das massas dos dois líquidos.

Da relação m = m : V, temos m = m . V (m é a massa específica)

$m_{mistura} = m_1 + m_2$

Como as massas específicas de cada líquido são diferentes, temos:

$\mu_1 =$ massa específica do líquido 1 = 0,65 g/cm³

$\mu_2 =$ massa específica do líquido 2 = 0,85 g/cm³

$m_1 = \mu_1 . V$ e $m_2 = \mu_2 . V$

$m_{mistura} = \mu_1 . V + \mu_2 . V = (\mu_1 + \mu_2) . V$

$V_{mistura} = V + V = 2V$

$\mu_{mistura} = \dfrac{m_{mistura}}{V_{mistura}} = \dfrac{(\mu_1 + \mu_2).V}{2V} = \dfrac{0,65 + 0,85}{2} = 0,75$ g/cm³

---

103. A caixa mostrada na figura abaixo é oca e sua massa é 2,5 kg, determine a densidade da caixa:

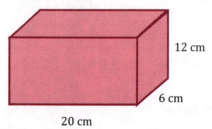

12 cm
6 cm
20 cm

Solução:
O volume da caixa é V = 20 cm . 12 cm . 6 cm = 1 440 cm³ = 0,001440 m³
Sendo a massa 2,5 kg, temos:

D = m : V = 2,5 kg : 0,001440 m³ = 1 736,11 kg/m³.

104. Qual a massa de uma pedra de carvão de 10 cm³ se a densidade do carvão em pedra é 1,329 g/cm³?

Solução:
A massa da pedra pedida é a massa obtida quando na pesagem em uma balança, também denominada massa relativa.

Sendo D = m : V, então m = D .V

m = 1,329 g/cm³ . 10 cm³ = 13 ,29 g

A pedra de carvão tem a massa de 13,29 g

---

105. Sabendo-se que a densidade do gelo é 0,92 g/cm³, e que a água ao congelar aumenta $\frac{1}{15}$ do seu volume, qual o volume em dm³ de água contida em 17,664 kg de gelo?

Solução:
Como a densidade é dada em g/cm³ temos que transformar a massa do gelo para gramas:
17,664 kg = 17,664 . 1 000 g = 17 664 g

D = m . V, então, V = m : D

V = 17 664 g : 0,92 g/cm³ = 19 200 cm³

Se ao congelar a água aumenta $\frac{1}{15}$ do seu volume, então a fração correspondente ao volume todo é $\frac{15}{15}$.

Daí, a fração correspondente ao gelo é $\frac{15}{15} + \frac{1}{15} = \frac{16}{15}$
Assim:

$\frac{16}{15} \rightarrow 19200\,cm^3$

$\frac{1}{15} \rightarrow 19200\,cm^3 : 16 = 1200\,cm^3$

$\frac{15}{15} \rightarrow 1200\,cm^3 . 15 = 18000\,cm^3$

18 000 cm³ = 18 000 : 1 000 dm³ = 18 dm³ ou 18 litros.

O volume de água contida em 17,664 kg de gelo é 18 dm³.

---

106. Marcelo encontrou uma placa de ouro entre os pertences de seu avô. Sabendo-se que o volume da placa é 0,01548 dm³ e a densidade do ouro puro é 19,258 g/cm³, determine para Marcelo a massa desta placa.

Solução:
O volume da placa de ouro é 0,015448 dm³ = 0,015448 . 1 000 cm³ = 15,448 cm³ = V.
Sendo a densidade do ouro D = 19,258 g/cm³, temos:
D = m : V, ou, m = D . V

m = 19,258 g/cm³ .15,448 cm³ = 297,49758 g

Portanto, a placa de ouro tem massa aproximadamente de 297,50 g

---

107. Na compra de azeite de oliva virgem italiano, sabendo-se que a densidade é 0,915 g/cm³, qual produto é mais econômico: 1 kg de azeite a R$ 80,00 ou um litro à R$ 75,00?

Solução:
Sendo a densidade do azeite de oliva 0,915 g/cm³, precisamos transformar em kg/dm³.

Assim: 0,915 g/cm³ = 0,915 . $\dfrac{0,001kg}{0,001dm^3}$ = 0,915 kg/dm³, ou seja, o azeite tem massa de 0,915 kg em 1 dm³.

Então 1 kg de azeite equivale a 1 : 0,915 = 1,0928 dm³, aproximadamente 1,093 litros.

Se 1 litro do azeite custa 75 reais então 1,093 litros custa 1,093 . 75 = 81,97

Logo, 1 kg de azeite(equivale a 1,093 litros) custa 80 reais e 1 litro custa 81,97 .

Portanto, é mais vantajoso comprar 1 kg de óleo à R$ 80,00.

---

108. Comprou-se uma caixa com 12 litros de leite distribuídos em 12 caixinhas, cuja massa total é 12,27 kg. Sabendo-se que a densidade do leite é 1,030 g/cm³, determine a quantidade em litros de água que foi adicionada ao leite.

Solução:
É dada a densidade do leite 1,030 g/cm³.

Em 12 litros de leite, temos 12 l = 12 dm³ = 12 000 cm³

A massa do leite (m = D .V), de acordo com a sua densidade, deveria ser:
1,030 g/cm³ . 12 000 cm³ = 12 360 g = 12,36 kg

A massa do leite dada é 12,27 kg.

Logo, a diferença é 12,36 kg – 12,27 kg = 0,09 kg.

Se 1 litro de água tem a massa de 1 kg e, que 1 litro de leite tem a massa de 1,03 kg, então a diferença entre as massas de 1 litro de leite e 1 litro de água é 1,03 kg – 1 kg = 0,03 kg.
Se 0,09 kg é a diferença de massa entre 12 litros de leite (nas caixinhas) e se 0,03 kg é a diferença de massa real entre 1 l de leite e 1 l de água, então:
0,09 kg : 0,03 kg = 3 litros de água foram adicionados ao leite.

Portanto, foram adicionados 3 litros de água nos 12 litros de leite.

109. (ESAF-2002-TJ-CE-Auxiliar Judiciário) Se uma solução contém 2 mg/ml de uma substância dissolvida, quanto da substância existe em um litro da solução?
a) 200 mg   b) 2 g   c) 20 g   d) 200 g   e) 2 kg

Solução:
Se uma solução contém 2 mg /ml e 1 ml = 0,001 l = 10^{-3} l então a solução contém:

$2 \dfrac{mg}{ml} = 2 \dfrac{mg}{10^{-3} l} = 2.10^3 \dfrac{mg}{l} = 2.10^3$ mg/l

$2 \cdot 10^3$ mg = 2 000 mg = 2 000 : 1 000 g = 2 g

Portanto 2 g/l ou 2 g em um litro.

Alternativa "b".

MEDIDAS DE TEMPO

As medidas de tempo não pertencem ao Sistema Métrico Decimal.
O sol foi o primeiro relógio do homem, o povo egípcio foi um dos primeiros a construir o relógio de sol. O dia solar era medido pelo intervalo de tempo natural decorrido entre as sucessivas passagens do sol sobre um dado meridiano. Desta forma, o segundo foi definido como o tempo equivalente a $\dfrac{1}{86400}$ do dia solar médio.
A unidade padrão de tempo, adotada pelo Sistema Internacional, é o segundo(s).
O minuto equivale a 60 segundos: 1 min = 60 s
A hora equivale a 60 minutos: 1 h = 60 min = 3 600 s
Um dia tem 24 horas: 1 d = 24 h = 1 440 min = 86 400 s

São submúltiplos decimais do segundo: décimo de segundo, centésimo de segundo e milésimo de segundo; mas não têm designação própria.

O tempo gasto pela Terra para girar em torno do Sol, movimento de translação, é denominado ano solar e para girar em torno de si mesma, movimento de rotação, o tempo gasto é denominado dia.

O ano tem 365 dias e 6 horas aproximadamente e o ano bissexto tem 366 dias.
A semana compõe 7 dias e a quinzena 15 dias.

Unidades de medida de tempo comerciais: mês = 30 dias e o ano = 360 dias

Outras medidas de tempo:

bimestre = 2 meses   biênio = 2 anos
trimestre = 3 meses   lustro ou quinquênio = 5 anos
quadrimestre = 4 meses   década = 10 anos
semestre = 6 meses   século = 100 anos
milênio = 1 000 anos

É importante observar que, sendo as medidas de tempo não decimais, deve-se evitar o uso de vírgulas para notá-las. Por exemplo, para registrar 9 horas e 10 minutos, a forma abreviada matematicamente correta é 9 h 10 min .

Não é correto usar formas como: 9,10 h ou 9 : 10 hs ou ainda, 9 hs 10 min.

110. Paulo adora assistir TV logo que chega da escola, hoje ele assistiu três episódios de um seriado durante 1 h 33 min e um desenho com duração de 38 min. Quanto tempo Paulo ficou assistindo TV?

Solução:
Para determinar o tempo total, devemos somar 1 h 33 min com 38 min. Lembrando que horas, minutos e segundos seguem o sistema sexagesimal, temos:

```
  1 h 33 min
  +   38 min
  ──────────
  1 h 71 min
```

71 min = 60 min + 11 min = 1 h 11 min

Logo, 1 h 71 min = 1 h + (1 h 11 min) = 2 h 11 min

Paulo ficou assistindo TV por 2 h 11 min.

111. José levou seus dois filhos para assistirem o clássico Palmeiras x Corinthians. A partida de futebol durou 45 min, no primeiro tempo, 15 min de intervalo e 49 min no segundo tempo. Se a partida começou as 16 h, a que horas terminou?

Solução:
Somando a duração e o intervalo da partida, temos: 45 min + 15 min + 49 min = 109 min

109 min = 60 min + 49 min = 1 h 49 min

Se a partida começou as 16 h então 16 h + 1 h 49 min = 17 h49 min.

Portanto, a partida terminou às 17 h 49 min.

112. Efetue:
   a) 3 h 12 min 35 s + 2 h 50 min 35 s + 1 h 55 min 50 s =
   b) 3 h − (1 h 7 min 40 s) =

Solução:
```
a)   3 h  12 min  35 s
   + 2 h  50 min  35 s
   + 1 h  55 min  50 s
   ─────────────────────
     6 h 117 min 120 s  (2 min)
```

```
    6 h  119 min       (60 min + 59 min = 1 h 59 min)
    7 h   59 min
```

b) 3 h (2 h 59 min 60 s)   2 h 59 min 60 s
   − 1 h 7 min 40 s   − 1 h 7 min 40 s
   ─────────────────   ─────────────────
                                   1 h 52 min 20 s

---

113. Complete:
a) 135 s = ___ min ___ s
b) 15 035 s = ___ h ___ min ___ s

Solução:

a) 135 s | 60
         15   2

135 s = 2 min 15 s

b) 15 035 s | 60
          303   250 | 60
          035   10   4

15 035 s = 250 min + 35 s = 4 h 10 min 35 s

---

114. Exprimir em horas, 3 dias 7 horas e 15 minutos.

Solução:
Temos 3 d 7 h 15 min

Vamos converter dias e minutos em horas.

Sendo cada dia formado por 24 horas, temos:
3 d = 3 . 24 h = 72 h

Para transformar minutos em horas, vamos encontrar a fração de hora equivalente:

$15 \text{ min} = \frac{15}{60}h = \frac{15:15}{60:15}h = \frac{1}{4}h$

Então 3 d 7 h 15 min = 72 h + 7 h + $\frac{1}{4}$ h = 79 h + $\frac{1}{4}$ h = $\frac{79.4+1}{4}$ h = $\frac{317}{4}$ h

Portanto, 3 d 7 h 15 min equivalem a $\frac{317}{4}$ h

---

115. Converter em dias a fração de tempo $\frac{53}{72}$ do ano.

Solução:
Lembrando que 1 ano tem 12 meses, temos:

$\dfrac{53}{72}$ do ano = $\dfrac{53}{72}$ de 12 m = $\dfrac{53}{72} \cdot 12$ m = $\dfrac{53}{72:12} \cdot 12:12$ m = $\dfrac{53}{6}$ m

Temos que $\dfrac{53}{6}$ m = $\dfrac{48+5}{6}$ m = $\dfrac{48}{6} + \dfrac{5}{6}$ m = $8\dfrac{5}{6}$ m

Vamos transformar em dias $\dfrac{5}{6}$ m:

$\dfrac{5}{6}$ m = $\dfrac{5}{6}$ de 30d = $\dfrac{5}{6} \cdot 30$ d = $\dfrac{5}{6:6} \cdot 30:6$ d = 5.5d = 25 d

Reduzindo 8 m 25 d à dias, temos 8 . 30 d + 25 d = 240 d + 25 d = 265 dias.

Portanto, $\dfrac{53}{72}$ do ano corresponde a 265 dias.

---

116. Num consultório médico, observei a duração de cada consulta, registrei o seguinte: a primeira consulta durou 5 minutos e meio, a segunda consulta durou 12 minutos e um terço e, a terceira consulta durou 7 minutos e um quarto. Quanto tempo esperei pela minha consulta médica?

Solução:
Vamos decompor as durações das consultas em minutos e segundos, lembrando que cada minuto equivale a 60 segundos.

Se um minuto equivale a 60 segundos, meio minuto equivale a 60 : 2 = 30 segundos.

5 minutos e meio = 5 min 30 s

Um terço de minuto equivale a $\dfrac{1}{3}$ de 60 = $\dfrac{1}{3} \cdot 60$ = $\dfrac{60}{3}$ = 20 s

Então 12 minutos e um terço equivalem a 12 min 20 s.

Um quarto de minuto equivale a $\dfrac{1}{4}$ de 60s = $\dfrac{60}{4}$ s = 15 s

Assim, 7 minutos e um quarto equivalem a 7 min 15 s.

Portanto, esperei no consultório 5 min 30 s + 12 min 20 s + 7 min 15 s, ou seja:

```
  5 min 30 s
 12 min 20 s
+ 7 min 15 s
─────────────
 24 min 65 s
```

Como cada 60 s tem-se 1 min, então:
24 min 65 s = 24 min 1 min 5 s = 25 min 5 s

Esperei 25 min 5 s pela minha consulta médica.

117. Dado o intervalo de tempo 5,75 meses, expressá-lo em meses, dias e horas.

Solução:
É importante verificar que 5,75 m é *diferente* de 5 m 75 d.

5,75 m = 5 m + 0,75 m = 5 m + 0,75 . (30 d) = 5 m + 22,5 d

Temos 5 meses e 22,5 dias. Mas, 22,5 dias correspondem a 22 d + 0,5 d.

Ainda, 0,5 d = 0,5 . (24 h) = 12 h

Então, temos a seguinte relação:
5,75 m = 5 m + 22,5 d = 5 m + 22 d + 12 h

Portanto 5,75 m correspondem a 5 m 22 d 12 h.

---

118. Se um ônibus de uma linha que liga a zona sul à zona oeste de São Paulo leva, em média, 2 h 25 min 15 s para realizar o percurso, quanto tempo em média levaria para realizar 5 vezes esse mesmo percurso?

Solução:
Nessa situação devemos realizar a operação: 5 . (2 h 25 min 15 s)

$$\begin{array}{r} 2\text{ h }25\text{ min }15\text{ s} \\ \times\ 5 \\ \hline 10\text{ h }125\text{ min }75\text{ s} \end{array}$$

Temos 75 s = 60 s + 15 s = 1 min 15 s

Daí temos: 10 h 125 min 75 s = 10 h 125 min 1 min 15 s = 10 h 126 min 15 s

$$\begin{array}{r|l} 126 & 6 \\ 6 & 2 \end{array}$$

126 min = 2.60 min + 6 min = 2 h 6 min

10 h 126 min 15 s = 10 h 2 h 6 min 15 s = 12 h 6 min 15 s

Portanto, o ônibus levaria para realizar o percurso, em média, 12 h 6 min 15 s.

---

119. A secretária de um advogado trabalhando 5 horas por dia digitou um processo em 13 d 6 h 24 min. Se o advogado contratasse três funcionários para realizarem esse mesmo trabalho, supondo que tivessem a mesma capacidade que sua secretária e trabalhassem 5 horas por dia, em quanto tempo digitariam o processo?

Solução:
Teoricamente, pelo enunciado do problema, os 3 funcionários juntos devem levar a terça parte do tempo que levou a secretária.

Vamos, portanto, realizar a divisão: 13 d 6 h 24 min : 3

$$\begin{array}{r|l} 13\text{ d }6\text{ h }24\text{ min} & 3 \\ 1\text{ d} & 4\text{ d} \end{array}$$

Nesse caso **1 d = 5 h e não 24 h**, pois é o tempo de trabalho diário dos funcionários.

```
13 d  6 h  24 min  | 3
 1 d                 4 d 3 h
   5 h + 6 h = 11 h
             2 h
```

Cada hora tem 60 min, logo, 2 h equivalem a 120 min.

```
13 d  6 h  24 min  | 3
 1 d                 4 d 3 h 48 min
   5 h + 6 h = 11 h
             2 h
       120 min + 24 min
             144 min
               0 min
```

Portanto, os três funcionários realizariam o mesmo serviço em 4 d 3 h 48 min.

---

120. O relógio de Fernando está marcando 6 h 50 min à meia noite de sexta feira. Fernando precisa saber em qual dia seu relógio marcará a hora certa para combinar um encontro com sua namorada sem se atrasar. Sabendo que seu relógio está atrasando 2 min 3 s por hora em qual dia e horário Fernando deve marcar o encontro?

Solução:
Observando que à meia noite de sexta feira, o relógio de Fernando está marcando 6 h 50 min, então a diferença atual é de 6 h 50 min − 0 h = 6 h 50 min.

Temos que cada hora equivale a 3 600 s e 1 minuto equivale a 60 s então:
6 h 50 min = 6 . 3 600 s + 50 . 60 s = 21 600 s + 3 000 s = 24 600 s

Se em 1 hora o relógio atrasa 2 min 3 s = 2 . 60 s + 3 s = 120 s + 3 s = 123 s, então, o relógio atrasa 123 s por hora.

Para o relógio marcar a hora certa, terá que cobrir 24 600 s, de 123 s em 123 s, ou seja, 24 600 s : 123 s/h = 200 h

```
200 | 24
 8    8
```

200 h = 8 . 24 h + 8 h = 8 d 8 h

Como 8 dias depois de sexta feira será sábado, então Fernando poderá marcar o encontro com sua namorada no sábado seguinte às 8 h da manhã.

MEDIDAS DE ÂNGULOS

Para medida de ângulos e de arcos há três tipos de unidades: grau, grado e radiano.

O grau (°) é obtido pela divisão da circunferência em 360 partes iguais, obtendo-se assim um ângulo de um grau (1°).

As subdivisões do grau são medidas sexagesimais.
1 grau = 60 minutos (1° = 60')
1 minuto = 60 segundos (1' = 60")
1 grau = 3 600 segundos (1° = 3 600")

Por exemplo, um ângulo de 19 graus 34 minutos e 43 segundos é indicado por 19°34'43".

O grado (1 gr) equivale a $\dfrac{1}{400}$ parte da circunferência ; medindo a volta toda 400 gr (400 grados).

Medindo a circunferência 400 grados, o ângulo reto, que é a quarta parte da circunferência, mede 100 grados; o que justifica o uso de grado como uma medida decimal para ângulos. Essa medida é particularmente usada na navegação marítima.

O radiano (1 rad) é um arco unitário cujo comprimento é igual ao raio da circunferência que contém o arco a ser medido. Ou seja, se um arco AB mede 1 rad significa que a medida desse arco esticado, um segmento de reta AB, tem exatamente a medida do raio da circunferência.

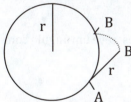

A circunferência mede 2π radianos sendo seu raio de medida 1 rad, já que seu comprimento é dado por $C = 2 \cdot \pi \cdot r$. Assim, 360° equivalem a 2π rad; 180° equivalem a π rad e 90° a $\dfrac{\pi}{2}$ rad.

---

121. Um ponteiro das horas de um relógio percorre por hora 12° 42', qual arco percorrerá em 3 h 30 min?

Solução:
Transformando 3 h 30 min para uma fração de hora, temos:

$$3 \text{ h } 30 \text{ min} = 3 \text{ h} + \dfrac{1}{2}\text{h} = \dfrac{6+1}{2}\text{h} = \dfrac{7}{2}\text{h}$$

Se o ponteiro percorre por hora 12° 42' em $\frac{7}{2}$h percorrerá (12° 42') . $\frac{7}{2}$ =

= $\frac{7.(12° 42')}{2}$ = 7.(6° 21') = 42° 147' , mas 147' = 2 . 60' + 27' = 2° 27'

42° 147' = 42° 2° 27' = 44° 27'.

O ponteiro do relógio percorrerá um arco de 44° 27'.

---

122. Determinar a medida de um ângulo descrito pelo ponteiro dos minutos de um relógio, que está em funcionamento por 4 horas, sabendo – se que a cada 12 horas atrasa 5 minutos.

Solução:
O relógio está em funcionamento há 4 horas e a cada 12 horas atrasa 5 minutos.

Em 1 hora de funcionamento atrasa 5 : 12 = $\frac{5}{12}$ de minuto.

Em 4 horas de funcionamento, atrasa 4 . $\frac{5}{12} = \frac{5}{3}$ de minuto

Quando o ponteiro dos minutos dá uma volta completa no relógio (1 hora), descreve um ângulo de 360°, sendo 1 hora = 60 min então em 1 minuto o ponteiro dos minutos descreve um ângulo de 360°: 60 = 6°

Logo, em $\frac{5}{3}$ de minuto de atraso, o ângulo descrito é $\frac{5}{3}.6° = 10°$

O ângulo descrito em 4 h = 4 . 60 min = 240 min, se o relógio não atrasasse, seria 240 . 6° = 1 440°.

Em $\frac{5}{3}$ de minuto, que ele atrasa em 4 h, o ponteiro dos minutos descreve um ângulo com 10° a menos, ou seja, 1 440° – 10 ° = 1 430°.

O ponteiro dos minutos de um relógio em 4 horas de funcionamento, atrasando 5 minutos a cada 12 horas, descreve um ângulo de 1 430°.

MEDIDAS DE MEMÓRIA DE UM COMPUTADOR

O Sistema de Medida Binário é o sistema de medida criado para medir a capacidade de armazenamento de um computador. Os computadores trabalham em dois estágios que são representados pelos algarismos 0 e 1, daí o nome BIT (BInary DigiT) .

A combinação de 8 bits (que representam um caractere = letra, número ou símbolo) denomina-se Byte.

A capacidade de uma memória é medida em Bytes, kilobytes (1 KB = 1 024 ou 2^{10} Bytes), megabytes (1 MB = 1 024 KB ou 2^{20} Bytes) ou gigabytes (1 GB = 1 024 MB ou 2^{30} Bytes).

A velocidade de funcionamento de uma memória é medida em Hz ou MHz.

Múltiplos de bytes					
Prefixo binário (IEC)			Prefixo do SI		
Nome	Símbolo	Múltiplo	Nome	Símbolo	Múltiplo
byte	B	2^0	byte	B	10^0
kibibyte (quilobyte)	KiB	2^{10}	Kilobyte	kB	10^3
mebibyte (megabyte)	MiB	2^{20}	megabyte	MB	10^6
gibibyte (gigabyte)	GiB	2^{30}	gigabyte	GB	10^9
tebibyte (terabyte)	TiB	2^{40}	terabyte	TB	10^{12}
pebibyte (petabyte)	PiB	2^{50}	petabyte	PB	10^{15}
exbibyte (exabyte)	EiB	2^{60}	exabyte	EB	10^{18}
zebibyte (zettabyte)	ZiB	2^{70}	zettabyte	ZB	10^{21}
yobibyte (yottabyte)	YiB	2^{80}	yottabyte	YB	10^{24}

Fonte: Wikipédia

OUTRAS MEDIDAS

Milha terrestre – Unidade de medida de comprimento, 1 milha vale, aproximadamente, 1,609 km

Milha marítima – Valor médio do comprimento de um *minuto de arco* de um meridiano. Equivale a 1 852 *metros*.

Nó/h – Medida de velocidade equivalente a uma *milha marítima* por *hora*. 10 *nós* correspondem a 18,52 *km/h*.

Onça – Antiga medida de peso equivalente 1/16, ou em certos casos, 1/14 do *arrátel*. Era aproximadamente 28,7 *gramas*.

Onça líquida – Medida inglesa equivalente a 0,0296 *litros*.

Ano-luz – Um ano-luz é a distância que a luz percorre em 1 ano. Como sua velocidade é cerca de 300 000 km/s, a luz percorre aproximadamente 9 460 000 000 000 km/ano.

AU – Unidade astronômica que corresponde á distância média da Terra ao Sol. 1 AU = 149 600 000 km ou 149,6 milhões de quilômetros.

Decibel (dB) – O decibel é uma medida da razão entre duas quantidades, sendo usado para uma grande variedade de medições em acústica, física e eletrônica. O decibel é muito usado como unidade de medida do nível de intensidade de sons. É uma unidade de medida adimensional.

Caloria (cal) – É uma unidade de medida de energia não pertencente ao Sistema Internacional de Unidades. O termo caloria se refere ao valor energético de cada alimento, é definida pela quantidade de energia necessária para elevar a temperatura de 1 quilograma (equivalente a 1 litro) de água de 14,5°C para 15,5°C.

O correto, portanto, seria utilizar quilocaloria (kcal), mas o uso em nutrição alterou a expressão, por exemplo, das necessidades diárias de 2 500 000 cal(2 500 kcal) para simplesmente 2 500 cal. Atualmente também é comum encontrarmos a abreviatura de caloria, Cal, já que 1 Cal = 1 000 cal = 1 kcal.

Vamos resolver mais alguns problemas envolvendo unidades de medidas.

123. Um reservatório de 3 m de comprimento, 2 m de largura por 1 m de altura está sendo cheio com água por duas torneiras. Cada torneira despeja 20 litros por minuto. Calcule o tempo que será gasto para encher o reservatório se forem abertas as duas torneiras.

Solução:
O volume do reservatório é V = 3 m . 2 m . 1 m = 6 m^3 que equivale a uma capacidade de 6 m^3 = 6 . 1 000 dm^3 = 6 000 l.

Duas torneiras despejam 2 . 20 l/ min = 40 l/ min.

Então para determinar em quanto tempo o reservatório estará cheio, basta efetuar 6 000 l: 40 l/min = 150 min ou 2 h 30 min.

O tempo que será gasto para encher o reservatório será de 2 h 30 min.

124. (Olimpíada Matemática-GO) Um navio pirata de 9 m de largura máxima tem um canhão que para cada 200 g de pólvora recua 1 m quando atira. Sem saber disso, um marujo colocou 1,5 kg de pólvora e atirou. Se o canhão bater na amurada, ele volta, na mesma direção, tanto quanto recua caso a largura permita continuar. Desprezando as dimensões:
a) A que distância da posição de tiro ele ficou?
b) Esse marujo sempre deixa próximo do canhão, que está na sua posição, uma lata de 4 litros cheia de pólvora. Cada litro dessa pólvora equivale a 0,9 kg A que distância da posição de tiro ficaria o canhão depois do tiro, caso o marujo distraído colocasse nele toda a pólvora da lata para um único tiro?
c) Se ele dividisse a pólvora em três partes iguais, uma para cada tiro, sendo que o canhão não é recolocado em seu lugar após o tiro, a que distância ficaria o canhão após o ultimo tiro?

Solução:
a) O canhão do navio pirata recua 1 m a cada 200 g de pólvora.
   O marujo colocou 1,5 kg que corresponde à 1,5 kg = 1,5 . 1 000 g = 1 500 g
   Se a cada 200 g o canhão recua 1 m, assim, para determinar a que distância da posição de tiro o canhão ficou, calculamos 1 500 g : 200 g = 7,5 m
   O canhão ficou a 7,5 m da posição de tiro.

b) O marujo sempre deixa próximo ao canhão um lata de 4 litros de pólvora. Cada litro equivale a 0,9 kg, então 4 litros equivalem a 4 . 0,9 kg = 3,6 kg.
Transformando para gramas, temos 3,6 kg = 3,6 . 1 000 g = 3 600 g.
Como a cada 200 g de pólvora colocada no canhão, ele recua 1 m, então com 3 600 g recuará 3 600 g : 200 g = 18 m.
Com toda a pólvora da lata o canhão recuará 9 m, baterá na amurada(pois a largura máxima do navio é 9 m) e voltará 9 m, ficando novamente na mesma posição de tiro. Logo, ficará á distância zero da posição de tiro.

c) Se o marujo dividir a pólvora em 3 partes iguais, terá 3 600 g : 3 = 1 200 g para cada tiro. A cada 200 g de pólvora anda 1 m, então andará à cada tiro 1 200 : 200 = 6 m.

A   6 m   P   3 m   B
Posição de tiro   Amurada

Após o primeiro tiro, o canhão anda 6 m, sai de A e para na posição P. Após o segundo tiro, ele recua 3 m bate na amurada(B) e volta 3 m parando em P.
No terceiro tiro acontece o mesmo. Se ele ficou na posição P, após o terceiro tiro, então a distância da posição inicial é de 6 m.

125. (Olimpíada Matemática – GO) Um pescador se perdeu no mar e notou que seu barco estava furado. A cada 15 min, entravam 180 litros de água. Com o balde, ele começou a despejar a água fora, mas só conseguiu tirar 9 litros a cada 5 min. A lancha de socorro mais próxima estava a 50 km do local e sua velocidade máxima era de 180 km/h. Determine qual deveria ser a velocidade mínima para que a lancha chegasse à tempo, sabendo que o barco afundaria se entrassem 255 litros de água.

Solução:
Se no barco furado a cada 15 min entram 180 litros de água, então a cada 1 min entram 180 : 15 = 12 litros de água.

Se a cada 5 min saem 9 litros de água então a cada 1 min saem 9 : 5 = 1,8 litros de água.

Logo, a cada minuto entram 12 – 1,8 = 10,2 litros de água no barco.

Para o barco afundar, é dado no problema, são necessários 255 litros de água.

Entrando 10,2 litros de água por minuto para chegar a 255 litros, serão decorridos 255 : 10,2 = 25 min.

A lancha de socorro mais próxima está a 50 km do barco, então a lancha deve percorrer pelo menos 50 km em 25 min, então 50 km : 25 min = 2 km/min

Se 1 hora tem 60 minutos, então a lancha deverá percorrer 2 . 60 km em 1 h, ou seja, 120 km/h.

Logo, a velocidade mínima necessária da lancha deverá ser 120 km/h para que ela chegue a tempo de socorrer o pescador.

126. (UNICAMP-adaptado) Pero Vaz de Caminha, na carta enviada ao Rei de Portugal, afirma: "Esta Terra, Senhor, me parece que, da ponta que mais contra o Sul vimos até a outra ponta que contra o Norte vem, será tamanha que haverá nela vinte ou vinte e cinco léguas por Costa". Admitindo-se que a légua que se refere Caminha seja a légua marítima e que esta equivale a 6 350 metros, qual seria o maior valor em quilômetros, estimado para a Costa?

Solução:
Conforme as considerações de Caminha, e que a légua seja marítima, o maior valor estimado em metros, para a Costa é:
25 léguas = 25 . 6 350 m = 158 750 m

Passando para quilômetros, temos: 158 750 m = 158 750 : 1 000 = 158,75 km

O maior valor estimado para a costa é 158,75 km.

127. No sistema caseiro de clarificação do vinho, emprega-se clara de ovo à razão de 75 gramas por hectolitro. Qual a quantidade de ovos necessária e seu custo para clarificar 8 140 litros de vinho, sabendo-se que cada dúzia de ovos custa R$ 2,80 e que cada ovo tem, em média 30 gramas de clara?

Solução:
No sistema caseiro de clarificação do vinho emprega-se 75 g/hl de vinho.
São 8 140 l = 8 140 : 100 hl = 81,4 hl.

Para clarificar 81,4 hl de vinho serão necessárias 81,4 hl . 75 g / hl = 6 105 g de clara de ovos.

Sabendo-se que cada ovo tem em média 30 g de clara, então:
6 105 g : 30 g = 203,50 ovos.

Utilizando, portanto, 204 ovos e se cada dúzia custa R$ 2,80, temos:
Em 204 ovos há 204 : 12 = 17 dúzias.

Cada dúzia custa 2,80 reais, então o custo será de 17 . 2,80 = 47,60.

Logo, serão necessários 204 ovos ao custo de R$ 47,60.

128. (Cesgranrio – PETROBRÁS-2 006) Quando uma empresa vende um mesmo produto em embalagens com quantidades diferentes, é comum que o preço seja proporcionalmente menor nas embalagens com quantidades maiores. A empresa X vende pacotes de biscoitos de 200 g por R$ 1,20. Já os pacotes de 500 g do mesmo biscoito são vendidos a R$ 2,75. A diferença, em reais, entre os preços pagos pelo consumidor, por quilo, nos dois casos é de:
a) 0,05   b) 0,25   c) 0,50   d) 0,75   e) 0,90

Solução:
Se a empresa X vende pacotes de biscoitos de 200 g por R$ 1,20, então:
1 000 g teria o custo de 5 . R$ 1,20 = R$ 6,00.

Sendo 1 000 g = 1 kg, então este biscoito por quilo tem o custo de R$ 6,00.

Os pacotes de 500 g, com o mesmo biscoito, são vendidos a R$ 2,75.

Então 1 000 g (2 . 500 g) = 1 kg sai a 2 . R$ 2,75 = R$ 5,50.

Daí a diferença em reais entre os preços pagos, por quilo, nos dois casos é:
6,00 − 5,50 = 0,50

Portanto, alternativa "c".

---

129. (Olimpíada de Matemática GO-adaptado) Para determinar, aproximadamente, a massa de um grão de feijão, João adotou os seguintes procedimentos:
1) Pegou um saco de 1 kg de feijão e mediu seu volume, obtendo 1,3 litros.
2) Contou quantos feijões possui 200 ml de feijão, obtendo um total de 700 feijões; assim descobriu a massa de um grão de feijão.
De acordo com os dados acima, qual a massa de um grão de feijão?

Solução:
João contou 700 feijões em 200 ml de feijão, então se 1 l = 1 000 ml, temos:
200 ml → 700 feijões
1 000 ml → 700 . 5 = 3 500 feijões.

Então em 1 litro temos, aproximadamente, 3 500 feijões.

João mediu o volume de um saco de 1 kg de feijão e obteve 1,3 litros.

Se 1 kg tem 1,3 litros e cada litro 3 500 feijões, logo, em 1 kg temos:
1,3 . 3 500 = 4 550 feijões.

Um grão de feijão tem massa de, aproximadamente, $\frac{1}{4550}$ kg, ou fazendo a divisão 0,0002197 kg.

Passando a medida para gramas, temos 0,0002197 . 1 000 g = 0,2197 g.

Assim, arredondando, um grão de feijão tem massa de aproximadamente 0,22 g.

---

130. (FGV-2006) O menor número possível de lajotas que deve ser usado para recobrir um piso retangular de 5,60 m por 7,20 m com lajotas quadradas, sem partir nenhuma delas, é:
a) 1 008   b) 720   c) 252   d) 63   e) 32

Solução:
Como as dimensões do piso são 5,60 m = 560 cm e 7,20 m = 720 cm, supondo que as lajotas sejam quadradas com lado n cm, de forma que não seja preciso cortar nem na largura e nem na altura, n deve ser um divisor comum de 560 e 720. Observe no desenho abaixo em que os lados são 5 unidades e 7 unidades.

Para revestir totalmente essa superfície sem precisar cortar:

[Figura: retângulo 7 × 5 dividido em quadrículas]

O menor número possível de lajotas quadradas é obtido quando **n** é o maior possível, ou seja, para n = mdc (560, 720) = 80. Portanto tal número é $\dfrac{560.720}{80 \cdot 80} = 63$

Portanto, alternativa "d".

---

131. (UNICAMP-2007) Por norma, uma folha de papel A4 deve ter 210 mm x 297 mm. Considere que uma folha A4 com 0,1 mm de espessura é seguidamente dobrada ao meio, de forma que a dobra é sempre perpendicular à maior dimensão resultante até a dobra anterior.
   a) Escreva a expressão do termo geral da progressão geométrica que representa a espessura do papel dobrado em função do número k de dobras feitas.
   b) Considere que, idealmente, o papel dobrado tem o formato de um paralelepípedo. Nesse caso, após dobrar o papel seis vezes, quais serão as dimensões do paralelepípedo?

Solução:
a) Cada dobra faz com que o papel duplique sua espessura, assim para k dobras o papel fica com sua espessura multiplicada por 2^k. Como a espessura inicial do papel é de 0,1 mm, após k dobras será $0,1 \cdot 2^k$ mm.

b) A maior dimensão do papel se reduz à metade a cada dobra, ou seja:

Dobra	Dimensões
1	210 × 148,5 mm
2	105 × 148,5 mm
3	105 × 74,25 mm
4	52,5 × 74,25 mm
5	52,5 × 37,125 mm
6	26,25 × 37,125 mm

Assim, as dimensões do paralelepípedo formado após 6 dobras são 26,25 mm; 37,125 mm e a espessura $0,1 \cdot 2^6$ mm = 6,4 mm.

132. (UNICAMP-2007) A coletânea de textos da prova de redação também destaca o impacto da modernização da agricultura sobre a produtividade da terra e sobre as relações sociais no país. Aproveitando esse tema, analisamos, nesta questão, a colheita de uma plantação de cana-de-açúcar, cujo formato é fornecido na figura abaixo. Para colher a cana, pode-se recorrer a trabalhadores especializados ou à máquinas. Cada trabalhador é capaz de colher 0,001 km² por dia, enquanto uma colhedeira mecânica colhe, por dia, uma área correspondente a 0,09 km².

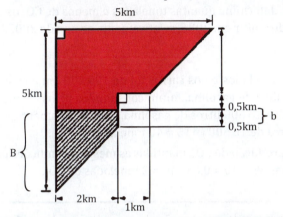

a) Se a cana precisa ser colhida em 40 dias, quantos trabalhadores são necessários para a colheita, supondo que não haja máquinas?

b) Suponha, agora, que a colheita da parte hachurada do desenho só possa ser feita manualmente, e que o resto da cana seja colhido por quatro colhedeiras mecânicas. Neste caso, quantos trabalhadores são necessários para que a colheita das duas partes tenha a mesma duração? Em seus cálculos, desconsidere os trabalhadores que operam as máquinas.

Solução:
A área da plantação é a diferença entre a área de um triângulo retângulo isósceles (dois lados congruentes) de catetos 5 km e a área de um triângulo retângulo isósceles de catetos 1 km, ou seja:

$$\frac{(5.5)}{2} - \frac{(1.1)}{2} = \frac{24}{2} = 12 \text{ km}^2.$$

a) Como cada trabalhador colhe por dia 0,001 km², em 40 dias cada um colhe 0,001 . 40 = 0,04 km². Logo, são necessários 12 km² : 0,04 km² = 300 trabalhadores.

b) A área hachurada é a de um trapézio de bases b = 0,5 km e B = (5 − 2 − 0,5) = 2,5 km e altura 2 km. Daí A = $\frac{(0,5+2,5)}{2}$. 2 = 3 km². Assim, a área a ser colhida pelas máquinas é 12 − 3 = 9 km².

Como cada máquina colhe 0,09 km² por dia, as 4 máquinas conseguem colher 0,09 . 4 = 0,36 km² por dia, gastando portanto 9 : 0,36 = 25 dias.

Logo para colher os 3 km² restantes em 25 dias serão necessários:
3 : (0,001 . 25) = 120 trabalhadores.

133. (VUNESP – 2007) Uma empresa pretende, no ano de 2006, reduzir em 5 % a produção de CO_2 com a queima de combustível de sua frota de carros, diminuindo a quantidade de quilômetros a serem rodados no ano. O total de quilômetros rodados pelos carros dessa empresa em 2005 foi de 199 200 km. Cada carro faz em média 12 km por litro de gasolina, e a queima de cada 415 litros desse combustível pelos carros da empresa produz aproximadamente uma tonelada de CO_2. Mantidas as mesmas condições para os carros, em termos de consumo e queima de combustível, determine quantas toneladas a menos de CO_2 os carros da empresa deixariam de emitir em 2006, relativamente ao ano de 2005.

Solução:
Em 2005, o total de quilômetros rodados pelos carros foi de 199 200 km e como cada carro faz em média 12 km por litro de gasolina, foram consumidos pelos carros dessa empresa (199 200)km : 12 km/l = 16 600 litros de gasolina, aproximadamente.
Com isso, foram produzidos cerca de 16 600 : 415 = 40 toneladas de CO_2.

Com a meta é reduzir em 5% a produção de CO_2, mantidas as mesmas condições para os carros, deixariam de ser emitidas 5% . 40 = 0,05 . 40 = 2 toneladas de CO_2.

134. (VUNESP-2007) No ano passado, a extensão da camada de gelo no Ártico foi 20% menor em relação à de 1979, uma redução de aproximadamente 1,3 milhão de quilômetros quadrados (Veja, 21.06.2006). Com base nesses dados, pode-se afirmar que a extensão da camada de gelo no Ártico em 1979, em milhões de quilômetros quadrados era:
 a) 5   **b)** 5,5   **c)** 6   **d)** 6,5   **e)** 7

Solução:
Se 20 % corresponde à uma redução de 1,3 milhão de quilômetros quadrados, então $\frac{20}{100} = \frac{2}{10}$ corresponde a 1,3 milhão de quilômetros quadrados da camada de gelo.

Logo, $\frac{1}{10}$ corresponde a 1,3 milhão: 2 = 0,65 milhão

Assim, $\frac{10}{10}$ corresponde a 0,65 milhão . 10 = 6,5 milhões

A extensão da camada de gelo no Ártico, em 1979, em milhões de quilômetros quadrados era 6,5.

Portanto, alternativa "d".

135. (VUNESP-2007) Uma pessoa consumiu na segunda – feira, no café da manhã, 1 pedaço de bolo e 3 pãezinhos, o que deu um total de 140 gramas. Na terça – feira, no café da manhã, consumiu 3 pedaços de bolo e 2 pãezinhos(iguais aos do dia anterior e de mesma massa), totalizando 210 gramas. A tabela seguinte fornece (aproximadamente) a quantidade de energia em quilocalorias (kcal) contida em cada 100 gramas do bolo e do pãozinho.

Alimento	Energia
100 g de bolo	420 kcal
100 g de pãozinho	270 kcal

Após terminar a quantidade em gramas de cada pedaço de bolo e de cada pãozinho, use a tabela e calcule o total de quilocalorias (kcal) consumido pela pessoa, com esses dois alimentos, no café da manhã de segunda-feira.

Solução:
Se uma pessoa consumiu na segunda – feira 1 pedaço de bolo e 3 pãezinhos somando 140 g, então, se tivesse comido 3 pedaços de bolo e 9 pãezinhos somariam 420 g.

Na terça-feira, consumiu 3 pedaços de bolo e 2 pãezinhos somando 210 g.

Se 3 pedaços de bolo e 9 pãezinhos somam 420 g então 3 pedaços de bolo equivalem a 420 g – 9 pãezinhos.
Daí, (420 g – 9 pãezinhos) + 2 pãezinhos equivalem a 210 g

Logo, 7 pãezinhos equivalem a 210 g, cada pãozinho tem massa de 30 g.
1 pedaço de bolo e 3 pãezinhos (3 . 30) equivalem a 140 g
1 pedaço de bolo equivale a 140 – 90 = 50 g

Como no café da manhã de segunda-feira a pessoa consumiu 1 pedaço de bolo e 3 pãezinhos, segundo a tabela fornecida, a pessoa consumiu um total de

$$1 \cdot \frac{50}{100} \cdot 420 + 3 \cdot \frac{30}{100} \cdot 270 = 210 + 243 = 453 \text{ kcal}$$

136. (UNICAMP-2007) Vários excertos da coletânea fazem referencia ao aumento da produção agrícola destinada à geração de energia. Esse fenômeno se verifica, por exemplo, no caso da cana de açúcar, usada na produção de álcool combustível. Uma parcela significativa da frota automobilística brasileira possui motor bicombustível, que pode funcionar tanto com álcool como com gasolina. Sabe-se, entretanto, que o consumo desses motores varia de acordo com o combustível utilizado. Nesta questão, consideramos um carro que é capaz de percorrer 9 km com cada litro de álcool e 12,75 km com cada litro de gasolina pura. Supomos, também que a distancia percorrida com cada litro de combustível é uma função linear da quantidade de álcool que este contem.
a) Quantos quilômetros esse carro consegue percorrer com cada litro de gasolina C (aquela que é vendida nos postos) que contem 80 % de gasolina e 20 % de álcool?
b) Em um determinado posto, o litro da gasolina C custa R$ 2,40 e o do álcool custa R$ 1,35. Abastecendo – se nesse posto, qual combustível proporcionará o menor custo por quilometro rodado? Justifique.

c) Suponha que, ao chegar a um posto, o tanque do carro já contivesse 1/3 de seu volume preenchido com gasolina C e que seu proprietário tenha preenchido os 2/3 restantes com álcool. Se a capacidade do tanque é de 54 litros, quantos quilômetros o carro percorrerá com essa quantidade de combustível?

Solução:
a) Com cada litro de gasolina C o carro consegue percorrer:

80 %. 12,75 km + 20 % . 9 km = $\dfrac{80}{100}$ .12,75 km + $\dfrac{20}{100}$. 9 km =

= 0,8 . 12,75 km + 0,2 . 9 km = 10,2 km + 1,8 km = 12 km

b) Considerando o item anterior (a), o custo por quilometro rodado com gasolina C é de R$ 2,40 : 12 = R$ 0,20.
Temos ainda que tal custo com álcool é de R$ 1,35 : 9 = R$ 0,15.
Logo, o álcool proporciona o menor custo por quilometro rodado.

c) No tanque do carro há 1/3 . 54 = 18 litros de gasolina e 2/3 . 54 = 36 litros de álcool.
Assim, poderão ser percorridos 18 .12 + 36 . 9 = 540 km.

---

137. (PUC-2007) Ao longo dos 3 000 km do percurso de um rali, um competidor usou os quatro pneus e mais o estepe de seu carro. Se todos os cinco pneus rodaram a mesma quilometragem, o número de quilômetros que cada um deles percorreu foi:
a) 600   b) 750   c) 1 200   d) 1 500   e) 2 400

Solução:
Os cinco pneus rodaram juntos 3 000 . 4 = 12 000 km. Logo, como cada um dos pneus rodou a mesma quilometragem, cada um percorreu 12 000 : 5 = 2 400 km.

Portanto, alternativa "e".

---

138. (VUNESP-2008) Em uma determinada residência, o consumo de água com descarga de banheiro corresponde a 33% do consumo total e com higiene pessoal, 25% do total. No mês de novembro foram consumidos 25 000 litros de água no total e, da quantidade usada pela residência nesse mês para descarga de banheiro e higiene pessoal, uma adolescente, residente na casa, consumiu 40 %. Determine a quantidade de água, em litros, consumida pela adolescente no mês de novembro com esses dois itens: descarga de banheiro e higiene pessoal.

Solução:
Nessa residência, no mês de novembro, foram consumidos:
0,33 . 25 000 = 8 250 litros de água com descarga de banheiro e
0,25 . 25 000 = 6 250 litros de água com higiene pessoal.
Supondo que tal proporção se mantenha para cada membro da família, a adolescente consumiu 0,40 . 8 250 = 3 300 litros de água com descarga de banheiro e 0,40 . 6 250 = 2 500 litros de água com higiene pessoal.

139. (FATEC-2008) Em um recipiente contendo 5 decilitros de água, foram colocados 300 centigramas de açúcar, obtendo-se, assim, uma mistura homogênea. Quantos miligramas de açúcar existem em uma amostra de 1 cm³ dessa mistura?
a) 0,06   b) 0,6   c) 6   d) 60   e) 600

Solução:
A concentração de açúcar na água é dada por: 300 cg / 5 dl

Temos 300 cg = 300 . 10 mg = 3 000 mg
5 dl = 5 : 10 l = 0,5 l = 0,5 dm³ = 0,5 . 1 000 cm³ = 500 cm³
Assim, 300 cg/ 5 dl = 3 000 mg/ 500 cm³ = 6 mg/ cm³

Logo, em uma amostra de 1 cm³ da mistura existem 6 mg de açúcar.

Portanto, alternativa "c".

140. (FGV-2008) Considere dois relógios analógicos: o primeiro atrasa 5 minutos por dia, enquanto o segundo adianta 10 . Se o horário indicado em determinado instante for de 11 horas e 20 minutos no primeiro e 2 horas e 5 minutos no segundo, quantos dias deverão passar para que, pela primeira vez, ambos marquem a mesma hora?

Solução:
O primeiro relógio marca 11 h 20 min ou 11 . 60 + 20 = 680 min.
O segundo relógio marca 2 h05 min ou 2 . 60 + 5 = 125 min.

Portanto a diferença entre as marcações é de 680 – 125 = 555 minutos.

Como um adianta 10 minutos e o outro atrasa 5 minutos, a diferença diminui 15 minutos por dia.

Assim, os relógios estarão marcando a mesma hora depois de 555 : 15 = 37 dias.

141. (VUNESP-2009) Numa campanha de preservação do meio ambiente, uma prefeitura dá descontos na conta de água em troca de latas de alumínio e garrafas de plástico (PET) arrecadadas. Para um quilograma de alumínio, o desconto é de R$ 2,90 na conta de água; para o quilograma de plástico, o abatimento é de R$ 0,17. Uma família obteve R$ 16,20 de desconto na conta de água com a troca de alumínio e garrafas plásticas. Se a quantidade (em quilogramas) de plástico que a família entregou foi o dobro da quantidade de alumínio, a quantidade de plástico, em quilogramas, que essa família entregou na campanha foi:
a) 5   b) 6   c) 8   d) 9   e) 10

Solução:
A família entregou uma quantidade em quilogramas de alumínio e recebeu 2,90 por quilograma, entregou o dobro da quantidade de alumínio em plástico, recebendo 0,17 por quilograma, temos:

Quantidade de alumínio = x

2,90 x + 0,17 . (2 x) = 16,20
2,90 x + 0,34 x = 16,20
3,24 x = 16,20
x = 16,20 : 3,24
x = 5 kg.

Como a família entregou o dobro da quantidade de alumínio em plástico, então entregou 2 . 5 kg = 10 kg.

Alternativa "e".

---

142. (VUNESP-CEAGESP – 2010) Um comerciante lançou uma cesta de Natal no formato de um prisma de base retangular de 1 m de comprimento, 60 cm de largura e 40 cm de altura. Se forem consideradas as medidas citadas como medidas internas, pode-se afirmar que o comerciante podia dispor, para a colocação de produtos natalinos, de um volume interno de:

a) 0,00024 m³   b) 0,0024 m³   c) 0,024 m³   d) 0,24 m³   e) 2,4 m³

Solução:
Um prisma de base retangular é um paralelepípedo de dimensões 1 m, 60 cm = 0,6 m de largura e 40 cm = 0,40 m de altura.

Assim, o volume é dado por V = 1 m . 0,6 m . 0,4 m = 0,24 m³

Portanto, alternativa "d".

---

143. (Cesgranrio – PETROBRÁS – 2010) Se uma fotografia retangular de 10 cm por 15 cm, for ampliada de modo que suas dimensões dobrem, a área da nova foto em cm², será:

a) 150   b) 300   c) 450   d) 600   e) 800

Solução:
Se a fotografia tem 10 cm por 15 cm e será ampliada de forma que suas dimensões dobrem, então:

15 m
10 cm

30 cm
20 cm

A foto ampliada terá 20 cm por 30 cm com área de 20 cm . 30 cm = 600 cm².

Portanto, alternativa "d".

144. (Cesgranrio – PETROBRÁS – 2010) Um reservatório que tem o formato de um paralelepípedo reto-retângulo de 2 m de profundidade, 8,5 m de largura e 10 m de comprimento está parcialmente cheio de óleo. Se para enchê-lo completamente, são necessários mais 168 000 l, quantos litros de óleo há dentro desse reservatório?
a) 2 000 b) 4 000 c) 8 000 d) 12 000 e) 20 000

Solução:
O reservatório tem o formato de um paralelepípedo reto – retângulo com dimensões: 2 m de profundidade, 8,5 m de largura e 10 m de comprimento

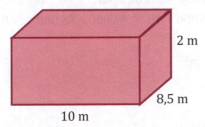

Portanto, o volume do reservatório é dado por: V = 2 m . 8,5 m . 10 m = 170 m³

A capacidade do reservatório então é 170 m³ = 170 000 dm³ = 170 000 l

Se para enchê-lo completamente, são necessários mais 168 000 l, então, há dentro desse reservatório 170 000 l – 168 000 l = 2 000 l

Portanto, alternativa "a".

---

145. (VUNESP-2010) Prevenindo-se contra o período anual de seca, um agricultor pretende construir uma cisterna fechada, que acumule toda a água proveniente da chuva que cai sobre o telhado de sua casa, ao longo de um período de um ano. As figuras e o gráfico representam as dimensões do telhado da casa, a forma da cisterna a ser construída e a quantidade media mensal de chuva na região onde o agricultor possui sua casa.

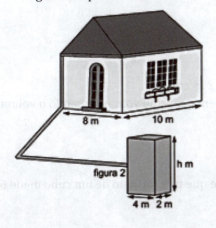
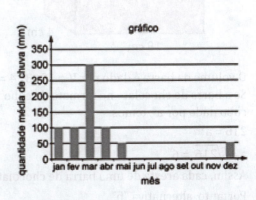

Sabendo que 100 milímetros de chuva equivalem ao acúmulo de 100 litros de água em uma superfície plana horizontal de 1 metro quadrado, determine a profundidade (h) da cisterna para que ela comporte todo o volume de água da chuva armazenada durante um ano, acrescido de 10 % desse volume.

Solução:
O total de precipitação de chuva no ano considerado, de acordo com o gráfico, foi de: 100 + 100 + 300 + 100 + 50 + 50 = 700 mm. De acordo com o enunciado cada 100 mm de chuva equivale ao acumulo de 100 litros de água em uma superfície plana de 1 m².

Como a área da superfície horizontal correspondente ao telhado é de 8 . 10 = 80 m², essa chuva representa um volume de 700 . 80 = 56 000 litros de água .

Portanto, na cisterna, estarão armazenados 56 000 + 10 %. 56 000 = 56 000 + 560 =
= 61 . 600 litros.

Se, 1 l = 1 dm³ e 1 000 l = 1 m³, 61 600 l = 61,6 m³.

Temos que a altura h é tal que 4 . 2 . h = 61,6

8 .h = 61,6

h = 61,6 : 8 = 7,7 m (profundidade da cisterna)

---

146. (ENEM-2010) Uma fábrica produz barras de chocolate no formato de paralelepípedos e de cubos, com o mesmo volume. As arestas da barra de chocolate no formato de paralelepípedo medem 3 cm de largura, 18 cm de comprimento e 4 cm de espessura. Analisando as características das figuras geométricas descritas, a medida das arestas dos chocolates que têm formato de cubo é igual a:
a) 5 cm **b)** 6 cm **c)** 12 cm **d)** 24 cm **e)** 25 cm

Solução:
Sejam a barras de chocolate no formato de paralelepípedo representada pela figura:

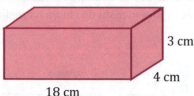

O volume da barra é dado por V = 18 . 3 . 4 = 216 cm³
Se a barra de chocolate no formato de cubo tem o mesmo volume, e sendo o volume do cubo dado por a³, temos:

216 = a³

a = $\sqrt[3]{216}$ = 6

Assim, cada aresta de uma barra de chocolate que tem formato de um cubo mede 6 cm. Portanto, alternativa "b".

147. (ENEM-2010) A siderúrgica "Metal Nobre "produz diversos objetos maciços utilizando o ferro. Um tipo especial de peça feita nessa companhia tem o formato de um paralelepípedo retangular, de acordo com as dimensões indicadas na figura que segue:

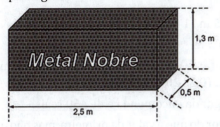

O produto das três dimensões indicadas na peça resultaria na medida da grandeza
a) massa
b) volume
c) superfície
d) capacidade
e) comprimento

Solução:
O produto do comprimento (2,5 m) , da largura (0,5 m) e da altura (1,3 m) do paralelepípedo retangular apresentado representa o espaço ocupado por ele, ou seja, seu volume

Portanto, alternativa "b".

148. (ENEM – 2010) A loja Telas & Molduras cobra 20 reais por metro quadrado de tela, 15 reais por metro linear de moldura, mais uma taxa fixa de entrega de 10 reais. Uma artista plástica precisa encomendar telas e molduras a essa loja, suficientes para 8 quadros retangulares (25 cm x 50 cm). Em seguida, fez uma segunda encomenda, mas agora para 8 quadros retangulares (50 cm x 100 cm). O valor da segunda encomenda, será:
a) O dobro do valor da primeira encomenda, porque a altura e a largura dos quadros dobraram.
b) Maior do que o valor da primeira encomenda, mas não o dobro.
c) A metade do valor da primeira encomenda, porque a altura e a largura dos quadros dobraram.
d) Menor do que o valor da primeira encomenda, mas não a metade.
e) Igual ao valor da primeira encomenda,porque o custo de entrega será o mesmo.

Solução:
Calculamos inicialmente o valor da primeira encomenda:

Cada quadro, com dimensões 25 cm x 50 cm, tem área:
25 cm . 50 cm = 0,25 m . 0,50 m = 0,125 m²

Para determinar a medida da moldura, calculamos o perímetro.

O perímetro de cada quadro é dado por 2 . 0,25 m + 2 . 0,50 m = 1,5 m

Sendo 8 quadros e, o valor cobrado por metro quadrado de tela 20 reais, e por metro linear de moldura 15 reais, temos: 8 . (0,125 . 20 + 1,5 . 15) = 200 reais.

Mais a taxa de entrega de 10 reais, o valor total da primeira encomenda é 210 reais.

Para a segunda encomenda, temos:

Área de cada quadro: 50 cm . 100 cm = 0,5 m . 1 m = 0,50 m²

Perímetro de cada quadro: 2 . 0,5 + 2 . 1 = 3 m

Sendo 20 reais o metro quadrado de tela(área) e 15 reais o metro linear de moldura (perímetro), para os 8 quadros, temos: 8 . (0,5 . 20 + 3 . 15) = 440 reais.

Mais a taxa de entrega, o valor total da segunda encomenda é de 450 reais.

Logo, o valor da segunda encomenda é maior do que o valor da primeira, mas não o dobro. Portanto, alternativa "b".

---

149. (ENEM-2010) No manejo sustentável de florestas, é preciso muitas vezes obter o volume da tora que pode ser obtida a partir de uma árvore. Para isso, existe um método prático, em que se mede a circunferência da + arvore à altura do peito de um homem (1,30 m), conforme indicado na figura. A essa medida denomina-se "rodo" da árvore. O quadro a seguir indica a fórmula para se cubar, ou seja, obter o volume da tora em m³ a partir da medida do rodo e da altura da árvore.

Um técnico em manejo florestal recebeu a missão de cubar, abater e transportar cinco toras de madeira, de duas espécies diferentes, sendo:

- 3 toras da espécie I, com 3 m de rodo, 12 m de comprimento e densidade 0,77 toneladas/m³
- 2 toras da espécie II, com 4 m de rodo, 10 m de comprimento e densidade 0,78 toneladas/m³.

Após realizar seus cálculos, o técnico solicitou que enviassem caminhões para transportar uma carga de, aproximadamente,

a) 29,9 toneladas
b) 31,1 toneladas
c) 32,4 toneladas
d) 35,3 toneladas
e) 41,8 toneladas

Solução:
Para determinar a massa da toras, temos que determinar o volume de cada espécie. O volume da tora é dado por V = rodo². altura.0,06.

Cálculo do volume e da massa da tora da espécie I:
Rodo = 3 m, altura = comprimento = 12 m
$V_1 = 3^2 . 12 . 0,06 = 6,48$ m³
Sendo 3 toras, o volume total das toras de espécie I é 3 . 6,48 = 19,44 m³.
$D_1 = m_1 : V_1$, sendo a densidade, 0,77 toneladas/m³
a massa das toras, da espécie I, é $m_1 = V_1 . D_1 = 19,44 . 0,77 = 14,9688$ toneladas.

Cálculo do volume e da massa da tora da espécie II:
Rodo = 4 m, altura = comprimento = 10 m
$V_2 = 4^2 . 10 . 0,06 = 9,6$ m³
Sendo 2 toras, volume total das toras de espécie II é 2 . 9,6 = 19,2 m³.
$D_2 = m_2 : V_2$, sendo a densidade, 0,78 toneladas / m³
a massa das toras, da espécie II, é $m_2 = V_2 . D_2 = 19,2 . 0,78 = 14,976$ toneladas.
Portanto a carga a ser transportada é de 14,9688 + 14,976 = 29,9448 toneladas, aproximadamente 29,9 toneladas.

Logo, alternativa "a".

---

150. (ENEM – 2010) Embora o Índice de Massa Corporal (IMC) seja amplamente utilizado, existem ainda inúmeras restrições teóricas ao uso e às faixas de normalidade preconizadas. O Recíproco do Índice Ponderal (RIP), de acordo com o modelo alométrico, possui uma melhor fundamentação matemática, já que a massa é uma variável de dimensões cúbicas e a altura, uma variável de dimensões lineares. As fórmulas que determinam esses índices são:

$$IMC = \frac{massa\ (kg)}{[altura\ (m)]^2} \qquad RIP = \frac{altura\ (cm)}{\sqrt[3]{massa\ (kg)}}$$

ARAUJO, C. G. S.; RICARDO, D. R. **Índice de Massa Corporal: Um Questionamento Científico Baseado em Evidências**. Arq. Bras. Cardiologia, volume 79, n° 1, 2002 (adaptado).

Se uma menina, com 64 kg de massa, apresenta IMC igual a 25 kg/m², então ela possui RIP igual a
a) 0,4 cm/kg$^{1/3}$
b) 2,5 cm/kg$^{1/3}$
c) 8 cm/kg$^{1/3}$
d) 20 cm/kg$^{1/3}$
e) 40 cm/kg$^{1/3}$

Solução:
Sendo a massa da menina 64 kg e seu IMC, 25, então:

$$\text{IMC} = \frac{\text{massa}}{\text{altura}^2} \Leftrightarrow 25 = \frac{64}{\text{altura}^2} \Leftrightarrow \text{altura}^2 = \frac{64}{25}$$

$$\text{Altura} = \sqrt{\frac{64}{25}} = \frac{8}{5} \text{ m}$$

$$\text{RIP} = \frac{\text{altura}}{\sqrt[3]{\text{massa}}} = \frac{\frac{8}{5}}{\sqrt[3]{64}} = \frac{8}{5} \cdot \frac{1}{4} = \frac{2}{5} = 0{,}4 \text{ m/kg}^{1/3}, \text{ ou seja, } 40 \text{ cm/kg}^{1/3}$$

Portanto, alternativa "e".

UNIDADE 5

NOÇÕES DE ÁLGEBRA

9. INTRODUÇÃO À ÁLGEBRA

Para resolver um problema referente à números ou relações abstratas de quantidades basta traduzir este problema do inglês ou outra língua para o idioma algébrico.
(Isaac Newton, *Arithmetica Universalis*, 1707)

A Aritmética, frequentemente, é incapaz de demonstrar com rigor algumas de suas afirmações, teses aritméticas, e até mesmo resolver situações problemas com seus próprios meios. Nesses casos, surge a Álgebra em socorro da Aritmética, capaz de fundamentar e estabelecer regras por meio de seus métodos sintetizadores.

Assim, neste capítulo, apresentaremos uma breve iniciação à resolução de equações de primeiro grau com uma variável, bem como resolução de situações problemas com o intuito de mostrar algumas aplicações.

Para definir equação, apresentaremos a ideia de igualdade e princípios de equivalência.

IGUALDADE

Uma igualdade numérica, em geral, é representada por a = b, onde a e b são numerais que representam um mesmo número.

Por exemplo: $\underbrace{\sqrt{4} + 3^2}_{a} = \underbrace{\frac{100}{10} + 1}_{b}$

Chamamos de 1º membro a expressão à esquerda do sinal de igual (=), e de 2º membro a expressão à direita do sinal de igual.

Princípios de equivalência:

Aditivo:
$(5 - 3) + 4 = 2 + 4$
$(5 - 3) + (-3) = 2 + (-3)$

Adicionando-se um mesmo número positivo ou negativo aos dois membros de uma igualdade, obtemos uma nova igualdade equivalente.

Multiplicativo:

(5 – 3) . 4 = 2 . 4
(5 – 3) : (– 2) = 2 : (-2)

Multiplicando-se ou dividindo-se os dois membros de uma igualdade por um mesmo número positivo ou negativo, obtemos uma nova igualdade equivalente.

EQUAÇÃO

Denomina-se equação à toda sentença matemática aberta expressa por uma igualdade entre letras e números relacionados com operações aritméticas.

Por exemplo, são equações: x – 4 = 6 ; 3z – 5 y = 16 ; x^2 – 3x = 4

Não são equações:
5 – 3 = 2^2 – 2 (pois é uma sentença aberta)
x ≠ 3 (pois é uma desigualdade)
$2y^3$ > 4 (pois é uma desigualdade)

Sendo toda equação uma igualdade, observe os exemplos abaixo:
a) 4 – 5x = 6y – 2
b) x + y = 5z
c) x^2 – 5x + 6 = 0

A equação (a) tem 2 incógnitas representadas por x e y.
A equação (b) tem 3 incógnitas representadas por x , y e z.
A equação (c) tem 1 variável ou incógnita representada por x.

Pois, toda letra que representa um valor desconhecido(e que se deseja determinar) em uma equação é denominada variável ou incógnita.

Raíz de uma equação:

É denominada raiz de uma equação à todo número do conjunto universo (conjunto de todos os valores possíveis para a incógnita) que substituído na equação torna-a verdadeira, ou seja, satisfaz a igualdade.

Por exemplo:

1) Seja U = $\mathbb{Z}$

O número 4 é raiz da equação 2x – 3 = 3x – 7, pois:
2 . (4) – 3 = 3 . (4) – 7
   8 – 3 = 12 – 7
      5 = 5 (V)

2) Seja: U = $\mathbb{R}$

O número – 2 não é raiz da equação $x^2 - 2x + 5 = 0$, pois:
$(-2)^2 - 2.(-2) + 5 = 0$
$4 + 4 + 5 = 0$
$13 = 0$ (F)

3) Seja: U = $\mathbb{N}$

O número $\frac{1}{2}$ não é raiz da equação $x - \frac{1}{2} = 0$, apesar de torná-la verdadeira.

$\frac{1}{2} - \frac{1}{2} = 0$

$0 = 0$ (V)

Pois $\frac{1}{2} \notin \mathbb{N}$ (não é elemento do conjunto universo)

RESOLUÇÃO DE UMA EQUAÇÃO DO 1º GRAU COM UMA INCÓGNITA

Uma equação de 1º grau com uma incógnita é assim denominada pelo fato do expoente desta incógnita ser igual a um.
Para resolvermos as equações do 1º grau com uma incógnita seguimos os seguintes passos:

1º) Isolamos no primeiro membro ou segundo membro os termos que apresentam a incógnita e, no segundo membro ou primeiro membro os termos que não apresentam a incógnita utilizando os princípios aditivo e multiplicativo, para determinar a raiz.

2º) Determinada a raiz, verificamos se esta pertence ao conjunto universo.

3º) Satisfeita a condição anterior esta raiz será a solução desta equação.

1º exemplo: Seja U = $\mathbb{R}$, $x - 4 = 8$

Para encontrar o valor de x, utilizando o princípio aditivo, somamos 4 em ambos os membros.
$x - 4 = 8$ (I)
$x - 4 + 4 = 8 + 4$ (II)
$x = 12$

Verificação:
$12 - 4 = 8$
$8 = 8$ (V)
12 é raiz da equação e é um número que pertence ao conjunto universo.

Portanto S = {12}

Observando o processo anterior, percebemos que do passo (I) para o passo (II) o 4 que está subtraindo no primeiro membro (– 4) passa somando para o segundo membro (+ 4). Podemos, assim, utilizar o processo prático, aplicando a operação inversa quando mudamos de membro um termo.

x – 4 = 8
x = 8 + 4
x = 12

S = {12}

2º exemplo: Seja U = $\mathbb{R}$, 3x = 21

Para encontrar o valor de x, utilizando o princípio multiplicativo, dividimos ambos os membros por 3.

$$\frac{3x}{3} = \frac{21}{3}$$

x = 7

Verificação:
3.7 = 21
21 = 21 (V)
7 é raiz da equação e pertence ao conjunto universo.

Portanto:
S = {7}

Pelo processo prático, o 3 do primeiro membro que multiplica a incógnita, passa para o segundo membro dividindo o termo independente (aplicamos a operação inversa)
3x = 21
x = 21 : 3
x = 7
S = {7}

3º exemplo: Seja U = $\mathbb{R}$, 5x + 6 = 2 – x

Para determinar o valor de x, utilizaremos os princípios aditivo e multiplicativo.
Somamos aos dois membros – 6 para que no 1º membro fique apenas o termo com a incógnita.

5x +6 +(–6) = 2 – x + (– 6)
5x = – 4 – x

Somamos aos dois membros x para que no segundo membro fique apenas termos que não apresentam a incógnita.
5 x + x = – 4 – x + x
6 x = – 4

Dividindo-se ambos os membros por 6, temos:

$$\frac{6x}{6} = \frac{-4}{6}$$

$$x = -\frac{4}{6} = -\frac{2}{3} \quad \longleftarrow \text{Simplificando a fração}$$

Verificação:

$$5\left(-\frac{2}{3}\right) + 6 = 2 - \left(-\frac{2}{3}\right)$$

$$-\frac{10}{3} + 6 = 2 + \frac{2}{3}$$

$$\frac{-10 + 18}{3} = \frac{6 + 2}{3}$$

$$\frac{8}{3} = \frac{8}{3} \quad (V)$$

$-\frac{2}{3}$ é raiz da equação e pertence ao conjunto universo.

Portanto:

$$S = \left\{-\frac{2}{3}\right\}$$

Pelo processo prático, temos:
5x + 6 = 2 − x
5x + x + 6 = 2 (o x passa para o primeiro membro com a operação inversa, somando)
6x + 6 = 2
6x = 2 − 6 (o 6 passa para o segundo membro com a operação inversa, subtraindo)
6x = − 4
x = − 4: 6 ou $\frac{-4}{6}$ (o 6 que multiplica x , passa para o segundo membro dividindo)

$$x = \frac{-4}{6} = \frac{-2}{3}$$

$$S = \left\{-\frac{2}{3}\right\}$$

4º exemplo: Seja U = ℝ, − 4 x = 12.

Utilizando o princípio multiplicativo, dividimos ambos os membros da equação por − 4, pois nos interessa o valor de x e não de −x.
− 4 x: (− 4) = 12 : (− 4)
x = − 3

Verificação:

− 4 . (− 3) = 12
12 = 12 (V)
-3 é raiz da equação e pertence ao conjunto universo.

Portanto:

S = {−3}

Pelo processo prático:
− 4 x = 12
x = 12 : (− 4) ← **Relembrando:** Um número positivo dividido por um número negativo resulta em um número negativo
x = − 3
S = {−3}

Ou ainda, muito utilizado:
-4 x= 12
-4x. (− 1) = 12.(-1) (princípio multiplicativo)
4x = − 12
x = − 12 : 4
x = − 3

5º exemplo: Seja U = $\mathbb{R}$, 3 (x + 1) − 2 (x − 2) = 5 − (x + 3)

Nesta equação, inicialmente eliminamos os parênteses, usando a propriedade distributiva:

3 (x + 1) − 2 (x − 2) = 5 − (x + 3)
3 x + 3 − 2 x + 4 = 5 − x − 3
3x − 2x + 3 + 4 = 5 − 3 − x
x + 7 = 2 − x

Somamos − 7 à ambos os membros para que no primeiro membro fique apenas a incógnita.
x + 7 +(−7) = 2 − x + (− 7)
x = 2 − x − 7
x = − 5 − x

Somamos x à ambos os membros para que no segundo membro fique apenas o termo sem a incógnita.
x + x = − 5 − x + x
2x = − 5

Dividimos ambos os membros por 2:
$$\frac{2x}{2} = \frac{-5}{2}$$

$$x = -\frac{5}{2}$$

Verificação:

$$3\left(-\frac{5}{2}+1\right)-2\left(-\frac{5}{2}-2\right)=5-\left(-\frac{5}{2}+3\right)$$

$$3\left(\frac{-5+2}{2}\right)-2\left(\frac{-5-4}{2}\right)=5-\left(\frac{-5+6}{2}\right)$$

$$3\left(\frac{-3}{2}\right)-2\left(\frac{-9}{2}\right)=5-\left(\frac{1}{2}\right)$$

$$\frac{-9}{2}+9=5-\frac{1}{2}$$

$$\frac{-9+18}{2}=\frac{10-1}{2}$$

$$\frac{9}{2}=\frac{9}{2} \text{ (V)}$$

$x = -\dfrac{5}{2}$ é raiz da equação e é real

$S= \left\{-\dfrac{5}{2}\right\}$

Pelo processo prático, temos:
3 (x + 1) – 2 (x – 2) = 5 – (x + 3)
3x + 3 – 2x + 4= 5 – x – 3 (propriedade distributiva)
3x – 2x + x = 5 – 3 – 3 – 4 (observe que os termos que mudaram de membro passaram com a operação inversa)
2x = – 5
x= – 5 : 2 (o 2 passou para o segundo membro dividindo)

$x= \dfrac{-5}{2}$

$S= \left\{-\dfrac{5}{2}\right\}$

6º exemplo: $U = \mathbb{R}$, $\dfrac{x}{5}-\dfrac{x-4}{10}=\dfrac{1}{2}+\dfrac{1-x}{4}$

Nesta equação, inicialmente devemos reduzir os termos ao mesmo denominador, sendo o mmc (2,4,5,10) = 20, temos:

$$\frac{x}{5}-\frac{x-4}{10}=\frac{1}{2}+\frac{1-x}{4}$$

$$\frac{4x}{20}-\frac{2(x-4)}{20}=\frac{10}{20}+\frac{5(1-x)}{20}$$

$$\frac{4x-2x+8}{20}=\frac{10+5-5x}{20}$$

$$\frac{2x+8}{20}=\frac{15-5x}{20}$$

Multiplicando cada um dos membros por 20, temos:

$$\cancel{20}.\frac{2x+8}{\cancel{20}}=\cancel{20}.\frac{15-5x}{\cancel{20}}$$

$$2x+8=15-5x$$

Somando $5x$ à ambos os membros:

$$2x+8+5x=15-\cancel{5x}+\cancel{5x}$$

$$7x+8=15$$

Somando -8 à ambos os membros:

$$7x+\cancel{8}-\cancel{8}=15-8$$

$$7x=7$$

$$x=1$$

Verificação:

$$\frac{1}{5}-\frac{1-4}{10}=\frac{1}{2}+\frac{1-1}{4}$$

$$\frac{2-(-3)}{10}=\frac{2+0}{4}$$

$$\frac{5}{10}=\frac{2}{4}$$

$$\frac{1}{2}=\frac{1}{2} \quad \text{(V)}$$

$x = 1$ é raiz da equação e é real

$S = \{1\}$

Processo prático:

$$\frac{x}{5}-\frac{x-4}{10}=\frac{1}{2}+\frac{1-x}{4}$$

$$\frac{4x}{20}-\frac{2(x-4)}{20}=\frac{10}{20}+\frac{5(1-x)}{20}$$

$$\frac{4x-2x+8}{20}=\frac{10+5-5x}{20}$$

$$\frac{2x+8}{\cancel{20}}=\frac{15-5x}{\cancel{20}}$$

(pelo processo anterior verificamos que podemos cancelar os denominadores comuns)

$2x + 8 = 15 - 5x$

$2x + 5x = 15 - 8$

$7x = 7$

$x = 7 : 7$

$x = 1$

S = {1}

7º exemplo: Seja U = $\mathbb{R}$, $\frac{1}{2}(x+3) - \frac{1}{5}(x-1) = 2$

Para resolver esta equação, inicialmente eliminamos os parênteses e depois procedemos como no exemplo anterior.

$\frac{1}{2}(x+3) - \frac{1}{5}(x-1) = 2$

$\frac{x}{2} + \frac{3}{2} - \frac{x}{5} + \frac{1}{5} = 2$

$\frac{5x + 15 - 2x + 2}{10} = \frac{20}{10}$

$\frac{3x + 17}{10} = \frac{20}{10}$

$\cancel{10} . \frac{3x+17}{\cancel{10}} = \cancel{10} . \frac{20}{\cancel{10}}$

$3x + 17 = 20$

$3x + \cancel{17} - \cancel{17} = 20 - 17$

$3x = 3$

$\frac{3x}{3} = \frac{3}{3}$

$x = 1$

Verificação:

$\frac{1}{2}(1+3) - \frac{1}{5}(1-1) = 2$

$\frac{1}{2}.4 - \frac{1}{5}.0 = 2$

$2 - 0 = 2$ (V)

$x = 1$ é raiz da equação e é real

S = {1}

Processo prático:

$$\frac{1}{2}(x+3) - \frac{1}{5}(x-1) = 2$$

$$\frac{x}{2} + \frac{3}{2} - \frac{x}{5} + \frac{1}{5} = 2$$

$$\frac{5x + 15 - 2x + 2}{10} = \frac{20}{10}$$

$$\frac{3x + 17}{10} = \frac{20}{10}$$

$3x + 17 = 20$

$3x = 3$

$x = 3 : 3$

$x = 1$

S= {1}

Casos Particulares:

1º caso:
Dada a equação 5x + 4 = 2x+ 7 + 3x sendo U = $\mathbb{R}$.
5x + 4 = 5x + 7
5̶x̶ + 4 − 5̶x̶ = 5̶x̶ + 7 − 5̶x̶
4 = 7 (F) , esta igualdade independe do valor de x e é uma sentença falsa.
Ou, pelo processo prático:
5x + 4 = 5x + 7
5x − 5x = 7 − 4
0x = 3 não existe x real que verifique esta igualdade.
S= ϕ

2º caso: Dada a equação 3x + 4 − x= 7 + 2x − 3 , sendo U = $\mathbb{R}$.
3x + 4 − x= 7 + 2x − 3
2x + 4 = 4 + 2x
2x +̶ 4̶ −̶ 4̶ =̶ 4̶ + 2x −̶ 4̶
2x − 2x = 2x − 2x
0 = 0 (V), esta equação independe do valor de x.

Ou, pelo processo prático:
3x + 4 − x= 7 + 2x − 3
2x + 4 = 4 + 2x
2x − 2x = 4 − 4
0x = 0 qualquer valor real satisfaz esta igualdade.
Logo, S = $\mathbb{R}$

1. Resolver a seguintes equações do 1º grau com uma variável sendo U = $\mathbb{Z}$.
   a) 4x + 5 = 21   **b)** 3 + 2x = 2

Solução: Vamos resolver as equações utilizando o processo prático.

a) 4x + 5 = 21
4x = 21 − 5
4x = 16
x = 16 : 4
x = 4 é raiz e pertence ao conjunto universo (U= $\mathbb{Z}$)
Logo, S = {4}

b) 3 + 2x = 2
2x = 2 − 3
2x = − 1
x = − 1 : 2
$x = -\dfrac{1}{2}$ é raiz mas não pertence a $\mathbb{Z}$ (conjunto universo)

Logo, S = $\emptyset$

2. Resolver a seguintes equações do 1º grau com uma variável sendo U = $\mathbb{R}$.
   a) 10x − 5 − 4x = 0
   b) 2x + 7 = 3x
   c) 7x − 2 = 9x

Solução: Vamos resolver as equações utilizando o processo prático.

a) 10x − 5 − 4x = 0
10x − 4x = 5
6x = 5
x = 5 : 6
$x = \dfrac{5}{6}$ é a raiz e é um número real

Logo, S = $\left\{\dfrac{5}{6}\right\}$

b) 2x + 7 = 3x
2x − 3x = − 7
− x = − 7
− x.(− 1) = − 7. (− 1) (observe que quando x está no primeiro membro e é negativo, multiplicamos ambos os membros por − 1)
x = 7 é a raiz e pertence ao conjunto universo.
Logo, S = {7}

c) $7x - 2 = 9x$
$7x - 9x = 2$
$-2x = 2$
$-2x \cdot (-1) = 2 \cdot (-1)$
$2x = -2$
$x = -2 : 2$
$x = -1$ é a raiz e é um número real.
Logo, $S = \{-1\}$

---

3. Resolver a seguintes equações do 1º grau com uma variável sendo $U = \mathbb{Z}$.
 a) $6x = 24$
 b) $10x = 4$
 c) $-9x = -36$
 d) $4x - 28 = 0$

Solução:

a) $6x = 24$
$x = 24 : 6$
$x = 4$ é a raiz e é inteiro
Logo, $S = \{4\}$

b) $10x = 4$
$x = 4 : 10$
$x = \dfrac{4}{10}$

$x = \dfrac{2}{5}$ é a raiz mas não é inteiro

Logo, $S = \phi$

c) $-9x = -36$
$-9x \cdot (-1) = -36 \cdot (-1)$
$9x = 36$
$x = 36 : 9$
$x = 4$ é a raiz e é inteiro
Logo, $S = \{4\}$

d) $4x - 28 = 0$
$4x = 28$
$x = 28 : 4$
$x = 7$ é a raiz e pertence ao conjunto universo.
Logo, $S = \{7\}$

4. Resolver a seguintes equações do 1º grau com uma variável sendo U = $\mathbb{R}$
   a) 3x + 2 − x + 7 = 0
   b) 6t − 4 + 2 = 3t − 8t
   c) y + 9 + y = 9 − y
   d) x + 2 + 2x − 7x − 10 + 3x = 0

Solução: Sendo considerado U = $\mathbb{R}$, toda raiz de uma equação será a solução.

a) 3x + 2 − x + 7 = 0
3x − x = − 2 − 7
2x = − 9
x = − 9 : 2
x = $-\dfrac{9}{2}$

S = $\left\{-\dfrac{9}{2}\right\}$

c) y + 9 + y = 9 − y
y + y + y = 9 − 9
3y = 0
y = 0 : 3
y = 0
S = {0}

b) 6t − 4 + 2 = 3t − 8t
6t − 3t + 8t = 4 − 2
3t + 8t = 2
11t = 2
t = 2 : 11
t = $\dfrac{2}{11}$

S = $\left\{\dfrac{2}{11}\right\}$

d) x + 2 + 2x − 7x − 10 + 3x = 0
x + 2x − 7x + 3x = − 2 + 10
6x − 7x = 8
− x = 8
− x . (−1) = 8 . (−1)
x = − 8
S = {−8}

---

5. Resolver a seguintes equações do 1º grau com uma variável sendo U = $\mathbb{R}$
   a) 5(x − 3) − 2(x − 1) = 6
   b) x − 2(3x + 4) + 9 = x
   c) 7x − [1 − 3(x − 2)] = 5x

Solução:

a) 5(x − 3) − 2(x − 1) = 6
5x − 15 − 2x + 2 = 6
5x − 2x = 6 + 15 − 2
3x = 19
x = $\dfrac{19}{3}$

S = $\left\{\dfrac{19}{3}\right\}$

b) x − 2(3x + 4) + 9 = x
x − 6x − 8 + 9 = x
x − 6x − x = 8 − 9
− 6 x = − 1
− 6x . (− 1) = − 1. (− 1)
6 x = 1
x = $\dfrac{1}{6}$

S = $\left\{\dfrac{1}{6}\right\}$

c) 7x − [− 1 − 3 (x − 2)] = 5x
7x − [− 1 − 3x + 6] = 5x
7x + 1 + 3x − 6 = 5x
7x + 3x − 5x = − 1 + 6
5x = 5
x = 5 : 5
x = 1
S = {1}

---

6. Resolver a seguintes equações do 1º grau com uma variável sendo U = $\mathbb{R}$

a) $\dfrac{x}{6} = \dfrac{5}{30}$

b) 5 = $\dfrac{3}{5}$ − 2x

c) y + $\dfrac{1}{2}$ = $\dfrac{y}{3}$ − 1

Solução:

a) $\dfrac{x}{6} = \dfrac{5}{30}$

sendo o mmc (6,30) = 30

$\dfrac{5x}{30} = \dfrac{5}{30}$

5x = 5
x = 5 : 5
x = 1

Ou, pela propriedade de proporção:

$\dfrac{x}{6} = \dfrac{5}{30}$ (produto dos meios igual ao produto dos extremos)

30 x = 6.5
30 x = 30
x = 30 : 30
x = 1
S = {1}

b) 5 = $\dfrac{3}{5}$ − 2x

$\dfrac{25}{5} = \dfrac{3}{5} - \dfrac{10x}{5}$

25 = 3 − 10x
10x = 3 − 25
10 x = − 22
x = − 22 : 10
x = − 2,2
S = {−2,2}

c) y + $\dfrac{1}{2}$ = $\dfrac{y}{3}$ − 1

$\dfrac{6y}{6} + \dfrac{3}{6} = \dfrac{2y}{6} - \dfrac{6}{6}$

6y + 3 = 2y − 6
6y − 2 y = − 6 − 3
4 y = − 9
y = − 9 : 4
y = $\dfrac{-9}{4}$

S = $\left\{-\dfrac{9}{4}\right\}$

7. Resolver a seguintes equações do 1º grau com uma variável sendo U = ℝ.

a) $\dfrac{5x-1}{4} = \dfrac{4x+1}{3}$

b) $\dfrac{x}{6} - x - \dfrac{x+4}{2} = 1$

c) $\dfrac{1}{4} + \dfrac{x-3}{2} = x - \dfrac{x-3}{4}$

Solução:

a) $\dfrac{5x-1}{4} = \dfrac{4x+1}{3}$

$\dfrac{3(5x-1)}{12} = \dfrac{4(4x+1)}{12}$

3(5x − 1) = 4 (4x + 1)
15 x − 3 = 16 x + 4
15 x − 16x = 4 + 3
− x = 7
x= − 7
S = {−7}

b) $\dfrac{x}{6} - x - \dfrac{x+4}{2} = 1$

$\dfrac{2x}{12} - \dfrac{12x}{12} - \dfrac{6(x+4)}{12} = \dfrac{12}{12}$

2x − 12x − 6(x + 4) = 12
2x − 12x − 6x − 24 = 12
− 16x − 24 = 12
− 16 x = 12 + 24
− 16 x = 36
16 x = − 36

$x = \dfrac{-36}{16} = \dfrac{-9}{4}$

$S = \left\{ \dfrac{-9}{4} \right\}$

c) $\dfrac{1}{4} + \dfrac{x-3}{2} = x - \dfrac{x-3}{4}$

$\dfrac{1}{4} + \dfrac{2(x-3)}{4} = \dfrac{4x}{4} - \dfrac{x-3}{4}$

1 + 2 (x − 3) = 4x − (x − 3)
1 + 2x − 6 = 4x − x + 3
2x − 4x + x = 3 − 1 + 6
− x = 8
x = − 8
S = {− 8}

8. Resolver a seguintes equações do 1º grau com uma variável sendo U = ℝ.

a) $\dfrac{1}{2}(3x+1) + x = \dfrac{1}{3}$

b) $\dfrac{x}{2} - 2 = -\dfrac{1}{6}(4-x)$

c) $\dfrac{1}{3}(3x-1) - \dfrac{2}{3}(x+1) = 2 + \dfrac{4(x-3)}{3}$

Solução:

a) $\frac{1}{2}(3x+1)+x=\frac{1}{3}$

$\frac{3x+1}{2}+x=\frac{1}{3}$

$\frac{3(3x+1)}{6}+\frac{6x}{6}=\frac{2}{6}$

3 (3x+1) + 6x = 2
9x + 3 + 6x = 2
15x = 2 − 3
15x = − 1

$x = \frac{-1}{15}$

$S = \left\{-\frac{1}{15}\right\}$

b) $\frac{x}{2}-2=-\frac{1}{6}(4-x)$

$\frac{x}{2}-2=-\frac{4-x}{6}$

$\frac{3x}{6}-\frac{12}{6}=-\frac{4-x}{6}$

3x − 12 = −4 + x
3x − x = −4 + 12
2x = 8
x = 8 : 2
x = 4
S = {4}

c) $\frac{1}{3}(3x-1)-\frac{2}{3}(x+1)=2+\frac{4(x-3)}{3}$

$\frac{3x-1}{3}-\frac{2(x+1)}{3}=2+\frac{4(x-3)}{3}$

$\frac{3x-1}{3}-\frac{2(x+1)}{3}=\frac{6}{3}+\frac{4(x-3)}{3}$

3x−1 − 2 (x +1) = 6 + 4 (x − 3)
3x − 1 − 2x − 2 = 6 + 4x − 12
3x − 2x − 4x = 6 − 12 +1 +2
−3x = − 3
3x = 3
x = 3 : 3
x = 1
S = {1}

PROBLEMAS DO 1º GRAU COM UMA INCÓGNITA

A seguir apresentaremos algumas situações problemas cujos dados podem ser interpretados e traduzidos para a linguagem algébrica, desenvolveremos a " arte de armar equações" já que a linguagem da álgebra é a equação.

Inicialmente, resolveremos por meio de equações dois problemas, já enunciados e resolvidos no capítulo conjunto dos números racionais, utilizando-se apenas a aritmética.

9. Vamos resolver o famoso problema intitulado "O Epitáfio de Diofanto". Diofanto (ou Diofante) de Alexandria. Tudo que se sabe da vida do célebre matemático da antiguidade está na inscrição de seu sepulcro:

"Caminhante! Aqui foram sepultados os restos de Diofanto. E os números podem, ó milagre!, revelar quão dilatada foi sua vida, cuja sexta parte constituiu sua linda infância. Transcorreu uma duodécima parte de sua vida, quando seu queixo se cobriu de penugem. A sétima parte de sua existência, transcorreu num matrimônio estéril. Passado um quinquênio, fê-lo feliz o nascimento de seu precioso primogênito, o qual entregou seu corpo, sua formosa existência, que durou a metade da de seu pai, à terra. E com dor profunda desceu à sepultura, tendo sobrevivido quatro anos ao falecimento de seu filho. Diz-me quantos anos vivera Diofanto quando lhe sobreveio a morte."

Solução:
Vamos interpretar cada frase do epitáfio passando para o idioma da álgebra, apesar de nem sempre essa tradução ser precisa ou fácil. Resolver a equação resultante é frequentemente fácil, mas armar a equação correspondente aos dados do problema, nem sempre é.

Assim:
Seja a idade de Diofanto, ou o tempo em anos que ele viveu, igual a x que é a soma de todos os fatos:

E os números podem, ó milagre!, revelar quão dilatada foi sua vida $\rightarrow x$

Cuja sexta parte constituiu sua linda infância $\rightarrow \dfrac{x}{6}$

Transcorreu uma duodécima parte de sua vida, quando seu queixo se cobriu de penugem $\rightarrow \dfrac{x}{12}$

A sétima parte de sua existência, transcorreu num matrimônio estéril $\rightarrow \dfrac{x}{7}$

Passado um quinquênio, fê-lo feliz o nascimento de seu precioso primogênito $\rightarrow$ 5 anos

o qual entregou seu corpo, sua formosa existência, que durou a metade da de seu pai, à terra $\rightarrow \dfrac{x}{2}$

E com dor profunda desceu à sepultura, tendo sobrevivido quatro anos ao falecimento de seu filho $\rightarrow$ 4 anos

Daí, podemos escrever a seguinte equação:

$$\dfrac{x}{6}+\dfrac{x}{12}+\dfrac{x}{7}+5+\dfrac{x}{2}+4=x$$

O mmc (6,12,7,2) = 84, logo:

$$\dfrac{14x}{84}+\dfrac{7x}{84}+\dfrac{12x}{84}+\dfrac{420}{84}+\dfrac{42x}{84}+\dfrac{336}{84}=\dfrac{84x}{84}$$

14x + 7x +12x + 420+ 42x + 336 = 84x
75x +756 = 84x
75 x − 84 x = − 756
− 9x = − 756
− 9x. (− 1) = − 756. (-1)
9x = 756
x = 756: 9
x = 84

Portanto, Diofanto viveu 84 anos.

Observe que se substituirmos o valor de x em cada fato apresentado, teremos mais alguns dados biográficos de Diofanto: ele casou-se aos 21 anos, foi pai aos 38 anos, perdeu seu filho quando tinha 80 anos, e morreu aos 84 anos.

10. Vamos resolver um quebra cabeça hindu do século VII: Um colar de pérolas se rompeu quando se abraçavam dois namorados. Uma fileira de pérolas escapou, a sexta parte no solo caiu, a quinta parte no sofá ficou, um terço pela jovem se salvou, a décima parte o namorado recolheu e com 6 pérolas o colar ficou. Diga-me leitor quantas pérolas tinha o colar?

Solução:
Vamos traduzir os dados apresentados pelo problema para o idioma algébrico, sendo x o total de pérolas do colar:

A sexta parte caiu no solo $\dfrac{x}{6}$

A quinta parte no sofá ficou $\dfrac{x}{5}$

Um terço foi salvo pela jovem $\dfrac{x}{3}$

A décima parte o namorado recolheu $\dfrac{x}{10}$

Restou no colar 6 pérolas → 6

Assim, temos a seguinte equação:

$\dfrac{x}{6} + \dfrac{x}{5} + \dfrac{x}{3} + \dfrac{x}{10} + 6 = x$

Sendo o mmc (6,5,3,10) = 30, temos:

$\dfrac{5x}{30} + \dfrac{6x}{30} + \dfrac{10x}{30} + \dfrac{3x}{30} + \dfrac{180}{30} = \dfrac{30x}{30}$

5x + 6x+ 10x + 3x + 180 = 30x
24 x + 180 = 30 x
24 x − 30 x = − 180

– 6x = – 180
-6x . (– 1) = – 180 . (– 1)
6x = 180
x = 180 : 6
x = 30
Portanto, o colar tinha 30 pérolas.

11. A soma do dobro de um número com 17 é igual a 45. Determinar esse número.

Solução:
Para resolver este problema vamos interpretar simbolicamente os dados.
Número procurado: x
Dobro do número procurado: 2x
Representando simbolicamente o enunciado, temos:
2x + 17 = 45
2x = 45 – 17
2x = 28
x = 28 : 2
x = 14
O número procurado é 14.

12. Um terreno de 900 m² de área foi reservado para a construção de uma escola. Esta escola deverá ter 8 salas de aula do mesmo tamanho e um pátio de 260 m² de área. Qual deverá ser a área de cada sala de aula?

Solução:
Seja a área de cada sala: x
Área de 8 salas de aula: 8x
8x + 260 = 900
8x = 900 – 260
8x = 640
x = 640 : 8
x = 80
Cada sala de aula deverá ter 80 m² de área.

13. A metade de um número aumentada de 15 é igual ao dobro do mesmo número menos 45. Determine esse número.

Solução:
Seja o número procurado: x

Metade do número procurado: $\dfrac{x}{2}$

Dobro do número procurado: $2x$

$$\frac{x}{2}+15=2x-45$$

$$\frac{x+30}{2}=\frac{4x-90}{2}$$

$$x+30=4x-90$$

$$x-4x=-30-90$$

$$-3x=-120$$

$$-3x.(-1)=-120.(-1)$$

$$3x=120$$

$$x=120:3$$

$$x=40$$

O número procurado é 40.

---

14. Em uma prova do campeonato de Fórmula – I, um piloto desiste ao percorrer $\frac{2}{5}$ do percurso total da prova. Se tivesse corrido mais 40 km, teria percorrido a metade do pecurso total. Quantos km compõem o percurso total da prova?

Solução:
Seja o percurso total da prova: x

$\frac{2}{5}$ do percurso total da prova: $\frac{2}{5}x$

a metade do percurso total: $\frac{x}{2}$

$$\frac{2}{5}x+40=\frac{x}{2}$$

$$\frac{4}{10}x+\frac{400}{10}=\frac{5x}{10}$$

$$4x+400=5x$$

$$4x-5x=-400$$

$$-x=-400$$

$$-x.(-1)=-400.(-1)$$

$$x=400$$

Portanto, o percurso total da prova é de 400 km.

15. Num terreno de 800 m² a área construída tem 180m² a mais que a área livre. Determine a área livre e a área construída.

Solução:
Seja a área livre: x
Área construída: x + 180
x + x + 180 = 800
2x + 180 = 800
2x = 800 − 180
2x = 620
x = 620 : 2
x = 310 → área livre
x + 180 = 310 + 180 = 490 → área construída

Portanto, o terreno tem 310 m² de área livre e 490 m² de área construída.

16. Gianluca comprou dois livros, um de Microeconomia e outro de Contabilidade, pagando ao todo pelos livros R$ 120,00. Sabendo-se que o livro de Microeconomia custou R$ 30,00 mais caro que o livro de Contabilidade, determine o preço de cada livro.

Solução:
Seja o preço do livro de Contabilidade: x
Preço do livro de Microeconomia: x + 30
x + x + 30 = 120
2x + 30 = 120
2x = 120 − 30
2x = 90
x = 90 : 2
x = 45 → preço do livro de Contabilidade
x + 30 = 45 + 30 = 75 → preço do livro de Microeconomia

Portanto o preço do livro de Contabilidade é R$ 45,00 e do livro de Microeconomia R$ 75,00.

17. Uma indústria em expansão produziu, em abril e maio do mesmo ano, 500 unidades de um determinado produto. Em maio, o número de unidades produzidas foi o triplo do número de unidades produzidas em abril. Qual a produção desta fábrica nos referidos meses?

Solução:
Seja o número de unidades produzidas em abril: x
o número de unidades produzidas em maio: 3x

x + 3x= 500
4x= 500
x = 500: 4
x = 125 → unidades de peças produzidas em abril
3x= 3.125= 375 → unidades de peças produzidas em maio

Portanto a indústria produziu 125 unidades de peças em abril e 375 unidades em maio.

18. Bia comprou uma camiseta e um jeans por R$ 300,00. O preço do jeans é igual ao dobro do preço da camiseta mais R$ 30,00. Quanto Bia pagou pelo jeans?

Solução:
Seja o preço da camiseta: x
O preço do jeans: 2x+ 30
x + 2x+ 30 = 300
3x+ 30 = 300
3x = 300 − 30
3x = 270
x= 270 : 3
x= 90 →preço da camiseta
2x+ 30 = 2.90 + 30 = 180 + 30 = 210 → preço do jeans

Logo, Bia pagou R$ 210,00 pelo jeans.

19. Um prêmio de R$600,00 de um concurso foi dividido entre o primeiro e o segundo lugares. Sabendo – se que a diferença entre as quantias foi de R$ 120,00, qual a quantia recebida pela pessoa que ficou em segundo lugar?

Solução:
Seja o prêmio do primeiro lugar: x
O prêmio do segundo colocado: x − 120
x + x − 120 = 600
x + x = 600 + 120
2x = 720
x = 720 : 2
x = 360 →prêmio do primeiro colocado
x − 120 = 360 − 120 = 240 → prêmio do segundo colocado

A pessoa que ficou em segundo lugar recebeu R$ 240,00.

20. Numa turma de 5º ano de uma escola, o número de meninos é $\frac{4}{3}$ do número de meninas. Num determinado dia, faltaram 8 meninos e 2 meninas, ficando o número de meninas igual ao número de meninos. Quantos meninos e quantas meninas há nessa turma de 5º ano?

Solução:
Seja o número de meninas: x

O número de meninos: $\dfrac{4}{3}$ x

Número de meninas no dia considerado: x − 2

Número de meninos no dia considerado: $\dfrac{4}{3}$ x − 8

$x - 2 = \dfrac{4}{3} x - 8$

Reduzindo os termos ao mesmo denominador, temos:

$\dfrac{3x}{3} - \dfrac{6}{3} = \dfrac{4x}{3} - \dfrac{24}{3}$

$\dfrac{3x - 6}{3} = \dfrac{4x - 24}{3}$

$3x - 6 = 4x - 24$

$3x - 4x = 6 - 24$

$-x = -18$

$x = 18$ →número de meninas

$\dfrac{4}{3}x = \dfrac{4 \cdot 18}{3} = \dfrac{72}{3} = 24$ →número de meninos

Nessa turma de 5º ano há 18 meninas e 24 meninos.

---

21. O Sr José comprou um terreno de forma retangular cuja frente mede $\dfrac{3}{5}$ da medida da lateral. Se ele comprasse mais 12 metros de frente, a medida desta ficaria igual à medida da lateral. Calcule as dimensões atuais do terreno.

Solução:
Seja a medida da lateral do terreno: x

A medida da frente do terreno: $\dfrac{3}{5}x$

Se ele comprasse mais 12 m de frente, teríamos a seguinte situação:

$x = \dfrac{3}{5}x + 12$

Reduzindo ao mesmo denominador

$\dfrac{5x}{5} = \dfrac{3x+60}{5}$

5x = 3x + 60
5x − 3x = 60
2x = 60
x = 60 : 2
x = 30 → medida da lateral do terreno

$\dfrac{3}{5}x = \dfrac{3.30}{5} = \dfrac{90}{5} = 18$ → medida da frente do terreno

O terreno tem 18 m de frente e 30 m de lateral.

---

22. Foram distribuídos 29 bombons entre três equipes que disputaram uma gincana de resolução de problemas de matemática. As equipes A e B receberam a mesma quantidade de bombons enquanto que a equipe C recebeu dois bombons a mais que a equipe A. Quantos bombons recebeu cada equipe?

Solução:
Seja a quantidade de bombons da equipe A: x
A quantidade de bombons da equipe B: x
A quantidade de bombons da equipe C: x +2
x +x + x + 2 = 29
3x + 2 = 29
3x = 29 − 2
3x = 27
x = 27 : 3
x = 9
x + 2 = 9 + 2 = 11

Portanto, as equipes A e B receberam 9 bombons cada e a equipe C recebeu 11 bombons.

---

23. Gianluca tinha 6 anos quando Giulio nasceu, e Giulio tinha 5 anos quando Bárbara nasceu. A soma das idades atuais é 40 anos. Qual a idade atual de cada um?

Solução:
Seja a idade de Bárbara: x
A idade de Giulio: x + 5
A idade de Gianluca: (x + 5) + 6 = x + 11
x + x + 5 + x + 11= 40
3x + 16 = 40

$3x = 40 - 16$

$3x = 24$

$x = 24 : 3$

$x = 8 \rightarrow$ idade de Bárbara

$x + 5 = 8 + 5 = 13 \rightarrow$ idade de Giulio

$x + 11 = 8 + 11 = 19 \rightarrow$ idade de Gianluca

Portanto, Gianluca tem 19 anos, Giulio tem 13 anos e Bárbara tem 8 anos.

---

24. (FUVEST) A soma de um número com sua quinta parte é igual a 2. Qual é o número?

Solução:

Seja o número: x

A quinta parte do número: $\dfrac{x}{5}$

$x + \dfrac{x}{5} = 2$

$\dfrac{5x}{5} + \dfrac{x}{5} = \dfrac{10}{5}$

$5x + x = 10$

$6x = 10$

$x = \dfrac{10}{6} = \dfrac{5}{3}$

Portanto, o número é $\dfrac{5}{3}$.

---

25. (FAAP) Um comerciante, no final do ano, distribuiu uma parte de seu lucro entre seus três empregados. O primeiro recebeu $\dfrac{2}{5}$ da parte do lucro mais R$ 5 000,00, o segundo recebeu $\dfrac{3}{7}$ da parte do lucro mais R$ 7 000,00, o terceiro recebeu R$ 9 000,00. Qual foi a parte do lucro distribuída?

Solução:

Seja a parte do lucro distribuída: x

$\dfrac{3}{7}$ da parte do lucro: $\dfrac{3}{7}x$

$\dfrac{2}{5}$ da parte do lucro: $\dfrac{2}{5}x$

O primeiro empregado recebeu: $\dfrac{2}{5}x + 5000$

O segundo empregado recebeu: $\frac{3}{7}x + 7000$

O terceiro empregado recebeu: 9 000

$\frac{2}{5}x + 5000 + \frac{3}{7}x + 7000 + 9000 = x$

$\frac{2}{5}x + \frac{3}{7}x + 21000 = x$

$\frac{2x}{5} + \frac{3x}{7} - x = -21000$

$\frac{14x}{35} + \frac{15x}{35} - \frac{35x}{35} = \frac{-735000}{35}$

$14x + 15x - 35x = -735000$

$29x - 35x = -735000$

$-6x \cdot (-1) = -735000 \cdot (-1)$

$6x = 735000$

$x = 122500$

Portanto, a parte do lucro distribuída foi de R$ 122 500,00.

---

26. Uma indústria em expansão admitiu 500 empregados durante os três primeiros meses do ano. Em janeiro, admitiu 80 empregados, e em março admitiu o triplo de empregados admitidos em fevereiro. Quantos empregados foram admitidos em cada um desses dois meses?

Solução:
Seja o número de empregados admitidos em fevereiro: x
O número de empregados admitidos em março: 3x
O número de empregados admitidos em janeiro: 80
80 + 3x + x = 500
4x = 500 – 80
4x = 420
x = 420 : 4
x = 105
3x = 3.105 = 315

Foram admitidos 105 empregados em fevereiro e 315 empregados em março.

27. Foram distribuídas 360 bolinhas em três urnas. Sabe-se que a segunda urna tem o dobro de bolinhas da primeira e a terceira tem o triplo de bolinhas da segunda. Quantas bolinhas foram colocadas em cada urna?

Solução:
Seja o número de bolinhas da primeira urna: x
O número de bolinhas da segunda urna: 2 x
O número de bolinhas da terceira urna: 3 (2x) = 6 x
x + 2x + 6x = 360
9 x = 360
x = 360 : 9
x = 40 → número de bolinhas da primeira urna.
2x = 2 . 40 = 80 → número de bolinhas da segunda urna.
6x = 6 . 40 = 240 → número de bolinhas da terceira urna.
Foram colocadas 40 bolinhas na primeira urna, 80 na segunda e 240 na terceira.

28. Paulo tem hoje 36 anos, e seu filho, 6 anos. Dentro de quantos anos, a idade de Paulo será igual ao quádruplo da idade de seu filho?

Solução:
Interpretando os dados e organizando em uma tabela temos:

	Hoje	Daqui a x anos
Paulo	36	36 + x
Filho	6	6 + x

36 + x = 4 (6 + x)
36 + x = 24 + 4x
x − 4x = 24 − 36
− 3x = − 12
− 3x . (− 1) = − 12 . (− 1)
3x = 12
x = 12 : 3
x = 4

Daqui a 4 anos a idade de Paulo será o quádruplo da idade de seu filho.

29. Uma professora quer repartir certa quantidade de balas entre as crianças de uma creche. Se der 15 balas a cada criança, sobram 10 balas e, se der 16 balas a cada criança, ficam faltando 10 balas. Qual o número total de balas?

Solução:
Seja a quantidade de balas: x

dando 15 balas a cada criança, sobram 10 balas: 15 (x + 10)
dando 16 balas a cada criança, ficam faltando 10 balas: 16 (x − 10)
15 (x +10) = 16 (x − 10)
15 x + 150= 16x − 160
15 x − 16 x = − 150 − 160
-x = − 310
-x. (-1) = − 310. (− 1)
x = 310

O número total de balas é 310.

30. Um terreno de 480 m² foi comprado para construir um pavilhão. Este pavilhão deverá ter 5 salas do mesmo tamanho e um pátio cuja área deve ser igual ao triplo da área de cada sala. Qual deve ser a área de cada sala?

Solução:
Seja a área de cada sala: x
A área das 5 salas: 5x
Área do pátio: 3x
5 x + 3x = 480
8x = 480
x = 480 : 8
x = 60

Cada sala deve ter área de 60 m².

31. (Lilavati, Bhaskara – Sec. XII) A quinta parte de um enxame de abelhas pousa sobre uma flor de kadamba, a terça parte sobre uma flor de silinda. O triplo da diferença entre estes números voa sobre uma flor de krutja e uma abelha voa indecisa de uma flor de pandanus à um jazmin. Diga-me formosa menina, o número de abelhas.

Solução:
Seja o número de abelhas do enxame: x

A quinta parte do enxame de abelhas: $\dfrac{x}{5}$

A terça parte do enxame de abelhas: $\dfrac{x}{3}$

O triplo da diferença entre estes números: $3\left(\dfrac{x}{3}-\dfrac{x}{5}\right)$

Uma abelha: 1

$\dfrac{x}{5}+\dfrac{x}{3}+3\left(\dfrac{x}{3}-\dfrac{x}{5}\right)+1=x$

$$\frac{3x}{15}+\frac{5x}{15}+3\left(\frac{5x}{15}-\frac{3x}{15}\right)+\frac{15}{15}=\frac{15x}{15}$$

$3x+5x+3(5x-3x)+15=15x$

$8x+3.2x+15=15x$

$8x+6x+15=15x$

$14x-15x=-15$

$-x=-15$

$-x.(-1)=-15.(-1)$

$x=15$

Portanto, o número de abelhas é 15.

---

32. Uma mãe, para motivar seu filho no estudo de matemática, se comprometeu a dar 100 reais por cada problema resolvido corretamente, e a cada problema com resolução incorreta o filho deveria lhe devolver 50 reais. Depois de resolver 60 problemas, o filho ganhou 3000 reais. Quantos problemas ele resolveu corretamente?

Solução:
Seja o número de problemas resolvidos corretamente: x
O número de problemas incorretos: 60 − x
Valor ganho por problema resolvido corretamente: 100 x
Valor pago (ou perdido) por problema incorreto: 50 (60 − x)
Valor total ganho: 3000 reais
100 x − 50 (60 − x) = 3000
100x − 3000 + 50 x= 3000
150 x = 3000 + 3000
150 x = 6000
x = 6000 : 150
x = 40

O filho resolveu corretamente 40 problemas.

---

33. Dois pedreiros realizam juntos um trabalho em 3 horas. Um deles realiza sozinho o mesmo trabalho em 4 horas. Em qual tempo o outro pedreiro realizaria o trabalho sozinho?

Solução:
Seja t_1 o tempo para o primeiro pedreiro realizar o trabalho e t_2 o tempo para o segundo pedreiro realizar o trabalho e , seja t o tempo total.

Então: $\dfrac{1}{t_1}+\dfrac{1}{t_2}=\dfrac{1}{t}$

Trabalho por hora do primeiro pedreiro: $\dfrac{1}{4}$

Trabalho por hora do segundo pedreiro: $\dfrac{1}{x}$

Trabalho por hora realizado pelos dois pedreiros: $\dfrac{1}{3}$

$\dfrac{1}{4} + \dfrac{1}{x} = \dfrac{1}{3}$

$\dfrac{3x}{12x} + \dfrac{12}{12x} = \dfrac{4x}{12x}$, como x ≠ 0

3x + 12 = 4x
3x − 4x = − 12
− x = − 12
− x . (− 1) = − 12 . (− 1)
x = 12

O segundo pedreiro realizaria o trabalho sozinho em 12 horas.

---

34. Em uma festa de final de ano se reuniram meninas e meninos, sendo que o número de meninas excede ao de meninos em 26. Depois de terem saído 15 meninos e 15 meninas, o triplo do número de meninos equivale ao número de meninas. Qual o número de meninos e de meninas que havia na festa?

Solução:
Seja o número de meninos: x
O número de meninas: x + 26
Números de meninas quando saíram 15: (x + 26) − 15 = x + 11
Número de meninos quando saíram 15: x − 15
3 (x − 15) = x + 11
3x − 45 = x + 11
3x − x = 11 + 45
2x = 56
x = 56 : 2
x = 28 → número de meninos
x + 26 = 28 + 26 = 54 → número de meninas.

Portanto, havia 28 meninos e 54 meninas.

---

35. Um comerciante tem duas qualidades de café, um de 200 reais o quilograma e outro de 250 reais o quilograma. Para obter 50 kg de uma mistura a 230 reais o quilograma, que quantidades o comerciante deve utilizar de cada uma das qualidades de café.

Solução:
Seja a quantidade em kg do café a 250 reais: x
A quantidade em kg do café a 200 reais: 50 –x
Custo de x kg a 250 reais: 250 x
Custo de (50 –x) kg a 200 reais: 200 (50 –x)
Custo total da mistura: 50 . 230 = 11500
250 x + 200(50 –x) = 11500
250 x + 10000 – 200x = 11500
50 x = 11500 – 10000
50 x = 1500
x = 1500 : 50
x = 30
50 – x = 50 – 30 = 20
Portanto, o comerciante terá de misturar 30 kg de café a 250 reais com 20 kg de café a 200 reais para obter a mistura pretendida.

36. Vitor recebeu uma herança de 7500 reais correspondente à metade do valor de um terreno e à terça parte de outro. Sabendo-se que os dois terrenos custam juntos 20 000 reais, qual o valor de cada terreno?

Solução:
Seja o valor de um dos terrenos, em reais: x
O valor do outro terreno, em reais: 20 000 – x

Valor correspondente à metade de um dos terrenos: $\dfrac{x}{2}$

Valor correspondente à terça parte do outro terreno: $\dfrac{20\,000 - x}{3}$

$$\dfrac{x}{2} + \dfrac{20\,000 - x}{3} = 7500$$

$$\dfrac{3x}{6} + \dfrac{2(20\,000 - x)}{6} = \dfrac{45\,000}{6}$$

$$\dfrac{3x + 40\,000 - 2x}{6} = \dfrac{45\,000}{6}$$

3x – 2x = 45 000 – 40 000
x = 5 000
20 000 – x = 20 000 – 5 000 = 15 000

Logo, um terreno vale 5 000 reais e o outro 15 000 reais.

37. O filho do Sr Antonio, que tem uma empresa de aluguel de veículos, perguntou ao pai:
— Quantos carros temos na empresa?

O pai respondeu:

— Anteontem tínhamos todos os carros na garagem, ontem aluguei um terço, hoje aluguei metade dos restantes e, neste momento, há 20 carros na garagem. Quantos carros têm a empresa?

Solução:

Seja o número de carros da empresa: x

A terça parte do número de carros da empresa: $\dfrac{x}{3}$

Veículos restantes: $x - \dfrac{x}{3}$

Metade dos veículos restantes: $\dfrac{1}{2}\left(x - \dfrac{x}{3}\right)$

$\dfrac{x}{3} + \dfrac{1}{2}\left(x - \dfrac{x}{3}\right) + 20 = x$

$\dfrac{x}{3} + \dfrac{x}{2} - \dfrac{x}{6} + \dfrac{20}{1} = \dfrac{x}{1}$

$\dfrac{2x}{6} + \dfrac{3x}{6} - \dfrac{x}{6} + \dfrac{120}{6} = \dfrac{6x}{6}$

2x + 3x − x + 120 = 6x
4x + 120 − 6x = 0
− 2x = − 120
− 2x . (− 1) = − 120 . (− 1)
2x = 120
x = 120 : 2
x = 60

Logo, na empresa havia 60 carros.

---

38. Num circo, em uma hora são vendidos 12 bilhetes e a receita é de 1500 reais. Sabendo-se que o bilhete de adulto é de 140 reais e o de criança é de 80 reais, quantos adultos e quantas crianças compraram bilhetes?

Solução:

Seja a quantidade de bilhetes de adultos: x
A quantidade de bilhetes de crianças: 12 − x
Valor total de bilhetes de adultos: 140 x
Valor total de bilhetes de crianças: 80 (12 −x)
140 x + 80 (12 − x) = 1500
140 x + 960 − 80 x = 1500
140 x − 80 x = 1500 − 960
60 x = 540

x = 540 : 60
x = 9
12 − x = 12 − 9 = 3

Logo, 9 adultos e 3 crianças compraram bilhetes.

---

39. Em uma restaurante, dois grupos, um com 30 pessoas e outro com 22 pessoas, pediram todos o prato principal da casa. O grupo de 22 pessoas deixou uma gorjeta de metade do custo de um prato principal. A diferença das despesas dos dois grupos foi de 1125. Quanto custa o prato principal neste restaurante?

Solução:
Seja o preço do prato do dia: x
A metade do custo de um prato do dia: $\dfrac{x}{2}$

$30x - \left(22x + \dfrac{x}{2}\right) = 1125$

$30x - 22x - \dfrac{x}{2} = 1125$

$8x - \dfrac{x}{2} = 1125$

$\dfrac{16x}{2} - \dfrac{x}{2} = \dfrac{2250}{2}$

$16x - x = 2250$
$15x = 2250$
$x = 2250 : 15$
$x = 150$

O prato principal neste restaurante custa 150 reais.

---

40. Um fabricante de um sabonete realizou uma pesquisa para saber que nome deveria dar ao produto novo que iria lançar. Os entrevistados podiam escolher entre Phoenix e Suave ou nenhuma das opções. Sabendo-se que 512 foram ouvidas sendo que 19 não gostaram de nenhum dos nomes e as que escolheram Phoenix eram $\dfrac{10}{7}$ do número das pessoas que preferiram Suave. Qual o nome vencedor e quantos votos recebeu?

Solução:
Seja o número de pessoas que preferiram o nome Suave: x

número de pessoas que preferiram o nome Phoenix: $\dfrac{10}{7}x$

número de pessoas que não gostaram de nenhum dos nomes: 19

$x + \dfrac{10}{7}x + 19 = 512$

$\dfrac{7x}{7} + \dfrac{10x}{7} + \dfrac{133}{7} = \dfrac{3584}{7}$

7x + 10x + 133 = 3584
17 x = 3584 − 133
17x = 3451
x = 203 → número de pessoas que preferiram o nome Suave

$\dfrac{10}{7}x = \dfrac{10.203}{7} = \dfrac{2030}{7} = 290$ → número de pessoas que preferiram o nome Phoenix.

Portanto, o nome vencedor foi Phoenix com 290 votos.

---

41. Oito pessoas trabalham na lanchonete do Luís: três chapeiros, o cozinheiro, dois ajudantes e duas garçonetes. Para pagar os seus funcionários, Luís gasta R$ 2 640,00. As pessoas que trabalham em funções iguais ganham salários iguais. O salário mensal de um chapeiro é de R$ 180,00 a mais do que o de um ajudante. Um cozinheiro ganha tanto quanto uma garçonete, e uma garçonete ganha R$ 100,00 a menos que um ajudante. Qual o salário mensal de um chapeiro?

Solução:
Seja o salário de um ajudante: x
O salário de um chapeiro: x + 180
O salário de uma garçonete: x − 100
O salário de um cozinheiro: x − 100
3(x + 180) + (x − 100) + 2 x +2 (x − 100) = 2 640
3x + 540 + x − 100 + 2x + 2x − 200 = 2 640
8x = 2 640 − 540 + 100 + 200
8x = 2 940 − 540
8 x = 2400
x = 2400 : 8
x = 300
x + 180 = 300 + 180 = 480

O salário mensal de um chapeiro é de R$ 480,00.

---

42. São distribuídas maças para certas crianças. Se distribuirmos 3 maças para as primeiras crianças as duas últimas ficam sem nenhuma. Se distribuirmos uma para cada criança sobrarão 6 maças. Qual o número de maças que devemos distribuir para que as crianças fiquem com quantidades iguais de maças?

Solução:
Seja o número de crianças: x

Passando para a linguagem simbólica os dados do problema, temos:
Se distribuirmos 3 maçãs para as primeiras crianças as duas últimas ficam sem nenhuma:
$3(x - 2) = 3x - 6$
Se distribuirmos uma para cada criança sobrarão 6 maçãs: $x + 6$
$3x - 6 = x + 6$
$3x - x = 6 + 6$
$2x = 12$
$x = 12 : 2$
$x = 6 \rightarrow$ número de crianças.

Para que cada criança receba o mesmo número de maçãs, devemos distribuir 2 maçãs para cada uma.

UNIDADE 6

MATEMÁTICA COMERCIAL E FINANCEIRA

10. RAZÕES, PROPORÇÕES E MÉDIAS

PRELIMINARES

Para bom entendimento dos exercícios e problemas que serão apresentados a seguir, sobre razões e proporções, recordemos algumas definições e conceitos referentes à essa matéria.

RAZÃO é uma divisão entre duas grandezas de um sistema de medida. A palavra razão vem do latim ratio, e significa "divisão". São diversas as situações em que utilizamos o conceito de razão, como vamos verificar a seguir.
São definidas como grandezas tudo aquilo que pode ser contado e medido, como o tempo, velocidade, comprimento, preço, idade, temperatura, entre outros.

Exemplos:	Razão:
a) Numa sala de aula estão presentes 30 alunas e 20 alunos. A razão entre o número de alunas para o número de alunos é de $\frac{30}{20}$. Isso significa que para cada 3 alunas, dois são alunos.	$\frac{3}{2}$
b) Um lote de terreno mede 10m de frente por 30m da frente aos fundos e tem a forma de um retângulo. Assim, o lado maior está para o lado menor, assim como $\frac{30}{10}$, o que quer dizer que o comprimento da divisa que vai da frente aos fundos é 3 vezes maior que a medida da frente do terreno.	$\frac{3}{1}$
c) A idade do filho é um $\left(\frac{1}{3}\right)$ da idade do pai, o que significa que o filho tem a terça parte da idade do pai, ou seja, se o pai tem 42 anos, o filho tem 42 : 3 = 14 anos.	$\frac{1}{3}$

Observações: Vamos mencionar alguns exemplos de razões especiais.

1) Escala de mapa (topográfico ou geográfico):
É a razão entre a medida no desenho e a correspondente medida real.

Exemplos:

Em um mapa, a distância entre duas cidades é representada por um segmento de reta de 5 cm de comprimento. A distância real entre essas cidades é de 300km. Calcular a escala desse mapa.

Solução:

$$\text{Escala} = \frac{\text{distância no mapa}}{\text{distância real}} = \frac{5\,cm}{300\,km} = \frac{5\,cm}{30\,000\,000\,cm} = \frac{1}{6\,000\,000\,cm}$$

Atenção: As medidas devem estar na mesma unidade.

Resposta: 1 cm no mapa corresponde a uma medida real de 6 000 000 cm ou 60 km.

2) Velocidade média:
É a razão entre a distância percorrida e o tempo gasto no percurso (observe que nesse caso as unidades são diferentes).
Exemplo: Um carro percorre 450 km em 5 horas. Determine a velocidade média desse carro.

Solução:

$$\text{Velociade média} = \frac{\text{distância percorrida}}{\text{tempo}} = \frac{450\,km}{5\,horas} = 90\,km\text{ por hora}.$$

Resposta: A velocidade média é de 90 km/h.

3) Densidade demográfica:
É a razão entre o número de habitantes e a área habitada por eles
Exemplo:
Uma certa cidade tem, aproximadamente, uma população de 39 807 392 habitantes e uma área de 248 506 km². Determine sua densidade demográfica e o que significa esta razão.

Solução:

$$\text{Densidade demográfica} = \frac{\text{número de habitantes}}{\text{área}} = \frac{39\,807\,392}{248\,506} = 160,17$$

Resposta: a) A densidade demográfica é de 160,17 hab/km².
b) Esta razão significa que temos em média 160,17 habitantes residindo numa área de 1 km² (1 km × 1 km).

Vejamos alguns exercícios sobre razões:

EXERCÍCIO 1: Calcule a razão entre a altura de 2 meninos, sabendo que o primeiro tem uma altura de 1,20 m e o segundo tem uma altura de 1,50 m.

Solução:
H_1 (altura do primeiro menino) = 1,20 m
H_2 (altura do segundo menino) = 1,50 m

$$\frac{H_1}{H_2} = \frac{1,20\,m}{1,50\,m} = \frac{12}{15} = \frac{4}{5}$$

Multiplicando os termos da fração por 10.

Dividindo os termos da fração por 3.

Resposta:
A razão entre as alturas dos 2 meninos é de $\frac{4}{5}$.

EXERCÍCIO 2: Determinar a razão entre as áreas das superfícies das quadras de vôlei e basquete, sabendo que a quadra de vôlei possui uma área de 162 m² e a de basquete possui uma área de 240 m².

Solução:
A_1 (área da quadra de vôlei) = 162 m²
A_2 (área da quadra de basquete) = 240 m²

$$\frac{A_1}{A_2} = \frac{162\,m^2}{240\,m^2} = \frac{81}{120} = \frac{27}{40}$$

Resposta: A razão entre as superfícies das quadras citadas no problema é de $\frac{27}{40}$.

EXERCÍCIO 3: Paulo fez o percurso Curitiba – Florianópolis (310 km) em 3 horas. Qual a razão entre as medidas dessas grandezas? O que significa essa razão?

Solução:

$$\text{Razão} = \frac{310\,km}{3} \cong 103,33\,km/h$$

Resposta:
a) A razão entre o percurso e a velocidade é de 103,33 km/h (lê-se "103,33 quilômetros por hora").
b) Essa razão significa que a cada hora foram percorridos em média 103,33km.

PROPORÇÕES, TERMOS DAS PROPORÇÕES

Proporção é uma igualdade entre no mínimo duas razões.

Numa proporção, temos:

$\dfrac{a}{b} = \dfrac{c}{d}$ com "b" e "d" ≠ 0

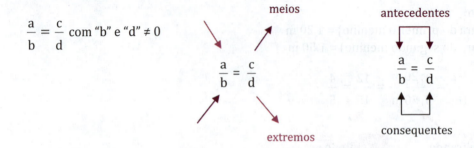

$\underrightarrow{1º\ termo}\ \ \underleftarrow{3º\ termo}$
$\quad\quad\quad\quad\ \dfrac{a}{b} = \dfrac{c}{d}$
$\underrightarrow{2º\ termo}\ \ \underleftarrow{4º\ termo}$

As proporções também podem ser representadas como segue:
a:b::c:d, que se lê:
"a" está para "b", assim como "c" está para "d".

PROPORÇÃO MÚLTIPLA é uma série de razões equivalentes, ou seja, é uma igualdade entre 3 ou mais razões.

Propriedades das proporções:
1. O produto dos meios é igual ao produto dos extremos.

   Ex.: $\dfrac{a}{b} = \dfrac{c}{d} \rightarrow a.d = b.c$

2. A soma ou diferença dos 2 primeiros termos está para o 1º ou 2º, assim como a soma ou diferença dos 2 últimos está para o 3º ou 4º respectivamente.

   Ex.: $\dfrac{a}{b} = \dfrac{c}{d}$ ou $\dfrac{a+b}{b} = \dfrac{c+d}{d}$ ou $\dfrac{a-b}{a} = \dfrac{c-d}{c}$

3. A soma ou diferença dos antecedentes está para a soma ou diferença dos consequentes, assim como cada antecedente está para o seu consequente.

   Ex.: $\dfrac{a}{b} = \dfrac{c}{d} \rightarrow \dfrac{a \pm c}{b \pm d} = \dfrac{a}{b} = \dfrac{c}{d}$

4. Numa proporção múltipla (3 ou mais razões), a soma de todos os antecedentes está para a soma de todos os consequentes, assim como qualquer antecedente está para seu respectivo consequente.

   Ex.: $\dfrac{a}{3} = \dfrac{b}{5} = \dfrac{c}{8} \rightarrow \dfrac{a+b+c}{3+5+8} = \dfrac{a}{3}$

   Ex.: $\dfrac{a}{3} = \dfrac{b}{5} = \dfrac{c}{8} \rightarrow \dfrac{a+b+c}{3+5+8} = \dfrac{b}{5}$

Ex.: $\dfrac{a}{3} = \dfrac{b}{5} = \dfrac{c}{8} \to \dfrac{a+b+c}{3+5+8} = \dfrac{c}{8}$

5. Propriedade do Produto

Em toda a Proporção Simples, o produto dos antecedentes está para o produto dos consequentes, assim como o quadrado de cada antecedente está para o quadrado de seu consequente.

Exemplo:

$\dfrac{a}{b} = \dfrac{c}{d} \to \dfrac{a.c}{b.d} = \dfrac{a^2}{b^2} = \dfrac{c^2}{d^2}$

Nas proporções com 3 ou mais razões, as potências variam de acordo com o total de razões que constituem a proporção.

Exemplos:

a) $\dfrac{a}{b} = \dfrac{c}{d} = \dfrac{e}{f} \to \dfrac{a.c.e}{b.d.f} = \dfrac{a^3}{b^3} = \dfrac{c^3}{d^3} = \dfrac{e^3}{f^3}$

b) $\dfrac{a}{b} = \dfrac{c}{d} = \dfrac{e}{f} = \dfrac{g}{h} \to \dfrac{a.c.e.g}{b.d.f.h} = \dfrac{a^4}{b^4} = \dfrac{c^4}{d^4} = \dfrac{e^4}{f^4} = \dfrac{g^4}{h^4}$

EXERCÍCIOS E PROBLEMAS

1. Uma proporção pode ser escrita de diversas maneiras. Seja a proporção: $\dfrac{5}{7} = \dfrac{15}{21}$

a) Aplicando a 1ª propriedade: "produto dos meios é igual ao produto dos extremos".
$5.21 = 7.15$

b) $\dfrac{15}{21} = \dfrac{5}{7} \to$ (trocando a posição das razões).

c) $\dfrac{7}{5} = \dfrac{21}{15} \to$ (invertendo as razões).

d) $\dfrac{5}{15} = \dfrac{7}{21} \to$ (alternando a posição dos meios ou dos extremos).

e) $\dfrac{21}{15}=\dfrac{7}{5}$

f) $\dfrac{7}{21}=\dfrac{5}{15}$ } → transpondo as razões

g) $\dfrac{5}{7}=\dfrac{15}{21}$

2. Qual o valor de "x" na proporção: $\dfrac{3}{5}=\dfrac{9}{x}$

Solução: aplicando a propriedade fundamental das proporções:

$3x = 9.5$

$3x = 45 \rightarrow x = \dfrac{45}{3} = 15$

Resposta: x = 15.

3. Qual o valor de "x" nas proporções:

a) $\dfrac{5}{6}=\dfrac{x}{12} \rightarrow 6x = 5.12$

$6x = 60 \rightarrow x = \dfrac{60}{6} = 10$

Resposta: x = 10.

b) $\dfrac{x}{3}=\dfrac{4}{6} \rightarrow 6x = 3.4$

$6x = 12 \rightarrow x = \dfrac{12}{6} = 2$

Resposta: x = 2

c) $\dfrac{3}{x}=\dfrac{x}{27} \rightarrow x.x = 3.27 \rightarrow x^2 = 81$

Temos dois valores que satisfazem essa equação: x = 9, pois 9^2 = 81 e x = – 9, pois, $(-9)^2$ = 81

Resposta: x = 9 ou x = – 9

4. Resolver: $\begin{cases} x+y=8 \\ \dfrac{x}{y}=\dfrac{3}{5} \end{cases}$

Verifica-se que (x + y) é a soma dos primeiros termos da proporção dada. Aplicando-se, neste caso, a 2ª propriedade das proporções: "a soma ou diferença dos primeiros termos está para o 1º ou 2º, assim como a soma ou diferença dos 2 últimos está para o 3º ou o 4º. Então, teremos:

Dados:

$x + y = 8$ (1)

$\dfrac{x}{y} = \dfrac{3}{5}$ (2)

Solução:
Aplicando a 2ª propriedade das proporções, como citado acima, na equação (2), teremos:

$\dfrac{x+y}{y} = \dfrac{3+5}{5} \quad \begin{cases} \text{como} \\ x+y=8 \\ \text{teremos}: \end{cases}$

$\dfrac{8}{y} = \dfrac{8}{5} \rightarrow y = \dfrac{8 \cdot 5}{8}$

$y = \dfrac{40}{8} \rightarrow y = 5$

$\dfrac{x+y}{x} = \dfrac{3+5}{3} \rightarrow \dfrac{8}{x} = \dfrac{8}{3} \rightarrow 8x = 8 \cdot 3$

$8x = 24 \rightarrow x = \dfrac{24}{8} = 3 \rightarrow x = 3$

Resposta: x = 3 e y = 5

---

5. Resolver: $x + y = 20$ e $\dfrac{x}{y} = \dfrac{2}{3}$ (Aplicando a 2ª propriedade das proporções).

cálculo de "x":

$\dfrac{x+y}{x} = \dfrac{2+3}{2}$ onde $x + y = 20$

$\dfrac{20}{x} = \dfrac{5}{2} \rightarrow 5x = 20 \cdot 2$

$x = \dfrac{40}{5}$

$x = 8$

cálculo de "y":

$\dfrac{x+y}{y} = \dfrac{2+3}{3}$ onde $x + y = 20$

$$\frac{20}{y}=\frac{5}{3} \rightarrow 5y=20.3 \rightarrow y=\frac{60}{5} \rightarrow y=12$$

Resposta: x = 8 e y = 12

---

6. Determinar "a" e "b", sabendo-se que $a-b=3$ e $\dfrac{a}{14}=\dfrac{b}{7}$.

Solução:
Aplicando-se a 3ª propriedade das proporções: "A diferença entre os antecedentes está para a diferença entre os consequentes, assim como cada antecedente está para seu respectivo consequente".

Cálculo de "a":

$$\frac{a-b}{14-7}=\frac{a}{14} \rightarrow onde\ a-b=3$$

$$\frac{3}{7}=\frac{a}{14} \rightarrow 7a=3.14$$

$$7a=42 \rightarrow a=\frac{42}{7} \rightarrow a=6$$

Cálculo de "b":
$a-b=3$
$6-b=3 \rightarrow -b=3-6$

multiplicando-se ambos os membros da equação por "–1", teremos:
$(-1)(-b)=-1(3-6)$
$\qquad +b=-3+6 \rightarrow b=3$

Resposta: a = 6 e b = 3

---

7. Qual, das sucessões abaixo, forma uma proporção?
 a) 3,6,8,14   b) 3,5,6,10   c) 1,2,3,4

Solução:
a) 3, 6, 8, 14
Vamos montar a proporção:
$\dfrac{3}{6}=\dfrac{8}{14}$, vamos verificar se o produto dos meios é igual ao produto dos extremos:

3 . 14 (produto dos extremos) = 42
6 . 8 (produto dos meios) = 48
42 ≠ 48, logo não é uma proporção.

b) 3, 5, 6, 10
Vamos montar a proporção:

$\dfrac{3}{5} = \dfrac{6}{10}$, vamos verificar se o produto dos meios é igual ao produto dos extremos:

3 . 10 (produto dos extremos) = 30
5 . 6 (produto dos meios) = 30
30 = 30, logo é uma proporção

c) 1, 2, 3, 4
Vamos montar a proporção:
$\dfrac{1}{2} = \dfrac{3}{4}$, vamos verificar se o produto dos meios é igual ao produto dos extremos:

1 . 4 (produto dos extremos) = 4
2 . 3 (produto dos meios) = 6
4 ≠ 6, logo não é uma proporção.

Resposta: (B), porque $\dfrac{3}{5} = \dfrac{6}{10}$

---

8. A soma de 2 números é 54. A razão entre eles é $\dfrac{7}{11}$. Calcule os 2 números.

Solução:
Sejam "a" e "b" os números procurados.
Se a razão entre eles é $\dfrac{7}{11}$, podemos construir a seguinte proporção: $\dfrac{a}{b} = \dfrac{7}{11}$
Aplicando-se a 2ª propriedade das proporções: "a soma dos 2 primeiros termos está para o 1º ou 2º, assim como a soma dos 2 últimos, está para o 3º ou 4º", teremos:

Então:
$\dfrac{a+b}{a} = \dfrac{7+11}{7}$, onde a + b = 54

$\dfrac{54}{a} = \dfrac{18}{7} \rightarrow 18a = 54 \cdot 7$

$a = \dfrac{378}{18} = 21 \rightarrow a = 21$

Da mesma forma:
$\dfrac{a+b}{b} = \dfrac{7+11}{11}$, onde a + b = 54

$\dfrac{7+11}{11} = \dfrac{18}{11} \rightarrow 18b = 54 \cdot 11$

$b = \dfrac{594}{18} = 33 \rightarrow b = 33$

Resposta: a = 21 e b = 33

9. Um poste de 6m de altura projeta uma sombra de 5m de comprimento. No mesmo instante, um edifício de 60m de altura (aproximadamente 20 pavimentos) projeta uma sombra de que comprimento?

edifício
H = ?
4m (sombra)

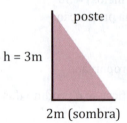
poste
h = 3m
2m (sombra)

Podemos montar a seguinte proporção:

$$\frac{h}{H}=\frac{s}{x} \quad \begin{cases} \text{onde } h=6m \\ H=60 \\ s=5m \end{cases} \qquad \frac{6}{60}=\frac{5}{x} \quad \begin{cases} 6x=5.60 \\ x=\dfrac{300}{6} \\ x=50\,m \end{cases}$$

Resposta: o comprimento da sombra do edifício é de 50 m.

---

10. Qual é a altura de um edifício, sabendo-se que sua sombra mede 4m, no mesmo instante em que um poste de 3m de altura projeta uma sombra de 2m?

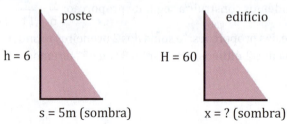

poste
h = 6
s = 5m (sombra)

edifício
H = 60
x = ? (sombra)

$$\frac{H}{h}=\frac{4}{2} \to \frac{H}{3}=\frac{4}{2}$$

$$2H=3.4 \to H=\frac{12}{2} \to H=6\,m$$

Resposta: A altura do edifício mede 6m.

---

11. Resolver o sistema a seguir descrito, aplicando-se a propriedade das proporções múltiplas.

$$\begin{cases} a+b+c=34 \\ \dfrac{a}{3}=\dfrac{b}{5}=\dfrac{c}{9} \end{cases}$$

Cálculo de "a":

$$\frac{a+b+c}{3+5+9}=\frac{a}{3} \rightarrow \frac{34}{17}=\frac{a}{3}$$

$$17a = 34 \cdot 3$$

$$a = \frac{102}{17} \rightarrow a = 6$$

Cálculo de "b":

$$\frac{a+b+c}{3+5+9}=\frac{b}{5} \rightarrow \frac{34}{17}=\frac{b}{5}$$

$$17b = 34 \cdot 5$$

$$b = \frac{34 \cdot 5}{17}$$

$$b = \frac{170}{17} = 10 \rightarrow b = 10$$

Cálculo de "c":

$$\frac{a+b+c}{3+5+9}=\frac{c}{9} \rightarrow \frac{34}{17}=\frac{c}{9}$$

$$17c = 34 \cdot 9 \rightarrow c = \frac{306}{17} = 18 \rightarrow c = 18$$

---

12. Qual a área de um retângulo, cujo perímetro é 28m e seus lados estão na razão de 27 para 15?

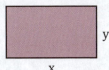

Perímetro = soma das medidas dos lados, logo: $x+x+y+y=28$
$2x+2y=28$

Dividindo toda a equação por 2 temos: $x+y=14$ (semiperímetro)

Perímetro = 28
Semiperímetro = 14
O texto do problema informa que:

a) $\dfrac{x}{y}=\dfrac{27}{15}$

b) $x+y=14$

Aplicando a 2ª propriedade das proporções.

$$\frac{x+y}{x}=\frac{27+15}{27}$$

$$\frac{14}{x}=\frac{42}{27} \rightarrow x=\frac{14.27}{42}=9$$

$$\frac{x+y}{x}=\frac{27+15}{15}$$

$$\frac{14}{y}=\frac{42}{15} \rightarrow y=\frac{15.14}{42}=5$$

Então, a área do retângulo será:
a = x . y = 9 . 5 = 45 m².

Resposta: A área do retângulo é 45m².

GRANDEZAS DIRETAMENTE PROPORCIONAIS

Duas grandezas são ditas diretamente proporcionais quando a variação de uma implica a variação de outra, na mesma proporção.

a) Por exemplo: se uma delas dobrar ou triplicar a outra grandeza também dobra ou triplica.
b) Se uma delas for reduzida à metade ou à terça parte, a outra também é dividida por 2 ou por 3.

Exemplo 1:
10 sacos de fertilizante custam R$ 400,00
20 sacos de fertilizante custam R$ 800,00
30 sacos de fertilizante custam R$ 1 200,00

Quando duplicamos a quantidade, duplicamos o preço, quando triplicamos a quantidade, triplicamos o preço.

Vamos construir uma tabela com os valores acima mencionados de cada grandeza, onde podemos observar a variação das grandezas e também verificar a relação de proporcionalidade entre essas duas grandezas.

Preço do Fertilizante	400	800	1 200	1 600
Sacos	10	20	30	40
Constante de proporcionalidade	$\frac{400}{10}$	$\frac{800}{20}$	$\frac{1200}{30}$	$\frac{1600}{40}$
	40	40	40	40

Exemplo 2:

Um automóvel que percorre 15km de distância com 1 litro de gasolina, consome portanto 10 litros para cada 150km percorridos.

Vamos construir uma tabela, à semelhança da tabela anterior, mostrando as grandezas "distâncias percorridas" em km e "litros de gasolina" consumidos.

Distância em km	150	300	450	600
Gasolina em litros	10	20	30	40
Constante de proporcionalidade	15	15	15	15

a) As grandezas indicadas são diretamente proporcionais, pois à medida que se dobram ou triplicam as distâncias, também o consumo de gasolina é dobrado ou triplicado.

b) Ao formar a série de razões iguais de ambas as grandezas, observe que a constante de proporcionalidade é sempre a mesma, conforme se demonstra a seguir:

$$\frac{150}{10} = \frac{300}{20} = \frac{450}{30} = \frac{600}{40} = 15$$

Exemplo 3:

Um pintor de paredes ganha R$ 15,00 por hora de serviços de pintura. Quanto receberá:

a) Se trabalhar 2 horas?
b) Se trabalhar 3 horas?
c) Se trabalhar $2\frac{1}{2}$ horas?

Solução:

Vamos colocar numa Tabela de Proporcionalidade, os valores das 2 grandezas citadas neste exemplo:

Preço em R$	15	30	37,50	45	60
Tempo em horas	1	2	2,5	3	4

a) Por 1 hora, o pintor ganhará: R$ 15,00 . 1   = 15,00.
b) Por 2 horas, o pintor ganhará: R$ 15,00 . 2   = 30,00.
c) Por 2,5 horas, o pintor ganhará: R$ 15,00 . 2,5 = 37,50.
d) Por 3 horas, o pintor ganhará: R$ 15,00 . 3   = 45,00.

Observe que as grandezas preço e tempo são diretamente proporcionais, pois à medida que se multiplicam os tempos por 2, por 3, etc., os preços também são multiplicados por 2, por 3, etc.

GRANDEZAS INVERSAMENTE PROPORCIONAIS

Duas grandezas são inversamente proporcionais quando a variação de uma implica a variação de outra, na proporção inversa.

Por exemplo: Se uma delas dobrar, triplicar, a outra diminui pela metade, pela terça parte, ou seja, variando uma delas a outra varia na razão inversa.

Exemplo 1:

Quinze operárias confeccionaram um certo número de camisas em 10 dias. Quantas operárias farão o mesmo número de camisas em 5 dias.

Solução:

Vamos montar a disposição dos dados do problema, como segue:

COLUNA 1	COLUNA 2
Operárias	Dias
15	10
x	5

Observe que, se dividirmos o número de dias por 2, como é o caso presente, teremos que multiplicar por 2 o número de operárias, para fazer o mesmo serviço em 5 dias.

Então as grandezas são inversamente proporcionais, pois ao dominuirmos os dados de uma coluna, teremos que aumentar na mesma proporção o da outra coluna.

A resolução do problema em questão se reume a uma regra de três simples, inversa, na qual usaremos o artifício da disposição de "setas" para indicar as grandezas diretas (setas em um determinado sentido) e as grandezas inversas (setas em sentido contrário).

Como orientação geral, começaremos a colocar setas na coluna que contém a incógnita e no sentido desta; as demais setas serão colocadas no mesmo sentido se as grandezas das outras colunas forem diretamente proporcionais ou no sentido contrário, se forem inversamente proporcionais.

Assim, as grandezas e as setas indicativas das proporções diretas e inversas ficam dispostas como segue.

COLUNA 1	COLUNA 2
Operárias	Dias
↓ 15	↑ 10
x	5

As proporções estarão assim dispostas:

$$\frac{15}{x} = \frac{5}{10} \rightarrow x = \frac{15 \cdot 10}{5} = 30$$

x = 30

Resposta:

Para fazer o serviço em 5 dias serão necessárias 30 operárias.

Exemplo 2:

Um quartel com 25 soldados tem alimentos para 105 dias. Chegaram ao quartel mais 10 soldados. Quantos dias durarão os alimentos?

Solução:

Para indicar se as grandezas são diretamente ou inversamente proporcionais usamos "setas".

Podemos admitir como norma, colocar a primeira seta sempre na coluna que contém a incógnita "x" com a seta voltada para ela e as demais setas serão colocadas ou no mesmo sentido, se diretamente proporcionais, ou no sentido inverso, se inversamente proporcionais.

Na verdade, a direção da seta na coluna da incógnita pode ser qualquer, desde que as demais estejam no sentido correto; ou seja, se a primeira seta é colocada no sentido de "x" e as demais serão colocadas ou no mesmo sentido dela, se as grandezas forem diretamente proporcionais, ou na posição contrária, se as grandezas forem inversamente proporcionais.

No exemplo 2, podemos observar que, se aumentarmos o número de soldados para 35 (25 + 10), os alimentos serão suficientes para um menor número de dias. Portanto são grandezas inversamente proporcionais.

Assim, as grandezas e as setas indicativas das proporções diretas ou inversas ficam dispostas, como seguem:

Soldados	Dias
25 ↓	105 ↑
35	x

$$\frac{x}{105} = \frac{25}{35} \to x = \frac{105 \cdot 25}{35} = 75 \text{ dias}$$

Resposta: Os alimentos durarão 75 dias.

---

13. Dividir R$ 800,00 em partes diretamente proporcionais a 25, 35 e 40.

Solução:

$$\begin{cases} \dfrac{a}{25} = \dfrac{b}{35} = \dfrac{c}{40} \\ a+b+c = 800 \end{cases}$$

Cálculo de "a":

$$\frac{a+b+c}{25+35+40} = \frac{a}{25}$$

$$\frac{800}{25+35+40} = \frac{a}{25} \to a = \frac{25 \cdot 800}{100} = 200 \to a = 200$$

Cálculo de "b":

$$\frac{a+b+c}{25+35+40} = \frac{b}{35}$$

$$\frac{800}{100} = \frac{b}{35}$$

$$100b = 800 \cdot 35$$

$$b = \frac{28\,000}{100} = 280 \to b = 280$$

Cálculo de "c":

$$\frac{a+b+c}{25+35+40} = \frac{c}{40}$$

$$\frac{800}{100} = \frac{c}{40}$$

$$100c = 800 \cdot 40$$

$$c = \frac{800 \cdot 40}{100} \to c = \frac{32000}{100} \to c = 320$$

---

14. Dividir R$ 740,00 em partes inversamente proporcionais a 4, 5 e 6.

Solução:
Dividir uma grandeza em partes inversamente proporcionais é o mesmo que dividi-la em partes proporcionais aos seus inversos.

Então:

1) $\dfrac{a}{\frac{1}{4}} = \dfrac{b}{\frac{1}{5}} = \dfrac{c}{\frac{1}{6}} \Big\{ a+b+c = 740$

2) $\dfrac{a+b+c}{\frac{1}{4}+\frac{1}{5}+\frac{1}{6}} = \dfrac{a}{\frac{1}{4}} = \dfrac{b}{\frac{1}{5}} = \dfrac{c}{\frac{1}{6}}$

3) $\dfrac{740}{\frac{1}{4}+\frac{1}{5}+\frac{1}{6}} = \dfrac{a}{\frac{1}{4}}$

4) $\dfrac{1}{4}+\dfrac{1}{5}+\dfrac{1}{6} = \dfrac{15+12+10}{60} = \dfrac{37}{60}$ {mmc(4,5,6) = 60}

$$\dfrac{740}{\frac{37}{60}} = \dfrac{a}{\frac{1}{4}} \to \dfrac{740 \cdot 60}{37} = 4a$$

Simplifique, dividindo numerador e denominador por 37:

$20 \cdot 60 = 4a \to 1200 = 4a$

$$a = 1200 \cdot \dfrac{1}{4}$$

$a = 300$

Seguindo o mesmo raciocínio, teremos:

$b = 1200 \cdot \dfrac{1}{5} = 240$

$c = 1\,200 \cdot \dfrac{1}{6} = 200$

Verificação do resultado:

$\begin{cases} a = 300 \\ b = 240 \\ c = 200 \end{cases}$ $a + b + c = 740$

---

15. Achar dois números cuja relação seja $\dfrac{3}{4}$ e sua soma, igual a 98.

Solução:
Representemos o número maior por 1. Então, o número menor será $\dfrac{3}{4}$ de 1:

$\dfrac{3}{4} + 1 = \dfrac{3}{4} + \dfrac{4}{4} = \dfrac{7}{4} = 7 \cdot \dfrac{1}{4}$

Se 7 vezes $\dfrac{1}{4}$ representam 98, 1 vez será $\dfrac{98}{7}$, e para encontrarmos os $\dfrac{4}{4}$ multiplicaremos o resultado anterior $\left(\dfrac{98}{7}\right)$, por 4, e assim teremos encontrado o número maior:

$\dfrac{98}{7} \cdot 4 = 56$

Logo, o número menor será 98 − 56 = 42.

Verificação do resultado: verifique se a fração $\dfrac{42}{56}$ é equivalente a $\dfrac{3}{4}$.

Simplificando $\dfrac{42}{56}$ teremos: $\dfrac{42}{56} = \dfrac{21}{28} = \dfrac{3}{4}$

Outra maneira de solucionar esse problema:
Sejam "a" e "b" os números procurados.
Então: a + b = 98
$\dfrac{a}{b} = \dfrac{3}{4}$

Aplicando uma das propriedades das proporções, "a soma ou diferença dos 2 primeiros termos está para o 1º ou 2º, assim como a soma ou diferença dos 2 últimos está para o 3º ou 4º, respectivamente", teremos:

Cálculo de "a": $\begin{cases} \dfrac{a+b}{a} = \dfrac{3+4}{3} \to \dfrac{98}{a} = \dfrac{7}{3} \to a = \dfrac{98 \cdot 3}{7} = 42 \end{cases}$

Cálculo de "b": $\begin{cases} \dfrac{a+b}{b} = \dfrac{3+4}{4} \to \dfrac{98}{b} = \dfrac{7}{4} \to b = \dfrac{98 \cdot 4}{7} = 56 \end{cases}$

Resposta:
a) o número maior é 56.
b) o número menor é 42.

16. Achar dois números cuja relação seja $\frac{3}{5}$ e diferença igual a 24?

Solução:
O número menor é $\frac{3}{5}$ do maior. Representando o número maior por 1 e o número menor por $\frac{3}{5}$, sua diferença será:

$$1 - \frac{3}{5} = \frac{5}{5} - \frac{3}{5} = \frac{2}{5} = 2 \cdot \frac{1}{5}$$

Se 2 vezes $\frac{1}{5}$ é 24, uma vez será $\frac{24}{2}$ e 5 vezes este, será:

$\frac{24}{2} \cdot 5 = 60$, que é o número maior.

Logo, o número menor será: $60 - 24 = 36$

Verificação do resultado:
$$\frac{36}{60} = \frac{12}{20} = \frac{6}{10} = \frac{3}{5}$$

Outra maneira de solucionar este problema:
Sejam "a" e "b" os números procurados.
Então: $a - b = 24$
$$\frac{a}{b} = \frac{3}{5}$$

Aplicando uma das propriedades das proporções, citada no exercício anterior, teremos:

Cálculo de "a": $\begin{cases} \frac{a-b}{a} = \frac{5-3}{5} \to \frac{24}{a} = \frac{2}{5} \to a = \frac{24 \cdot 5}{2} = 60 \end{cases}$

Cálculo de "b": $\begin{cases} \frac{a-b}{b} = \frac{5-3}{3} \to \frac{24}{b} = \frac{2}{3} \to b = \frac{24 \cdot 3}{2} = 36 \end{cases}$

Verificação do resultado:
$\frac{a}{b} = \frac{36}{60} = \frac{3}{5} \to a - b = 24$

$60 - 36 = 24$

Resposta:
a) o número maior é 60.
b) o número menor é 36.
c) a diferença é 24.

17. A soma das áreas de 2 terrenos é 810m². O preço por metro quadrado de um deles é de R$ 225,00 e o do outro é de R$ 180,00, mas o preço total de cada terreno é o mesmo. Qual a área de cada terreno? Qual a relação entre as áreas desses terrenos?

Solução:
Seja "x" a área de um dos terrenos que vale R$ 225,00/m² e "y" a área do outro terreno que vale R$ 180,00/m².

Se multiplicarmos a área "x" de um dos terrenos por seu valor unitário, teremos 225 x, e se multiplicarmos a área do outro terreno pelo seu valor unitário teremos 180 y. Mas o valor, em dinheiro, de cada terreno é igual.

Portanto, teremos:
255 x = 180 y

$\dfrac{x}{y} = \dfrac{180}{225}$ e sabemos também, pelo texto do problema, que x + y = 810

Aplicando uma das propriedades das proporções, já citada, no problema anterior, teremos:

$\dfrac{x+y}{y} = \dfrac{180+225}{225}$ { x + y = 810

$\dfrac{810}{y} = \dfrac{405}{225} \rightarrow 405y = 810 \cdot 225$

$y = \dfrac{810 \cdot 225}{405} = 450\,m^2$

Como a área de um dos terrenos é de 450m², a área do outro terreno será:
x + y = 810

x = 810 − y

x = 810 − 450

x = 360 m²

Resposta:
a) a área do terreno maior é de 450m².
b) a área do terreno menor é de 360m².
c) a relação entre eles é de $\dfrac{450}{360} = \dfrac{45}{36} = \dfrac{5}{4}$

---

18. Sejam duas cidades "A" e "B" distantes entre si de 400km. Uma pessoa viaja de "A" para "B", de 1ª classe, pagando R$ 0,75 por km. Outra pessoa viaja de 2ª classe, de "B" para "A", pagando R$ 0,50 por km. Sabendo-se que as despesas de cada um são as mesmas, em que ponto desse trajeto eles se encontrarão?

Solução:
Para que as despesas sejam as mesmas, os percursos devem estar na relação inversa dos preços unitários, isto é, percorre **maior** distância quem paga **menor** preço e percorre **menor** distância quem paga **maior** preço.

Assim, representando:
"x" → é o percurso feito pelo viajante de 1ª classe.
"y" → é o percurso feito pelo viajante de 2ª classe.

a) o de 1ª classe paga: x . 0,75
b) o de 2ª classe paga: y . 0,50

Sendo as despesas iguais, teremos:
0,75 x = 0,50 y, portanto:
$$\frac{x}{y} = \frac{0,50}{0,75}$$

Aplicando uma das propriedades das proporções:

$$\frac{x+y}{y} = \frac{0,50+0,75}{0,75} = \frac{1,25}{0,75}$$

mas, $x+y = 400\ km \rightarrow \frac{400}{y} = \frac{1,25}{0,75}$, portanto: $y = \frac{400 \cdot 0,75}{1,25} = 240$

Verifique:
a) O que paga **menos** por km, percorre **maior** distância.
b) O que paga **mais** por km, percorre **menor** distância.

Portanto, são inversamente proporcionais.

Resposta:
a) o viajante de 2ª classe percorre 240km.
b) o viajante de 1ª classe percorre 400 – 240 = 160km.

19. As rodas de uma bicicleta tem, cada uma, 3,14m de circunferência. Quantas pedaladas deve dar o ciclista para percorrer 235,5km, sabendo-se que a roda dentada grande tem 30 dentes e a roda dentada pequena tem 10 dentes.

Solução:
Cada volta de 30 dentes corresponde a 3 voltas de 10 dentes, ou seja, $\frac{30}{10}$.
3 voltas de 10 dentes correspondem a 3 voltas da própria roda da bicicleta.
Logo, 3 voltas . 3,14m = 9,42m
Ou seja, cada pedalada equivale a 9,42m.

Transformando km em metros, teremos: $235{,}50\,km \cdot 1\,000 = 235\,500$ metros.

Para percorrer 235,50km = 235 500m, são necessárias $\dfrac{235\,500}{9{,}42} = 25\,000$ pedaladas.

Resposta: O ciclista deve dar 25 000 pedaladas.

---

20. Dadas 3 razões iguais, cujos consequentes são 8, 12 e 15, determinar os antecedentes, sabendo-se que sua soma é 70.

Solução:
Representando os antecedentes por x, y e z, respectivamente, teremos:

$$\dfrac{x}{8} = \dfrac{y}{12} = \dfrac{z}{15}$$

> A soma dos antecedentes está para a soma dos consequentes, assim como cada antecedente está para seu respectivo consequente.

Então:

$$\dfrac{x+y+z}{8+12+15} = \dfrac{x}{8} = \dfrac{y}{12} = \dfrac{z}{15}$$

$$\dfrac{x+y+z}{35} = \dfrac{x}{8} = \dfrac{y}{12} = \dfrac{z}{15} \left\{ x+y+z = 70 \right.$$

$$\dfrac{70}{35} = \dfrac{x}{8}$$

$$x = \dfrac{70}{35} \cdot 8 = 16$$

$$y = \dfrac{70}{35} \cdot 12 = 24$$

$$z = \dfrac{70}{35} \cdot 15 = 30$$

Resposta: Os antecedentes são 16, 24 e 30.

---

21. Dividir o número 4 400 em partes proporcionais a 7 e 15.

Solução:

$$\dfrac{x}{y} = \dfrac{7}{15}$$

$$\dfrac{x}{x+y} = \dfrac{7}{7+15} \left\{ x+y = 4\,400 \right.$$

$$\dfrac{x}{4\,400} = \dfrac{7}{22} \left\{ x = \dfrac{4\,400 \cdot 7}{22} = 1\,400 \right.$$

Da mesma forma:

$$\frac{y}{4400} = \frac{15}{22} \Biggl\{ y = \frac{4400.15}{22} = 3000$$

Também pode ser resolvido, tomando-se "a soma dos 2 primeiros termos está para o 2º assim como a soma dos 2 últimos termos está para o último".

$$\frac{x+y}{y} = \frac{7+15}{15} \Biggl\{ x+y = 4400$$

$$\frac{4400}{y} = \frac{22}{15} \rightarrow 22y = 4400.15 \rightarrow y = \frac{4400.15}{22} \rightarrow y = 3000$$

Cálculo de "x":

$$\frac{x}{y} = \frac{7}{15} \rightarrow 15x = 7.y \rightarrow x = \frac{7.y}{15} \rightarrow x = \frac{7.3000}{15} \rightarrow x = 1400$$

Resposta: As partes proporcionais são 1400 e 3000.

---

22. Dois vendedores ambulantes, tendo vendido quase todos seus queijos, sobraram para cada um, ao final do dia, respectivamente 5 queijos e 3 queijos. Resolveram comê-los no instante em que apareceu um amigo que participou do almoço comendo, cada um, exatamente $\frac{1}{3}$ dos 8 queijos. O amigo pagou-lhes R$ 8,00 pela parte que lhe cabia. Desses R$ 8,00 quanto coube a cada um dos proprietários dos queijos?

Solução:
Como o amigo pagou R$ 8,00 por $\frac{1}{3}$ dos 8 queijos, portanto, a totalidade dos 8 queijos vale 3 . 8,00 = R$ 24,00. Assim, em tese, R$ 24,00 deveriam ser divididos em partes proporcionais a 5 e 3 e dariam:

a) para o 1º: $\frac{24,00}{8} . 5 = 15,00$

b) para o 2º: $\frac{24,00}{8} . 3 = 9,00$

Mas, como cada um deles consumiu uma parte $\left(\frac{1}{3}\right)$ dos queijos, $\frac{1}{3} . 24 = 8$, terão direito somente a diferença, ou seja:

a) O 1º ambulante receberá: 15 − 8 = 7.
b) O 2º ambulante receberá: 9 − 8 = 1.

Respostas:
1) Parte do proprietário dos 5 queijos = R$ 7,00.
2) Parte do proprietário dos 3 queijos = R$ 1,00.

---

23. Dois pedreiros receberam R$ 1 590,00 por um serviço que fizeram. Um deles trabalhou 7 dias de 8 horas e outro, 5 dias de 10 horas. Quanto cabe, da importância, a cada um.

Solução:
a) O 1º trabalhou 7 . 8 h = 56 horas.
b) O 2º trabalhou 5 . 10 h = 50 horas.

Então, a importância de R$ 1 590,00 deve ser dividida em partes proporcionais a 56 e 50 horas.

$$\begin{cases} x+y=1590 \\ \dfrac{x}{y}=\dfrac{56}{50} \end{cases}$$

$$\dfrac{x+y}{y}=\dfrac{56+50}{50} \rightarrow \dfrac{1590}{y}=\dfrac{106}{50}$$

1) $y=\dfrac{1590 \cdot 50}{106}=750$

2) $\dfrac{x+y}{x}=\dfrac{56+50}{56} \rightarrow \dfrac{1590}{x}=\dfrac{106}{56}$

$x=\dfrac{1590 \cdot 56}{106}=840$

Resposta: Ao primeiro caberá R$ 840,00 e ao segundo R$ 750,00.

---

24. Repartir R$ 345,60 entre 3 pessoas de modo que a 1ª receba o dobro do que receberá a 2ª e a 3ª receba $\dfrac{3}{5}$ da soma das outras duas.

Solução aritmética, utilizando proporções:
1ª → 2
2ª → 1
3ª → $\dfrac{3}{5}(1+2)$

Como está acima representado, a 1ª receberá 2 (o dobro da 2ª), a 2ª receberá 1 e a 3ª receberá $\frac{3}{5}$ da soma das outras 2, ou sejam, $\frac{3}{5}(2+1)=\frac{9}{5}$.

A divisão deverá ser feita em partes proporcionais a 1, 2 e $\frac{9}{5}$:

Multiplicando-se esses termos por 5 para eliminar o termo fracionário $\left(\frac{9}{5}\right)$, teremos 5, 10 e 9, pelos quais a divisão proporcional deverá ser feita. Então teremos as seguintes proporções:

$$\begin{cases} \dfrac{a}{5}=\dfrac{b}{10}=\dfrac{c}{9} \\ a+b+c=345{,}60 \end{cases}$$

$$\frac{a+b+c}{5+10+9}=\frac{a}{5}=\frac{b}{10}=\frac{c}{9}$$

$$\frac{345{,}60}{24}=\frac{a}{5} \rightarrow a=\frac{345{,}60}{24}\cdot 5 = \quad 72{,}00$$

$$b=\frac{345{,}60}{24}\cdot 10 = \quad 144{,}00$$

$$c=\frac{345{,}60}{24}\cdot 9 = \quad \underline{129{,}60}$$

$$\text{Total} = \quad 345{,}60$$

Resposta: A 1ª receberá R$ 72,00, a 2ª R$ 144,00, e a 3ª receberá R$ 129,60.

---

25. Duas pessoas formaram uma empresa com capitais de R$ 200 000,00 reais e R$ 250 000,00 reais respectivamente. Tiveram um lucro de R$135 000,00 ao final em um certo tempo. Que parte desse lucro cabe a cada um?

Solução:
Se os capitais foram empregados durante um mesmo tempo, o lucro deverá ser repartido em partes proporcionais aos capitais, ou seja, em partes proporcionais a R$ 200 000,00 e R$ 250 000,00, ou ainda em partes proporcionais a 20 e 25, assim:

$$\begin{cases} \dfrac{a}{b}=\dfrac{20}{25} \\ a+b=135\,000 \end{cases}$$

$$\frac{a+b}{b}=\frac{20+25}{25}$$

$$\frac{135\,000}{b}=\frac{45}{25}$$

1) $b = \dfrac{135\,000}{45} \cdot 25 = 75\,000,00$

2) $a = \dfrac{135\,000}{45} \cdot 20 = \underline{60\,000,00}$

$ 135\,000,00$

Resposta: O lucro será repartido em R$ 75 000,00 e R$ 60 000,00.

---

26. Três pessoas formam uma sociedade na qual aplicaram, cada um, R$150.000,00. O 1º durante 2 anos e 8 meses, o 2º durante 1 ano e 5 meses e o 3º durante 8 meses. Tiveram um lucro de R$ 114 000,00. Quanto cabe a cada um?

Solução:
Como os capitais são iguais, o lucro deverá ser distribuído proporcionalmente aos tempos, que devem ser reduzidos à mesma unidade (meses)

1º Sócio : 2 anos e 8 meses = 24 + 8 = 32 meses

2º Sócio : 1 ano e 5 meses = 12 + 5 = 17 meses

3º Sócio : 0 ano a 8 meses = 0 + 8 = <u>8 meses</u>

 57 meses

1) $1^{\underline{o}}: \dfrac{114\,000}{57} \cdot 32 = 64\,000$

2) $2^{\underline{o}}: \dfrac{114\,000}{57} \cdot 17 = 34\,000$

3) $3^{\underline{o}}: \dfrac{114\,000}{57} \cdot 8 = \underline{16\,000}$

 114 000

Resposta: Cabe a cada um o valor acima indicado na respectiva linha.

---

27. Três pedreiros contrataram a construção de um muro por R$ 4 800,00. O primeiro trabalhou o tempo todo ininterruptamente, o segundo, somente $\dfrac{4}{5}$ do tempo e o terceiro, apenas 0,60 do mesmo tempo. Qual a parte que cabe a cada um deles do valor recebido?

Solução:
Se considerarmos igual a 1 o tempo que trabalhou o 1º, o segundo trabalhou $\dfrac{4}{5}$ ou 0,80 do tempo e o terceiro, 0,60 do mesmo tempo, teremos que dividir a importância de

R$ 4 800,00 em partes proporcionais a 1, 0,80 e 0,60, ou o que é o mesmo, em partes proporcionais a 10, 8 e 6, cuja soma é 24.

Então teremos:

a) 1º Sócio : para o 1º $\dfrac{4800}{24}.10 =$ 2 000,00

b) 2º Sócio : para o 2º $\dfrac{4800}{24}.8 =$ 1 600,00

c) 3º Sócio : para o 3º $\dfrac{4800}{24}.6 =$ $\underline{1\,200,00}$

$\qquad\qquad\qquad\qquad\qquad\qquad\qquad$ 4 800,00

Resposta: Cada um recebeu o valor indicado na respectiva linha acima.

---

28. Antonio montou uma pequena indústria com o capital inicial de R$40.000,00. Após três meses, admitiu um sócio com R$ 60 000,00. E seis meses depois que entrou o 2º sócio, admitiu o 3º sócio com R$ 80 000,00. Um ano após a abertura do negócio, fez um balanço e verificou um lucro de R$150.000,00. Qual a parte desse lucro que cabe a cada sócio?

Solução:
Neste caso, os lucros são proporcionais aos produtos de cada capital pelo tempo em que esteve aplicado. O 1º sócio teve seu capital empregado durante 12 meses, o 2º, durante 9 meses e o 3º, durante 3 meses. Assim, teremos:

a) 12 meses . 40 000,00 =   480 000,00

b) 9 meses . 60 000,00 =   540 000,00

c) 3 meses . 80 000,00 = $\underline{240\,000,00}$

$\qquad\qquad\qquad\qquad\qquad$ 1 260 000,00

a) a parte do 1º sócio : $\dfrac{150\,000}{1\,260\,000}.480\,000 = 57\,142,86$

b) a parte do 2º sócio : $\dfrac{150\,000}{1\,260\,000}.540\,000 = 64\,285,71$

c) $\dfrac{150\,000}{1\,260\,000}.240\,000 =$ $\underline{28\,571,43}$

$\qquad\qquad\qquad\qquad\qquad$ 150 000,00

Resposta: Cada sócio recebeu a importância acima indicada na respectiva linha.

---

29. Sabendo-se que a soma dos ângulos internos de um triângulo é igual a 180º e que suas medidas são proporcionais a 3, 4 e 5, quais são esses ângulos?

Vamos representar os ângulos internos deste triângulo por a, b e c.

Solução:

$$\begin{cases} a+b+c=180º \\ \dfrac{a}{3}=\dfrac{b}{4}=\dfrac{c}{5} \end{cases}$$

Aplicando-se a regra das proporções múltiplas, teremos:

$$\dfrac{a+b+c}{3+4+5}=\dfrac{a}{3} \rightarrow \dfrac{180}{12}=\dfrac{a}{3}$$

$$12a=180.3 \rightarrow a=\dfrac{540}{12}=45°$$

$$\dfrac{a+b+c}{3+4+5}=\dfrac{b}{4} \rightarrow \dfrac{180}{12}=\dfrac{b}{4}$$

$$12b=4.180 \rightarrow b=\dfrac{720}{12}=60°$$

$$\dfrac{a+b+c}{3+4+5}=\dfrac{c}{5} \rightarrow \dfrac{180}{12}=\dfrac{c}{5}$$

$$12c=180.5 \rightarrow c=\dfrac{900}{12}=75°$$

Verificação do resultado:
$45°+60°+75°=180°$

Resposta: Os ângulos medem 45°, 60° e 75°.

---

30. Distribuiu-se uma certa quantia a 3 pessoas, em partes proporcionais a 3, 4 e 5. Sabe-se que a 3ª pessoa recebeu R$ 600,00. Quanto recebeu cada uma das outras 2 e qual foi o total da quantia distribuída.

Solução:

$$\dfrac{a}{3}=\dfrac{b}{4}=\dfrac{c}{5} \begin{cases} c=600,00 \end{cases}$$

Cálculo de "a":

$$\dfrac{a}{3}=\dfrac{600}{5} \rightarrow 5a=3.600 \rightarrow a=\dfrac{1\,800}{5}=360$$

Cálculo de "b":

$$\dfrac{b}{4}=\dfrac{600}{5} \rightarrow 5b=4.600 \rightarrow b=\dfrac{2\,400}{5}=480$$

"c" recebeu, conforme indica o problema, a quantia de 600.
O total distribuído foi: 1 440.

Respostas:
Cada um recebeu:

a = 360
b = 480
c = _600_
   1 440

31. Um pai vendeu um imóvel por R$ 450.000,00 e quer dividi-lo em partes diretamente proporcionais às idades de seus 3 filhos:
  a) Antonio com 10 anos;
  b) Benedito com 15 anos; e
  c) Carlos com 20 anos.

Solução:
Dividir em partes proporcionais às idades de cada filho, significa dividir essa importância em valores tais que aquele que tem idade menor receberá menos e o que tem idade maior receberá mais.
Então, o total a ser dividido entre os filhos será R$ 450 000,00, isto é a+b+c=450 000,00, de forma que "a" está para 10, assim como "b" está para 15, assim como "c" está para 20.

$$\frac{a}{10}=\frac{b}{15}=\frac{c}{20}$$

Aplicando-se a 4ª propriedade das proporções múltiplas:

Cálculo de "a":
$$\frac{a+b+c}{10+15+20}=\frac{a}{10} \to \frac{450000}{45}=\frac{a}{10} \to a=\frac{450000 \cdot 10}{45}=100000$$

Cálculo de "b":
$$\frac{a+b+c}{10+15+20}=\frac{b}{15} \to \frac{450000}{45}=\frac{b}{15} \to b=\frac{450000 \cdot 15}{45}=150000$$

Cálculo de "c":
$$\frac{a+b+c}{10+15+20}=\frac{c}{20} \to \frac{450000}{45}=\frac{c}{20} \to c=\frac{450000 \cdot 20}{45}=200000$$

Resposta: Cada um recebeu:
R$ 100 000,00 → Antônio
R$ 150 000,00 → Benedito
R$ 200 000,00 → Carlos
R$ 450 000,00 → Total

32. A título de estímulo aos sócios mais novos, resolveu-se dividir o lucro de um negócio, no valor de R$ 29 500,00 entre 3 sócios, inversamente proporcional aos tempos de serviço na empresa, de 2 anos, 5 anos e 7 anos. Quanto coube a cada sócio?

Solução:
Lembremos que dividir uma certa grandeza em partes inversamente proporcionais, equivale a dividi-la em partes diretamente proporcionais aos seus inversos.

$$\frac{a}{\frac{1}{2}}=\frac{b}{\frac{1}{5}}=\frac{c}{\frac{1}{7}}$$

Cálculo de "a":

$$\frac{a+b+c}{\frac{1}{2}+\frac{1}{5}+\frac{1}{7}}=\frac{a}{\frac{1}{2}}$$

$$\frac{1}{2}+\frac{1}{5}+\frac{1}{7}=\frac{35+14+10}{70}=\frac{59}{70}$$

$$\frac{a+b+c}{\frac{59}{70}}=\frac{a}{\frac{1}{2}}$$

$$\begin{cases} a+b+c=29500 \\ \dfrac{29500}{\frac{59}{70}}=\dfrac{a}{\frac{1}{2}} \end{cases}$$

$$\frac{29500.70}{59}=\frac{2a}{1} \rightarrow 2a.59=29500.70$$

$$a=\frac{29500.70}{2.59} \rightarrow a=17500,00$$

Cálculo de "b":

$$\frac{29500.70}{59}=\frac{b}{\frac{1}{5}}$$

$$\frac{29500.70}{59}=\frac{5b}{1} \rightarrow 5b.59=29500.70$$

$$b=\frac{29500.70}{2.59} \rightarrow b=7000,00$$

Cálculo de "c":

$$\frac{29500}{\frac{59}{70}}=\frac{c}{\frac{1}{7}}$$

$$\frac{29500.70}{59}=\frac{7c}{1} \rightarrow 7c.59=29500.70$$

$$c = \frac{29500 \cdot 70}{7 \cdot 59} \rightarrow c = 5000,00$$

Soma total: $17\,500,00 + 7\,000,00 + 5\,000,00 = R\$\,29\,500,00$

Resposta:
O sócio com 2 anos de empresa recebeu R$ 17 500,00.
O sócio com 5 anos de empresa recebeu R$ 7 000,00.
O sócio com 7 anos de empresa recebeu R$ 5 000,00.

---

33. Vamos supor que o pai do exercício nº 31 resolvesse dividir esses R$450.000,00 em partes inversamente proporcionais às idades de:
  a) Antonio com 10 anos;
  b) Benedito com 15 anos; e
  c) Carlos com 20 anos.

Solução:
Dividir em partes inversamente proporcionais às idades de 10, 15 e 20 anos, significa dar mais a quem tem menos idade e de dar menos a quem tem mais idade. Também equivale a dizer que dividir uma grandeza em partes inversamente proporcionais é o mesmo que dividi-la em partes diretamente proporcionais aos seus inversos.

Então, teremos que estabelecer uma proporção em que:

a) Antonio está para seu inverso $\left(\dfrac{1}{10}\right)$, assim como

b) Benedito está para seu inverso $\left(\dfrac{1}{15}\right)$, assim como

c) Carlos está para seu inverso $\left(\dfrac{1}{20}\right)$.

$$\frac{a}{\frac{1}{10}} = \frac{b}{\frac{1}{15}} = \frac{c}{\frac{1}{20}}$$

Sabemos, pelo texto do problema, que a + b + c = 450 000,00.
Aplicando-se a 4ª propriedade da proporção múltipla, já vista anteriormente, teremos:

Cálculo de "a":

$$\frac{a+b+c}{\frac{1}{10}+\frac{1}{15}+\frac{1}{20}} = \frac{a}{\frac{1}{10}}$$

$$\frac{1}{10}+\frac{1}{15}+\frac{1}{20} = \frac{6+4+3}{60} = \frac{13}{60}$$

$$\frac{450\,000}{\frac{13}{60}} = \frac{450\,000.60}{13} \rightarrow \frac{450\,000.60}{13} = \frac{a}{\frac{1}{10}} \rightarrow \frac{450\,000.60}{13} = 10.a$$

$$a = \frac{450\,000.60}{13.10} \rightarrow a = 207\,692,31$$

Cálculo de "b":

$$\frac{450\,000.60}{13} = 15\,b \rightarrow b = \frac{450\,000.60}{13.15} \rightarrow b = 138\,461,54$$

Cálculo de "c":

$$c = \frac{450\,000.60}{13.20} \quad c = 103\,846,15$$

Verificação dos resultados:
A soma de a + b + c terá que ser igual a R$ 450 000,00.
Vejamos:
a = 207 692,31
b = 138 461,54
c = 103 846,15
450 000,00

Compare estes resultados (divisão inversamente proporcional) com os resultados da divisão do mesmo número em partes diretamente proporcionais.

---

34. O gráfico a seguir representa uma relação entre a grandeza tempo (em horas) e a distância percorrida (em quilômetros)

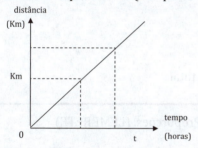

As grandezas distância e tempo neste caso são:
a) não proporcionais
b) inversamente proporcionais
c) diretamente proporcionais
d) proporcionais, mas a 1ª ao quadrado da 2ª

Solução:
Observe no gráfico supra que à medida que aumenta o tempo, aumentará também a distância. Portanto, tempo e distância percorrida são grandezas diretamente proporcionais.

Resposta: Letra "c".

35. Em um concurso vestibular, para um determinado curso, havia 40 vagas. O número de candidatos por vaga foi de 25 para 1. O número de candidatos que não conseguiram ocupar essas vagas está na alternativa:
a) 960   b) 1 000   c) 500   d) 460   e) 920

Solução:
Resolve-se o problema mediante uma simples Regra de Três:

25 candidatos para 1 vaga
x candidatos para 40 vagas
x = 25 . 40 = 1 000

O número de candidatos foi 1 000, porém o número de candidatos que não conseguiram ocupar as vagas disponíveis foi de 1 000 – 40 = 960.

Resposta: Letra "a".

36. Das 20 (vinte) pessoas presentes em uma festa sabe-se que a razão entre o número de mulheres e o de homens, nessa ordem, é de $\dfrac{7}{13}$. Nessas condições, o número de mulheres é igual a que porcentagem do total de pessoas presentes?

Solução:
Se em cada 20 pessoas 7 são mulheres, resolve-se o problema montando uma Regra de Três Simples:

20 pessoas   7 mulheres
100 pessoas   x

$$x = \dfrac{100 \cdot 7}{20} = 35\%$$

Resposta: As mulheres representam 35% do total.

37. "Propriedades do Produto". Razões e Proporções. (LEMBRETE)

a) $\begin{cases} \dfrac{a}{b} = \dfrac{c}{d} \\ \dfrac{a \cdot c}{b \cdot d} = \dfrac{a^2}{b^2} = \dfrac{c^2}{d^2} \end{cases}$

b) $\begin{cases} \dfrac{a}{b} = \dfrac{c}{d} = \dfrac{e}{f} \\ \dfrac{a \cdot c \cdot e}{b \cdot d \cdot f} = \dfrac{a^3}{b^3} = \dfrac{c^3}{d^3} = \dfrac{e^3}{f^3} \end{cases}$

c) $\begin{cases} \dfrac{a}{b} = \dfrac{c}{d} = \dfrac{e}{f} = \dfrac{g}{h} \\ \dfrac{a.c.e.g}{b.d.f.h} = \dfrac{a^4}{b^4} = \dfrac{c^4}{d^4} = \dfrac{e^4}{f^4} = \dfrac{g^4}{h^4} \end{cases}$

38. (MACKENZIE) Na tabela a seguir, de valores positivos, "F" é diretamente proporcional ao produto de "L" pelo quadrado de "H". Então, "x" vale:

F	L	H
2 000	3	4
4 500	3	X

Solução:

$\dfrac{2000}{3.4^2} = \dfrac{4500}{3.x^2}$

$3x^2 . 2000 = 3.16.4500$

$x^2 = \dfrac{3.16.4500}{3.2000} = 36$

$x^2 = 36 \rightarrow x = \pm\sqrt{36}$

$x = \pm 6 \rightarrow x = 6$ e $x = -6$

Resposta: Os valores de "x" são: $x = 6$ e $x = -6$

Como no enunciado está explícito que a tabela é composta por valores positivos, então $x = 6$.

39. Proporções – Simultaneamente, direta e inversa (UnB/Cespe – 2.002). Três marceneiros receberam R$ 6 000,00 pela execução conjunta de uma reforma residencial. Um dos artífices trabalhou 5 dias, o outro, 4 dias e meio, e o terceiro 8 dias. Tinham respectivamente a idade de 20 anos, 22 anos e 6 meses, 26 anos e oito meses. Eles haviam acertado repartir, entre si, a remuneração global em partes diretamente proporcionais ao tempo trabalhado de cada um e inversamente proporcionais às respectivas idades. Quanto recebeu cada um?

Dados do problema:

	Trabalhou	idade/anos	idade/meses
1º marceneiro:	5,0 dias	20 anos . 12	= 240 meses
2º marceneiro:	4,5 dias	$22\frac{1}{2}$ anos . 12	= 270 meses
3º marceneiro:	8,0 dias	26 anos + 8 meses	= 320 meses

Solução:
O problema se resume em dividir R$ 6 000,00 em partes diretamente proporcionais a 5,0; 4,5; e 8,0 (dias trabalhados) e em partes inversamente proporcionais a 240, 270 e 320 (idades, em meses). Então, temos:

1) $x+y+z=6\,000$

Dividindo-se x, y e z em partes diretamente proporcionais a 5,0; 4,5; 8,0; temos:

2) $\dfrac{x}{5}=\dfrac{y}{4,5}=\dfrac{z}{8,0}$

Em seguida, dividindo-se as razões acima em partes inversamente proporcionais a 240, 270 e 320, teremos:

3) $\dfrac{\frac{x}{5}}{\frac{1}{240}}=\dfrac{\frac{y}{4,5}}{\frac{1}{270}}=\dfrac{\frac{z}{8}}{\frac{1}{320}}$

Fazendo as operações de divisão na equação "3":

$\dfrac{240\,x}{5}=\dfrac{270\,y}{4,5}=\dfrac{320\,z}{8}$

Simplificando:
$48\,x=60\,y=40\,z$

Podemos escrever esta última expressão sob a seguinte forma:

4) $\dfrac{x}{\frac{1}{48}}=\dfrac{y}{\frac{1}{60}}=\dfrac{z}{\frac{1}{40}}$

Aplicando-se à equação "4" uma das propriedades das proporções, que diz: "a soma dos antecedentes está para a soma dos consequentes, assim como qualquer antecedente está para seu respectivo consequente", teremos:

> **Lembrando a divisão de fração por fração:** $\dfrac{\frac{x}{5}}{\frac{1}{240}}=\dfrac{x}{5}\cdot\dfrac{240}{1}=\dfrac{240\,x}{5}$

5) $\dfrac{x+y+z}{\frac{1}{48}+\frac{1}{60}+\frac{1}{40}}=\dfrac{x}{\frac{1}{48}}=\dfrac{y}{\frac{1}{60}}=\dfrac{z}{\frac{1}{40}}$

Somando-se as parcelas que constituem o denominador do 1º membro da equação "5":

$\dfrac{1}{48}+\dfrac{1}{60}+\dfrac{1}{40}=\dfrac{5+4+6}{240}=\dfrac{15}{240}=\dfrac{1}{16}$

Sabendo-se que $x+y+z=6\,000$, a equação "5" pode ser escrita como segue:

a) $\dfrac{6\,000}{\frac{1}{16}}=\dfrac{x}{\frac{1}{48}} \rightarrow 600.16=48\,x$

$x=\dfrac{96\,000}{48}=2\,000,00$

b) $\dfrac{6000}{\dfrac{1}{16}} = \dfrac{y}{\dfrac{1}{60}} \to y = \dfrac{96000}{60} = 1600,00$

c) $\dfrac{6000}{\dfrac{1}{16}} = \dfrac{z}{\dfrac{1}{40}} \to z = \dfrac{96000}{40} = 2400,00$

total = 6 000,00

Resposta: Cada um recebeu as importâncias indicadas em "a", "b", "c".

Lembretes úteis
(para solução de problemas sobre razões e proporções que virão a seguir)

1. Quando o problema se apresenta sob a forma de, por exemplo, $\dfrac{x}{y} = \dfrac{5}{8}$ e $x + y = 91$ basta equacionar o problema, como já vimos, aplicando a 2ª propriedade das proporções que diz: "a soma (ou diferença) dos 2 primeiros termos está para o 1º (ou 2º), assim como a soma (ou diferença) dos 2 últimos está para o 3º ou 4º, respectivamente".

Assim teremos:

$\dfrac{x}{y} = \dfrac{5}{8} \begin{cases} x + y = 91 \end{cases}$

Cálculo de "x": $\dfrac{x+y}{x} = \dfrac{5+8}{5} \to x = \dfrac{91}{13} \cdot 5 = \underline{35}$

Cálculo de "y": $\dfrac{x+y}{y} = \dfrac{5+8}{8} \to y = \dfrac{91}{13} \cdot 8 = \underline{56}$

Total = 91

2. Porém, quando o problema se apresenta sob a forma de diferença entre os termos a serem buscados, como no exemplo a seguir, aplica-se também a 2ª propriedade, mas começando essa aplicação pelo número que se admite seja o maior. Vejamos o exemplo.

Determinar 2 números cuja relação seja $\dfrac{3}{5}$ e diferem entre si de 16 unidades.

Dados:

$\dfrac{x}{y} = \dfrac{3}{5} \begin{cases} x = n^{\underline{o}} \text{ menor} \\ y = n^{\underline{o}} \text{ maior} \end{cases}$

Então: y − x = 16

Solução: (aplicar a 2ª propriedade das proporções)

Cálculo de "x": $\begin{cases} \dfrac{y-x}{x} = \dfrac{5-3}{3} \\ x = \dfrac{(y-x) \cdot 3}{5-3} = \dfrac{16}{2} \cdot 3 \to x = 24 \end{cases}$

Cálculo de "y":
$$\begin{cases} \dfrac{y-x}{y} = \dfrac{5-3}{5} \rightarrow \dfrac{16}{y} = \dfrac{2}{5} \\ 2y = 5 \cdot 16 \\ y = \dfrac{16}{2} \cdot 5 = 40 \\ y = 40 \end{cases}$$

Conferindo os resultados:

$y - x = 16$

$40 - x = 16 \rightarrow -x = 16 - 40 \rightarrow x = -16 + 40$

$x = 24$

$y - x = 16 \rightarrow y = 16 + x$

$y = 16 + 24$

$y = 40$

Conferindo as proporções, empregando os resultados obtidos acima.

$\dfrac{x}{y} = \dfrac{3}{5}$

$\dfrac{24}{40} = \dfrac{3}{5}$

Nota: Observe que as frações a seguir são equivalentes:

$\dfrac{3}{5} = \dfrac{6}{10} = \dfrac{9}{15} = \dfrac{12}{20} = \dfrac{15}{25} = \dfrac{18}{30} = \dfrac{21}{35} = \dfrac{24}{40}$

---

40. (UnB/ Cespe – SE – 2004) Julgue o item a seguir: Se uma corda de 30 metros de comprimento é dividida em duas partes, cujos comprimentos estão na razão de 2:3, então o comprimento da menor parte é inferior a 14 metros.

Solução:

1) Sendo x e y as 2 partes, sua soma será:
   $x + y = 30$

2) Diz o texto do problema que os comprimentos dessas partes estão entre si como 2 está para 3, que podemos expressar como segue:
   $\dfrac{x}{y} = \dfrac{2}{3}$

3) Com as equações citadas acima:
   $x + y = 30$

   $\dfrac{x}{y} = \dfrac{2}{3}$

E lembrando uma das propriedades das proporções; a soma dos primeiros termos está para a soma dos segundos termos, assim como a soma dos últimos termos está para o 3º termo, teremos:

a) Substituindo x + y pelo seu valor indicado em (1) teremos:

$$\frac{30}{y}=\frac{5}{3} \rightarrow y=\frac{30.3}{5}=\frac{90}{5}=18 \quad \left\{\frac{x+y}{y}=\frac{2+3}{3} \rightarrow \frac{30}{y}=\frac{5}{3}\right.$$

b) $\frac{x+y}{x}=\frac{2+3}{2} \rightarrow \frac{30}{x}=\frac{5}{2} \rightarrow x=\frac{30.2}{5}=\frac{60}{5}=12$

4) Como a menor parte "x" é igual a 12, fica demonstrado o que pede o problema: 12 < 14.

---

41. Proporções e o **Teorema de Tales**.

Diz o Teorema de Tales: "Retas paralelas cortadas por retas transversais formam segmentos correspondentes proporcionais".

Achar o valor de "x" e "y" utilizando-se das informações contidas no desenho abaixo.

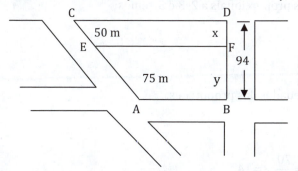

AB // CD // EF
AC e BD são transversais

$$\frac{50}{x}=\frac{75}{y} \rightarrow \frac{50}{75}=\frac{x}{y}$$

$$\begin{cases} \frac{50}{75}=\frac{x}{y} \\ x+y=94 \end{cases}$$

a) As retas $\overleftrightarrow{AB}$ e $\overleftrightarrow{CD}$ e $\overleftrightarrow{EF}$ são paralelas.
b) A reta $\overleftrightarrow{DB}$ é perpendicular à reta AB.
c) As retas $\overleftrightarrow{CA}$ e $\overleftrightarrow{DB}$ são transversais.

Propriedade de proporções : $\begin{cases} \frac{x+y}{y}=\frac{50+75}{75} \end{cases}$

$$\frac{94}{y}=\frac{125}{75}$$

Cálculo de "y" : $\left\{ y=\frac{94.75}{125}=56,40 \right.$

Cálculo de "x": $\begin{cases} \dfrac{x+y}{x} = \dfrac{50+75}{50} \end{cases}$

$$\dfrac{94}{x} = \dfrac{125}{50} \to 125x = 94 \cdot 50$$

$$x = \dfrac{94}{125} \cdot 50 = 37,60$$

---

42. (MACKENZIE) Dividindo 70 em partes proporcionais a 2, 3 e 5, a soma entre o maior e o menor será:

a) 35 b) 49 c) 56 d) 42 e) 28

Solução:
Sejam x, y e z, as partes em que 70 foi dividido.
Então: x + y + z = 70
Sendo 70 dividido em partes proporcionais a 2, 3 e 5, temos:

$$\begin{cases} x+y+z=70 \\ \dfrac{x}{2} = \dfrac{y}{3} = \dfrac{z}{5} \end{cases}$$

Lembrando uma das propriedades das proporções:

$$\dfrac{x+y+z}{2+3+5} = \dfrac{x}{2} = \dfrac{y}{3} = \dfrac{z}{5}$$

Cálculo de "x" $\begin{cases} \dfrac{70}{10} = \dfrac{x}{2} \to x = \dfrac{70}{10} \cdot 2 = 14 \end{cases}$

Cálculo de "y" $\begin{cases} \dfrac{70}{10} = \dfrac{y}{3} \to y = \dfrac{70}{10} \cdot 3 = 21 \end{cases}$

Cálculo de "z": $\begin{cases} \dfrac{70}{10} = \dfrac{z}{5} \to z = \dfrac{70}{10} \cdot 5 = 35 \end{cases}$

Soma entre o menor e o maior = 14 + 35 = 49.

Resposta: Letra "b".

---

43. (FAAP) Duas grandezas L e M são diretamente proporcionais e têm suas medidas relacionadas conforme a tabela seguinte:

L	2	4	(y)	8	(t)
M	(x)	36	54	(z)	108

A soma dos valores x, y, z e t é:

a) 66 b) 36 c) 72 d) 54 e) 108

Se as grandezas são proporcionais temos:

$$\frac{2}{x} = \frac{4}{36} = \frac{y}{54} = \frac{8}{z} = \frac{t}{108}$$

Calculando o valor de "x":
Vamos igualar as duas primeiras razões:

$$\frac{2}{x} = \frac{4}{36} \rightarrow 4x = 72 \quad \text{ou } x = 18$$

Calculando o valor de "y":
Vamos igualar a segunda e a terceira razões:

$$\frac{4}{36} = \frac{y}{54} \rightarrow 36y = 216 \quad \text{ou } y = 6$$

Calculando o valor de "z":
Vamos igualar a segunda e a quarta razões:

$$\frac{4}{36} = \frac{8}{z} \rightarrow 4z = 288 \quad \text{ou } z = 72$$

Calculando o valor de "t":
Vamos igualar a segunda e a quinta razões:

$$\frac{4}{36} = \frac{t}{108} \rightarrow 36t = 432 \quad \text{ou } t = 12$$

Logo, a soma x + y + z + t = 18 + 6 + 72 + 12 = 108

Resposta: Letra "e".

---

44. (UNICAMP) Uma torneira enche um tanque em 12 minutos, enquanto uma 2ª torneira gasta 18 minutos para encher o mesmo tanque. Com o tanque inicialmente vazio, abre-se a 1ª torneira durante "x" minutos. Ao fim desse tempo, fecha-se essa torneira e abre-se a 2ª torneira, a qual termina de encher o tanque em "x + 3" minutos. Calcule o tempo gasto para encher o tanque.

Solução:
a) 1ª torneira: em 1 minuto ela enche $\frac{1}{12}$ do tanque. Logo, em "x" minutos ela enche $\frac{x}{12}$ do tanque.

$$V_1 = \frac{x}{12} \quad (1)$$

2ª torneira: em 1 minuto enche $\frac{1}{18}$ do tanque. Em (x + 3) minutos, enche $\frac{x+3}{18}$ do tanque.

$$V_2 = \frac{x+3}{18} \quad (2)$$

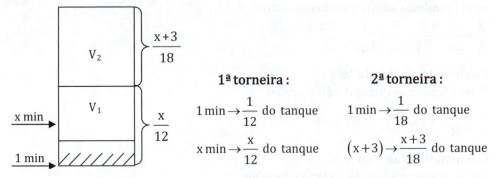

Somando-se os volumes V_1 + volume V_2, teremos o total do tanque cheio.

$V_1 + V_2 = 1(100\%)$

$\dfrac{x}{12} + \dfrac{x+3}{18} = 1 \rightarrow \dfrac{3x}{36} + \dfrac{2(x+3)}{36} = \dfrac{36}{36}$

Multiplicando ambos os membros por 36, teremos:

$36\left[\dfrac{3x}{36} + \dfrac{2(x+3)}{36}\right] = \left(\dfrac{36}{36}\right) \cdot 36$

$36 \cdot \dfrac{3x}{36} + \dfrac{36 \cdot 2(x+3)}{36} = \dfrac{36}{36} \cdot 36$ {Simplificando, teremos:

$3x + 2(x+3) = 36 \rightarrow 3x + 2x + 6 = 36$

$5x = 36 - 6 \rightarrow 5x = 30 \quad x = \dfrac{30}{5}$

$x = 6$ minutos

Então:
a) O tempo que leva a 1ª torneira para encher o volume V_1 é de 6 minutos.
b) O tempo que leva a 2ª torneira para encher o volume V_2 será de x + 3 = 6 + 3 = 9
c) O tempo gasto para encher o tanque é de 6 + 9 = 15 minutos.

Resposta: O tempo gasto para encher o tanque é de 15 minutos.

---

45. (VUNESP) Uma universidade tem 1 professor para cada 6 alunos e 3 funcionários para cada 10 professores. Determine o número de alunos por funcionário.

Solução:

$\quad\quad\quad\quad\quad$ 1 prof. $\longrightarrow$ 6 alunos
3 funcionários $\rightarrow$ 10 prof. $\longrightarrow$ 60 alunos

$\quad\quad\quad\quad\quad$ 60 alunos para 3 funcionários

$\quad\quad\quad\quad x = \dfrac{60}{3} = 20$ alunos por funcionário

Resposta: O número de alunos por funcionário é 20.

46. (VUNESP) Uma torneira goteja 7 vezes a cada 20 segundos. Admitindo que as gotas tenham sempre volume igual a 0,2ml, determine o volume que vaza por hora.

Solução:
a) 7 gotas . 0,2 = 1,4ml
b) então 1,4ml vaza a cada 20 segundos
c) 1 hora tem 3 600 segundos
d) logo:
Se vaza 1,4ml a cada 20 segundos
vaza x a cada 3 600 segundos (1h) $\left\{ x = \dfrac{3600 \cdot 1,4}{20} = 252 \, ml/hora \right.$

Resposta: Vaza 252ml por hora.

---

47. (UNICAMP) Numa lanchonete o refrigerante é vendido em copos descartáveis de 300 ml e de 500 ml. Nos copos menores o refrigerante custa R$ 90,00 e, nos maiores, R$ 170,00. Em qual dos copos você toma mais refrigerante pelo mesmo preço?

Solução:
a) o custo por ml no copo menor será = $\dfrac{90}{300} = R\$ 0,30/ml$

b) o custo por ml no copo maior será = $\dfrac{170}{500} = R\$ 0,34/ml$

Resposta: Portanto, no copo menor.
Verificação:
a) 1 litro (1 000ml) no copo menor custa R$ 300,00.
b) 1 litro (1 000ml) no copo maior custa R$ 340,00.
c) No copo menor você toma $\dfrac{340}{300} = 1,13$ litros pelo preço de 1 litro do copo maior.

---

48. (ESPM) O gás carbônico é uma substância formada de carbono e oxigênio na proporção de $\dfrac{3}{8}$ em peso. O peso do oxigênio "x" contido numa quantidade de gás carbônico, que contém 36 gramas de carbono é:
  a) 16   b) 36   c) 48   d) 96   e) 108

Solução:
$\dfrac{carbono}{oxigênio} = \dfrac{3}{8}$

$\dfrac{36}{x} = \dfrac{3}{8}$

$$x = \frac{36.8}{3} = 96$$

Resposta: 96 gramas. Item "d".

---

49. (UFMG) Uma firma é constituída por 2 sócios A e B cujos capitais investidos são 200 e 359 mil reais respectivamente. Todo o lucro ou prejuízo é dividido entre os dois, proporcionalmente ao capital investido. A firma acusou um prejuízo de 121 mil reais. As parcelas do prejuízo correspondentes a cada sócio são respectivamente:
a) 20 e 101 mil reais
d) 70 e 72 mil reais
b) 40 e 70 mil reais
e) 100 e 21 mil reais
c) 44 e 77 mil reais

Solução:
a) $x + y = 121\,000$

b) $\dfrac{x}{200} = \dfrac{y}{359}$

$$\dfrac{x+y}{200+359} = \dfrac{x}{200} = \dfrac{y}{359}$$

c) $x \begin{cases} \dfrac{121}{559} = \dfrac{x}{200} \to x = \dfrac{121}{559}.200 = 43\,291,59 \end{cases}$

$y \begin{cases} \dfrac{121}{559} = \dfrac{y}{359} \to y = \dfrac{121}{559}.359 = \dfrac{77\,708,41}{121\,000,00} \end{cases}$

Resposta: Letra "c".

---

50. Uma gravura, medindo 20cm de largura por 35cm de comprimento deve ser ampliada de forma que sua largura tenha 1,20m. Quanto deverá medir o comprimento?

20cm
35cm

1,20
x

Primeiro vamos transformar as medidas dadas em centímetros em metros.
20cm = 0,20 m
35cm = 0,35 m

Lembrete:
1 cm equivale a $\dfrac{1}{100}$ metros

$$\dfrac{0,20}{0,35} = \dfrac{1,20}{x}$$

$$x = \frac{0,35 \cdot 1,20}{0,20} = 2,10 \, m$$

Resposta: O comprimento deverá ter 2,10 metros.

---

51. Sendo o raio da Lua $\frac{3}{11}$ do raio da terra e o raio deste planeta, sendo 108 vezes menor que o do sol, qual a relação entre os raios da Lua e do Sol?

Solução:
RL = raio da Lua
RT = raio da Terra
RS = raio do Sol

Segundo o enunciado,

$$R_L = \frac{3}{11} \cdot R_T$$

$$R_T = \frac{1}{108} \cdot R_S \rightarrow R_S = 108 \cdot R_T$$

$$\frac{R_L}{R_S} = \frac{\frac{3}{11} R_T}{108 \cdot R_T} \rightarrow \frac{R_L}{R_S} = \frac{3 R_T}{11 \cdot 108 \cdot R_T}$$

$$\frac{R_L}{R_S} = \frac{3}{11 \cdot 108} \rightarrow \frac{R_L}{R_S} = \frac{1}{11 \cdot 36}$$

$$\frac{R_L}{R_S} = \frac{1}{396}$$

Resposta: Relação entre os raios da Lua e do Sol é de $\frac{1}{396}$.

---

52. (FAAP) A largura e o comprimento de um terreno retangular estão na razão de 4 para 7. Admitindo-se que o perímetro desse terreno seja de 66 metros, a largura (em metros) desse terreno é:
a) 25 b) 10 c) 21 d) 15 e) 12

$$\frac{L}{C} = \frac{4}{7} \quad (1)$$

Como o perímetro tem 66 metros, o seu semi-perímetro (que é igual a largura mais o comprimento) terá 33 metros.

Então, temos:

L+C=33 (2) e $\dfrac{L}{C}=\dfrac{4}{7}$

Aplicando uma das propriedades das proporções:

$\dfrac{L+C}{C}=\dfrac{4+7}{7} \rightarrow \dfrac{33}{C}=\dfrac{11}{7}$

$C=\dfrac{33.7}{11}=21\,m$ $\{L+C=21+12=33\,m \rightarrow L=33-C$ $\{C=21$

$L=33-21=12\,m$

Resposta: A largura do terreno mede 12m (Letra "e").

---

53. (CN) Uma herança de R$ 30 000,00 deve ser repartida entre Antônio, Bento e Carlos. Cada um deve receber partes diretamente proporcionais a 3, 5 e 6, respectivamente, e inversamente proporcionais às idades. Sabendo-se que Antônio tem 12 anos, Bento tem 15 anos e Carlos tem 24 anos, quanto receberá cada um? (adaptado)

Solução:
Dados do problema:

		Diretamente proporcional		Inversamente proporcional
Antônio	→	3	→	12
Bento	→	5	→	15
Carlos	→	6	→	24

Então, temos:
$x+y+x=30\,000$

Dividindo a herança em partes diretamente proporcionais a 3, 5 e 6, respectivamente a Antônio, Bento e Carlos, teremos:

$\dfrac{x}{3}=\dfrac{y}{5}=\dfrac{z}{6}$

Em seguida, dividindo-se as razões acima em partes inversamente proporcionais a 12, 15 e 24, respectivamente, teremos:

$\dfrac{\frac{x}{3}}{\frac{1}{12}}=\dfrac{\frac{y}{5}}{\frac{1}{15}}=\dfrac{\frac{z}{6}}{\frac{1}{24}}$

Fazendo as operações de divisão das razões:

$\dfrac{12x}{3}=\dfrac{15y}{5}=\dfrac{24z}{6}$

Simplificando:
$4x = 3y = 4z$

Podemos escrever esta última expressão da seguinte forma:
$$\frac{x}{\frac{1}{4}} = \frac{y}{\frac{1}{3}} = \frac{z}{\frac{1}{4}}$$

Aplicando-se à proporção acima uma de suas propriedades que diz: "a soma dos antecedentes está para a soma de seus respectivos consequentes assim como qualquer antecedente está para seu respectivo consequente", teremos:
$$\frac{x+y+z}{\frac{1}{4}+\frac{1}{3}+\frac{1}{4}} = \frac{x}{\frac{1}{4}} = \frac{y}{\frac{1}{3}} = \frac{z}{\frac{1}{4}}$$

Somando-se as parcelas que constituem o denominador do 1º membro:
$$\frac{1}{4}+\frac{1}{3}+\frac{1}{4} = \frac{3+4+3}{12} = \frac{10}{12} = \frac{5}{6}$$

e substituindo-se $x + y + z$ pelo seu valor = 30 000, teremos:
$$\frac{30\,000}{\frac{5}{6}} = \frac{x}{\frac{1}{4}} = \frac{y}{\frac{1}{3}} = \frac{z}{\frac{1}{4}}$$

Valor da herança:
$x + y + z = 30\,000$

Antônio:
$$\frac{x+y+z}{\frac{5}{6}} = \frac{x}{\frac{1}{4}} \rightarrow \frac{30000 \cdot 6}{5} = \frac{4x}{1}$$

$4x \cdot 5 = 180\,000 \rightarrow 20x = 180\,000$

$x = \dfrac{180\,000}{20} = 9\,000$

Bento:
$$\frac{x+y+z}{\frac{5}{6}} = \frac{y}{\frac{1}{3}} \rightarrow \frac{30\,000 \cdot 6}{5} = \frac{3y}{1}$$

$3y \cdot 5 = 180\,000 \rightarrow 15y = 180\,000$

$y = \dfrac{180\,000}{15} = 12\,000$

Carlos:
$$\frac{x+y+z}{5} = \frac{z}{\frac{1}{6}} \rightarrow \frac{30\,000 \cdot 6}{5} = \frac{4z}{1}$$

$4z \cdot 5 = 180\,000 \rightarrow 20z = 180\,000$

$z = \dfrac{180\,000}{20} = 9\,000$

Resposta: Cada um receberá:
a) Antônio. . . R$ 9 000,00
b) Bento . . . . R$ 12 000,00
c) Carlos. . . . R$ 9 000,00
   Total. . . . . R$ 30 000,00

Lembrete
PROPORÇÕES E TEOREMA DE TALES

Diz o Teorema de Tales: "retas paralelas cortadas por retas transversais formam segmentos correspondentes proporcionais".

Duas retas, m e n, cortam três retas paralelas a, b e c. Nessas condições, os segmentos de medidas x, y, z e w são proporcionais.

Assim: $\dfrac{x}{y} = \dfrac{z}{w}$

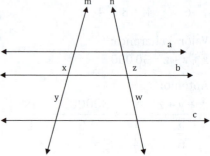

54. Na ilustração ao lado as retas r, s e t, paralelas, são intersectadas pelas retas transversais a e b, formando segmentos proporcionais. Aplique o Teorema de Tales e, usando proporções, determine o valor do segmento representado por x.

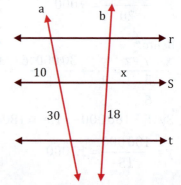

Solução:

$\dfrac{10}{30} = \dfrac{x}{18} \longrightarrow x = \dfrac{180}{30}$

$30x = 180 x = 6$

Resposta: O valor do segmento "x" é igual a 6.

55. Na planta de um loteamento, está faltando a medida do lado dos fundos do lote B, conforme a figura:

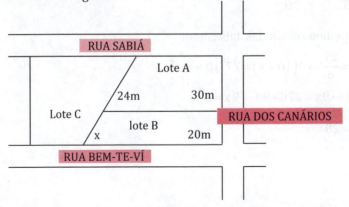

Representando por x a medida que desejamos calcular e usando o Teorema de Tales, podemos descobrir essa medida sem efetuar medições no campo. Como as linhas divisórias dos lotes são paralelas entre si e também perpendiculares à linha divisória que faz frente à rua, teremos:

$$\frac{20}{30} = \frac{x}{24}$$

$$30x = 20 \cdot 24 \rightarrow x = \frac{20 \cdot 24}{30}$$

$$x = 16$$

Resposta: Assim, sem efetuar medições no campo, concluímos que o lado dos fundos do lote B mede 16 metros.

56. Qual é a largura do rio, conforme desenho abaixo?

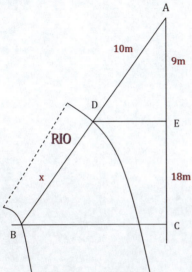

Usando o Teorema de Tales (e proporções), podemos montar a seguinte proporção:
$$\frac{AD}{BD}=\frac{AE}{EC} \to \frac{10}{x}=\frac{9}{18} \to x=\frac{10 \cdot 18}{9}=20\,m$$

Outras proporções podem ser usadas, tais como:
$$\frac{AB}{AD}=\frac{AC}{AE} \to \frac{10+x}{10}=\frac{27}{9} \to 9(10+x)=27 \cdot 10$$
$$90+9x=270 \to 9x=270-90 \to 9x=180$$
$$x=\frac{180}{9} \to x=20$$

ou:
$$\frac{AD}{AE}=\frac{DB}{EC}$$
$$\frac{10}{9}=\frac{x}{18} \to x=\frac{18 \cdot 10}{9}=20\,m$$

Resposta: O rio tem 20m de largura.

---

57. Um lavrador deseja empregar R$ 360 000,00 na plantação de milho e feijão de tal forma que a razão entre os valores a serem aplicados seja de 2;3. Quais os valores empregados na plantação do milho e do feijão?

Solução:
Seja "x" a importância a ser aplicada na plantação de milho.
Então, a importância a ser aplicada na plantação de feijão será 360 000 – x.
Teremos, pois:
$$\frac{x}{360000-x}=\frac{2}{3}$$
$$3x=2(360000-x)$$
$$3x=720000-2x \to 3x+2x=720000$$
$$5x=720000$$
$$x=\frac{720000}{5}=144000$$
$$360000-x=360000-144000=216000$$

Resposta:
Serão empregados:
a) R$ 144 000,00 na produção de milho
b) R$ 216 000,00 na produção de feijão
 R$ 360 000,00 = total a ser empregado

Outro caminho para solução do problema:
Empregando propriedade das proporções:
Vejamos:
$$\begin{cases} x+y = 360\,000 \\ \dfrac{x}{y} = \dfrac{2}{3} \end{cases}$$

a) Cálculo de y :

$$\dfrac{x+y}{y} = \dfrac{2+3}{3} \to \dfrac{360\,000}{y} = \dfrac{5}{3}$$

$$5y = 360\,000 \cdot 3 \to y = \dfrac{360\,000 \cdot 3}{5}$$

$$y = 216\,000$$

b) Cálculo de x :

$$\dfrac{x+y}{x} = \dfrac{2+3}{2} \to \dfrac{360\,000}{x} = \dfrac{5}{2}$$

$$5x = 360\,000 \cdot 2 \to x = \dfrac{360\,000 \cdot 2}{5}$$

$$x = 144\,000$$

58. No quadro abaixo têm-se as idades e os tempos de serviço de dois funcionários.

	Idade	Tempo de serviço
João	36 anos	8 anos
Maria	30 anos	12 anos

Então:
$$\dfrac{12+x}{18+x} = \dfrac{3}{4}$$

Esses funcionários foram incumbidos de digitar as laudas de um processo. Dividiram o total de laudas entre si, na razão direta de suas idades e inversa de seus tempos de serviço. Se João digitou 27 laudas, determine o total de laudas do processo.

Solução:
Sejam laudas digitadas por João = x = 27
e laudas digitadas por Maria = y

Como o número de laudas de cada um é diretamente proporcional às suas idades, teremos:
$$\dfrac{x}{36} = \dfrac{y}{30}$$

E como é também inversamente proporcional a seus tempos de serviço, vamos dividir as razões supra, respectivamente, pelos inversos de seus tempos de serviço:
$$\dfrac{\frac{x}{36}}{\frac{1}{8}} = \dfrac{\frac{y}{30}}{\frac{1}{12}}$$

Efetuando as operações, teremos:
$$\dfrac{x \cdot 8}{36 \cdot 1} = \dfrac{y \cdot 12}{30 \cdot 1} \to \dfrac{8x}{36} = \dfrac{12y}{30}$$

Simplificando:

$$\frac{2x}{9} = \frac{2y}{5}$$

E usando a propriedade das proporções que diz: "a soma dos antecedentes está para a soma dos consequentes, assim como qualquer antecedente está para seu respectivo consequente", teremos:

$$\frac{2x+2y}{9+5} = \frac{2x}{9} \rightarrow \frac{2x+2y}{14} = \frac{2x}{9}$$

Mas, x = 27, como informa o texto do problema. Então:

$$\frac{2.27+2y}{14} = \frac{2.27}{14}$$

$$\frac{54+2y}{14} = \frac{54}{9}$$

$$\frac{54+2y}{14} = 6$$

$$54+2y = 6.14$$

$$54+2y = 84$$

$$2y = 84-54$$

$$y = \frac{30}{2}$$

$$y = 15 \rightarrow \text{Maria digitou 15 laudas}$$

João digitou: 27 laudas
Maria digitou: 15 laudas
Total de laudas digitadas = 42

Resposta: O total de laudas do processo é igual a 42.

---

59. Beatriz tem 12 anos e sua irmã, 18. Daqui a quantos anos a razão entre a idade de Beatriz e a de sua irmã será de 3 para 4?

Solução:

	Hoje	Daqui a x anos	Razão
Beatriz	12 anos	12 + x	$\frac{12+x}{18+x} = \frac{3}{4}$
Irmã	18 anos	18 + x	

$$3(18+x) = 4(12+x) \rightarrow 54+3x = 48+4x$$

$$3x - 4x = 48 - 54 \quad \rightarrow -x = -6 \rightarrow x = 6$$

Resposta:
De fato, daqui a 6 anos:
a) Beatriz terá 12 + 6 = 18
b) Irmã terá 18 + 6 = 24

Daqui a 6 anos a razão entre as idades será:
$$\frac{18}{24} = \frac{3}{4}$$

60. Desejo ler um livro de 400 páginas. Nas primeiras duas horas consegui ler 25 páginas. Nesse ritmo, em quanto tempo terminarei de ler o livro.

Solução:
Aplicando Regra de Três Simples.
Tratando-se de razões diretamente proporcionais, teremos:

2 horas | 25 páginas
x | 400 páginas

$$\frac{2}{x} = \frac{25}{400} \to x = \frac{400 \cdot 2}{25} = 32$$

$$x = 32 \text{ horas}$$

Resposta: Em 32 horas.

---

61. Repartir o número 18 em partes diretamente proporcionais a 5 e 4.

Solução:
Sejam x e y as partes procuradas.

$$\begin{cases} x+y=18 \\ \dfrac{x}{5}=\dfrac{y}{4} \to \dfrac{x+y}{5+4}=\dfrac{x}{5} \end{cases} \begin{cases} x+y=18 \end{cases}$$

$$\frac{18}{9}=\frac{x}{5} \to x=\frac{18}{9} \cdot 5 = 10$$

$$y=\frac{18}{9} \cdot 4 = 8$$

x = 10
y = 8

Resposta: As partes são 10 e 8.

---

62. Dois números têm produto igual 1 125 e estão entre si como 5 está pra 9. A soma desses números é:
a) 90 b) 82 c) 75 d) 70 e) 60

Solução:
1) $\dfrac{x}{y}=\dfrac{5}{9}$

2) $x \cdot y = 1125 \begin{cases} x = \dfrac{1125}{y} \end{cases}$, que substituindo em "1" teremos:

$$\dfrac{\dfrac{1125}{y}}{y} = \dfrac{5}{9} \rightarrow \dfrac{1125}{y^2} = \dfrac{5}{9}$$

$$5y^2 = 1125 \cdot 9$$

$$5y^2 = \dfrac{1125 \cdot 9}{5} = 2025$$

$$y^2 = 2025 \rightarrow \sqrt{y^2} = \sqrt{2025}$$

$$y = \sqrt{2025}$$

$$y = 45$$

Como:
$$\dfrac{x}{y} = \dfrac{5}{9} \rightarrow \dfrac{x}{45} = \dfrac{5}{9}$$

$$x = \dfrac{45 \cdot 5}{9} = 25$$

$$x = 25$$

Portanto a soma desses números será:
$45 + 25 = 70$

Resposta: Letra "d".

---

63. Sejam X e Y duas grandezas inversamente proporcionais. Se X sofre um acréscimo de 25%, o decréscimo percentual sofrido por Y é:
a) 20%   b) 22%   c) 24%   d) 25%

Solução:
1) Se multiplicarmos x por 1,25 (acréscimo de 25%), devemos dividir Y por 1,25.

2) Mas, dividir uma grandeza por 1,25 é o mesmo que multiplicá-la por 0,80 $\left(\dfrac{1}{1,25} = 0,80\right)$

3) E multiplicar uma grandeza por 0,80 é o mesmo que reduzi-la de 20% (100% − 80% = = 20%)

Resposta: Letra "a".

64. Dadas duas grandezas inversamente proporcionais, se uma aumentar de 60% a outra diminuirá de:

a) 37,5%   b) 40,0%   c) 60%   d) 62,5%   e) 10,5%

Solução:

1) Se aumentarmos uma grandeza em 60% (que é o mesmo que multiplicá-la por 1,60) devemos dividir a outra por 1,60.

2) Mas, dividir uma grandeza por 1,60 é o mesmo que multiplicá-la por 0,625 $\left(\dfrac{1}{1,60}=0,625\right)$

3) E multiplicar uma grandeza por 0,625 (62,5%) é o mesmo que reduzi-la de 37,5% (100 − 52,5% = 37,5%)

Resposta: Letra "a".

---

65. Em um determinado Banco, será dividido um prêmio de R$ 2 400,00 entre os 3 funcionários que mais se destacaram no último ano. A parte que caberá a cada funcionário é diretamente proporcional ao tempo de serviço prestado na empresa. Sabendo que Thiago tem 3 anos de empresa, Ricardo, 4 anos e Daniel, 5 anos, determine a quantia que coube ao funcionário que ficou com a maior quantia.

Dados:
Thiago: 3 anos de empresa
Ricardo: 4 anos de empresa
Daniel: 5 anos de empresa
Valor a distribuir: R$ 2 400,00 em partes proporcionais a 3, 4 e 5

Solução:

$$\begin{cases} a+b+c=2\,400 \\ \dfrac{a}{3}=\dfrac{b}{4}=\dfrac{c}{5} \end{cases}$$

$$\dfrac{a+b+c}{3+4+5}=\dfrac{a}{3}=\dfrac{b}{4}=\dfrac{c}{5}$$

$$\dfrac{2\,400}{12}=\dfrac{a}{3} \rightarrow a=\dfrac{2\,400}{12}.3= 600,00$$

$$b=\dfrac{2\,400}{12}.4= 800,00$$

$$c=\dfrac{2\,400}{12}.5=1\,000,00$$

$$2\,400,00$$

Resposta: Ficou com a maior parte (R$ 1 000,00) Daniel, por ter mais tempo de empresa.

66. Uma micro empresa vai distribuir seu lucro de R$ 8 000,00 entre os 3 sócios em partes proporcionais aos respectivos tempos de trabalho diário de cada um na empresa. O sócio A trabalha 3 horas diárias, B, 5 horas diárias e C trabalha 8 horas por dia. Calcular quanto cabe a cada sócio.

Dados:
A → 3 horas/dia
B → 5 horas/dia
C → 8 horas/dia

Solução:

$$\begin{cases} \dfrac{a}{3} = \dfrac{b}{5} = \dfrac{c}{8} \\ a+b+c = 8000 \end{cases}$$

$$\dfrac{a+b+c}{3+5+8} = \dfrac{a}{3} = \dfrac{b}{5} = \dfrac{c}{8}$$

A) $\dfrac{8000}{16} = \dfrac{a}{3} \rightarrow a = \dfrac{8000}{16} \cdot 3 = \underline{1500,00}$

B) $\dfrac{8000}{16} = \dfrac{b}{5} \rightarrow b = \dfrac{8000}{16} \cdot 5 = \underline{2500,00}$

C) $\dfrac{8000}{16} = \dfrac{c}{8} \rightarrow c = \dfrac{8000}{16} \cdot 8 = \underline{4000,00}$

$ 8000,00$

Resposta: Cabe a cada um o valor acima indicado na respectiva linha.

67. Um carro econômico faz 10km rodados com 1 litro de gasolina. O proprietário desse carro abastece-o com exatamente 30,6 litros da gasolina para fazer uma viagem. No momento em que inicia a viagem aparece um vazamento no tanque, por onde escoa 0,1 litro de gasolina por hora. Sabendo-se que o motorista pretende desenvolver uma velocidade constante de 50km/hora durante a viagem, qual a distância máxima que esse carro vai percorrer até esgotar toda gasolina do tanque?

Solução:
Em cada 50 km gastará 5,1 litros de gasolina
Em cada x km gastará 30,6 litros de gasolina
5,1 . x = 50 . 30,6

$$x = \dfrac{50 \cdot 30,6}{5,1} = 300 \text{ km}$$

Resposta: O carro percorrerá 300km.

68. A conta do restaurante no valor de R$ 34,00 deve ser repartida entre dois amigos, proporcional ao peso dos alimentos que cada um comeu. Considerando que o amigo A comeu 250 gramas e o amigo B comeu 600 gramas, quanto caberá pagar cada um?

Solução:

$$\begin{cases} a+b=34 \\ \dfrac{a}{250}=\dfrac{b}{600} \end{cases}$$

$$\frac{a+b}{250+600}=\frac{a}{250}=\frac{b}{600}$$

A) $\dfrac{34}{850}=\dfrac{a}{250} \rightarrow a=\dfrac{34}{850}.250$

$a=10,00$

B) $\dfrac{34}{850}=\dfrac{b}{600} \rightarrow b=\dfrac{34}{850}.600$

$b=24,00$

"A" pagará 10,00
"B" pagará 24,00
Total   34,00

Resposta: "A" deverá pagar R$ 10,00 e "B" deverá pagar R$ 24,00.

---

69. Paulo, Ana e Luís formaram uma sociedade e investiram, respectivamente, R$ 2 500,00; R$ 3 500,00 e R$ 4 000,00 num fundo de investimentos. Após um ano, a aplicação estava com um saldo de R$ 12 500,00. Se os três investidores resgatarem somente o rendimento e dividirem em partes diretamente proporcionais aos valores investidos, a diferença entre os valores recebidos por Ana e Paulo será igual a:
a) R$ 125,00   b) R$ 200,00   c) R$ 250,00   d) R$ 500,00

Solução:
O lucro (rendimento) deverá ser repartido em partes proporcionais aos capitais investidos (R$ 2 500,00, R$ 3 500,00 e R$ 4 000,00).

Então:

$$\begin{cases} a+b+c=2500 \\ \dfrac{a}{2500}=\dfrac{b}{3500}=\dfrac{c}{4000} \end{cases}$$

Usando uma das propriedades das proporções:

$$\frac{a+b+c}{2500+3500+4000} = \frac{a}{2500} = \frac{b}{3500} = \frac{c}{4000}$$

Paulo: $\frac{2500}{10000} = \frac{a}{2500} \rightarrow a = \frac{2500}{10000} \cdot 2500 = 625,00$

Ana: $\frac{2500}{10000} = \frac{b}{3500} \rightarrow b = \frac{2500}{10000} \cdot 3500 = 875,00$

Luís: $\frac{2500}{10000} = \frac{c}{4000} \rightarrow c = \frac{2500}{10000} \cdot 4000 = 1000,00$

Total = 2500,00

Resposta: A diferença entre os valores recebidos por Ana e Paulo será: 875,00 − 625,00 = 250,00.

---

70. Três semi-retas partem de um mesmo ponto "P", formando 3 ângulos, que somam 360º e são proporcionais aos números 11, 12 e 13. Quais são esses ângulos.

Solução:

$a + b + c = 360°$

$$\frac{a}{11} = \frac{b}{12} = \frac{c}{13}$$

$$\frac{a+b+c}{11+12+13} = \frac{a}{11} = \frac{b}{12} = \frac{c}{13}$$

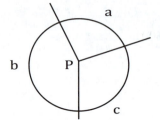

$\frac{360}{36} = \frac{a}{11} \rightarrow a = \frac{360}{36} \cdot 11 = 110°$

$\frac{360}{36} = \frac{b}{12} \rightarrow b = \frac{360}{36} \cdot 12 = 120°$

$\frac{360}{36} = \frac{c}{13} \rightarrow c = \frac{360}{36} \cdot 13 = \underline{130°}$

$360°$

Resposta: Os ângulos são 110°, 120° e 130°.

---

71. (ESPM/modificado) Calcular o valor de "x" na proporção:

$$\frac{2 - \frac{1}{3}}{1 + \frac{1}{4}} = \frac{x}{1 + \frac{2}{5}}$$

Solução:

1º) Resolver o numerador do 1º membro:

$$2 - \frac{1}{3} = \frac{2}{1} - \frac{1}{3} = \frac{6-1}{3} = \frac{5}{3}$$

2º) Resolver o denominador do 1º membro:
$$1 + \frac{1}{4} = \frac{1}{1} + \frac{1}{4} = \frac{4+1}{4} = \frac{5}{4}$$

3º) Resolver o denominador do 2º membro:
$$1 + \frac{2}{5} = \frac{1}{1} + \frac{2}{5} = \frac{5+2}{5} = \frac{7}{5}$$

4º) Então a equação inicial pode ser escrita:
$$\frac{\frac{5}{3}}{\frac{5}{4}} = \frac{x}{\frac{7}{5}} \rightarrow \frac{5 \cdot 4}{3 \cdot 5} = \frac{5x}{7} \rightarrow \frac{4}{3} = \frac{5x}{7}$$

$$5x \cdot 3 = 7 \cdot 4 \rightarrow 15x = 28 \rightarrow x = \frac{28}{15}$$

Resposta: $x = \frac{28}{15}$

ESCALA

Definição: é uma razão entre a medida de um desenho e a medida real correspondente. Se em um mapa a escala indicada é de 1 : 1 000, isso quer dizer que cada medida no mapa é 1 000 vezes menor que a medida real, ou, ainda, cada cm no mapa é igual a 1 000cm na realidade

Há ainda um outro tipo de escala, chamada escala gráfica, que se apresenta sob a forma de um segmento de reta graduado, geralmente em centímetros. Nele está indicado quanto corresponde a cada cm (ou milímetro, ou outra unidade de comprimento) o respectivo comprimento, na realidade.

A escala gráfica é geralmente, usada em mapas cartográficos.

Veja no desenho a seguir um exemplo de escala gráfica.

0 1 2 3 4 5 6 7 8

km . escala : 1 cm : 100 km

$$\frac{1\,cm}{100\,km} = \frac{1\,cm}{100\,000\,m} = \frac{1\,cm}{10\,000\,000\,cm}$$

1cm no mapa equivale a 10 000 000 cm na realidade, ou 1 cm equivale a 100 km.

Exemplo 1: Um projeto arquitetônico foi desenhado na escala de 1 : 100 e o quarto desse projeto mede 4 cm × 5 cm; quais são suas medidas reais?

Se 1 cm no desenho mede na realidade 100 cm (1 metro)
4 cm no desenho medem na realidade x cm

$$\frac{1}{100} = \frac{4}{x}$$

$$x = \frac{4.100}{1} = 400\,cm = 4\,metros\,na\,realidade$$

Da mesma forma, para acharmos a outra medida desse quarto (na realidade), representada no desenho por 5 cm será:

$$\frac{1}{100} = \frac{5}{x} \rightarrow x = \frac{5.100}{1} = 500\,cm = 5\,metros\,na\,realidade$$

Resposta: O quarto mede 4 m × 5 m.

Exemplo 2: Um mapa parcial do município de São Paulo foi desenhado na escala de 1 : 450 000. Isso significa que 1cm no mapa equivale a 450 000cm, na realidade, ou 4 500 metros ou 4,5km.

---

72. O projeto de uma casa foi desenhado na escala de 1 : 100. Se as dimensões da sala de estar são, na realidade de 4m × 6m, quantos cm correspondem no projeto?

Solução:
Os problemas de escalas são resolvidos por meio de proporção. No caso presente, se a escala é de 1 : 100, podemos escrever:

$$\frac{1}{100} = \frac{dimensão\,no\,projeto}{dimensão\,real} = \frac{x}{4\,metros}$$

$$\frac{1}{100} = \frac{x}{4} \rightarrow x = \frac{4}{100} = 0,04m = 4\,cm$$

A outra medida, de 6 metros, correspondem no projeto:

$$\frac{1}{100} = \frac{x}{6} \rightarrow x = \frac{6}{100} = 0,06\,m = 6\,cm$$

Resposta:
4 m, na realidade, correspondem a 4 cm no projeto.
6 m, na realidade, correspondem a 6 cm no projeto.

---

73. Uma bandeira brasileira oficial tem 10m de comprimento por 7m de largura. Que escala estamos trabalhando ao desenharmos nossa bandeira com 8cm de comprimento?

Solução:

$$\frac{\text{dimensão no projeto}}{\text{dimensão real}} = \frac{8\,cm}{10\,m} = \frac{8\,cm}{10 \cdot 100\,cm} = \frac{8\,cm}{1000\,cm} = \frac{1}{125}$$

Resposta: Na escala de 1 : 125.

---

74. Um muro de 28,50 metros está representado em um desenho na escala de 1 : 75. Quantos cm mede esse muro no desenho.

Solução:

$$\frac{\text{dimensão no projeto}}{\text{dimensão real}} = \frac{x}{2850\,cm} = \frac{1}{75\,cm}$$

$$x = \frac{2850\,cm}{75\,cm} = 38\,cm$$

Resposta: Mede 38cm, no desenho.

---

75. Em uma carta geográfica de escala 1 : 2 000 000, a distância entre duas cidades é de 10cm. Qual a distância real entre essas cidades?

Solução:

$$\frac{\text{dimensão no projeto}}{\text{dimensão real}} = \frac{1\,cm}{2\,000\,000\,cm} = \frac{10\,cm}{x}$$

Mas 2 000 000cm = 20 000m = 20km, ou seja, 1cm no mapa equivale a 20km na realidade.

Então, temos:
$$\frac{1\,cm}{20\,km} = \frac{10\,cm}{x}$$

$x = 20\,km \cdot 10\,cm = 200\,km$

Resposta: A distância entre essas cidades é de 200km.

---

76. A distância entre as cidades A e B, numa carta geográfica é de 10cm. A distância real entre elas é de 500km. Qual é a escala da carta?

$$\frac{\text{dimensão no projeto}}{\text{dimensão real}} = \frac{10\,cm}{500\,km} = \frac{10\,cm}{500\,000\,m} = \frac{10\,cm}{50\,000\,000\,cm} = \frac{1\,cm}{5\,000\,000\,cm} \rightarrow 1:5\,000\,000$$

Resposta: 1 : 5 000 000.

---

77. (UNICAMP) Na planta de um edifício em construção, cuja escala é 1 : 50, as dimensões de uma sala retangular são 10cm e 8cm. Calcule a área total da sala projetada.

Solução:

a) $\dfrac{\text{dimensão no projeto}}{\text{dimensão real}} = \dfrac{10\,cm}{x} = \dfrac{1}{50} \to x = 10.50 = x = 500\,cm = 5\,m$

b) $\dfrac{8\,cm}{x} = \dfrac{1}{50} \to x = 8.50 = 400\,cm = 4\,m$

Área da sala $= 5.4 = 20\,m^2$

Resposta: 20 m².

---

78. (UFCE) Em um mapa cartográfico 4cm representam 12km. Nesse mesmo mapa 10cm representam quantos quilômetros?

Solução:
Se 4cm representam 12km
10cm representam x km

$x = \dfrac{10.12}{4} = \dfrac{120}{4} = 30\,km$

Resposta: 30 km.

---

79. (PUC-MG) Na maquete de uma casa, feita na escala de 1 : 500, uma sala tem 8 mm de largura, 10mm de comprimento e 8mm de altura. A capacidade, em litros dessa sala é:

a) 640 b) 6 400 c) 800 d) 8 000 e) 80 000

Solução:
Como a escala é 1 : 500, entende-se que cada milímetro no desenho corresponde a 500 mm na realidade, ou seja, cada milímetro no desenho é igual a 0,50 metro na realidade, pois cada metro tem 1 000 milímetros.

Assim, as dimensões reais da sala são:

a) Largura : $(8\,mm) \to 8\,mm . 0{,}50\,m = 4$ metros

b) Comprimento : $(10\,mm) \to 10\,mm . 0{,}50\,m = 5$ metros

c) Altura : $(8\,mm) \to 8\,mm . 0{,}50\,m = 4$ metros

Capacidade da sala = 4 . 5 . 4 = 80m³
Como 1m³ = 1 000 litros
80m³ = 80 000 litros

Resposta: A capacidade da sala em litros é de 80 000 litros.

---

80. Qual o comprimento que devemos representar uma avenida de 4 200 metros de comprimento, ao desenhar a planta de um bairro, na escala de 1 : 20 000?

Solução:

$$\frac{\text{dimensão no projeto}}{\text{dimensão real}} = \frac{1}{20\,000} = \frac{x}{4\,200}$$

$$x = \frac{4\,200}{20\,000} = \frac{42}{200} = \frac{21}{100} = 0,21\,\text{m} = 21\,\text{cm}$$

Resposta: O comprimento, no desenho, deverá ser de 21 cm.

---

81. A extensão de uma estrada de ferro é de 420km. Qual foi a escala usada, se a mesma foi representada por 5cm?

Solução:

$$\frac{\text{dimensão no projeto}}{\text{dimensão real}} = \frac{1}{x} = \frac{5}{420\,\text{km}} \quad (1)$$

$$x = \frac{420\,\text{km}}{5\,\text{cm}} = \frac{84\,\text{km}}{1\,\text{cm}} = \frac{84\,000\,\text{m}}{1\,\text{cm}} = \frac{8\,400\,000\,\text{cm}}{1\,\text{cm}}$$

$$x = 8\,400\,000$$

Levando este valor à equação (1), teremos a escala usada.

$$\text{Escala} = \frac{1}{8\,400\,000} \rightarrow \text{ou } 1 : 8\,400\,000$$

Resposta: A escala usada foi 1 : 8 400 000.

---

82. Qual deve ser a escala de uma planta de 17,5m de comprimento que está representada por um segmento de reta de 0,035m?

Solução:

$$\frac{\text{dimensão no projeto}}{\text{dimensão real}} = \frac{0,035}{17,5} = \frac{1}{x} \quad (1)$$

$$x = \frac{17,5}{0,035} = 500 \rightarrow \text{Substituindo este valor em } (1), \text{teremos} : \frac{1}{500}$$

Resposta: $\text{Escala} = \frac{1}{500}$ ou $1 : 500$

---

83. Em um mapa geográfico, desenhado na escala de 1 : 1 000 000, consta uma estrada com 7,5cm. Qual o comprimento real dessa estrada?

Como 1 000 000cm = 10 000m = 10km, então, se 1cm no mapa equivale a 10km, na realidade, podemos montar a seguinte Regra de Três para achar o comprimento real da estrada:

1cm -------- 10km
7,5cm ------ x

$$x = \frac{7,5 \cdot 10}{1} = 75\,km$$

Resposta: Essa estrada tem o comprimento de 75km.

---

84. A planta do prédio de uma empresa foi feita na escala de 1 : 250. Determine a área real que está representada na planta por 4cm².

Solução:
Imaginar um quadrado que tenha 2cm de lado, na planta, que é igual a 4cm².
Como 1 cm na planta = 250 cm na realidade
2 cm na planta = 500 cm = 5 m na realidade
Logo 2cm . 2m na planta equivale
a 5m . 5m na realidade = 25 m²

Resposta: 4cm² na planta representam 25m², na realidade.

---

85. Na planta de um edifício em construção, cuja escala é 1 : 30, as dimensões de uma sala retangular são 30cm × 16cm. Qual é a área real dessa sala retangular?

Solução:
a) 1cm na planta = 30cm na realidade
30cm na planta = x cm na realidade

$$x = \frac{30 \cdot 30}{1} = 900\,cm = 9,0\,m \;\{\,1\,cm \text{ na planta} = 9,0 \text{ metros, na realidade}$$

b) 1cm na planta = 30cm na realidade
16cm na planta = x cm na realidade

$$x = \frac{16 \cdot 30}{1} = 480\,cm = 4,80\,m \;\{\,1\,cm \text{ na planta} = 4,80 \text{ metros, na realidade}$$

c) A área da sala retangular, na realidade, é:
A = 9,0 . 4,80 = 43,20 m²

Resposta: A área é de 43,20m².

---

86. A planta de um apartamento está confeccionada na escala 1:50. Então a área real, em m², de uma sala retangular cujas medidas na planta são 12cm e 14cm é:
    a) 24 **b)** 26 **c)** 28 **d)** 42 **e)** 54

Solução:
Lado de 12cm na planta:

Se 1cm em planta = 50cm na realidade
12cm em planta = x

$x = \dfrac{50 \cdot 12}{1} = 600\,cm = 6{,}0\,m$ { 12cm na planta equivalem a 6,0m na realidade

Lado de 14cm na planta:
1cm ----- 50cm
14cm --- x

$x = \dfrac{14 \cdot 50}{1} = 700\,cm = 7{,}00\,m$ { 14cm na planta equivalem a 7,0m na realidade

Então a área de uma sala retangular de 6m . 7m = 42m².

Resposta: Letra "d".

---

87. Temos duas plantas de um mesmo terreno retangular. Uma na escala de 1:20 e outra na escala de 1:25. Qual é a razão entre as áreas dos retângulos da primeira e segunda planta?

Solução:
Área A_1: na escala de 1:20 (1cm na planta é igual 20cm na realidade) temos:
a) Na planta : 1 cm . 1 cm = 1 cm²
b) Na realidade : 20 cm . 20 cm = 400 cm²

Área A_2: na escala de 1:25 (1cm na planta é igual a 25cm na realidade) temos:
a) Na planta : 1 cm . 1 cm = 1 cm²
b) Na realidade : 25 cm . 25 cm = 625 cm²

Relação : $\dfrac{A_1}{A_2}$

$\dfrac{A_1}{A_2} = \dfrac{400}{625} = \dfrac{16}{25}$

Resposta:
$\dfrac{A_1}{A_2} = \dfrac{16}{25}$

---

88. Na medição topográfica da superfície de um terreno, empregou-se a corrente de agrimensor com 1 dam de comprimento. Porém, verificou-se, posteriormente à conclusão dos serviços, que tal corrente tinha 8cm a mais do que devia. Encontrou--se uma área de 5 400,5ha. Qual a superfície verdadeira do terreno?

Solução:
1) A cada medida feita com a corrente "errada", cometeu-se um erro para mais de 8cm = 0,08m.
2) O agrimensor nada mais fez que calcular uma superfície de um terreno semelhante ao terreno a medir, porém de dimensões erradas.
3) No caso de figuras semelhantes, a geometria nos diz: "as áreas de duas figuras semelhantes estão entre si como o quadrado das linhas homólogas.

$$\frac{\text{Superfície achada erradamente}}{\text{Superfície verdadeira}} = \frac{(\text{comprimento da corrente empregada})^2}{(\text{comprimento verdadeiro da corrente})^2}$$

Como a corrente empregada tinha 10,08m, embora devesse ter 10,00m, podemos estabelecer as seguintes proporções:

$$\frac{5\,400,5}{Sv} = \frac{(10,08)^2}{(10)^2} \quad \{Sv = \text{superfície verdadeira}$$

$$Sv = \frac{5\,400,5 \cdot (10)^2}{(10,08)^2} = \frac{5\,400,5 \cdot 100}{101,61}$$

$$Sv = 5\,314,93\,ha$$

Resposta: A superfície verdadeira do terreno é 5 314,93 hectares.

NOTA: Acrescentamos, pela sua utilidade prática, mais os seguintes teoremas, aplicáveis à medições topográficas, embora tais assuntos serão discutidos e comentados no livro *Geometria Plana: 3.000 problemas resolvidos e explicados* – em elaboração.
1) A razão das áreas de dois polígonos semelhantes é igual ao quadrado da razão de semelhança.

$$\frac{\text{area I}}{\text{area II}} = K^2$$

2) A razão das áreas de dois polígonos semelhantes é igual ao quadrado da razão de duas diagonais homólogas.
3) A razão das áreas de dois polígonos semelhantes é igual ao quadrado da razão de seus perímetros.

MÉDIAS
(Média Aritmética. Média Geométrica. Média Ponderada. Média Harmônica)

MÉDIA ARITMÉTICA

A média aritmética de vários números é o quociente da divisão da soma desses números pelo número de parcelas.

Exemplo 1: Calcular a média aritmética entre 12, 15 e 18.

$M_a = \dfrac{12+15+18}{3} = 15$

Exemplo 2: Determinar a média aritmética entre 25, 30, 34 e 43.

$M_a = \dfrac{25+30+34+43}{4} = 33$

Exemplo 3: Calcular a média aritmética entre 5, 10 e 6 será:

$\dfrac{5+10+6}{3} = 7$

---

89. Numa classe de um colégio existem estudantes de ambos os sexos. Numa prova, as médias aritméticas das notas dos meninos e das meninas foram, respectivamente, iguais a 6,2 e 7,0. A média aritmética das notas de toda a classe foi igual a 6,5. Pergunta-se:
   a) A maior parte dos estudantes dessa classe é composta de meninos ou de meninas? Justifique sua resposta.
   b) Que porcentagem do total de alunos da classe é do sexo masculino?

Solução:
1) Sejam X meninos e y meninas dessa classe.
2) Lembremos que a média aritmética de vários números é igual ao quociente (divisão) da soma desses números pela quantidade deles, que pode ser assim representada:

$M = \dfrac{S}{n} \begin{cases} \text{Onde:} \\ M = \text{média aritmética} \\ S = \text{soma dos valores (dos números apresentados)} \\ n = \text{quantidade desses valores} \end{cases}$

Por exemplo: a média aritmética dos números 1, 2, 3, 4 e 5 é igual a 3. Por que? Porque a soma dos números indicados de 1 a 5 e dividido pela quantidade deles é igual a 3.
Vejamos:

$M = \dfrac{1+2+3+4+5}{5} = \dfrac{15}{5} = 3$

3) No caso presente, a média aritmética das notas dos meninos é igual à soma (So) das notas de cada um, dividida pelo número de meninos (x), que representamos como segue:

$M_o = \dfrac{S_o}{x} \begin{cases} S = \text{soma das notas dos meninos} \\ x = \text{número dos meninos} \\ M_o = \text{média aritmética das notas dos meninos} \end{cases}$

Substituindo-se, na expressão anterior, as letras pelos números enunciados no problema, teremos:

$6,2 = \dfrac{S_o}{x} \rightarrow S_o = 6,2\,x \begin{cases} S_o = \text{soma das notas dos meninos} \\ x = \text{número dos meninos} \end{cases}$

Da mesma forma, teremos para as meninas:

$7,0 = \dfrac{S_a}{y} \rightarrow S_a = 7\,y \begin{cases} S_a = \text{soma das notas das meninas} \\ y = \text{número das meninas} \end{cases}$

Se somarmos as notas de todos os meninos (S_o) com as notas de todas as meninas (S_a) e dividirmos esse total pela soma dos meninos e meninas do colégio, teremos a média aritmética das notas de toda a classe (6,5):

$\dfrac{S_o + S_a}{x + y} = 6,5 \rightarrow \dfrac{6,2x + 7y}{x + y} = 6,5$

$6,2x + 7y = 6,5(x+y) \rightarrow 6,2x + 7y = 6,5x + 6,5y$

$6,2x - 6,5x = 6,5y - 7y \rightarrow -0,3x = -0,5y$

Multiplicando-se ambos os membros por -1, teremos:

$-1(-0,3x) = -1(-0,5y) \rightarrow 0,3x = 0,5y$

$\dfrac{x}{y} = \dfrac{0,5}{0,3} = \dfrac{x}{y} = \dfrac{5}{3}$

Aplicando-se uma das propriedades das proporções: "a soma dos primeiros termos está para o segundo, assim como a soma dos últimos termos está para o último; teremos:

$\dfrac{x+y}{y} = \dfrac{5+3}{3} \rightarrow \dfrac{x+y}{y} = \dfrac{8}{3}$

$8y = 3(x+y)$

$y = \dfrac{3}{8}(x+y)$

$y = 0,375(x+y)$

$y = 37,5\%(x+y)$

Sendo $x + y$ o total dos alunos da classe, podemos dizer que a quantidade de meninas (y) é 37,5% do total dos alunos (meninos + meninas = x + y). Consequentemente, o total dos meninos será:

$100\% - 37,5\% = 62,5\%$

Resposta:
a) A maior parte dos estudantes da classe é composta de meninos (62,5%)
b) Evidentemente, a porcentagem do total dos alunos (do sexo masculino) da classe é de 62,5%

90. Vamos supor que uma categoria profissional tenha tido um aumento salarial de 20% no 1º ano de trabalho, de 12% após o 2º ano e de 7% após o 3º ano. Pergunta-se: qual o aumento percentual médio do salário dessa categoria, nesses 3 anos?

Solução:
1) Definições
Vamos lembrar inicialmente as definições de média aritmética e média geométrica, a que já nos referimos, anteriormente, para bem entender o desenvolvimento do raciocínio na resolução deste problema.

Média aritmética é o resultado da divisão da soma de duas ou mais parcelas pelo número delas.

Média geométrica (ou média proporcional) de vários números é o resultado que se obtém, extraindo-se a raiz do produto desses números, sendo o índice da raiz igual ao número dos fatores.

2) Caminhamento do cálculo
Para responder à pergunta do problema, podemos usar, pelo menos, dois procedimentos:

1º procedimento: Aplicando-se, sucessivamente, os aumentos percentuais indicados no problema, como mostrados na tabela a seguir:

Tabela I
(Demonstrativa dos cálculos de 1º procedimento)

	Salário inicial (R$)	Aumentos percentuais aplicados	Aumento em reais	Salário final
1º ano	1 000,00	20%	200,00	1 200,00
2º ano	1 200,00	12%	144,00	1 344,00
3º ano	1 344,00	7%	94,08	1 438,08

Verifica-se que o salário após 3 anos, será de R$ 1 438,08. Houve, então, um aumento de 43,80% em 3 anos.

2º procedimento: pela multiplicação sucessiva dos fatores correspondentes aos percentuais indicados. Ou seja, multiplicando-se, sucessivamente, os fatores 1,2; 1,12; 1,07 pelo salário inicial, que pode ser qualquer valor; admitamos R$ 1 000,00.

Neste caso, o salário final será:
M = S (1,20 . 1,12 . 1,07)
M = S . 1,43808

Onde:
M = salário final (montante)
S = salário inicial

Sendo S = 1 000,00, como estipulado na Tabela I, teremos:
M = 1 000 . 1,43808 = R$ 1 438,08

Observe que, também neste caso (de multiplicações sucessivas), o salário, após 3 anos, é de R$ 1 438,08 e o aumento percentual em 3 anos é de 43,80%.

Conclusão: O aumento percentual em 3 anos foi de 43,80%; ambos os procedimentos atestam o mesmo resultado.

Porém, o problema não pede o aumento percentual total, em 3 anos; pede calcular o **aumento percentual anual (médio)** nesses 3 anos.

Daí, a pergunta inevitável: **para calcular o percentual médio anual**, nesses 3 anos, usa-se o conceito de média aritmética ou o de média geométrica?

Se tratarmos esse resultado de 43,80% como média aritmética, teremos o aumento percentual anual de 43,80% : 3 = 14,60% (percentual médio anual).

Será esse resultado correto?

Estará correto se, aplicando-se esse percentual três vezes consecutivas ao salário inicial (no caso, adotado como sendo de R$ 1 000,00) resultar o salário final, já calculado no 1º procedimento, R$ 1 438,08.

Façamos as verificações, utilizando-nos da Tabela II, indicada a seguir, demonstrativa dos cálculos:

Tabela II
(Com aplicação de percentual anual de 14,60%)

	Salário inicial (R$)	Aumento percentual anual	Aumento anual em reais	Salário em Reais, ao final de cada ano
1º ano	1 000,00	14,60%	146,00	1 146,00
2º ano	1 146,00	14,60%	167,32	1 313,32
3º ano	1 313,32	14,60%	191,74	1 505,06

Verifica-se que o resultado R$ 1 505,06 não é o mesmo que o corretamente calculado pelo procedimento indicado na Tabela 1.

Conclusão: É, portanto, incorreto tratar o presente problema com o conceito de média aritmética.

Vamos, então, analisar o problema sob o conceito de média geométrica.

A média geométrica dos fatores 1,20; 1,12; 1,07, correspondentes, respectivamente, às taxas de 20%, 12% e 7%, será:

$M_g = \sqrt[3]{1,2 \cdot 1,12 \cdot 1,07}$

$M_g = \sqrt[3]{1,43808} \rightarrow M_g = 1,128741$

$M_g = (1,128741 - 1) \cdot 100 = 12,8741\%$ ao ano

Isto significa que, se este resultado de 12,8741% ao ano, estiver correto e se o aplicarmos 3 vezes consecutivas ao salário inicial, deveremos ter o mesmo resultado que o obtido na Tabela I, quando aplicamos ao salário inicial, sucessivamente, os percentuais 20%, 12% e 7%.

Montaremos a seguir, para facilitar o entendimento, a Tabela III demonstrativa dessa aplicação de 12,8741% em 3 anos, consecutivamente:

Tabela III

	Salário inicial (R$)	Aumento percentual anual	Aumento em REAIS anual	Salário final em Reais
1º ano	1 000,00	12,8741	128,74	1 128,74
2º ano	1 128,74	12,8741	145,31	1 274,06
3º ano	1 274,06	12,8741	164,02	1 438,08

Observe que obtivemos o mesmo resultado que o encontrado na Tabela I, quando aplicamos os percentuais 20%, 12% e 7%, consecutivamente, ao salário, que resultou em 43,80% em 3 anos. Esse resultado (12,8741%) justifica a aplicação, portanto, do conceito de média geométrica ao problema em comento.

Resposta: O aumento percentual médio da categoria em 3 anos, foi de 12,8741%, ao ano. Fica assim justificado o motivo por que foi utilizada a média geométrica, no problema em consideração.

Nota:
A média geométrica é muito utilizada na solução de problemas envolvendo aumentos sucessivos (multiplicações sucessivas), tais como em matemática financeira (cálculo de juros compostos), científica (cálculo de população de bactérias), estatística (cálculo percentual anual de aumento de população ao longo de épocas passadas ou mesmo de previsão de aumento populacional, para diversos fins); projetos urbanísticos, projetos de redes de abastecimento de água, de rede coletora de esgotos, etc.

91. Numa classe de 20 alunos, foram as seguintes as notas obtidas, relativas à quantidade de alunos:

Notas obtidas	50	60	80	90
Alunos	8	5	4	3

Qual é a média aritmética das notas dessa classe?

Solução:
1) Observe que pela tabela acima há:
   a) 8 alunos que obtiveram nota 50.
   b) 5 alunos que obtiveram nota 60.
   c) 4 alunos que obtiveram nota 80.
   d) 3 alunos que obtiveram nota 90.

2) Para obtermos a média das notas desta sala de aula, procedemos da seguinte forma:
   a) Multiplique-se o número de alunos pelas respectivas notas obtidas.
   b) Some-se os resultados dessas parcelas.
   c) E divida a soma obtida pelo número de alunos.

O que estamos indicando nada mais é do que a aplicação do conceito de média aritmética, ou seja, somar uma quantidade de parcelas e dividir pelo número delas.
Vejamos:

$$M_a = \frac{(8.50)+(5.60)+(4.80)+(3.90)}{8+5+4+3}$$

$$M_a = \frac{1290}{20} = 64,5$$

Resposta: A média aritmética das notas da classe foi de 64,5.

---

92. Numa empresa, 5 operários têm salário de R$ 3 000,00 mensais, 10 operários têm salário de R$ 2 500,00 mensais, 15 operários têm salário de R$ 2 000,00 mensais e 20 operários têm salário mensal de R$ 1 000,00. Qual é o salário médio mensal desses operários?

Solução:

Operários	Salários	Total
5	3 000	15 000
10	2 500	25 000
15	2 000	30 000
20	1 000	20 000
50		90 000

$$\text{Média} = \frac{90\,000}{50} = 1\,800$$

Resposta: A média do salário dos operários é de R$ 1 800,00 mensais.

---

93. A média aritmética da soma de 40 números é 30. Se retirarmos os números 10, 20 e 30, qual será a média aritmética dos números que restaram?

Solução:
Como a média aritmética é a soma de um certo número de grandezas dividido pela quantidade delas, teremos:

$$M_a = \frac{S}{n} \rightarrow \begin{cases} \text{Onde:} \\ M_a = \text{média aritmética} \\ S = \text{soma dos números considerados} \\ n = \text{quantidade de números somados} \end{cases}$$

Então, a média aritmética indicada no problema será:

$$M_1 = \frac{S}{40} = 30$$

$S = 30 . 40 = 1\,200$, que é a soma dos números.

Retirando-se dessa soma o somatório dos números 10, 20 e 30 (= 60), e considerando que a quantidades desses números passou de 40 para 37, teremos:

$$M_2 = \frac{1200-60}{37} = 30,81 \begin{cases} \text{Como foram retirados 3 números,} \\ \text{a quantidade desses números, que} \\ \text{era 40, passou a ser } 37\,(40-3). \end{cases}$$

Resposta: A média aritmética dos números que restaram é 30,81.

---

94. Se a um grupo de 5 amigos com idades de 12, 14, 14, 15 e 15 anos juntar-se outro amigo com idade de 18 anos, qual será a média aritmética das idades do 1º grupo (o de 5 amigos) e a média aritmética das idades do novo grupo (o de 6 amigos)?

Solução:

1) $\begin{cases} \text{Média aritmética} \\ \text{das idades do 1º grupo} = \dfrac{12+14+14+15+15}{5} = \dfrac{70}{5} = 14 \text{ anos} \end{cases}$

2) $\begin{cases} \text{Média aritmética} \\ \text{das idades do novo grupo} = \dfrac{70+18}{6} = 14,66 \text{ anos} \end{cases}$

Resposta: A média aritmética das idades dos amigos formados no 1º grupo é de 14 anos, e a média aritmética das idades dos amigos formados no 2º grupo é de 14,66 anos.

---

95. Seja 15 a média aritmética de 3 números quaisquer. Subtraindo-se 5 unidades de cada um desses números, responder:
a) A média aritmética, após a subtração citada, aumenta ou diminui?
b) Qual será a nova média aritmética, após a subtração citada?

Solução:
Suponha 3 números quaisquer, maiores que 5. Por exemplo: 10, 15 e 20. Sua média aritmética será:

$$M_1 = \frac{10+15+20}{3} = \frac{45}{3} = 15$$

Subtraindo-se 5 unidades de cada número, a nova média aritmética será:

$$M_2 = \frac{5+10+15}{3} = \frac{30}{3} = 10$$

Lembrando uma das propriedades da média aritmética: somando-se (ou subtraindo-se) uma constante (c) a cada variável, a média do conjunto fica aumentada (ou diminuída) dessa constante.
Com base nessa propriedade poderemos generalizar o conceito, como segue:
Sejam n_1, n_2 e n_3 três números quaisquer cuja média aritmética é 15, ou seja:

$$M_1 = \frac{n_1 + n_2 + n_3}{3} = 15$$

Logo, $n_1 + n_2 + n_3 = 45$ (1)

Subtraindo-se 5 unidades de cada número, temos:

$$M_2 = \frac{(n_1-5)+(n_2-5)+(n_3-5)}{3} = \frac{n_1+n_2+n_3-15}{3}$$

Substituindo-se, $n_1 + n_2 + n_3 = 45$ (1) em M_2:

$$M_2 = \frac{n_1+n_2+n_3-15}{3} = \frac{45-15}{3} = \frac{30}{3} = 10$$

Resposta:
a) A nova média aritmética, após a subtração, diminuiu.
b) E será 5 unidades menor, ou seja, igual a 10.

---

96. (Fuvest) Sabe-se que a média aritmética de 5 números inteiros, distintos, positivos, é 16. O maior valor que um desses inteiros pode assumir é:
a) 16   b) 20   c) 50   d) 70   e) 100

Solução:
Como a média de 5 números é igual a 16, isto significa que a SOMA do total dos números é igual a 80, como demonstramos a seguir:

$$M_a = \frac{\text{somatório das grandezas}}{\text{número das grandezas}} = \frac{S}{5}$$

$$M_a = \frac{S}{5} = 16 \rightarrow S = 80$$

Esses 5 números constam da lista dos números naturais que se inicia com o número 1 e terminam com o número 80, conforme se pode ver pelo esquema abaixo.

1	2	3	4	5	6	7	8	9	10
11	12	13	14	15	16	17	18	19	20
21	22	23	24	25	26	27	28	29	30
31	32	33	34	35	36	37	38	39	40
41	42	43	44	45	46	47	48	49	50
51	52	53	54	55	56	57	58	59	60
61	62	63	64	65	66	67	68	69	70
71	72	73	74	75	76	77	78	79	80

Buscando na tabela supra o maior número dessa tabela que, acrescido de mais 4 números (pois são 5 os números inteiros, positivos e distintos) somam 80, teremos:

$70 + 1 + 2 + 3 + 4 = 80$

Resposta: Portanto, o maior valor que um desses números pode assumir é 70 (letra "d").

97. Uma pessoa vai fazer uma viagem ao exterior e comprou US$ 2 000,00 dólares aos seguintes preços:
   a) 60 dias antes da viagem, o valor de compra do dólar foi de R$ 2,00.
   b) 30 dias antes da viagem, o valor de compra do dólar foi de R$ 1,80.

Sabendo-se que comprou 60% dos dólares a R$ 2,00 e 40% dos dólares a R$ 1,80, quanto ele pagou, em média, por dólar comprado?

Solução:

$60\% = \dfrac{60}{100} = 0,60 \; \{0,60 \cdot 2000 \cdot 2 = R\$\, 2\,400 \text{ reais}$

$40\% = \dfrac{40}{100} = 0,40 \; \{0,40 \cdot 2000 \cdot 1,8 = \underline{R\$\, 1\,440 \text{ reais}}$

Pagou pelos US$ 2 000,00 a importância de ⟶ **R$ 3 840 reais**

Logo, o custo médio, por dólar, foi de $\dfrac{3\,840}{2\,000} = 1,92 \text{ reais / dólar}$

Resposta: Pagou, em média, a importância de R$ 1,92 por dólar.

---

98. (UFMG) Define-se a média aritmética de "n" números dados como o resultado da divisão por "n" da soma dos "n" números. Sabe-se que 3,6 é a média aritmética de 2,7; 1,4; 5,2; e "x". O número "x" é igual a:
   a) 2,325   **b)** 3,1   **c)** 3,6   **d)** 5,1

Solução:
Em outras palavras: a média aritmética é igual à divisão da soma dos números considerados pela quantidade deles, que se pode escrever, em linguagem matemática, como segue:

$M = \dfrac{S}{n}$ $\begin{cases} \text{Em que:} \\ M = \text{média aritmética} \\ S = \text{soma dos números considerados} \\ n = \text{quantidade das parcelas} \end{cases}$

Colocando na fórmula supra os dados do problema, teremos:

$3,6 = \dfrac{2,7 + 1,4 + 5,2 + x}{4}$

$3,6 = \dfrac{9,3 + x}{4} \rightarrow 3,6 \cdot 4 = 9,3 + x$

$14,4 = 9,3 + x \rightarrow x = 14,4 - 9,3$

$x = 5,1$

Resposta: Letra "d".

---

99. (PUCCAMP) Sabe-se que os números x e y fazem parte de um conjunto de 100 números, cuja média aritmética é 9,83. Retirando-se x e y desse conjunto, a média aritmética dos números restantes será 8,5.
Se 3 x – 2 y = 125, então:
a) x = 75   **b)** y = 55   **c)** x = 80   **d)** y = 65   **e)** x = 95

Solução:
Vamos representar por S (soma do conjunto de 100 números) e por M a média. Logo, temos:
$M = \dfrac{S}{100} = 9,83$ ou S = 100 . 9,83 ou S = 983

Vamos agora representar por T a média da soma dos números após a retirada de x e y. Podemos então escrever:
$T = \dfrac{S - x - y}{100 - 2} = 8,5$ ou $\dfrac{S - x - y}{98} = 8,5$
S – x – y = 8,5 . 98 = 833

Substituindo o valor de S na equação acima temos:
983 – x – y = 833
– x – y = 833 – 983
– x – y = – 150 (multiplicando todas a equação por – 1)
x + y = 150 ou y = 150 – x

Substituindo y na equação dada no problema (3x – 2y = 125), temos:
3x – 2(150 – x) = 125
3x – 300 + 2x = 125
5x = 125 + 300
5x = 425 → x = 425 : 5 → x = 85

Se x + y = 150, então:
85 + y = 150
y = 150 – 85
y = 65

Resposta: letra "d".

---

100. (FAAP) Uma companhia de TV a cabo atende presentemente "x" residências, cobrando uma taxa mensal de R$ 38,00 e a "y" residências, a uma taxa mensal unitária de R$ 50,00. O preço médio cobrado por residência é:
a) 88 x y / (38 x + 50 y)

b) 8 x y / (x + y)
c) 38 x + 50 y / 50
d) (38 x + 50 y) / (x + y)
e) 38 x 50 y / x y

Solução:
Teremos que somar o valor cobrado pelas "x" residências a R$ 38,00 cada mais as "y" residências à taxa de R$ 50,00 e dividir essa soma pela soma do número de residências = x + y.

Assim, teremos:

Preço médio = $\dfrac{38x+50y}{x+y}$, que é a resposta procurada.

Resposta: letra "d".

---

101. Numa cidade, a população feminina é 51% do total. A idade média da população feminina é 38 anos e a masculina é 36 anos. Então, a idade média da população, em anos, é:
a) 37,02   b) 37,00   c) 37,20   d) 36,60   e) 37,05

SOLUÇÃO 1:
1) Se imaginarmos, por hipótese, que uma cidade qualquer tenha uma população total, digamos, de 10 000 habitantes, a população feminina, segundo o problema, terá 51% desse total, ou seja, 5 100 pessoas. Deduz-se, então, que a população masculina seja de 4 900 pessoas (10 000–5100).
2) Como a média aritmética de "n" grandezas é igual a soma dessas grandezas, dividida pelo número delas, podemos dizer, que a soma das idades das 5 100 mulheres dessa cidade, dividida pelo número delas (5 100) é igual a 38; e representamos essa afirmação, como segue:

$$M_f = \dfrac{S_f}{n} \rightarrow 38 = \dfrac{\text{Soma das idades}(S_f)}{5\,100} \rightarrow S_f = 38 \cdot 5100 = 193\,800 \text{ anos}$$

Usando o mesmo raciocínio para os homens, teremos:

$$M_h = \dfrac{S_h}{n} \rightarrow 36 = \dfrac{S_h}{4\,900} \rightarrow S_h = 36 \cdot 4900 = S_h = 176\,400 \text{ anos}$$

Temos, então, calculadas a soma das idades das mulheres dessa hipotética cidade e também a soma das idades dos homens.
O problema pede para calcular a idade média da população.
Basta somar as totalidades das idades das mulheres com a totalidade das idades dos homens e dividir o resultado por 10 000 pessoas, que é a população total dessa cidade

$$M_p = \dfrac{S_f + S_h}{10\,000} = \dfrac{193\,800 + 176\,400}{10\,000}$$

$$M_p = \dfrac{370\,200}{10\,000} = 37,02 \text{ anos}$$

Resposta: A idade média da população da cidade considerada é de 37,02 anos. Letra "a".

OBS.: Para darmos início à resolução deste problema, imaginamos uma população de 10 000 pessoas para essa cidade. Podemos, no entretanto, para sua solução, admitir qualquer número de pessoas, que o resultado será o mesmo.

Outra forma de resolver o problema – SOLUÇÃO II:
Como o problema informa que a população feminina é de 51% do total, deduz-se, imediatamente, que a população masculina é de 49% (100% –51% = 49%). Portanto, o número de mulheres está para o número de homens na razão de 51 para 49, o que significa que, em cada 100 pessoas, 51 são mulheres e 49 são homens. Se multiplicarmos a idade média das mulheres (38 anos) por 51, teremos a idade total desse grupo de mulheres:

$$38 \cdot 51 = 1\,938 \text{ anos}$$

Usando o mesmo raciocínio para os homens: $36 \cdot 49 = \underline{1\,764 \text{ anos}}$

Soma: $3\,702$ anos

Dividindo-se a soma total das idades do grupo das mulheres e do grupo dos homens por 100 (51 + 49), teremos a idade média da população.

3 702 : 100 = 37,02 anos

Resposta: A idade média da população da cidade considerada é de 37,02 anos (letra "a").

---

102. Numa população, a razão do número de mulheres para o de homens é de 11 para 10. A idade média das mulheres é 34 e a idade média dos homens é 32. Então, a idade média da população é, aproximadamente:
a) 32,9   **b)** 32,95   **c)** 33,00   **d)** 33,05   **e)** 33,10

Solução:
O problema diz que na população referida a razão do número de mulheres para o de homens é de 11 para 10. Isso quer dizer que em cada 21 pessoas (11+10), 11 são mulheres e 10 são homens.
Empregando-se o conceito de média aritmética, podemos afirmar que a soma das idades dessas mulheres será de 11 . 34 = 374 anos. Da mesma forma, a soma das idades dos homens é de 10 . 32 = 320 anos.

Somando-se, então, as idades dessas 21 pessoas, teremos:
a) das mulheres: 374 anos
b) dos homens: $\underline{320 \text{ anos}}$
694 anos

Dividindo-se a soma total (694) dessas idades por 21, teremos a idade média da população.
694 : 21 = 33,0476

≅ 33,05 anos

Resposta: A idade média dessa população é de aproximadamente 33,05 anos. Letra "d".

103. (CN – 81) Se h, g e a são, respectivamente, as médias: harmônica, geométrica e aritmética entre dois números, então:
a) ah = 2 g   **b)** ah = g   **c)** ah = g²   **d)** ah = 2 g²   **e)** ah = 2 $\sqrt{g}$

Solução:
Por definição, as médias aritmética, geométrica e harmônica entre dois números x e y, podem ser representadas, respectivamente, pelas expressões:

$$(1) \quad a = \frac{x+y}{2}; \qquad (2) \quad g = \sqrt{x.y}; \qquad (3) \quad h = \frac{1}{\frac{\frac{1}{x}+\frac{1}{y}}{2}}$$

Considerando a expressão (3), que nos dá o valor de "h", e resolvendo, primeiramente, o denominador dessa expressão, teremos:

$$h = \frac{1}{\frac{\frac{1}{x}+\frac{1}{y}}{2}} = \left\{ \frac{1}{x}+\frac{1}{y} = \frac{x+y}{xy} \right\} \{mmc(x,y) = xy\}$$

$$h = \frac{1}{\frac{x+y}{xy}} = \frac{1}{\frac{x+y}{2xy}} = \frac{xy}{\frac{x+y}{2}} \quad (4)$$

Observe que o numerador da expressão (4), xy, é igual à média geométrica dos valores x e y, ao quadrado, pois sendo $g = \sqrt{xy} \rightarrow g^2 = xy$ (5); e o denominador da mesma expressão é a média aritmética de x e y $\left(\frac{x+y}{2}\right)$ (6). Então, levando as expressões (5) e (6) em (4) teremos:

$$h = \frac{g^2}{a} \rightarrow g^2 = ah$$

Resposta: Letra "c".

---

104. A média aritmética de um grupo de 120 pessoas é de 40 anos. Se a média aritmética das mulheres é de 35 anos e a dos homens é de 50 anos, qual o número de pessoas de cada sexo no grupo?

Solução:
Expressar em linguagem matemática a soma das idades de cada grupo e, em separado, a soma das idades dos dois grupos.

a) Soma das idades das mulheres

$$\frac{S_m}{m} = 35 \quad \begin{cases} m = \text{número de mulheres} \\ S_m = \text{soma das idades dessas mulheres} \end{cases}$$

$$S_m = 35m \quad (1)$$

b) Soma das idades dos homens:

$$\frac{S_h}{h} = 50$$

$$S_h = 50h \quad (2)$$

c) Soma das idades dos 2 grupos:

$$\frac{S_m + S_h}{120} = 40$$

$$S_m + S_h = 4\,800 \quad (3)$$

Substituindo-se em (3) os valores de S_m e S_h obtidos respectivamente em (1) e (2), teremos:
35m + 50 h = 4 800 (4)

Sabemos pelo problema que o número de mulheres mais o número de homens é 120, de onde obtemos a seguinte equação:
m + h = 120 (5)

Agora, resta resolver o sistema de equações formada pelas equações (4) e (5):
$$\begin{cases} 35m + 50\,h = 4\,800 \quad (6) \\ m + h = 120 \quad (7) \end{cases}$$

Multiplicando-se a equação (7) por –50, para eliminarmos a incógnita "h", teremos:
    35m + 50 h =   4 800
  – 50m – 50 h = – 6 000

Somando membro a membro, teremos:
  – 15m = – 1 200 (multiplique-se por –1):
    15m =   1 200
      m = $\frac{1\,200}{15}$
      m =   80 mulheres

Número de homens:
  m + h = 120
  80 + h = 120
      h = 120 – 80
      h = 40 homens

Resposta: O grupo é composto de 80 mulheres e 40 homens.

*Texto obtido no site: matematiques.site.uol.com.br/pereirafreitas
Solução do problema, pelos autores.

105. Um aluno fez dois trabalhos, num semestre e obteve as notas 6,5 e 5,5. Qual deve ser a nota que deve obter no 3º trabalho para que a média dos três seja 7,0?

Solução:
Para que a média aritmética dos 3 trabalhos seja 7 é preciso que a soma das notas dos três trabalhos, dividida por 3 seja igual a 7.

$$\frac{6,5+5,5+x}{3}=7$$

$$\frac{12+x}{3}=7 \rightarrow 12+x=21$$

$$x=21-12=9 \text{ (nove)}$$

Resposta: Deve obter nota 9 (nove).

---

106. (CN – 85) Sabendo-se que a média aritmética e harmônica entre dois números naturais valem, respectivamente, 10 e $\frac{32}{5}$, pode-se dizer que a média geométrica entre esses números será igual a:
a) 3,6   b) 6   c) 6,4   d) 8   e) 9

Solução:
Já demonstramos em problema resolvido anteriormente, que a relação entre as médias aritmética, geométrica e harmônica é dada pela expressão:

$g^2 = a \cdot h$ $\begin{cases} \text{Em que:} \\ g = \text{média geométrica} \\ a = \text{média aritmética} \\ h = \text{média harmônica} \end{cases}$

Basta substituir, na expressão acima, os valores dados no problema e teremos:

$$g^2 = 10 \cdot \frac{32}{5} = 64$$

$$g = \sqrt{64}$$

$$g = 8$$

Resposta: Letra "d".

---

107. (CN – 01) Se os números x, y e z são respectivamente, iguais às médias aritmética, geométrica e harmônica de dois números reais positivos, então:
a) xz = 1   b) xz = y   c) xz = y²   d) y² + z² = x²

Solução:
Já vimos em problema anterior que a relação entre essas três médias (para dois números) é dada pela expressão:

$$g^2 = a \cdot h \begin{cases} \text{Em que:} \\ g = \text{média geométrica} \\ a = \text{média aritmética} \\ h = \text{média harmônica} \end{cases}$$

Substituindo-se na fórmula acima os dados do problema, no qual:
a é representado por x
g é representado por y
h é representado por z

Temos:
$y^2 = x \cdot z$, que é a reposta ao pedido contido no problema.

Resposta: Letra "c".

---

108. (CN – 00) Um aluno calculou a média aritmética entre os cem primeiros números inteiros, positivos, encontrando $50\frac{1}{2}$. Retirando um desses números encontrou como nova média aritmética $50\frac{27}{99}$. O número retirado está entre:

a) 30 e 40 **b)** 40 e 50 **c)** 50 e 60 **d)** 60 e 70 **e)** 70 e 80

Solução:
a) Calculemos, primeiro, o somatório dos cem primeiros números que deram origem a média = $50\frac{1}{2}$.

$$\text{Média aritmética} = \frac{\text{somatório de parcelas}}{\text{número de parcelas}} = \frac{S}{n}$$

$$M_{100} = \frac{S_{100}}{100} = 50\frac{1}{2}$$

$$S_{100} = 100 \cdot 50\frac{1}{2} = 100 \cdot \left(50 + \frac{1}{2}\right) = 100 \cdot \frac{50 \cdot 2 + 1}{2} =$$

$$= 100 \cdot \frac{101}{2} = \frac{10100}{2} = 5050$$

b) Calculamos, a seguir, o somatório dos números que deram origem a média = $50\frac{27}{99}$.

Lembrar que foi retirado um número. Portanto, o número deles foi reduzido a 99 (100 – 1). Seguindo o raciocínio empregado no item "a", teremos:

$$M_{99} = \frac{S_{99}}{99} = 50\frac{27}{99}$$

$$S_{99} = 99.50\frac{27}{99} = 99.\left(50+\frac{27}{99}\right) = 99.\frac{50.99+27}{99} = 4977$$

c) Como o somatório dos cem primeiros números passou de 5 050 para 4 977, após retirado um número, segue-se que o número procurado é aquele que causou essa diferença. Portanto, o número procurado é:
5 050 − 4 977 = 73

Resposta: Letra "e".

LEMBRETE:

Para transformar número misto em fração imprópria (do tipo das indicadas acima: $50\frac{1}{2}$ ou $50\frac{27}{99}$), há pelo menos duas maneiras:

a) Usando-se a regra prática: multiplica-se o número inteiro pelo denominador e soma-se o resultado com o numerador, conservando-se o mesmo denominador.

Exemplo: $7\frac{3}{8} = \frac{7.8+3}{8} = \frac{59}{8}$

b) Usando-se a operação "soma de inteiros com fração própria".

Exemplo: $7\frac{3}{8} = 7+\frac{3}{8} = \frac{7}{1}+\frac{3}{8} = \frac{7.8}{8}+\frac{3}{8}$ {m.m.c$(1,8)=8$}

$$\frac{56}{8}+\frac{3}{8}=\frac{59}{8}$$

Então, os números mistos usados no problema em comento podem ser assim transformados:

a) $50\frac{1}{2} = 50+\frac{1}{2} = \frac{50.2}{2}+\frac{1.1}{2} = \frac{100+1}{2} = \frac{101}{2}$

ou

b) $50\frac{1}{2} = \frac{50.2+1}{2} = \frac{101}{2}$

Da mesma forma, em relação ao número misto $50\frac{27}{99}$:

a) $50\frac{27}{99} = 50+\frac{27}{99} = \frac{50}{1}+\frac{27}{99} = \frac{50.99+27}{99} = \frac{4977}{99}$

ou

b) $50\dfrac{27}{99} = \dfrac{50.99+27}{99} = \dfrac{4\,977}{99}$

---

109. (Escola Técnica Federal – RJ) A diferença entre a média aritmética e a média proporcional de 4 e 36 é:
    a) 6   **b)** 8   **c)** 10   **d)** 12   **e)** 14

Solução:
Calcula-se a média aritmética e, depois, a média proporcional (ou média geométrica) e, em seguida, faz-se a subtração entre os valores achados.

Média aritmética:

$M_a = \dfrac{4+36}{2} = \dfrac{40}{2} = 20$

$M_g = \sqrt{4.36} = \sqrt{144} = 12$

$M_a - M_g = 20 - 12 = 8$

Resposta: Letra "b".

---

110. Um comerciante conseguiu, em 1 ano, aumentar seu faturamento em 100%, isto é, seu faturamento dobrou. No ano seguinte, faturou 1,75 vezes o que havia faturado no ano anterior. Qual foi a média de seu faturamento, por ano?

Solução:
Como no problema anterior, para responder à pergunta deste problema, podemos usar, pelo menos, dois procedimentos.

1º procedimento: Aplicar, sucessivamente, os aumentos percentuais indicados no problema como mostrados na Tabela a seguir.

TABELA I
(demonstrativo dos cálculos do 1º procedimento)

	Faturamento inicial	Aumentos percentuais verificados	Aumentos em reais	Faturamento final
1º ano	10 000,00	100%	10 000,00	20 000,00
2º ano	20 000,00	75%	15 000,00	35 000,00

Verifica-se que o faturamento final, após o 2º ano, foi de R$ 35 000,00. Houve, então, um aumento de $\dfrac{25\,000}{10\,000} = 2,5$ vezes o valor do faturamento inicial, ou seja, um aumento de 250% em 2 anos.

2º procedimento: Usando o processo de multiplicação sucessiva dos fatores correspondentes aos percentuais indicados:

M = F . 2 . 1,75 = 3,5 . F
Como F = 10 000:
M = 3,5 . 10 000 = 35 000

> Onde:
> M = montante (faturamento final)
> F = faturamento inicial = 10 000

Observe que, também neste caso (o de multiplicações sucessivas), o aumento percentual, em 2 anos, foi de 250%.

Assim, usando 2 processos diferentes para solução do mesmo problema, alcançamos o mesmo resultado.

Porém, o problema não pede aumento percentual em dois anos; pede que se **calcule o aumento percentual anual, médio**, nesses dois anos.

Daí a pergunta inevitável: para o cálculo do **percentual médio anual**, usa-se, neste caso, o conceito de média aritmética ou média geométrica?

Vamos determinar qual o conceito a ser aplicado:

A) Calcule-se a média aritmética dos dados do problema, 2 e 1,75.

$$M_a = \frac{2+1,75}{2} = \frac{3,75}{2} = 1,875 \text{ vez o faturamento inicial por ano.}$$

A média aritmética indica, então, que o aumento percentual médio por ano é de (1,875 – 1) . 100 = 87,50%

Verificando:
1º ano: 10 000 . 1,875 = 18 750,00
2º ano: 18 750 . 1,875 = 35 156,25

O resultado (R$ 35 156,25) não coincide com o resultado obtido através dos cálculos mencionados no "1º procedimento", o qual induziu a uma solução matematicamente correta.

Então, esse resultado é falso e, portanto, não se pode usar o conceito de média aritmética na solução do problema em consideração, quando se busca o percentual médio anual.

B) Analise-se, agora, o problema sob o ponto de vista da média geométrica.
   A média geométrica dos fatores 2 e 1,75 indicados no problema será:

$$M_g = \sqrt{2 . 1,75} = 1,87083 \text{ vez por ano}$$

Vamos aplicar, agora, essa média geométrica 2 vezes, consecutivamente, ao faturamento inicial.
M = 10 000 . 1,87083 . 1,87083 = R$ 35 000,00

Verificamos que o resultado é igual ao obtido na TABELA I. Portanto, a média geométrica é o procedimento indicado para resolver problemas do tipo em comento.

Comprovando:
1º ano: 10 000,00 . 1,87083 = 18 708,30
2º ano: 18 708,30 . 1,87083 = 35 000,00

Resposta: O aumento percentual médio por ano foi de: (1,8703 – 1) . 100 = 87,03%

111. O número de usuários de telefones celulares, num país, duplicou no 1º ano de seu lançamento; duplicou, no 2º ano, e duplicou novamente no 3º ano, após seu lançamento. Em média, quanto aumentou por ano o número de usuários nesses 3 anos?

Solução:
Ano referência: número de usuários = 1
1º ano: duplicou o número de usuários em relação ao ano anterior
2º ano: dobrou, novamente, o número anterior de usuários
3º ano: multiplicou por 2 o número anterior de usuários

Pelo exposto, o número de usuários de telefone celular, nos 3 anos considerados, foi multiplicado por 8, ou seja:

$$2 \cdot 2 \cdot 2 = 8$$

1º ano — 2º ano — 3º ano

O problema solicita: **em média**, quanto aumentou **por ano** o número de usuários, nesses 3 anos.

Para solução deste problema, use o mesmo raciocínio utilizado na solução dos problemas anteriores, similares a este.

Não se trata, como já visto anteriormente de média aritmética, mas, sim, de média geométrica. Não se deve, neste caso, somar as grandezas e dividir essa soma pelo número delas (média aritmética), mas, sim, multiplicar as grandezas e calcular a sua média geométrica, que é igual, no caso presente, à raiz cúbica do produto de 3 fatores. Então a média geométrica será:

$$M_g = \sqrt[3]{2 \cdot 2 \cdot 2} = \sqrt[3]{8} = 2$$

Resposta: O aumento, em média, por ano, foi de 2 vezes o número de usuários do ano de referência.

---

112. A média geométrica de 3 números é igual a 6. Por quanto devo multiplicar um desses números para que a média aumente de 2 unidades?

Solução:

$$M_g = \sqrt[3]{x \cdot y \cdot z} \quad \text{mas } m_g = 6$$

$$6 = \sqrt[3]{x \cdot y \cdot z}$$

Elevando ao cubo ambos os membros:

$$6^3 = \left(\sqrt[3]{x \cdot y \cdot z}\right)^3 \rightarrow 6^3 = x \cdot y \cdot z$$

$x\,y\,z = 216$

Se multiplicarmos um desses fatores por "m" e aumentarmos a média geométrica em 2 unidades, como sugere o prblema, teremos:

$x.y.z.m = (6+2)^3$

$xyz.m = 512$

Mas $x.y.z = 216$

$216m = 512 \rightarrow m = \dfrac{512}{216}$

Simplificando, $\rightarrow m = \dfrac{64}{27}$

Resposta: Deve-se multiplicar qualquer dos números dados por $\dfrac{64}{27}$.

---

113. A média aritmética de 5 números é 8,4. Qual será a nova média se aumentarmos cada número em 50% dele?

Solução:

1) $M_5 = \dfrac{S_5}{n_5} = \dfrac{S_5}{5} = 8,4$

$S_5 = 5 . 8,4 = 42$

2) Se aumentarmos em 50% o valor de cada número (= de cada parcela) a soma restará aumentada também de 50%.
S = 42 + 50% . 42 = 42 + 21
S = 63

3) A nova média será:

$M = \dfrac{63}{5} = 12,6$

Resposta: A nova média, aumentada de 50% a anterior, é igual a 12,6.

NOTA: Poder-se-á obter a nova média, simplesmente, acrescendo 50% à média originalmente encontrada, ou seja, 8,4 . 1,5 = 12,6.

---

114. Determinar a média salarial de uma empresa hospitalar, cuja folha de pagamento é assim discriminada:

Profissionais	Quantidade	Salário mensal	Total mensal
Médicos	25	4 200,00	105 000,00
Biomédicos	12	3 500,00	42 000,00
Enfermeiros	35	1 800,00	63 000,00
	72		210 000,00

Solução:
Como se pode verificar pela tabela acima, trata-se de achar a média ponderada dos dados oferecidos, onde as quantidades de profissionais são os pesos.

$$\text{Média ponderada} = \frac{(4200.25) + (12.3500) + (35.1800)}{25 + 12 + 35}$$

$$\text{Média ponderada} = \frac{210\,000}{72} = 2916,67$$

Resposta: A média ponderada das grandezas apresentadas no problema é igual a R$ 2 916,67.

---

115. Demonstrar que a média harmônica de dois números, e somente entre dois números, é a razão entre o dobro do produto desses números e a soma deles:

Solução:
Por definição, a média harmônica de dois ou mais números é igual ao inverso da média aritmética dos inversos desses números.
Sejam a e b esses números
À vista da definição de média harmônica teremos:

1) O inverso de a é = $\dfrac{1}{a}$

2) O inverso de b é = $\dfrac{1}{b}$

3) Média aritmética dos inversos:

$$M_a = \frac{\frac{1}{a} + \frac{1}{b}}{2}$$

4) O inverso da média aritmética dos inversos será a média harmônica:

$$M_h = \frac{1}{\frac{\frac{1}{a}+\frac{1}{b}}{2}} = \frac{2}{\frac{1}{a}+\frac{1}{b}}$$

$$M_h = \frac{2}{\frac{1}{a}+\frac{1}{b}} = \frac{2}{\frac{b+a}{ab}} = \frac{2ab}{a+b}$$

Resposta: $M_{h(a,b)} = \dfrac{2ab}{a+b}$, como pediu-se demonstrar.

116. (F.C. CHAGAS) A média aritmética de 11 números é 45. Se o número 8 for retirado do conjunto, a média aritmética dos números restantes será:
a) 48,7   b) 48,0   c) 47,5   d) 42   e) 41,50

Solução:

$$M_a = \frac{S}{n} = \frac{\text{Soma das grandezas (S)}}{11\,(n)} = 45$$

$$S_1 = 45 \cdot 11 = 495$$

Se retirarmos o número 8, a nova soma será 495 – 8 = 487, e a nova quantidade das parcelas será 11 – 1 = 10. Então a nova média aritmética será:

$$M_a = \frac{487}{10} = 48,7$$

Resposta: Letra "a".

---

117. (VUNESP) Suponha que o país A receba de volta uma parte de seu território B, que por certo tempo esteve sob a administração do país C, devido a um tratado entre A e C. Estimemos a população de A, antes de receber B, em 1,2 bilhão de habitantes e a de B em 6 milhões de habitantes. Se as médias de idade das populações de A e B, antes de se reunirem, eram, respectivamente, 30 e 25 anos, mostre que a média de idade após a reunião é superior a 29,9.

Solução:
Dados do problema:

$$\begin{cases} PA = \text{população de A (antes de receber B)} = 1,2 \text{ bilhão de habitantes} = 1\,200 \cdot 10^6 \text{ habitantes} \\ PB = \text{população de B} = 6 \text{ milhões} = 6 \cdot 10^6 \text{ habitantes} \\ MA = \text{média de idade da população A: } MA = 30 \text{ anos} \\ MB = \text{média de idade da população B: } MB = 25 \text{ anos} \end{cases}$$

Sejam:
SA = a soma das idades da população A
SB = a soma das idades da população B
MA = média das idades de A antes de A receber de B
MB = média das idades de B
M = média das idades, após A receber B

Lembrando que média aritmética é igual ao somatório de parcelas dividido pelo número delas, teremos:

$$M = \frac{S}{n}$$

No caso presente: $M_A = \dfrac{S_A}{P_A}$ e $M_B = \dfrac{S_B}{P_B}$

$$\therefore M_A = \frac{S_A}{1200.10^6} = 30 \Leftrightarrow S_A = 30.1200.10^6 = 36000.10^6$$

$$M_B = \frac{S_B}{6.10^6} = 25 \Leftrightarrow S_B = 25.6.10^6 = 150.10^6$$

Calculando-se a média das idades das populações A e B, que é igual ao somatório das idades da população A e da B, dividido pela soma do número de pessoas de A e de B, teremos:

$$M = \frac{S_A + S_B}{1200.10^6 + 6.10^6}$$

$$M = \frac{36000.10^6 + 150.10^6}{1200.10^6 + 6.10^6} = \frac{(36000+150).10^6}{(1200+6).10^6} = \frac{36150}{1206} = 29,975$$

$$M = 29,975 > 29,9$$

Resposta: A média das idades, após a reunião A e B, é superior a 29,9 anos.

---

118. (CN – 94) Sejam $M = \dfrac{x \cdot y}{x+y}$, onde x e y são reais positivos, logo "M" é:
a) O quociente entre a média geométrica e média aritmética de x e y.
b) A metade do quociente entre a média geométrica e a média aritmética de x e y.
c) A média aritmética dos inversos de x e y
d) A média harmônica de x e y
e) A metade da média harmônica de x e y

Solução:
Sabemos que:

A) Média aritmética → $M_a = \dfrac{x+y}{2}$

B) Média geométrica → $M_g = \sqrt{x \cdot y}$

C) Média harmônica → $M_h = \dfrac{2x \cdot y}{x+y}$ $\left\{\begin{array}{l}\text{Veja lembrete sobre esta expressão}\\\text{ao final da resolução deste problema.}\end{array}\right.$

Pela simples observação das expressões "A", "B" e "C" acima, podemos verificar que a média harmônica "M_h" é o dobro da expressão "M" do problema. Escrevendo em linguagem matemática a declaração acima, temos:

$$M_h = 2M \rightarrow M = \frac{M_h}{2}$$

Ou seja, a expressão "M" do problema é metade da média harmônica de x e y.

Verificando:

$$M = \frac{M_h}{2}$$

$$M = \frac{\dfrac{2xy}{x+y}}{2} = \frac{2xy}{2(x+y)} = \frac{xy}{x+y}$$

Resposta: Letra "e".

LEMBRETE:

Sobre a dedução da expressão indicada na letra "C" (M_h):

Resta-nos demonstrar que a média harmônica entre dois (e somente dois) números é também representada pela expressão $M_h = \dfrac{2x \cdot y}{x+y}$.

Vejamos:

a média harmônica, por definição, é o inverso da média aritmética dos inversos dos números considerados.

Sejam x e y os números considerados. Então teremos:

a) o inverso de x é $\dfrac{1}{x}$

b) o inverso de y é $\dfrac{1}{y}$

c) a média aritmética da soma desses inversos será:

$$\frac{\dfrac{1}{x}+\dfrac{1}{y}}{2} = \frac{\dfrac{x+y}{xy}}{2} = \frac{x+y}{2xy}$$

d) a média aritmética dos inversos é, portanto:

$$\frac{1}{\dfrac{x+y}{2xy}}$$

De onde se concluí que a média harmônica de dois números (e somente dois) pode ser representada também pela expressão $\left(M_h = \dfrac{2x \cdot y}{x+y}\right)$, como foi indicada no início da solução desse problema.

---

119. Associando-se os conceitos da coluna da esquerda com as fórmulas da coluna da direita, sendo a e b números inteiros positivos quaisquer, tem-se:

I – Média harmônica dos números "a" e "b":	a) $\sqrt{a \cdot b}$
II – Média ponderada dos números "a" e "b":	b) $\dfrac{a}{b}$

III – Média proporcional entre os números "a" e "b":	c) $\dfrac{a.b}{2}$
IV – O produto do máximo divisor comum pelo número múltiplo comum de "a" e "b":	d) $\dfrac{2ab}{a+b}$
V A média aritmética simples entre "a" e "b":	e) a.b

a) (I, b); (II, e); (IV, e)
b) (II, c); (III, a); (IV, e)
c) (I, d); (II, c); (V, b)
d) (III, a); (IV, e); (V, b)
e) (I, d); (III, a); (IV, e)

Solução:

LEMBRETE:
1) Lembrando, (pela ordem enunciada) que:

I. Média harmônica de dois números, e somente dois, também pode ser representada pela expressão:	$\dfrac{2a.b}{a+b}$
II. Média ponderada dos números "a" e "b", não pode ser calculada, neste caso, pois faltam os pesos:	vazio
III. Média proporcional (média geométrica) entre "a" e "b" é igual a:	$\sqrt{a.b}$
IV. O produto MDC pelo MMC de "a" e "b" é =	a.b
V. A média aritmética entre "a" e "b" é =	$\dfrac{a+b}{2}$

2) Tendo-se em vista as expressões indicadas no lembrete acima e comparando-as com as opções oferecidas no quadro conceitos e fórmulas, concluímos que a alternativa que satisfaz o problema é a da letra "e".

Resposta: Letra "e".

---

120. (CN – 90) No colégio Naval, a turma do 1º ano é distribuída em salas. Num teste de álgebra, as médias aritméticas das notas dos alunos, por sala, foram, respectivamente: 5,5; 5,2; 6,3; 7,1 e 5,9. A média aritmética da turma é:
a) 5,9   **b)** 6,0   **c)** 6,15   **d)** 6,50   **e)** impossível calcular

Solução:
Como a média aritmética das notas dos alunos, por sala, já foi indicada no problema, e sabendo-se que a média aritmética de dois ou mais números, por definição, é o quociente (divisão) da soma de parcelas dividida pelo número delas, teremos, generalizando:

$$M = \dfrac{\sum \text{notas}}{n} = \dfrac{S}{n} \quad (1)$$

Para melhor visualizar o problema, vamos colocar os seus dados na tabela a seguir:

Sala nº	Média aritmética das notas dos alunos, por sala	Número de alunos, por sala
1	5,5	n_1
2	5,2	n_2
3	6,3	n_3
4	7,1	n_4
5	5,9	n_5

Transportando esses dados para a fórmula (1) supra, teremos:

$$M_1 = \frac{S_1}{n_1} \to \frac{S_1}{n_1} = 5,5 \to S_1 = 5,5 \cdot n_1$$

$$M_2 = \frac{S_2}{n_2} \to \frac{S_2}{n_2} = 5,2 \to S_2 = 5,2 \cdot n_2$$

$$M_3 = \frac{S_3}{n_3} \to \frac{S_3}{n_3} = 6,3 \to S_3 = 6,3 \cdot n_3$$

$$M_4 = \frac{S_4}{n_4} \to \frac{S_4}{n_4} = 7,1 \to S_4 = 7,1 \cdot n_4$$

$$M_5 = \frac{S_5}{n_5} \to \frac{S_5}{n_5} = 5,9 \to S_5 = 5,9 \cdot n_5$$

A média aritmética das turmas do 1º ano será:

$$M_a = \frac{\sum \text{notas}}{n} = \frac{S}{n} = \frac{5,5 \cdot n_1 + 5,2 \cdot n_2 + 6,3 \cdot n_3 + 7,1 \cdot n_4 + 5,9 \cdot n_5}{n_1 + n_2 + n_3 + n_4 + n_5}$$

Observe-se que é impossível calcular a média aritmética das turmas do 1º ano com os dados apresentados. Faltam dados no problema.

Resposta: Letra "e".

121. Uma pessoa fez uma aplicação financeira no valor inicial de R$ 120 000,00, que rendeu juro de 22% no 1º ano, 17% no 2º ano, 15% no 3º ano e 10% no 4º ano. Qual foi sua renda percentual média por ano?

Solução:
Dados do problema:
1) Valor aplicado: 120 000,00

2) Prazos e Rendimentos:

Prazos	Rendimentos
1º ano	22% a.a
2º ano	17% a.a
3º ano	15% a.a
4º ano	10% a.a

3) Raciocínio:

Á primeira vista, parece ser possível resolver o problema mediante simples aplicação do conceito de média aritmética, ou seja.

$$M = \frac{22+17+15+10}{4} = \frac{64}{4} = 16\% \text{ a.a}$$

e a resposta seria: "o rendimento percentual médio dessa aplicação foi de 16% ao ano"; a resposta, no entretanto, não é verdadeira; e vamos explicar porquê. Para certificarmo-nos de que essa afirmação seja verdadeira ou falsa, vamos calcular, ano a ano, esses rendimentos:

TABELA I

	Valor inicial	Taxa	Rendimento em R$	Valor Final
1º ano	120 000,00	× 22%	= 26 400,00	146 400,00
2º ano	146 400,00	× 17%	= 24 888,00	171 288,00
3º ano	171 288,00	× 15%	= 25 693,20	196 981,20
4º ano	196 981,20	× 10%	= 19 698,12	216 679,32

O capital que, inicialmente, era de R$ 120 000,00 passou a ser de R$216.679,32, após 4 anos, aplicado às taxas indicadas no problema (TABELA I).

Agora, verifiquemos se o valor final encontrado (216 679,32) coincide com o valor a ser calculado com aplicação sucessiva da "taxa média" de 16% a.a, aplicando-se essa taxa ano a ano sobre o valor inicial de R$ 120 000,00 e fazendo as aplicações indicadas na TABELA II, seguinte:

TABELA II

	Valor inicial	Taxa	Rendimento em R$	Valor Final
1º ano	120 000,00	× 16%	= 19 200,00	139 200,00
2º ano	139 200,00	× 16%	= 22 272,00	161 472,00
3º ano	161 472,00	× 16%	= 25 835,52	187 307,52
4º ano	187 307,52	× 16%	= 29 969,20	217 276,72

Observe que os valores encontrados através da média aritmética (R$ 217 276,72) é diferente do valor encontrado pela aplicação das taxas anuais (R$216 646, 32), indicados no texto do problema.

Conclusão: na resolução de problemas deste tipo, não cabe a aplicação do conceito de média aritmética.

Vamos, agora, para comparação, calcular o resultado dessa aplicação, se aplicarmos o conceito de média geométrica.

Lembre-se que, por definição, a média geométrica de um conjunto de números positivos e diferentes de 0 é a raiz do produto desses números, tendo-se como índice da raiz o número desses fatores.

E os fatores que correspondem às taxas de 22%, 17%, 15% e 10% são respectivamente 1,22%; 1,17%; 1,15%; e 1,10%. Sua média geométrica será:

$$M_g = \sqrt[4]{1{,}22 \cdot 1{,}17 \cdot 1{,}15 \cdot 1{,}10} = 1{,}1592$$

Transformando o número 1,1592 em valores percentuais obteremos:
p = (1,1592 − 1) 100 = 15,92% a.a

Esse resultado indica que, se aplicarmos 15,92%, sucessivamente, durante 4 vezes (4 anos) à aplicação financeira inicial de R$ 120 000,00, deveremos ter o mesmo valor final obtido através das operações realizadas na TABELA I.
Senão vejamos:

TABELA III

	Valor inicial	Taxa	Rendimento em R$	Valor Final
1º ano	120 000,00	× 15,92%	= 19 104,00	139 104,00
2º ano	139 104,00	× 15,92%	= 22 145,36	161 249,36
3º ano	161 249,36	× 15,92%	= 25 670,90	186 920,26
4º ano	186 920,26	× 15,92%	= 29 757,70	216 677,96

Comparando os resultados:

a) Resultado obtido com a aplicação dos percentuais indicados no texto do problema:	R$ 216 679,32
b) Resultado obtido com a aplicação do conceito de média geométrica	R$ 216 677,96
c) Resultado obtido com a aplicação do conceito de média aritmética	R$ 217 276,72

Veja-se que os resultados "a" e "b" são praticamente iguais, o que justifica a aplicação do conceito de média geométrica para este tipo de problema.

OBS.:

Os resultados indicados em "a" e "b" diferem em R$ 1,36 por que utilizamos a taxa de 15,92% com apenas 2 casas decimais. Se utilizarmos essa taxa com 6 casas decimais, os valores indicados em "a" e "b" serão exatamente iguais. Com 6 casas decimais a taxa a ser aplicada é de 15,920182. Tente você mesmo aplicar essa taxa, sucessivamente, durante 4 anos (4 vezes), ao valor inicial de R$ 120 000,00 e verificar o resultado.

Resposta: Sua renda percentual média por ano foi de 15,92%.

MÉDIA GEOMÉTRICA OU PROPORCIONAL

122. A média geométrica de vários números é o resultado que se obtém, extraindo a raiz do produto desses números; o índice da raiz é igual ao número dos fatores.

Exemplo:
a) Qual a média geométrica dos números 45 e 20?

$$M_g = \sqrt[2]{45.20} = \sqrt{900} = 30$$

b) Determinar a média geométrica dos números 4, 8 e 16.

$$M_g = \sqrt[3]{4.8.16} = \sqrt[3]{512} = 8$$

Obs.:
A média geométrica de "n" valores é igual à raiz de índice "n" do produto desses valores.
Exemplos: Achar a média geométrica dos seguintes valores:
        a) 1, 2, 4;   **b)** 2, 3 ,4 e 5;   **c)** 4, 6, 8, 9, 2

Respostas:

$a = \sqrt[3]{1.2.4} = \sqrt[3]{8} = 2$

$b = \sqrt[4]{2.3.4.5} = \sqrt[4]{120} = 3,31$

$c = \sqrt[5]{4.6.8.9.2} = \sqrt[5]{3456} = 5,10$

MÉDIA PONDERADA

123. A média ponderada de vários números é obtida, multiplicando-se esses números pelos seus respectivos pesos e dividindo a soma desses produtos pela soma dos pesos.

Exemplo:
a) A média ponderada dos números 7,5; 7,0; e 8,0; sendo seus pesos respectivamente, 2, 3 e 4.

$$M_p = \frac{(7,5.2)+(7.3)+(8.4)}{9}$$

$$M_p = \frac{15+21+32}{9} = \frac{68}{9} = 7,55$$

b) No colégio Bem-te-vi a média final do aluno é calculada pela média ponderada obtida nos 4 bimestres do ano letivo, tendo como pesos 1, 2, 3 e 4, respectivamente para o 1º, 2º, 3º e 4º bimestres do ano. Qual será a nota final do aluno que tenha obtido, em certa disciplina, as notas 5; 7,5; 8; 3 nos semestres citados?

$$M_p = \frac{(5.1)+(7,5.2)+(8.3)+(3.4)}{1+2+3+4}$$

$$M_p = \frac{5+15+24+12}{10}$$

$$M_p = \frac{56}{10} \rightarrow M_p = 5,6$$

Resposta: A nota final do aluno nessa disciplina foi 5,6.

c) Calcular a média ponderada dos números e pesos que constam da tabela abaixo:

Números	Peso
2	3
4	2
6	1
3	2

$$\text{Média ponderada} = \frac{(2.3)+(4.2)+(6.1)+(3.2)}{3+2+1+2} = \frac{26}{8} = 3,25$$

Resposta: A média ponderada dos números considerados é 3,25.

---

124. (FGV) A tabela a seguir representa a distribuição de frequências de salários de um grupo de 50 empregados de uma empresa, num certo mês. Calcular o valor do salário médio desses empregados.

Número de classe	Salário do mês em reais	Número de empregados
1	1 000 → 2 000	20
2	2 000 → 3 000	18
3	3 000 → 4 000	9
4	4 000 → 5 000	3

Solução:
Trata-se de achar a média ponderada dos elementos dados.

$$\frac{(20.1000)+(20.2000)+(18.2000)+(18.3000)+(9.3000)+(9.4000)+(3.4000)+(3.5000)}{(20+20)+(18+18)+(9+9)+(3+3)}$$

$$M = \frac{20000+40000+36000+54000+27000+36000+12000+15000}{100}$$

$$M = \frac{240000}{100} = 2400$$

Resposta: O valor do salário médio desses empregados é de R$ 2 400,00.

MÉDIA HARMÔNICA

Por definição, a média harmônica de vários números é igual ao inverso da média aritmética dos inversos desses números.

Exemplos:

1) Qual será a média harmônica dos números 4, 6 e 12.

$$M_h = \frac{1}{\left(\frac{1}{4}+\frac{1}{6}+\frac{1}{12}\right):3}$$

Sequência do cálculo:

1º: Calcula-se a soma dos inversos:

$$\frac{1}{4}+\frac{1}{6}+\frac{1}{12}=\frac{3+2+1}{12}=\frac{6}{12}=\frac{1}{2}$$

2º: Divide-se a soma dos inversos por 3, para se achar a média aritmética dos inversos.

$$\frac{1}{2}:3=\frac{1}{2}:\frac{3}{1}=\frac{1}{2}\cdot\frac{1}{3}=\frac{1}{6}$$

3º: Finalmente, determina-se o inverso desse resultado; o inverso de $\frac{1}{6}=\frac{6}{1}=6$

Resposta: A média harmônica dos números 4, 6 e 12 é igual a 6.

NOTA:
Observe, só para comparação, que a média aritmética desses mesmos números é:

$$M_a=\frac{4+6+12}{3}=\frac{22}{3}=7,33$$

É maior que a sua media harmônica.

Sequência de operação para o cálculo de média harmônica:
a) Calcula-se, primeiro, a soma dos inversos dos números.
b) Depois, calcula-se a média aritmética da soma dos inversos.
c) E, finalmente, determina-se o inverso desse resultado.

2) Calcular a média harmônica dos números $\frac{1}{5}, \frac{1}{7}$ e $\frac{1}{12}$

Solução:
A Mh = ao inverso da média aritmética dos inversos dos números acima, que são:

inverso de $\frac{1}{5}=5$

inverso de $\frac{1}{7}=7$

inverso de $\frac{1}{12}=12$

Média aritmética desses números:

$$M_a=\frac{5+7+12}{3}=\frac{24}{3}=8$$

Então, o inverso da média aritmética obtida: (8) é igual a $\frac{1}{8}$

Resposta: A média harmônica dos números $\frac{1}{5}, \frac{1}{7}, \frac{1}{12}$ é $\frac{1}{8}$.

Obs.:
1) Em todas as médias, o resultado estará entre o maior e o menor número dado.
2) Para os mesmos valores, a média aritmética terá o maior valor, seguida da média geométrica e, depois, da média harmônica.

MEDIDAS AGRÁRIAS

As medidas agrárias de superfície mais utilizadas em alguns estados do Brasil são as seguintes:

a) Em São Paulo: usam-se o alqueire (= 24 200m² ou 2,42 hectares) e o hectare (=10 000m²).

b) Em Goiás, Mato Grosso e Mato Grosso de Sul, usa-se o alqueire goiano ou alqueire motogrossense, ambos com as medidas iguais a 48 400 metros quadrados ou 4,84 hectares.

c) No Rio Grande do Sul a medida agrária predominante é o hectare, igual a 10 000m².

d) Em outros Estados: sempre que se fizer uma medição topográfica, deve-se consultar qual a medida agrária mais usada no local e citá-la em seu relatório ou planta. Mas não se esquecer de indicar, concomitantemente, a medida que prevalece em todo o território nacional que é o hectare.

e) Também, usa-se o "litro" como medida de área, nada tendo a haver com o litro, medida de capacidade ou de volume. O "litro" é equivalente a vigésima parte de um quarto de alqueire.

Vejamos essas medidas em um exemplo a seguir:

125. Um agricultor de Goiás planta arroz em uma área igual a 1 alqueire e 60 "litros". A produtividade esperada é de 65 sacas por hectare goiano. Quantas sacas deverá colher?

Solução:
1 alqueire = 4,84 hectares (alqueire goiano)

1 quarta = $\frac{1}{4}$ de alqueire

1 litro = $\frac{1}{20} \cdot \frac{1}{4} = \frac{1}{80}$ de alqueire

$$1 \text{ alqueire} + 60 \text{ litros} = 1 \text{ alq} + 60 \cdot \frac{1}{80} =$$

$$\text{Área a ser plantada} = 1 + \frac{60}{80} = 1 + \frac{6}{8} = 1 + \frac{3}{4} = \frac{7}{4} = 1,75 \text{ alqueire}$$

$$\text{Mas } 1,75 \text{ alq} \cdot 4,84 \text{ ha} = 8,47 \text{ ha}$$

Se a produtividade esperada é de 65 sacas / hectare, ele deverá colher:
65 . 8,47 = 550,55 sacas de arroz

Resposta: Deverá colher 550,55 sacas de arroz.

DIVISÃO PROPORCIONAL

126. (UNICAMP) Na hora de fazer seu testamento, uma pessoa tomou a seguinte decisão: dividirá sua fortuna entre sua filha, que estava grávida, e a prole resultante dessa gravidez, dando a cada criança que fosse nascer o dobro daquilo que caberia à mãe, se fosse do sexo masculino, e o triplo daquilo que caberia à mãe, se fosse do sexo feminino. Nasceram trigêmeos, sendo 2 meninos e uma menina. Como veio a ser repartida a herança legada?

Solução:
Supondo que à mãe coubesse 1 parte da fortuna, aos meninos couberam 2 partes cada um da fortuna e à menina caberia 3 partes da fortuna, ficando assim distribuída a herança:

à mãe	1 parte
ao menino "1"	2 partes
ao menino "2"	2 partes
à menina	3 partes
soma :	8 partes

A fortuna foi, então, repartida em 8 partes, cabendo:

$$\left.\begin{array}{ll} \text{à mãe} & \dfrac{1}{8} \\ \text{ao menino "1"} & \dfrac{2}{8} \\ \text{ao menino "2"} & \dfrac{2}{8} \\ \text{à menina} & \dfrac{3}{8} \end{array}\right\} = \dfrac{8}{8} = 1 = 100\%$$

127. Dividir R$ 216 000,00, entre 10 pessoas de modo que 4 recebam uma quinta parte a mais do que as outras 6 (seis).

Solução:
1) Representado por 1 (um) o que recebe cada uma das (seis) pessoas, cada uma das outras 4 (quatro) receberá $1 + \dfrac{1}{5}$:

$$1 + \dfrac{1}{5} = \dfrac{6}{5} = 1,2$$

2) O problema fica reduzido a dividir R$ 216 000,00 em 10 partes proporcionais a 6 números iguais a 1 e a 4 números iguais a 1,2.

3) Cada uma das 6 pessoas receberá:

$$P_6 = \frac{216\,000}{(6.1)+(4.1,\,2)} \cdot 1 = \frac{216\,000}{10,\,8} \to P_6 = 20\,000,\,00$$

4) Cada uma das 4 pessoas receberá:

$$P_4 = \frac{216\,000}{(6.1)+(4.1,\,2)} \cdot 1,\,2 = \frac{216\,000}{10,\,8} \cdot 1,\,2 \to P_4 = 24\,000,\,00$$

5) Vamos verificar se os resultados estão corretos:

6 pessoas . 20 000 = 120 000, 00

4 pessoas . 24 000 = 96 000, 00

Total = 216 000, 00

Resposta: Quatro pessoas receberão R$ 96 000,00 cada.

---

128. João tem dois filhos cujas idades somam 28 anos e estão entre si na razão de 3 para 4. Se ele pretende dividir R$ 175,00 entre os dois, em partes inversamente proporcionais às suas respectivas idades, então o mais jovem deverá receber:
a) R$ 55,00   **b)** R$ 60,00   **c)** R$ 75,00   **d)** R$ 85,00   **e)** R$ 100,00

Solução:
1º passo: Determinar a idade de cada um.
a) Idade do mais jovem = x
b) Idade do mais velho = y

Então, temos, como informa o problema:

$$\begin{cases} x+y=28 \quad (1) \\ \dfrac{x}{y}=\dfrac{3}{4} \quad (2) \end{cases}$$

Utilizando-se de uma das propriedades das proporções, na equação (2):

$$\frac{x+y}{y} = \frac{3+4}{4} \to \frac{28}{y} = \frac{7}{4}$$

Mais velho $\left\{ y = \dfrac{28.4}{7} = 16 \text{ anos} \right.$

Da mesma forma determinaremos a idade do mais jovem:

$$\frac{x+y}{x} = \frac{3+4}{3} \to \frac{28}{x} = \frac{7}{3}$$

$$x = \frac{28.3}{7} = 12 \text{ anos}$$

Verifique se essas idades estão na razão de $\frac{3}{4} : \frac{12}{16} = \frac{3}{4}$

2º passo: resta, agora, dividir R$ 175,00 em partes inversamente proporcionais a 12 e 16 anos.

$\dfrac{a}{b} = \dfrac{\frac{1}{12}}{\frac{1}{16}} \rightarrow \dfrac{a}{b} = \dfrac{16}{12} \rightarrow \dfrac{a}{b} = \dfrac{4}{3}$

$\dfrac{a}{b} = \dfrac{4}{3}$ { Aplique - se uma das propriedades das proporções :

$\dfrac{a+b}{b} = \dfrac{4+3}{3} \rightarrow \dfrac{a+b}{b} = \dfrac{7}{3}$

mas a + b = 175

(A) $\dfrac{175}{b} = \dfrac{7}{3} \rightarrow b = \dfrac{175 \cdot 3}{7} = \underline{75,00}$

(B) $\dfrac{175}{a} = \dfrac{4+3}{4} \rightarrow a = \dfrac{175 \cdot 4}{7} = \underline{100,00}$

total = 175,00

Como a divisão dos R$ 175,00 foi feita na razão inversa das idades, o mais jovem (12 anos) receberá a parte maior (R$ 100,00) e o mais velho, a parte menor (R$ 75,00).

Resposta: Letra "e".

DIVISÃO DIRETAMENTE PROPORCIONAL E INVERSAMENTE PROPORCIONAL SIMULTANEAMENTE

129. Uma empresa irá dividir R$ 24 000,00 entre 4 funcionários, de forma diretamente proporcional ao tempo de empresa e inversamente proporcional ao número de faltas mais um. Quanto coube ao funcionário mais antigo sabendo que Thiago trabalha há 6 anos e faltou 2 vezes; Bruno trabalha há 2 anos e nunca faltou; Cleber trabalha há 12 anos e faltou 3 vezes e Daniel trabalha há 10 anos e faltou apenas 1 vez.

a) R$ 2 000,00   b) R$ 4 000,00   c) R$ 6 000,00   d) R$ 8 000,00   e) R$ 10 000,00

Dados:

	Nome	Tempo de serviço	Nº de faltas + 1
a)	Thiago	6 anos	2 + 1 = 3
b)	Bruno	2 anos	0 + 1 = 1
c)	Cleber	12 anos	3 + 1 = 4
d)	Daniel	10 anos	1 + 1 = 2

Solução:

1) $\dfrac{a}{6} = \dfrac{b}{2} = \dfrac{c}{12} = \dfrac{d}{10}$ {distribuição diretamente proporcional

2) $\dfrac{\frac{a}{6}}{\frac{1}{3}} = \dfrac{\frac{b}{2}}{\frac{1}{1}} = \dfrac{\frac{c}{12}}{\frac{1}{4}} = \dfrac{\frac{d}{10}}{\frac{1}{2}}$ $\begin{cases} \text{distribuição, ao mesmo tempo,} \\ \text{direta e inversamente proporcional} \end{cases}$

Simplificando as proporções (2), operando as divisões indicadas, temos:

$\dfrac{3a}{6} = \dfrac{b}{2} = \dfrac{4c}{12} = \dfrac{2d}{10}$

Simplificando:

$\dfrac{a}{2} = \dfrac{b}{2} = \dfrac{c}{3} = \dfrac{d}{5}$

Mas, $a + b + c + d = 24\,000$

$\dfrac{a+b+c+d}{2+2+3+5} = \dfrac{24\,000}{12} = \dfrac{a}{2} = \dfrac{b}{2} = \dfrac{c}{3} = \dfrac{d}{5}$

Thiago $= \dfrac{24\,000}{12} = \dfrac{a}{2} \rightarrow a = \dfrac{24\,000}{12} \cdot 2 = 4\,000$

Bruno $= \dfrac{24\,000}{12} = \dfrac{b}{2} \rightarrow b = \dfrac{24\,000}{12} \cdot 2 = 4\,000$

Cleber $= \dfrac{24\,000}{12} = \dfrac{c}{3} \rightarrow c = \dfrac{24\,000}{12} \cdot 3 = 6\,000$

Daniel $= \dfrac{24\,000}{12} = \dfrac{d}{5} \rightarrow d = \dfrac{24\,000}{12} \cdot 5 = \underline{10\,000}$

$24\,000$

Resposta: Coube a Cleber, funcionário mais antigo, a importância de R$6000,00.

DIVISÃO INVERSAMENTE PROPORCIONAL

130. O presidente de um clube de futebol resolveu dividir uma gratificação de R$ 1 400,00 entre os dois melhores jogadores de uma certa partida, de forma inversamente proporcional ao número de faltas que eles cometeram no jogo. Se um jogador A fez 5 faltas e um jogador B fez 2 faltas, então a diferença entre o que coube aos jogadores é:
a) 400 b) 600 c) 800 d) 900 e) 1 000

Solução:

$$\begin{cases} a+b=1400 \\ \dfrac{a}{\dfrac{1}{5}} = \dfrac{b}{\dfrac{1}{2}} \end{cases}$$

Aplique-se a propriedade das proporções. A soma dos antecedentes está para a soma dos consequentes, assim como cada antecedente está para seu respectivo consequente.

Cálculo de "a":

$$\dfrac{a+b}{\dfrac{1}{5}+\dfrac{1}{2}} = \dfrac{a}{\dfrac{1}{5}}$$

Somando-se, primeiro, os denominadores do 1º membro:

$$\dfrac{1}{5}+\dfrac{1}{2} = \dfrac{2+5}{10} = \dfrac{7}{10}$$

Teremos:

$$\dfrac{a+b}{\dfrac{7}{10}} = \dfrac{a}{\dfrac{1}{5}} \;\rightarrow\; \dfrac{10(a+b)}{7} = \dfrac{5a}{1} \;\rightarrow\; 35a = 10(a+b)$$

$$a = \dfrac{10(a+b)}{35}$$

Mas a + b = 1 400, então:

$$a = \dfrac{10 \cdot 1400}{35} = 400 \;\rightarrow\; a = 400$$

Cálculo de "b":

$$\dfrac{a+b}{\dfrac{1}{5}+\dfrac{1}{2}} = \dfrac{b}{\dfrac{1}{2}} \qquad \begin{cases} \dfrac{1}{5}+\dfrac{1}{2} = \dfrac{7}{10} \end{cases}$$

$$\dfrac{a+b}{\dfrac{7}{10}} = \dfrac{b}{\dfrac{1}{2}} \;\rightarrow\; \dfrac{1400}{\dfrac{7}{10}} = \dfrac{b}{\dfrac{1}{2}} \;\rightarrow\; \dfrac{10(1400)}{7} = 2b$$

$$14b = 14000 \;\rightarrow\; b = \dfrac{14000}{14} = 1000$$

b = 1000

Resposta: A diferença é 600,00 (1 000 − 400). Letra "b".

131. O dono de uma empresa resolveu distribuir uma gratificação de R$ 5 600,00 entre seus dois gerentes, de forma inversamente proporcional às faltas de cada um, em um determinado mês. Quanto caberá ao mais assíduo, se os gerentes faltaram 5 e 3 vezes, respectivamente?

Solução:

1) A soma dos valores a serem distribuídos é de R$ 5 600,00, ou seja;
$a+b=5600$

2) A distribuição será feita de forma inversamente proporcional a 5 e 3, ou seja:

$$\frac{a}{b} = \frac{\frac{1}{5}}{\frac{1}{3}}$$

Operando as divisões das frações, teremos:

$$\frac{a}{b} = \frac{3}{5}$$

3) Aplicando uma das propriedades das proporções:

$$\frac{a+b}{b} = \frac{3+5}{5} \rightarrow \frac{a+b}{b} = \frac{8}{5} \rightarrow \frac{5600}{b} = \frac{8}{5} \rightarrow$$

$$8b = 5600 \cdot 5 \rightarrow b = \frac{5600 \cdot 5}{8} = 3500,00$$

4) Cálculo de "a":

$$\frac{5600}{a} = \frac{8}{3} \rightarrow 8a = 5600 \cdot 3$$

$$a = \frac{5600}{8} \cdot 3 = 2100,00$$

REGRA DE SOCIEDADE

132. Duas pessoas formaram uma sociedade. Um dos sócios entrou com R$ 45 000,00 em data de 1º de março de 2005 e o outro entrou com R$ 35 000,00 em 01/08/2005. Em 31/12/2005, feito o balanço, verificaram ter apurado um lucro de R$ 120 000,00. Quanto coube a cada um?

Solução:
a) Sócio "1": R$ 45 000,00 → 10 meses → de 01/03/05 a 31/12/2005
b) Sócio "2": R$ 35 000,00 → 5 meses → de 01/08/05 a 31/12/2005
Lucro: R$ 120 000,00

Neste caso, quando os capitais e os tempos de suas aplicações forem diferentes, o lucro (ou prejuízo) será dividido proporcionalmente ao produto dos capitais pelos respectivos tempos.

Temos: a + b = 120 000

c) Produtos dos capitais pelo tempo de aplicação.
   Sócio "1": 45 000 . 10 meses = 450 000,00
   Sócio "2": 35 000 . 5 meses = 175 000,00

$$\frac{a}{450\,000} = \frac{b}{175\,000} \quad \begin{cases} \text{Vamos simplificar a proporção, multiplicando} \\ \text{ambos os membros da equação por 1 000.} \end{cases}$$

$$\frac{a}{450} = \frac{b}{175}$$

$$\frac{a+b}{450+175} = \frac{a}{450} = \frac{b}{175}$$

Mas a + b = 120 000 (que é o lucro a ser dividido)
Assim, temos:

$$\frac{120\,000}{450+175} = \frac{a}{450} \rightarrow a = \frac{120\,000 \cdot 450}{625}$$

$$a = 86\,400$$

Cálculo de "b":

$$\frac{a+b}{450+175} = \frac{b}{175} \rightarrow \frac{120\,000}{625} = \frac{b}{175}$$

$$b = \frac{120\,000 \cdot 175}{625} = 33\,600$$

Resposta: a) O sócio "1" receberá R$ 86 400,00
b) O sócio "2" receberá R$ 33 600,00
Total distribuído: R$ 120 000,00

---

133. Duas pessoas fizeram uma sociedade com capitais iguais, de R$500 000,00 cada uma, porém a 2ª pessoa entrou na empresa 3 meses após a 1ª. Tendo havido um lucro de R$ 840 000,00 ao final de 12 meses contados da data em que entrou para a sociedade a 1ª pessoa, quanto caberá a cada sócio?

Solução:
É o caso de distribuição de lucros, quando os capitais são iguais e os tempos de aplicação desses capitais são diferentes; a distribuição dos lucros (ou prejuízos) é diretamente proporcional aos prazos de aplicação.

Sócio 1 → 12 meses
Sócio 2 → 9 meses
   Lucro   R$ 840 000,00

$$\frac{a}{12} = \frac{b}{9} \{ a+b = 840\,000$$

Aplicando a propriedade das proporções, segundo a qual "a soma dos antecedentes está para a soma dos consequentes, assim como qualquer antecedente está para seu respectivo consequente":

$$\frac{a+b}{12+9} = \frac{a}{12} = \frac{b}{9} \rightarrow \frac{840\,000}{21} = \frac{a}{12}$$

Resposta:

Sócio 1 : $a = \dfrac{840\,000 \cdot 12}{21} = 480\,000{,}00$

Sócio 2 : $b = \dfrac{840\,000 \cdot 9}{21} = \underline{360\,000{,}00}$

 total $= 840\,000{,}00$

---

134. Três pessoas formaram uma sociedade empregando os seguintes capitais:
Antônio. . . . R$ 300 000,00 (a)
Benedito . . . R$ 400 000,00 (b)
Carlos. . . . . R$ 500 000,00 (c)
Tiveram um lucro, ao final de um ano, de R$ 1 800 000,00. Quanto caberá a cada um dos sócios.

Solução:

$$\frac{a}{300\,000} = \frac{b}{400\,000} = \frac{c}{500\,000}$$

Simplificando : $\dfrac{a}{3} = \dfrac{b}{4} = \dfrac{c}{5}$

$$\frac{a+b+c}{3+4+5} = \frac{a}{3} = \frac{b}{4} = \frac{c}{5}$$

mas $a+b+c = 1\,800\,000$

Antônio $\begin{cases} \dfrac{1\,800\,000}{12} = \dfrac{a}{3} \rightarrow a = \dfrac{1\,800\,000 \cdot 3}{12} = \dfrac{1\,800\,000}{4} \\ a = 450\,000{,}00 \end{cases}$

Benedito $\begin{cases} \dfrac{1\,800\,000}{12} = \dfrac{b}{4} \rightarrow b = \dfrac{1\,800\,000 \cdot 4}{12} = \dfrac{1\,800\,000}{3} \\ b = 600\,000{,}00 \end{cases}$

Carlos $\begin{cases} \dfrac{1\,800\,000}{12} = \dfrac{c}{5} \rightarrow c = \dfrac{1\,800\,000 \cdot 5}{12} \\ c = 750\,000{,}00 \end{cases}$

Resposta: Antônio receberá:. . . R$ 450 000,00
 Benedito receberá:. . R$ 600 000,00
 Carlos receberá:. . . . R$ 750 000,00
 Total:. . . . . R$ 1 800 000,00

11. REGRA DE TRÊS

REGRA DE TRÊS SIMPLES – R/3

A Regra de Três é um procedimento prático que se emprega para achar uma grandeza desconhecida, dadas outras grandezas conhecidas.

1. Cinco sacos de fertilizan te agrícola custam R$ 400,00. Quanto se deve pagar por 18 sacos desse fertilizante?

Solução:
O enunciado do problema menciona "sacos" e "reais". Então, devemos colocar essas 2 grandezas, como indicado a seguir e sob essas grandezas colocar os valores correspondentes, indicados no problema.

Sacos	R$
5	400
18	x

Observar que o valor "x" é a incógnita do problema, ou seja, é o valor que queremos descobrir.
Agora, precisamos verificar se a regra de três é direta ou inversa.
Uma regra de três é direta quando, no caso, o aumento do número de sacos corresponde a um aumento do valor em dinheiro. Portanto é direta. Na apresentação supra, temos 2 colunas; a dos sacos e a coluna do dinheiro.
Monta-se, agora, uma proporção, começando-se com a coluna que contém a incógnita e seguindo o sentido das setas:

$$\frac{400}{x} = \frac{5}{18} \to 5x = 400 \cdot 18 \to x = \frac{400 \cdot 18}{5} = 1\,440,00$$

Resposta: deve-se pagar R$ 1 440,00 pelos 18 sacos de fertilizantes.

> **Importante:** por que as setas estão colocadas no mesmo sentido, de cima para baixo? Porque verificou-se que havendo <u>aumento</u> na quantidade de sacos, haverá também <u>aumento</u> na coluna do pagamento. Por isso é que é uma regra de três direta.

2. Se 5 kg de arroz, no supermercado, custam R$ 12,00 quanto custarão 28 kg de arroz?

a) Disposição dos dados:

Kg	R$
5	12
28	x

b) Verifique, em primeiro lugar, se a regra de três é direta ou inversa.

> Observe que, <u>aumentando-se</u> o peso do arroz, <u>aumenta-se</u> também o valor a pagar.

Portanto, a Regra de Três supra é direta e as setas são colocadas, ambas, no mesmo sentido.

Kg	R$
5 ↓	12 ↓
28	x

c) Então, seguindo a orientação das setas, montar a proporção:

$$\frac{12}{x} = \frac{5}{28} \to 5x = 12 \cdot 28 \to x = \frac{12 \cdot 28}{5} \to x = R\$\, 67{,}20$$

Resposta: 28 kg de arroz custarão R$ 67,20.

---

3. Quinze (15) operários fazem um certo serviço em nove (9) dias. Quantos operários serão necessários para fazer esse mesmo serviços em cinco (5) dias?

Solução:

a) Disposição das grandezas.

Operários	Dias
15	9
x	5

b) Verificar se a Regra de Três supra é direta ou inversa.

> Observe que, se queremos que o mesmo serviço esteja pronto em um número menor de dias (5), teremos que aumentar o número de operários. Então <u>diminui-se</u> o número de dias e <u>aumenta-se</u> o número de operários. Portanto, a regra de três supra, é inversa.

Assim, as posições das setas têm sentidos opostos, como abaixo:

Operários	Dias
15 ↓	9 ↑
x	5

c) Montagem das proporções, seguindo o sentido das setas:

$$\frac{15}{x} = \frac{5}{9} \rightarrow 5x = 9 \cdot 15 \rightarrow x = \frac{9 \cdot 15}{5} \rightarrow x = 27 \text{ operários}$$

Resposta: Serão necessários 27 operários.

---

4. Se uma vela de 36 cm de altura diminui 1,8 mm por minuto, quanto tempo levará para se consumir?

Solução:
Fácil observar que a regra de três é direta, pois se o **consumo da vela aumenta**, o **tempo** necessário para consumi-la **também aumenta**. REGRA DE TRÊS DIRETA.

> A grandezas envolvidas no problema devem estar sempre na mesma unidade.

36 cm = 360 mm

| 1,8 mm | 1 minuto |
| 360 mm | x |

$$\frac{1}{x} = \frac{1,8}{360} \rightarrow x = \frac{360}{1,8} = 200 \text{ min} = 3\text{h } 20\text{min}$$

Resposta: A vela levará 3h 20min para se consumir.

---

5. Duas rodas dentadas, que estão engrenadas uma na outra, têm respectivamente, 108 e 24 dentes. Quantas voltas dará a menor enquanto a maior dá 10 voltas?

Solução: Sabendo-se, pelo texto, que:
roda maior = 108 dentes
roda menor = 24 dentes

a) Disposição das grandezas:

	dentes	voltas
(maior)	108	10
(menor)	24	x

b) Verificar se a regra de três é direta ou inversa.

> Observe que enquanto na "coluna dos dentes" a grandeza diminui, na "coluna das voltas" a grandeza aumentará. Então, a regra de três supra é inversa e as posições das setas tem sentidos opostos, como abaixo:

dentes	voltas
108	10
24	x

c) Montagem das proporções:

$$\frac{x}{10} = \frac{108}{24} \to x = \frac{10 \cdot 108}{24}$$

$$x = \frac{1080}{24} \to x = 45 \text{ voltas}$$

Resposta: A roda menor dará 45 voltas, enquanto a maior dará 10 voltas.

---

6. Um piloto de Fórmula 1, na velocidade média de 180 km/h, faz um certo percurso em 20 segundos. Se ele aumentar sua velocidade para 200 km/h, qual será o tempo gasto no mesmo percurso?

Solução:
a) Disposição das grandezas:

Velocidade km/h	Tempo
180	20
200	x

b) Verificar-se a R/3 é direta ou inversa

 Observe que, quando a velocidade <u>aumenta</u>, o tempo de percurso <u>diminui</u>. A R/3 é inversa. Portanto, as posições das setas tem sentidos opostos.

Velocidade km/h ↓	Tempo ↑
180	20
200	x

c) Montagem das proporções, (seguindo a orientação das setas):

$$\frac{x}{20} = \frac{180}{200}$$

$$x = \frac{180 \cdot 20}{200} = 18 \text{ segundos}$$

Resposta: O tempo gasto no percurso será de 18 segundos.

---

7. Uma torneira enche um tanque em 50 minutos. Que volume do tanque encherá em 15 minutos?

Solução:
a) Disposição das grandezas:

Tanque	Minutos
1	50
x	15

b) Verificar se a regra de três é direta ou inversa.

Observe que o tanque todo (100% dele) será cheio em 50 minutos. Em 15 minutos encherá menor volume do tanque. Se <u>diminuirmos</u> o tempo, <u>diminuirá</u> também o volume de água no tanque. Portanto, a regra de três é direta e a posição das setas terá o mesmo sentido.

Tanque   Minutos
1   50
x   15

c) Montagem das proporções, (seguindo a orientação das setas):

$$\frac{1}{x} = \frac{50}{15}$$

$$x = \frac{1 \cdot 15}{50} = \frac{3}{10}$$

Resposta: Em 15 minutos a torneira encherá $\frac{3}{10}$ (três décimos) do tanque ou 30% do tanque = $\left(\frac{3 \cdot 10}{10 \cdot 10} = \frac{30}{100} = 30\%\right)$.

8. Para fazer um assoalho, 14 operários empregam 5 dias de serviço. Quantos operários serão necessários para fazer o mesmo serviço em 7 dias?

Solução:
a) Disposição das grandezas:

Operários   Dias
14   5
x   7

b) Verificar se a regra de três é direta ou inversa.

 Observe que, se <u>aumentarmos</u> os dias de serviço, podemos <u>diminuir</u> o número de operários. A regra de três é inversa, e, portanto, as posições das setas terão sentidos opostos.

Operários   Dias
14   5
x   7

c) Montagem das proporções:

$$\frac{14}{x} = \frac{7}{5} \rightarrow x = \frac{14 \cdot 5}{7} = \frac{70}{7} \rightarrow 10 \text{ operários}$$

Método de redução à unidade:
a) para fazer o assoalho em 5 dias serão necessários 14 operários.
b) para fazer o assoalho em 1 dia serão necessários 5 . 14 = 70 operários / dia.

c) para fazer o assoalho em 7 dias serão necessários $\dfrac{70}{7} \to 10$ operários.

Resposta: Serão necessários 10 operários.

---

9. Para colher uma certa área de plantação de milho, serão necessários 16 dias, trabalhando 10 horas por dia. Se trabalharmos apenas 8 horas por dia, quantos dias serão necessários para colher essa área?

Solução:
a) Disposição das grandezas:

  Dias Horas
  16   10
  x   8

b) Verificar se a regra de três é direta ou inversa.

> Observe que, se **diminuirmos** o número de horas trabalhadas por dia, teremos que **aumentar** o número de dias para executar o mesmo serviço. A regra de três é inversa, e, portanto, as posições das setas terão sentidos opostos.

  Dias Horas
  16   10
  x   8

c) Montagem das proporções:

$$\dfrac{16}{x} = \dfrac{8}{10} \to x = \dfrac{16 \cdot 10}{8} = \dfrac{160}{8} \to 20 \text{ dias}$$

Método de redução à unidade
a) com 10 horas serão necessários 16 dias.
b) com 1 hora serão necessários 10 . 16 = 160 dias . hora.
c) com 8 horas por dia serão necessários $\dfrac{160}{8} = 20$ dias.

Resposta: Serão necessários 20 dias.

---

10. Um quartel do exército com 3 000 homens terá alimentos estocados para 12 meses. Quantos homens deverão ser dispensados para que os alimentos durem mais 4 meses?

Solução:
a) Disposição das grandezas:

  Homens Meses
  3 000   12
  x   16

b) Verificar se a regra de três é direta ou inversa.

> Observe que, se aumentar o número de meses, será necessário diminuir o número de homens. Portanto, a regra de três é inversa e as posições das setas terão sentidos opostos.

Homens	Meses
3 000 ↓	12 ↑
x	16

c) Montagem das proporções:

$$\frac{3000}{x} = \frac{16}{12} \to x = \frac{3000 \cdot 12}{16} = \frac{36000}{16} \to x = 2250 \text{ homens}$$

Só terá alimentos para 2 250 homens. Portanto, deverão ser dispensados 750 (3 000 – 2 250) homens.

Método de redução à unidade:
a) em 12 meses, alimentos sustentam 3 000 homens.
b) em 1 mês, alimentos sustentam 12 . 3 000 = 36 000 homens . mês.
c) em 16 meses os alimentos sustentam $\frac{36000}{16} = 2250$ homens

Resposta: Deverão ser dispensados (3 000 – 2 250) 750 homens.

---

11. Um caminhão transporta 720 toneladas de canas-de-açúcar em 18 horas de trabalho. Quanto tempo levará para transportar 200 toneladas de canas-de-açúcar?

Solução:
a) Disposição das grandezas:

Toneladas	Horas
720	18
200	x

b) Verificar se a regra de três é direta ou inversa.

> Observe que, para transportar <u>menos carga</u>, levará também <u>menos horas</u>. A regra de três é direta. Posições das setas no mesmo sentido.

Toneladas	Horas
720 ↓	18 ↓
200	x

c) Montagem das proporções:

$$\frac{18}{x} = \frac{720}{200}, \text{ portanto, } x = \frac{18 \cdot 200}{720} \to x = \frac{3600}{720} = 5 \text{ horas}$$

Resposta: Levará 5 horas para transportar 200 toneladas de canas-de-açúcar.

12. Na bula de um determinado remédio pediátrico (para crianças), recomenda-se dar 5 gotas para cada 2 kg de "peso" da criança. Se a criança tem 12 kg de peso, qual a dosagem correta?

Solução: Como se vê a R/3 é direta.
Então:

Gotas	Kg
5	2
x	12

$$\frac{5}{x} = \frac{2}{12} \rightarrow 2x = 5.12 \rightarrow x = \frac{5.12}{2} = 30 \text{ gotas}$$

Resposta: A dosagem, para uma criança de 12 kg, é de 30 gotas.

---

13. Comprei 10 m de corda por R$ 5,00. Quanto pagarei por 16 m?

Solução:
Raciocínio: Aumentando a quantidade de metros, o valor também aumenta. Regra de Três direta.

a) Disposição das grandezas:

Corda	Preço
10m	5
16m	x

$$\frac{5}{x} = \frac{10}{16} \rightarrow x = \frac{5.16}{10} = 8$$

Resposta: Pagarei a importância de R$ 8,00 pelos 16 metros.

---

14. Com 10 pedreiros podemos construir um muro em 2 dias. Quantos dias levarão 5 pedreiros para fazer o mesmo trabalho?

Solução:
Raciocínio: Diminuindo a quantidade de pedreiros, o número de dias aumenta.

a) Disposição das grandezas:

Pedreiros	Dias
10	2
5	x

O esquema acima mostra grandezas inversamente proporcionais.

$$\frac{5}{10} = \frac{2}{x} \rightarrow 5x = 10 \cdot 2$$

$$5x = 20 \quad x = 4$$

Resposta: 5 pedreiros levarão 4 dias para executar o mesmo trabalho.

---

15. (FUVEST). A tabela a seguir mostra a temperatura das águas do Oceano Atlântico (ao nível do Equador), em função da profundidade.

Profundidade	Temperatura
Superfície	– 27°C
100m	– 21°C
500m	– 7°C
1 000m	– 4°C
3 000m	– 2,8°C

Admitindo que a variação da temperatura seja aproximadamente linear entre cada 2 medições feitas para a profundidade, a temperatura prevista para a profundidade de 400m é de:

a) + 16°C
b) – 14°C
c) + 12,5°C
d) – 10,5°C
e) – 8,0°C

Solução:

Observe que, na medida em que aumenta a profundidade, aumenta também a temperatura. Na superfície a temperatura é – 27°C (muito frio) e a 3 000m de profundidade a temperatura é de – 2,8°C (menos frio). A temperatura aumentou nesse intervalo. Logo, ao montarmos a Regra de Três Simples para resolvermos o problema, temos que considerar que as grandezas são diretamente proporcionais; aumentando-se a profundidade "aumenta-se" a temperatura.

Temperatura °Celsius	Profundidade
– 27°	0 m
– 21°	100 m
	200 m
	300 m
	400 m
– 7°	500 m
	600 m
	700 m
	800 m
	900 m
– 4°	1 000 m
– 2,8°	3 000 m

Observe que, no intervalo de 100m a 500m, a temperatura "aumentou" – 21° – (–7°) = – 14°C, ou seja, a temperatura "aumentou", em cada intervalo de 100m, ou seja, –3,5°C para cada 100m de profundidade: $\left(\dfrac{-14°}{4\,\text{intervalos}}\right) = -3,5°C$

Partindo da cota 100m, onde a temperatura é de – 21°C, e somando-se a esta temperatura o valor de – 3,5°C, a cada 100m, encontraremos, na cota 400m, a temperatura de – 10,5°C, como explicitado abaixo.

cota	temperatura		Celsius
100 m		=	– 21,0°
200 m	– 21° – (– 3,5°)	=	– 17,5°
300 m	– 17,5° – (– 3,5°)	=	– 14,0°
400 m	– 14,0° – (– 3,5°)	=	– 10,5°

Temperatura ° Celsius	Profundidade
– 27°	0 m
– 21°	100 m
– 7°	500 m
– 2,8°	3 000 m

Lembrete
– 21° – (– 7) =
= – 21 + 7 = – 14°C

Outro caminho para resolver o problema:

Usa-se o método da interpolação (uma regra de três simples).

Se, no intervalo de 400m (cota 500m – cota 100m), ocorre uma diferença de temperatura de – 14°C, na cota 400m, que contém o intervalo de 300m (cota 400m – 100), a temperatura será x:

$$\begin{array}{cc} 400 & -14°C \\ 300 & x \end{array} \rightarrow x = \frac{300}{400} \cdot -14°$$

$$x = \frac{3}{4} \cdot -14$$

$$x = -10,5°C$$

Resposta: Na cota 300 m de profundidade, a temperatura será de – 10,5°C. Letra "d".

Outra forma de resolução:
Podemos pensar esse problema, tendo como base o diagrama abaixo:

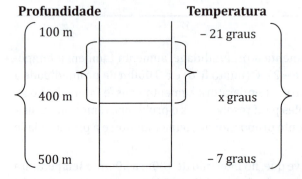

Se entre 100 m e 500 m (intervalo de 400 m), a temperatura passa de – 21°C para – 7°C, ou seja: há uma variação de 14°C, entre as profundidades 100 m e 400 m (intervalo de 300 m) há uma variação de temperatura que representaremos por x. Podemos agora escrever a proporção:

$$\begin{array}{cc} 400 & 14 \\ 300 \downarrow & x \downarrow \end{array}$$

$$\frac{400}{300} = \frac{14}{x} \rightarrow x = \frac{14 \cdot 300}{400} = \frac{42}{4} \rightarrow x = 10,5 \text{ graus}$$

Temos, portanto uma variação de 10,5 graus

A temperatura prevista será: – 21 graus + 10,5 graus = – 10,5 graus

16. (UFPE) – Universidade Federal de Pernambuco – 1998 (Solução: Prof. Paulo Marques). Determinadas frutas frescas contêm 70% de água e, quando secas, apresentam 20% de água. Quantos kilogramas dessas frutas frescas são necessários para obter 30 kilogramas de frutas secas?

Solução:
"Temos, em resumo, conforme o enunciado da questão:

Item	Água	Fruta desidratada
Fruta fresca	70%	30%
Fruta seca	20%	80%

Notas:
a) Entenderemos por fruta desidratada, aquela que após processamento industrial, não apresenta nenhum vestígio de água. Observe que pelo enunciado, uma fruta seca é diferente de uma fruta desidratada.
b) Kg – abreviatura da unidade de massa – kilograma.
Trata-se de um problema de porcentagem, que pode ser resolvido por regra de três simples, senão vejamos:
Frutas secas: possuem 20% de água e, por consequência, 80% de fruta desidratada. Infere-se do enunciado que em 100 kg de frutas secas existem 20 kg de água, pois 20% de 100 kg = 20 kg.

Logo:
100 kg de frutas secas . . . 20 kg de água
30 kg de frutas secas . . . . x kg de água

Então : $x = \dfrac{30.20}{100} = 6$

Portanto, se em 30 kg de frutas secas existem 6 kg de água, restam na realidade 24 kg de fruta desidratada, pois 6 kg são apenas e tão somente água.

Do enunciado do problema, em 100 kg de frutas frescas existem 70% de água, o que significa que existem 30% de fruta desidratada, ou seja, 30kg. Portanto, podemos montar a seguinte regra de três simples:

Frutas frescas:
100 kg de frutas frescas . . . . 30 kg de fruta desidratada
y kg de frutas frescas . . . . . . 24 kg de fruta desidratada

Então : $y = \dfrac{100.24}{30} = \dfrac{2400}{30} = 80$

Ora, já vimos acima que 24 kg de fruta desidratada correspondem aos 30 kg de frutas secas objeto da pergunta do problema.
Logo, para se obter 30 kg de frutas secas, serão necessários 80 kg de frutas frescas.

Justificativa: observe que no processo de desidratação de uma fruta, só ocorre variação na quantidade de água. A massa da fruta propriamente dita é invariante ou seja, permanece constante. Assim, como a fruta fresca tem 70% de água, 80 kg desta fruta irá conter 70%

de 80 = 56 kg de água e 30% de 80=24 kg de fruta desidratada. Daí, basta desidratar 50 kg dessa água que restarão 24 kg de fruta desidratada mais 6 kg de água ou seja, 30 kg de fruta seca."

Resposta: 80 kg

---

17. Um comerciante tinha 100 kg de morangos, cujo teor de umidade era 99% e cujo preço era R$ 30,00/kg. Sendo que hoje, a umidade baixou para 98%, ele quer saber como remarcar o preço de modo a não ter prejuízo. (Prof. Paulo Marques).

Solução:
"Observe que dos 100 kg de morangos, 99 kg era água (teor de umidade de 99%) e por consequência, o restante 1 kg é de fruta desidratada (que representa 1%). Partindo-se do princípio de que no processo de desidratação, a massa da fruta desidratada é invariante ou seja, permanece constante e igual a 1 kg, quando a umidade passar a ser de 98%, significa que houve perda de água e os 2% restantes referem-se à fruta desidratada, que manteve-se igual a 1 kg.

Portanto, sendo P o novo peso do morango (de umidade 98%), poderemos escrever a seguinte igualdade, lembrando que 2% = 0,02:

$0{,}02 \cdot P = 1$, de onde tiramos $P = \dfrac{1}{0{,}02} = \dfrac{1}{\frac{2}{100}} = \dfrac{100}{2} = 50$

Ora, inicialmente o comerciante possuía 100 kg de morangos, a R$ 30,00/kg, o que geraria a receita S = 100 . 30 = R$ 3 000,00.

Como o morango "murchou" após a perda de água que ocasionou o novo peso 50kg, para que ele não tenha prejuízo, o novo preço por kg sendo p, poderemos escrever: p.50 = 3 000, de onde tiramos p = R$ 60,00.

Resposta: R$ 60,00/kg."

---

18. Uma torneira enche um tanque em 10 horas e uma outra, em 12 horas. Abertas ao mesmo tempo, em quantas horas encheriam o tanque?

Solução:
a) Uma torneira enche um tanque em 10 horas.

Em 1 hora, enche $\dfrac{1}{10}$ do tanque.

b) A outra torneira enche um tanque 12 horas.

Em 1 hora enche $\dfrac{1}{12}$ do tanque.

c) As duas torneiras, abertas ao mesmo tempo, em 1 hora encherão:

$\dfrac{1}{10} + \dfrac{1}{12} = \dfrac{6+5}{60} = \dfrac{11}{60}$ do tanque

d) Monta-se agora a seguinte Regra de Três:

Se em 1 hora enchem $\dfrac{11}{60}$ do tanque

em x horas enchem 100% $\left(\dfrac{100}{100}=1\right)$ do tanque

$x = \dfrac{1}{\dfrac{11}{60}} = \dfrac{60}{11} = 5,45$ horas

5,45 horas é = 5h + (0,45 . 60 min) = 5h + 27min

Resposta: Abertas ao mesmo tempo, as duas torneiras encherão o tanque em 5 horas 27 minutos.

---

19. Uma torneira enche um tanque em 3 horas e uma segunda torneira pode fazê-lo em 15 horas. Qual será o tempo necessário para encher $\dfrac{2}{3}$ do reservatório, se as duas torneiras forem ligadas simultaneamente?

Solução:

a) 1ª torneira: se ela enche o tanque em 3 horas, em 1 hora encherá $\dfrac{1}{3}$ do tanque.

b) 2ª torneira: se ela enche o tanque em 15 horas, em 1 hora encherá $\dfrac{1}{15}$ do tanque.

c) As duas torneiras, abertas ao mesmo tempo, em 1 hora enchem:
$\dfrac{1}{3} + \dfrac{1}{15} = \dfrac{5+1}{15} = \dfrac{6}{15}$ do tanque

d) Monta-se agora a seguinte Regra de Três:

Se em 1 hora enchem $\dfrac{6}{15}$ do tanque

em x horas enchem 100% do tanque $\left(100\% = \dfrac{100}{100} = 1\right)$

$\begin{cases} 1 \to \dfrac{6}{15} \\ x \to 1 \end{cases}$ $x = \dfrac{1}{\dfrac{6}{15}} = \dfrac{15}{6} = 2,5$ horas

e) Portanto, para encher completamente o tanque (100% do tanque) levam 2,5 horas.

Para encher $\dfrac{2}{3}$ do tanque, levam $\dfrac{2}{3}$. 2,5 horas = $\dfrac{5}{3}$ horas

$\dfrac{5}{3}$ horas = $\dfrac{5.60}{3}$ minutos = $\dfrac{300}{3}$ = 100 minutos → 1 hora e 40 minutos

Resposta: O tempo necessário para encher $\dfrac{2}{3}$ do tanque, estando abertas, simultaneamente as duas torneiras será de 1 hora e 40 minutos.

20. Um reservatório de abastecimento de água de uma cidade recebe água de 2 adutoras. A Adutora "A" tem vazão suficiente para encher o reservatório em 15 horas e a Adutora "B" tem vazão suficiente para encher o reservatório em 10 horas. A tubulação de saída do reservatório para abastecimento da cidade tem capacidade para o esvaziar, quando cheio, em 9 horas. Estando o reservatório vazio, abertas as 2 adutoras e a tubulação de saída de água, em quanto tempo o reservatório estará cheio?

Solução:
a) Adutora "A": em 1 hora encherá $\dfrac{1}{15}$ do reservatório.

b) Adutora "B": em 1 hora encherá $\dfrac{1}{10}$ do reservatório.

c) Tubulação de saída: em 1 hora esvazia $\dfrac{1}{9}$ do reservatório.

d) Estando o reservatório vazio e abrindo-se, simultaneamente, as adutoras de entrada e tubulação de saída, em 1 hora encherá:

$$\dfrac{1}{15}+\dfrac{1}{10}-\dfrac{1}{9}=\dfrac{6+9-10}{90}=\dfrac{5}{90}=\dfrac{1}{18}$$

e) Se em 1 hora enchem $\dfrac{1}{18}$ do reservatório, em quantas horas encherão todo o reservatório?

1 hora . . . . . $\dfrac{1}{18}$ do tanque

x = ... 1 tanque inteiro $\left(\dfrac{18}{18}=1=100\%\right)$

$x = \dfrac{1}{\frac{1}{18}} = \dfrac{18}{1} = 18$ horas

Resposta: Nas condições do problema, o reservatório estará cheio em 18 horas.

---

21. Uma torneira enche de água um tanque em 40 minutos. Que volume do tanque encherá em 15 minutos?

Solução:
1º passo: Montar o esquema da R/3 Simples.
1 torneira   40 minutos
    x   15 minutos

2º passo: Identificar o tipo de R/3. É Direta ou Inversamente Proporcional? Se para encher um tanque leva 40 minutos, em 15 minutos encherá uma parte do tanque. Ou seja: diminuindo o tempo, diminui também o volume de água dentro do tanque. Conclusão: A R/3 é Direta, Portanto:

| 1 torneira | 40 minutos |
| x | 15 minutos |

$$\frac{1}{x} = \frac{40}{15} \rightarrow x = \frac{1 \cdot 15}{40} = \frac{3}{8}$$

Resposta: Em 15 minutos a torneira enche $\frac{3}{8}$ do tanque.

---

22. (ESA) Dez pessoas realizam um trabalho em 15 dias. Em quanto tempo 6 pessoas fariam o mesmo trabalho?

Solução:
a) Disposição dos dados:
   10 pessoas   15 dias
   6 pessoas   x

b) Identificação das grandezas: Se diminuirmos o número de pessoas, necessário aumentar o número de dias. Então as grandezas são Inversamente Proporcionais:

   10 pessoas ↑   15 dias |
   6 pessoas | x   ↓

c) Montam-se as proporções, orientando as grandezas nos sentidos indicados pelas setas:

$$\frac{15}{x} = \frac{6}{10} \rightarrow x = \frac{15 \cdot 10}{6} = \frac{150}{6}$$

$x = 25$ dias

Resposta: O trabalho seria feito em 25 dias.

---

23. (UFMG) Um relógio atrasa 1 minuto e 15 segundos a cada hora. Quantos minutos atrasará em 24 horas? (adaptado).

Solução:
a) Em 1 hora (60 minutos) atrasa 1 minuto e 15 segundos ou 60 segundos + 15 segundos = 75 segundos.
b) Em 1 hora (= 3 600 segundos), atrasa 75 segundos.
c) Em 24 horas = (60 . 60 . 24) = 86 400 segundos, atrasará "x":
   Se em 3 600 segundos atrasa . . . . 75 segundos
        em 86 400 segundos atrasa . . . x

Lembrete:
1 hora = 60 minutos
1 min = 60 segundos

24 horas tem: $\begin{cases} \text{a) } 24 \cdot 60 \text{ min} = 1\,440 \text{ min} \\ \text{b) } 24 \cdot 60 \cdot 60 = 86\,400 \text{ s} \end{cases}$

$$x = \frac{86\,400 \cdot 75}{3\,600} = 1\,800 \text{ segundos} \rightarrow x = \frac{1\,800}{60} = 30 \text{ minutos}$$

Resposta: Atrasará 30 minutos em 24 horas.

---

24. (EPCAR) Um trem com a velocidade de 45km/h percorre certa distância em 3,5 horas. Quanto tempo gastará para percorrer a mesma distância com a velocidade de 60km/h?

Solução:

45 km/h ↑   3,5 horas ↓
60 km/h   x

Tempo e velocidade são grandezas inversamente proporcionais, pois se aumentarmos a velocidade, diminuiremos o tempo de percurso.

Então podemos escrever:

$$\frac{3,5}{x} = \frac{60}{45} \rightarrow x = \frac{3,5 \cdot 45}{60}$$

x = 2,625 horas = 2 horas + (0,625 . 60 minutos) = 2 horas + 37,5 minutos
x = 2 horas, 37 minutos e 30 segundos

Resposta: Para percorrer a mesma distância, com a velocidade indicada, serão necessárias 2 horas, 37 minutos e 30 segundos.

---

25. Um ônibus, com a velocidade de 80 km/hora, percorre uma distância de 360 km em $4\frac{1}{2}$ horas. Se a velocidade fosse de 100 km/hora, quanto tempo demoraria para fazer o mesmo percurso?

Solução:
1) Disposição dos dados:

Velocidade	Distância	Tempo
80 km/h	360 km	4,5 horas
100 km/h	360 km	x

2) Avaliação das grandezas: (se DIRETAS ou INVERSAMENTE Proporcionais). Analisando as grandezas "velocidade" em relação as grandezas que representam o tempo, verifica-se que se a velocidade **aumenta**, o "tempo" de percurso **diminui**. São portanto: grandezas INVERSAMENTE Proporcionais. As setas são, então, colocadas em sentidos opostos.

Velocidade	Tempo
80 km/h	4,5 horas
100 km/h ↓	x ↑

$$\frac{x}{4,5} = \frac{80}{100} \rightarrow x = \frac{4,5.80}{100} = 3,6 \text{ horas} = 3 \text{ horas} + (0,6.60) \text{ minutos} = 3 \text{ horas e } 36 \text{ min}$$

x = 3,6 horas ou 3h 36 minutos

Resposta: Demoraria 3,6 horas, ou 3h 36min.

---

26. Qual a altura de um prédio cuja sombra mede 10,5 metros, se, no mesmo local e hora, uma vara de 4m de altura projeta uma sombra de 3m?

Solução:
Disposição dos dados:

Altura	Sombra
x	10,5m
4m	3,00m

As alturas dos corpos são diretamente proporcionais às suas sombras, que, no mesmo local e hora, eles projetam. A Regra de Três é, portanto, DIRETA.

Então:
$$\frac{x}{4} = \frac{10,50}{3} \rightarrow x = \frac{4.10,5}{3} = 14 \rightarrow x = 14 \text{ m}$$

Resposta: O prédio tem 14 m de altura.

---

27. Sabendo-se que 180° Farenheit (212 – 32) equivalem a 100° Centígrados (ou Celsius), quantos graus Farenheit equivalem a 60° graus Centígrados (ou Celsius)?

A fórmula para o cálculo de conversão de graus centígrados (ou Celsius) em Farenheit, e vice-versa, é a seguinte:

$C = \frac{5}{9}.(F-32)$, que pode ser explicada mediante o gráfico ao lado.

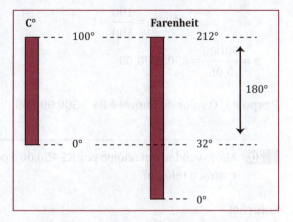

Arma-se a seguinte proporção:
$$\frac{C}{100} = \frac{F-32}{180} \rightarrow C = \frac{100}{180}(F-32)$$

$$C = \frac{5}{9}(F-32)$$

Solução do problema:
Substitua-se, na fórmula, "C" por 60° e "F" por 212°, teremos:

$$60 = \frac{5}{9}(F-32) \rightarrow F-32 = \frac{9.60}{5} \rightarrow F = 108+32 = 140$$

Resposta: 60°C equivalem a 140°F.

28. (FAAP) Para simular um movimento, um computador projeta imagens na tela à "velocidade" de uma imagem a cada um décimo de segundo. Assim, quantas imagens são projetadas a cada minuto?

Solução:
1) Disposição dos dados:
   1 imagem   0,1 segundo
       x   60 segundos (1 minuto)

2) Identificação das Razões: (se DIRETA ou INVERSA), verifica-se que **aumentando** o tempo, **aumenta-se** também o número de imagens. Portanto, a Regra de Três é DIRETA.

3) Montagem das proporções:

   1 imagem $\downarrow$ 0,1 segundo $\downarrow$
       x   60 segundos

$$\frac{1}{x} = \frac{0,1}{60} \rightarrow x = \frac{60}{0,1} = \frac{600}{1} \rightarrow x = 600 \text{ imagens}$$

Resposta: São projetadas 600 imagens a cada minuto.

---

29. Um corretor de imóveis recebeu R$ 90 000,00 de comissões referentes a 6% do valor do imóvel. Qual o valor do imóvel?

Solução:

Se 90 000 . . . . $6\% = \frac{6}{100} = 0,06$

x . . . . $100\% = \frac{100}{100} = 1$

$x = \frac{90000}{0,06} = 1\,500\,000,00$

Resposta: O valor do imóvel é R$ 1 500 000,00.

---

30. Mário vendeu um relógio por R$ 450,00 e perdeu, na venda, 10% do custo. Quanto custou o relógio?

Solução:
Se perdeu 10% significa que vendeu o relógio por 0,90 do custo, ou seja 90% do custo.

450 representam . . . . . $90\% = \frac{90}{100} = 0,9$

x representa. . . . . $100\% = \frac{100}{100} = 1,0$

450 . . . 0,90
x 1,0

$$x = \frac{450}{0,9} = 500 \rightarrow x = 500,00$$

Resposta: O custo do relógio era R$ 500,00.

---

31. Numa prova com 50 questões, o aluno acertou 45. Quantos por cento acertou e quantos por cento errou?

Solução:
50 questões representam . . . . . $100\% = \frac{100}{100} = 1,0$
45 questões representam x

% de acertos:
50 1
45 x

$$x = \frac{45}{50} = 0,90 = \frac{90}{100} \rightarrow x = 90\%$$

% de erros:
100% − 90% = 10%
ou
50 1
5 x

$$x = \frac{5}{50} = \frac{1}{10} = 0,1 = 10\%$$

De fato, para encontrarmos a porcentagem de erros, bastaria diminuirmos de 100% os 90% de acertos para termos a porcentagem de erros:
100% − 90% = 10%

Resposta: Acertou 90% das questões.
Errou 10% das questões.

---

32. Um funcionário recebia por mês a importância de R$ 1 050,00 e passou a receber R$ 1 260,00/mês. Quanto teve de aumento?

Solução:

Se R$ 1 050,00 representavam 100%
Então: R$ 210,00 representam x

210 = 1 260 − 1 050

$$x = \frac{210}{1\,050} \cdot 100 = 20 \rightarrow x = 20\%$$

Resposta: O aumento foi de 20%.

33. Qual o número que aumentado de 15% dá 345?

Solução:
115% representam 345
100% representam x

$$x = \frac{345 \cdot 100}{115} = 300$$

> Pode-se, também, resolver este problema empregando-se o seguinte raciocínio: seja "x" o número procurado, some-se a este 15% de x e teremos 345. Então, teremos:
>
> $$x + 15\% x = 345 \rightarrow x + \frac{15}{100} x = 345 \rightarrow x + 0,15 x = 345$$
>
> $$1,15 x = 345 \rightarrow x = \frac{345}{1,15} = 300$$

Resposta: O número procurado é 300.

---

34. Ao comprar uma camisa, o comerciante concedeu ao comprador um desconto de 25% de abatimento no valor de R$ 37,50. Quanto custava a camisa e quanto pagou por ela?

Solução:

$$\left(\frac{25}{100}\right) = 0,25 = 25\% \rightarrow \begin{cases} \text{Se } 25\% \text{ representam R\$ 37,50} \\ \text{Então } 100\% \text{ representam x} \end{cases}$$

$$\left(\frac{100}{100}\right) = 1,00$$

Mas como 25% pode ser representado por $\frac{25}{100} = 0,25$, obteremos o mesmo resultado, empregando-se a seguinte expressão:

$$\rightarrow x = \frac{37,5}{0,25} = 150 \rightarrow x = 150,00$$

a) A camisa custava. 150,00
b) Desconto concedido (25% . 150,00) 37,50
c) Pagou pela camisa. 112,50

Resposta: A camisa custava R$ 150,00; e o comprador pagou por ela R$ 112,50.

35. Cinco (5) sacos de milho foram vendidos por R$ 180,00, dando um lucro de 20%. Quanto custaram os 5 sacos de milho?

Solução:
O custo "C" do milho mais 0,20C serão iguais a 180,00.

Então:
$C + 0,20C = 180$

$1,20C = 180$

$C = \dfrac{180}{1,20} \to C = 150,00$

Outra forma de resolver, mediante aplicação de Regra de Três.

Se x é o custo e vale 100% = $\dfrac{100}{100} = 1,0$

180 é o valor da venda e vale o custo mais 20% = $\dfrac{120}{100} = 1,2$

Simplificando:
x 1
180 1,20

$x = \dfrac{180 \cdot 1}{1,20} = 150$

Resposta: Os cinco sacos de milho custaram R$ 150,00 (R$ 180,00 representam o valor do custo mais os 20% de lucro).

---

36. Numa classe de 50 alunos, 40 alunos foram aprovados. Quantos por cento foram aprovados? Qual a porcentagem de reprovação?

Solução:

% de aprovação:	% de reprovação:
50 alunos representam 100% = $\dfrac{100}{100} = 1$	50 alunos representam 100% = $\dfrac{100}{100} = 1$
40 alunos aprovados representam x	10 alunos reprovados representam x
$x = \dfrac{40}{50} = 0,80 = \dfrac{80}{100} \to x = 80\%$	$x = \dfrac{10 \cdot 1}{50} = \dfrac{10}{50} = \dfrac{1}{5} = 0,20 \to x = 20\%$

Poderíamos resolver esta 2ª parte do problema, bastando diminuir de 100% o número de alunos aprovados (= 80%), para termos a porcentagem de alunos reprovados (100% − 80% = 20%).

Resposta: A porcentagem de aprovação é de 80%.
A porcentagem de reprovação é de 20%.

37. Um objeto foi vendido por R$ 544,00 com lucro de 28% sobre o preço de custo. Por quanto foi comprado o objeto?

Solução:
100% do custo + 28% de lucro = 128%
128% representam 544 reais
100% representam x reais

$$x = \frac{544 \cdot 100}{128} = 425$$

Resposta: O objeto foi comprado por R$ 425,00.

38. (CN-97) Uma cafeteira elétrica tem, no recipiente onde se coloca a água, um mostrador indicando 1 a 20 cafezinhos. O tempo gasto para fazer 18 cafezinhos é de 10 minutos, dos quais 1 minuto é o tempo gasto para fazer aquecer a resistência. Qual o tempo gasto por essa mesma cafeteira para fazer 5 cafezinhos?

Solução:
1) Como o tempo gasto para aquecer a resistência é de 1 minuto, entende-se que em 9 minutos consegue-se fazer 18 cafezinhos.

2) Monta-se, então, a seguinte Regra de Três Simples:
   9 minutos   18 cafés
   x minutos   5 cafés

$$x = \frac{9 \cdot 5}{18} = \frac{45}{18} = 2,5 \text{ minutos}$$

Resposta: Total do tempo gasto:
a) 1,0 minuto para aquecer a resistência.
b) 2,5 minutos para fazer os cafezinhos.
c) 3,5 minutos é o tempo total gasto para fazer os 5 cafezinhos.

39. (CESGRANRIO) Suponha que um carro movido a gasolina consiga, em média, percorrer 10 km por litro de gasolina, e um carro movido a álcool, apenas 8 km por litro. Se o litro da gasolina custa R$ 0,50, quanto deve custar o litro de álcool para que os veículos sejam igualmente econômicos?

Solução:
1º passo: Disposição dos dados.
   km/litro   Valor R$
      10   →   0,50
       8   →   x

2º passo: Se dividirmos 10 km por R$ 0,50, acharemos quantos quilômetros o carro a gasolina percorre com UM REAL.

Vejamos:

a) $\dfrac{10}{0,5} = 20\,\text{km} / \text{com 1 real}$

Da mesma forma, se dividirmos 8 km pelo preço x do álcool, deveremos encontrar, para o carro a álcool, os mesmos 20 quilômetros para que este carro seja igualmente econômico. Então:

b) $\dfrac{8}{x} = 20\,\text{km} / \text{com 1 real}$

As razões "a" e "b" são iguais, pois 2 (duas) quantidades iguais a uma terceira são iguais entre si.
Portanto:
$$\dfrac{10}{0,5} = \dfrac{8}{x} \to x = \dfrac{0,5 \cdot 8}{10} = \dfrac{4}{10} = 0,4$$

Resposta: O litro de álcool deverá custar R$ 0,40/litro para que os veículos sejam igualmente econômicos.

---

40. (FEI) Um ciclista movimenta-se numa subida a uma velocidade constante, completando 6 pedaladas por minuto. No mecanismo de tração de sua bicicleta, a coroa do pedal possui raio 3 vezes maior que o raio da catraca da roda. Em 1 minuto, quantas voltas terá dado a roda da bicicleta?

Solução:
1º passo: Calcular cada volta da coroa maior corresponde a quantas voltas da coroa menor (catraca). Isso porque 1 volta da catraca corresponde a 1 volta da roda da bicicleta. Sabemos que o raio da coroa maior (a do pedal) é 3 vezes maior que o raio da catraca. Então, os comprimentos das circunferências da coroa do pedal e da catraca são:

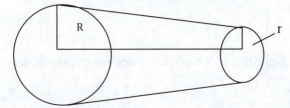

Comprimento da circunferência MAIOR = $C_1 = 2\pi R$ → coroa do pedal
Comprimento da circunferência MENOR = $C_2 = 2\pi r$ → catraca
$\dfrac{C_1}{C_2} = \dfrac{2\pi R}{2\pi r} \to \dfrac{C_1}{C_2} = \dfrac{R}{r}$

Mas R = 3r, logo: $\dfrac{C_1}{C_2} = \dfrac{3r}{r} \to \dfrac{C_1}{C_2} = \dfrac{3}{1} \to C_1 = 3C_2$

Ou seja, o comprimento da circunferência da coroa maior é 3 vezes o comprimento da coroa menor (catraca).
Assim, enquanto a coroa maior dá 1 volta, a coroa menor (catraca) dá 3 voltas. (uma volta da catraca corresponde a uma volta da roda da bicicleta).

Logo, se o ciclista dá 6 pedaladas por minuto (ou 6 voltas da coroa maior), temos:
1 volta da coroa maior . . . . . 3 voltas da catraca
6 voltas da coroa maior . . . . x voltas da catraca

$$x = \frac{6 \cdot 3}{1} = 18$$ voltas da catraca, que é igual a 18 voltas da roda da bicicleta.

Resposta: Em 1 minuto a roda da bicicleta dá 18 voltas.

41. (UE.LONDRINA) Numa gráfica, 5 máquinas de mesmo rendimento imprimem um certo número de cópias de certo folheto em 8 horas de funcionamento. Se 2 delas quebrassem, em quanto tempo de funcionamento as máquinas restantes fariam o mesmo serviço?

Solução:
1º passo: Disposição dos dados.
5 máquinas . . . . . 8 horas
3 máquinas . . . . . x horas

2º passo: Identificação das grandezas.
Se **diminuir** o número de máquinas, deve-se **aumentar** o número de horas das máquinas para fazer o mesmo serviço. Portanto: grandezas INVERSAS.
Setas: em sentidos contrários.

3º passo: Montagem das proporções e orientação das setas:
5 máquinas | 8 horas ↑
3 máquinas ↓ x horas |

$$\frac{x}{8} = \frac{5}{3} \rightarrow 3x = 8 \cdot 5 \rightarrow x = \frac{8 \cdot 5}{3}$$

$$x = \frac{40}{3} = 13{,}33\ldots \text{ ou } 13 + 0{,}333\ldots$$

0,333 → representa uma dízima periódica simples. Esta dízima pode ser transformada na seguinte fração:

$$0{,}333\ldots = \frac{3}{9} = \frac{1}{3}$$

$$x = 13 \text{ horas} + \frac{1}{3} \text{ de hora ou 13 horas e 20 minutos}$$

Resposta: As máquinas restantes fariam o mesmo serviço em 13 horas e 20 minutos.

42. (UFMG) Uma empresa tem 750 empregados e comprou marmitas individuais para o almoço durante 25 dias. Se essa empresa tivesse mais 500 empregados, a quantidade de marmitas já adquiridas seria suficiente para quantos dias? (adaptado)

Solução:
1º passo: Disposição dos dados.
750 empregados. . . . . 25 dias
1 250 empregados. x

2º passo: Identificação das razões.
Se **aumentar** o número de empregados, é necessário **diminuir** o número de dias.
Portanto: Grandezas INVERSAMENTE Proporcionais.
Setas: em sentidos contrários.

3º passo: Montagem das proporções.
750 empregados ↑   25 dias
1 250 empregados   x   ↓

$$\frac{25}{x} = \frac{1250}{750} \rightarrow x = \frac{25 \cdot 750}{1250} = 15$$
x = 15 dias

Resposta: A quantidade de marmitas seria suficiente para 15 dias.

---

43. Um total de 4 500 insetos destrói uma lavoura de algodão em 27 horas. Se a lavoura citada for atacada por 5 400 insetos, em quantas horas será destruída?

Solução:
1º passo: Disposição dos dados.
4 500 insetos . . . . 27 horas
5 400 insetos . . . . x horas

2º passo: Identificação das razões (se DIRETA ou INVERSA).
Se **aumentar** o número de insetos, a lavoura será destruída em **menor** tempo.
Portanto: Grandezas INVERSAMENTE Proporcionais.
Setas: em sentidos opostos.

3º passo: Montagem das proporções.
4 500 insetos | 27 horas ↑
5 400 insetos ↓   x horas

$$\frac{x}{27} = \frac{4500}{5400} = \frac{45}{54} = \frac{5}{6}$$

$$\frac{x}{27} = \frac{5}{6} \rightarrow x = \frac{27 \cdot 5}{6} = 22,5 \text{ horas}$$

x = 22,5 horas = 22 horas e 30 minutos

Resposta: A lavoura será destruída em 22,5 horas ou 22 horas e 30 minutos.

44. (CN-03) Um certo líquido aumenta o seu volume em 15% ao ser congelado. Quantos mililitros desse líquido deve-se colocar, no máximo, em um recipiente de 230 mililitros, sabendo-se que este não sofre qualquer alteração da sua capacidade nesse processo?

Solução:
Veja na figura ao lado (esquemática e sem escala) a posição do líquido antes de ser congelado com o volume de x ml a ser calculado e, depois de congelado com mais 15% do volume anterior.

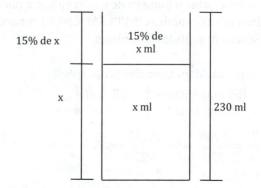

Se representarmos o volume (antes de congelado) por 100%, após congelado esse volume passa a ser 100% + 15% = 115% do volume inicial.

Então, esses 115% representam 230 ml, que é o volume total do recipiente.

Ora, se 115% representam 230 ml, 1 ml será 230 ÷ 115, e todo o volume procurado (100%) será $\frac{230}{115} \cdot 100 = 200$ ml.

Obs: através de uma Regra de Três, chega-se ao mesmo resultado.

Se 115% correspondem a 230 ml
   100% correspondem a x ml

$\frac{230}{x} = \frac{115}{100} \rightarrow x = \frac{230}{115} \cdot 100 \rightarrow x = 200$ ml

Resposta: Nesse recipiente de 230 mililitros devem ser colocados, no máximo, 200 ml do líquido em questão.

---

45. Um acampamento de turistas tem água suficiente para fornecer a 100 pessoas durante 20 dias. Se chegarem mais 33 pessoas ao acampamento, essas 133 pessoas poderão permanecer por quanto tempo, no máximo?

Solução:
1º passo: Disposição dos dados.
100 pessoas tem água para 20 dias
133 pessoas terão água para x dias

2º passo: Identificação das grandezas (se DIRETA ou INVERSAMENTE Proporcionais).
Se **aumenta** o número de pessoas, é necessário **diminuir** o número de dias.
Portanto: Grandezas INVERSAMENTE Proporcionais.
Setas: em sentidos opostos.

3º passo: Montagem das proporções.

100 pessoas | 20 dias ↑
133 pessoas ↓ | x dias |

$$\frac{x}{20}=\frac{100}{133} \rightarrow x=\frac{20 \cdot 100}{133}=15,03 \text{ dias}$$

Resposta: As 133 pessoas poderão permanecer no acampamento por 15 dias, no máximo.

---

46. Uma empresa de informática necessita contratar mais 10 empregados. As despesas sobre o total da Folha de pagamento com INSS, FGTS e despesas administrativas montam em 30%. A disponibilidade da empresa para atender a essa contratação é de, no máximo, R$ 26 000,00. Tendo-se em vista que os novos empregados receberão quantias iguais, qual é a oferta máxima que pode fazer?

Solução:
1º passo: Disposição dos dados.
a) Seja x o valor da oferta máxima que pode fazer.
b) O total dos salários será de 10x.
c) Sobre o total dos salários (10x) incidem despesas de 30%.
d) O valor disponível para essa contratação é de R$ 26 000,00.

2º passo: Monta-se a seguinte equação.
$10x + 30\% \cdot 10x = 26000,00$

$10x + 0,3 \cdot 10x = 26000,00$

$10x + 3x = 26000,00$

$13x = 26000,00$

$x = \frac{26000}{13} = 2000$

2 000,00 é a oferta máxima que pode ser feita para cada funcionário.

Conferindo o resultado:
10 funcionários . 2 000 =. 20 000,00
Despesas e encargos sobre a Folha de Pagamento = 30% . 20 000,00 = ... 6 000,00
Total disponível: 26 000,00

REGRA DE TRÊS COMPOSTA

A Regra de Três Composta é um processo de relacionamento das grandezas diretamente proporcionais, inversamente proporcionais ou uma mistura das duas situações.

---

47. Cinco (5) máquinas, funcionando durante seis (6) dias produziram 400 calças jeans. Quantas calças poderão ser produzidas por 7 máquinas iguais à primeira, se funcionarem durante 9 dias?

Solução:

a) Disposição das grandezas:

1ª coluna	2ª coluna	3ª coluna
Máquinas	Dias	Calças
5	6	400
7	9	x

b) Verificar se a regra de três é direta ou inversa.

Neste caso, deveremos comparar cada par de grandezas com o par de grandezas em que está a incógnita.

Comparemos, então, o par de grandezas que representa o número de máquinas com o par de grandezas em que está a incógnita.

Assim, se 5 máquinas produzem 400 calças, 7 máquinas produzirão mais calças; **aumentando** o número de máquinas, **aumenta-se** também o número de calças.

> Então, a 1ª e a 3ª coluna formam pares de grandezas diretamente proporcionais, e, portanto, terão suas setas posicionadas no mesmo sentido.
> Comparemos agora as grandezas "dias" (2ª coluna), com as grandezas da 3ª coluna (calças).
> Verificaremos que, se em 6 dias são produzidas 400 calças, em 9 dias serão produzidas mais que 400 calças. <u>Aumentando</u> o número de dias, <u>aumenta-se</u> também o número de calças. Portanto, diretamente proporcional e setas no mesmo sentido em que está na coluna 3.

d) Do exposto, obtêm-se as proporções:

$$\frac{400}{x} = \frac{6}{9} \cdot \frac{5}{7} \rightarrow \frac{400}{x} = \frac{30}{63} \rightarrow x = \frac{400 \cdot 63}{30} = 840 \text{ calças}$$

Resposta: Se as 7 (sete) máquinas funcionarem durante 9 dias, produzirão 840 calças.

---

48. Um motociclista, rodando 4 horas por dia percorre 200 km em 2 dias. Em quantos dias esse motociclista irá percorrer 500 km, se rodar 5 horas por dia?

Solução:

a) Disposição das grandezas:

1ª coluna	2ª coluna	3ª coluna
Horas	Distância (km)	Tempo (dias)
4	200	2
5	500	x

b) Verificar se a regra de três é direta ou inversa, ou se contém as 2 situações, comparando sempre um par de grandezas com o par de grandezas que contém a incógnita.

Comparando a 2ª coluna com a 3ª coluna, verificamos que se ele percorre 200km em 2 dias, para percorrer 500 km levará mais dias.

> Observe que, <u>aumentando</u> a distância, <u>aumentará</u> também o número de dias. Portanto, diretamente proporcional e as posições das setas no mesmo sentido.

Compare, agora, a 1ª coluna com a 3ª coluna. Para realizar um certo percurso utilizam-se 4 horas em 2 dias.

> Se <u>aumentarmos</u> o número de horas, <u>diminuiremos</u> o número de dias. Portanto, as grandezas são inversamente proporcionais e as posições das setas deverão estar em sentido contrário as da 3ª coluna.

c) Do exposto, obtêm-se as proporções:

$$\frac{2}{x} = \frac{200}{500} \cdot \frac{5}{4}, \text{portanto}, \frac{2}{x} = \frac{1000}{2000} \rightarrow x = 4$$

Resposta: Para percorrer 500 km, rodando 5 horas por dia, o motociclista levará 4 dias.

---

49. Um livro está impresso em 285 páginas de 34 linhas cada uma, com 56 letras em cada linha. Quantas páginas seriam necessárias para reimprimir esse livro com 38 linhas por página, cada uma com 60 letras?

Solução:

1) Disposição dos dados:

Coluna 1	Coluna 2	Coluna 3
Páginas	Linhas	Letras
285	34	56
x	38	60

2) Identificação das razões (se DIRETA ou INVERSA)

Comparamos as grandezas que contêm incógnita com cada uma das outras grandezas.

a) Páginas ↑   Linhas |
     285   34
      x   38 ↓

Verifica-se que, se aumentarmos o nº de linhas podemos diminuir o nº de páginas. São grandezas inversamente proporcionais. Setas: em sentidos opostos.

b) Comparando-se agora a coluna 1 (grandeza que contém a incógnita) com a coluna 3 (letras), verifica-se que, se aumentarmos o nº de letras por linha, pode-se diminuir o nº de páginas.

  Páginas ↑   Linhas |
   285   56
    x   60 ↓

As grandezas são inversas. Setas: em sentidos contrários

c) Escrevendo as proporções e obedecidos os sentidos das respectivas setas, teremos:

  285 ↑   34 | 56 |
   x   38 ↓   60 ↓

d) Montando as proporções:

$$\frac{x}{285} = \frac{34}{38} \cdot \frac{56}{60} \rightarrow \frac{x}{285} = \frac{1904}{2280} = \frac{238}{285}$$

$$\frac{x}{285} = \frac{238}{285} \rightarrow \frac{285}{285} \cdot 238 \rightarrow x = 238$$

Resposta: Seriam necessárias 238 páginas.

---

50. Doze operários, em 90 dias, trabalhando 8 horas por dia, fazem 36 metros de certo tecido. Quantos dias levarão 15 operários para fazer 12 metros do mesmo tecido, com o dobro da largura, trabalhando 6 horas por dia?

Solução:
a) Disposição dos dados:

1ª coluna	2ª coluna	3ª coluna	4ª coluna
Operários	Dias	Horas	Tecido
12	90	8	36 metros
15	x	6	24 metros

Obs.: Com o dobro da largura o trabalho equivale produzir 24m.

b) Identificar as grandezas se são diretas ou inversamente proporcionais.
Compare-se cada par de grandezas com o par de grandezas que contém a incógnita.

> Comparando a 1ª coluna com a 2ª coluna, verificamos que <u>aumentando</u> o número de operários, <u>diminuirá</u> o número de dias. São razões inversas e as posições das setas deverão estar em sentidos contrários.

> Compare-se, agora, a 3ª coluna com a 2ª coluna, <u>diminuindo</u> o número de horas dever-se à <u>aumentar</u> o número de dias. É inversa e a posição da seta na 3ª coluna tem sentido contrário a da 2ª coluna.

> Compare-se, em seguida, a 4ª coluna com a 2ª coluna: <u>diminuindo-se</u> o número de metros, <u>diminui-se</u> o número de dias. É direta. Setas no mesmo sentido.

c) Montagem das proporções, (seguindo orientação das setas):

$$\frac{90}{x} = \frac{15}{12} \cdot \frac{6}{8} \cdot \frac{36}{24} = \frac{3240}{2304} = 1,406$$

$$\frac{90}{x} = 1,406, \text{ portanto, } x = \frac{90}{1,406} = 64 \rightarrow x = 64$$

Resposta: Levarão 64 dias.

> No local da "disposição dos dados", escrevemos na Coluna 4 a grandeza 24m (= ao dobro de 12 metros).

51. Uma casa poderá ser construída por 15 homens trabalhando 10 horas por dia durante 30 dias. Em quanto tempo (em dias), levariam 25 homens, trabalhando 9 horas por dia, para construí-la?

Solução:
a) Disposição das grandezas:

1ª coluna	2ª coluna	3ª coluna
Homens	Horas	Dias
15	10	30
25	9	x

b) Identificar as grandezas (se são grandezas direta ou inversamente proporcionais). Compare-se cada par de grandezas com o par de grandezas que contem a incógnita.

> Comparando a **1ª** coluna com a **3ª** coluna, verificamos que <u>aumentando</u> o número de homens, poderá <u>diminuir</u> o número de dias. A proporção é inversa. Logo, as setas estarão em sentidos contrários.

> **2ª** coluna com a **3ª** coluna: Se <u>diminuirmos</u> o número de horas, teremos que <u>aumentar</u> o número de dias. A proporção é inversa e as setas estarão em sentidos contrários.

c) Montagem das proporções, (seguindo orientação das setas):

$$\frac{x}{30} = \frac{10}{9} \cdot \frac{15}{25} = \frac{150}{225} = \frac{2}{3}$$

$$\frac{x}{30} = \frac{2}{3} \rightarrow x = \frac{60}{3} = 20 \text{ dias}$$

Resposta: Levarão 20 dias.

---

52. Um grupo de 28 pedreiros faz um muro de 150m de comprimento trabalhando 7 horas por dia durante 15 dias. Quantos dias de 8 horas, 12 operários gastarão para construir um muro de 200m, nas mesmas circunstâncias?

Solução:
a) Disposição das grandezas:

1ª coluna	2ª coluna	3ª coluna	4ª coluna
Operários	h/dia	Dias	Comprimento do muro
28	7	15	150m
12	8	x	200m

b) Identificar as grandezas (diretas e inversas).
Compare cada par de grandezas com o par de grandezas que contém a incógnita.

▶ **1ª coluna com a 3ª coluna:** Se <u>diminuirmos</u> o número de operários, teremos que <u>aumentar</u> o número de dias. A proporção é inversa, e as setas deverão ser colocadas em sentidos opostos.

▶ **2ª coluna com a 3ª coluna:** Se <u>aumentar</u> o número de horas, vai <u>diminuir</u> o número de dias. São proporções inversas e as setas terão sentidos opostos. Como a seta da 3ª coluna já foi colocada com sentido para cima, a seta da 2ª coluna terá sentido inverso, para baixo.

▶ **4ª coluna com a 3ª coluna:** Se <u>aumentar</u> o comprimento do muro, <u>aumenta-se</u> também o número de dias. Então, as proporções estão na razão direta e ambas as setas terão o mesmo sentido.

c) Montagem das proporções, (seguindo orientação das setas):

$$\frac{x}{15} = \frac{200}{150} \cdot \frac{7}{8} \cdot \frac{28}{12} = \frac{39\,200}{14\,400} = 2{,}722$$

$$\frac{x}{15} = 2{,}722 \rightarrow x = 15 \cdot 2{,}722 = 40{,}833 \text{ dias} = 40 \text{ dias} + (0{,}833 \cdot 24) \text{ horas}$$

$$x = 40 \text{ dias e 20 horas, ou } 40 \text{ dias} \frac{5}{6} \text{ dia } \begin{cases} \frac{20\,h}{24\,h} = \frac{10}{12} = \frac{5}{6} \end{cases}$$

53. Em uma pensão de estudantes, 35 pensionistas gastam R$ 15 400,00 pelas refeições de 22 dias. Quanto gastarão 50 pensionistas pelas refeições de 60 dias?

Solução:
a) Disposição dos dados:

1ª coluna	2ª coluna	3ª coluna
Pensionistas	R$	Dias
35	15 400	22
50	x	60

b) Identificar as grandezas: no caso, são todas grandezas diretamente proporcionais. Vejamos, comparando a 2ª coluna, que contém a incógnita com as demais, separadamente.

▶ **2ª coluna com a 1ª coluna:** Se <u>aumentar</u> o número de pensionistas, a despesa também <u>aumenta</u>. São proporções diretas, portanto, setas no mesmo sentido.

▶ **2ª coluna com a 3ª coluna:** Se <u>aumentarmos</u> o número de dias, a despesa também <u>aumenta</u>. São proporções diretas. Setas no mesmo sentido. Como a seta da 2ª coluna já está para baixo, a da 3ª coluna também será colocada para baixo (no mesmo sentido).

c) Montagem das proporções, (seguindo orientação das setas, a começar pela coluna da incógnita):

$$\frac{15\,400}{x} = \frac{35}{50} \cdot \frac{22}{60} = \frac{770}{3000} \rightarrow x = \frac{15\,400 \cdot 3000}{770} = 60\,000,00$$

Resposta: 50 pensionistas gastarão R$ 60 000,00 em 60 dias.

---

54. Certo trabalho é executado por 15 máquinas iguais, em 12 dias de 10 horas. Havendo defeito em 3 das máquinas que deixaram de produzir, quantos dias de 8 horas deverão trabalhar as demais para realizar o dobro do trabalho?

Solução:
a) Disposição dos dados:

Máquinas	h/dia	Dias	Trabalho
15	10	12	1 T
12	8	x	2 T

b) Montagem das proporções, (seguindo orientação das setas, a começar pela coluna da incógnita):

$$\frac{x}{12} = \frac{15}{12} \cdot \frac{10}{08} \cdot \frac{2}{1} \rightarrow x = 12 \left(\frac{15}{12} \cdot \frac{10}{8} \cdot \frac{2}{1} \right) = 37,5 \text{ dias}$$

Resposta: Para realizar o dobro do trabalho, as máquinas deverão trabalhar 37,5 dias de 8 horas.

---

55. Três torneiras enchem uma piscina em 10 horas. Quantas horas levarão 10 torneiras para encher 2 piscinas?

Solução:
a) Disposição dos dados:

1ª coluna Torneiras	2ª coluna Piscinas	3ª coluna Horas
3	1	10
10	2	x

b) Identifique as razões (se direta ou inversamente proporcionais).

> 3ª coluna com a 2ª coluna: Se <u>aumentar</u> o número de piscinas, <u>aumenta</u> também o número de horas. São grandezas diretamente proporcionais. Posição das setas: no mesmo sentido.

> 3ª coluna com a 1ª coluna: Se <u>aumentarmos</u> o número de torneiras, será necessário <u>diminuir</u> o número de horas. São grandezas inversamente proporcionais. Assim, a seta da 1ª coluna terá sentido contrário a da 3ª coluna.

c) Montagem das proporções:

$$\frac{10}{x} = \frac{1}{2} \cdot \frac{10}{3} \rightarrow \frac{10}{x} = \frac{10}{6}$$

$$x = \frac{10 \cdot 6}{10} = 6 \text{ horas}$$

Resposta: Demorarão 6 horas para 10 torneiras encherem 2 piscinas.

---

56. Uma equipe composta de 15 homens extrai, em 30 dias, 3,6 toneladas de carvão. Se a equipe for aumentada para 20 homens, em quantos dias conseguirão extrair 5,6 toneladas de carvão?

Solução:
a) Disposição dos dados:

1ª coluna	2ª coluna	3ª coluna
Homens	Dias	Toneladas
15	30	3,6
20	x	5,6

b) Identifique as razões (se direta ou inversamente proporcionais).
Comparando a coluna que contém a incógnita com as demais, uma coluna de cada vez.

> 2ª coluna com a 3ª coluna: Para <u>aumentar</u> a extração, em toneladas, de carvão é necessário <u>aumentar</u> o número de dias. Portanto, são grandezas diretamente proporcionais. Posição das setas: no mesmo sentido.

> 2ª coluna com a 1ª coluna: <u>Aumentando-se</u> o número de homens, pode-se <u>diminuir</u> o número de dias. Portanto, são grandezas inversamente proporcionais. Seta da 1ª coluna no sentido para cima, contrário à da 2ª coluna, (já anteriormente estabelecida no sentido para baixo).

c) Montagem das proporções (seguindo a orientação das setas):

$$\frac{30}{x} = \frac{3,6}{5,6} \cdot \frac{20}{15}$$

$$\frac{30}{x} = \frac{72}{84} \rightarrow \frac{30}{x} = \frac{36}{42} \rightarrow 36x = 30 \cdot 42 \rightarrow x = \frac{30 \cdot 42}{36} \rightarrow x = 35 \text{ dias}$$

Resposta: 20 homens conseguirão extrair 5,6 toneladas de carvão em 35 dias.

---

57. Vinte operários, trabalhando 8 horas por dia, gastam 18 dias para construir um muro de 300 metros de comprimento. Quanto tempo levará, em dias, um grupo de 16 operários, trabalhando 9 horas por dia, para construir um muro de 225 metros de comprimento?

Solução:

a) Disposição dos dados:

1ª coluna	2ª coluna	3ª coluna	4ª coluna
Operários	h/dia	Dias	Comprimento do muro
20 ↓	8 ↓	18 ↑	300m ↑
16	9	x	225m

b) Identificação das grandezas (se direta ou inversamente proporcional), comparando pares de grandezas, a partir da coluna que contém a incógnita.

> 3ª coluna com a 4ª coluna: Se <u>diminuir</u> o comprimento do muro, <u>diminuirá</u> também o número de dias. São grandezas inversamente proporcionais. Posição das setas no mesmo sentido.

> 3ª coluna com a 2ª coluna: <u>Aumentando</u> o número de horas, <u>diminui</u> o número de dias. São grandezas inversamente proporcionais. Posição da seta da 2ª coluna para baixo, contrário à posição (já estabelecida) da 3ª coluna.

> 3ª coluna com a 1ª coluna: Se <u>diminuirmos</u> o número de operários, <u>aumentará</u> o número de dias. São grandezas inversamente proporcionais. Setas em sentidos contrários.

c) Montagem das proporções, (seguindo orientação das setas):

$$\frac{x}{18}=\frac{225}{300}\cdot\frac{8}{9}\cdot\frac{20}{16} \to \frac{x}{18}=\frac{36000}{43200} \to \frac{x}{18}=\frac{5}{6} \to x=\frac{18\cdot 5}{6}=\frac{90}{6}=15 \to x=15$$

Resposta: Demorará 15 dias para construir um muro de 225 metros de comprimento.

---

58. Um caminhoneiro entrega uma carga em um mês, viajando 8 horas por dia, a uma velocidade média de 50 km/h. Quantas horas por dia ele deveria viajar para entregar essa carga em 20 dias, a uma velocidade média de 60km/hora?

Solução:

a) Disposição dos dados:

1ª coluna	2ª coluna	3ª coluna
hs/dia	Velocidade km/h	Dias
8 ↓	50 ↑	30 ↑
x	60	20

b) Identificação das grandezas (se direta ou inversamente proporcionais), comparando pares de grandezas com as grandezas que contém a incógnita.

> 1ª coluna com a 2ª coluna: <u>Aumentando-se</u> a velocidade, <u>diminui-se</u> o número de horas por dia. São grandezas inversamente proporcionais. Posição das setas em sentidos opostos.

> **1ª coluna com a 3ª coluna:** Se <u>diminuir</u> o número de dias, deve-se <u>aumentar</u> o número de horas por dia. Portanto, são grandezas inversamente proporcionais. A seta da 3ª coluna deve estar em sentido oposto à seta da 1ª coluna.

c) Montagem das proporções:

$$\frac{8}{x} = \frac{60}{50} \cdot \frac{20}{30} \rightarrow \frac{8}{x} = \frac{1200}{1500} = \frac{12}{15} = \frac{4}{5}$$

$$\frac{8}{x} = \frac{4}{5} \rightarrow x = \frac{8 \cdot 5}{4} = 10 \text{ horas/dia}$$

Resposta: Deveria viajar 10 horas por dia.

---

59. Com uma certa quantidade de fio, uma fábrica produz 5 400 metros de tecido, com 90 cm de largura, em 50 minutos. Quantos metros de tecido, com 1,20m de largura, seriam produzidos em 25 minutos?

Solução:
a) Disposição dos dados:

1ª coluna Metros de tecido	2ª coluna Largura	3ª coluna Tempo (minutos)
5 400	0,90m	50
x	1,20m	25

b) Identificação das grandezas (se direta ou inversamente proporcionais), à partir da comparação do par de grandezas que contém a incógnita com os demais pares de grandezas.

> **1ª coluna com a 2ª coluna:** Se <u>aumentarmos</u> a largura, <u>diminuiremos</u> o comprimento do tecido. São grandezas inversamente proporcionais. Portanto, coloca-se as setas em sentidos opostos.

> **1ª coluna com a 3ª coluna:** Se <u>diminuir</u> o tempo, <u>diminui-se</u> também o comprimento do tecido. São grandezas diretamente proporcionais. Portanto, setas no mesmo sentido.

c) Montagem das proporções:

$$\frac{5400}{x} = \frac{1,20}{0,90} \cdot \frac{50}{25} \rightarrow \frac{5400}{x} = \frac{12}{9} \cdot \frac{2}{1}$$

$$\frac{5400}{x} = \frac{24}{9} \rightarrow \frac{5400}{x} = \frac{8}{3} \rightarrow x = \frac{5400 \cdot 3}{8} = 2025 \text{ metros}$$

Resposta: Seriam produzidos 2 025 metros de tecido.

60. (Santa Casa – SP) Sabe-se que 4 máquinas operando 4 horas por dia, durante 4 dias, produzem 4 toneladas de certo produto. Quantas toneladas do mesmo produto seriam produzidas por 6 máquinas daquele tipo operando 6 horas por dia, durante 6 dias?

Solução:
1º passo: Disposição dos dados:

Coluna A	Coluna B	Coluna C	Coluna D
4 máquinas	4 h/dia	4 dias	4 toneladas
6 máquinas	6 h/dia	6 dias	x

2º passo: Identificar as grandezas; se Direta ou INVERSAMENTE Proporcionais.
Vamos comparar as grandezas das colunas "A", "B" e "C" com a coluna "D", (a da incógnita).

Coluna "A" × Coluna "D"
4 máquinas | 4 toneladas
6 máquinas ↓   x   ↓

Observe que, aumentando o número de máquinas, aumentaremos também a produção. Logo, as razões estão em proporção DIRETA. (Flechas, portanto, no mesmo sentido).

Coluna "B" × Coluna "D"
4 h/dia | 4 toneladas
6 h/dia ↓   x   ↓

Aumentando-se o número de horas trabalhadas, aumenta-se também a produção em toneladas. As razões estão na ordem DIRETA. (Flechas, no mesmo sentido).

Coluna "C" × Coluna "D"
4 dias | 4 toneladas
6 dias ↓   x   ↓

Aumentando-se o número de dias trabalhados, aumenta-se também a produção em toneladas. As grandezas estão, portanto, na ordem DIRETA. (Flechas, no mesmo sentido).

A disposição dos dados e a das flechas indicativas da ordem das grandezas ficam assim:

Coluna A	Coluna B	Coluna C	Coluna D
4 máquinas	4 h/dia	4 dias	4 toneladas
6 máquinas ↓	6 h/dia ↓	6 dias ↓	x ↓

3º passo: Montagem das proporções.

$$\frac{4}{x} = \frac{4}{6} \cdot \frac{4}{6} \cdot \frac{4}{6} = \frac{2}{3} \cdot \frac{2}{3} \cdot \frac{2}{3} = \frac{8}{27}$$

$$\frac{4}{x} = \frac{8}{27} \rightarrow x = \frac{4 \cdot 27}{8} = \frac{27}{2} = 13,5 \text{ toneladas}$$

Resposta: 13,5 toneladas.

61. Um muro de 450 m de comprimento, 2 m de altura e 0,30 m de espessura é construído por 18 pedreiros, trabalhando 8 horas por dia em 25 dias. Outro grupo, composto por 12 pedreiros, trabalhando 10 horas por dia, quanto tempo (dias) levará para construir outro muro de 300 m de comprimento, 2,40 m de altura, 0,45 m de espessura, sabendo-se que a capacidade do 1º grupo para o 2º grupo de operários está na razão de 4 para 5 e a dificuldade do 1º para o 2º grupo está na razão de 6 para 5?

Solução:

1º passo: Dispor os dados do problema, de forma conveniente.

1ª coluna	2ª coluna	3ª coluna	4ª coluna	5ª coluna	6ª coluna
Pedreiros	Muro	Horas	Dias	Capacidade	Dificuldade
18	450m . 2m . 0,30m	8	25	4	6
12	300m . 2,4m . 0,45m	10	x	5	5

2º passo: Para simplificar os cálculos, é melhor transformar o comprimento, altura e largura dos muros em volume.
1º muro: 450 m . 2,00 m . 0,30 m = 270 m^3
2º muro: 300 m . 2,40 m . 0,45 m = 324 m^3

A nova disposição dos dados fica assim:

1ª coluna	2ª coluna	3ª coluna	4ª coluna	5ª coluna	6ª coluna
Pedreiros	Volume	Horas	Dias	Capacidade	Dificuldade
18	270m^3	8	25	4	6
12	324m^3	10	x	5	5

3º passo: Identificar as razões, se Direta ou INVERSAMENTE Proporcionais.
Iniciemos comparando a 1ª Coluna (Pedreiro) com a 4ª Coluna (a da incógnita):

2ª Coluna × 4ª Coluna
18 pedreiros | 25 dias
12 pedreiros | x dias

> Diminuindo-se o número de pedreiros, é necessário aumentar o número de dias: INVERSA.

2ª Coluna × 4ª Coluna
270m^3 | 25 dias
324m^3 | x dias

> Aumentando-se o volume de serviços, é necessário aumentar o número de dias: DIRETA.

3ª Coluna × 4ª Coluna
8 horas | 25 dias
10 horas | x dias

> Se aumentarmos o número de horas, pode-se diminuir o número de dias: INVERSA.

5ª Coluna × 4ª Coluna
4 capacidade | 25 dias
5 capacidade | x dias

> Se aumenta a capacidade (a eficiência), diminui-se o número de dias: INVERSA.

6ª Coluna × 4ª Coluna

6 dificuldade ↑   25 dias ↑
5 dificuldade │   x dias │

> Se diminui o grau de dificuldade, diminui-se o tempo (o número de dias): DIRETA.

Escreve-se, agora, a disposição dos dados, indicando o sentido das setas:

1ª coluna	2ª coluna	3ª coluna	4ª coluna	5ª coluna	6ª coluna
Pedreiros	Volume	Horas	Dias	Capacidade	Dificuldade
18 ↓	270m³ ↑	8 ↓	25 ↑	4 ↓	6 ↑
16	324m³	10	x	5	5

$$\frac{x}{25} = \frac{8}{10} \cdot \frac{324}{270} \cdot \frac{18}{12} \cdot \frac{4}{5} \cdot \frac{5}{6} \rightarrow \frac{x}{25} = \frac{933\,120}{972\,000}$$

$$\frac{x}{25} = 0{,}96 \rightarrow x = 25 \cdot 0{,}96 = 24 \text{ dias}$$

---

62. Em um acampamento de estudantes, um tanque contém água suficiente para 120 pessoas durante 3,5 meses. Como chegaram mais 90 estudantes ao acampamento, para quantos dias teriam água se reduzisse o fornecimento de água para $\frac{3}{4}$ da anterior?

Solução:
Representando por 1 quantidade de água na primeira hipótese, teremos a seguinte disposição de dados:

Coluna A	Coluna B	Coluna C
120 pessoas ↓	1 ↓	105 dias (3,5 meses) ↑
210 pessoas	$\frac{3}{4}$	x dias

Comparando:

a) Coluna "A" × Coluna "C"

120 pessoas │ 105 dias ↑
210 pessoas ↓ x dias │

> Havendo água para 120 pessoas durante 105 dias, se aumentar o número de homens, deveremos diminuir o número de dias: INVERSA.

b) Coluna "B" × Coluna "C"

1 │   105 dias ↑
$\frac{3}{4}$ ↓   x dias │

> Imaginemos distribuir 1 litro de água por pessoa, por dia, durante 105 dias. Se diminuirmos o volume de água por dia, aumentaremos o número de dias: INVERSA.

$$\frac{x}{105} = \frac{1}{\frac{3}{4}} \cdot \frac{120}{210} = \frac{4}{3} \cdot \frac{120}{210}$$

$$\frac{x}{105} = \frac{480}{630} \rightarrow \frac{x}{105} = \frac{16}{21}$$

$$x = \frac{105 \cdot 16}{21} = 80 \text{ dias}$$

Resposta: O acampamento terá água para 80 dias.

---

63. (USP) Uma família de 6 pessoas consome em 2 dias, 3 kg de pão. Quantos quilos serão necessários para alimentá-la durante 5 dias, estando ausente 2 pessoas?

Solução:
1º passo: Disposição das grandezas.

1ª coluna	2ª coluna	3ª coluna
6 pessoas	2 dias	3 kg
4 pessoas	5 dias	x

2º passo: Identificação das grandezas (se DIRETA ou INVERSAMENTE Proporcionais)

1ª Coluna × 3ª Coluna

6 pessoas	3 kg
4 pessoas	x

Diminui pessoas.
Diminui kg.
DIRETA.

2ª Coluna × 3ª Coluna

2 dias	3 kg
5 dias	x

Aumenta dias.
Aumenta kg.
DIRETA.

3º passo: Montagem das proporções:

$$\frac{3}{x} = \frac{2}{5} \cdot \frac{6}{4} = \frac{12}{20} = \frac{6}{10} = \frac{3}{5} \rightarrow \frac{3}{x} = \frac{3}{5} \rightarrow x = \frac{3 \cdot 5}{3} = 5 \text{ kg}$$

Resposta: Serão necessários 5kg.

---

64. Um acampamento militar composto de 1 600 homens tem alimentos para 6 meses, se a ração per capita for de 1 200 gramas por dia. Se essa guarnição for aumentada de 150 homens e se deseja que esses alimentos durem mais 2 meses, qual, então, deverá ser a ração diária de cada homem?

Solução:
1º passo: Disposição dos dados.
6 meses = ... 180 dias
2 meses = ... 60 dias
Total: . . . . 240 dias

1ª coluna	2ª coluna	3ª coluna
1 600 homens	180 dias (seis meses)	1 200 gramas/dia
1 750 homens	240 dias (oito meses)	x

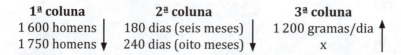

$$\frac{x}{1200} = \frac{180}{240} \cdot \frac{1600}{1750} = \frac{288000}{420000} = \frac{144}{210} = \frac{72}{105}$$

$$\frac{x}{1200} = \frac{72}{105} \rightarrow \frac{x}{1200} = \frac{24}{35}$$

$$\frac{x}{1200} = \frac{24}{35} \rightarrow x = \frac{1200 \cdot 24}{35} = \frac{28800}{35} \rightarrow x = 822,86 \text{ gramas}$$

Resposta: A ração diária será de 822,86g.

---

65. (EEAR) 21 pedreiros, trabalhando 10 horas por dia, durante 32 dias, construíram 42 metros de parede. Quantos metros de parede poderiam construir 28 pedreiros, trabalhando 9 horas por dia durante 56 dias, supondo que a atividade da 2ª turma é igual a $\frac{3}{4}$ da atividade da primeira?

Solução:
1º passo: Disposição dos dados.
Supondo que a atividade da 1ª turma seja representada por 1 (100%), a atividade da 2ª turma será $\frac{3}{4} \cdot 1 = \frac{3}{4}$

1ª coluna	2ª coluna	3ª coluna	4ª coluna	5ª coluna
21 pedreiros	10 horas/dia	32 dias	42 metros	1
28 pedreiros	9 horas/dia	56 dias	x	$\frac{3}{4}$

2º passo: Identificação das grandezas (se DIRETA ou INVERSAMENTE Proporcionais)

1ª Coluna × 4ª Coluna
21 pedreiros | 42 metros
28 pedreiros ↓ | x ↓

> Aumentando-se o número de pedreiros, aumenta-se o número de metros. Portanto: DIRETA.
> Setas: mesmo sentido.

2ª Coluna × 4ª Coluna
10 horas/dia | 42 metros
9 horas/dia ↓ | x ↓

> Diminuindo-se o número de horas, diminui-se também o número de metros. Portanto: DIRETA.
> Setas: mesmo sentido.

3ª Coluna × 4ª Coluna
32 dias | 42 metros
56 dias ↓ | x ↓

> Aumentando-se o número de dias, aumenta-se o número de metros. Portanto: DIRETA
> Setas: mesmo sentido.

5ª Coluna × 4ª Coluna
1 | 42 metros
$\frac{3}{4}$ ↓ | x ↓

> Se diminuir o grau de atividade (ou de eficiência no trabalho), num mesmo tempo, a metragem construída será menor. Portanto; DIRETA.
> Setas: no mesmo sentido.

3º passo: Montagem das proporções:

1ª coluna	2ª coluna	3ª coluna	4ª coluna	5ª coluna
21 pedreiros	10 horas/dia	32 dias	42 metros	1
28 pedreiros	9 horas/dia	56 dias	x	$\dfrac{3}{4}$

$$\frac{42}{x} = \frac{1}{\frac{3}{4}} \cdot \frac{32}{56} \cdot \frac{10}{9} \cdot \frac{21}{28}$$

$$\frac{42}{x} = \frac{4}{3} \cdot \frac{32}{56} \cdot \frac{10}{9} \cdot \frac{21}{28} = \frac{26880}{42336}$$

$$\frac{42}{x} = 0{,}6349 \rightarrow x = \frac{42}{0{,}6349} = 66{,}15 \text{ metros}$$

Resposta: Nas condições do problema, 28 pedreiros poderão construir 66,15 metros de parede.

---

66. (ESA) Para armar um circo, 50 homens levam 2 dias, trabalhando 9 horas por dia. Com a dispensa de 20 homens, em quantos dias o circo será armado, trabalhando-se 10 horas por dia?

Solução:
1º passo: Disposição dos dados.

1ª coluna	2ª coluna	3ª coluna
50 homens	2 dias	9 horas/dia
30 homens	x	10 horas/dia

2º passo: Identificação das grandezas; se DIRETAS ou INVERSAS, por comparação entre as grandezas da 1ª Coluna com a 2ª Coluna (coluna da incógnita) e entre as grandezas da 2ª Coluna (coluna da incógnita) com a 3ª Coluna.

1ª Coluna × 2ª Coluna

50 homens	2 dias
30 homens	x

50 homens fazem um determinado trabalho em 2 dias. Se <u>diminuirmos</u> o número de homens, necessário <u>aumentar</u> o número de dias. Portanto: INVERSA.

3ª Coluna × 2ª Coluna

9 horas/dia	2 dias
10 horas/dia	x

Trabalhando-se 9 horas/dia, pode-se realizar um trabalho em 2 dias. Mas <u>aumentando-se</u> o número de horas por dia, pode-se <u>diminuir</u> o número de dias. Portanto: INVERSA.

3º passo: Montagem das proporções:

1ª coluna	2ª coluna	3ª coluna
50 homens	2 dias	9 horas/dia
30 homens	x	10 horas/dia

$$\frac{x}{2}=\frac{50}{30}\cdot\frac{9}{10}=\frac{50.9}{30.10}=\frac{450}{300}=\frac{3}{2}\to\frac{x}{2}=\frac{3}{2}\to x=\frac{3.2}{2}=3\to x=3\,\text{dias}$$

Resposta: O circo será armado em 3 dias.

67. (PUC-CAMPINAS) Sabe-se que 5 máquinas, todas de igual eficiência, são capazes de produzir 500 peças em 5 dias, se operarem 5 horas por dia. Se 10 máquinas iguais às primeiras operassem 10 horas por dia, durante 10 dias, qual seria o número de peças?

Solução:
1º passo: Disposição dos dados.

1ª coluna	2ª coluna	3ª coluna	4ª coluna
5 máquinas	500 peças	5 dias	5 horas/dia
10 máquinas	x	10 dias	10 horas/dia

2º passo: Identificação das grandezas; (se DIRETAS ou INVERSAMENTE Proporcionais), comparando-se as grandezas de cada coluna com as grandezas da coluna da incógnita, temos:

1ª Coluna × 2ª Coluna

5 máquinas	500 peças
10 máquinas ↓	x ↓

Se <u>aumentar</u> o número de máquinas, <u>aumentará</u> também o número de peças.
Portanto: DIRETA.
Setas: no mesmo sentido.

3ª Coluna × 2ª Coluna

5 dias	500 peças
10 dias ↓	x ↓

<u>Aumentando-se</u> o número de dias, <u>aumentar-se-á</u> o número de peças.
Portanto: DIRETA.
Setas: no mesmo sentido.

4ª Coluna × 2ª Coluna

5 horas/dia	500 peças
10 horas/dia ↓	x ↓

Como são feitas 500 peças em 5 horas/dia, se <u>aumentarmos</u> o número de horas trabalhadas, o número de peças fabricadas também <u>aumenta</u>.
Portanto: Grandezas DIRETAMENTE Proporcionais.
Setas: no mesmo sentido.

3º passo: Montagem das proporções e posição das setas:

1ª Coluna	2ª Coluna	3ª Coluna	4ª Coluna
5 máquinas	500 peças	5 dias	5 horas/dia
10 máquinas ↓	x ↓	10 dias ↓	10 horas/dia ↓

$$\frac{500}{x}=\frac{5}{10}\cdot\frac{5}{10}\cdot\frac{5}{10}$$

$$\frac{500}{x}=\frac{125}{1000}\to x=\frac{500.1000}{125}\to x=4\,000\,\text{peças}$$

Resposta: 4 000 peças.

68. Se 12 carpinteiros, trabalhando 8 horas por dia, assentam 600 metros quadrados de assoalho de madeira em 15 dias, em quantos dias 16 carpinteiros fariam 1 200 metros quadrados de assoalho, trabalhando 9 horas por dia?

Solução:
Dados do problema:

1ª Coluna	2ª Coluna	3ª Coluna	4ª Coluna
12 carpinteiros ↑	8 horas/dia ↑	600 m² ↓	15 dias ↓
16 carpinteiros	9 horas/dia	1 200 m²	x

Montar as proporções, seguindo a orientação das setas:

$$\frac{15}{x} = \frac{16}{12} \cdot \frac{9}{8} \cdot \frac{600}{1200} \rightarrow \frac{15}{x} = \frac{16 \cdot 9 \cdot 600}{12 \cdot 8 \cdot 1200}$$

$$\frac{15}{x} = \frac{86400}{115200} = \frac{216}{288} = \frac{72}{96} = \frac{3}{4}$$

$$\frac{15}{x} = \frac{3}{4} \rightarrow x = \frac{15 \cdot 4}{3} = \frac{60}{3} = 20$$

Resposta: 20 dias.

---

69. (ESPM) Em 10 minutos, 27 secretárias, com a mesma habilidade, digitaram o equivalente a 324 páginas. Nas mesmas condições, se o número de secretárias fosse 50, em quantos minutos, teoricamente, elas digitariam 600 páginas?

Solução:
1º passo: Disposição dos dados.

1ª coluna	2ª coluna	3ª coluna
10 minutos	27 secretárias	324 páginas
x	50 secretárias	600 páginas

2º passo: Identificação das grandezas por comparação entre as grandezas que contém a incógnita (1ª Coluna) com a 2ª Coluna e, depois, com a 3ª Coluna:

1ª Coluna × 2ª Coluna

10 minutos ↓	27 secretárias ↑
x	50 secretárias

Como 27 secretárias fazem um serviço em 10 minutos, <u>se aumentarmos</u> o número de secretárias, <u>diminui-se</u> o tempo (o número de minutos).
Logo: INVERSA e setas em sentidos opostos.

1ª Coluna × 3ª Coluna

10 minutos ↓	324 páginas ↓
x	600 páginas

Como para digitar 324 páginas, levam-se 10 minutos, <u>aumentando-se</u> o número de páginas, necessário <u>aumentar</u> o tempo (o número de minutos).
Logo: DIRETA e setas no mesmo sentido.

A disposição dos dados com suas respectivas setas, fica assim:

1ª coluna	2ª coluna	3ª coluna
10 minutos ↓	27 secretárias ↑	324 páginas ↓
x	50 secretárias	600 páginas

3º passo: Montar as proporções, seguindo a orientação das setas.

$$\frac{10}{x} = \frac{50}{27} \cdot \frac{324}{600} \rightarrow \frac{10}{x} = \frac{16\,200}{16\,200} \rightarrow \frac{10}{x} = 1$$

x = 10 minutos

Resposta: 10 minutos.

---

70. (UERJ) Um casal de pássaros leva exatamente 3 semanas para construir seu ninho, trabalhando 12 horas por dia, sem interrupção, e nesse período conseguem juntar 500 gravetos por dia. Se quiserem construir seu ninho em apenas 2 semanas, trabalhando 9 horas diárias, deverão juntar por dia, que quantidade de gravetos? (adaptado)

Solução:
1º passo: Disposição dos dados.

1ª coluna	2ª coluna	3ª coluna
500 gravetos/dia	12 horas/dia	3 semanas
x gravetos/dia	9 horas/dia	2 semanas

2º passo: Identificação das grandezas; (se diretas ou inversas), comparando as grandezas que contêm a incógnita com as demais.

1ª Coluna × 2ª Coluna

500 gravetos/dia	12 horas/dia ↑
x ↓	9 horas/dia

> Para construir um ninho será necessário trabalhar 3 semanas de 12 horas por dia, e juntar nesse período 500 gravetos por dia; se <u>diminuirmos</u> o número de horas de trabalho, será preciso <u>juntar mais</u> gravetos por hora. São portanto grandezas inversas. Setas em sentidos opostos.

1ª Coluna × 3ª Coluna

500 gravetos/dia	3 semanas ↑
x ↓	2 semanas

> Da mesma forma, se <u>diminuirmos</u> o número de semanas de trabalho, será preciso <u>juntar mais</u> gravetos por semana. Também são grandezas inversas. Setas em sentidos opostos.

3º passo: Escrever as grandezas, indicadas no 1º passo, aplicando as setas indicadas no 2º passo, respeitando-se o sentido de cada uma.

1ª coluna	2ª coluna	3ª coluna
500 gravetos/dia ↑	12 horas/dia ↑	3 semanas ↑
x gravetos/dia ↓	9 horas/dia	2 semanas

4º passo: Montagem das proporções, seguindo a orientação das setas:

$$\frac{500}{x} = \frac{9}{12} \cdot \frac{2}{3} \to \frac{500}{x} = \frac{18}{36}$$

$$\frac{500}{x} = \frac{1}{2} \to x = 500 \cdot 2 = 1\,000$$

Resposta: Deverão juntar 1 000 gravetos/dia.

---

71. (CN-95) Se K abelhas, trabalhando K meses do ano, durante K dias do mês e durante K horas por dia, produzem K litros de mel; quantos litros de mel serão produzidos por W abelhas, trabalhando W dias por mês, W horas por dia, e em W meses por ano?

Solução:
1º passo: Disposição dos dados.

1ª coluna	2ª coluna	3ª coluna	4ª coluna	5ª coluna
K abelhas	K meses	K dias	K horas	K litros
W abelhas	W meses	W dias	W horas	x

2º passo: Identificação das razões, (DIRETA ou INVERSA).
São razões diretamente proporcionais.

3º passo: Montagem das proporções.

$$\frac{K}{x} = \frac{K}{w} \cdot \frac{K}{w} \cdot \frac{K}{w} \cdot \frac{K}{w} = \frac{K^4}{w^4}$$

$$\frac{K}{x} = \frac{K^4}{w^4} \to x = \frac{K \cdot w^4}{K^4} = \frac{w^4}{K^3} \to x = \frac{w^4}{K^3}$$

Resposta: Serão produzidos $\frac{w^4}{K^3}$ litros de mel.

---

72. (CN-81) Uma bicicleta tem uma roda de 40 cm de raio e outra de 50 cm de raio. Sabendo-se que a roda maior dá 120 voltas para fazer certo percurso, quantas voltas dará a roda menor para fazer 80% do mesmo percurso?

Solução:
1º passo: Disposição dos dados.

1ª coluna Raios das rodas	2ª coluna Nº de voltas	3ª coluna Percurso	
50 cm	120 voltas	K	Onde K é o percurso
40 cm	x	80% de K	

2º passo: Identificação das grandezas, (se DIRETAS ou INVERSAMENTE Proporcionais), comparando-se as grandezas da 1ª e 3ª Coluna, com as da 2ª Coluna (que contém a incógnita), teremos:

1ª Coluna × 2ª Coluna

50 cm ↓ | 120 voltas ↑
40 cm ↓ | x ↑

> Se uma roda com 50cm de raio dá 120 voltas (para um certo percurso) a roda de 40cm (MENOR raio) terá que dar um número MAIOR de voltas.
> Portanto: INVERSA.

3ª Coluna × 2ª Coluna

K ↑ | 120 voltas ↑
80% de K | x

> Com 120 voltas completa-se um percurso K. Para um menor percurso, menor será o número de voltas.
> Portanto: DIRETA.

3º passo: Montagem das proporções, (seguindo o sentido das setas).
Como 390 "serviços" podem ser feitos em 13 dias, se aumentarmos o número de "serviços", será necessário aumentar o número de dias.
Portanto: são razões DIRETAMENTE Proporcionais.
Setas: no mesmo sentido.

$$\frac{x}{120} = \frac{50}{40} \cdot \frac{0,8K}{1,0K} = \frac{40}{40} = 1$$

$$\frac{x}{120} = 1 \rightarrow x = 120 \text{ voltas}$$

Resposta: A roda menor dará 120 voltas para fazer 80% do mesmo percurso.

OBS.:

a) O raciocínio que levou a considerar tão somente os raios das rodas e não os comprimentos das respectivas circunferências, é porque estas são DIRETAMENTE Proporcionais aos seus respectivos raios. Vejamos:

Comprimento da circunferência MAIOR = $C_1 = 2\pi R$
Comprimento da circunferência MENOR = $C_2 = 2\pi r$

$$\frac{C_1}{C_2} = \frac{2\pi R}{2\pi r} = \frac{C_1}{C_2} = \frac{R}{r}$$

b) O problema supra também poderia ser resolvido de outra maneira, como segue:

Calcula-se o comprimento da circunferência da roda maior (50cm de raio):
$C_1 = 2\pi R = 2\pi \cdot 50 = 100\pi$

Verifica-se o comprimento do percurso percorrido pela roda maior:
$P_1 = 2\pi R \cdot 120 = 100\pi \cdot 120 = 12\,000\pi$

Para a roda menor fazer 80% desse percurso, P1, terá que percorrer:
$80\% \cdot P_1 = 80\% \cdot 12\,000\pi = 9600\pi$

Como o comprimento da roda menor é $C2 = 2\pi r$
$C_2 = 2\pi \cdot 40 = 80\pi$, o número de voltas que dará para percorrer 9600π será:
$9600\pi : 80\pi = 120$ voltas

73. (ESCOLA TÉCNICA FEDERAL DO CEARÁ), Se 10 operários gastam 12 dias para abrir um canal de 20m de comprimento, 16 operários, para abrir um canal de 24 m, quanto tempo gastarão? (dar a reposta nas unidades "dia" e "mês").

Solução:
1º passo: Disposição dos dados.

1ª coluna	2ª coluna	3ª coluna
10 operários	12 dias	20 metros
16 operários	x	24 metros

2º passo: Identificação das grandezas, (se DIRETAS ou INVERSAS), comparando as grandezas da 1ª e 3ª Coluna, com as da 2ª Coluna (onde se acha a incógnita), teremos:

1ª Coluna × 2ª Coluna
10 operários ↓ | 12 dias ↑
16 operários ↓ | x

Como 10 operários fazem um trabalho em 12 dias, se <u>aumentarmos</u> o número de operários, podemos <u>diminuir</u> o número de dias.
Portanto: INVERSA.

3ª Coluna × 2ª Coluna
20 m ↑ | 12 dias ↑
24 m | x

Como para abrir 20m de canal são necessários 12 dias, se <u>aumentarmos</u> o comprimento do canal, teremos que <u>aumentar</u> o número de dias.
Portanto: DIRETA.

3º passo: Montar as proporções, seguindo a orientação das setas:
10 operários ↓ | 12 dias ↑ | 20 metros ↑
16 operários ↓ | x | 24 metros

$$\frac{x}{12} = \frac{10}{16} \cdot \frac{24}{20} \rightarrow \frac{x}{12} = \frac{240}{320}$$

$$\frac{x}{12} = \frac{3}{4} \rightarrow x = \frac{12 \cdot 3}{4} = 9$$

$$x = 9 \text{ dias} = \frac{9}{30} \text{ do mês} \rightarrow x = \frac{3}{10} \text{ do mês}$$

Resposta: $x = 9$ dias

ou $x = \frac{3}{10}$ do mês

---

74. (MACK) A ração para 12 animais, durante 8 dias, custa R$ 24 000,00. Qual o custo da ração para 18 animais, durante 6 dias?

Solução:
1º passo: Disposição dos dados.

Coluna "A"   Coluna "B"   Coluna "C"
12 animais   8 dias   R$ 24 000
18 animais   6 dias   x

2º passo: Identificação das razões, (DIRETA ou INVERSA), comparemos as razões das colunas "A" e "B" com a Coluna "C" (a que contém a incógnita):

Coluna "A" × Coluna "C"
12 animais ↓   R$ 24 000 ↓
18 animais   x

> **Aumentando-se** o número de animais, **aumenta-se** também o valor em reais.
> **Portanto: DIRETA.**

Coluna "B" × Coluna "C"
8 dias ↓   R$ 24 000 ↓
6 dias   x

> **Diminuindo-se** o número de dias, **diminui-se** também o valor em reais.
> **Portanto: DIRETA.**

3º passo: Montagem das proporções (seguindo a orientação das setas):

12 animais ↓   8 dias ↓   R$ 24 000 ↓
18 animais   6 dias   x

$$\frac{24\,000}{x} = \frac{12}{18} \cdot \frac{8}{6} = \frac{96}{108} = \frac{8}{9} \rightarrow \frac{24\,000}{x} = \frac{8}{9} \rightarrow x = \frac{24\,000 \cdot 9}{8} \rightarrow x = R\$\,27\,000,00$$

Resposta: R$ 27 000,00.

---

75. (CN-80) Em um problema de Regra de Três Composta, entre as variáveis X, Y e Z, sabe-se que quando o valor de Y aumenta, o de X também aumenta, mas quando Z aumenta, o valor de X diminui, e que para X = 1 e Y = 2, o valor de Z = 4. Calcular o valor de X, para Y = 18 e Z = 3.

Solução:
1º passo: Disposição dos dados.
Consideremos o quadro abaixo:

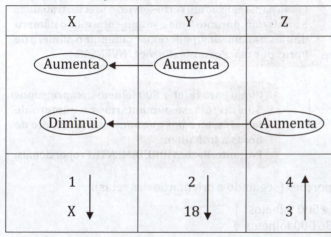

2º passo: Identificação das razões, (se DIRETA ou INVERSA). As setas foram colocadas conforme indicação do texto.

O texto do problema diz que quando o valor de Y aumenta (seta para baixo), o valor de X também aumenta (seta também para baixo por serem grandezas diretamente proporcionais).

O problema também informa que quando Z aumenta, o valor de X diminui. Portanto são grandezas inversamente proporcionais; e sendo inversas, a seta da coluna Z terá, forçosamente, sentido contrário a da seta da coluna X.

À vista do exposto poderemos proceder à montagem das proporções, como segue.

3º passo: Montagem das proporções

$$\frac{1}{x} = \frac{2}{18} \cdot \frac{3}{4} \rightarrow \frac{1}{x} = \frac{6}{72} = \frac{1}{12}$$

$$\frac{1}{x} = \frac{1}{12} \rightarrow x = 12$$

Resposta: O valor de x é igual a 12.

---

76. Uma máquina impressora, funcionando 5 horas por dia, durante 8 dias, produz 4 500 folhetos. Quanto tempo (em horas) deverá funcionar por dia para produzir 36 000 folhetos, em 40 dias?

Solução:
1º passo: Disposição dos dados.

Coluna "A"	Coluna "B"	Coluna "C"
5 horas/dia	8 dias	4 500 folhetos
x	40 dias	36 000 folhetos

2º passo: Identificação das grandezas, (se DIRETA ou INVERSAMENTE Proporcionais), avaliando as grandezas das colunas "B" e "C" em relação às da Coluna "A" (a que contém a incógnita), teremos:

Coluna "A" × Coluna "B"

5 horas/dia ↓	8 dias ↑
x	40 dias

Como para realizar um certo serviço é preciso trabalhar 5 horas/dia, durante 8 dias, se <u>aumentarmos</u> o número de dias trabalhados, poderemos <u>diminuir</u> o número de horas por dia. Portanto: Razões INVERSAS.

Coluna "A" × Coluna "C"

5 horas/dia ↓	4 500 folhetos ↓
x	36 000 folhetos

Como para fazer 4.500 folhetos, empregamos 5 horas/dia, se aumentarmos o número de folhetos, teremos que aumentar o número de horas a trabalhar.
Portanto: Razões DIRETAMENTE Proporcionais.

3º passo: Montagem das proporções (seguindo a orientação das setas):

5 horas/dia ↓	8 dias ↑	4 500 folhetos ↓
x	40 dias	36 000 folhetos

$$\frac{5}{x} = \frac{40}{8} \cdot \frac{4500}{36000} = 5 \cdot \frac{45}{360} = \frac{225}{360} = \frac{5}{8}$$

$$\frac{5}{x} = \frac{5}{8} \rightarrow x = \frac{5 \cdot 8}{5} = 8 \rightarrow x = 8 \text{ horas/dia}$$

Resposta: 8 h/dia.

---

77. Um reservatório tem água suficiente para abastecer 144 pessoas durante $4\frac{1}{5}$ meses. Para abastecer 252 pessoas, por quantos dias poderão estas receber água, se reduzirmos a ração anterior para $\frac{3}{4}$?

Solução:
1º passo: Disposição dos dados.

Coluna "A"	Coluna "B"	Coluna "C"
144 pessoas	126 dias	K
252 pessoas	x	$\frac{3}{4}$ K

$4\frac{1}{5}$ meses = 4 meses + $\frac{1}{5}$ de mês =
$= 120 + \frac{30}{5} =$
$= 126$ dias

2º passo: Avaliação das grandezas, (se DIRETA ou INVERSAMENTE Proporcionais). Comparando as grandezas sob Coluna "A" com as grandezas sob Coluna "B" (a que contém a incógnita), teremos:

Coluna "A" × Coluna "B"
144 pessoas | 126 dias ↑
252 pessoas ↓ | x

Como podemos abastecer 144 pessoas durante 126 dias, se **aumentarmos** o número de pessoas, teremos que **diminuir** o número de dias.
Portanto: Razões INVERSAS.

Comparando as grandezas sob contém a incógnita), teremos:

Coluna "B" × Coluna "C"
126 dias ↑ | K
x | $\frac{3}{4}$ K ↓

Como pode-se dar uma certa ração de água para um grupo de pessoas durante 126 dias, se diminuirmos a ração diária poderemos sustentar esse grupo por um número MAIOR de dias. Portanto: Razões INVERSAS. Setas: em sentidos opostos.

3º passo: Montagem das proporções:

144 pessoas | 126 dias ↑ | K
252 pessoas ↓ | x | $\frac{3}{4}$ K ↓

$$\frac{x}{126} = \frac{144}{252} \cdot \frac{K}{\frac{3}{4}} = \frac{144}{252} \cdot \frac{4}{3} = \frac{16}{21}$$

$$\frac{x}{126}=\frac{16}{21} \to x=\frac{126.16}{21}=96 \to x=96 \text{ dias}$$

Resposta: 96 dias.

---

78. (FAAP) Pelo transporte de 350 kg de mercadoria a 20 km de distância, certa empresa cobrou R$ 140,00. Quanto cobrará para transportar 9 000 kg a 300 km de distância, se, devido ao longo percurso, essa empresa fizer o abatimento de $\frac{2}{9}$?

Solução:
1º passo: Disposição dos dados:

Coluna "A"	Coluna "B"	Coluna "C"
350 kg	20 km	R$ 140
9 000 kg	300 km	x

2º passo: Identificar as razões, (se são DIRETA ou INVERSAMENTE Proporcionais). Vamos comparar as grandezas das Colunas "A" e "B" com a Coluna "C" (a que contém a incógnita):

Coluna "A" × Coluna "C"

350 kg	R$ 140
9 000 kg ↓	x ↓

> Observe que se <u>aumenta</u> o peso da carga, o preço também <u>aumenta</u>.
> Logo, as razões são **DIRETAMENTE Proporcionais**.
> Setas: no mesmo sentido.

Comparando as grandezas sob Coluna "C" com as grandezas sob Coluna "B" (a que contém a incógnita), teremos:

Coluna "B" × Coluna "C"

20 km	R$ 140
300 km ↓	x ↓

> <u>Aumentando</u> a quilometragem <u>aumenta</u> também o preço.
> Logo, as razões são **DIRETAMENTE Proporcionais**.
> Setas: no mesmo sentido.

3º passo: Montagem das proporções:

350 kg	20 km	R$ 140
9 000 kg ↓	300 km ↓	x ↓

$$\frac{140}{x}=\frac{20}{300}\cdot\frac{350}{9000} \to \frac{140}{x}=\frac{7000}{2700000} \to \frac{140}{x}=\frac{7}{2700} \to x=\frac{140.2700}{7}$$

$x = 20.2700 \to x = 54000$

Fazendo o desconto de $\frac{2}{9}$ de 54 000, teremos?

$54000 - \frac{2}{9}.54000 = R\$\ 42000$

Resposta: A empresa transportadora receberá, com o desconto concedido, R$ 42 000,00.

79. Uma fábrica, em 3 dias de trabalho, produz 360m de tecidos, fazendo funcionar 8 máquinas. Em quantos dias poderá produzir 1 080m de tecidos, fazendo funcionar 6 máquinas?

Solução:
Comparamos as grandezas que tem incógnita com cada uma das outras grandezas:

Dias	Tecidos	Máquinas
3 ↓	360 ↓	8 ↑
x	1 080	6

Dias e Tecidos são grandezas diretamente proporcionais.
Dias e Máquinas são grandezas inversamente proporcionais.

Vamos montar as proporções, seguindo o sentido das setas indicadas acima.

$$\frac{3}{x} = \frac{360}{1080} \cdot \frac{6}{8}$$

Igualar a razão que contém o termo x com o produto das outras razões:

$$\frac{3}{x} = \frac{360}{1080} \cdot \frac{6}{8} \rightarrow \text{Simplificando}: \frac{3}{x} = \frac{1}{3} \cdot \frac{6}{8}$$

$$\frac{3}{x} = \frac{6}{24} \rightarrow \frac{3}{x} = \frac{1}{4} \rightarrow x = 12$$

Resposta: 12 dias.

---

80. Em uma residência, no mês de fevereiro de um ano não bissexto, ficaram acesas em média 16 lâmpadas elétricas durante 5 horas por dia e houve uma despesa de R$ 14,00. Quanto gastará no mês de março, se 20 lâmpadas ficarem acesas 4 horas por dia?

Solução:
Disposição dos dados:
Comparamos as grandezas que tem incógnita com cada uma das outras grandezas.

28 dias ↓	16 lâmpadas ↓	5 horas/dia ↓	R$ 14,00 ↓
31 dias	20 lâmpadas	4 horas/dia	x

Comparando-se as grandezas que têm incógnita com cada uma das outras grandezas, podemos verificar que se trata de uma Regra de Três Composta, em que todas as grandezas formam razões diretamente proporcionais.

> **OBS.:**
> a) O mês de fevereiro não bissexto tem 28 dias.
> b) O mês de março tem 31 dias.

Então, podemos escrever:

$$\frac{14}{x} = \frac{28}{31} \cdot \frac{16}{20} \cdot \frac{5}{4}$$

$$\frac{14}{x} = \frac{2240}{2480} \rightarrow x = \frac{14 \cdot 2480}{2240} = 15,50$$

Resposta: A despesa foi de R$ 15,50.

---

81. (Colégio Naval) Vinte operários constroem 1 muro em 45 dias, trabalhando 6 horas por dia. Quantos operários serão necessários para construir a terça parte desse muro em 15 dias, trabalhando 8 horas por dia?

Solução:
1º passo: Disposição dos dados:

Coluna "A"	Coluna "B"	Coluna "C"	Coluna "D"
20 operários	1 muro	45 dias	6 horas/dia
x operários	$\frac{1}{3}$ muro	15 dias	8 horas/dia

2º passo: Identificar as razões, (se DIRETAS ou INVERSAS). Comparemos as grandezas sob Colunas "B", "C" e "D", separadamente, com as grandezas sob Coluna "A" (a que contém a incógnita):

Coluna "A" × Coluna "B"

20 operários | 1 muro
x operários | $\frac{1}{3}$ muro

Observe que <u>diminuindo</u> a quantidade de serviço, poderemos <u>diminuir</u> o número de operários.
Portanto, as razões são DIRETAMENTE Proporcionais.
Setas: no mesmo sentido.

Coluna "A" × Coluna "C"

20 operários | 45 dias
x operários | 15 dias

Como 20 operários levam 45 dias para executar um certo serviço, se <u>diminuirmos</u> o tempo para execução, devemos <u>aumentar</u> o número de operários.
Portanto, as razões são INVERSAMENTE Proporcionais.
Setas: em sentidos inversos.

Coluna "A" × Coluna "D"

20 operários | 6 h/dia
x operários | 8 h/dia

Observe que, para fazer um determinado serviço, 20 operários precisam trabalhar 6 horas por dia; se <u>aumentarmos</u> o número de horas trabalhadas por dia, poderemos <u>diminuir</u> o número de operários.
Portanto, as razões são INVERSAMENTE Proporcionais.
Setas: em sentidos inversos.

3º passo: Retomando a disposição dos dados indicada no "1º passo" e colocando as setas nas posições indicadas, teremos:

Coluna "A"	Coluna "B"	Coluna "C"	Coluna "D"
20 operários	1 muro	45 dias	6 horas/dia
x operários	$\frac{1}{3}$ muro	15 dias	8 horas/dia

4º passo: Monta-se a equação, conforme indicação das setas:

$$\frac{20}{x} = \frac{1}{\frac{1}{3}} \cdot \frac{15}{45} \cdot \frac{8}{6} \rightarrow \frac{20}{x} = \frac{3.15.8}{1.45.6}$$

$$\frac{20}{x} = \frac{45.8}{45.6} \rightarrow \frac{20}{x} = \frac{8}{6}$$

$$x = \frac{20.6}{8} \rightarrow x = 15$$

Resposta: Serão necessários 15 operários.

---

82. (SESD-94) Trinta operários deveriam fazer um serviço em 40 dias. 13 dias após o inicio das obras, 15 operários deixaram o serviço. Em quantos dias ficará pronto o restante da obra?

Solução:

1º passo: Vamos entender o texto do problema.

a) Os 30 operários foram contratados para executar um serviço em 40 dias, ou seja, um serviço equivalente a .... 30 operários . 40 dias = 1 200 dias de trabalho

b) Porém 13 dias depois de iniciados os trabalhos, 15 operários deixaram o serviço; isto significa que os 30 operários nesses 13m dias executaram somente parte do serviço, equivalente a .... 30 operários . 13 dias = 390 dias

Faltaram executar .... 810 dias de trabalho
(1 200 – 390)

c) Portanto, os 15 operários que permaneceram na obra deverão executar o restante dos serviços (1 200 – 390 = 810) em um certo número de dias, a calcular

2º passo: Disposição dos dados

Coluna "C" × Coluna "B"
390   13 dias
810   x

Como 390 "serviços" podem ser feitos em 13 dias, se <u>aumentarmos</u> o número de "serviços", será necessário <u>aumentar</u> o número de dias.
Portanto: são razões DIRETAMENTE Proporcionais.
Setas: no mesmo sentido.

4º passo: Retomando a disposição dos dados citada no item "2" acima e colocando as setas nas posições indicadas, teremos:

Coluna "A"	Coluna "B"	Coluna "C"
Operários	Dias	Parte do Serviço
30	13	390
15	x	810

$$\frac{x}{13} = \frac{30}{15} \cdot \frac{810}{390} \rightarrow \frac{x}{13} = \frac{2}{1} \cdot \frac{27}{13} = \frac{54}{13}$$

$$\frac{x}{13} = \frac{54}{13} \rightarrow x = \frac{13 \cdot 54}{13} = 54$$

Resposta: O restante da obra ficará pronto em 54 dias.

---

83. (UnB/Cespe-2003) – Os 33 alunos formandos de uma escola estão organizando uma festa de formatura e 9 desses estudantes ficaram encarregados de preparar os convites. Esse pequeno grupo de trabalho trabalhou durante 4 horas e produziu 2 343 convites. Admitindo-se que todos os estudantes sejam igualmente eficientes, se todos os 33 formandos tivessem trabalhado na produção desses convites, qual o número de convites que teriam produzido nessas mesmas 4 horas? (adaptado)

Solução:
Vamos montar uma Regra de Três com os dados contidos no texto.

1ª Coluna	2ª Coluna	3ª Coluna
Alunos	Tempo de Trabalho	Convites produzidos
9	4 horas	2 343
33	4 horas	x

Comparando-se a 1ª Coluna com a 3ª Coluna (a da incógnita), observe que aumentando o número de alunos (1ª Coluna), aumentará também o número de convites. Quanto mais alunos trabalharem, mais convites serão produzidos. As grandezas são, portanto, diretamente proporcionais.

A equação fica assim:

$$\frac{2343}{x} = \frac{4}{4} \cdot \frac{9}{33} \rightarrow \frac{2343}{x} = \frac{9}{33} \rightarrow 9x = 2343 \cdot 33$$

$$x = \frac{2343 \cdot 33}{9} = \frac{77319}{9} \rightarrow x = 8591 \text{ convites}$$

Resposta: 8 591 convites.

12. PORCENTAGEM

A porcentagem pode ser definida como uma razão centesimal. Tais razões, também chamadas de razões porcentuais ou percentuais, são normalmente representadas por numerais que utilizam o símbolo "%". A porcentagem pode ser escrita em forma de fração ou por meio de número decimal.

Exemplos:

a) $\dfrac{5}{100} = 0,05 \rightarrow 5\%$

b) $\dfrac{7,5}{100} = 0,075 \rightarrow 7,5\%$

c) $\dfrac{28}{100} = 0,28 \rightarrow 28\%$

d) $\dfrac{25}{100} = 0,25 \rightarrow 25\%$

e) $\dfrac{132}{100} = 1,32 \rightarrow 132\%$

Calcular a porcentagem de uma grandeza significa dividir esta em 100 partes e tomar tantas partes quanto indicar a porcentagem.

TRANSFORMAR FRAÇÕES EM PORCENTAGENS

1. Exprimir em forma de porcentagem as seguintes frações:

a) $\dfrac{2}{5} = 0,40 = \dfrac{40}{100} = 40\%$

b) $\dfrac{3}{4} = 0,75 = \dfrac{75}{100} = 75\%$

c) $\dfrac{1}{12} = 0,0833 = \dfrac{8,33}{100} = 8,33\%$

d) $\dfrac{1}{25} = 0,04 = \dfrac{4}{100} = 4\%$

TRANSFORMAR PORCENTAGENS EM FRAÇÕES IRREDUTÍVEIS

2. Escrever sob a forma de fração irredutível as seguintes porcentagens:

a) $7,25\% = \dfrac{7\frac{1}{4}}{100} = \dfrac{\frac{29}{4}}{100} = \dfrac{29}{400}$

b) $12,50\% = \dfrac{12\frac{1}{2}}{100} = \dfrac{\frac{25}{2}}{100} = \dfrac{25}{200} = \dfrac{5}{40} = \dfrac{1}{8}$

c) $25,00\% = \dfrac{25}{100} = \dfrac{5}{20} = \dfrac{1}{4}$

d) $30,00\% = \dfrac{30}{100} = \dfrac{3}{10}$

e) $45,00\% = \dfrac{45}{100} = \dfrac{9}{20}$

f) $70,00\% = \dfrac{70}{100} = \dfrac{7}{10}$

g) $75,00\% = \dfrac{75}{100} = \dfrac{15}{20} = \dfrac{3}{4}$

h) $80,00\% = \dfrac{80}{100} = \dfrac{8}{10} = \dfrac{4}{5}$

i) $85,00\% = \dfrac{85}{100} = \dfrac{17}{20}$

j) $90,00\% = \dfrac{90}{100} = \dfrac{9}{10}$

k) $7\dfrac{3}{4}\% = \dfrac{7\frac{3}{4}}{100} = \dfrac{\frac{31}{4}}{100} = \dfrac{31}{400}$

l) $0,45\% = \dfrac{0,45}{100} = \dfrac{45}{10\,000} = \dfrac{9}{2\,000}$

---

3. Uma empresa fatura R$ 75 000,00 por mês. Paga 12% dessa importância em salários. Calcular o valor em dinheiro que paga em salários.

Solução:
Por definição temos que: $12\% = \dfrac{12}{100} = 0,12$

Para calcular 12% de 75 000, efetuamos $0,12 \cdot 75\,000 = 9\,000$

Ou ainda 12% de 75 000 equivale $\dfrac{12}{100} \cdot 75\,000 = \dfrac{12 \cdot 75\,000}{100} = 9\,000$

Resposta: A empresa paga em salários R$ 9 000.

---

4. Um corretor de imóveis recebeu 5% de comissão pela venda que fez de um apartamento no valor de R$ 150 000,00. Quanto recebeu esse corretor?

Solução 1:
Por definição temos que $5\% = \dfrac{5}{100} = 0,05$

5% de 150 000 equivale a determinar $0,05 \cdot 150\,000 = 7\,500$

> Este problema e similares também podem ser resolvidos com o auxílio de Regra de Três.

Solução 2:

Se em cada   100   recebe   5
Em   150 000   recebe   x

$$\frac{5}{x} = \frac{100}{150\,000} \rightarrow x = \frac{150\,000 \cdot 5}{100} = 7\,500,00$$

Resposta: O corretor recebeu R$ 7 500,00

5. Usando os mesmos dados do problema anterior, formulamos o seguinte problema: "Se R$ 7 500,00 representam a comissão de 5% recebida por um corretor de imóveis, qual é o valor do imóvel?"

Solução:

Porcentagem   Valor
     5%   7 500
    100%   x

$$x = \frac{7\,500 \cdot 100}{5} = 150\,000,00$$

Resposta: O valor do imóvel é R$ 150 000,00.

6. Em um jogo de futebol, no estádio do JATOBÁ Futebol Clube, compareceram 50 000 pessoas. 45% pertenciam aos torcedores do Clube A. Quantos torcedores pertenciam ao Clube B?

Solução 1:
Clube A: 45 % de 50 000 = 0,45 . 50 000 = 22 500

Clube B: 55% de 50 000 = 0,55 . 50 000 = 27 500

> Outro raciocínio pode ser empregado. Como o problema pede apenas o número de torcedores do Clube B, basta calcular diretamente, o número de torcedores desse clube, multiplicando 55% por R$ 50 000 = 27 500.

Solução 2:
Usando Regra de Três:

Pessoas		Porcentagem	
Se 50 000	representam	100%	(1)
x	representam	45%	(0,45)

$$x = \frac{50\,000 \cdot 0,45}{1} = 22\,500$$

Da mesma forma indicada acima, acham-se os 55% dos torcedores do clube "B".

Resposta: Ao Clube "B" pertenciam 27 500 torcedores.

---

7. A importância de R$ 5 890,00 representa quanto por cento de R$ 15 500,00?

Solução:

R$		Porcentagem
Se 15 500	representam	100%
5 890	representam	x%

$$\frac{100}{x} = \frac{15\,500}{5\,890}, \text{ portanto, } x = \frac{5\,890 \cdot 100}{15\,500} = 38\%$$

Resposta: A importância de R$ 5 890,00 representa 38% de R$ 15 500,00.

---

8. Uma pessoa tomou emprestado de um Banco a importância de R$ 120 000,00, devendo pagar juros de 3,5% antecipados, isto é, no ato do recebimento do empréstimo. Quanto recebeu no ato e quanto por cento realmente pagou pelo valor líquido que recebeu?

Solução:

a) Juros pagos no ato = $120\,000 \cdot \dfrac{3,5}{100} = 4\,200,00$

b) Valor líquido recebido no ato = 120 000,00 – 4 200,00 = 115 800,00

c) Porcentagem que pagou pelo valor líquido recebido (R$ 115 800,00)

R$		Porcentagem	
Se 115 800	representam	100%	(1)
4 200	representam	x%	

$$x = \frac{4\,200}{115\,800} \cdot 100 = 0,0363 \to 3,63\%$$

Resposta: Pagou 3,63% pelo valor líquido recebido.

9. Um colégio tem 1 800 alunos. No final do ano formaram-se 5% e 2% pediram transferência para outra instituição de ensino. Porém, no inicio do ano seguinte matricularam-se 198 alunos novos. De quanto por cento, sobre o ano anterior, aumentou o número de alunos?

Solução 1:
A porcentagem dos que deixaram o colégio é de 5% + 2 % = 7%.
Portanto, naquele instante o número de alunos que saiu foi de:
a) Saíram = 7% . 1 800 = 0,07 × 1800 = 126 alunos
b) Ficaram no colégio = 1800 − 126 = 1 674
c) Ingressaram novos alunos =   198
                       Total =   1 872
d) Houve, portanto, um aumento de 1 872 − 1 800 = 72 alunos
e) Logo, o porcentual de aumento foi de:

$$\frac{72}{1800} = 0,04 \to 0,04 \cdot 100 = 4\%$$

Solução 2:
Usando-se Regra de Três:

Alunos		Porcentagem
Se 1 800	representam	100% dos alunos
72	representam	x% dos alunos

$$\frac{100}{x} = \frac{1800}{72} \to x = \frac{72 \cdot 100}{1800} = 4\%$$

Resposta: O número de alunos aumentou 4% em relação ao ano anterior.

---

10. Todo o funcionário de empresa paga ao Instituto Nacional de Seguridade Social – INSS, 8% de seu salário mensal, e o seu empregador paga 20% desse mesmo salário ao INSS. Sendo de R$ 1 850,00 o salário mensal do trabalhador, quanto este paga ao INSS e quanto paga o empregador ao mesmo INSS, no mês considerado? Qual o valor total que recebe o INSS do trabalhador e do empregador nesse mês?

Solução:
a) O trabalhador paga 8% de R$ 1 850,00 ou 0,08 . 1 850,00 =   148,00
b) O empregador paga 20% . 1 850,00 ou 0,20 . 1 850,00 =   370,00
c) Valor total que recebe o INSS do funcionário e do empregador = 518,00

---

11. Numa cidade de 150 000 habitantes 53,5% são mulheres. Quantos são os homens?

a) Mulheres: 150 000 . 53,5% = 150 000 . 0,535 =   80 250

b) Homens: 150 000 . $\dfrac{46,5\%}{100,00\%}$ = 150 000 . 0,465 =   69 750
                                                                                        150 000

Outra forma de resolução:
Como o número de mulheres já foi calculado pela aplicação direta do produto:
53,5 . 150 000 = 80 250, basta agora diminuir 80 250 de 150 000 para se achar o número de homens, que é 69 750.

Resposta: Os homens são 69 750.

---

12. Numa tiragem de 8 000 livros, 0,25% apresentaram defeitos. Quantos livros apresentaram defeitos.

8 000 . 0,25% = 8 000 . 0,0025 = 20 livros

Resposta: 20 livros apresentaram defeitos.

---

13. O total arrecadado por uma Loteria Federal foi de R$ 25 000 000,00. Deste total, devem ser destinados 30% a diversas instituições, 27,5% à Receita Federal. Quanto será distribuído aos ganhadores?

1) Instituições......... 30,00%
2) Receita............. 27,50%
   Total descontado ... 57,50%

3) Sobram para os ganhadores 100,00% − 57,50% = 42,50%

Então, sobram para distribuir aos ganhadores:
42,50% . 25 000 000,00 = 0,425 . 25 000 000,00 = 10 625 000,00

Resposta: Será distribuída aos ganhadores a importância de R$ 10 625 000,00.

---

14. Numa corrida da "Fórmula 1", o piloto "A" fez uma volta em 01 minuto e 45 segundos. O piloto "B" fez a mesma volta em 01 minuto e 30 segundos. De quanto por cento o piloto "B" superou o piloto "A"?

Piloto "A": 1min 45s = 105 segundos
Piloto "B": 1min 30s = 90 segundos
Diferença de tempo: = 15 segundos
Monta-se a seguinte Regra de Três:

Se 105 segundos | representam 100%
    15 segundos | representam x%

$$x = \frac{15}{105} \cdot 100 = 14,28\%$$

Resposta: O piloto "B" superou o piloto "A" em 14,28 %.

15. Um automóvel foi vendido por R$ 30.000,00 com o lucro de 25% Qual foi o preço de compra desse auto?

Solução:
Se representamos o preço de compra do auto por "1", o preço de venda, com lucro, será $1+\dfrac{25}{100}$ (ou seja 1,25). Assim, montamos a seguinte Regra de Três.

Preço de compra	preço de venda
1	1,25
x	30 000

$$x = \dfrac{30\,000}{1,25} = 24\,000,00$$

Resposta: O veiculo foi comprado por R$ 24 000,00.

Também, pode-se raciocinar como segue:
O preço da venda (V) é igual ao custo (C) mais o lucro (L).
(1) V = C + L
O Lucro (L) foi de 25% do custo (C) ou 0,25C.
V = 30 000,00
C = custo (que queremos achar)
V = custo C + 0,25C
Então, teremos:

$30\,000 = C + 0,25\,C$

$30\,000 = 1,25\,C$

$C = \dfrac{30\,000}{1,25} = 24\,000$

Verificação do resultado:
Se acrescentarmos o lucro de 25% sobre R$ 24 000,00, teremos o resultado de R$ 30 000,00, que é o preço de venda.
Vejamos:
25% . 24 000,00 = 0,25 . 24 000,00 = 6 000,00
24 000,00 + 6 000,00 = R$ 30 000,00

16. Uma pequena cidade do interior do Estado tinha, há 20 anos, uma população de 28 000 habitantes. Atualmente conta com 36 400 habitantes. Qual foi o aumento percentual da população nesse período?

Solução:
a) Aumento populacional = 36 400 – 28 000 = 8 400

b) Se 28 000 representam $100\% = \dfrac{100}{100} = 1$

8 400 representam x

$x = \dfrac{8400 \cdot 1}{28000} = 0,3 = \dfrac{3}{10} = \dfrac{30}{100} = 30\%$

Resposta: Houve aumento de 30%.

---

17. O valor de um litro de álcool combustível para automóveis passou de R$ 1,72 para R$ 1,95, em um determinado mês. Qual foi o aumento percentual do preço do litro de álcool nesse mês?

Solução:
a) Aumento do preço do litro = 1,95 − 1,72 = R$ 0,23

b) Se R$ 1,72 representam $100\% = \dfrac{100}{100} = 1$

R$ 0,23 representa x

$x = \dfrac{0,23}{1,72} \cdot 100 = 13,37\%$

Resposta: O aumento foi de 13,37%.

Outra forma de resolução:
Podemos também calcular este aumento da seguinte forma:

$\dfrac{1,95}{1,72} = 1,1337$

Multiplicando o resultado por 100 encontramos a porcentagem:
113,37% = 100% + 13,37%, houve um aumento de 13,37% na gasolina.

---

18. Uma loja, em promoção de vendas, vende camisas com descontos de 35% e acrescenta depois 5% de imposto. Qual o valor de uma camisa que custava R$ 40,00?

Solução:
a) A Camisa Custava: R$ 40,00
b) Desconto de 35%: 0,35 X 40,00 = R$ 14,00
c) Novo preço: R$ 26,00
d) Imposto de 5%: 0,05 X 26,00 = R$ 1,30
e) Novo preço de venda: R$ 27,30
f) A camisa, que custava R$ 40,00, passou a custar R$ 26,00 + 1,30 = R$ 27,30

OBS.:
Há outra maneira de resolver o problema, quando há Redução do Preço:

O desconto (Redução do Preço) de 35%, significa que o valor da camisa passou a ser de 65% (100 – 35) do valor original. Portanto, se acharmos o valor que representa 65% de R$ 40,00, teremos, de forma direta, o valor de venda, já com o desconto da promoção.

Vejamos:

a) $R\$\, 40,00 \cdot \dfrac{65}{100} = 40,00 \cdot 0,65 = R\$\, 26,00$

b) Basta agora acrescentar os 5% de impostos sobre R$ 26,00 $\quad = 1,30$
Preço Final = R$ 27,30

Resposta: O valor da camisa será de R$ 27,50.

Exemplo esclarecedor:
Quando há aumento de preço, também pode usar-se a forma direta de encontrar o preço final. Por exemplo: um microondas foi comprado pelo lojista por R$ 325,00 e o vendeu com 25% de lucro bruto. Qual seu preço de venda?

Solução:
Se para cada R$ 100,00, o lojista vende por R$ 125,00 (100 + lucro de 25%)
Para R$ 325,00, o lojista vendera por.................x

$$100 \ldots\ldots\ldots\ldots 125$$
$$325 \ldots\ldots\ldots\ldots x$$

$x = \dfrac{325 \cdot 125}{100} \rightarrow x = 406,25$

ou simplesmente:
x = 325 . 1,25 = 406,25

---

19. Um jato comercial segue da cidade "A" para a cidade "B", cuja distância é de 3 700 km. Se já percorreu 25% desse percurso, quantos km já percorreu e quantos km faltam para chegar ao seu destino?

Solução:
a) Calcular a distância percorrida
Aplicando Regra de Três:

Percurso (km)	Porcentagem
3 700	100
x	25

$\dfrac{3700}{x} = \dfrac{100}{25} \rightarrow 100x = 3700 \cdot 25 \rightarrow x = \dfrac{3700 \cdot 25}{100} \rightarrow x = 925$ km, que é a distância percorrida.

b) Falta percorrer: 3 700 − 925 = 2 775 km.
c) Outro modo de calcular a distância que falta percorrer:
   Se o jato já percorreu 25% da distância entre as cidades A e B, então falta percorrer 75% (100 − 25) dessa distância, ou seja:
   75% de 3 700 km
   0,75 . 3 700 = 2 775 km

Resposta: O jato já percorreu 925 km e faltam percorrer 2 775 km.

---

20. De uma compra de mercadorias diversas foi feito um desconto de 25%. O comprador recebeu de troco a importância de R$ 450,00. Qual a importância em dinheiro que o comprador entregou ao vendedor?

Solução:
Usando-se a Regra de Três.
a) O valor dos 100% da compra é "x".
b) Se o desconto foi de 25% e restaram R$ 450,00, em dinheiro, isto significa que R$ 450,00 representam 75% do total.
c) Com esse raciocínio arma-se a seguinte Regra de Três:

$$\text{da compra}: 100\% = \frac{100}{100} = 1 \text{ vale "x"}$$

$$\text{da sobra}: 75\% = \frac{75}{100} = 0,75 \text{ vale } 450 \begin{cases} x . 0,75 = 450 . 1 \\ x = \frac{450}{0,75} = 600 \end{cases}$$

Resposta: O comprador entregou ao vendedor a importância de R$ 600,00.

Outra maneira de solucionar:
1) Considere o preço de compra = x
2) Do valor de compra retira-se 25% de x = − 0,25x
3) Sobraram (troco) = 450

Então:
x − 0,25x = 450 → 0,75x = 450

$$x = \frac{450}{0,75} \rightarrow x = 600$$

Conferindo: a) importância que o Comprador entregou ao Vendedor = 600,00
b) desconto feito: 25% . 600,00 = ... 150,00
c) importância que recebeu de troco = ... 450,00

---

21. Qual é o número que subtraindo seus 20% dá 640?

Solução:
O raciocínio é o mesmo do adotado no exercício anterior, montando-se a seguinte Regra de Três:

Se subtrairmos 20% de um certo número, sobram 640: isto se significa que os 80% restantes (100% – 20%) são representados pelo número 640. Ora, se 640 representam 80 partes de 100, então para achar as 100 partes (o número procurado), basta dividir 640 por 80 (teremos 1 parte) e multiplicarmos por 100 (e teremos o todo).

Então: $\dfrac{640}{80} \cdot 100 = 800$, ou:

Se 80% valem 640
100% valem x

$x = \dfrac{640}{80} \cdot 100 \rightarrow x = 800$

Verificação do resultado:
a) Calcular 20% de 800: 0,20 . 800 = 160,00
b) Subtraia esse valor (160,00) de 800 = 800 – 160 = 640,00
Total = 800,00

Resposta: O número é 800.

---

22. Comprei na Bolsa de Valores R$ 60 000,00 em ações. Três meses depois, revendi-as por R$ 78 000,00. Quantos por cento ganhei na revenda?

Solução:
a) Lucro obtido = 78 000 – 60 000 = 18 000
b) Se 100% do capital inicial são representados por 60 000
c) Quantos por cento (x) serão representados por 18 000
    100 ..... 60 000
      x 18 000

$x = \dfrac{18\,000}{60\,000} \cdot 100 = 0,30 \rightarrow 30\%$

Outra forma de resolução:

$\dfrac{78\,000}{60\,000} = 1,30$

Multiplicando-se o resultado por 100 encontraremos a porcentagem de 130%, que é igual a 100% + 30%. Nesta soma o valor 100% representa o capital inicial e 30% representa o lucro que a pessoa teve na venda. Houve portanto um lucro de 30% nessa transação.

Resposta: Ganhei na revenda 30% do valor original.

---

23. Uma empresa quer contratar mais 12 funcionários. Como os impostos que incidem sobre a Folha de pagamentos, tais como Instituto Nacional de Seguridade Social (INSS), Fundo de Garantia por Tempo de Serviço (FGTS), Programa de Incentivo

Social (PIS), Imposto de Renda e outros somam 43,5% e dispondo essa empresa da importância fixa de R$ 64 575,00 por mês para pagar os novos empregados, inclusive os encargos citados, quanto ganhará cada empregado, se todos receberem salários iguais?

Solução:
Lembremos o seguinte:

a) Que $43,5\% = \dfrac{43,5}{100} = 0,435$

b) Que um salário onerado com 43,5%, significa que a soma de 1 salário + 0,435 de um salário é = 1,435 salário.

> **Abrindo um parêntesis:**
> Quando um comerciante diz que no seu preço de venda já está incluído um lucro de, digamos, 25% é por que qualquer mercadoria que vale 100 reais terá seu valor aumentado para 125,00 (100 + 25). Logo, para se obter seu valor de custo, basta dividir o valor dessa venda por 1,25. Verifique $= \dfrac{125}{1,25} = 100,00$, que é o custo.
>
> O mesmo raciocínio se aplica ao caso dos impostos acrescidos ao custo, objeto do problema proposto.

c) Então, se dividimos o disponível R$ 64 575,00 por 1,435, teremos a soma dos salários, livres de impostos, para ser dividida pelos 12 funcionários.

Assim teremos: $\dfrac{64\,575}{1,435} = 45\,000,00$ que é a importância a ser dividida pelos 12 funcionários.

Logo, cada funcionário receberá $\dfrac{45\,000}{12} = 3\,750,00$

Vamos verificar o resultado:
a) 12 funcionários × 3 750,00 = ... 45 000,00
b) Acrescentando 43,50% de R$ 45 000 (0,435 . 45 000) =.... 19 575,00
c) O disponível será preservado, que é de =.................. 64 575,00

Resposta: Cada funcionário ganhará R$ 3 750,00

ÍNDICE DE ATUALIZAÇÃO DE UM VALOR

24. O índice de atualização é um valor utilizado para encontrarmos, de forma direta o valor de um aluguel, de uma mensalidade escolar, de uma parcela de empréstimo, etc. Vamos exemplificar, primeiramente, calculando a taxa de variação percentual de uma obrigação qualquer, digamos, uma prestação de um empréstimo.

Thiago tomou emprestado de um Banco a importância de R$ 150 000,00 para pagá-lo em 60 prestações mensais iguais de R$ 2 500,00 cada uma, mas com a obrigação de atualizar esse valor mensal pelo IGPM (Índice Geral de Preços de Mercado), da FVG a cada 06 meses. Verificado, no sexto mês, esse índice indicou uma variação nos preços de cerca de 6% (ou seja, de 0.06), e o índice tomou a forma 1,06, ou seja, o número "1" para indicar o valor da prestação e o número 0,06 para indicar o valor a ser acrescentado à citada prestação. Assim, o valor da prestação passou a ser, do sétimo mês em diante de: 2 500 . 1,06 = 2 650,00.

PORCENTAGEM DE PORCENTAGEM

25. Uma escola tem 150 professores, entre homens e mulheres. Os homens representam 60% do total. Numa reunião de professores compareceram 40% dos homens e 70% das mulheres. Determinar quantos compareceram à reunião.

Solução:
a) Determinar, primeiro, quantos professores e professoras tem a escola.
   Homens: 60% . 150 = 90
   Mulheres: 40% . 150 = 60
   Total = 150 professores
b) Determinar, agora, quantos professores e professoras compareceram à reunião.
   Professores: 40% de 90 = 36 professores
   Professoras: 70% de 60 = 42 professoras

O mesmo resultado poderemos obter aplicando "Porcentagem sobre Porcentagem".
a) Professores:
   40% de 60% = 24%
   24% de 150 = 36 professores
b) Professoras:
   70% de 40% = 28%
   28% de 150 = 42 professoras

Resposta: Compareceram a reunião 36 professores e 42 professoras.

Outra forma de resolução:
a) Professores:
   40% de 60% = 0,40 . 0,60 = 0,24 ou 24%
   24% de 150 = 36 professores
b) Professoras:
   70% de 40% = 0,70 . 0,40 = 0,28 ou 28%
   28% de 150 = 42 professoras

26. Numa loja de eletrodomésticos um computador completo (CPU + Teclado + Monitor) custa R$ 2 000,00. Devido à promoção, há um desconto de 40%, devendo-se acrescentar ao valor líquido 15% de imposto. Qual o valor a pagar pelo computador?

Solução:
Como a compra foi efetuada com 40% de desconto, isto significa que o comprador estará pagando somente 60% do valor pedido (100% - 40% = 60%).
a) Preço com desconto = 2 000 . 60% = 1 200,00
b) Acréscimo de 15% de imposto = 1 200 . 15% = 180,00
   Preço Final = 1 380,00

Outra forma de resolver o problema, será aplicando "Porcentagem sobre Porcentagem", como segue:
Se a redução é de 40%, o valor a pagar será de 60% do valor original, e sobre este resultado aplicaremos a taxa de imposto de 15%, que é o mesmo que multiplicar o valor descontado por 1,15, por que, neste caso, o número 1 representa o valor a ser pago (daí dizer-se que o valor original deve ser multiplicado por 1,15, para sabermos o valor final do produto).

Assim, teremos:

$2\,000 . \dfrac{60}{100} . 1,15 = R\$ 1\,380,00$

ou $2\,000 . 0,6 . 1,15 = R\$ 1\,380,00$

Outra forma de resolução:
Aplicando-se o conceito de números índices.
Número que será aplicado ao preço do computador:
$(1 - 0,40) . (1 + 0,15) = 0,60 . 1,15 = 0,69$
Preço do computador $0,69 . 2\,000 = 1\,380,00$.

Resposta: O valor a pagar pelo computador é de R$ 1 380,00.

---

27. Um comerciante comprou 100 sacos de milho por R$ 2 000,00, teve despesas com frete, armazenagem, imposto e taxas no valor total de 35% Para lucrar 20%, por quanto deverá vender esses 100 sacos de milho?

Solução:
Despesas: $(1 + 0,35) = 1,35$
Lucro: $(1 + 0,20) = 1,20$
Multipliquemos agora todos os índices calculados.
$1,35 . 1,20 = 1,62$

Resposta: Preço pelo qual devem ser vendidos os 100 sacos de milho:
$1,62 . 2\,000,00 = 3\,240,00$.

---

28. Uma casa no valor de R$ 150 000,00 foi vendida sucessivas vezes, tendo lucro de 5% e –15%, 14%, 5% e –15%. Qual foi o preço final dessa casa?

Solução:
Este exercício pode ser resolvido aplicando-se os números índices.
Lucro → (1 + 0,050 = 1,05
Perda → (1 − 0,15) = 0,85
Lucro → (1 + 0,14) = 1,14
Lucro → (1 + 0,05) = 1,05
Perda → (1 − 0,15) = 0,85

Multipliquemos agora todos os índices calculados.
1,05 . 0,85 . 1,14 . 1,05 . 0,85 = 0,90807
Preço final = 0,90807 . 150 000 = 136 211,12

Resposta: O preço final da casa foi de R$ 136 211,12.

DICA: Um imóvel aumenta de valor quando os percentuais são positivos, mas diminuem de valor quando os porcentuais são negativos

---

29. (UERJ) João solicitou à garçonete café com leite na base de 75% de leite e 25% de café. Suponha que a garçonete tenha decidido misturar água ao café com leite. Num copo de 300 ml, colocou 20 ml de água e completou o restante de acordo com o pedido do freguês. Quantos ml de leite e de café a garçonete realmente colocou no copo após adição de 20 ml de água? Quantos ml de leite João tomou, a menos?

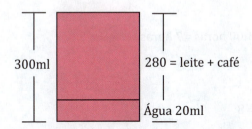

Nos 280 ml (restante) a garçonete colocou 75% de leite e 25% de café.

Então, teremos:
75% de 280 = 210 ml de leite
25% de 280 = 70 ml de café
          total = 280 ml

Se não tivesse colocado água, o freguês tomaria 75% X 300ml de leite = 225ml.
Então, na realidade tomou: 225 ml
                            − 210 ml
                              15 ml

Resposta: João tomou 15 ml, a menos, de leite.

30. (VUNESP) Um vendedor recebe comissões de 0,5% sobre o preço de venda de certa mercadoria. No mês em que o preço de venda de cada unidade era R$ 30 000,00 sua comissão referente a essa mercadoria foi de R$ 225 000,00. Quantas unidades de mercadoria ele vendeu esse mês?

Solução:
1º passo: Calcular o valor total da mercadoria vendida, montando a seguinte Regra de Três.

Se 0,5% equivale a R$ 225 000,00, o todo (100% = 1) equivale a x

Mas, $0,5\% = \dfrac{0,5}{100} = \dfrac{5}{1000} = 0,005$

Então : $\dfrac{5}{1000}$ _____ 225000

1 _____ x

$x = \dfrac{225000}{\dfrac{5}{1000}} = \dfrac{225000 \cdot 1000}{5} = 45\,000\,000$, que é o valor total da mercadoria vendida.

Logo, o número de unidades vendidas é: $N = \dfrac{45\,000\,000}{30\,000} = 1500$ unidades

---

31. Qual o percentual de acréscimo no salário de uma funcionária que trabalha no período noturno, das 21:00 às 04:00 horas do dia seguinte, sabendo-se que a hora de trabalho noturno, para mulheres, é de 52 minutos e 30 segundos?

Solução:
a) Horas trabalhadas à noite: das 21:00 às 04:00 horas = 7 horas
7 horas = 7 . 60 = 420 minutos

b) Aplicando-se uma Regra de Três Simples:
52,5 minutos............ 1 hora
420 minutos............ x hora $\left\{ x = \dfrac{420}{52,5} = 8 \right.$

c) Há, portanto, um acréscimo de 1 hora em cada 7 horas trabalhadas. Assim, podemos montar a seguinte Regra de Três.
Se em cada 7 horas trabalhadas ela ganha 1 hora a mais
Em 8 horas trabalhadas ela ganha x horas a mais

Em	Ganha
7h	1 a mais
8h	x

$x = \dfrac{8}{7} = 1,1429$

O percentual de acréscimo será (1,1429 − 1) . 100 = 14,29%

Resposta: O percentual de acréscimo no salário será de 14,29%

32. A tabela abaixo mostra o custo da cesta básica em 5 capitais, em Maio de 2003. A 3ª Coluna registra a porcentagem do salário mínimo que era gasto com a cesta básica, na época.

1ª coluna	2ª coluna	3ª coluna
Capital	Valor da cesta R$	Porcentagem aproximada do Salário Mínimo (%)
Recife	142,36	64
João Pessoa	138,35	62
Rio de Janeiro	166,52	75
Belo Horizonte	161,02	72
São Paulo	175,95	80

Uma pessoa que ganhasse 2 salários mínimos, morasse em São Paulo na época e comprasse uma cesta básica, gastaria com ela o equivalente a:
(A) 80% de seu salário
(B) 40% de seu salário
(C) 36% de seu salário
(D) 31% de seu salário

Solução:
1º passo: Devemos calcular o valor do salário mínimo, na ocasião, montando a seguinte Regra de Três Simples.

Se 175,95 representam 80% do salário mínimo
Então: x representam 100% do salário mínimo
$$\begin{cases} x = \dfrac{175,95 \cdot 100}{80} \\ x = 219,94 \end{cases}$$

x = R$ 219,94 é o salário mínimo da ocasião
Como ele ganhava 2 salários mínimos, seu salário era: 2 . 219,94 = 439,88

2º passo: Verificar quanto porcento representa R$ 175,95 (valor da cesta básica) em relação ao seu ordenado que é de R$ 439,88, montando-se a seguinte Regra de Três.

Se R$ 439,88 vale 100% do salário mínimo.
R$ 175,95 vale x do salário mínimo.

$$x = \dfrac{175,95 \cdot 100}{439,88} = 39,9999 \rightarrow x = 40\%$$

Resposta: O valor da cesta básica equivale a 40% de seu salário mínimo. Letra B.

33. Um comerciante vendeu um produto por R$ 936,00, tendo um lucro de 30% sobre o preço de custo. Qual foi o preço de custo?

Venda (V) = R$ 936,00
Lucro Percentual (L) = 30% do custo → L = 30% de C = 0,30 . C (1)
Custo = ?

O preço de venda V = Custo + Lucro → V = C + L (2)

Substituindo (1) em $(2) \to V = C + 0,30 C \to V = C(1 + 0,30)$

$$V = 1,30 C$$

Como $V = 936,00$, teremos :

$$936 = 1,30 C \to C = \frac{936}{1,30}$$

$$C = 720,00$$

Outra forma de solucionar o problema: Usando-se Regra de Três.
936,00 representam custo + lucro
936 → 100% (custo) + 30% (lucro)
Se 936   representam   130%
     x   representam   100%

$x = \dfrac{936}{130} \cdot 100 = 720,00$

Resposta: O preço de custo do produto é R$ 720,00.

---

34. Um lojista tem em exposição em sua vitrine um relógio para vender por R$ 1 200,00, já estando incluído neste preço o lucro de 30% sobre o custo. No entretanto, fazendo uma promoção para liquidação do estoque, resolveu vendê-lo com prejuízo de 20% sobre o preço de custo. Determinar: a) o preço de custo , e b) o valor do prejuízo?

a) Venda → V = R$ 1 200,00
   Lucro no preço de venda → V = Custo + Lucro
   $V = C + L$
   $V = C + 0,30 . C$

   $V = 1,30 C \to C = \dfrac{V}{1,30}$

Mas $V = 1200 \to C = \dfrac{1200}{1,30} = 923,08$

   $C = 923,08$

Resposta: O lojista comprou o relógio por R$ 923,08.

b) Mas como teve um prejuízo, acabou vendendo-o, na liquidação, por:

P = 923,08 − 20% . 923,00 → Colocando 923,08 em evidência, teremos:
P = 923,08 (1−0,20)
P = 923,08 . 0,80 = 738,46

Resposta: O valor do prejuízo foi de R$ 184,62 (R$ 923,08 − 738,46).

Outra forma de solucionar o problema: Usando-se Regra de Três.
a) Se o preço do relógio (R$ 1 200,00) já está incluindo o lucro de 30%. isto significa que, nesse valor, já estão incluindos o preço de custo (100%) e o lucro (30%), ou seja, 130%.

Então, se 1 200   representam   130%
                    x   representam   100%

$x = \dfrac{1200}{130} \cdot 100 = 923{,}08$, que é o custo do relógio.

b) Como na promoção o lojista dá um desconto de 20% sobre o preço de custo (R$ 923,08), ele estará vendendo o relógio por 80% de seu valor (100% − 20%). Logo, o preço de venda em promoção será:
0,8 × 923,08 = R$ 738,46

---

35. (UnB/Cespe – CEFET/PA-2003) A tabela abaixo apresenta dados sobre a produção e venda de automóveis de 3 montadoras, no mês de Abril. Sabendo-se que nesse mesmo mês as 3 montadoras venderam 79% dos 10000 automóveis produzidos, o valor de "y" na tabela é igual a:
(1) 90   (2) 80   (3) 65   (4) 50   (5) 30

Tabela		
Montadora	Unidades Produzidas	% da Produção Vendida
A	3 500	70%
B	"x"	80%
C	2 500	"y" %

Solução:
1º passo: Cálculo de "x", na tabela.
Se o total da produção foi de 10 000 veículos, o valor de "x" será:
x = 10 000 − (3 500 + 2 500) = 4 000 (ou seja: 10 000 menos a soma das unidades produzidas "A" + "B")

2º passo: Cálculo de "y".
De acordo com o texto, as 3 montadoras venderam 79% dos 10 000 veículos.
Então: 79% . 10 000 = 7 900 veículos vendidos.

Observando a tabela, podemos concluir que:
$(70\% \text{ de } 3500) + (80\% \text{ de } 4000) + (Y\% \text{ de } 2500) = 7900$

$\left(\dfrac{70}{100} \cdot 3500\right) + \left(\dfrac{80}{100} \cdot 4000\right) + \left(\dfrac{y}{100} \cdot 2500\right) = 7900$

$2450 + 3200 + 25y = 7900$

$25y = 7900 - 5650$

$25y = 2250$

$y = \dfrac{2250}{25} \rightarrow y = 90\%$

Resposta: O valor de "y" na tabela é 90%. Item 1.

36. Observe que a tabela seguinte está parcialmente preenchida com as idades agrupadas em intervalos que devem ter o mesmo comprimento em anos.

Idade (anos)	Classe de funcionários
18 – 25	10
25 – 32	8
?	11
?	6
?	4
53 – 60	1
Soma:	**40**

Determinar:
a) O intervalo que corresponde à "classe 6 de funcionários".
b) Qual a porcentagem, relativamente ao total de funcionários dos que tem idades inferiores a 32 anos?

Solução:
1) Observe que as idades estão agrupadas em intervalos de 7 anos.
2) Então, após o intervalo 25 – 32 anos, virão os intervalos:
   32 – 39 anos (classe 11)
   39 – 46 anos (classe 6)
   46 – 53 anos (classe 4)

Resposta (a): O intervalo que corresponde à "classe 6 de funcionários" é a 39 a 46 anos.

3) Agora, calculemos a porcentagem dos funcionários que têm idades inferiores a 32 anos, relativamente ao total (40) de funcionários, montando a seguinte Regra de Três.
Se 40 funcionários representam 100%
18 funcionários representam x%

$$x = \frac{18 \cdot 100}{40} = 45\%$$

Resposta (b): A porcentagem dos funcionários que têm idades inferiores a 32 anos é 45% em relação ao total dos funcionários.

---

37. Ao revender seu apartamento, Carlos obteve um lucro de 15% sobre o preço de venda. Qual foi o preço de venda, sabendo-se que ele comprou esse apartamento por R$ 170 000,00?

Solução:
O preço de venda (V) é igual ao preço de custo (C) + lucro (L).
V = C + L

O custo (C) do apartamento foi de R$ 170 000,00 o e lucro (L) foi de 15% sobre o preço de venda (V). Portanto:

(1) $V = 170\,000 + L$

mas, $L = 15\%\cdot V$

portanto, $L = 0,15\,V$

substituindo "L" em (1)

$V = 170\,000 + 0,15\,V$

$V - 0,15\,V = 170\,000 \to V(1 - 0,15) = 170\,000$

$0,85\,V = 170\,000$

$$V = \frac{170\,000}{0,85} \to V = 200\,000,00$$

Resposta: O preço de venda foi de R$ 200 000,00.

---

38. Depois de um aumento de 15%, um televisor passou a custar R$ 805,00. Qual era o preço desse televisor antes do aumento?

Solução:
b) O televisor, antes do aumento, custava "P".
c) Foi aumentado em 15%. Então: P + 15% P = 805

Usando a forma decimal de 15% = 0,15, teremos:

$P + 0,15\,P = 805 \to P(1 + 0,15) = 805$

$1,15\,P = 805$

$$P = \frac{805}{1,15} \to V = 700,00$$

Resposta: O preço do televisor antes do aumento era de R$ 700,00.

---

39. Qual o preço de uma mercadoria que custava R$ 250,00 e sofreu dois descontos sucessivos de 15% e 5%?

Solução:
Como a mercadoria sofreu dois descontos sucessivos, vamos imaginar que ela tivesse o preço inicial R$ 100,00:
a) No primeiro desconto de 15% ela passaria a ter o valor de R$ 100,00 – R$ 15,00, ou seja, passaria a ter o valor de R$ 85,00
b) No segundo desconto passaria a sofrer um decréscimo de 5% de 85,00, que é igual a 0,05 . 85 = R$ 4,25
c) O preço final da mercadoria será portanto ($ 85,00 – $ 4,25) = R$ 80,75

De forma semelhante vamos fazer os mesmos cálculos para uma mercadoria que custa R$ 250,00.

a) No primeiro desconto de 15% ela passaria a ter o valor de R$ 250,00 – 15% de R$ 250,00, ou seja, passaria a ter o valor de R$ 212,50
b) No segundo desconto passaria a sofrer um decréscimo de 5% de 212,50, que é igual a 0,05 . 212,50 = R$ 10,625
c) O preço final da mercadoria será portanto ($ 212,50 – 10,625) = R$ 201,88

Uma outra forma de resolver o problema é usando o processo das multiplicações sucessivas, também chamado o dos números índices.
Os números índices a serem usados são os seguintes:

a) $100\% - 5\% = 95\% = \dfrac{95}{100} = 0,95$

b) $100\% - 15\% = 85\% = \dfrac{85}{100} = 0,85$

Multiplicando-se o valor inicial de R$ 250,00 pelos números índices 0,85 e 0,95 iremos obter o mesmo resultado que aquele alcançado acima, de R$ 201,88.
Então vejamos:
Preço Final = 250 . 0,85 . 0,95 = R$ 201,88

Resposta: Seu preço, após os dois descontos sucessivos, passa a ser de R$ 201,88.

---

40. Qual o preço de uma geladeira que custava R$ 700,00, teve dois acréscimos sucessivos de 5% e 8% e depois, um desconto de 10%?

Solução:
Os índices a serem usados são os seguintes:
a) Se o primeiro acréscimo foi de 5%, o valor da geladeira passou a ser:
1,05 . 700 = 735,00
b) Se o acréscimo seguinte foi de 8%, o valor da geladeira passou a ser:
1,08 . 735 = 793,80
c) Se, depois, a geladeira teve um desconto de 10%, seu valor passou a ser:
793,80 . 0,90 = 714,42

Então para acharmos o valor final da geladeira basta multiplicar o seu valor inicial sucessivamente por 1,05 . 1,08 . 0,90.
Preço Final = 700 . 1,05 . 1,08 . 0,90 = R$ 714,42

Resposta: Seu preço, após os dois acréscimos sucessivos e, depois, um desconto, passa a ser de R$ 714,42.

---

41. Um comerciante vendeu uma mercadoria com 15% de desconto e recebeu do freguês a importância de R$ 170,00. Qual era o preço original dessa mercadoria?

Solução:
Como a mercadoria foi vendida com desconto de 15%, ela ficou valendo 85% do preço original (100% – 15% = 85%).

Então podemos montar a seguinte regra de três:

R$ 170,00 representa 85% (0,85) da mercadoria

x representa 100% $\left(\dfrac{100}{100}\right)$ da mercadoria

$x = \dfrac{170}{0,85} \cdot 100 \rightarrow x = 200,00$

Resposta: O preço da mercadoria era de R$ 200,00.

---

42. Um comerciante aumenta o preço "P" de uma certa mercadoria em 80%. Em seguida anuncia essa mercadoria com desconto de 20%, resultando no preço final de R$ 500,00. Qual o preço original "P" da mercadoria?

Solução:
a) Aumentou o preço em 80%, isto é, seu preço foi multiplicado por 1,80;
b) Diminuiu (descontou) depois 20% do preço aumentado, isto é, ficou valendo 80% do preço aumentado.

Traduzindo essas afirmações para uma sentença algébrica, teremos:

$P \cdot 1,80 \cdot 0,8 = 500$

$P = \dfrac{500}{1,80 \cdot 0,8} = 347,22$

Resposta: O preço original da mercadoria é de R$ 347,22.

---

43. Diz o jornal que o Prefeito autorizou o aumento da passagem de ônibus, passando de R$ 1,80 para R$ 2,07. Qual foi o aumento percentual autorizado?

Aumento autorizado em reais R$ 2,07 − R$ 1,80 = R$ 0,27
Em seguida, monta-se uma Regra de Três:
Se para cada 1,80 o aumento foi de 0,27
em cada 100 o aumento foi de x

$x = \dfrac{0,27}{1,80} \cdot 100 = 15\%$

Resposta: O aumento percentual foi de 15%.

---

44. Duas lojas concorrentes estão fazendo o seguinte tipo de promoção, para vender camisas:
Loja "A": Compre 4 peças e leve 5.
Loja "B": Compre 4 peças e pague 3.
Qual delas oferece maior desconto?

Solução:
Vamos supor que o preço de cada camisa seja de R$ 100,00.
Na loja "A":
Pagaremos R$ 400,00 e levaremos R$ 500,00.
Então, há um desconto de 500 – 400 = R$ 100,00 sobre R$ 500,00.

$$\text{Desconto} = \frac{100}{500} = \frac{1}{5} = 0,20 = 20\%$$

Na loja "B":
Levaremos R$ 400,00 e pagaremos R$ 300,00.
Há um desconto de 400 – 300 = R$ 100,00 sobre R$ 400,00.

$$\text{Desconto} = \frac{100}{400} = \frac{1}{4} = 0,25 = 25\%$$

Resposta: A loja "B" faz um desconto maior.

---

45. Um determinado produto teve três aumentos consecutivos de 5%, 7% e 9% e um desconto, após esses aumentos, de 12%. Qual foi o aumento que teve o produto ao final dessas operações?

Solução:
Como já vimos em exercícios anteriores, para aumentarmos o valor de um produto, uma camisa, um tênis, um terreno, de um certo valor percentual, basta fazermos operações descritas a seguir:

Explicações preliminares:
Seja, por exemplo, aumentar em 15% a importância de R$ 120,00.
Basta multiplicar 120 . 1,15 = 138,00, ou seja, 120 . (1+0,15), onde o número 1 representa o valor principal (no caso = 120,00) e 0,15 o acréscimo percentual que queremos fazer.
No caso do presente problema, uma determinada mercadoria foi aumentada 3 vezes consecutivas (5%, 7% e 9%) e, ao final, diminuída de 12%.
Como não conhecemos o valor da mercadoria, vamos chamá-la de "P". Esta mercadoria "P" vai ser multiplicada sucessivamente por 1,05, 1,07 e 1,09.
Então: P . 1,05 . 1,07 . 1,09 = 1,2246 P

E, no final, o valor "P", já acrescido dos valores de 5%, 7% e 9%, sofre uma redução de 12%. Reduzir o valor de uma grandeza em 12% é o mesmo que multiplicá-lo por 88% (100 – 12 = 88) ou por 0,88.
Assim, o valor final (dos acréscimos e do desconto) resulta:
P . 1,05 . 1,07 . 1,09 . 0,88 = 1,078 (1)

Se o valor da mercadoria fosse R$ 1 000,00 e fizéssemos os acréscimos e reduções indicados, seu valor final seria:
V = 1 000 . 1,078 = R$ 1 078,00

Resposta: O aumento final, após as operações indicadas foi de: (Veja equação 1)

$$[(1,078-1)].100 = 7,8\%$$

OBS.: Observe que, se do número 1,078, diminuirmos "1", que representa o valor inicial da mercadoria, resulta $0,078 = \dfrac{78}{1000} = \dfrac{7,8}{100} = 7,8\%$

---

46. Em um lote de 50 lâmpadas, 13 apresentaram defeito. Qual a porcentagem de lâmpadas defeituosas?

Solução:
Em 50 lâmpadas há 13 defeituosas
Em 100 lâmpadas há x defeituosas

$x = \dfrac{13}{50}.100 = 0,26.100 = 26\%$

Resposta: A porcentagem é de 26%.

---

47. Em um lote de 80 televisores, 4 apresentaram defeitos. Escolhendo ao acaso um televisor deste lote, qual a probabilidade do televisor sorteado ser defeituoso?

OBS.: A probabilidade é a razão entre o número de casos favoráveis (número de televisores com defeito) e o número de casos possíveis (número total de televisores) em eventos considerados aleatórios (sorteios, jogos de azar, etc.).

Solução:
Assim, a probabilidade procurada é de $\dfrac{4}{80} = \dfrac{1}{20} = 0,05 \rightarrow 5\%$

Resposta: A probabilidade é de 5%.

---

48. Misturam-se 30 litros de álcool com 20 litros de gasolina.
Pergunta-se:
a) Qual a porcentagem de álcool na mistura?
b) Qual a porcentagem de gasolina na mistura?

Solução: A mistura contém:
- Álcool..................... 30 litros
- Gasolina................. 20 litros
  Total:....................... 50 litros

Podemos montar a seguinte Regra de Três:

Álcool:
Em 50 litros de mistura há 30 litros de álcool
Em 100 litros de mistura há x litros de álcool

$$x = \frac{30}{50} \cdot 100 = 0,6 \cdot 100 \rightarrow 60\%$$ é a porcentagem de álcool na mistura.

Gasolina:
Em 50 litros de mistura há 20 litros de gasolina
Em 100 litros de mistura há x litros de gasolina

$$x = \frac{20}{50} \cdot 100 = 0,4 \cdot 100 \rightarrow 40\%$$ é a porcentagem de gasolina na mistura.

Resposta: A porcentagem de álcool na mistura é de 60%, e a porcentagem de gasolina na mistura é de 40%.

---

49. Um incêndio destruiu 25% de uma floresta. Considerando-se que 30% da área total da floresta são constituídos de rios, lagos e brejos, e o restante, somente de mata virgem, calcular o percentual da área destruída pelo fogo.

Solução:
a) Área total a ser considerada = 100%
b) Área dos rios, lagos, brejos = 30%
c) Área de mata virgem = 70%

d) Área de mata destruída pelo fogo:
$$25\% \cdot 70\% = 0,25 \cdot 0,70 = 0,175$$
$$0,175 = \frac{175}{1000} = \frac{17,5}{100} = 17,5\%$$

Resposta: A área da floresta destruída pelo fogo foi de 17,5%.

---

50. Um par de sapatos é vendido por R$ 80,00. Se seu preço fosse aumentado de 25%, quanto passaria a custar?

Dados:
a) Preço de venda do par de sapatos = R$ 80,00
b) Aumentando 25%: 25% . 80 = ... R$ 20,00
c) Passará a custar: .... R$ 100,00

OBS.: Observe que um valor aumentado de 25% é o mesmo que calcular 125% do valor, ou seja, multiplicá-lo por 1,25. Então: 80 . 1,25 = 100,00

Resposta: O par de sapatos passaria a custar R$ 100,00.

---

51. 400 candidatos participaram de um exame vestibular para curso superior. A taxa percentual de reprovação foi de 17%. Qual o número de aprovados?

Dados:
a) Número de candidatos: 400
b) Taxa de reprovação: 17%

Solução:
a) Número de reprovados = 17% . 400 = 0,17 . 400 = ... 68
b) Número de aprovados = 100 - 17% = 83% → 400 . 0,83 = <u>332</u>
   Soma: 400

Resposta: O número de candidatos aprovados é 332.

---

52. Uma calça para homem é vendida por R$ 85,00. O vendedor oferece um desconto de 20% para pagamento à vista. Quanto passaria a custar essa calça?

c) Preço da calça na vitrine = ... R$ 85,00
d) Desconto de 20% para pagamento à vista: 85 . 20% = <u>R$ 17,00</u>
   Total a pagar com desconto = ... R$ 68,00

Esse problema pode ser resolvido de outra maneira:
Como o desconto é de 20%, significa que o comprador só vai pagar 80% do valor da calça:
Então: 80% . 85,00 = 0,80 . 85 = 68,00

Resposta: A calça passaria a custar R$ 68,00.

---

53. Um lojista oferece 12% de desconto ao comprador que pagar suas compras à vista. Por quanto deverá ser multiplicado o valor da compra para se obter o desconto de 12% oferecido?

Solução:
Exemplo: Se um produto vale "K" e deste retirarmos (diminuirmos) 20% de K, seu valor final fica: K − 0,20K = 0,80K
Igualmente, se de um produto que vale "P", dele retirarmos 12% de "P" (0,12P), seu valor final fica: P − 0,12P = 0,88P

Resposta à indagação do problema:
Devemos multiplicar o valor do produto por 0,88, para obtermos, diretamente, o preço a pagar por ele, com o desconto de 12%.

---

54. Um cobrador recebe 7% de comissão sobre os valores arrecadados, em pagamento de seus serviços. Tendo recebido R$ 1.456,00 de comissão, pergunta-se: Qual foi o total arrecadado?

Solução:

1 456,00 representam $7\% = \dfrac{7}{100} = 0,07$

x representam $100\% = \dfrac{100}{100} = 1$

Colocando, na Regra de Três supra, os valores escritos em porcentagem (%) em números decimais, teremos:

$$1\,456 \ldots\ldots\ldots 0{,}07$$
$$x \ldots\ldots\ldots\ldots 1$$

$$x = \frac{1\,456}{0{,}07} \rightarrow x = R\$\,20\,800{,}00$$

Resposta: O total arrecadado foi de R$ 20 800,00.

---

55. Uma pessoa toma emprestado no banco a importância de R$ 50 000,00 e deve pagar no ato do recebimento juros de 5%. Pergunta-se: Quanto por cento realmente pagou sobre a importância que recebeu?

Solução:
O valor descontado no ato foi de:

$$V = 50\,000 \cdot \frac{5}{100} = 50\,000 \cdot 0{,}05$$
$$V = R\$\,2\,500{,}00$$

O valor recebido:
V = 50 000 − 2 500,00 = R$ 47 500,00
Juros pagos sobre R$ 47 500,00:

Se pagou R$ 2 500,00 em 47 500
    pagará   x   em 100

$$x = \frac{2500}{4750} \cdot 100 = 5{,}263\%$$

Resposta: Na realidade pagou 5,263% de juros, nesse empréstimo de R$ 50 000,00.

---

56. (FUVEST) Uma loja vende seus artigos nas seguintes condições: à vista com 30% de desconto sobre o preço de tabela ou no cartão de crédito com 10% de acréscimo sobre o preço de tabela. Um artigo que sai à vista por R$ 7 000,00, no cartão sairá por:
(A) R$ 13 000,00
(B) R$ 11 000,00
(C) R$ 10 010,00
(D) R$ 9 800,00
(E) R$ 7 700,00

Solução:
Vamos montar o esquema abaixo para melhor visualizar o problema:

	Tabela	Desconto/Acréscimo	Preço Final
à vista	100	− 30%	70
no cartão	100	+ 10%	110

Se o artigo sai à vista, com 30% de desconto, por R$ 7.000,00, o preço de tabela será:

$P - 0{,}30P = 7000 \to P(1 - 0{,}30) = 7000$

$0{,}7P = 7000$

$P = \dfrac{7000}{0{,}7} = R\$\, 10\,000{,}00 = \text{preço à vista}$

Como, no cartão, sofre acréscimo de 10%, seu preço será 10 000 . 1,1 = 11 000

Resposta: O preço de tabela é, portanto, R$ 10 000,00 e, acrescido, no cartão, de 10% será: R$ 10 000,00 . 1,10 = R$ 11 000,00.

---

57. (UNICAMP) Como se sabe, os *icebergs* são enormes blocos de gelo que se desprendem das geleiras polares e flutuam nos oceanos. Suponha que a parte submersa de um *iceberg* que corresponde a $\dfrac{8}{9}$ de seu volume total e que o volume da parte não submersa é de 135 000m³.
 a) Calcule o volume total do iceberg.
 b) Calcule o volume de gelo puro do *iceberg*, supondo que 2% de seu volume total é constituído de "impurezas", como matéria orgânica, ar e minerais.

Solução:

Descrição:	m³
1) Volume da parte não submersa é $\dfrac{1}{9}$ do total (pois diz o texto que $\dfrac{8}{9}$ estão submersos). Então sabemos que $\dfrac{1}{9}$ do volume total é:	135 000
2) Se $\dfrac{1}{9}$ é 135 000 m³, $\dfrac{8}{9}$ são 8 vezes 135 000 m³. (8 . 135 000 = 1 080 000)	1 080 000
3) O volume total do *iceberg* é, portanto, = 135 000 + 1 080 000 =	1 215 000
4) Se 2% são impurezas, então 2% × 1 215 000 = 24 300	24 300
5) O volume de gelo puro é = 1 215 000 – 24 300 =	1 190 700

OBS.: Lembramos que o cálculo do volume do gelo puro poderá ser feito multiplicando-se $0{,}98 \left(\dfrac{98}{100} = 0{,}98\right)$ pelo volume total do iceberg:

0,98 . 1 215 000 = 1 190 700m³.

Resposta: O volume total do *iceberg* de 1 215 000m³ e o volume de gelo "puro" é de 1 190 700m³

---

58. (FUVEST) Um lojista sabe que, para não ter prejuízo, o preço de venda de seus produtos deve ser, no mínimo, 44% superior ao preço de custo. Porém, ele prepara a tabela de preços de venda acrescentando 80% ao preço de custo, porque sabe que o cliente gosta de obter desconto no momento da compra. Qual é o maior

desconto que ele pode conceder ao cliente, sobre o preço de tabela, de modo a não ter prejuízo?
a) 10%   b) 15%   c) 20%   d) 25%   e) 36%

Solução:
1) Supondo que o preço de custo do produto seja R$ 100,00, ele deve vendê-lo por R$ 144,00.
2) Porém, a Tabela de Preço foi organizada para oferecer esse produto com acréscimo de 80%, ou seja, por R$ 180,00.
3) Portanto, o máximo que o lojista pode oferecer de desconto é de:
180 − 144 = R$ 36,00.
4) Então, quanto por cento R$ 36,00 representa em R$ 180,00?
Se 180 equivalem a 100%
36 equivalem a   x

$$x = \frac{36}{180} \cdot 100 = 0,2 = 20\%$$

Resposta: letra "C" = 20%.

---

59. (UNICAMP) Suponha que todos os meses os preços venham subindo 30% ao mês nos últimos meses. Calcule:
a) Quanto custará, daqui a 60 dias, um objeto que hoje custa R$ 27 300,00?
b) Quanto custava esse mesmo objeto há um mês?

Solução:
a) Hoje custa: .... R$ 27 300,00
Daqui a 1 mês = 27 300,00 . 1,30 = ... R$ 35 490,00
Daqui a 2 meses = 35 490,00 . 1,30 = ... R$ 46 137,00

Percebe-se que o valor inicial de R$ 27 300,00 foi multiplicado duas vezes por R$ 1,30. Portanto, basta fazer a seguinte operação, para achar o valor final, daqui a 2 meses:
V = 27 300,00 . 1,30 . 1,30 = R$ 46 137,00

b) Quanto custava há um mês?
Se hoje custa R$ 27 300,00, quer dizer que há 1 mês esse objeto tinha um valor tal (x) que multiplicado por R$ 1,30 produz o valor de R$ 27 300,00. Então:
x . 1,30 = 27 300,00

$$x = \frac{27\,300}{1,30} = 21\,000,00$$

Resposta: a) Daqui a 60 dias custará R$ 46 137,00.
b) Há um mês custava R$ 21 000,00.

60. (UNESP) Entre 10/02 e 10/11, o preço do quilograma de mercadorias num determinado "sacolão" sofreu um aumento de 275%. Se o preço do quilograma em 10/11 era de R$ 67,50, qual era o preço em 10 de fevereiro?

Solução:
1) Informações preliminares: Lembremos que quando uma mercadoria qualquer "M" sofre um aumento de n%, significa que seu preço final será M(1+n%).

Vamos exemplificar: Uma mercadoria que custava R$ 200,00 teve um aumento de 15%, quanto passou a custar?
Fazemos a seguinte operação:
a) Preço de custo =.................. R$ 200,00
b) Aumento de 15% → 200 . 15% =... R$ 30,00
   Preço final:...................... R$ 230,00

O que fizemos? Simplesmente somamos R$ 200,00 + 15% de R$ 200,00, que é o mesmo que 200 + 0,15 . 200,00.
Colocando 200,00 em evidência, teremos 200 (1+0,15) = 200 . 1,15 = 230,00

E se o aumento fosse de 90% $\left(\dfrac{90}{100}=0,9\right)$?

A operação seria: 200 (1 + 0,90) = 200 . 1,9 = 380,00

E se o aumento fosse de 100% $\left(\dfrac{100}{100}=1\right)$?

A operação seria: 200 (1 + 1) = 200 . 2,00 = 400,00

E se o aumento fosse de 140% $\left(\dfrac{140}{100}=1,4\right)$?

A operação seria: 200 (1+1,4) = 480,00

E se o aumento fosse de 275% $\left(\dfrac{275}{100}=2,75\right)$?

A operação seria: 200 (1+2,75) = 200 . 3,75 = 750,00

2) No caso do presente problema aplica-se raciocínio acima:
   Então teremos:
a) Em 10/02, o preço da mercadoria era:...................... 1
b) Em 10/11, o preço subiu 275% de $1 = \dfrac{275}{100} = 2,75$ 2,75
c) O preço total da mercadoria (somando o preço original mais o aumento) é, em 10/11, de: 1 + 2,75 = ... 3,75

OBS.:
1) O valor da mercadoria, que era 1 em fevereiro, aumentou para 3,75 em novembro. O valor original foi multiplicado por 3,75.

2) Então o valor atual, novembro, é igual ao valor no passado (fevereiro) multiplicado por 3,75.

Podemos, agora, montar a equação que nos permite calcular o valor da mercadoria no passado (fevereiro).

Va = Vp . 3,75

Va = valor atual (novembro)
Vp = valor passado = (fevereiro)

67,5 = Vp . 3,75

$Vp = \dfrac{67,50}{3,75} = 18$

Va = valor em novembro = 67,50
Vp = valor em fevereiro = 18,00

Resposta: O preço da mercadoria, em 10 de fevereiro, era de R$ 18,00.

NOTA: Toda esta montagem de equações é para dizer, simplesmente, o seguinte: se você multiplica o valor de uma grandeza por qualquer fator obtem-se, obviamente, um certo resultado. Depois, se você quer saber qual é o valor original dessa grandeza, basta dividir esse resultado pelo fator multiplicador.

Exemplo: Você aumentou o preço de uma mercadoria, multiplicando-a por 3 e seu resultado foi R$ 150,00. Qual seu valor original?

É claro que basta dividir R$ 150,00 por 3, que é igual a R$ 50,00 o seu valor original. Esse é o raciocínio empregado na solução deste problema.

---

61. (UNESP) Segundo a Folha de São Paulo de 31 de maio de 1993, o açúcar brasileiro é o mais barato do mundo, sendo produzido a 200 dólares a tonelada. Segundo ainda a mesma noticia, são necessários 3 kg de açúcar para produzir 1 kg de plástico biodegradável. Se a matéria prima (basicamente, o açúcar) representa 55% do custo da produção desse tipo de plástico, calcule o preço da produção, em dólares:
a) de 1 kg de açúcar brasileiro.
b) de 1 kg de plástico, fabricado com açúcar brasileiro.

Solução:
a) Preço do kg de açúcar brasileiro, em dólares.
  Se 1 000 kg custam 200 dólares
      1 kg custará x dólares

$x = \dfrac{200}{1000} = 0,20$ (vinte centavos de dólar) / kg ou US$ 0,20 / kg

b) 3 kg de açúcar produzem 1 kg de plástico: 3 kg . 0,20 = US$ 0,60 (ou 60 centavos de dólar) é o custo de 3 kg de açúcar.
Se US$ 0,60 representa 55% do custo desse tipo de plástico
Então x 100%

$$x = \frac{0,60}{55} \cdot 100 = US\$ 1,09 = \text{preço de produção de 1 kg de plástico.}$$

Resposta: a) US$ 0,20 é o custo de 1 kg de açúcar
b) US$ 1,09 é o preço de produção de 1 kg de plástico biodegradável.

---

62. (UNICAMP) Um vendedor propõe a um comprador de um determinado produto as seguintes alternativas de pagamento.
a) Pagamento à vista com 65% de desconto sobre o preço de tabela.
b) Pagamento em 30 dias com desconto de 55% sobre o preço de tabela.
Qual das 2 alternativas é mais vantajosa para o comprador, considerando-se que ele consegue, com uma aplicação de 30 dias, um rendimento de 25%?

Solução: Disposição dos dados:

Prazo de pagamento	Desconto	Paga
À vista	65%	35%
A prazo	55%	45%

Vamos supor que o produto custa R$ 1 000,00 (pode-se raciocinar com qualquer valor ou ate com um valor genérico P).
No caso à vista, o comprador pagará 35% . 1 000 = 350,00
No caso a prazo, 30 dias, o comprador pagará 45% . 1 000 = 450,00

Observe que:
a) A prazo, o comprador deverá pagar R$ 100,00 a mais que o preço à vista;
b) Portanto, pagando à vista, quanto por cento o acréscimo de R$ 100,00 representa em relação a R$ 350,00?

Basta montarmos a seguinte Regra de Três, para sabermos:
em cada .... ganha
R$ 350,00 ...... 100,00 a mais
R$ 100,00 x

$$x = \frac{100}{350} \cdot 100 = 28,57\%$$

Logo, o comprador pagará a mais 28,57%, se comprar a prazo.
c) O comprador só consegue, na aplicação financeira, juros de 25% a.m.
d) Portanto, o mais vantajoso é pagar à vista.

Resposta: O pagamento à vista. Letra "a".

63. (UNESP) Se 1 em cada 320 habitantes de uma cidade é engenheiro, então a porcentagem de engenheiros nessa cidade é dada por:
a) 0,32%   b) 3,20%   c) 0,3215%   d) 0,3125%   e) 3,125%

Solução:
Emprega-se Regra de Três:
Se 100% representam 320 habitantes
Em   x   representam 1

$$x = \frac{1}{320} \cdot 100 = 0,3125\%$$

Resposta: letra "d".

---

64. Um lojista comprou relógios que lhe custaram, cada um, R$ 835,00. Por quanto deverá vender cada relógio para que seu lucro seja 30% do preço da venda?

Solução:
a) A relação Venda (V), Custo (C) e Lucro (L) é representada pela equação: V = C + L
b) Substituindo-se nessa equação os valores indicados no problema.
   Custo: C = 835,00
   Lucro: L = 30% do preço de venda V
   Venda: V = incógnita

$V = 835 + 30\% \cdot V$

$V - 30\% V = 835$

$V - \dfrac{30}{100} V = 835$

$V - 0,3 V = 835 \rightarrow V(1 - 0,3) = 835$

$0,7 V = 835$

$V = \dfrac{835}{0,7} \rightarrow V = 1192,86$

Resposta: Deverá vender cada relógio por R$ 1 192,86 para ter lucro de 30% sobre preço de venda.

---

65. Por qual número deve-se multiplicar o preço de um produto para que (após esse acréscimo) possa ser feito um desconto de 30%, sem prejuízo do preço original?

Solução:
a) Seja "x" o número que deve multiplicar o preço original.
b) Suponha "K" o preço original.
c) Então, teremos a equação:
   Kx − 30% Kx = K

Dividindo-se todas os termos da equação por "K", temos:

$x - 30\% x = 1$

$x - \dfrac{30}{100} x = 1$

Multiplicando ambos os membros por 100

$100x - 30x = 100$

$70x = 100$

$x = \dfrac{100}{70}$

$x = 1,428571 \approx 1,43$

Vamos conferir?
Suponhamos que o preço de um livro seja R$ 120,00. Vamos multiplicá-lo por 1,43 e, depois, deduzir 30% desse produto. O resultado deverá ser R$ 120,00.
120,00 . 1,43 =   171,60
(-) 30% de 171,60 =   51,48
                    ─────
                    120,12

NOTA: A diferença de 0,12 se deve ao fato de termos usado o número aproximado de 1,43 e não o correto 1,42857143.
Experimente você fazer os cálculos acima usando o número 1,42857143.

Resposta: Deve-se multiplicar o preço original por 1,43.

---

66. (UNICAMP) Uma pessoa investiu R$ 3 000,00 em ações. No primeiro mês ela perdeu 40% do total investido e no segundo mês ela recuperou 30% do que havia perdido.
  a) Com quantos reais ela ficou após dois meses?
  b) Qual foi seu prejuízo após os 2 meses, em porcentagem, sobre o valor do investimento?

Solução:
Cálculo de movimentação
1) Valor investido = ... 3 000
2) Perdeu no 1º mês 40% de 3 000 = 0,4 . 3000 → = ... 1 200
3) Sobrou-lhe um saldo de = ... 1 800
4) Recuperou no 2º mês 30% do que havia perdido → 30% . 1200 =. . 360
5) Após 2 meses ficou com = ... 2 160

Cálculo do prejuízo em dinheiro
a) Investiu. 3 000
b) Após 2 meses ficou com . . 2 160
c) Perdeu 840

Cálculo do prejuízo em porcentagem
Se em 3 000 perdeu 840
em 100 perdeu x

$$x = \frac{840}{3\,000} \cdot 100 = 28\%$$

Resposta: a) Após 2 meses ficou com R$ 2 160,00.
b) Perdeu, em porcentagem, 28% do investimento inicial.

---

67. Um pecuarista comprou 350 bovinos por R$ 1 100,00 cada um; teve um desconto de 7% por ter pago à vista. Morreram 15 bois e o restante foi vendido a R$ 1 265,00 cada um. Quanto ganhou ou perdeu o pecuarista? Qual foi a percentagem de lucro ou perda no negócio?

Solução:

Total da Compra:	350 bovinos × 1 100,00 =	385 000,00
Desconto obtido:	7 % × 385 000,00 =	26 950,00
Valor efetivamente pago:		358 050,00
Quantidade de bois que sobraram:		350 – 15 = 335 bois
Valor da venda dos bois que sobraram:		335 × 1 265,00 = 423 775,00

Conclusão:
O pecuarista comprou um lote de bois por R$ 358 050,00 e vendeu-o por R$ 423 775,00.

Resposta:
a) Portanto, ganhou na venda a importância de:
R$ 423 775,00 – R$ 358 050,00 = R$ 65 725,00.
b) A porcentagem de lucro foi de:

$$\frac{65\,725}{358\,050} \cdot 100 = 18,35\%$$

---

68. Paulo vendeu seu carro por R$ 24 500,00 com 30% de prejuízo. Quanto custou seu carro?

Solução:
1) Seu carro custou "x".
2) Teve um prejuízo de 30% de x.
3) Se tirarmos de "x" o prejuízo de 30% de x, sobrarão R$ 24 500,00.
4) Monta-se agora a equação, com base nos enunciados acima:

$$x - 30\% \cdot x = 24\,500,00$$

$$x - 0,3 \cdot x = 24\,500,00 \quad \rightarrow \quad 0,7x = 24\,500$$

$$x = \frac{24\,500}{0,7} \rightarrow x = 35\,000,00$$

Outra maneira de resolver o problema: Usando-se Regra de Três.
Se 24 500 representam 70% do valor original
    x representam 100%

$$x = \frac{24500}{70} \cdot 100 = 35\,000$$

Resposta: O carro lhe custou R$ 35 000,00.

---

69. Um produto foi vendido por R$ 6 400,00 com lucro de 28% sobre o preço de custo. Por quanto foi comprado esse produto?

Solução:
a) Como se sabe o preço de venda (V) é igual ao custo + lucro.
V = C + L
Onde:
V = Preço de venda
C = Preço de custo
L = lucro

b) Colocando na fórmula supra, seus respectivos valores contidos no enunciado do problema, teremos:

6 400 = C + 28%.C

6 400 = C + 0, 28.C → 6 400 = C(1 + 0, 28)

$6\,400 = 1, 28\,C \rightarrow C = \frac{6\,400}{1,28} = 5\,000, 00$

Resposta: O produto foi comprado por R$ 5 000,00.

---

70. Na venda de uma certa mercadoria, o lojista teve um lucro de R$ 900,00 que corresponde a 18% do preço de custo. Qual o preço de custo do objeto?

Solução:
O problema pode ser resolvido mediante a aplicação de uma simples Regra de Três, como abaixo:

Se R$ 900,00 corresponde a 18% (0,18) de um todo.
    x equivale 100% (que é o todo)

$$x = \frac{900}{0,18} = 5\,000, 00$$

Resposta: O preço de custo é R$ 5 000,00.

Testando o resultado: Se aplicarmos a taxa de 18% sobre o custo, que é R$ 5 000,00, obteremos certamente o lucro de R$ 900,00 mencionado no problema.
Vejamos: 18%.5000 = R$ 900,00

71. (CN-88) Uma mercadoria que teve dois aumentos sucessivos de 30% e 20%, deverá ter um único desconto de x% para voltar ao preço inicial. Logo:
a) 30 < x < 35
b) 35 < x < 40
c) 45 < x < 55
d) 55 < x < 65
e) x < 65

Solução:
- Quando uma mercadoria (ou qualquer bem móvel ou imóvel) é aumentado de um certo percentual (por exemplo: 30%), podemos afirmar que o valor da mercadoria, após o aumento, foi multiplicado por 1,30 (o algarismo 1 representa o preço inicial e o numeral decimal 0,30 corresponde ao aumento percentual aplicado). Se o aumento percentual é sucessivo, como no caso presente, o valor da mercadoria será multiplicado sucessivamente, no caso, por 1,30 e por 1,20.
- Vamos supor que o preço inicial do produto fosse R$ 100,00 (poderia ser 1 ou 10 ou 1000 ou qualquer outro número natural positivo, diferente de zero).
  Então, esse valor de R$ 100,00 reais será multiplicado sucessivamente por 1,30 e 1,20:
  R$ 100,00 X 1,30 X 1,20 = R$ 156,00.
- O resultado dessa multiplicação sucessiva mostra que o preço inicial foi aumentado para R$ 156,00, ou seja, teve um acréscimo de R$ 56,00.
- Agora, vamos, verificar quanto por cento o acréscimo de R$ 56,00 representa em R$ 156,00. Monta-se uma Regra de Três Simples.
  Se em 156 reais está contido um aumento de 56 reais.
  em 100 reais está contido aumento de x

$$x = \frac{56}{156} \cdot 100 = 35,897 \approx 35,9\%$$

Conclusão:
Para voltar ao preço inicial (de R$ 100,00), o preço da mercadoria, após 2 aumentos sucessivos de 30% e 20%, deve ter um desconto de 35,9% (aproximadamente, pois o desconto correto, usando 7 casas decimais deveria ser 35,8974359%).

Resposta: Letra "b".

NOTA: Vamos conferir o resultado? Aplique-se 35,9% sobre R$ 156,00.
a) 35,9% . R$ 156,00 = R$ 56,00
b) R$ 156,00 − R$ 56,00 = R$ 100,00 (preço inicial)

---

72. Achar o fator pelo qual se deve multiplicar o número "K" para que o produto seja K + 25% de K.

Solução:
Seja "x" o fator pelo qual se deve multiplicar K.
Então:
Kx = K + 25% de K, ou

$$Kx = K + \frac{25}{100} \cdot K$$

Kx = K + 0,25K
Dividindo todos os termos por K, temos:
x = 1 + 0,25 ou
x = 1,25 (fator procurado)

Resposta: O fator é 1,25.

---

73. Uma fábrica tem frequência diária de 97%. Como faltam ao trabalho 30 operários por dia, pergunta-se quantos operários tem essa fábrica?

Solução:
Se a frequência é 97%, significa que a ausência de operários é de 3% por dia, que corresponde, como diz o problema, a 30 operários.

Resolve-se o problema com uma simples Regra de Três.
Se 30 operários correspondem a 3%
   x operários correspondem a 100%

$$x = \frac{30}{3} \cdot 100 = 1\,000 \rightarrow x = 1\,000 \text{ operários}$$

Resposta: Tem 1 000 operários na fábrica.

---

74. Um investidor comprou um imóvel por R$ 300 000,00, vendendo-o posteriormente com 25% de lucro sobre o preço de venda. Qual foi o preço de venda?

Solução:
Sabemos que o preço de venda de uma mercadoria é igual ao Custo + Lucro.
(1) V = C + L
V = ?
C = R$ 300 000,00
L = 25% . V

Onde:
V = Preço de venda
C = Preço de custo
L = Lucro

Substituindo os valores custo (300 000) e lucro (25%) de V na equação (1):
V = 300 000, 00 + 25%. V

V = 300 000, 00 + 0, 25. V

V − 0, 25V = 300 000, 00

0, 75V = 300 000, 00

$$V = \frac{300\,000,00}{0,75} \rightarrow V = 400\,000,00$$

Resposta: O preço de venda foi de R$ 400 000,00.

75. (UFRS) Em um país com inflação, em geral, existe uma diferença entre o salário que uma pessoa deveria ganhar e o que ela realmente está ganhando. Define-se perda salarial como a relação percentual entre essa diferença salarial e o salário que a pessoa deveria ganhar. Um empregado recebe 100 reais por mês, quando o salário que deveria ganhar é de 120 reais, tem uma perda salarial de aproximadamente:
 a) 10%   **b)** 17%   **c)** 20%   **d)** 27%   **e)** 30%

Solução:
Seguindo a definição contida no texto do problema, teremos a perda salarial "p" assim expressa:

$$p = \frac{120 - 100}{120} \cdot 100$$

$$p = \frac{20}{120} \cdot 100 \rightarrow p = \frac{1}{6} \cdot 100 = 16,66\%$$

Resposta: A perda salarial, no caso, é de 16,66%, aproximadamente, 17%, letra "b".

OBS.: Outro raciocínio poderia ser assim elaborado para resolver este problema.
Se em cada 120 reais ele perde R$ 20,00
  em cada 100 reais perderá x

$$x = \frac{20}{120} \cdot 100 \rightarrow x = 16,66\%$$

Resposta: A perda salarial, no caso, é de 16,66%, aproximadamente, 17%.

---

76. (CN-86) Uma mercadoria foi comprada por R$ 20,00. Para que haja um lucro de 60% sobre o preço de venda, esta mercadoria deve ser vendida por:
 a) R$ 32,00   **b)** R$ 50,00   **c)** R$ 48,00   **d)** R$ 45,00   **e)** R$ 58,00

Solução:
O preço de R$ 20,00 deve ser multiplicado por um número (x), tal que retirando-se desse produto (20 . x) os 60% (lucro) de 20x obtêm-se os mesmos R$ 20,00:
a) Valor original = R$ 20,00
b) Multiplique pelo numero procurado "x" = 20 . x
c) Dos 20x diminuir os 60% de 20x = 0,6 . 20x
c) E obteremos o mesmo valor de R$ 20,00, como se vê pela equação abaixo, que traduz o raciocínio enunciado:

$20 \cdot x - 0,6 \cdot 20x = 20$

$20x - 12x = 20$

$8x = 20$

$x = \frac{20}{8} \rightarrow x = 2,5$

Então, 2,5, é o numero que deve multiplicar o valor R$ 20,00 para obtermos o preço de venda (P).
P = 20 . 2,5 = 50 → R$ 50,00
O preço de venda deverá ser, pois, R$ 50,00.

Conferindo o resultado:
Se de R$ 50,00 diminuirmos 60% (lucro sobre o preço de venda), teremos o valor do preço original da mercadoria.
Preço de Venda = ... R$ 50,00
Lucro: 60% . 50,00 = ... R$ 30,00
Preço pelo qual foi comprada a mercadoria = . R$ 20,00

O mesmo resultado poderá ser obtido, empregando outro raciocínio, baseado na expressão:
V = C + L
Em que
V = Preço de venda
C = Custo
L = Lucro

Como diz o problema, o lucro tem que ser 60% do preço de venda. Então, L = 60% . V.
O custo informado é = 20,00
Assim:

$V = 20,00 + 60\% V$

$V = 20 + 0,6 V \rightarrow V - 0,6 V = 20$

$0,4 V = 20 \rightarrow V = \dfrac{20}{0,4}$

$V = 50$

Resposta: Letra B.

---

77. (FAAP) Um "outdoor" retangular tem área A = base X altura. Se a base aumenta 50% e a altura diminui 50%, então:
a) A área não se altera.
b) A área diminuirá 25%.
c) A área aumentará 25%.
d) A área aumentará 50%.
e) A área diminuirá 50%.

Solução:
Seja um retângulo de base "b", altura "h" e área A1, como mostra a figura abaixo.

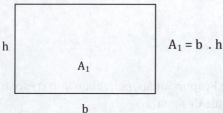

Se a base "b" aumenta 50%, significa multiplicá-la por 1,5; se a altura "h" diminui 50%, significa multiplicá-la por 0,5 (ou dividi-la por dois).

Então o novo retângulo toma a seguinte forma:

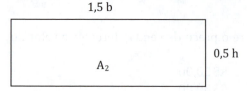

E sua nova área é: A2 = 1,5 b . 0,5 h
$$A2 = 0,75\ b.h$$
Multiplicar uma grandeza por 0,75 é o mesmo que diminuí-la 0,25 ou 25%.

Resposta: Letra "b".

Vejamos um exemplo numérico para melhor esclarecer o problema.
Seja um retângulo de 6 metros de base por 4 metros de altura.
Sua área A1 = 6 . 4 = 24 m²
Aumenta-se sua base de 50% (6 + 3 = 9) e diminua-se sua altura de 50% (4 . 0,5) = 2.
Compara-se sua área original A1 com a área alterada A2:
A1 = 6 . 4 = 24 m2
A2 = 9 . 2 = 18 m2
A diminuição percentual foi de:

$$d = \frac{24-18}{24} = 0,25 = 25\%$$

---

78. (UFRS) A quantidade de água que deve ser evaporada de 300g de uma solução salina (água e sal) a 2% (sal) para se obter uma solução salina a 3% (sal) é:
a) 90 g   b) 94 g   c) 97 g   d) 98 g   e) 100 g

Solução:
1) A solução salina original é constituída de 300g de água com 2% de sal. Assim, a quantidade de sal nessa solução é de:
300 . 2% = 6g
2) Para sabermos qual a quantidade da água necessária para termos uma solução salina a 3% de sal, empregando os mesmos 6 gramas de sal, montaremos uma Regra de Três Composta, como segue:

300g água   2% (sal)   6g (sal)
    x   3%   6g

As razões dessa Regra de Três são Inversamente Proporcionais, pois, enquanto cresce o percentual necessário de sal, diminui a quantidade de água.

Então:

$$\frac{x}{300} = \frac{2}{3} \cdot \frac{6}{6} \rightarrow \frac{x}{300} = \frac{2}{3}$$

$$x = \frac{2.300}{3} \rightarrow x = 200\,g$$

Como precisamos de 200 gramas de água, necessário evaporar 100 gramas.

Resposta: LETRA "e".

---

79. (UFRS) Se o raio de um circulo cresce 20%, sua área cresce:
   a) 14%   b) 14,4%   c) 40%   d) 44%   e) 144%

Solução:
1) A fórmula para cálculo da área de um circulo é: $A = \pi R^2$
2) Como o raio do circulo cresce 20%, significa que o novo raio "R" será 1,2 vezes maior que "R", ou seja, 1,2 R.
3) E a nova área será $A_1 = \pi \cdot R_1^2 = \pi (1,2R)^2 = 1,44\,\pi R^2$

$A_1 = 1,44\pi R^2$, o que quer dizer, sendo "π" constante, que a área aumentou 1,44 vezes a área anterior A (de raio = 1). O acréscimo, em termos percentuais, é:

$$1,44 - 1 = 0,44 = \frac{44}{100} = 44\%$$

Resposta: O acréscimo que sofre a área de um circulo, quando se aumenta de 20% o seu raio, é de 44%. Letra "d".

---

80. (CESGRANRIO) Um terreno será dividido em 3 lotes de tamanhos diferentes. A área do lote 3 é 10% maior do que a do lote 2, enquanto que esta é 20% maior que a do lote 1. A que percentual da área desse terreno corresponde, aproximadamente, o lote 1?
   a) 28,40%   b) 28,70%   c) 29,80%   d) 30,3%   e) 31,2%

Solução:
1º passo: Vamos esquematizar as posições dos dados do problema:

Lotes	Posição de cada Lote em relação aos demais, conforme dados do problema
1	x
2	1,20x
3	1,10 . 1,20x

A soma dos valores de cada Lote será igual a unidade (que aqui representa o todo). Então:

$x + 1,20x + 1,10 \cdot 1,20x = 1$

$$x + 1,20x + 1,32x = 1 \to \{1,10 \cdot 1,20x = 1,32x$$

$$3,52x = 1 \to x = \frac{1}{3,52} = 28,40\%$$

Resposta: O lote 1 corresponde a 28,4% do terreno, LETRA "a".

Vamos conferir se o resultado encontrado está correto?
Substituindo-se o valor de "x" encontrado (= 28,40%) no esquema acima, teremos:

Lote	Posição de cada lote em relação aos demais, conforme dados do problema	%
1	x	28,40%
2	1,20x = 1,2 . 28,4% =	34,10%
3	1,10 . 1,2x = 1,32x = 1,32 . 28,4 =	37,50%
	Total	100,00%

Conclusão: A soma dos percentuais é igual a 100%, que indica que o resultado está correto.

---

81. (CESGRANRIO) Segundo a revista VEJA de 05/08/1998, o número de incêndios em todo o país foi de 3.600 focos em Julho de 1997. No mesmo mês de 1998, o número de incêndios pulou para 6.722 focos. Pode-se afirmar que em Julho/98 o aumento percentual do número de incêndios em relação a Julho/97 foi de aproximadamente: (adaptado)
a) 79%   b) 87%   c) 94%   d) 124%   e) 186%

Solução:
a) Número de incêndios em Julho/97: 3 600
b) Número de incêndios em Julho/98: 6 722
c) Aumento ocorrido em quantidades de focos =
$$6\,722 - 3\,600 = \ldots 3\,122$$
d) Cálculo do percentual do aumento de focos de incêndio de 1 997 para 1 998
   Se em 3 600 incêndios houve aumento de 3 122
      em 100 incêndios o aumento foi x

$$x = \frac{3\,122}{3\,600} \cdot 100 = 86,72222 \approx 87\%$$

Resposta: LETRA "b".

---

82. (UFRJ) Para montar uma fábrica de sapatos, uma empresa fez um investimento inicial de R$ 120 000,00. Cada par de sapatos é vendido por R$ 30,00, com uma margem de lucro de 20%. A venda mensal é de 2 000 pares de sapatos. Determine o número de meses necessários para que a empresa recupere o investimento inicial.

Solução:
1º passo: Calcular o lucro em cada par de sapato.
Sabemos que o preço de venda é igual ao preço de Custo + Lucro. Daí, podemos escrever:

V = C + L ← ──────────────── Onde:
V = R$ 30,00   V = Preço de venda
C = ?   C = Preço de custo
L = ?   L = lucro
30 = C + L, mas L = 20% do Custo

Então:

$$30 = C + 20\% \cdot C \rightarrow 30 = C(1+20\%)$$

$$C = \frac{30}{1+20\%} = \rightarrow C = \frac{30}{1+0,20} \rightarrow C = \frac{30}{1,20}$$

C = 25,00 é o custo de cada par de sapato

Como o preço de venda é R$ 30,00 e o Custo de produção é R$ 25,00, o lucro será 30 – 25 = 5.
R$ 5,00 é o lucro em cada par de sapato.

2º passo: Cálculo do lucro mensal.
2 000 pares / mês . R$ 5,00 / par = R$ 10 000,00 / mês

3º passo: Cálculo do número de meses necessários para pagar o investimento.
a) Valor do investimento: 120 000,00
b) Valor do lucro mensal: 10 000,00
c) Então: $\frac{120\,000}{10\,000} = 12$ meses

Resposta: A empresa levará 12 meses para recuperar o investimento.

---

83. (UELONDRINA) Calculando-se 125% do produto de 16 800 por 10^{-4}, obtém-se um número "K" tal que:
a) 0<K<5   b) 5<K<10   c) 10<K<20   d) 20<K<50   e) K>50

Solução:
1º passo: Indicar as operações, conforme pede o problema e realizá-los, como segue:

$K = 125\% \cdot 16\,800 \cdot 10^{-4}$ $K = 125\% \cdot 1,68$

$K = 125\% \cdot \dfrac{16\,800}{10^4}$ $K = \dfrac{125}{100} \cdot 1,68$

$K = 125\% \cdot \dfrac{16\,800}{10\,000}$ $K = \dfrac{125}{100} \cdot \dfrac{1,68}{1} = 2,1$

O valor de K está entre ZERO e 5, ou seja: 0<K<5

Resposta: LETRA "a".

---

84. (CESGRANRIO) Se 0,6% de $\dfrac{10}{3}=3x-1$, então o valor de "x" é:

a) 3,4% b) 9,8% c) 34,0% d) 54% e) 98%

Solução:

$0,6\% \cdot \dfrac{10}{3}=3x-1$

$\dfrac{0,6}{100} \cdot \dfrac{10}{3}=3x-1$

$\dfrac{6}{300}=3x-1 \rightarrow 6=300(3x-1)$

$6=900x-300$

$900x=6+300$

$900x=306$

$x=\dfrac{306}{900}=\dfrac{34}{100}$

$x=\dfrac{34}{100}=0,34$ ou 34%

Resposta: Letra "c".

---

85. (UFMG) Uma criação de coelhos foi iniciada exatamente há um ano e, durante esse período, o número de coelhos duplicou a cada 4 meses. Hoje, parte dessa criação deverá ser vendida para se ficar com a quantidade inicial de coelhos. Para que isso ocorra, a população atual dessa criação de coelhos a ser vendida é:
a) 75% b) 80 c) 83,33% d) 87,50%

Solução:
Se a população de coelhos duplica a 4 meses, significa que em 1 ano (3 quadrimestres) duplicará 3 vezes, sucessivamente.
Assim, supondo que a criação de coelhos começasse com 100 coelhos, ao final de 1 ano teríamos: 100 . 2 . 2 . 2 = 800 coelhos. Para ficar com a quantidade inicial de coelhos será necessário vender 800 – 100 = 700 coelhos.

Se 800 coelhos representam 100% do total
  700 coelhos representará x%

$x=\dfrac{700}{800} \cdot 100 = 87,50\%$

Resposta: LETRA "d".

---

86. (MACKENZIE) Uma loja comunica a seus clientes que promoverá, no próximo mês, um desconto de 30% em todos os seus produtos. Na ocasião do desconto, para que um produto, que hoje custa "K", mantenha este preço, ele deve ser anunciado por:

a) $\dfrac{7K}{3}$ b) $\dfrac{10K}{3}$ c) $\dfrac{17K}{10}$ d) $\dfrac{17K}{3}$ e) $\dfrac{10K}{7}$

Solução:
Entende-se, pelo texto do problema, que o lojista deverá, primeiro, fazer um aumento sobre o preço atual (K) da mercadoria para, depois, fazer um desconto sobre os preços aumentados de modo a não alterar o valor do preço inicial.
1) Seja K o preço atual do produto
2) Seja x o valor percentual que vai aplicar sobre o preço atual.
   Então, o preço atual acrescido será: Kx
3) Se deste preço atual acrescido (Kx) ele subtrair os 30% de Kx que pretende dar de desconto, o valor da mercadoria volta a ter o valor atual K.

Transformando este raciocínio em linguagem algébrica, podemos escrever:
$K.x - 30\% K.x = K$

Dividindo todos os termos por K:
$x - 30\%.x = 1$

$x - \dfrac{30}{100}.x = 1$

$x - 0,3.x = 1 \rightarrow 0,7x = 1$

$x = \dfrac{1}{0,7} = \dfrac{10}{7} \quad > x = \dfrac{10}{7}$

Então, $\dfrac{10}{7}$ é o valor pelo qual deve ser multiplicado o valor atual (K) do produto para, depois, receber o desconto de 30%, e retornar ao seu valor atual.

Resposta: Letra "e".

Vamos conferir:
1) Seja uma mercadoria cujo valor atual é R$ 120,00. Vamos multiplicá-la por $\dfrac{10}{7}$ e, depois, subtrair 30% desse produto:

a) Aumentar o preço: $120.\dfrac{10}{7} = 171,42$

b) Descontar 30%: $30\%.171,42 = 51,42$

c) Volta ao seu valor atual = 120,00

2) Como $\dfrac{10}{7} = 1,428571$, isto significa:

a) Que basta multiplicar por 1,4285 qualquer valor atual de mercadoria para se ter o valor que deve comportar o desconto de 30% para voltar ao valor atual.

b) Que, em outras palavras, basta aumentar em 42,85% o valor atual para se ter o valor que deve ser acrescentado à mercadoria para, depois, fazer um desconto de 30% e voltar ao valor atual.

Tabela:

Com base no problema anterior, poderemos montar uma Tabela que segue abaixo, para dar-nos a solução de problemas semelhantes. Não precisa decorá-la. Prefira sempre elaborar a solução com base no raciocínio exposto acima.

TABELA (que pode dar solução a problemas semelhantes ao de número 86)	
Quanto por cento devo acrescentar ao preço inicial de um produto para dar um desconto ao preço final, sem alterar o preço inicial?	
Para dar um desconto ao preço final de ...%	multiplique o preço inicial por:
10	$\dfrac{100}{90} = 1,11$
20	$\dfrac{100}{80} = 1,25$
30	$\dfrac{100}{70} = 1,42$
40	$\dfrac{100}{60} = 1,66$
50	$\dfrac{100}{50} = 2,00$
60	$\dfrac{100}{40} = 2,50$
70	$\dfrac{100}{30} = 3,33$
80	$\dfrac{100}{20} = 5,00$
90	$\dfrac{100}{10} = 10,00$
OBSERVAÇÕES	

Exemplo: Quero dar um desconto de 40% no preço final (preço de venda) sem alterar o preço inicial do produto. Quanto devo aumentar o preço inicial?

SOLUÇÃO:

Na TABELA Supra 40% de desconto no preço final corresponde a um aumento de $\dfrac{100}{60}$ do preço inicial. Se o preço inicial é R$ 150,00, seu preço final (preço de venda), para um desconto de 40% será:

$$150 \cdot \dfrac{100}{60} = 250,00$$

De fato, se subtrairmos 40% . 250 = 100 de 250 teremos: 250 – 100 = 150, que é o preço inicial.

> **OBSERVAÇÕES**
>
> Para dar um desconto ao preço final (preço de venda) de qualquer valor, que não os mencionados na coluna 1 desta Tabela, o raciocínio será sempre o mesmo.
>
> **Exemplo:** para dar um desconto no preço final (preço de venda) de um produto, de 27,5%, multiplique o preço inicial por $\dfrac{100}{72,5} = 1,3793$
>
> **PROBLEMA:**
> Se o preço inicial de um produto é de R$ 362,50, por quanto devo anunciá-lo para dar um desconto no preço final (preço de venda) de 27,5%?
>
> **Solução:**
>
> Deveremos multiplicá-lo por $\dfrac{100}{72,5}$.
>
> Vejamos:
>
> $362,50 \cdot \dfrac{100}{72,5} = 500$
>
> Devo anunciá-lo por R$ 500,00.
>
> **NOTA:** Observe que o fator de multiplicação (o da coluna 2 da tabela) tem como numerador sempre o número 100; e como denominador, o complemento do percentual do desconto desejado.
>
> **NOTA:** numa interpretação livre, chamamos de complemento percentual o quanto falta para completar 100%.
>
> **Exemplo:** O complemento percentual de 35% será 65% (100 – 35).

87. (Cesgranrio) Em um período em que os preços subiram 82%, os salários de certa categoria aumentaram apenas 30%. Para que os salários recuperem o poder de compra, eles devem ser aumentados em:
a) 40% b) 46% c) 52% d) 58% e) 64%

Solução:
Se os preços passaram de 100 para 182 e os salários passaram de 100 para 130, significa que os preços superaram o salário em 1,40 vezes (182 : 130 = 1,4)
Então, para que os salários recuperem seu poder de compra, é preciso que eles sejam multiplicados por 1,40, ou seja, devem ser aumentados em 40%.

Resposta: Letra "a".

88. (FAAP) Uma chapa de metal circular com 1 metro de raio, ficou exposta ao sol. Em consequência, sofreu uma dilatação de 1% na dimensão do raio (considerar $\pi = 3,14$).

O aumento percentual da área é:
a) 4%   b) 1,91%   c) 19,1%   d) 0,4%   e) 1%

Solução:
Observando a figura ao lado, poderemos obter as áreas original e a dilatada.

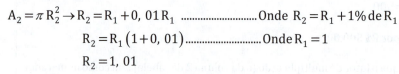

Área original
$$A_1 = \pi R_1^2$$
Como $R_1 = 1$, $A_1 = \pi (1)^2$
$$A_1 = 3,14 \, (1)$$

Área dilatada =
$A_2 = \pi R_2^2 \to R_2 = R_1 + 0,01 R_1$ .... Onde $R_2 = R_1 + 1\%$ de R_1
$\quad R_2 = R_1 (1 + 0,01)$ .... Onde $R_1 = 1$
$\quad R_2 = 1,01$

A área do circulo da chapa, após dilatada, será:
$A_2 = \pi R_2^2 \to A_2 = \pi \cdot (1,01)^2 \to A_2 = \pi \cdot 1,02$
$A_2 = 3,14 \cdot 1,02 =$
$A_2 = 3,20$

Porcentagem de aumento de área:
$$p = \frac{A_2 - A_1}{A_1} = \frac{3,20 - 3,14}{3,14} = 0,0191 \to 1,91\%$$

Resposta: letra "b".

---

89. (FAAP) Uma chapa de metal circular, com 1m de raio, ficou exposta ao sol. Em consequência, sofreu uma dilatação de 1% na dimensão do raio (considerar $\pi = 3,14$).

O aumento percentual do perímetro é:
a) 0,95%   b) 1,00%   c) 9,50%   d) 10,0%   e) 4,0%

Solução:
1º Passo: Calcular o comprimento (perímetro) da circunferência, com raio de um metro.
$C_1 = 2\pi R_1 = 2\pi \cdot 1 = 2\pi = 2 \cdot 3,14 = 6,28 \, m$
$C_1 = 6,28 \, m$

2º Passo: Calcular o novo comprimento (perímetro) da circunferência, após ter sofrido dilatação de 1% na dimensão do raio.

$C_2 = 2\pi \cdot R_2 = 2\pi(1+0,01) = 2\pi \cdot 1,01 =$

$C_2 = 2.3, 14.1, 01 = 6,3428$

3º Passo: Calcular o aumento, em metro, do perímetro após dilatação de 1% na dimensão do raio.

$C_2 = 6, 3428 - 6, 28 = 0, 0628\,m$

4º Passo: Calcular o aumento percentual do perímetro, após dilatação da chapa de metal. Monta-se uma Regra de Três:
Se em 6,28m houve uma dilatação de 0,0628, em 100m a dilatação será x.

6,28   0,0628
100   x

$x = \dfrac{100.0, 0628}{6, 28} = 1\%$

Resposta: Letra "b".

---

90. (Mackenzie) Uma pessoa pagou 20% de uma dívida. Se R$ 4 368,00 correspondem a 35% do restante a ser pago, então a dívida total inicial era de:
a) R$ 10 200,00
b) R$ 11 400,00
c) R$ 15 600,00
d) R$ 16 800,00

Solução:
1) Se a pessoa pagou 20% de uma dívida, restaram 80% a serem pagos.
2) Diz o problema que a importância de R$ 4 368,00 corresponde a 35% do restante a ser pago. Portanto o restante a ser pago é de:
35% . 80 % = 0,35 . 0,80 = 0,28

Então, se R$ 4 368,00 representam 28% do total (ou 0,28 do total), monta-se a seguinte Regra de Três para calcular os 100% (total procurado).
Se 4 368   0,28 (28%)
    x   1,00 (100%)

$x = \dfrac{4368.1}{0,28} = 15600$

Resposta: A dívida total inicial era de R$ 15 600,00. Letra "c".

---

91. (FAAP) Nas recentes eleições municipais realizadas numa cidade do interior do Estado, todos os eleitores votaram: candidato A ou B, ou em branco. O resultado foi: 58% votaram em A; 32%, em B e os 700 eleitores restantes votaram em branco. Então, podemos afirmar que a porcentagem dos eleitores que votaram em branco foi:

a) 20%   b) 10%   c) 15%   d) 30%   e) 8%

Solução:
A......................58%
B......................32%
......................90%
Votaram em branco.. 10% → Representam 700 eleitores
.... 100%

Resposta: Letra "b" (10%).

---

92. (FAAP) Em uma competição esportiva participaram rapazes e moças. Sabe-se que 34% dos participantes são moças e 1.650 são rapazes. Quantos atletas participaram dessa competição?

Solução:
Moças = 34 %
Rapazes = 100% − 34% = 66% → 1 650
Se 1 650 rapazes representam 66% do total
   x pessoas representam 100%.

$$x = \frac{1650}{66} \cdot 100 = 2500$$

Resposta: Participaram dessa competição 2 500 atletas.

---

93. (UFRS) Considerando uma taxa mensal constante de 10% de inflação, o aumento de preços em 2 meses será de:

a) 2%   b) 4%   c) 20%   d) 21%   e) 121%

Solução:
Basta efetuar a multiplicação sucessiva de 1,10 . 1,10.
p = 1, 10.1, 10 = 1, 21

$(1, 21-1) = 0, 21 = \dfrac{21}{100} = 21\%$

Resposta: Letra "d".

---

94. (MACKENZIE) Um concurso, desenvolvido em 3 etapas sucessivas e eliminatórias, eliminava 30% dos "K" candidatos iniciais na 1ª etapa; 20% dos remanescentes na 2ª etapa e 25% que ainda permaneceram na 3ª etapa. Assim, cumpridas as 3 etapas, a porcentagem de "K" que permaneceu é:

a) 25%   b) 35%   c) 38%   d) 40%   e) 42%

Solução:

	Taxa de eliminação	Permaneceram	%
1ª etapa	30%	70%.100	70
2ª etapa	20%	80%.70	56
3ª etapa	25%	75%.56	42

Resposta: A porcentagem de K que permaneceu é de 42% - Letra "e".

OBS.: O problema acima pode também ser resolvido multiplicando sucessivamente as taxas remanescentes, como segue:
70%.80%.75% = 0,70 . 0,80 . 0,75 = 0,42 = 42%

---

95. (VUNESP) Em junho de 1 997, com a ameaça de desabamento da Ponte dos Remédios, em São Paulo, o desvio do tráfego provocou um aumento do fluxo de veículos, em ruas vizinhas, de 60 veículos por hora para 60 veículos por minuto, em média, conforme noticiário da época. Admitindo-se esses dados, o fluxo de veículos nessas ruas, no período considerado, aumentou cerca de:
a) 60%   b) 100%   c) 3 600%   d) 5 900%   e) 6 000%

Solução:
1º Passo: Calcular o número de veículos por hora, com base nos 60 veículos por minuto:
60 veículos/min . 60 min = 3 600/hora

2º Passo: Calcular o aumento do fluxo.
Era de 60 veículos/hora.
Passou para 3 600 veículos/hora.
Aumento de fluxo: 3 600 – 60 = 3 540

3º Passo: Calcular a porcentagem de aumento. Monta-se a seguinte Regra de Três:
Se 60 veículos representam 100%
3 540 veículos representam x%.
$$x = \frac{3540}{60} . 100 = 5900\%$$

Resposta: Letra "d".

---

96. (PUC – MG) Após 2 anos de uso, um carro custa R$ 17 672,00. Sabendo-se que sua desvalorização foi de 6% ao ano, o preço do carro, há 2 anos, era:
a) R$ 19 792,64
b) R$ 19 000,00
c) R$ 20 000,00
d) R$ 21 200,00
e) R$ 24 033,92

Solução:
1) Seja "x" o valor do carro, há 2 anos.
2) Como o carro teve desvalorização de 6% ao ano, significa que seu valor passou a ser 94% de seu valor original, no 1º ano e mais 0,94 . 0,94 de seu valor anterior no 2º ano, ou seja passou a valer 0,8836 (0,94 . 0,94) ou 88,36% de seu valor original.
3) Se 88,36% são representados por R$ 17 672,00, então
100% equivalem a x

$$x = \frac{17\,672}{88,36} \cdot 100 = 20\,000$$

Resposta: Letra "c".

---

97. (PUC – MG) Em um grupo de pessoas, 30% têm mais de 45 anos, 50% têm idade entre 30 e 40 anos, e as 16 restantes têm menos de 20 anos. O número de pessoas que têm mais de 45 anos é:
a) 12   b) 16   c) 20   d) 24   e) 30

Solução:
1) Coloquemos os dados do problema na disposição abaixo:
30% > 45 anos
50% entre 30 e 40 anos
x% < 20 anos → = 16 pessoas
2) Como se vê pela disposição dos dados do problema, 16 pessoas correspondem a 20% do total de pessoas consideradas.
3) Então, mediante uma Regra de Três Simples, acharemos o total de pessoas indicadas no problema.
Se 16 pessoas correspondem 20% do total.
x pessoas serão o total de 100%.

$$x = \frac{16}{20} \cdot 100 = 80 \text{ pessoas}$$

4) Agora, vamos distribuir essas 80 pessoas nas faixas etárias indicadas no problema.
30%   >   45 anos   30% . 80 = 24
50% entre 30 e 40 anos   50% . 80 = 40
20%   <   20 anos   20% . 80 = 16
                                     ──
                                     80

Resposta: O número de pessoas que têm mais de 45 anos é 24. Letra "d".

---

98. Quanto custava um terreno que, após 2 valorizações sucessivas de 6% ao ano, custa, hoje, R$ 112 360,00.

Solução:
1) O preço desse terreno foi aumentado de 6% sobre o preço inicial (no 1º ano) e, depois, aumentado de mais 6% sobre o preço anterior.

2) Representando o preço inicial por 1 $\left[=100\% = \dfrac{100}{100} = 1 \right]$

3) O preço final no 1º ano foi de 1 . 1,06 = 1,06
4) O preço final no 2º ano foi de 1,06 . 1,06 = 1,1236
5) Ora, se temos o resultado da multiplicação (R$ 112 360,00) de 2 fatores, sendo um deles 1,1236, o outro fator (no caso, o valor inicial do terreno) será:

   x . 1,1236 = 112 360

   $$x = \dfrac{112\,360}{1,1236} = 100\,000,00$$

Resposta: O terreno custava R$ 100 000,00.

LEMBRETE: Multiplicações e/ou divisões sucessivas

1) Quando quiser achar o valor final de uma grandeza que foi valorizada, percentualmente, multiplique-a pelo número 1 acrescido do número decimal que representa o aumento percentual dessa grandeza.
   Exemplo:
   Um imóvel foi valorizado nos últimos 3 anos, na razão de 8% ao ano. Se seu valor inicial era de R$ 120 000,00, quanto vale hoje esse terreno. Qual foi sua valorização percentual?
   Solução:
   a) $8\% = \dfrac{8}{100} = 0,08$
   b) A valorização foi, portanto, de 1 + 0,08, ou seja, de 1,08 ao ano.
   Em 3 anos = 1,08 . 1,08 . 1,08 = 1,2597, que significa que, em 3 anos, o imóvel valorizou 25,97% (o número UM representa o valor inicial do imóvel).
   c) Seu valor total, hoje, = 1,2597 . 120 000 = 151 165,44
   d) Sua valorização em espécie foi de: 151 165,44 − 120 000 = 31 165,44
   e) Sua valorização percentual foi:

   $\dfrac{31\,165,44}{120\,000} . 100 = 25,97\%$

2) Quando você quiser achar o valor de um bem, que foi desvalorizado, percentualmente, ao longo do tempo, divida-o pelo produto dos percentuais da desvalorização.
   Exemplo:
   Ricardo tem um carro que, hoje, vale R$ 24 130,71. Quanto custou esse carro há 3 anos, sabendo-se que desvalorizou nesse período 7% ao ano?
   Solução:
   a) Seja o valor do carro há 3 anos = x
   b) Seu valor original sofreu 3 desvalorizações sucessivas de 7% em cada ano.
   c) Significa que em cada desvalorização de 7% o auto passou a valer 93% do valor original. Para calcularmos as 3 desvalorizações sucessivas basta multiplicar 0,93 três vezes seguidamente:

0,93 . 0,93 . 0,93 = 0,804357
Esse produto nos indica que o auto, após 3 desvalorizações sucessivas, passou a valer 80,4357% do valor original.

d) O valor original pode ser obtido através de uma regra de três, como segue;
Se 80,4357% correspondem a R$ 24 130,71
100,0000% (o total) valem x

$$x = \frac{24130,71}{80,4357} \cdot 100 = 30000,00$$

Resposta: O valor do carro há 3 anos era R$ 30 000,00.

---

99. (PUC – MG) Do salário bruto de Paulo são descontados:
INSS.......... 4%
FGTS 8%
IR 15%
Após esses descontos, Paulo recebe o salário líquido de R$ 2 190,00.
O salário bruto de Paulo é:
a) R$ 2 500,00
b) R$ 3 000,00
c) R$ 3 500,00
d) R$ 4 000,00
e) R$ 4 500,00

Solução:
1º Passo: Somar os descontos feitos = 4% + 8% + 15% = 27%
Como foram descontados 27%, o salário que sobrou (salário líquido) foi de 73% (100 – 27 = 73%)

2º Passo: Montar a seguinte Regra de Três:
Se 73% do salário bruto equivalem a 2 190,00.
Então 100% do salário bruto é igual a x.

$$x = \frac{2190}{73} \cdot 100 =$$

x = 3 000 → R$ 3 000,00 é o salário bruto de Paulo

Resposta: Letra "b".

---

100. (PUC – MG) Considere os números:
a) P = m + 12 (1)
b) m
Se doze por cento de P é igual a m, o valor de P é:
a) 12,33...   b) 12,66...   c) 12,6363...   d) 13,666...   e) 13,6363...

Solução:

$P = m + 12$ (1)

$m = 12\% \, P \rightarrow m = \dfrac{12}{100} \, P \rightarrow m = 0,12 \, P$

Substituindo "m" em (1), temos:

$P = 0,12\,P + 12$

$P - 0,12\,P = 12$

$0,88\,P = 12$

$P = \dfrac{12}{0,88}$

$P = 13,6363...$

Resposta: Letra "e".

---

101. (ESPM) Uma loja vende seus produtos com 25% de lucro sobre o preço de custo. Portanto, seu lucro sobre o preço de venda é de:
a) 150%   b) 125%   c) 25%   d) 20%   e) 4%

Solução:
Como a loja acrescenta 25% em cada R$ 100,00 de produtos que vende, significa que seus produtos são vendidos por 1,25 vezes o seu custo.
Assim, se em cada 125,00 ganha 25,00
em cada 100,00 ganha x.

$x = \dfrac{25}{125} \cdot 100$

$x = 20\%$ – Seu lucro sobre o preço de venda é de 20%

Resposta: Letra "d".

---

102. (FEI) Os planos de instalação de uma nova indústria estimam que seu lucro no 1º ano de funcionamento será de 500 unidades monetárias e, depois, esse lucro crescerá a uma taxa de 20% ao ano. Qual o lucro acumulado estimado ao final de 3 anos de funcionamento?

Solução:
a) Lucro no 1º ano = 500
b) Lucro no 2º ano = 500 . 1,20 = 600
c) Lucro no 3º ano = 600 . 1,20 = 720
                                          1 820

Resposta: O lucro acumulado, estimado, ao final de 3 anos será de 1 820 unidades monetárias.

103. (FGV) Uma dona de casa compra mensalmente 3 produtos: A, B e C nas quantidades (em unidades) dadas pela tabela a seguir:

Produto	Quantidades
A	2
B	3
C	5

Em janeiro, os preços por unidade de A, B e C foram, respectivamente, 10, 12 e 20. Em fevereiro, tais preços foram, respectivamente, 10, 14 e 21.

a) Quais os aumentos percentuais de preços de cada produto de fevereiro em relação à janeiro?
b) Qual o aumento da despesa da dona de casa com esses produtos de fevereiro em relação a janeiro?

Solução:
1º Passo: Vamos completar a tabela supra colocando os preços de janeiro e fevereiro dos produtos A, B e C e respectivos aumentos percentuais.

Produto	Quantidades	Janeiro	Fevereiro	Aumento percentual de fev./jan.
A	2	10	10	0%
B	3	12	14	16,66%
C	5	20	21	5,00%

2º Passo: Calcular o aumento da despesa da dona de casa com esses produtos de fevereiro em relação a janeiro.

	Despesa em janeiro	Despesa em fevereiro
A	2 . 10 = 20	2 . 10 = 20
B	3 . 12 = 36	3 . 14 = 42
C	5 . 20 = 100	5 . 21 = 105
	total = 156	total = 167

1) Aumento das despesas = 167 − 156 = 11 unidades monetárias.

2) Aumento percentual = $\dfrac{167-156}{156} = \dfrac{11}{156} = 0{,}0705 = 7{,}05\%$

104. (FUVEST)

Produções e vendas, em setembro, de três montadoras de automóveis		
Montadora	Unidades produzidas	Porcentagem vendida da produção
A	3 000	80%
B	5 000	60%
C	2 000	x%

Sabendo-se que nesse mês as três montadoras venderam 7 000 dos 10 000 carros produzidos, o valor de "x" é:
a) 30   b) 50   c) 65   d) 80   e) 100

1º Passo: calcular o número de unidades vendidas por cada montadora conforme indicado na tabela:
A → 3 000 . 80% = 2 400
B → 5 000 . 60% = 3 000
Como o total de unidades vendidas nesse mês foi de 7 000 automóveis, a montadora "C" vendeu 7 000 − (2 400 + 3 000) = 1 600 veículos, das 2 000 produzidas.
2º Passo: Usar Regra de Três.
Se 2 000 correspondem a 100%
  1 600 correspondem a x%

$$x = \frac{1600}{2000} \cdot 100 = 80\%$$

Resposta: Letra "d".

---

105. (FAAP) Considere os 2 retângulos abaixo.

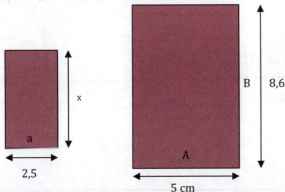

Qual o valor da medida de "x" para que as medidas das bases e das alturas sejam proporcionais?
a) 4,3   b) 5,0   c) 3,2   d) 2,0   e) 6,2

Solução:
Como as 2 figuras são semelhantes podemos dizer que:

$$\frac{a}{x} = \frac{A}{B}$$

$$\frac{2,5}{x} = \frac{5}{8,6} \rightarrow x = \frac{2,5 \cdot 8,6}{5}$$

x = 4,3 cm

Resposta: Letra "a".

---

106. Uma pessoa comprou um computador portátil por R$ 1 800,00 e teve um desconto de 15%. Quanto pagou pelo computador?

Solução:
Há duas maneiras de resolver este problema.

1ª processo: Calcula-se a redução de 15% indicada no problema e subtrai-se do preço pedido.
Desconto conseguido 15% de R$ 1 800,00 = 270,00
Preço a pagar com desconto 1 800 – 270 = 1 530,00

2ª processo: Como o desconto é de 15%, o valor a pagar é 85% (100 – 15) do valor pedido.
Preço a pagar 85% . 1 800 = 1 530,00

Resposta: Pagou R$ 1 530,00.

---

107. (FAAP) Um determinado bem que custava R$ 112,50 teve um aumento, passando a custar R$ 121,50. A majoração sobre o preço antigo foi de:
   a) 10,8%   b) 1,0%   c) 10,0%   d) 8,0%   e) 12,5%

Solução:
1) O bem custava: 112,50.
2) Passou a custar: 121,50.
3) O aumento em dinheiro foi de 121,50 – 112,50 = 9,00.
   Se em 112,50 o aumento foi de 9,00
   em 100,00 o aumento será x.

$$x = \frac{9}{112,5} \cdot 100 = 8\%$$

Resposta: Letra "d".

---

108. (Universidade Federal do Pará) Numa turma A de 48 alunos, 8 foram reprovados; numa turma B de 40 alunos, 5 foram reprovados. A razão entre as taxas de porcentagem de reprovação de A para B é:

   a) $\dfrac{3}{4}$ b) $\dfrac{4}{3}$ c) $\dfrac{4}{5}$ d) $\dfrac{8}{5}$ e) $\dfrac{5}{8}$

Solução:
1º Passo: Calcular, primeiro, as taxas de reprovações das turmas A e B, pois o problema pede a razão entre essas taxas.

a) Taxa de reprovação da turma A:
   Se em 48 alunos, foram reprovados 8
   em 100 alunos, serão reprovados x.

$$x = \frac{8}{48} \cdot 100 = 16,66666$$

b) Taxa de reprovação da turma B:
   40   5
   100   x

$x = \dfrac{5}{40} \cdot 100 = 12,50$

2º Passo: Cálculo da razão entre A e B.

$\dfrac{A}{B} = \dfrac{16,66666}{12,50}$

$\dfrac{A}{B} = 1,3333$

Transformando a dízima periódica 1,333 em fração ordinária (veja capítulo sobre Dízimas Periódicas).

$1,333 = \dfrac{13-1}{9} = \dfrac{12}{9} = \dfrac{4}{3}$

$\dfrac{A}{B} = \dfrac{4}{3}$

Resposta: Letra "b".

NOTA: também podemos resolver o problema supra, utilizando somente frações ordinárias, como segue:

a) Porcentagem de reprovação da turma A:

$x_1 = \dfrac{8}{48} \cdot 100$

b) Porcentagem de reprovação da turma B:

$x_2 = \dfrac{5}{40} \cdot 100$

c) Cálculo da razão $\dfrac{A}{B}$

$\dfrac{A}{B} = \dfrac{\frac{8 \cdot 100}{48}}{\frac{5 \cdot 100}{40}} = \dfrac{8 \cdot 100 \cdot 40}{48 \cdot 5 \cdot 100} = \dfrac{320}{240} = \dfrac{8}{6} = \dfrac{4}{3}$

$\dfrac{A}{B} = \dfrac{4}{3}$

Resposta: $\dfrac{A}{B} = \dfrac{4}{3}$. Letra "b".

---

109. (UNIMEP) Um comerciante aumenta o preço de um produto que custa R$ 300,00 em 20%. Um mês depois, faz um desconto de 20% sobre o preço reajustado. O novo preço do produto é: (adaptado)
   a) R$ 240,00   b) R$ 278,00   c) R$ 300,00   d) R$ 288,00   e) n.d.a

Solução:
Preço original do produto =...................... 300,00
Aumentou 20% (0,2 . 300) =...................... 60,00
Preço de venda, após aumento de 20% =.......... 360,00
Desconto de 20% sobre o preço reajustado = ... 72,00
Novo preço do produto = ... 288,00

Resposta: Letra "d".

OBS.: Outra forma de resolver o problema: (Multiplicações Sucessivas)
300 . 1,20 . 0,80 = 288,00

---

110. (ESPM) Um cliente pediu ao vendedor um desconto de 40% sobre o preço de tabela. O vendedor disse que poderia dar um desconto de 30% e ainda daria um desconto de 10%, incidindo sobre o preço já com o desconto de 30%. Estas duas propostas, do cliente e do vendedor, apresentam uma diferença de quantos por cento sobre o preço de tabela?
a) 0,21%   **b)** 3,00%   **c)** 7,00%   **d)** 10%   **e)** 21%

Solução:
Vamos supor que a mercadoria negociada tivesse um preço de venda igual a R$ 100,00 (poderia ser escolhido qualquer outro número).

Proposta do cliente:
Preço de venda =............100,00
Desconto pedido 40% . 100 =... 40,00
Preço a pagar =............. 60,00

Proposta do vendedor:
Preço de venda = ...100,00
Desconto de 30%: 30% . 100 =................... 30,00
                                                70,00
Desconto sobre o preço já com o desconto: 10% . 70 =... 7,00
Preço a pagar =............................... 63,00
Diferença percentual sobre o preço de tabela entre as 2 propostas:
a) O valor a pagar, pela proposta do vendedor, é de 63% do preço da tabela = ... 63%
b) O valor a pagar, pela proposta do comprador, é de 60% do preço de tabela = ... 60%
c) Diferença percentual entre as 2 propostas = ... 3%

Resposta: Letra "b". As propostas apresentam uma diferença de 3% sobre o preço de Tabela.

---

111. (PUC) Descontos sucessivos de 20% e 30% são equivalentes a um único desconto de:
a) 25%   **b)** 26%   **c)** 44%   **d)** 45%   **e)** 50%

Solução:
Suponha o valor inicial da mercadoria igual a R$ 100,00.

Valor inicial =	100,00
1º desconto 20% . 100,00 =	– 20,00
Valor da mercadoria após o 1º desconto =	80,00
Valor do 2º desconto de 30% sobre o saldo 30% . 80,00 =	– 24,00
Valor adquirido da mercadoria após 2º desconto =	56,00
	(= valor de aquisição)

Se a mercadoria passou a custar R$ 56,00 (o valor inicial era R$ 100,00), significa que teve um desconte de:
100,00 – 56,00 = 44,00
Então, o desconto equivalente é de 44%.

Resposta: Letra "c".

Outro modo de resolver o problema:
Multiplique o valor original da mercadoria pelos fatores que representam o valor adquirido por esta após cada desconto:

	Descontos sucessivos	Valor adquirido após desconto
a)	20%	80%
b)	30%	70%

Então, 80% . 70% = 56% (o valor da aquisição passou a ser de 56% do preço original)
O desconto equivalente = 100 – 56 = 44%

---

112. (FAAP) Nas recentes eleições municipais realizadas numa cidade do interior do Estado, todos os eleitores, votaram: candidato A ou B, ou em branco. O resultado foi: 58% votaram em A, 32% votaram em B e os 700 eleitores restantes votaram em branco. Então, podemos afirmar que o número de eleitores que votaram no candidato B foi:
a) 4 340   b) 3 000   c) 6 000   d) 2 240   e) 3 200

Solução:
1º Passo: Calcular a totalidade dos eleitores da cidade.

No candidato A votaram:	58%
No candidato B votaram	32%
	90%
Votaram em branco	10%
	100%

Se 700 eleitores representam 10% do total
  x eleitores representam 100%

$$x = \frac{700 \cdot 100}{10} = 7000 \text{ é a totalidade dos eleitores da cidade}$$

2º Passo: Como já temos a totalidade dos eleitores que é 7 000 e os que votaram no candidato B são 32% do total de eleitores, temos:
B = 32% . 7 000 = 2 240

Resposta: Letra "d". Votaram no candidato "B" 2 240 eleitores.

---

113. (FUVEST) Aumentando-se os lados a e b de um retângulo de 15% e 20% respectivamente, a área do retângulo será aumentada de:
   a) 35,0%   b) 30,0%   c) 3,5%   d) 3,8%   e) 38,0%

Solução:
1) O problema é semelhante aos casos de alteração de preços de uma mercadoria através de aumentos sucessivos.
Exemplo: "um lojista aumentou os preços de suas mercadorias com acréscimos sucessivos de 12% no primeiro mês e de 15% no segundo mês. Qual foi o aumento percentual final que teve essa mercadoria?"
A = 1,12 . 1,15 = 1,40
A = (1,40 − 1) . 100 = 40%
2) No caso do problema proposto, teremos, à semelhança do exemplo dado:
A = 1,15 . 1,20 = 1,38
A = (1,38 − 1) . 100 = 38%

Resposta: a área do retângulo será aumentada de 38%. Letra "e".

Vamos ver um exemplo numérico para melhor ilustrar o raciocínio sobre aumentos percentuais sucessivos, no caso do retângulo?
Imaginemos um retângulo de 4m de comprimento por 2m de largura, conforme mostra a figura a seguir.

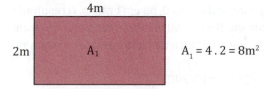

Figura 1

Aumentando-se o comprimento e largura de seus lados, de 15% e 20% respectivamente, teremos a figura abaixo:

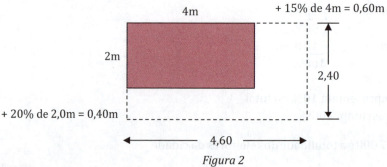

Figura 2

Sua nova área será:
Área A2 = 4,60 . 2,40 = 11,04 m2

Aumento da área em relação a figura 1:
$$\frac{11,04-8}{8} = 0,38 \rightarrow 38\%$$

Resposta: O aumento será de 38%. Letra "e".

---

114. Um dos pastos de uma propriedade agropastoril abriga 115 bovinos, que representam 23% dos animais existentes nessa propriedade. Quantos animais existem nessa propriedade?

Solução:
Vamos montar uma Regra de Três com os dados do problema:

Se 115 animais representam $23\% \left(\frac{23}{100} = 0,23\right)$ do total

x animais representam 100% (1) → o total

$$x = \frac{115}{0,23} = 500 \text{ animais}$$

Resposta: Nessa propriedade existem 500 animais.

---

115. (UFCE) Manoel compra 100 caixas de laranjas por R$ 2 000,00. Havendo um aumento de 25% em cada caixa, quantas caixas ele poderá comprar com a mesma quantia?

Solução:
1) Custo de cada caixa:
$$C = \frac{2\,000}{100} = 20,00$$

2) Se a caixa passou a custar 25% mais cara:
20,00 . 1,25 = 25
Cada caixa passou a custar R$ 25,00.

3) Com o mesmo dinheiro (R$ 2 000,00), Manoel poderá comprar:
$$\frac{2\,000}{25} = 80$$

Resposta: Manoel poderá comprar 80 caixas, após o aumento de 25% em cada caixa.

116. (FAAP) Um motor de competição desenvolvia 240 HP. Após cuidadosa preparação passou a desenvolver 288 HP. Qual é o aumento percentual da potência?

Solução:
1) Houve um aumento de potência de:
288 − 240 = 48 HP

2) Quanto representa, em porcentagem, 48 HP em relação de 240 HP?

$$a = \frac{48}{240} \cdot 100 = 20\%$$

3) Como se explicam as operações supra, para encontrar 20%?
Através de uma Regra de Três.
Se 240 representam 100%
48 representam x.

$$x = \frac{48}{240} \cdot 100 = 20\%$$

Resposta: O aumento percentual na potência do motor é de 20%.

---

117. (UFCE) O preço de um aparelho elétrico com um desconto de 40% é igual a R$ 36,00. Calcule, em reais, o preço deste aparelho elétrico, sem este desconto.

Solução:
Como houve um desconto de 40%, significa que R$ 36,00 representam os 60% do valor do produto.
Então se 36 ⇔ 60%
x ⇔ 100%

$$x = \frac{36}{60} \cdot 100$$

x = 60, 00

Resposta: O preço do aparelho, sem o desconto é R$ 60,00.

Conferindo o resultado:
a) Preço sem desconto do aparelho = 60,00
b) Desconto de 40%: 40% . 60 = 24,00
c) Preço do aparelho com desconto = 36,00

---

118. De 150 candidatos que participaram de um concurso, 60 foram aprovados. Quantos por cento foram reprovados?

Solução:
O problema pode ser resolvido com Regra de Três.

Vamos determinar, primeiro, quantos por cento foram aprovados.
Se 150 representam 100% dos candidatos
60 representam x%

$x = \dfrac{60}{150} \cdot 100$

x = 40% foram aprovados

Resposta: Se 40% foram aprovados, 60%, obviamente, foram reprovados.

---

119. (FAAP) Uma indústria está aplicando um plano de Qualidade Total, com duração de 3 anos. No 2º ano a produtividade aumentou 6% em relação ao 1º, e no 3º ano aumentou 10% com relação ao 2º. Qual o aumento percentual de produtividade no 3º ano com relação ao primeiro?

Solução:
1º ano: produtividade = 1,00
2º ano: produtividade = 1,06
3º ano: produtividade = 1,10
Aumento de produtividade:
1 . 1,06 . 1,10 = 1,166
(1,166 − 1) 100 = 0,166 . 100 = 16,6%

Resposta: O aumento percentual de produtividade é de 16,6%.

---

120. (FAAP) Um apartamento está alugado por R$ 1.500,00. Este aluguel sofrerá um reajuste anual de R$ 520,00. A porcentagem de variação do aluguel depois de 1 ano do primeiro reajuste é:
a) 74,2%   b) 25,7%   c) 14,7%   d) 59,0%   e) 12,8%

Solução:
1) Alugado por: 1 500,00
2) 1º ano: reajuste . . $\underline{520,00}$
   2 020,00
3) porcentagem de variação do aluguel (= aluguel inicial + 1º reajuste), ou seja, 1 ano depois do 1º reajuste:

$\dfrac{520}{2\,020} = 0,2574$

0,2574 . 100 = 25,74%

Resposta: Letra "b".

---

121. (UELONDRINA) Em uma liquidação, os preços dos artigos de uma loja são reduzidos de 20% de seu valor. Terminada a liquidação e pretendendo voltar aos preços originais, de que porcentagem devem ser acrescidos os preços da liquidação?
a) 27,5%   b) 25,0%   c) 22,5%   d) 21%   e) 20%

Solução:
Ao reduzir o preço de uma mercadoria de 20%, significa que o preço de venda passou a ser de 80% do preço original.
Se o comerciante pretende voltar ao preço original (100%), o produto de 0,80 (80%) por um número deve ser tal que o resultado seja, portanto $100\% \left(\dfrac{100}{100}=1\right)$

Então, montamos a seguinte equação:
$0,80 \cdot x = 1$

$x = \dfrac{1}{0,8} = 1,25$

$(1,25 - 1) \cdot 100 = 25\%$

Resposta: Letra "b". Os preços da liquidação devem ser acrescidos de 25% para voltarem aos preços originais.

---

122. (FUVEST) Que número deve ser somado ao numerador e ao denominador da fração $\dfrac{2}{3}$ para que ela tenha um aumento de 20%?

a) 1   b) 2   c) 3   d) 4   e) 5

Solução:
O número a ser somado ao numerador e denominador da fração $\dfrac{2}{3}$ será "x". Então, temos:

$\dfrac{2+x}{3+x} = 1,20 \cdot \dfrac{2}{3}$

$\dfrac{2+x}{3+x} = \dfrac{2,4}{3} \rightarrow (2+x) \cdot 3 = (3+x) 2,4$

$6 + 3x = 7,2 + 2,4x$

$3x - 2,4x = 7,2 - 6$

$0,6x = 1,2$

$x = \dfrac{1,2}{0,6} = \dfrac{12}{6} = 2$

Resposta: O número a ser somado ao numerador e ao denominador é 2. Letra "b".

OBS.: Verificação do resultado:

Somando-se 2 ao numerador e ao denominador da fração $\dfrac{2}{3}$, teremos:

$\dfrac{2+2}{3+2} = \dfrac{4}{5}$

Como $\dfrac{2}{3} = 0,666...$

e $\dfrac{4}{5} = 0,800$, o aumento percentual foi de $\dfrac{0,800 - 0,666}{0,666} = 0,20 = 20\%$

Poderíamos obter o mesmo resultado por outro caminho, dividindo $\dfrac{4}{5}$ por $\dfrac{2}{3}$:

$$\dfrac{\dfrac{4}{5}}{\dfrac{2}{3}} = \dfrac{4.3}{5.2} = \dfrac{12}{10} = 1,20$$

$$(1,20-1)100 = 20\%$$

---

123. (UERJ) O cálculo errado da gorjeta levou os dois amigos a pagarem uma conta de R$ 58,00, quando o valor correto a ser pago deveria ser R$ 18,00 + 10% de R$ 18,00. Se soubessem um pouquinho de aritmética, esses clientes poderiam ter economizado, em reais, a quantia de:
a) 36,20   b) 38,20   c) 39,00   d) 48,20

Solução:
Valor pago: 58,00
Valor que deveriam ter pago:
a) Valor do principal = 18,00
b) 10% . 18,00 =   1,80
   Deveriam pagar = 19,80
Valor que poderia ter sido economizado: 58,00 – 19,80 = R$ 38,20

Resposta: Letra "b".

---

124. (PUC – SP) Uma certa mercadoria que custava R$ 12,50, teve um aumento, passando a custar R$ 14,50. A taxa de reajuste sobre o preço antigo é de:
a) 2,0%   b) 20,0%   c) 12,5%   d) 11,6%   e) 16,0%

Solução:
1) Valor aumentado: 14,50 – 12,50 = 2,00
2) Monte a seguinte Regra de Três:
Se em R$ 12,50 houve um aumento de 2,00
em R$ 100,00 haverá um aumento de x.

$$x = \dfrac{2}{12,50} . 100$$

$x = 0,16 . 100$

$x = 16,0\%$

Resposta: Letra "e".

---

125. (FGV) Em 3 bimestres consecutivos, um indivíduo obteve reajustes salariais de 20% por bimestre. Seu aumento acumulado no semestre foi de:
a) 60,0%   b) 68,4%   c) 72,8%   d) 78,2%   e) 81,4%

Solução 1:
a) Vamos supor que o salário inicial do indivíduo seja de = R$ 100,00
   1º reajuste (1º bimestre)   →   100 . 1,20   = R$ 120,00
   2º reajuste (2º bimestre)   →   120 . 1,20   = R$ 144,00
   3º reajuste (3º bimestre)   →   144 . 1,20   = R$ 172,80
b) Observe que o salário passou a ser, após o 3º reajuste, de 172,80. Houve aumento de (172,80 – 100,00) = 72,80, ou seja, aumento de 72,80%.

Solução 2:
Pode-se resolver o problema, multiplicando-se sucessivamente o valor do salário inicial (vamos imaginar seja 1 real) por 1,20:
1 . 1,20 . 1,20 . 1,20 = 1,7280
(1,728 – 1) . 100 = 72,80%

Resposta: Seu aumento acumulado no semestre foi de 72,8%. Letra "c".

---

126. (CESGRANRIO) Daniela comprou um exaustor e vai pagá-lo em duas prestações: a primeira de R$ 180,00, um mês após a compra e a segunda de R$ 200,00, dois meses após a compra. Sabendo-se que estão sendo cobrados juros de 25% ao mês sobre o saldo devedor, podemos afirmar que o preço à vista do exaustor era:
a) R$ 138,00
b) R$ 237,50
c) R$ 272,00
d) R$ 285,00
e) R$ 304,00

Solução:
1) Dados do problema:
   a) Preço total da venda (inclusive juros) = R$ 380,00
   b) Forma de pagamento; em 2 parcelas:
      1ª (30 dias) . . . 180,00
      2ª (60 dias) . . . 200,00
                            380,00

2) Como em cada parcela a prazo, estão reunidos o preço à vista mais a porcentagem de 25% deste, deduz-se que, acrescentando-se 25% ao preço à vista, o resultado dessa soma será o mesmo que multiplicar o preço à vista por 1,25 pois:.

$$\frac{100}{100} + \frac{25}{100} = \frac{125}{100} = 1,25 \begin{cases} \text{onde } \dfrac{100}{100} \text{ representa o preço} \\ \text{à vista e } \dfrac{25}{100} \text{ os juros cobrados} \end{cases}$$

3) Então, para acharmos o preço à vista do exaustor, basta dividirmos o valor da 1ª parcela por 1,25 e, o da 2ª parcela por 1,25 . 1,25 = 1,5625, como segue:

$$1ª \text{ parcela} = \frac{180}{1,25} = 144,00$$

2ª parcela = $\dfrac{200}{1,25 \cdot 1,25} = 128,00$

Resposta: O preço à vista era, portanto, 144 + 128 = 272. Letra "c".

Vamos conferir o resultado:

1ª parcela (30 dias): 144 + 25% . 144 = 180,00

2ª parcela (60 dias): $\begin{cases} 128 + 25\% \cdot 128 = 160,00 \\ 160 + 25\% \cdot 160 \end{cases}$ = 200,00

= 380,00

---

127. (UFES) Se hoje Rafael tem 20 anos e Patrícia tem 18 anos, então ela terá 92% da idade dele daqui a quantos anos?

a) 6 **b)** 5 **c)** 4 **d)** 3 **e)** 2

Solução:

1) Disposição dos dados do problema:

	Hoje	No futuro (daqui a "x" anos)
Idade de Rafael	20 anos	20 + x anos
Idade de Patrícia	18 anos	18 + x anos

2) O problema diz que daqui a "x" anos, quando ela tiver 18 + x anos esta idade será igual a 92% da idade de Rafael que terá 20 + x anos.

3) Então:

$18 + x = 92\%(20 + x) \begin{cases} 92\% = \dfrac{92}{100} = 0,92 \end{cases}$

$18 + x = 0,92(20 + x)$

$18 + x = 18,40 + 0,92x$

$x - 0,92x = 18,40 - 18$

$0,08x = 0,40$

$x = \dfrac{0,40}{0,08} = 5 \text{ anos}$

Conferindo o resultado:

1) Daqui a 5 anos Rafael terá (20 + 5 anos) = 25 anos
2) E Patrícia terá (18 + 5 anos) = 23 anos
3) Então Patrícia terá $\dfrac{23}{25} \cdot 100$ = 92% da idade de Rafael.

Resposta: Letra "b".

---

128. (CESGRANRIO) Se o seu salário subiu 56% e os preços subiram 30%, de quanto aumentou o seu poder de compra?

Solução:
O poder de compra pode ser entendido como o quociente da relação entre o valor do salário e o dos preços $\left(\dfrac{S}{P}\right)$. Se os preços sobem, permanecendo fixo o salário, o quociente citado diminui, ou seja, diminui o poder de compra. No caso do problema, a relação $\dfrac{S}{P}$ será:

$$\left(\dfrac{S}{P}\right) = \dfrac{\text{Salário}}{\text{preço}} = \dfrac{1,56}{1,30} = \left(\dfrac{1+0,56}{1+0,30}\right)$$

$$\left(\dfrac{S}{P}\right) = 1,20 \rightarrow (1,20-1).100 = 20\%$$

Resposta: Com o aumento de salário de 56% e o aumento de preços de 30%, o poder de compra aumentou 20%.

---

129. (FATEC) Numa microempresa, consomem-se atualmente X litros de combustível por dia. Para a próxima semana haverá um aumento de 5% no preço do combustível. Com o objetivo de manter a mesma despesa, será feita uma redução no consumo. O novo consumo diário de combustível deverá ser de aproximadamente:
a) 94,20%   **b)** 95,00%   **c)** 95,13%   **d)** 95,24%   **e)** 95,50%

Solução:
O problema poderá ser resolvido com o uso de uma Regra de Três, seguindo o seguinte raciocínio:

a) Quando a gasolina custava	K reais	comprava-se	100% da gasolina necessária
b) Como o preço da gasolina aumentou para	(1 + 0,05) K reais	deve-se comprar menos gasolina, equivalente a	x% = $\dfrac{x}{100}$

Monta-se, então, a Regra de Três já descrita acima:

$$\begin{array}{l} \text{K reais} \ \ldots\ldots\ 100\% \cdot \dfrac{100}{100} \\ \\ (1,05)\ \text{K reais} \ \ldots\ x\% \cdot \dfrac{x}{100} \end{array}$$

A Regra de Três acima é INVERSA, pois enquanto o preço da gasolina aumentou, o volume deste, a ser comprado, diminuiu.

$$\dfrac{\frac{x}{100}}{\frac{100}{100}} = \dfrac{K}{1+0,05K}$$

$$\dfrac{x}{100} = \dfrac{K}{1,05 \cdot K} \rightarrow \dfrac{x}{100} = \dfrac{1}{1,05}$$

$$x = \dfrac{1}{1,05} \cdot 100 = 95,24\%$$

Resposta: Letra "d". O novo consumo de combustível deve ser aproximadamente 95,24% do consumo anterior ao aumento.

---

130. (PUC – SP) Uma cooperativa compra a produção de pequenos horticultores, revendendo-a para atacadistas com um lucro de 50% em média. Estes repassam o produto para os feirantes com um lucro de 50% em média. Os feirantes vendem o produto para o consumidor e lucram, também, 50% em média. O preço pago pelo consumidor tem um acréscimo médio, em relação ao preço dos horticultores de:
a) 150,0%   b) 187,0%   c) 237,5%   d) 285,5%   e) 350,00%

Solução:
1) Dados do problema:

Cooperativa	Atacadista	Feirante	Consumidor
1	1,5	1,5	1,5

Como se vê, a mercadoria de valor inicial 1, foi multiplicada, 3 vezes, por 1,50, ou seja, 1,50 . 1,50 . 1,50 = 3,375
O acréscimo médio percentual ao valor inicial do produto (mercadoria) foi de:
(3,375 – 1) . 100 = 2,375 . 100 = 237,5%

Resposta: Letra "c".

Lembrete:
1) Ao acrescentarmos um valor-percentual qualquer a uma grandeza, estaremos multiplicando esse percentual (na forma decimal + 1), pela grandeza considerada.
Vamos exemplificar:
a) Seja acrescentar 50% a 120.

$$50\% = \frac{50}{100} = 0,5$$

$120 + 50\% . 120 = \rightarrow 120 + (0,5 . 120) = 120(1 + 0,5) = 120 . 1,50 = \ldots\ldots 180,00$

b) Acrescentar 100% a 120:
$$100\% = \frac{100}{100} = 1$$
$120 + (1 . 120) = 120(1 + 1) = 120 . 2 = \ldots\ldots\ldots\ldots\ldots\ldots\ldots\ldots\ldots = 240,00$

c) Acrescentar 300% a 120:
$$300\% = \frac{300}{100} = 3$$
$120 + (300\% . 120) = 120 + 3 . 120 = 120(1 + 3) = 120 . 4 = \ldots\ldots\ldots = 480,00$

d) Acrescentar 337% a 120:
$$337\% = \frac{337}{100} = 3,37$$
$120 + (337\% . 120) = 120 + (3,37 . 120) = 120(1 + 3,37) = 120 . 4,37 = 524,40$

2) Se quisermos, ao contrário, achar quantos por cento um número decimal representa de acréscimo percentual a uma certa grandeza, teremos que diminuir o decimal de UMA unidade e multiplicar o resultado por 100.

Expliquemos melhor:
Vimos no item 1 acima que, por exemplo, ao acrescentarmos 50% a uma grandeza, basta multiplicar esta por 1,5:
120 + 0,5 . 120 = 120 (1 + 0,5) = 120 . 1,5 = 180
Neste resultado, como em outros semelhantes, o algarismo 1 (dentro do parêntesis) representa 120 e o decimal (0,5) representa o acréscimo percentual desejado.
Assim, se de 1,50 diminuirmos o número 1 (que representa 120) encontraremos
$0,5 = \dfrac{50}{100} = 50\%$,que é o percentual aplicado para termos o acréscimo solicitado.
Portanto, se a pergunta for: "Se multiplicarmos 120 por 1,5, qual será o percentual aplicado?" Faremos a seguinte operação:
(1,50 − 1) . 100 = 0,5 . 100 = 50%

Resposta: O percentual aplicado foi de 50%.

3) Outro exemplo:
Um número qualquer foi multiplicado por 2,45. De quanto por cento este número foi acrescido?
(2,45 − 1) . 100 = 1,45 . 100 = 145%

Resposta: Foi acrescido de 145%.

---

131. Numa classe de 30 alunos, 6 deles foram reprovados. Quantos por cento foram reprovados? Quantos por cento foram aprovados?

Solução:
Podemos achar as respostas às 2 indagações pela aplicação de Regra de Três Simples, usando-se, evidentemente, os dados do problema.

a) Taxa de reprovação:
Se 30 alunos representam 100% da classe
6 alunos representam x% da classe.
$x = \dfrac{6}{30} . 100 = 20\%$

Resposta: 20% foram reprovados

b) Taxa de aprovação:
Se sabemos que 20% de 30 alunos foram reprovados, então o total de aprovados é de 80%.
Portanto, calculemos 80% de 30 alunos:
80% . 30 = 24 alunos.

Resposta: a) 20% foram reprovados
b) 80% foram aprovados, que correspondem a 24 alunos.

c) Conferindo os resultados:
Alunos reprovados → 20% de 30 alunos =   6 alunos
Alunos aprovados → 80% de 30 alunos =   24 alunos
Total dos alunos =   30 alunos

---

132. Um topógrafo, ao medir as divisas de uma propriedade, constatou que um ângulo de 25°, por imperfeições do aparelho, era registrado como sendo 23° 47' 52". Qual a porcentagem de erro na medida desse ângulo de 25°?

Solução:
1º Passo:
a) Vamos achar a diferença entre os 2 ângulos.
b) Para isso, transformemos esses ângulos, o de 25° e o outro, em segundos, para poderem ser comparados, na forma percentual.
$25° = 25 \cdot 60 \cdot 60 = $ 90 000 segundos
$23° \, 47' \, 52''$
$23° \cdot 60 = $ 1 380 min
 + 47 min
 1 427 min
$1\,427 \text{ min} \cdot 60 = $ 85 620 segundos
$\phantom{1\,427 \text{ min} \cdot 60 = }$ + 52 segundos
$\phantom{1\,427 \text{ min} \cdot 60 = }$ 85 672   → 85 672 segundos
90 000 – 85 672 = 4 328 segundos

2º Passo: Cálculo da porcentagem de erro.
Se em cada 90 000 s há um erro de 4 328 segundos
em cada 100 s haverá um erro de x

$x = \dfrac{4\,328}{90\,000} \cdot 100 = 4{,}81\%$ de erro

Resposta: A porcentagem de erro é de 4,81%.

---

133. Uma cidade tinha 80 000 habitantes, 10 anos atrás. Atualmente tem 108.000 habitantes. Qual foi a porcentagem de aumento populacional?

Solução:
Podemos fazer esse cálculo utilizando Regra de Três.
Se 80 000 representam 100% da população, há 10 anos
então 108 000 representam x%

$x = \dfrac{108\,000}{80\,000} = 1{,}35$

Resposta: A população, hoje, é 1,35 vezes a população de 10 anos atrás, ou seja, aumentou 35%.

OBS.:
Veja que, no caso, a população, que era de 80 000 habitantes, passou a ser de 108 000. Observe que 80 000 foi multiplicado por 1,35, como explicado a seguir:

80 . (1 + 0,35), pois o algarismo "1", na expressão acima, significa os $100\% = \frac{100}{100} = 1$ e o número 0, $35 = \frac{35}{100} = 35\%$ de aumento.

---

134. Na venda de um relógio, o vendedor obteve um lucro de R$ 77,00, correspondente a 22% do preço de custo. Qual o preço de venda do relógio?

Solução:
Podemos resolver o problema usando uma Regra de Três:
Se 77,00 representam 22% do preço de custo
Então o custo x será   100%

$$x = \frac{77}{22} \cdot 100 = 350,00$$

Resposta: a) O preço de custo do relógio é R$ 350,00.
b) O preço de venda do relógio é R$ 427,00 (R$ 350,00 + R$ 77,00).

---

135. Uma empresa de urbanização comprou uma área de 33 alqueires paulistas (cada alqueire paulista equivale a 24 200 m2) para dividi-la em lotes populares, de 7m × 20m, devendo obedecer a legislação vigente que determina que reserve: a) 20% para matas (Reserva legal); e b) no caso presente, 10% para áreas de preservação permanente (APP), beirando as margens de um córrego que atravessa a área adquirida. Além disso, reservará 35% da área para localização de ruas e praças. Pergunta-se:
a) Qual a área líquida destinada a implantação dos lotes?
b) Qual a área a ser reservada?
c) Quantos lotes estarão disponíveis para venda?

Solução:
1) Área total a ser trabalhada: m²
   33 alqueires . 24 200m² = 798 600
2) Reservas necessárias:
   a) Reserva legal   = 20%
   b) APP   = 10%
   c) Ruas e praças   = 35%
   Total de reservas = 65%
3) Então a área reservada será de 65% . 798 600 = 519 090

4) Área líquida para ser dividida em lotes:
   798 600 − 519 090 = 279 510
5) Número de lotes disponíveis (cada lote = 7 . 20 = 140m²)

   Número de lotes = $\dfrac{279510}{140}$ = 1996, 5 lotes

Resposta: Considerar 1 996 lotes para venda.

---

136. (FUVEST) Sobre o preço de um carro importado incide um imposto de importação de 30%. Em função disso, o preço para o importador é de R$ 19.500,00. Supondo que tal imposto passe de 30% para 60%, qual será, em reais, o novo preço do carro para a importadora?
   a) R$ 22 500,00
   b) R$ 24 000,00
   c) R$ 25 350,00
   d) R$ 31 200,00
   e) R$ 39 000,00

Solução:
1) R$ 19 500 é o preço do carro + imposto
   19 500 = C + 0,30 C
   19 500 = C (1 + 0,30)
   Onde :
   C = custo
   30% = imposto sobre o custo

   C = $\dfrac{19500}{1,30}$ = 15 000, que é o preço de custo do carro.

2) Se acrescentarmos ao preço de custo o imposto de 60%, teremos:
   15 000 . 1,60 = 24 000

Resposta: O novo preço do carro será R$ 24 000,00. Letra "b".

---

137. Dois reservatórios contêm separadamente, misturas de álcool e água. O reservatório "A" contém 30 litros de álcool em 150 litros de mistura, o reservatório "B" contém 20 litros de álcool em 120 litros de mistura. Qual a mistura mais forte em álcool e quantos por cento possui de álcool cada mistura?

Solução:
1) As razões das quantidades de álcool para a de mistura em cada reservatório são:

   Reservatório "A" = $\dfrac{30}{150}$ Reservatório "B" = $\dfrac{20}{120}$

2) Calculam-se as porcentagens, usando-se duas Regras de Três:
   a) Se 150 correspondem a 100% da mistura,
      30 correspondem a x% da mistura.

$$x = \frac{30}{150} \cdot 100 = 20,00\%$$

b) Se 120 correspondem a 100% da mistura,
20 correspondem a x% da mistura.

$$x = \frac{20}{120} \cdot 100 = 16,66\%$$

Resposta: A mistura "A" é mais forte em álcool que a mistura "B".

---

138. Um terreno foi comprado por R$ 600 000,00. Em seguida é revendido com um lucro de 25% sobre o preço de venda. Calcular o preço de venda.

Solução:
Sabemos que o preço de venda é igual ao custo mais lucro e podemos expressar essa afirmação como segue:
V = C + L
Onde:
V = preço de venda
C = custo
L = lucro

Aplicando os dados do problema na equação acima:
V = 600 000 + 0,25 V
V − 0,25 V = 600 000
0,75 V = 600 000

$$V = \frac{600\,000}{0,75} = 800\,000$$

Resposta: O preço de venda foi de R$ 800 000,00.

---

139. Um agricultor vendeu $\frac{4}{7}$ de sua colheita de arroz com 10% de lucro; $\frac{2}{3}$ do resto com 15% de lucro e o restante com 5,25% de prejuízo. Quanto lhe custou a totalidade do arroz colhido se o lucro total foi de R$ 1 295,00?

Solução:
1) Como ele ganhou 10% sobre $\frac{4}{7}$ da colheita, seu lucro foi de:

$$\frac{10}{100} \cdot \frac{4}{7} = \frac{40}{700} \text{ do custo}$$

2) Do mesmo modo, nos $\frac{2}{3}$ restantes, ganhou 15%:

Restante : $\dfrac{7}{7} - \dfrac{4}{7} = \dfrac{3}{7}$

$\dfrac{2}{3} \cdot \dfrac{3}{7} = \dfrac{6}{21} = \dfrac{2}{7}$

ganhou : $15\% \cdot \dfrac{2}{7} = \dfrac{15}{100} \cdot \dfrac{2}{7} = \dfrac{30}{700}$

3) O resto corresponde a:

$\dfrac{7}{7} - \left(\dfrac{4}{7} + \dfrac{2}{7} \right) = \dfrac{1}{7}$

4) Como nessa venda perdeu 5,25%.

$\dfrac{1}{7} \cdot \dfrac{5,25}{100} = \dfrac{5,25}{700}$

5) O lucro, no final dessas operações, foi:

$\dfrac{40}{700} + \dfrac{30}{700} - \dfrac{5,25}{700} = \dfrac{64,75}{700}$ do custo

O lucro foi então de $\dfrac{64,75}{700}$ do custo.

6) Vamos montar uma Regra de Três simples para determinar o custo total do arroz colhido.

Se $\dfrac{64,75}{700}$ corresponde ao lucro de R$ 1 295,00

$\dfrac{700}{700}$ corresponde a x

$x = \dfrac{\dfrac{700}{700} \cdot 1295}{\dfrac{64,75}{700}} = \dfrac{1295}{\dfrac{64,75}{700}} = \dfrac{700 \cdot 1295}{64,75} = 14\,000$

Resposta: O custo da colheita foi de R$ 14 000,00.

---

140. Por qual fração imprópria devo multiplicar um número a fim de que o resultado represente o referido número acrescido de 40%?

Solução:

Sabemos que $40\% = \dfrac{40}{100}$

O número procurado, qualquer que ele seja, é $\dfrac{100}{100}$ (uma unidade).

Para que $\dfrac{100}{100}$ fique acrescido de 40%:

$$\frac{100}{100}+\frac{40}{100}=\frac{140}{100}=\frac{14}{10}=\frac{7}{5}$$

Resposta: A fração procurada é $\frac{7}{5}$.

OBS.:
Vamos testar o resultado.

Multipliquemos um número qualquer, digamos 30, por $\frac{7}{5}$ e verifiquemos se, de fato, após essa multiplicação, o número 30 ficou aumentado de 40%:

$$30 \cdot \frac{7}{5} = \frac{210}{5} = 42$$

$$42 - 30 = 12 \rightarrow \frac{12}{30} = 0, 40 = \frac{40}{100} = 40\%$$

---

141. Um lojista comprou uma mercadoria e sobre o custo acrescentou 15% de imposto e 3% de frete. Vendeu essa mercadoria por R$ 1.800,00, tendo um lucro de 45%. Por quanto foi comprada a mercadoria?

Solução:
Lembrando que o preço de venda é igual ao preço do custo acrescido de lucro, temos a seguinte relação:

Venda = Custo + Lucro
V = C + L

$1800 = C + 0, 45 C$

$1800 = C(1 + 0, 45)$

$C = \frac{1800}{1,45} = 1241,38$

Onde:
V = 1 800,00
C = ?
L = 45% = $\frac{45}{100}$ = 0,45 de custo

Mas nesse custo também estão embutidos o imposto (15%) mais frete (3%). Então, teremos:

V = C + L
$1241, 38 = C + 18\% C$
$1241, 38 = C + 0, 18 C$
$1241, 38 = C(1 + 0, 18)$

Onde:
V = 1 241,38
C = ?
L = 18% = $\frac{18}{100}$ = 0,18

$C = \frac{1241,38}{1,18} = 1052,02$

Resposta: A mercadoria foi comprada por R$ 1 052,00.

142. Os três principais tipos de problemas sobre porcentagem.

1) Achar o número final.
   Exemplo: Que valor tem 75% de 20?

Solução:
75% . 20 = 15

2) Achar a porcentagem.
   Exemplo: Que porcentagem de 50 equivale a 35?

Solução:
Use Regra de Três, como segue:
Se 35 equivale a x%
  50 equivale a 100%

$x = \dfrac{35}{50} \cdot 100 = 70\%$

Resposta: 35 equivale a 70% de 50.

3) Achar o número inicial.
   Exemplo: Qual é o número cujos 15% é igual a 18?

Solução:
Também, neste caso, use Regra de Três, como segue:
Se 15% equivale a 18
100% equivale a x

$x = \dfrac{18}{15} \cdot 100 = 120$

Resposta: De fato, 15% de 120 é igual a 18.

---

143. (FGV – SP) O Sr. Eduardo gasta integralmente seu salário em 4 despesas: moradia, alimentação, vestuário e transporte. Ele gasta $\dfrac{1}{4}$ do salário com moradia, 35% do salário com alimentação, R$ 400,00 com vestuário e R$ 300,00 com transporte. Sua despesa com moradia é igual a:
a) R$ 430,00   b) R$ 432,50   c) R$ 435,00   d) R$ 437,50   e) R$ 440,00

Solução:

a) Moradia . . . . . . $\dfrac{1}{4} = 0{,}25 = 25\%$

b) Alimentação. 35%
c) Vestuário. . . . . . R$ 400,00 $\Big\}$ 40%
d) Transporte. . . . . R$ 300,00

Se 40% são representados por 700,00
100% são representados por x

$$x = \frac{70}{40} \cdot 100 = R\$ 1750,00$$

Como R$ 1 750,00 é o salário de Eduardo, ele gasta com moradia 25% R$ 1 750,00.
25% . 1 750 = R$ 437,50

Resposta: Letra "d".

---

144. Um mensageiro deve percorrer 350 km em um certo tempo, à razão de 15 km por hora. Em dado momento um incidente o reteve por 5 horas e para que não chegasse ao final da viagem em atraso, teve que fazer o restante do percurso com velocidade dupla. A que distância se deu o incidente?

Solução:

1) Se não houvesse nenhum incidente, o percurso teria sido feito no tempo, a seguir calculado.

e = v . t

e = espaço percorrido → 350 km
v = velocidade → 15 km/h
t = tempo a ser calculado

(1) $350 = 15 \cdot t \to t = \frac{350}{15} = 23,333 = 23h\,20min$ é o tempo que levaria para percorrer 350 km, se não houvesse nenhum incidente.

2) Porém uma parte da distância (x) foi percorrida na velocidade de 15 km/h e a parte restante (350 − x) foi percorrida na velocidade de 30 km/hora (velocidade dupla). Então, teremos:

```
A      x        350 − x      B
|---------------|-------------|
        350 km
```

Fórmula geral: → e = v . t

a) Trecho "x": $x = 15 \cdot t_1 \to t_1 = \frac{x}{15}$

b) Trecho 350 − x: $350 - x = 30 \cdot t_2 \to t_2 = \frac{350 - x}{30}$

c) Vimos em "1" que, se não houvesse nenhum incidente, a distância de 350km seria percorrida em 23 horas e 20 minutos (23,33 h).

Embora tenha havido o incidente que atrasou o mensageiro em 5 horas, essa distância (de 350 km) terá que ser percorrida no mesmo tempo de 23,33 horas; por isso que a velocidade no trecho restante terá de ser o dobro, ou seja, de 30km/ hora.

Mas como perdeu 5 horas, toda a distância de 350 km terá que ser feita em:
23,33 – 5h = 18,33 horas.

O trecho "x" será feito no tempo $t_1 = \dfrac{x}{15}$ e o trecho restante (350 – x) será feito no tempo.

$t_2 = \dfrac{350 - x}{30}$ e $t_1 + t_2 = 18,33$ horas

Assim; $\dfrac{x}{15} + \dfrac{350 - x}{30} = 18,3333$

$\dfrac{x}{15} + \dfrac{350 - x}{30} = \dfrac{18,3333}{1}$ {m.m.c = 30

$2x + 350 - x = 550$

$x = 550 - 350$

$x = 200\,km$

Resposta: O incidente se deu a 200 km do ponto de partida.

13. NOÇÕES DE MATEMÁTICA FINANCEIRA

CAPITALIZAÇÃO SIMPLES
Juros | Taxa de Juros | Capitalização Simples

Informações básicas:

I – JURO é um valor em dinheiro que representa a remuneração de um capital emprestado ou, de qualquer forma, aplicado. É na prática um aluguel que se paga pelo uso de um capital ou de qualquer quantia em dinheiro.

II – TAXA DE JUROS é um percentual que se aplica ao capital para obtenção dos juros. É a razão entre o valor recebido (juros) no final de um certo período de tempo e o capital aplicado. Essa razão é representada como segue:

1) $i = \dfrac{J}{C} \begin{cases} i = \text{taxa de juros} \\ J = \text{juros recebidos} \\ C = \text{capital inicial} \end{cases}$ (ou pagos)

O capital inicial é também chamado de principal, valor presente ou valor atual.

Exemplo 1:
Achar a taxa de juros (i) cobrada num empréstimo de R$ 3 000,00 (C), cujos juros (J) foram de R$ 450,00.

$i = \dfrac{450}{3000} = 0,15 \rightarrow 15\%$ → é a taxa de juros cobrada.

Exemplo 2:
Qual a taxa de juros cobrada num empréstimo de R$ 35 000,00 a ser resgatado por R$ 35 700,00?
Capital inicial (C) = 35 000,00
Juros = 357 00,00 – 35 000,00 = R$ 700,00
Taxa de juros (i) =?

$$i = \frac{J}{C} = \frac{700}{35\,000} = 0,02 \to 2\%$$

Outra forma de calcular a taxa de juros:
A taxa de juros também pode ser obtida de outra maneira, como segue.

Consideramos:
i = taxa de juros
C = capital inicial
M = montante (capital inicial + juros recebidos)
J = juros

Então, o montante M é igual a C + J:
M = C + J → J = M − C.

Levando o valor de "J" desta expressão para $i = \dfrac{J}{C}$, teremos:

$$i = \frac{J}{C} = \frac{M-C}{C} = \frac{M}{C} - \frac{C}{C} = \frac{M}{C} - 1$$

Ou seja, a taxa de juros é igual ao montante (M) dividido pelo capital inicial, menos 1.

2) $i = \dfrac{M}{C} - 1$

Exemplo 3:
Calcular a taxa de juros do capital R$ 48 000,00, que recebeu R$ 1 440,00 de juros.

Temos:
C = 48 000,00
J = 1 440,00
M = 49 440,00 (= C + J)
i = ?

$$i = \frac{M}{C} - 1 \to i = \frac{49\,440}{48\,000} - 1 = 0,03 \to 3\%$$

Capitalização Simples:
Capitalização simples é aquela em que a taxa de juros incide somente sobre o capital. O valor dos juros é obtido pela expressão:

3) J = C . i . t
- C = capital inicial
- i = taxa de juros
- t = tempo decorrido (prazo)
- J = valor dos juros

Exemplo:
Calcular o valor dos juros relativos a um empréstimo de R$ 15 000,00, pelo prazo de oito meses, à taxa de 2% ao mês.

J = ?   J = c . i . t
C = 15 000 $J = 15\,000 \cdot \dfrac{2}{100} \cdot 8$
i = 2% a.m   J = 15 000 . 0,02 . 8
t = 8 meses   J = 2 400,00

Da fórmula "3" poderemos obter, mediante simples transformações algébricas, os valores de C (capital), i (taxa de juros) e t (tempo decorrido ou prazo da operação financeira), como segue.

J = C . i . t   (3)

4) $\rightarrow C = \dfrac{J}{i \cdot t}$

5) $\rightarrow i = \dfrac{J}{c \cdot t}$

6) $\rightarrow t = \dfrac{J}{c \cdot i}$

PROBLEMAS DE APLICAÇÃO

1. Qual o capital que, à taxa de juros de 4% ao mês, durante 8 meses, recebeu R$ 9 600,00 de juros?

$C = \dfrac{J}{i \cdot t}$ $\begin{cases} J = 9\,600,00 \\ i = 4\% \text{ a.m} = 0,04 \text{ a.m} \\ t = 8 \text{ meses} \end{cases}$

$C = \dfrac{9\,600}{0,04 \cdot 8} = 30\,000,00$

Resposta: O capital é 30 000,00.

2. Uma aplicação de R$ 25 000,00 pelo prazo de 180 dias rendeu R$ 3 000,00. Qual a taxa anual de juros correspondente?

C = 25 000,00
t = 180 dias
J = 3 000,00

$$i = \frac{J}{C \cdot t} = \frac{3\,000}{25\,000 \cdot 180} = 0,000667 \cdot 100 = 0,0667\% \text{ a.d} = \text{ao dia}$$

Taxa anual : $360 \cdot 0,000667 = 0,24 \to 0,24 \cdot 100 = 24\%$ a.a

Resposta: A taxa foi de 24% (a.a).

> **Observação importante:**
> Quando o prazo da operação financeira for dado em dias, a taxa resultante dos cálculos será diária; se for dada em meses, a taxa será mensal, se dada em trimestre, a taxa será trimestral e assim também para os casos de quadrimestre, semestre, etc.

3. Cálculo do prazo: Com aplicação de R$ 30 000,00, à taxa de 6% ao trimestre, foram obtidos juros de R$ 9 000,00. Qual foi o prazo dessa operação?

C = 30 000,00
J = 9 000,00
i = 6% ao trimestre → 0,06 a.t → a.t = ao trimestre
t = ?

$$t = \frac{J}{C \cdot i} = \frac{9\,000}{30\,000 \cdot 0,06} = 5 \text{ trimestres} \to 15 \text{ meses}.$$

Resposta: O prazo foi de 15 meses.

4. Um empréstimo de R$ 38 000,00 é liquidado por R$ 45 600,00 ao final de 185 dias. Calcular a taxa mensal de juros.

Solução:
Aplicar as fórmulas:
1) J = C . i . t
2) J = M − C

$\begin{cases} C = 38\,000,00 \\ i = ? \\ t = 185 \text{ dias} \\ M = 45\,600,00 \end{cases}$

De $\left(1\right)$ obtemos : $i = \dfrac{J}{C \cdot t} = \dfrac{J}{38\,000 \cdot 185}$

De (2) obtemos: J = M − C
J = 45 600 − 38 000 = 7 600

Substituindo o valor de J obtido nesta operação na equação (1), teremos:

$$i = \frac{7\,600}{38\,000 \cdot 185} = 0,00108 \to 0,108\% \text{ ao dia}$$

Então a taxa mensal será:
$i_m = 0,108\% \cdot 30 \text{ dias} = 3,24\%$ a. m

Resposta: A taxa mensal será de 3,24% a. m.

5. Qual o capital que, à taxa de 5% ao mês rendeu juros de R$ 9 000,00 em 1 ano?

$J = C \cdot i \cdot t$, portanto $C = \dfrac{J}{i \cdot t} = \dfrac{9000}{0,05 \cdot 12} = 15\,000,00$ $\begin{cases} C = ? \\ i = 5\% \text{ a.m} = 0,05\% \text{ a.m} \\ j = 9\,000 \\ t = 12 \text{ meses} \end{cases}$

Resposta: O capital é R$ 15 000,00.

6. Calcular o montante de um capital de R$ 75 000,00, pelo prazo de 12 meses, à taxa de 3,5% ao mês. Calcule também o valor dos juros recebidos.

Solução:
Sabemos que montante é a soma do capital mais juros.
M = C + J
Mas J = C . i . t
M = C + C . i . t
M = C (1 + i . t)

J = ?
M = ?
C = 75 000,00
i = 3,5% ao mês = $\dfrac{3,5}{100}$ = 0,035
t = 12 meses
M = 75 000 (1 + 0,035 . 12) = 75 000 . 1,42 = 106 500,00 $\{$ **M = C (1 + i t)**
M = 106 500,00

Como J = M − C
J = 106 500,00 − 75 000,00
J = 31 500,00

Resposta: O montante é de R$ 106 500,00, e os juros recebidos são de R$ 31500,00.

TABELA DE CONVERSÃO DE PRAZOS

Ao solucionar problemas envolvendo taxas e tempo (prazo), lembre-se: prazos e taxas têm que estar, ambos, na mesma unidade de tempo.

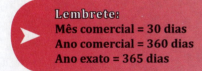

Lembrete:
Mês comercial = 30 dias
Ano comercial = 360 dias
Ano exato = 365 dias

Se você tem os prazos nas unidades abaixo	e quer transferi-los para as unidades abaixo	efetue os cálculos
a.a (ao ano)	a.m	$\dfrac{a\,a}{12}$
	a.d	$\dfrac{a\,a}{360}$
a.m (ao mês)	a.a	$am \cdot 12$
	a.d	$\dfrac{a\,m}{30}$
a.d (ao dia)	a.a	$ad \cdot 360$
	a.m	$ad \cdot 30$

7. Sabendo-se que um certo capital aplicado durante 8 semestres à taxa de 24% ao ano, rendeu R$ 96 000,00 de juros, calcular o montante.

Dados do problema:
C = ?
t = 8 semestres
i = 24% ao ano
M = ?
J = R$ 96 000,00

Solução:
Como M = C + J
M = C + 96 000 (1)

Assim, calculemos "C" para substituí-lo em (1).

$C = \dfrac{J}{i \cdot t}$ i = 24% ao ano = 12% ao semestre

t = 8 semestres

$C = \dfrac{96\,000}{0,12 \cdot 8} = 100\,000,00$

> **Lembrete:** A taxa e tempo (prazo) têm que estar (ambos) na mesma unidade. Se não estiverem mencionados no problema, transforme-os na mesma unidade.

Então: M = C + J
M = 100 000 + 96 000
M = R$ 196 000,00

Resposta: O montante é de R$ 196 000,00.

8. Um empréstimo de R$ 45 000,000 deverá ser quitado por R$ 90 000,00, ao final de 12 meses. Calcular todas as taxas mensal e anual aplicadas nesse negócio.

Dados:
M = 90 000,00
C = 45 000,00
t = 12 meses
i_m =? → taxa mensal
i_a =? → taxa anual

Solução:
$M = C(1+i.t)$

$90\,000 = 45\,000(1+i.12)$

$\dfrac{90\,000}{45\,000} = 1+i.12 \to 2 = 1+i.12 \to 2-1 = i.12 \to 1 = i:12$

$i = \dfrac{1}{12} = 0,0833 \to i = 8,33\%\,a.m$

Taxa anual : $i_a = 12.8,33 = 100\% (8,333333.12 = 100)$

Resposta:
a) A taxa mensal é de: 8,33%.
b) A taxa anual é de: 100%.

---

9. Duas pessoas foram encarregadas de calcular os juros de um capital, aplicado em 75 dias, à taxa de 6% ao ano. A diferença entre os resultados calculados por eles foi de R$ 171,23. Sabendo-se que essa diferença resulta do fato de uma das pessoas ter considerado o ano com 360 dias e a outra com 365 dias, calcular o valor do capital aplicado.

Dados do problema:
i = 6% a.a = $\dfrac{6}{100}$ = 0,06 a.a
C = (é o mesmo em ambos os casos) =?
t = 75 dias
D = diferença entre as importâncias calculadas = 171,23.

Solução:
Calcule os juros que cada um obteve, colocando na fórmula J = C . i . t os anos:
a) ano de 360 dias para o primeiro.
b) ano de 365 dias para o segundo.

Então:
J = C . i . t

1) $j_1 = C \cdot \dfrac{0,06}{360} \cdot 75 = 0,0125 \cdot C$

2) $j_2 = C \cdot \dfrac{0,06}{365} \cdot 75 = 0,01238767 \cdot C$

Como $j_1 - j_2 = 171,23$ e substituindo nesta os valores de j_1 e j_2 encontrados acima, teremos:

$0,0125C - 0,01238767C = 171,23$

$0,00017123C = 171,23$, portanto $C = \dfrac{171,23}{0,00017123} = R\$ 1\,000\,000,00$

Resposta: O valor do capital aplicado é R$ 1 000 000,00.

---

10. Calcular o montante de uma aplicação, a juros simples, de um capital de R$ 200 000,00, à taxa mensal de 8% feita em 5 de Março e resgatada em 18 de agosto do mesmo ano.

Dados do problema:
M =?
J =?
C = R$ 200 000,00
$i = 8\%$ a.m $= \dfrac{8}{100} = 0,08$ a.m
t = dias entre 05/03 e 18/08 do mesmo ano.

Solução:
1) Vamos achar, em primeiro lugar o número de dias decorridos entre as datas citadas.

2) Transformar 8% a.m em % ao dia, pois o prazo "t" está indicado em dias.

   a) 05/03 – 31/03 = 26 dias
          Abril   = 30 dias
          Maio   = 31 dias
          Junho   = 30 dias
          Julho   = 31 dias
          Agosto = <u>18 dias</u>
                     166 dias

   b) 8% a.m = $\dfrac{8\%}{30} = \dfrac{0,08}{30} = 0,00267$ ao dia.

   c) Aplicando as fórmulas $J = C \cdot i \cdot t$ e $M = C + J$:

$J = 2\,000\,000 \cdot 0,002667 \cdot 166 = R\$ 88\,533,33$
$M = C + J \rightarrow M = 200\,000 + 88\,533,33$
$M = 288\,533,33$

Resposta: O montante dessa aplicação é de R$ 288 533,33.

OPERANDO COM DATAS (COM CALCULADORA)

CÁLCULO DO NÚMERO DE DIAS ENTRE DATAS

Usando as datas do problema "10", calcular os dias decorridos entre 05/03 e 18/08 do mesmo ano. A calculadora exige que se coloque um ano qualquer. Colocaremos o ano de 2009, e siga os seguintes passos:

Na calculadora HP – 12 C:

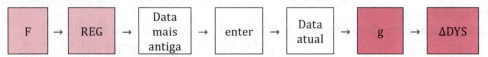

As datas deverão ser colocadas na calculadora, como segue:
Data mais antiga: 05.032009 → sem ponto entre 03 e 2009.
Data atual: 18.082009 → sem ponto entre 08 e 2009.

Operando como acima indicado, o resultado é de 166 dias, igual ao calculado manualmente.

CÁLCULO DA DATA DE RESGATE A PARTIR DA DATA DA APLICAÇÃO

Exemplo 1:
Fiz uma aplicação em CDB dia 05/04/2009 com 90 dias para resgate (vencimento). Qual a data do resgate e o dia da semana? (use a calculadora HP – 12C, conforme está indicado a seguir).

F → REG → 05.042009 → enter → 90 → g → date

Resultado: 04/07/2009 – Sábado.

OBS.:
O resultado é informado no visor como dia, mês e ano, separados por um ponto 4.07.2009 _ 6 . No canto direito do visor virá ainda um número indicativo do dia da semana, 6 → sábado conforme a seguinte convenção:

Número no visor	Dia da semana
1	2ª feira
2	3ª feira
3	4ª feira
4	5ª feira
5	6ª feira
6	Sábado
7	Domingo

Exemplo 2:
Calcule, por curiosidade, com a calculadora, o dia da semana em que ocorreu a Proclamação da República, em 15/11/1889.

F → REG → 15.111889 → enter → 0 → g → date

Resultado:
Sexta-feira. No canto direito da calculadora aparece o número "5" = 6ª feira

Exemplo 3:
Uma aplicação para 95 dias foi resgatada em 18/08/2009. qual o dia da aplicação?

F → REG → 18.082009 → enter → 95 → CHS → g → date → Leia no visor 15.05.2009 5

Resultado: 15/05/2009 → 6ª feira.

---

11. Um comerciante vendeu a um freguês mercadorias no valor de R$ 1500,00 para serem pagas em 3 prestações, sendo a 1ª a 60 dias, outra a 90 dias e a 3ª a 120 dias, com juros de 6% ao ano. Qual o valor de cada prestação?

Dados do problema:
C = 1 500,00

$i = 6\%$ a.a $= \dfrac{6 \text{ a.a}}{100} = 0,06$ a.a $= \dfrac{0,06}{360} = 0,0001666$ ao dia

t = 60, 90, 120 dias.

Solução:
Fórmula a ser usada para cálculo do montante (C + J) de cada mês:
M = C (1 + i . t)

Como o capital (valor das mercadorias) é de R$ 1 500,00 e o prazo de pagamento foi dividido em 3 parcelas (de 60, 90 e 120 dias) segue-se que o total de cada parcela (sem juros) será 1 500 : 3 = 500,00

Agora, calculemos o montante (capital + juros), aplicando para cada parcela de R$ 500,00, a fórmula. M = C (1 + i t).

1) Para 60 dias: M_1 = 500 (1 + 0,0001666 . 60) = 505,00
2) Para 90 dias: M_2 = 500 (1 + 0,0001666 . 90) = 507,50
3) Para 120 dias: M_3 = 500 (1 + 0,0001666 . 120) = 510,00

$M_1 + M_2 + M_3$ = 505 + 507,50 + 510 = 1 522,50 = capital + juros
O valor dos juros cobrados nessa operação foi:

Como M = J + C → J = M − C
J = 1 522,50 − 1 500 = R$ 22,50

Resposta:
1) O valor dos juros cobrados na operação citada no problema foi de R$ 22,50.
2) O valor de cada prestação foi de:
   a) Para 60 dias =   R$ 505,00
   b) Para 90 dias =   R$ 507,50
   c) Para 120 dias =   R$ 510,00

---

12. Calcular o juro produzido pelo capital de R$ 2 500,00 a 6% ao ano, ao final de 4 anos e 8 meses.

Dados do problema:
J = ?
C = R$ 2 500,00
$i = 6\%\ a.a = \dfrac{6\ a.a}{100} = 0,06\ a.a = \dfrac{0,06}{12} = 0,005\ a.m$
t = 4 anos e 8 meses = 4 . 12 + 8 = 48 + 8 = 56 meses

> **Observação importante:**
> A taxa e o tempo têm que estar, ambos, na mesma unidade.

Solução:
J = C . i . t
J = 2 500 . 0,005 . 56 = 700,00

Resposta: O juro produzido foi de R$ 700,00.

---

13. Que taxa mensal, no período de 4 meses e 15 dias, se deve aplicar a um capital de R$ 360 000,00, para que produza juro no valor de R$ 36 000,00?

Dados do problema:
i mensal = ?
t = 4 meses +15 dias = 4,5 meses $\left[4 + \dfrac{15}{30} = 4 + \dfrac{1}{2} = 4 + 0,5 = 4,5\ meses\right]$ C = 360 000,00
J = 36 000,00
J = C . i . t
36 000 = 360 000 . i . 4,5
$i = \dfrac{36\,000}{360\,000 . 4,5} = 0,0222 = 2,22\%\ a.m$

Resposta: A taxa mensal deve ser de 2,22% a.m
De fato 2,22% . 360 000 . 4,5 = 35 999,99 equivalente à 36 000,00.

14. Calcular o juro simples que um capital de R$ 25 000,00 rende à taxa de 3% ao mês, quando aplicado no período de 5 de março até 12 de novembro do mesmo ano.

Dados do problema:
J = ?
C = R$ 25 000,00
$i = 3\%$ a.m $= \dfrac{3 \text{ a.m}}{100} = 0{,}03$ a.m
t = período de 05/03 à 12/11

Cálculo do número de dias decorridos entre estas datas, usando a calculadora HP12 – C, como segue:

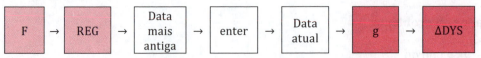

Solução:
Calculemos, manualmente, o tempo decorrido (em dias) entre 05/03 à 12/11 do mesmo ano:
30 – março. . . . . . . de 05/03 à 31/03. . = 26 dias
30 – abril. = 30 dias
31 – maio . . . . = 31 dias
30 – junho. . . . . = 30 dias
31 – julho . . . . = 31 dias
30 – agosto . . . . = 31 dias
30 – setembro . . . . = 30 dias
31 – outubro . . . . = 31 dias
30 – novembro . . . . de 01/11 à 30/11. . = 18 dias
. . . . = 252 dias

$J = 25\,000{,}0 \cdot 0{,}03 \cdot \dfrac{252}{30}$

J = R$ 6 300,00

Resposta: O juro simples produzido foi de R$ 6 300,00.

---

15. Qual é o capital que, em 25 dias, à taxa de 18% ao ano produz o montante de R$ 19 500,00?

Dados do problema:
C = ?
t = 25 dias
M = R$ 19 500,00
$i = 18\%$ a.a $= \dfrac{18 \text{ a.a}}{100} = 0{,}18$ a.a $\rightarrow \dfrac{0{,}18}{12 \cdot 30} = 0{,}0005$ a.d

Solução:

$M = C(1+i \cdot t)$

$C = \dfrac{M}{1+i \cdot t}$

$C = \dfrac{19\,500}{1+(0,0005 \cdot 25)}$

$C = 19\,490,25$

Resposta: O capital é de R$ 19 490,25.

---

16. Qual é o capital que à taxa de 24% ao ano produz R$ 2 500,00 em 2 anos?

Dados do problema:
C = ?
$i = 24\%$ a.a $= \dfrac{24\,a.a}{100} = 0,24$ a.a.
J = 2 500,00
t = 2 anos

Solução:

$J = C \cdot i \cdot t$

$C = \dfrac{J}{i \cdot t} = \dfrac{2500}{0,24 \cdot 2} = R\$ 5\,208,33$

Resposta: O capital é de R$ 5 208,33.

---

17. A que taxa anual um capital R$ 450 000,00 rende em 2 meses e 12 dias, a importância de R$ 5 500,00?

Dados do problema:
C = 450 000,00
t = 2 meses e 12 dias = (60 + 12) dias = 72 dias → t = $\dfrac{72}{360}$ = 0,2 anos
i = ?
J = 5 500,00

Solução:

$J = C \cdot i \cdot t \rightarrow i = \dfrac{J}{c \cdot t} = \dfrac{5500}{450\,000,0 \cdot 2} = 0,0611$

$i = 0,0611 = 6,11\%$ a.a

Resposta: A taxa é de R$ 6,11% a.a.

18. A que taxa mensal um capital triplica em 5 anos?

Dados do problema:
C = C
t = 5 anos
M = C + 2C = 3C
i_m =?

Solução:

$$M = C(1+i.t) \rightarrow \frac{M}{C} = 1+i.t$$

$$\frac{M}{C} - 1 = i.t \text{ Portanto } : i = \frac{\frac{M}{C}-1}{t}$$

$$i = \frac{\frac{3C}{C}-1}{5} = \frac{3-1}{5} = \frac{2}{5} = 0,40 \text{ a.a} = 40\% \text{ a.a}$$

$$i = 40\% \text{ a.a} = \frac{40\%}{12} = 3,33\% \text{ ao mês}$$

Resposta: A taxa é de R$ 3,33% a.m.

---

19. A que taxa mensal um capital quintuplica em 10 anos?

Dados do problema:

C = C
t = 10 anos
M = C + 4C = 5C
i_m =?

$$\begin{cases} i = \dfrac{\frac{M}{C}-1}{10} \\ i = \dfrac{\frac{5C}{C}-1}{10} = \dfrac{5-1}{10} = \dfrac{4}{10} \\ i = 0,40 \text{ a.a} = 40\% \text{ a.a} \\ i = \dfrac{40\%}{12} = 3,33\% \text{ a.m} \end{cases}$$

Resposta: A taxa é de 3,33% a.m.

---

20. Uma pessoa tomou emprestado de uma financeira uma certa importância a juros simples de 12% ao ano. Ao final de um certo tempo, devolveu à financeira o dobro do que recebeu. Por quanto tempo essa importância foi emprestada?

Dados do problema:
Representemos o capital (C) por 1. Como devolveu o dobro desse capital, este passou a ser 2C. Então, os dados do problema são:

C = 1
M = 2 . C = 2 C
i = 12% a.a = $\frac{12}{100}$ = 0,12 a.a
t =?

Solução:
$M = C(1+i.t)$

$\frac{M}{C} = (1+i.t)$

$\frac{M}{C} - 1 = i.t$

$t = \frac{\frac{M}{C}-1}{i} \begin{cases} M=2 \\ C=1 \end{cases}$

$t = \frac{\frac{2}{1}-1}{0,12}$

$t = \frac{1}{0,12} = 8,33$ anos

$t = 8 + (0,33 . 12 \text{ meses})$ ou $8 + \frac{1}{3}.12 = 8$ anos $+ 4$ meses

t = 8 anos e 4 meses

Resposta: A importância foi emprestada por 8 anos e 4 meses.

---

21. Ao final de 30 meses de aplicação, o montante da operação representa $\frac{8}{5}$ do capital. Qual a taxa usada nessa operação?

Dados do problema:
C = 1
t = 30 meses
M = $\frac{8}{5}$. C = $\frac{8C}{5}$
i =?

Solução:
$M = C(1+i.t)$

Capítulo 13 NOÇÕES DE MATEMÁTICA FINANCEIRA

$$\frac{M}{C} = 1 + i.t$$

$$\frac{M}{C} - 1 = i.t$$

$$\frac{\frac{M}{C} - 1}{t} = i \to i = \frac{\frac{8C}{5} - 1}{30} \quad \{\text{Como } C = 1, i \text{ será}:$$

$$i = \frac{\frac{8}{5} - 1}{30} = \frac{\frac{8}{5} - \frac{5}{5}}{30} = \frac{\frac{3}{5}}{30} = \frac{3}{5.30} = \frac{1}{50} = 0,02$$

$$i = 2\% \text{ a.m}$$

Resposta: A taxa utilizada é de 2% a.m

---

22. Calcular os juros de uma aplicação de R$ 12 000,00, à taxa de 8% ao ano, feita entre os dias 05 de maio e 12 de julho do mesmo ano.

Dados do problema:
C = 12 000,00
t = de 05/05 a 12/07
i = 8% a.a = $\frac{8}{100}$ = 0,08 a.a → $\frac{0,08}{360}$ = 0,000222 a.d
J =?

Solução:
Cálculo do tempo decorrido em dias:
Maio: de 05/05 a 31/05 . . . = 26 dias
Junho:. . . . . = 30 dias
Julho: . . . . = 12 dias
Tempo decorrido . . . . = 68 dias

J = C . i . t
J = 12 000 . 0,000222 . 68
J = R$ 181,15

Resposta: Os juros foram de R$ 181,15.

---

23. (Concurso Banco do Brasil) Um capital, com os juros correspondentes a 5 meses, eleva-se a R$ 748,25. O mesmo capital, com juros correspondentes a 8 meses, eleva-se a R$ 759,20. Determine o capital.

Dados do problema:
Montante → M_1 = C (1 + i . t) = 748,25
                C (1 + i . 5) = 748,25   ← Montante M_1 = 748,25

1) $C = \dfrac{748,25}{1+5i}$

Montante → $M_2 = C(1 + i \cdot t) = 759,20$

$C(1 + 8i) = 759,20$ ← Montante $M_2 = 748,25$

2) $C = \dfrac{759,20}{1+8i}$

As equações "1" e "2" são iguais, pois o capital é o mesmo. Portanto:

$\dfrac{748,25}{1+5i} = \dfrac{759,20}{1+8i} \leftrightarrow 748,25(1+8i) = 759,20(1+5i)$

$748,25 + 5986i = 759,20 + 3796i$

$5986i - 3796i = 759,20 - 748,25$

$2190i = 10,95 \leftrightarrow i = \dfrac{10,95}{2190} = 0,005$

Determinada a taxa (0,005), acharemos o capital.

$M = C(1 + i \cdot t) \rightarrow 748,25 = C(1 + 0,005 \cdot 5)$

$748,25 = C(1 + 0,025) \rightarrow 748,25 = C \cdot 1,025$

$C = \dfrac{748,25}{1,025} = 730,00$

Resposta: O valor do capital é R$ 730,00.

---

24. Dois capitais diferem em R$ 86 000,00. O maior, empregado durante 10 meses, rendeu R$ 1 542,00. O menor, empregado durante 15 meses, rendeu, à mesma taxa, R$ 1 926,00. Quais foram os capitais empregados e qual a taxa anual? (Matemática Comercial e Financeira, W. Spinelli e M. Helen Queiroz, Ed. Ática, 10ª ed., 1994, p. 94).

Dados do problema:
$C_1 - C_2 = 86\,000,00$
$C_1 \rightarrow J_1 = 1\,542$ em 10 meses
$C_2 \rightarrow J_2 = 1\,926$ em 15 meses

Solução:

$J = C \cdot i \cdot t \rightarrow C_1 = \dfrac{J_1}{i \cdot t_1} = \dfrac{1542}{i \cdot 10}$

$C_2 = \dfrac{J_2}{i \cdot t_2} = \dfrac{1926}{i \cdot 15}$

Como $C_1 - C_2 = 86\,000$, teremos:

$$\frac{1542}{10i} - \frac{1926}{15.i} = \frac{86\,000}{1} \quad \{MMC = (10i, 15i) = 30i$$

$$\frac{3.1542}{30i} - \frac{2.1926}{30i} = \frac{86\,000.30i}{30i}$$

Multiplicando todos os termos da equação por 30 i, temos:

$3.1542 - 2.1926 = 86\,000.30i$

$4626 - 3852 = 2580.10^3.i \quad \{2580.10^3 = 2\,580\,000$

$774 = 2580.10^3.i$

$i = \dfrac{774}{2580.10^3} = 0,0003$ a.a

Conhecida a taxa de juros (i), calculamos, agora, o valor dos capitais empregados:

$C_1 = \dfrac{J_1}{i.t_1} = \dfrac{1542}{0,0003.10} = 514\,000,00$

$C_2 = \dfrac{J_2}{i.t_2} = \dfrac{1926}{0,0003.15} = 428\,000,00$

Resposta: **a)** Os capitais empregados foram de R$ 514 000,00 e R$ 428 000,00.
b) A taxa anual foi de 0,03% a.a.

---

25. (Concurso Banco do Brasil) Dois capitais de R$ 11 000,00 e R$ 5 000,00 estiveram aplicados durante 3 anos. Determinar a que taxa esteve aplicado o segundo capital, sabendo que o primeiro, aplicado à taxa de 7% a.a rendeu R$ 1 110,00 a mais que o segundo.

Dados do problema:
$C_1 = 11\,000,00 \ i_1$ 7% a.a J_1 $1\,110 + J_2$
$C_2 = 5\,000,00$ $i_2 = ?$ $J_2 = ?$
$t = 3$ anos

Solução:

$J_1 = C.i.t \rightarrow J_1 = 11\,000.0,07.3 = 2310,00$

Dado $J_1 = 1110 + J_2 \rightarrow J_2 = J_1 - 1100$

$J_2 = 2310 - 1110$

$J_2 = 1200$

$J_2 = C \cdot i \cdot t \to i = \dfrac{J_2}{C \cdot t}$

$i = \dfrac{1200}{5000 \cdot 3} = 0,08$

$i = 8\%$ a.a

Resposta: O capital foi aplicado a 8% a.a.

---

26. (Concurso Banco do Brasil) Determinar em quantos meses um capital de R$ 32 000,00, aplicado à taxa de 12% a.a rende R$ 4 800,00 de juros simples.

Dados do problema:
C = R$ 32 000,00
$i = 12\%$ a.a $= \dfrac{12}{100} = 0,12$ a.a
J = R$ 4 800,00
t =?

Solução:

$J = C \cdot i \cdot t \to t = \dfrac{J}{C \cdot i}$

$t = \dfrac{4800}{32000 \cdot 0,12}$

$t = 1,25 \text{ anos} = 12 \text{ meses} + (0,25 \cdot 12) \to t = 12 + 3 = \to t = 15$

$t = 15$ meses

Resposta: Rende R$ 4 800,00 de juros no período de 15 meses.

---

27. (Concurso Banco do Brasil) A soma de um capital com seus juros, aplicados durante 110 dias, à taxa de 7% a.a é igual R$ 2 553,47. Determinar o valor dos juros, considerando-se o ano com 360 dias.

Dados do problema:
C + J = 2 553,47 (= Montante "M")
t = 110 dias (um ano comercial = 12 meses de 30 dias = 360 dias)
$i = 7\% = \dfrac{7}{100} = 0,07$ a.a $= \dfrac{0,07}{12 \cdot 30} = 0,0001944$ a.d
J =?

Solução:

$M = C(1 + i \cdot t) \to C = \dfrac{M}{1 + i \cdot t}$

$$C = \frac{2553,47}{1+(0,0001944 \cdot 110)}$$

C = 2500

Como C + J = 2553, 47

J = 2553, 47 − 2500

J = R$ 53, 47

Resposta: O valor dos juros é de R$ 53,47.

---

28. (ITA-SP) Uma loja oferece um computador e uma impressora por R$ 3 000,00 à vista, ou por 20% do valor à vista como entrada e mais um pagamento de R$ 2 760,00, após 5 meses. Qual a taxa de juros simples calculada?

Dados do problema:
Total da compra = 3 000,00
Entrada (20% . 3 000) = 600,00
Ficou devendo = 2 400,00
Pagar após 5 meses = 2 760,00
Juros cobrados sobre a dívida de R$ 2 400,00: → 2 760 − 2 400 = 360,00.

Solução:
Então, para resolver o problema, consideremos:
Capital → C = 2 400,00
Juros → J = 360,00
Prazo → t = 5 meses
Taxa → i = ?

$$J = C \cdot i \cdot t \rightarrow i = \frac{J}{C \cdot t} = \frac{360}{2400 \cdot 5} \rightarrow i = 0,03 = 3\% \text{ a.m}$$

Resposta: A taxa de juros calculada é de 3% a.m.

---

29. Calcular o tempo que um capital de R$ 20 000,00 deve permanecer aplicado a uma taxa de juro simples de 25% ao mês para render juro de R$ 15 000,00.

Dados do problema:
C = 20 000,00
$i = 25\% \text{ a.m} = \frac{25}{100} = 0,25 \text{ a.m}$
J = 15 000,00
t = ?

Solução:
J = C . i . t

$$t = \frac{J}{C \cdot i} = \frac{15\,000}{20\,000 \cdot 0,25} \to t = 3 \text{ meses}$$

Resposta: O capital deve permanecer aplicado pelo período de 3 meses.

---

30. Um comerciante aplicou R$ 10 000,00 à taxa de 50% ao ano. Qual será o juro acumulado ao fim de 90 dias, considerando:
   a) Juros simples comercial (Ano de 360 dias)
   b) Juros simples exatos (Ano de 365 dias)

Dados do problema:
C = 10 000,00
i = 50% a.a = $\frac{50}{100}$ = 0,50 a.a
t = 90 dias
J_1 =? (ano de 360 dias)
J_2 =? (ano de 365 dias)

Solução:
Aplique-se a fórmula J = C . i . t

Ano de 360 dias $\to \begin{cases} J_1 = 10\,000 \cdot \dfrac{0,5}{360} \cdot 90 = 1250 \\ J_1 = R\$\,1\,250,00 \end{cases}$

Ano de 365 dias $\to \begin{cases} J_2 = 10\,000 \cdot \dfrac{0,5}{365} \cdot 90 = 1232,88 \\ J_2 = 1\,232,88 \end{cases}$

Resposta: O juro acumulado ao fim de 90 dias é:
   a) Considerando o ano comercial = R$ 1 250,00.
   b) Considerando o ano calendário = R$ 1 232,88.

---

31. A que taxa se deve emprestar a importância de R$ 136 000,00 para que, em 4 meses e 12 dias, produza uma renda (juros) de R$ 10 560,00?

Dados do problema:
C = 136 000,00
t = 4 meses e 12 dias = 4 . 30 + 12 = 132 dias
J = 10 560,00
i =?

$\begin{cases} 4 \text{ meses} \cdot 30 = 120 \text{ dias} \\ +12 = \underline{12 \text{ dias}} \\ 132 \text{ dias} \end{cases}$

Solução:
$J = C \cdot i \cdot t \to i = \dfrac{J}{C \cdot t}$

$$i = \frac{10\,560}{136\,000 \cdot 132} = 0,000588 \text{ a.d ou } 0,058\% \text{ a.d}$$

Verificação do resultado:
136 000 . 0,000588 . 132 = 10 559,37 equivalente a R$ 10 560,00

Resposta: A importância deve ser emprestada à taxa de 0,000588 a.d ou 0,058% a.d.

---

32. Calcular o montante simples obtido na aplicação de R$ 12 000,00, à taxa de 1,5% ao mês, ao fim de 9 meses.

Dados do problema:
M =?
C = 12 000,00
$i = 1,5\% \text{ a.m} = \dfrac{1,5}{100} = 0,015 \text{ a.m}$
t = 9 meses

Solução:
1) M = C + J
2) J = C . i . t → Substituindo "2" em "1", teremos:

M = C + C . i . t = C (1 + i . t)
M = 12 000 (1 + 0,015 . 9)
M = 12 000 (1 + 0,135)
M = 12 000 . 1,135 = 13 620,00

Resposta: O valor do montante é R$ 13 620,00.

---

33. (Concurso do Banco do Brasil) Uma pessoa que aplicou R$ 110 000,00 do seguinte modo:
a) 68 000,00 a 5%a.a
b) 42 000,00 a uma taxa desconhecida.
Ao final de meio ano, a 1ª importância rendeu R$ 125,00 a mais que a 2ª. Pergunta-se: a que taxa esta última foi aplicada?

Solução:

$J = C \cdot i \cdot t \begin{cases} i = 5\% = 0,05 \\ t = \dfrac{1}{2} \text{ ano} \end{cases}$

$J_1 = 68\,000 \cdot 0,05 \cdot \dfrac{1}{2}$

$J_1 = 1700,00$

$J_2 = 1700 - 125 = 1575$

$i_2 = \dfrac{J_2}{C \cdot t} \begin{cases} J = 1575,00 \\ C = 42000,00 \\ t = \dfrac{1}{2} \text{ano} = 0,5 \text{ano} \end{cases}$

$i_2 = \dfrac{1575}{42000.0,5} = 0,075 = 7,5\%$

$i_2 = 7,5\%$

Resposta: A taxa da 2ª aplicação foi de 7,5% a.a

FORMULÁRIO PARA CÁLCULO DE OPERAÇÕES FINANCEIRAS

Juros Simples → **Capitalização Simples**

1) $J = C \cdot i \cdot t$

   a) $C = \dfrac{J}{i \cdot t}$

   b) $i = \dfrac{J}{c \cdot t}$ $\begin{cases} J = \text{juro} \\ C = \text{capital} \\ i = \text{taxa} \\ t = \text{tempo decorrido (prazo)} \end{cases}$

   c) $t = \dfrac{J}{c \cdot i}$

2) Outra forma de calcular taxa:

$i = \dfrac{\dfrac{M}{C} - 1}{t}$

Capitalização simples → **Montante**

3) $M = C + J$
   $M = C(1 + i \cdot t)$ $\begin{cases} M = \text{Montante} \\ C = \text{Capital} \\ i = \text{taxa} \\ t = \text{tempo decorrido (prazo)} \end{cases}$

> **Lembrete:**
> A taxa e o tempo têm que estar, ambos, na mesma unidade de medida. Se assim não estiverem mencionados no enunciado do problema, transforme-os na mesma unidade.

Juros compostos → Capitalização composta

4a) $M = C + J \to J = M - C$

4b) $M_t = C(1 + i)^t$

4c) $J = M - C = C(1 + i)^t - 1) - C \to J = C[(1 + i)^t - 1)]$ $\Big\}$ Resultado da combinação das equações "4a" e "4b".

5) Para cálculo de "i" e "t", devemos usar logaritmos, assunto que será abordado em outro modulo.

O logaritmo decimal é encontrado na calculadora científica HP – 12C, como segue:

| Número no visor | → | G | → | LN | → | 10 | → | g | → | LN | → | ÷ | → | Logaritmo decimal |

---

34. (UNB/Cespe–CHESF–2002) Uma pessoa recebeu R$ 6 000,00 de herança, sob a condição de investir todo o dinheiro em 2 tipos particulares de ações, X e Y. As ações do tipo X pagam 7% a.a e as ações do tipo Y pagam 9% a.a. Qual é a maior quantia que a pessoa pode investir nas ações X, de modo a obter R$ 500,00 de juros em 1 ano? (adaptado).

Dados do problema:

Ações do tipo X pagam 7% a.a $\left\{ 7\% = \dfrac{7}{100} = 0,07 \text{ a.a} \right.$

a) Ações do tipo Y pagam 9% a.a $\left\{ 9\% = \dfrac{9}{100} = 0,09 \text{ a.a} \right.$

b) Total das ações a serem investidas, a juros simples, no período de um ano.
  $X + Y = 6 000,00$
  $t = 1$ ano

Solução:

a) Soma dos capitais a serem aplicados: $C_x + C_y = 6 000,00$ (1)

b) Soma dos juros que serão produzidos p elos capitais: $J_x + J_y = 500,00$ (2)

c) Juros produzidos pelo capital, C_x:
$J_x = C_x \cdot i \cdot t = C_x \cdot 0{,}07 \cdot 1 = 0{,}07 C_x$ $\{ t = 1 = $ um ano
$J_x = 0{,}07 C_x$ (3)

d) Juros produzidos pelo capital C_y:
$J_y = C_y \cdot i \cdot t = C_y \cdot 0{,}09 \cdot 1 = 0{,}09 C_y$ (4)
$Jy = 0{,}09 \, Cy$

e) Levando os valores de J_x e J_y das equações "3" e "4" à equação "2", teremos a seguinte equação:
$0{,}07 C_x + 0{,}09 C_y = 500$ (5)
Multiplicando-se ambos os membros da equação "5" por "100", teremos:
$7 C_x + 9 C_y = 50\,000$ (6)

f) Com as equações (1) e (6) formaremos o sistema, que passamos a resolver:
$$\begin{cases} 7 C_x + 9 C_y = 50\,000 \quad (6) \\ C_x + C_y = 6\,000 \quad (1) \end{cases}$$

Multiplicando-se ambos os membros da equação (1) por – 7, e efetuando sua soma algébrica:

$$\begin{array}{r} 7 C_x + 9 C_y = 50\,000 \\ -7 C_x - 7 C_y = -42\,000 \\ \hline \end{array}$$

$$2 C_y = 8\,000 \rightarrow C_y = \frac{8\,000}{2}$$

$$C_y = 4\,000{,}00$$

Da equação (1):
$C_x + C_y = 6\,000 \rightarrow C_x + 4\,000 = 6\,000$
$C_x = 6\,000 - 4\,000$
$C_x = 2\,000$

Resposta: $C_x = 2\,000{,}00$ (que é o capital que deve ser aplicado em ações tipo X para obter R$ 500,00 de juros, durante 1 ano).

Verificação do resultado:

a) $J_x = C_x \cdot i_x \cdot t \begin{cases} C_x = 2\,000 \\ i = 7\% \, a.a \\ t = 1 \, ano \end{cases} \Big| \begin{array}{l} J_x = 2\,000 \cdot \dfrac{70}{100} \cdot 1 \\ J_x = 140{,}00 \end{array}$

$\big| J_x + J_y = 140 + 360 = 500{,}00$

b) $J_y = C_y \cdot i_y \cdot t \begin{cases} C_y = 2\,000 \\ i = 7\% \, a.a \\ t = 1 \, ano \end{cases} \Big| \begin{array}{l} J_y = 4\,000 \cdot \dfrac{9}{100} \cdot 1 \\ J_y = 360{,}00 \end{array}$

CAPITALIZAÇÃO COMPOSTA

Na capitalização simples a taxa de juros incide somente sobre o capital ao longo do prazo considerado.

Na capitalização composta, a taxa de juros incide sobre o capital inicial mais o valor de juros acumulados até o final do período considerado.

Vamos visualizar, no quadro abaixo, de modo simples, o que ocorre com um capital de R$ 10 000,00, aplicado à taxa de juros compostos de 5%, mês a mês, no prazo de 5 meses.

t Mês	C CAPITAL no início de cada período	J JUROS (mês a mês), que se somam ao capital	M = C + J MONTANTE (capital + juros)
1	10 000,00	10 000,00 . 0,05 = 500,00	10 500,00
2	10 500,00	10 500,00 . 0,05 = 525,00	11 025,00
3	11 025,00	11 025,00 . 0,05 = 551,25	11 576,25
4	11 576,25	11 576,25 . 0,05 = 578,81	12 155,06
5	12 155,06	12 155,06 . 0,05 = 607,75	12 762,81

Se fossemos aplicar esse capital de R$ 10 000,00 no mesmo prazo de 5 meses, à taxa de juros simples de 5% ao mês, teríamos:

J = C . i . t
J = 10 000 . 0,05 . 5 = 2 500,00

O montante será:

M = C + J
M = 10 000 + 2 500 = 12 500,00

Compare com o montante obtido com o mesmo capital, no mesmo prazo, à mesma taxa de juros, porém capitalizados no regime de capitalização composta. Eis por que, quem empresta dinheiro, só o faz no regime de capitalização composta, ou à base de taxa de juros compostos, o que é a mesma coisa.

Como, para calcular capitalização composta, usando a forma indicada no quadro supra é muito trabalhosa e demorada, vamos deduzir uma fórmula que permite buscar o resultado desejado da forma mais rápida.

Sabendo-se que J = C . i . t e fazendo t = 1 (um período), temos:
J = C . i

Lembrando que o montante (capital + juros) é:
M = C + J, onde J = C . i, temos:
M = C + C . i → M = C (1 + i)

No 1º período $\begin{cases} M_1 = (1 + i)^1 \end{cases}$

No 2º período $\begin{cases} M_2 = M_1 + M_1 . i \\ M_2 = M_1 (1 + i) \\ M_2 = C (1 + i) . (1 + i) \\ M_2 = C (1 + i)^2 \end{cases}$

No 3º período
$$\begin{cases} M_3 = M_2 + M_2 \cdot i \\ M_3 = M_2 \cdot (1 + i) \\ M_3 = C(1+i)^2 \cdot (1+i) \\ M_3 = C(1+i)^3 \end{cases}$$

No 4º período
$$\begin{cases} M_4 = M_3 + M_3 \cdot i \\ M_4 = M_3 \cdot (1+i) \\ M_4 = C(1+i)^3 \cdot (1+i) \\ M_4 = C(1+i)^4 \\ \vdots \\ M_n = C(1+i)^n \end{cases}$$

No período "t", o montante será:

$M_t = C \cdot (1+i)^t$

Onde:
C = capital
i = taxa de juros
t = prazo, tempo decorrido
M = montante

Esta fórmula permite calcular o montante de uma aplicação financeira, conhecidos o capital, a taxa de juros e o período de aplicação (dia, mês, ano, trimestre, etc.).

Para resolver problemas que exijam a aplicação da fórmula do montante citada acima, poderemos usar diversos procedimentos.

a) Usando logaritmos (decimais ou neperianos)
b) Usando tabelas que determinam $(1+i)^t$, existente em livros específicos de matemática financeira.
c) Usando calculadora eletrônica que contenha a tecla para cálculo exponencial (y^x).

Vamos, então, resolver os problemas a seguir descritos, usando calculadora com tecla exponencial.

35. Determine o montante de um capital de R$ 50 000,00, aplicado:
a) A uma taxa de 2% a.a em 3 anos.
b) A uma taxa de 9% a.t (ao trimestre), em um ano.

Solução item "a":

$M = C(1+i)^t$
$M = 50\,000(1 + 0{,}02)^3$
$M = 50\,000(1{,}02)^3$

$\begin{cases} C = 50\,000{,}00 \\ i = 2\% = \dfrac{2}{100} = 0{,}02 \\ t = 3 \end{cases}$

Na calculadora HP – 12C:

colocar no visor:		e digitar seguidamente como indicado abaixo:							[sinal de multiplicação]
M =	1,02	→	ENTER	→	3	→	y^x	→	50 000	→	×

Ler no visor o resultado:
M = R$ 53 060,40, que é o Capital + Juros em 3 anos.

Solução item "b":
M = C $(1 + i)^t$ } 4 trimestres
M = 50 000 $(1 + 0,09)^4$ (em um ano)

Na calculadora HP – 12C:

colocar no visor:		e digitar seguidamente como indicado abaixo:							[sinal de multiplicação]
M =	1,09	→	ENTER	→	4	→	y^x	→	50 000	→	×

Ler o resultado no visor: 70 579,10

Então, M = R$ 70 579,10, que representa a soma do capital (R$ 50 000,00) e juros (R$ 20 579,10) obtidos em 1 ano à taxa de 9% ao trimestre.

CÁLCULO DO JURO COMPOSTO – DEDUÇÃO DA FÓRMULA

Conforme já vimos, anteriormente:

M = C $(1 + i)^t$ (1)
M = C + J   (2)
J = M – C   (3)

Substituindo M da equação (1) na equação (3), teremos:
J = C $(1 + i)^t$ – C

Colocando C em evidência:
J = C [$(1 + i)^t$ – 1]

Que é a fórmula para o cálculo de juro composto, dados o capital (C), a taxa (i) e o prazo de aplicação (t).

36. Calcule os juros produzidos por um capital de R$ 28 500,00 e o respectivo montante, aplicando juros compostos nos seguintes casos:
   a) A uma taxa de juros de 10% a.a (ao ano) em 5 anos.
   b) A uma taxa de 8% a.s (ao semestre) por 2 anos e meio (5 semestres)

Solução de "a": A uma taxa de juros de 10% a.a em 5 anos.

$J = C[(1+i)^t - 1]$
$J = 28\,500\,[(1+0,1)^5 - 1]$

$\begin{cases} C = 28.500,00 \\ i = 10\% = \dfrac{10}{100} = 0,1 \text{ a.a} \\ t = 5 \text{ anos} \end{cases}$

Na calculadora HP – 12C:

    colocar no visor: e digitar seguidamente como indicado abaixo:

| J = | 1,10 | → | ENTER | → | 5 | → | y^x | → | 1 | → | – | → | 28 500 | → | × |

J = (ler no visor) = R$ 17 399,53
M = C + J → M = 28 500 + 17 399,53 = R$ 45 899,53

Resposta de "a": a) O valor dos juros é de R$ 17 399,53
                  b) O valor do Montante é R$ 45 899,53

Solução de "b": A uma taxa de 8% a.s (ao semestre) por 2 anos e meio (5 semestres).

C = 28 500, 00

$i = 8\% = \dfrac{8}{100} = 0,08 \text{ a.a}$

t = 2 anos e meio = 5 semestres

$J = C\left[(1+i)^t - 1\right]$

$J = 28\,500\left[(1+0,08)^5 - 1\right]$

    colocar no visor: aparece no visor:

| J = | 1,08 | → | ENTER | → | 5 | → | y^x | → | 1 | → | – | → | 28 500 | → | × | → | 13 375,85 |

J = R$ 13 375,85
M = C + J = 28 500,00 + 13 375,85 = R$ 41 875,85.

Resposta de "b": O valor dos juros é de R$ 13 375,85 e o valor do Montante é R$ 41 875,85.

37. Qual o montante e o valor de juros obtidos de um capital inicial de R$ 10 000,00 pode produzir, se aplicado à taxa de juros compostos de 3% a.m e no prazo entre 03 de março e 16 de julho?

Solução:
Para calcular o prazo decorrido entre datas distintas, dois procedimentos podem ser usados:
a) O processo primário de contagem dos dias de cada mês.
b) Através de calculadora eletrônica do tipo HP – 12C ou similar.

Vamos usar o 1º procedimento:
Março: . de 03 a 31. . = 28 dias
Abril: . . . . = 30 dias
Maio: . . . . = 31 dias
Junho . . . . = 30 dias
Julho: . . . . = 16 dias
Total. . . . . = 135 dias

Prazo em meses = $\frac{135}{30}$ = 4,5 meses

Dados do problema:
M = ?
C = R$ 10 000,00
i = 3% a.m (ao mês) = $\frac{3}{100}$ = 0,03 a.m
t = 135 dias = 4,5 meses

Solução:
M = C . $(1 + j)^t$ → M = 10 000 $(1 + 0,03)^{4,5}$

Na calculadora encontraremos o resultado assim procedendo:

colocar no visor:		e digitar seguidamente como indicado abaixo:						[sinal de multiplicação]
M =	1,03	→	ENTER	→	4,5	→	y^x	→	10 000	→	×

M = 11 422,67
M = C + J
J = M – C
J = R$ 11 422,67 – R$ 10 000,00 = R$ 1 422,67

Resposta: O montante é de R$ 11 422,67 (M = C + J)
Os juros obtidos são de R$ 11 422,67 – 10 000 = R$ 1422,67 (J = M – C).

38. Um capital de R$ 8 500,00 aplicado durante 6 meses produziu um montante de R$ 11 875,00. Pergunta-se: qual foi a taxa mensal de juros aplicada, no regime de capitalização composta?

Dados do problema:
C = 8 500,00
t = 6 meses
M = 11 875,00
i_m = ?

Solução:
Usando calculadora HP – 12C:

$$M = C \cdot (1+i)^t$$

$$11875 = 8500 \cdot (1+i)^6$$

$$\frac{11875}{8500} = (1+i)^6 \rightarrow (1+i)^6 = 1,397059$$

$$\sqrt[6]{(1+i)^6} = \sqrt[6]{1,397059}$$

$$1+i = (1,397059)^{\frac{1}{6}} \rightarrow i = \sqrt[6]{1,397059} - 1$$

$$i = (1,397059)^{\frac{1}{6}} - 1$$

Usando a calculadora, calculemos primeiro a expressão exponencial $(1,397090)^{\frac{1}{6}}$:

colocar no visor:		e digitar seguidamente como indicado abaixo:									leia no visor:
i = 1,397059	→	ENTER	→	1	→	ENTER	→	6	→	÷	→	y^x	→	1,05731

$1 + i = 1,05731 \rightarrow i = 1,05731 - 1 \rightarrow i = 0,05731 \rightarrow i = 5,73\%$

Resposta: A taxa mensal de juros é de 5,73%.

---

39. Calcular o montante de um capital inicial de R$ 35 000,00 a juros compostos de 3,5% a.m (ao mês) durante 7 meses e 15 dias.

Dados do problema:
C = 35 000,00
$i = 3,5\%$ a.m $= \frac{3,5}{100} = 0,035$
t = 7 meses e 15 dias = 7,5 meses
M =?

Solução:
Atenção para o período, pois devemos transformar 7 meses e 15 dias em meses, pois a taxa de juros é também em meses (3,5% a.m).

$$t = 7 + \frac{15}{30} = 7 + \frac{1}{2} = \frac{15}{2} = 7,5 \text{ meses}$$

$$M = C \cdot (1+i)^t$$

$$M = 35000(1+0,035)^{7,5} \rightarrow M = 35000(1,035)^{7,5}$$

Usando calculadora, calculemos primeiro a expressão exponencial $(1+0,035)^{7,5}$:

colocar no visor:		e digitar seguidamente como indicado abaixo:						leia no visor:
1,035	→	ENTER	→	7,5	→	y^x	→	1,294353

Em seguida multiplique esse resultado por R$ 35 000,00, como mostra a fórmula, para achar o montante.

M = 35 000 . 1,294353 = 45 302,34

Resposta: O montante é de R$ 45 302,34.

---

40. Qual o capital que, aplicado a juro composto de 3% a.a (ao ano), durante 5 anos, produzirá um total de R$ 40 000,00 (capital + juros)?

Dados do problema:
M = 40 000,00
C =?
i = 3% a.a = $\frac{3}{100}$ = 0,03 a.a
t = 5 anos

Solução:
Como M = C (1 + i)^t
Então, teremos: 40000 = C (1 + 0,03)^5

Usando calculadora, calculemos primeiro a expressão exponencial (1 + 0,03)^5

colocar no visor:		e digitar seguidamente como indicado abaixo:					leia no visor:
1,03	→	ENTER	→	5	→	y^x	→	1,159274

Teremos: 40 000 = C . 1,159274

$C = \frac{40000}{1,159274} = 34504,35$

Resposta: O capital aplicado foi de R$ 34 504,35.

BREVE LEMBRETE SOBRE LOGARITMOS

Para solução de problemas de matemática financeira, que envolvem logaritmos, daremos a seguir um brevíssimo resumo do que sejam logaritmos, já que tal assunto será melhor e mais amplamente exposto no livro de ÁLGEBRA, em elaboração pelos autores. O conceito de logaritmos foi criado pelo matemático escocês John Napier (1550 – 1617) e aperfeiçoado pelo inglês Henry Briggs (1561 – 1630) com o objetivo de tornar mais simples os cálculos matemáticos.

Assim, através dos logaritmos, podem-se transformar as operações de multiplicação em soma, as de divisão em subtração e em outros tipos de transformação, que veremos mais adiante.

Pode-se dizer que o logaritmo é, por assim dizer, uma nova denominação para "expoente", como se vê pelos exercícios a seguir.

Na expressão $5^2 = 25$, temos:
- $5 \to$ é a base
- $2 \to$ é o expoente
- $25 \to$ é a potência

Na linguagem dos logaritmos, dizemos:
2 é o logaritmo de 25 na base 5, e podemos escrever: $\log_5 25 = 2$

Outros exemplos:

$18^2 = 324 \to \log_{18} 324 = 2$

$5^3 = 125 \to \log_5 125 = 3$

$4^4 = 256 \to \log_4 256 = 4$

$8^0 = 1 \to \log_8 1 = 0 \, (\text{ZERO})$

$7^3 = 343 \to \log_7 \to 343 = 3$

$10^{-3} = \dfrac{1}{1000} = 0,001 \to \log_{10} 0,001 = -3$

$10^2 = 100 \to \log_{10} 100 = 2$

Os logaritmos, em homenagem aos seus criadores, são chamados de:
a) Logaritmos de Briggs, ou logaritmos decimais (base 10), representados, nos cálculos, apenas por três letras: log.
b) Logaritmos neperianos ou logaritmo natural, (John Napier) que têm por base o número irracional "e", igual a 2,718281828..., é indicado pelo símbolo "ℓn".

Exemplos:
$\text{Log}_{10} 2 = 0,30103$
Leia-se: logaritmo de 2 na base 10 é igual a 0,30103, ou logaritmo decimal de 2 é igual a 0,30103.

$\ell\text{n} 2 = 0,69314$
Leia-se: logaritmo neperiano de 2 é igual 0,69314.

Os logaritmos de números naturais, na base 10, podem ser encontrados nas tradicionais tabuas de logaritmos. Porém, com o advento das calculadoras, os logaritmos, tanto os decimais quanto os neperianos, podem ser obtidos, mais facilmente, nesses instrumentos.

Propriedades Gerais:
1ª) O logaritmo de UM, em qualquer base, é igual a ZERO.
2ª) O logaritmo da própria base é sempre igual a UM.
3ª) Os números ZERO e NEGATIVOS não têm logaritmos.

Propriedades operatórias:

1ª) O logaritmo de um produto é igual a SOMA dos logaritmos dos fatores, na mesma base.
Exemplo: log M . N = log M + log N

2ª) O logaritmo de um quociente por exemplo: de uma fração do tipo $\frac{a}{b}$ é igual ao logaritmo do dividendo (numerador) menos o logaritmo do divisor (denominador), na mesma base.
Exemplo : $\log \frac{a}{b} = \log a - \log b$

3ª) O logaritmo de uma potência é igual ao expoente da potência multiplicado pelo logaritmo da base.
Exemplo: log N^a = a . log N

4ª) O logaritmo de um radical é igual ao logaritmo do radicando dividido pelo índice do radical.
Exemplo: $\log \sqrt{N} = \frac{\log N}{2}$, pois o radical pode ser transformado numa potência, ou seja,

$\log \sqrt{N} = \log N^{\frac{1}{2}} = \frac{1}{2} . \log N = \frac{\log N}{2}$

Convenciona-se representar os logaritmos: o de Briggs (sistema na base 10) e os neperianos (na base "e"), sendo e = 2,718 281... da seguinte forma:

a) Logaritmos decimais: log
b) Logaritmos neperianos: ℓn

Em ambos os casos, a base não é indicada, mas em qualquer outro sistema de logaritmos, a base deve ser indicada:
Exemplos : $\log_2 N$; $\log_5$, etc.

Característica e Mantissa:

Os logaritmos dos números, em qualquer base, se compõem de duas partes:
a) Uma parte inteira, que se chama característica;
b) Uma parte decimal, denominada mantissa.

Assim, se o logaritmo decimal de "N" for igual a 5,30103, temos:

Log N = 5,30103
característica — mantissa

Damos, a seguir, o esquema dos passos a seguir para obtenção desses logaritmos e antilogaritmos, com calculadora.

Para obtenção do logaritmo e antilogaritmo decimais:

Logaritmo decimal:

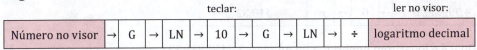

Exemplo: obter, com a calculadora, o logaritmo decimal do número 2:

colocar no visor:	teclar:	ler no visor:
2	→ G → LN → 10 → G → LN → ÷	0,30103

Antilogaritmo decimal:
Calcular o antilogaritmo decimal de um número, ou seja, determinar o número que deu origem ao logaritmo.

Exemplo: $\log_{10} 2 = 0{,}30103$

O antilogaritmo de 0,30103, isto é, o número que lhe deu origem é 2.

Exemplos:
Determinar o antilogaritmo decimal de 0,30103, usando a calculadora.

colocar no visor:	teclar:	ler no visor:
0,30103	→ ENTER → 10 → G → LN → × → G →	2

Determinar, com a calculadora, o logaritmo e antilogaritmo neperianos.

1) Logaritmo neperiano do número 2.

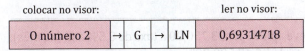

2) Antilogaritmo neperiano do número 0,69314.

colocar no visor:			ler no visor:
O número 0,69314718	→ G	→ e^x	2

Em ambos os casos, para determinar log e antilog, usamos propositadamente o número 2, apenas para facilitar a demonstração. Porém, os procedimentos apontados servem para obtenção do log e antilog de qualquer número positivo maior que zero.

Vejamos alguns exemplos:

1) Calcular o logaritmo neperiano do número 148,32.

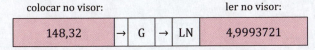

2) Determinar o antilog neperiano do número 4,9993721

colocar no visor: ler no visor:

| 4,9993721 | → | G | → | e^x | 148,32 |

3) Qual é o logaritmo neperiano do número 2,718281828?

colocar no visor: ler no visor:

| 2,718281828 | → | G | → | LN | 1 |

> **Observação:**
> O log do número 2,718281828 é igual a 1 por que tal número é a base do log neperiano; como foi enunciado em "Propriedades Gerais dos Logaritmos", o logaritmo da própria base é igual a 1 (UM). O número em questão é a letra "e", base dos logaritmos neperianos.

4) Qual é o logaritmo neperiano do numero 1,71034?

colocar no visor: ler no visor:

| 1,71034 | → | G | → | LN | 0,53669 |

O que expusemos sobre logaritmos é simplesmente uma breve introdução ao estudo desse assunto. Aconselhamos o leitor a recordar, em um livro – texto o tema logaritmo com maior extensão e profundidade.

Depois desta breve e elementar exposição sobre logaritmos, podemos voltar ao exercício número 41.

---

41. Durante quanto tempo se deve aplicar R$ 23 750,00 à taxa de 8,5% a.m (ao mês), para que produza o montante de R$ 47 500,00?

Dados do problema:
t =?
C = R$ 23 750,00
i = 8,5% a.m = $\dfrac{8,5}{100}$ = 0,085 a.m
M = R$ 47 500,00

Como M = C (1 + i)^t, teremos:

$$47\,500 = 23\,750\left(1+0,085\right)^t$$

$$\dfrac{47\,500}{23\,750} = \left(1,085\right)^t \rightarrow 2 = \left(1,085\right)^t$$

A solução deste problema pode ser obtida através da aplicação de logaritmo ou usando tabelas apropriadas. Usaremos logaritmo decimal (logaritmo de Briggs).

Então, teremos:

$$\log 2 = \log(1{,}085)^t$$
$$\log 2 = t \log(1{,}085)$$

$$t = \frac{\log 2}{\log 1{,}085} = \frac{0{,}30103}{0{,}03543}$$

t = 8,496 equivalente a 8,5 meses.

Repetindo a solução, usando-se logaritmo neperiano:

$$2 = (1{,}085)^t \quad \{\textbf{OBS.:} \text{ Veja como calcular logaritmos com calculadora nas páginas seguintes.}$$

$$\ln 2 = \ln(1{,}085)^t \to \ln 2 = t \ln 1{,}085$$

$$t = \frac{\ln 2}{\ln 1{,}085} = \frac{0{,}693147}{0{,}08158} = 8{,}496 \quad \text{Equivalente a 8,5 meses.}$$

Resposta: Deve-se aplicar pelo período de 8,5 meses.

LOGARITMOS E ANTILOGARITMOS (COM CALCULADORA)

Para resolução de problemas que exijam aplicação de logaritmos, é bom guardar de memória ou anotadas à parte as informações abaixo, que indicam os procedimentos, com calculadora HP – 12C para achar os logaritmos decimais e seus respectivos antilogaritmos, bem como para achar os logaritmos neperianos e seus respectivos antilogaritmos.

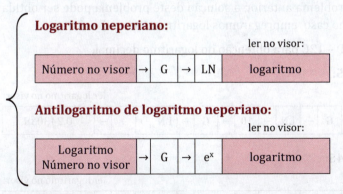

Logaritmo decimal (Briggs):

ler no visor:

| Nº no visor | → | G | → | LN | → | 10 | → | G | → | LN | → | ÷ | → | logaritmo |

Antilogaritmo decimal:

ler no visor:

| Logaritmo Nº no visor | → | ENTER | → | 10 | → | G | → | LN | → | × | → | G | → | e^x | → | antilogaritmo |

---

42. Em que prazo um empréstimo de R$ 60 000,00 pode ser quitado em um único pagamento de R$ 105 000,00 à taxa de 4,5% (ao mês).

Dados do problema:
C = 60 000,00
M = 105 000,00
i = 4,5% = $\dfrac{4,5}{100}$ = 0,045 a.m
t =?

Solução:

$$M = C(1+i)^t$$

$$105\,000 = 60\,000(1+0,045)^t$$

$$\dfrac{105\,000}{60\,000} = (1,045)^t$$

$$1,75 = (1,045)^t \to \log_{10} 1,75 = \log_{10}(1,045)^t$$

De modo semelhante ao problema anterior, a solução deste problema pode ser obtida com o uso de logaritmos (no caso, empregaremos logaritmo decimal)

Esquema a ser usado na HP – 12C para obtenção do logaritmo decimal.

Achar log decimal de 1,75:

colocar no visor: ler logaritmo no visor:

| 1,75 | → | ENTER | → | G | → | LN | → | 10 | → | G | → | LN | → | ÷ | → | 0,243038 |

Achar log decimal de 1,045:

colocar no visor: ler logaritmo no visor:

| 1,045 | → | ENTER | → | G | → | LN | → | 10 | → | G | → | LN | → | ÷ | → | 0,019116 |

$$\log_{10} 1{,}75 = \log_{10}(1{,}045)^t$$

$$\log_{10} 1{,}75 = t \log_{10}(1{,}045)$$

$$t = \frac{\log_{10} 1{,}75}{\log_{10}(1{,}045)} = \frac{0{,}243038}{0{,}019116} = 12{,}71 \text{ meses}$$

$$t = 12{,}71 \text{ meses} = 12 \text{ meses} + (0{,}71 \cdot 1 \text{ mês}) = 12 \text{ meses} + (0{,}71 \cdot 30 \text{ dias}) = 12 \text{ meses} + 21 \text{ dias}$$

Resposta: No prazo de 12 meses e vinte e um dias.

---

43. A que taxa um capital de R$ 25 000,00 pode ser dobrado em 30 meses?

Dados do problema:
C = R$ 25 000,00
M = R$ 50 000,00 (= 2 . 25 000,00)
i =?
t = 30 meses

Solução:

$$M = C(1+i)^t$$

$$50\,000 = 25\,000(1+i)^{30}$$

$$\frac{50\,000}{25\,000} = (1+i)^{30} \rightarrow (1+i)^{30} = 2$$

$$\log(1+i)^{30} = \log 2$$

$$30 \log(1+i) = \log 2$$

$$30 \log(1+i) = 0{,}30103$$

$$\log(1+i) = \frac{0{,}30103}{30} = 0{,}010$$

$$1+i = \text{antilog } 0{,}010034 \quad \begin{cases} \textbf{OBS.:} \text{ Veja como calcular antilog em páginas anteriores, no capítulo "Logaritmos e Antilogaritmos".} \end{cases}$$

$$1+i = 1{,}023374$$

$$i = 1{,}023374 - 1 = 0{,}02337$$

$$i = 2{,}34\%$$

Resposta: A taxa de 2,34% ao mês.

44. Qual foi a taxa mensal de juros aplicada sobre um capital de R$ 7500,00, que produziu em 5 meses um montante de R$ 9 500,00?

Dados do problema:
C = R$ 7 500,00
M = R$ 9 500,00
t = 5 meses
i =?

Solução:

$$M = C(1+i)^t$$

$$9500 = 7500(1+i)^5$$

$$\frac{9500}{7500} = (1+i)^5 \rightarrow (1+i)^5 = 1,26667$$

$$\log(1+i)^5 = \log 1,26667$$

$$5\log(1+i) = \log 1,26667$$

$$\log(1+i) = \frac{\log 1,2667}{5} = \frac{0,102662}{5} = 0,020532$$

$$(1+i) = \text{antilog } 0,020532$$

$$1+i = 1,048413$$

$$i = 1,048413 - 1$$

$$i = 0,048413$$

$$i = 4,84\%$$

Resposta: A taxa mensal de juros foi de 4,84%.

---

45. A que taxa de juros devo aplicar nesta data a importância de R$ 2 358,00 para receber R$ 4 500,00 daqui a 8 meses?

Dados do problema:
i =?
C = R$ 2 358,00
M = R$ 4 500,00
t = 8 meses?

Solução:

$$M = C(1+i)^t$$

$$4500 = 2358(1+i)^8$$

$$\frac{4500}{2358} = (1+i)^8 \rightarrow 1,908397 = (1+i)^8$$

$$\log(1+i)^8 = \log 1,908397$$

$$8\log(1+i) = \log 1,908397$$

$$8\log(1+i) = 0,280669$$

$$\log(1+i) = \frac{0,280669}{8} = 0,035084$$

$$(1+i) = \text{antilog}\, 0,035084$$

$$1+i = 1,084136$$

$$i = 1,084136 - 1$$

$$i = 0,084136 - 8,41\%$$

$$i = 8,41\%\, \text{a.m} \,(\text{ao mês})$$

Resposta: Deve-se aplicar à taxa de juros de 8,41% a.m (ao mês).

OBS.: O problema supra também pode ser resolvido sem o uso de logaritmos como mostraremos a seguir.

$$1,908397 = (1+i)^8$$

$$(1,908397)^{\frac{1}{8}} = \left[(1+i)^8\right]^{\frac{1}{8}} \rightarrow \text{Aplicando as propriedades das potências.}$$

$$(1,908397)^{\frac{1}{8}} = 1+i$$

Para calcular $(1,908397)^{\frac{1}{8}}$ utilizaremos a calculadora:

| 1,908397 | → | ENTER | → | 1 | → | ENTER | → | 8 | → | ÷ | → | y^x | 1,08414 |

$1 + i = 1,08414 \rightarrow i = 1,08414 - 1 = 0,08414$ ou $8,41\%$

---

46. Que capital foi aplicado a juros compostos de 6% a.m, sabendo que após 15 meses o montante foi de R$ 625 000,00?

Dados do problema:

C =?

i = 6% a.m = $\dfrac{6}{100}$ = 0,06 a.m

t = 15 meses

M = 625 000,00

Solução:

$$M = C(1+i)^t$$

$$625\,000 = C(1+0,06)^{15}$$

$$C = \dfrac{625\,000}{(1+0,06)^{15}} = \dfrac{625\,000}{(1,06)^{15}}$$

Resolvendo $(1,06)^{15}$ na calculadora, temos:

colocar no visor: ler no visor:

| 1,06 | → | ENTER | → | 15 | → | y^x | 2,396558 |

$$C = \dfrac{625\,000}{2,396558} = 260\,790,66$$

Resposta: O capital aplicado foi de R$ 260 790,66.

---

47. Qual é o capital que, aplicado a juros compostos por 24 meses, quadruplica de valor? A que taxa foi aplicado?

Dados do problema:

C =?
t = 24 meses
M = 4 C
i =?

Solução:

$$M = C(1+i)^t$$

$$4C = C(1+i)^{24} \rightarrow \text{dividindo ambos os membros por C:}$$

$$4 = (1+i)^{24} \rightarrow \log 4 = \log(1+i)^{24}$$

$\log 4 = 24 \log(1+i) \rightarrow \{\log 4 = 0{,}602060 \rightarrow$ Calcule o log de 4 usando a calculadora, conforme já explicitado, anteriormente.

$$\frac{0{,}602060}{24} = \log(1+i)$$

$\log(1+i) = 0{,}025086 \rightarrow$ Use a calculadora para calcular o antilog de 0,025086.

$(1+i) = \text{antilog } 0{,}025086$

$1+i = 1{,}059463$

$i = 0{,}059463 - 1$

$i = 0{,}059463$

$i = 5{,}94\%$ a.m

Resposta: Foi aplicado a taxa de 5,94% a.m.

---

48. Para que um capital produza 80% de seu valor, a juros compostos de 5% a.m, quanto tempo será necessário?

Dados do problema:
C =?
M = 1,8 C por que o Montante será C + 0,80 C = 1,80 C
i = 5% a.m = $\frac{5}{100}$ = 0,05 a.m
t =?

Solução:

$$M = C(1+i)^t$$

$$1{,}80\,C = C(1+0{,}05)^t$$

Dividindo ambos os membros por C:

$$1,80 = \left(1,05\right)^t \to \log 1,80 = \log\left(1,05\right)^t$$

$$\log 1,80 = t \log 1,05$$

$$t = \frac{\log 1,8}{\log 1,05} = \frac{0,255273}{0,021189} = 12,04743 \approx 12,05 \text{ meses}$$

t = 12 meses + (0,05 . 1 mês) = 12 meses + 0,05 . 30 dias = 12 meses + 1,5 dias = 12 meses + 2 dias

Resposta: Serão necessário 12 meses e 2 dias.

---

49. Uma população de bactérias cresce à taxa constante de 3% ao dia. Considerando que, hoje, a população é de $7,2 \cdot 10^9$ bactérias, quanto será a população daqui a 10 dias.

Dados do problema:

taxa: i = 3% ao dia = $\frac{3}{100}$ = 0,03 a.d.

População: C (capital) = $7,2 \cdot 10^9$
Prazo: t = 10 dias
População final: M =?

Solução:
M = C $(1 + i)^t$
M = $7,2 \cdot 10^9 (1 + 0,03)^{10}$
M = $7,2 \cdot 10^9 (1,03)^{10} \to$ veja na calculadora o valor de $(1,03)^{10}$ = 1,3443916
M = $7,2 \cdot 10^9 \cdot 1,343916$
M = $9,6761952 \cdot 10^9$

Resposta: Cerca de 9,7 bilhões de bactérias, será sua população, daqui a 10 dias.

---

50. (UNB/Cespe – CAESF – 2002) No sistema de juros compostos com capitalização anual, a que taxa deve ser aplicado um capital de R$ 20 000,00 para gerar, em 2 anos, um montante de R$ 23 328,00? (adaptado)

Dados do problema:
Capital: C = 20 000,00
Montante: M = 23 328,00
prazo: t = 2 anos
taxa: i =?

Solução:

$$M = C(1+i)^t$$

$$23328 = 20000(1+i)^2$$

$$(1+i)^2 = \frac{23328}{20000}$$

$$(1+i)^2 = 1,1664$$

$$\sqrt{(1+i)^2} = \sqrt{1,1664}$$

$1+i = 1,08$

$i = 1,08 - 1$

$i = 0,08$

Ou passando para a forma percentual, isto é, multiplicando-se por 100, temos:
i = 8% a.a (ao ano)

Resposta: O capital deve ser aplicado a taxa de 8% a.a (ao ano).

---

51. (UNB/Cespe – SMA/ SMG – SE/ 2004) Um capital de R$ 2 000,00 é aplicado por determinado prazo, no regime de capitalização composta. Com base nessa informação, julgue os itens abaixo:

1) Se a taxa anual de juros compostos for de 10% a.a, então o montante gerado por esse capital em 2 anos será superior a R$ 2 500,00?

Solução:
M = C (1 + i)^t
M = 2 000 (1 + 0,10)^2 = 2 000 (1,10)^2
M = 2 000 . 1,21 → M = 2 420,00

Portanto, o montante, nas condições citadas no problema, é menor que R$ 2500,00.

2) Suponha que o capital seja aplicado a uma taxa anual de juros compostos de 26% a.a. Considerando $\ell n\, 2 = 0,69$ e $\ell n\, 1,26 = 0,23$, então será necessário um prazo de aplicação superior a 4 anos para que o montante obtido seja o dobro do valor inicialmente aplicado.

Solução:
A condição pedida no texto é que:

$M = 2C \rightarrow 2C = C(1+i)^t \leftarrow$ dividindo ambos os membros por C, temos:

$(1+i)^t = 2$

Mas $i = 26\% = 0{,}26$ a.a.

$(1 + 0{,}26)^t = 2$

Aplicando logaritmo neperiano (ℓn):

$$\ell n(1{,}26)^t = \ell n\, 2$$

Lembrando as propriedades dos logaritmos: **log x^n = n log x**

Teremos:

$t \cdot \ell n(1{,}26) = \ln 2$ {Como $\ell n\, 2 = 0{,}69$ e $\ell n\, 1{,}26 = 0{,}23$

$$t = \frac{\ell n\, 2}{\ell n(1{,}26)}$$

$$t = \frac{0{,}69}{0{,}23} = 3$$

$t = 3$ anos

Portanto, o prazo necessário, nas condições do problema, é de 3 anos e não superior a 4 anos como afirmado no problema.

> **Observação:**
> Na solução de problemas em que seja necessário o uso de logaritmos, os resultados são os mesmos, usando-se o logaritmo decimal ou o logaritmo neperiano.

EQUIVALÊNCIA DE TAXAS

LEMBRETE:
Uma taxa mensal i_m será igual a taxa anual i_a, quando produzem o mesmo montante ao final de determinado tempo pela aplicação de um mesmo capital inicial (valor atual ou valor presente).

Assim temos:

$M_1 = A(1 + i_a)$
$M_2 = A(1 + i_m)^{12}$
Sendo: $M_1 = M_2$

i_a = taxa anual
i_m = taxa mensal
A = capital

Aritmética: 1.463 problemas resolvidos e explicados

$A(1 + i_a) = A(1 + i_m)^{12}$ → dividindo ambos os membros por A:

$(1 + i_a) = (1 + i_m)^{12}$ (1)

$i_a = (1 + i_m)^{12} - 1$ $\begin{cases} \text{Fórmula que determina a taxa anual } i_a, \\ \text{quando se conhece a taxa mensal } i_m. \end{cases}$

E para determinar a taxa mensal quando se conhece a taxa anual, partindo da equação 1:

$(1 + i_a) = (1 + i_m)^{12} \rightarrow \sqrt[12]{1 + i_a} = \sqrt[12]{(1 + i_m)^{12}}$

$\sqrt[12]{1 + i_a} = 1 + i_m$

$i_m = \sqrt[12]{1 + i_a} - 1$ ou

$i_m = (1 + i_a)^{\frac{1}{12}} - 1$ $\begin{cases} \text{Fórmula que determina a taxa mensal,} \\ \text{quando se conhece a taxa anual.} \end{cases}$

Assim, dada uma taxa mensal ou anual pode-se calcular a taxa anual, diária e vice versa. Veja, a seguir, as fórmulas para calcular a equivalência de taxas.

52. **Fórmulas para se determinar a equivalência de taxas.**

a) Dada a taxa mensal, determinar a taxa anual equivalente.

$i_a = (1 + i_m)^{12}$

b) Dada a taxa anual, determinar a taxa mensal equivalente.

$i_m = (1 + i_a)^{\frac{1}{12}}$

c) Dada a taxa diária, determinar a taxa anual equivalente.

$i_a = (1 + i_d)^{360} - 1$

d) Dada a taxa em 2 anos, determinar a taxa trimestral equivalente.

$i_t = (1 + i_{2a})^{\frac{1}{3}} - 1$

e) Dada a taxa de uma quinzena, determinar a taxa anual equivalente.

$i_a = (1 + i_q)^{24}$

f) Veja fórmula geral que se aplica a qualquer caso de cálculo de taxas equivalentes, na página 49.

53. Determinar a taxa anual equivalente a 3% a.m.

Solução:
$i_a = (1 + 0,03)^{12} - 1 = (1,03)^{12} - 1 = 1,4257 - 1 = 0,4257 = 42,57\%$ a.a.

Resposta: A taxa é de 42,57% a.a.

---

54. Determinar a taxa mensal equivalente a 36,50% ao ano.

Como:
a) 1 ano = 12 meses

b) $36,50 \text{ a.a} = \dfrac{36,5}{100} = 0,365 \text{ a.a}$

$I_m = (1+i_a)^{\frac{1}{12}} - 1 = (1,365)^{\frac{1}{12}} = 1,02626 - 1 = 0,02626 = 2,62\%$ a.m.

Resposta: A taxa é de 2,62% a.m.

---

55. Determinar a taxa anual equivalente a 0,125% ao dia.

OBS.: Ano comercial contém 360 dias.

$i_a = (1+i_d)^{360} - 1 \rightarrow i_a = (1+0,00125)^{360}$ pois $\dfrac{0,125}{100} = 0,00125$ a.d

$i_a = (1,00125)^{360} - 1 = 1,5678 - 1 = 0,5678 = 56,78\%$

Resposta: A taxa é de 56,78% a.a.

---

56. Determinar a taxa trimestral equivalente a 49,54% em 2 anos.

OBS.: 2 anos são equivalentes a 8 trimestres.

$i_t = (1+i_{2a})^{\frac{1}{8}} - 1 = (1+0,4954)^{\frac{1}{8}} - 1 = (1+0,4954)^{\frac{1}{8}} - 1$

$i_t = 1,05158 - 1 = 0,05158 = 5,15\%$ ao trimestre

Resposta: A taxa é de 5,15% ao trimestre (a.t)

57. Determinar a taxa anual equivalente a 1,50% à quinzena.

OBS.: 1 ano contém 24 quinzenas.

$$i_a = (1+i_q)^{24} - 1 = (1+0,015)^{24} - 1 = (1,015)^{24} - 1$$

$$i_a = 1,4295 - 1 = 0,4295 = 42,95\% \text{ a.a.}$$

Resposta: A taxa é de 42,95% ao ano.

FÓRMULA GERAL
Para o cálculo de taxas equivalentes (*)

$$i_q = (1+i_t)^{\frac{q}{t}} - 1 \quad (*)$$

na qual:
i_q = taxa para o prazo que quero.
i_t = taxa para o prazo que tenho.
q = prazo que quero.
t = prazo que tenho.

58. Determinar a taxa de 185 dias, equivalente a 45% ao ano.

$$i_{185} = (1,45)^{\frac{185}{360}} - 1 = 0,2104 = 21,04\%$$

59. Determinar a taxa para 560 dias, equivalente a 4% ao mês.

$$i_{560} = (1,04)^{\frac{560}{30}} - 1 = 1,0795 = 107,95\%$$

60. Determinar a taxa para 29 dias, equivalente a 15% ao trimestre.

$$i_{29} = (1,15)^{\frac{29}{90}} - 1 = 0,046 = 4,6\%$$

(*) Professor José Nicolau Pompeu, do livro *Matemática Financeira*, de José Dutra Vieira Sobrinho, Editora ATLAS.

DESCONTOS

O desconto deve ser entendido como a diferença entre o valor futuro (N) do título ou dívida (valor no vencimento) e seu valor presente (A) (ou valor atual, o valor recebido no ato da operação de desconto (D)).

Assim:

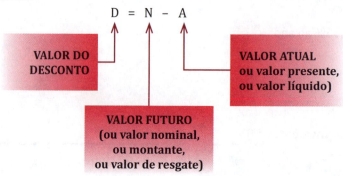

DESCONTO COMERCIAL SIMPLES (por fora, bancário)

É aquele em que os Juros Simples incidem sobre o valor nominal (N) (valor futuro, valor de resgate ou montante). O cálculo deste desconto é análogo ao cálculo dos Juros Simples, substituindo-se o capital na fórmula de Juros Simples pelo valor nominal do título.

Sendo:
D = desconto por fora (desconto bancário)
N = valor nominal (valor da dívida mais juros)
i = taxa de desconto
t = período de tempo

Teremos a seguinte relação para o cálculo do desconto:

D = N . i . t

Semelhante ao cálculo de Juros Simples, cuja fórmula é J = C . i . t.
Como D = N – A (1)
e D = N . i . t (2)

E substituindo o valor de "D" da equação (1), na equação (2) teremos:

N – A = N . i . t

– A = N . i . t – N → A = N – N . i . t → **A = N (1 – i t)**

$\begin{cases} A = \text{valor atual, valor presente} \\ N = \text{valor nominal, valor futuro} \\ i = \text{taxa} \\ t = \text{período de tempo (prazo)} \end{cases}$

DESCONTO RACIONAL (por dentro)

É aquele em que os Juros Simples incidem sobre o valor atual do título. O cálculo deste desconto é semelhante ao cálculo dos Juros Simples, substituindo-se o Capital na fórmula de cálculo dos Juros Simples pelo valor atual (A) do título.

Sendo:
D = desconto racional
A = valor atual (valor presente)
i = taxa
t = período de tempo (prazo)

Teremos a seguinte relação:

D = A . i . t   (1)

Como D = N − A
Substituindo D em (1), teremos:

N − A = A . i . t ∴ N = A + A . i . t

$$N = A(1+i.t) \to A = \frac{N}{1+i.t} \quad \begin{cases} A = \text{valor atual} \\ N = \text{valor futuro, (valor nominal)} \\ i = \text{taxa} \\ t = \text{prazo} \end{cases}$$

DESCONTO COMPOSTO

O conceito de desconto composto é o mesmo que o usado para cálculo de juro composto. Corresponde ao desconto que uma pessoa física ou jurídica obtém por saldar uma dívida antes do vencimento e que foi contraída com aplicação de taxa de juro composto sobre o valor do empréstimo (valor atual).

Vamos resolver um problema para elucidar o assunto.

Problema:
Uma empresa quer liquidar um título, 3 meses antes de seu vencimento, no valor de R$ 100 000,00. Qual será o desconto que poderá obter, sabendo-se que foi aplicada à taxa de 3%, no regime de juro composto, na composição dessa dívida?

Solução:
Empregando-se diretamente a fórmula que dá o valor atual, em função do montante, taxa e prazo, no regime de juros compostos, teremos:

$$A = N \cdot \frac{1}{(1+i)^t} \begin{cases} \text{Onde :} \\ A = \text{valor atual do título} \\ N = \text{valor do montante (dívida + juro)} \\ i = \text{taxa de juro} \\ n = n^{\underline{o}} \text{ de períodos, antes do vencimento} \end{cases}$$

$$A = 100\,000 \cdot \frac{1}{(1+0,03)^t} = \frac{100\,000}{(1,03)^3} = 91\,514,17$$ que é o valor atual do título, 3 meses antes do vencimento.

O desconto concedido será → D = N − A = 100 000 − 91 514,17 = 8 458,83.

Verificação do Resultado:
Se aplicarmos sobre o valor atual achado, juros compostos de 3% a.m, em três meses, teremos:

N = C (1 + i)^t
N = 91 514,17 (1 + 0,03)^3 = 100 000

OBS.: Pelo exposto acima podemos verificar que a fórmula $A = N \cdot \dfrac{1}{(1+i)^t}$ provem da fórmula usada para obtenção do montante M de uma operação, em que o capital C foi submetido à aplicação de juros compostos.

Vejamos.
A fórmula para obtenção do montante M, no regime de juros compostos, como já vimos anteriormente, é:

M = C (1 + i)^t

O que foi feito no cálculo do desconto composto foi, apenas, substituir M (montante) por N (valor de resgate, valor de face) e C (capital) por A (Valor atual, na data de antecipação vencimento).

Calculado o valor atual, obtém-se o desconto:

D = N − A

PROBLEMAS:

61. Calcular o desconto bancário (comercial, por fora) de um título com o valor nominal (dívida + juros) de R$ 85 000,00, a uma taxa de 5%, dois meses antes do vencimento.

Dados:
N = R$ 85 000,00 → (dívida + juros)

$i = 5\% = \dfrac{5}{100} = 0,05$

t = 2 meses

Solução:
D = N . i . t
D = 85 000 . 0,05 . 2
D = 8 500

$\begin{cases} D = \text{desconto} \\ N = \text{valor nominal} \\ i = \text{taxa} \\ t = \text{tempo (prazo)} \end{cases}$

Resposta: O valor do desconto é de R$ 8 500,00. E o valor pago pelo título é de: 85 000 – 8 500 = R$ 76 500,00.

---

62. Uma Nota Promissória no valor de R$ 36 000,00, paga 10 meses antes do vencimento teve seu valor reduzido para R$ 27 000,00. Calcule a taxa mensal usada.

Dados:
N = R$ 36 000,00
A = R$ 27 000,00
t = 10 meses
i = ?

Solução:
Partindo da fórmula A = N (1 – i . t), vamos obter o valor de "i":

$\dfrac{A}{N} = 1 - i \cdot t \rightarrow \dfrac{A}{N} - 1 = -i \cdot t$

Multiplicando ambos os membros por – 1, temos:

$-\dfrac{A}{N} + 1 = i \cdot t \rightarrow i = \dfrac{1 - \dfrac{A}{N}}{t}$

$\therefore i = \dfrac{1 - \dfrac{27\,000}{36\,000}}{10} = \dfrac{1 - 0,75}{10} = \dfrac{0,25}{10} = 0,025$

i = 0,025 = 2,5% a.m

Resposta: A taxa mensal usada foi de 2,5%.

---

63. Qual o valor atual do título de R$ 75 000,00, cujo vencimento se dará daqui a 4 meses, supondo que a taxa de desconto comercial simples seja de 4,5% ao mês? Qual o valor do desconto?

Dados:
N = R$ 75 000,00 → valor no vencimento
t = 4 meses
i = 4,5% a.m = $\frac{4,5}{100}$ = 0,045 a.m
A =? → valor atual (após o desconto)

Solução:
Fazendo a aplicação direta da fórmula para cálculo de desconto comercial simples (bancário), temos:

A = N (1 – i . t)
A = 75 000 (1 – 0,045 . 4)
A = 75 000 (1 – 0,18) = 75 000 . 0,82
A = 61 500,00

Resposta: O valor atual (valor presente) do título é de R$ 61 500,00.

∴ D = N – A $\begin{cases} \text{O desconto é igual ao valor nominal (ou valor futuro)} \\ \text{menos o valor líquido (ou valor atual)} \end{cases}$

D = 75 000 – 61 500
D = 13 500,00

Resposta:
a) O valor atual (valor presente) desse título, 4 meses antes do vencimento é de R$ 61 500,00.
b) O desconto foi de R$ 13 500,00.

DESCONTO SIMPLES RACIONAL (por dentro)

Os juros incidem sobre o valor atual do título (que é o mesmo que dizer sobre o valor líquido).

Para calcularmos o desconto racional (por dentro) usamos a seguinte relação:

D = A . i . t $\begin{cases} D = \text{desconto} \\ A = \text{valor atual} \\ i = \text{taxa} \\ t = \text{tempo (prazo)} \end{cases}$

Sabendo que o desconto é igual ao valor futuro menos o valor presente (valor atual), temos:

D = N – A $\begin{cases} D = \text{desconto} \\ N = \text{valor futuro} \\ A = \text{valor atual} \end{cases}$

Substituindo (2) em (1):

N - A = A.i.t

$N = A + A.i.t \rightarrow N = A(1+it)$

$A = \dfrac{N}{1+i.t}$

Podemos deduzir outra relação para o desconto racional (por dentro).
Considere a expressão D = A . i . t, mencionada acima.

Substituindo A por $\dfrac{N}{1+i.t}$, temos:

$D = \dfrac{N}{1+i.t} . i.t \rightarrow D = \dfrac{N.i.t}{1+i.t}$

---

64. Determinar o desconto por dentro de uma Nota Promissória no valor de R$ 15700,00 à taxa de 5% ao mês, 6 meses antes do vencimento.

Dados do problema:
N = R$ 15 700,00

i = 5% = $\dfrac{5}{100}$ = 0,05 a.m

t = 6 meses
D =?

Solução:
1º passo: Achar o valor presente (valor líquido)

$A = \dfrac{N}{1+i.t} = \dfrac{15700}{1+0,05.6} = \dfrac{15700}{1+0,30} = \dfrac{15700}{1,30}$

A = R$ 12 076,92

2º passo: Calcular o valor do desconto
Como:
D = N − A
D = 15 700,00 − 12 076,92
D = R$ 3 623,08

Resposta: O desconto foi de R$ 3 623,08.

TAXA MÉDIA E PRAZO MÉDIO

TAXA MÉDIA

É obtida pela divisão entre o somatório dos descontos e o somatório dos produtos dos respectivos valores nominais pelos prazos.

A respectiva fórmula é:

$$i_m = \frac{\sum_{K=1}^{m} N_K \cdot i_K \cdot t_K}{\sum_{K=1}^{m} N_K \cdot t_K}$$

Observe que o numerador da fórmula nos dá o valor dos descontos

$$\sum_{K=1}^{m} a_k = a_1 + a_2 + a_3 + \ldots + a_m = \text{somatório dos termos } a_k \text{ sendo } k = 1, 2, 3\ldots, m$$

$$\sum_{K=1}^{m} N_k \cdot i_k \cdot t_k = N_1 \cdot i_1 \cdot t_1 + N_2 \cdot i_2 \cdot t_2 + \ldots + N_m \cdot i_m \cdot t_m$$

$$\sum_{K=1}^{m} N_K \cdot t_K = N_1 \cdot t_1 + N_2 \cdot t_2 + \ldots + N_m \cdot t_m$$

"m" representa cada um dos títulos apresentados para desconto.
N = valor nominal (ou de resgate do título)
i_m = taxa de desconto
t = prazo

> **Em outras palavras, para bem gravar a aplicação dessa fórmula, a taxa média (i_m) nada mais é que o quociente do somatório dos produtos "capital . taxa . tempo" pelo somatório dos produtos "capital . tempo".**

Daremos a seguir um problema que esclarecerá a fórmula acima.

 Calcular a taxa média de uma operação de desconto bancário (por fora) de 3 títulos no valor de R$ 7 000,00, R$ 2 800,00 e R$ 1 200,00, com prazos de 4, 5 e 6 meses, descontados nessa ordem às taxas de 3%, 5% e 8% ao mês.

Dados:

Capital	Prazo	Taxa
7 000	4 meses	3%
2 800	5 meses	5%
11 200	8 meses	8%

Solução:

$$i_m = \frac{\sum(\text{capital}.\text{taxa}.\text{tempo})}{\sum(\text{capital}.\text{tempo})}$$

$$i_m = \frac{(7\,000.4.0,03)+(2\,800.5.0,05)+(11\,200.8.0,08)}{(7\,000.4)+(2\,800.5)+(11\,200.8)}$$

$$i_m = \frac{840+700+7\,168}{28\,000+14\,000+89\,600}$$

$$i_m = \frac{8\,708}{131\,600} = 0,06617 \rightarrow 6,61\% \approx 6,62\%$$

Assim, se os 3 títulos fossem descontados à taxa única de 6,62%, produziria o mesmo resultado, como se fossem descontados às respectivas taxas de 3%, 5% e 8%. Vamos verificar.

Com base nos valores nominais, prazos e taxas de cada título, teremos os seguintes descontos:

a) 1º título: 7 000 . 4 . 0,03 = 840,00
b) 2º título: 2 800 . 5 . 0,05 = 700,00
c) 3º título: 11 200 . 8 . 0,08 = 7 168,00
                                                 8 700,00

Com base na taxa média, teremos os seguintes descontos: $\{\,i_m = 0,06617$

a) 1º título: 7 000 . 4 . 0,06617 = 1 852,76
b) 2º título: 2 800 . 5 . 0,06617 = 926,38
c) 3º título: 11 200 . 8 . 0,06617 = 5 928,83
                                               8 707,97 ≈ 8 700,00

> **Nota:**
> A diferença de R$ 7,97 entre os dois resultados se deve ao fato de termos levado em consideração o arredondamento da taxa média de juros, de 6,617% para 6,62%.

PRAZO MÉDIO

O prazo médio é determinado pela divisão entre o somatório do produto dos valores nominais pelo prazo, e o somatório dos valores nominais.

$$t_m = \frac{\sum_{K=1}^{m} N_K \cdot t_K}{\sum_{K=1}^{m} N_K} \quad \begin{cases} t_m = \text{prazo médio} \\ N = \text{valor nominal} \\ t = \text{prazo} \\ K = 1, 2, 3, ..., m \text{ variação dos títulos apresentados} \end{cases}$$

$$t_m = \frac{\sum(\text{valores nominais}.\text{prazo})}{\sum(\text{valores nominais})}$$

Usando os mesmos dados do problema anterior, o prazo médio (t_m) será:

$$t_m = \frac{N_1 \cdot t_1 + N_2 \cdot t_2 + N_3 \cdot t_3}{N_1 + N_2 + N_3}$$

$$t_m = \frac{(7\,000 \cdot 4) + (2\,800 \cdot 5) + (11\,200 \cdot 8)}{7\,000 + 2\,800 + 11\,200}$$

$$t_m = \frac{28\,000 + 14\,000 + 89\,600}{21\,000}$$

$$t_m = \frac{131\,600}{21\,000} = 6,27 \text{ meses}$$

Para verificar se o prazo médio obtido está correto, calcularemos o desconto total com base nesse prazo médio e na taxa média (já calculada) aplicados sobre os valores nominais especificados para cada título.

	Valor de cada título	Taxa média	Prazo médio				
a)	7 000	. 0,0661	. 6,27	=	2 901,13		
b)	2 800	. 0,0661	. 6,27	=	1 160,45		
c)	11 200	. 0,0661	. 6,27	=	4 641,81		
					8 703,39	≈	8 700,00

SEQUÊNCIA DE PAGAMENTOS EM PARCELAS IGUAIS

Vamos empregar, diretamente, a fórmula para cálculo do valor da dívida (V), quando paga em parcelas iguais por n períodos (por mês, por exemplo).

$$V = P \cdot \frac{(1+i)^t - 1}{(1+i)^t \cdot i}, \text{ onde}$$

V = valor da dívida
P = valor da prestação
i = taxa de juros
t = período de tempo

66. Uma pessoa obteve um empréstimo para compra de um carro e quer pagá-lo em 15 prestações mensais de R$ 1 500,00, à taxa de 3,5% a.m. Qual o valor do empréstimo?

$$V = P \cdot \frac{(1+i)^t - 1}{(1+i)^t \cdot i}, \text{ onde}$$

P = 1 500 → (valor da prestação mensal)
i = 3,5% a.m → (taxa de financiamento)
t = 15 → (número de prestações)
V =? → (valor do empréstimo)

Solução:

$$V = 1500 \cdot \frac{(1+0,035)^{15} - 1}{(1+0,035)^{15} \cdot 0,035}$$

$$V = 1500 \cdot \frac{0,511068}{0,05288} = 14\,970,00$$

Resposta: O valor do empréstimo é de R$ 14 970,00.

---

67. Um comerciante vende um computador completo por R$ 2 200,00 à vista ou financia esse valor em 8 prestações iguais mensais, sem entrada, à taxa de juros compostos de 3,0% ao mês. Qual o valor de cada prestação?

Solução:
Usaremos a fórmula que relaciona o valor da dívida, o valor da prestação, a taxa de juros e o número de prestações:

$$V = P \cdot \frac{(1+i)^t - 1}{(1+i)^t \cdot i}$$

Dados:
V = 2 200
i = 3% a.m
t = 8 meses
P = Valor da prestação?

Solução:

$$2200 = P \cdot \frac{(1+0,03)^8 - 1}{(1+0,03)^8 \cdot 0,03} = P \cdot \frac{0,26678}{0,038}$$

$$2200 = 7,02\,P \rightarrow P = \frac{2200}{7,02}$$

$$P = 313,37 / \text{mês}$$

Resposta: O valor de cada prestação mensal será de R$ 313,37.

68. Mario comprou um automóvel usado pelo preço de R$ 12 500,00, à taxa mensal de 3,5%, para pagar em 24 prestações mensais iguais. Qual o valor de cada prestação?

Dados:
V = (valor da dívida) = R$ 12 500,00

i = (taxa mensal) = 3,5% = $\dfrac{3,5}{100}$ = 0,035

t = (prazo de pagamento) = 24 parcelas (1 a cada 30 dias)
P = (valor da prestação) = ?

Solução:
Faz-se a aplicação direta da fórmula:

$$V = P \cdot \dfrac{(1+i)^t - 1}{(1+i)^t \cdot i}$$

$$12\,500 = P \cdot \dfrac{(1+0,035)^{24} - 1}{(1+0,035)^{24} \cdot 0,035}$$

NOTA:
Para resolver a expressão $(1 + 0,035)^{24}$ igual a $(1,035)^{24}$, use a calculadora com função y^x, usando o seguinte caminhamento:

colocar no visor: ler no visor:

| 1,035 | → | ENTER | → | 24 | → | y^x | 2,2833 |

$$12\,500 = P \cdot \dfrac{(1,035)^{24} - 1}{(1,035)^{24} \cdot i} = \dfrac{1,2833}{2,2833 \cdot 0,035}$$

$$12\,500 = P \cdot 16,0582 \rightarrow P = \dfrac{12\,500}{16,0582} = 778,42$$

Resposta: Mario pagará 24 prestações de R$ 778,42 cada uma.

OBS.:
Verifiquemos, por curiosidade,

a) Qual o aumento, em reais, do valor da dívida inicial, para pagamento em 24 meses à taxa de 3,5% a.m.
Total dos pagamentos = 24 prestações . 778,42 = 18 682,00
Aumento da dívida em reais = 18 682 – 12 500 = 6 182,08

b) Qual o aumento percentual da dívida, em 24 meses?

$$P = \dfrac{6\,182,08}{12\,500} \cdot 100 = 49,45\%$$

> Os casos de aplicação da fórmula $V = P \cdot \dfrac{(1+i)^t - 1}{(1+i)^t \cdot i}$, em que se pede o cálculo do valor "t" (períodos iguais de tempos), que envolvem exponencial, e, por conseguinte, o emprego de logaritmo, serão estudados em outro módulo.

69. Um industrial compra um equipamento para sua indústria, pagando 12 prestações mensais de R$ 6 000,00 cada, sem entrada. Se a taxa efetiva de juro é de 3% a.m, qual o preço à vista desse equipamento?

Dados:
V = preço à vista do equipamento =?
P = valor da prestação mensal = R$ 6 000,00
i = taxa de juro = 3% a.m = 0,03 a.m
t = número de prestações = 12

Solução:
Use a fórmula:

$V = P \cdot \dfrac{(1+i)^t - 1}{(1+i)^t \cdot i}$

$V = 6\,000 \cdot \dfrac{(1+0,03)^{12} - 1}{(1+0,03)^{12} \cdot i}$

$V = 6\,000 \cdot \dfrac{(1,03)^{12} - 1}{(1,03)^{12} \cdot i}$

Usaremos a calculadora com função y^x, como segue, para calcular $(1,03)^{12}$:

colocar no visor: ler no visor:

1,03	→	ENTER	→	12	→	y^x	1,42576

$V = 6\,000 \cdot \dfrac{1,42576 - 1}{1,42576 \cdot 0,03}$

$V = 6\,000 \cdot \dfrac{0,42576}{0,04277} = 6\,000 \cdot 9,95 = 59\,700,00$

$V = 59\,700,00$

Resposta: O preço à vista desse equipamento é de R$ 59 700,00.

70. O valor atual de um financiamento é de R$ 40 000,00. Deseja-se pagá-lo em 20 prestações mensais iguais, à taxa de juros de 2% a.m. Qual será o valor dessa prestação mensal?

Solução:

Usando a fórmula $V = P \cdot \dfrac{(1+i)^t - 1}{(1+i)^t \cdot i}$ e a calculadora com função y^x, conforme foi explicado no problema anterior, teremos:

$$40\,000 = P \cdot \dfrac{(1+0,02)^{20} - 1}{(1+0,02)^{20} \cdot 0,02}$$

$$40\,000 = P \cdot \dfrac{1,4859 - 1}{1,4859 \cdot 0,02} = \dfrac{0,4859}{0,02971}$$

$$40\,000 = 16,35 \cdot P$$

$$P = \dfrac{40\,000}{16,35} = 2446,43 \,/\, \text{mês}$$

Resposta: A dívida de R$ 40 000,00 será paga em 20 prestações iguais de R$ 2446,50.

OBS.:
Multiplique, agora esse valor mensal por 20 e teremos o valor que o financiado pagará por uma dívida de R$ 40 000,00, em 20 meses, à 2% a.a.

20 . 24 46,50 = R$ 48 930,00.

UNIDADE 7

CONTAGEM

14. OS PRINCÍPIOS FUNDAMENTAIS DA CONTAGEM

1. PRINCÍPIO ADITIVO

Suponha que você tenha dois conjuntos disjuntos (conjuntos que não têm elementos comuns), um conjunto A com 5 elementos, outro B com 4. Existem 5 possibilidades de escolher um elemento do conjunto A. Da mesma forma existem 4 possibilidades de escolher um elemento do conjunto B. A escolha de um único elemento, seja ele de A, ou de B, poderá ser feita de 9 (5 + 4) modos diferentes.

Note que a ocorrência de um dos eventos não está condicionada à ocorrência do evento anterior. Assim podemos concluir que:

"Se existem m_1 possibilidades de ocorrer um evento E_1, m_2 possibilidades de ocorrer um evento E_2, o número total de possibilidades de ocorrer o evento E_1 ou o evento E_2, será de $m_1 + m_2$", desde que os eventos não apresentem elementos comuns

2. PRINCÍPIO MULTIPLICATIVO

A figura a seguir representa estradas que ligam as cidades A até B e B até C.

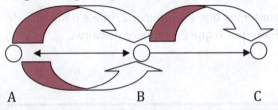

Como podemos notar existem 3 possíveis escolhas para ir de A até B, e 2 escolhas para ir de B até C. Ora, para ir de A até C, passando por B, o número de caminhos diferentes será 3 . 2 = 6, pois, para cada caminho de A até B teremos 2 escolhas para ir de B até C. Em situações como essa os eventos são dependentes e devem ocorrer simultaneamente. Este princípio é chamado princípio multiplicativo

1. Eu possuo 4 pares de sapatos e 8 pares de meias. De quantas maneiras poderei me calçar utilizando um par de meias e um de sapatos?

Resolução:
1º modo:
Para cada par de sapatos posso calçar 8 pares de meias, logo
4 pares de sapatos = 4 . 8 = 32 formas diferentes
2º modo:
Pelo princípio fundamental da contagem temos que multiplicar **4**, que é o número de elementos do primeiro conjunto, por **8** que corresponde ao número de elementos do segundo conjunto.

Portanto:
Poderei me calçar de 32 maneiras diferentes.

---

2. (FGV – SP) Um restaurante oferece no cardápio 2 saladas distintas, 4 tipos de pratos de carne, 5 variedades de bebidas e 3 sobremesas diferentes. Uma pessoa deseja uma salada, um prato de carne, uma bebida e uma sobremesa. De quantas maneiras a pessoa poderá fazer seu pedido?
   a) 90   **b)** 100   **c)** 110   **d)** 130   **e)** 120

Resolução:
Pelo princípio fundamental da contagem temos que multiplicar 2, que é o número de saladas, por 4 número de tipos de pratos de carnes, por 5 que é o número de variedades de bebidas, por 3 que é o número de sobremesas.
Portanto:
2 . 4 . 5 . 3 = 120 (alternativa e)

---

3. De quantos modos pode vestir-se um homem que tem 2 pares de sapatos, 4 paletós e 6 calças diferentes, usando sempre uma calca, uma paletó e um par de sapatos?
   a) 52   **b)** 86   **c)** 24   **d)** 32   **e)** 48

Resolução:
Pelo princípio fundamental da contagem temos que multiplicar 2, que é o número de pares de sapatos, por 4 números de paletós, por 6 que é o número de calças.
Portanto:
2 . 4 . 6 = 48. (alternativa e)

---

4. (UFGO) No sistema de emplacamento de veículos que seria implantado em 1984, as placas deveriam ser iniciadas por 3 letras do nosso alfabeto. Caso o sistema fosse implantado, o número máximo possível de prefixos, usando-se somente vogais, seria:
   a) 20   **b)** 60   **c)** 120   **d)** 125   **e)** 243

Resolução:
As vogais do nosso alfabeto são a, e, i, o, u, são no total 5 vogais. Pelo problema as placas devem ser iniciadas por 3 letras do nosso alfabeto. 5 possibilidades na primeira posição, para cada possibilidade na primeira posição temos 5 possibilidades na segunda, ou seja, 25 possibilidades e para dada uma dessas 25 possibilidades temos mais 5 possibilidade na terceira posição, logo:

5 5 5 → 5 . 5 . 5 = 125

(pelo princípio fundamental da contagem)
Alternativa "d".

5. (ITA – SP) Quantos números de 3 algarismos distintos podemos formar empregando os caracteres 1, 3, 5, 6, 8 e 9?
a) 60   b) 120   c) 240   d) 40   e) 80

Resolução:
Podemos usar 6 números.

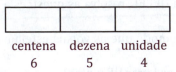

centena   dezena   unidade
   6   5   4

Na casa da centena podemos usar todos os números dados (6)

Na casa da dezena **só podemos utilizar** 5 deles, pois o enunciado pede números distintos, ou seja, o número utilizado na cada das centenas não poderá ser utilizado novamente.

Na casa da unidade **só poderemos utilizar** 4 deles, a explicação é a mesma do item anterior.

Aplicando o princípio multiplicativo temos:

6 . 5 . 4 = 120 (alternativa b)

6. De quantas maneiras podemos arrumar 5 pessoas em fila indiana?

Solução:
Ao escolher uma pessoa para ocupar a primeira posição na fila temos 5 possibilidades; para o segundo lugar, como uma pessoa já foi escolhida, temos 4 possibilidades; para o terceiro lugar sobram 3 pessoas a serem escolhidas; para o quarto lugar 2 pessoas, e para o último lugar na fila sobra apenas a pessoa ainda não escolhida. Então, pelo PFC temos: 5 × 4 × 3 × 2 × 1 = 120.

> Este tipo de multiplicação é chamado de fatorial do número 5, e é representado por 5!. Definimos ainda 1! = 1 e 0! = 1

7. Simplifique: $\dfrac{20!}{18!}$

Resolução:

$\dfrac{20 \cdot 19 \cdot 18!}{18!}$

Simplificando 18!, temos:
20 . 19 = 380

---

8. Quantos são os anagramas da palavra AMOR?

Resolução:
ANAGRAMA é uma palavra formada pela transposição (troca ou "embaralhamento") de todas as letras da palavra, podendo ou não ter significado na língua de origem.
A palavra AMOR possui 4 letras, pelo princípio fundamental da contagem temos:
4 . 3 . 2 . 1 = 24 anagramas

---

9. (U.F.Pelotas – RS) Tomando como base a palavra UFPEL, resolva as questões a seguir:
   a) Quantos anagramas podem ser formados de modo que as vogais estejam sempre juntas?
   b) Quantos anagramas podem ser formados com as letras UF juntas?
   c) Quantos anagramas podem ser formados com as letras PEL juntas nesta ordem?

Resolução:
a) As vogais são: EU. Consideremos as vogais juntas como se fossem apenas uma única letra e nesta ordem, temos então uma palavra formada por 4 letras. Pelo princípio fundamental da contagem:

4 . 3 . 2 . 1 = 24

Consideremos agora as vogais na ordem UE.

4 . 3 . 2 . 1 = 24

Total de anagramas = 24 + 24 = 48

b) Usando o mesmo raciocínio do item a também teremos 48 anagramas.

c) Usando o raciocínio do item a, a palavra formada terá 3 letras. Pelo princípio fundamental da contagem temos:

3 . 2 . 1 = 6 anagramas

---

10. (Unifest – SP – modificado) Os anagramas da palavra PROVA foram listadas em ordem alfabética, como se fossem palavras de cinco letras em um dicionário. A 73ª palavra nessa lista é:
   a) PROVA   b) VAPOR   c) RAPOV   d) ROVAP   e) RAOPV

Resolução:

1) Determinar todos os anagramas que começam com a letra A.
   Fixando a letra A sobram 4 letras, pelo princípio fundamental da contagem temos:
   4 . 3 . 2 . 1 = 24 anagramas começando pela letra A

2) Determinar todos os anagramas que começam pela letra O.
   Fixando a letra O sobram 4 letras, pelo princípio fundamental da contagem temos:
   4 . 3 . 2 . 1 = 24 anagramas começando pela letra O
   Temos até agora um total de 48 anagramas.

3) Determinar todos os anagramas que começam pela letra P.
   Fixando a letra P sobram 4 letras. Pelo princípio fundamental da contagem temos:
   4 . 3 . 2 . 1 = 24

Temos até agora um total de = 48 + 24 = 72

O próximo anagrama será: RAOPV

Alternativa "e".

---

11. (UEFS 2003.2) O número de anagramas da palavra FEIRA, em que nem duas vogais podem estar juntas nem duas consoantes, é igual a:
a) 10   b) 12   c) 18   d) 24   e) 25

Solução:
A palavra FEIRA é composta das consoantes F e R e das vogais A, E e I.

Alguns anagramas onde nem duas vogais podem estar juntas nem duas consoantes, seriam: EFIRA, ARIFE, EFARI, etc. A forma geral desses anagramas será VCVCV onde V = vogal e C = consoante.

Pelo Princípio Fundamental da Contagem – PFC, teremos:

Para a primeira posição V existem 3 possibilidades de escolha (A, E ou I).

Para a segunda posição C existem 2 possibilidades (F e R)

Para a terceira posição V restam apenas 2 possibilidades de escolha, já que uma vogal já foi escolhida para a primeira posição.

Para a quarta posição C, resta apenas 1 possibilidade de escolha, já que uma consoante já foi escolhida para a segunda posição.

Para a quinta e última posição V só resta 1 possibilidade de escolha, já que das 3 vogais possíveis (A, E e I), duas já foram escolhidas anteriormente.

Portanto, pelo PFC – Princípio Fundamental de Contagem, o número de anagramas nas condições dadas, será igual ao produto 3 . 2 . 2 . 1 . 1 = 12. Portanto, a alternativa correta é a de letra B.

---

12. (CEFET – PR) Os números dos telefones da Região Metropolitana de Curitiba tem 7 algarismos cujo primeiro digito é 2. O número máximo de telefones que podem ser instalados é:
a) 1 000 000   b) 2 000 000   c) 3 000 000   d) 6 000 000   e) 7 000 000

Resolução:
Os dígitos que iremos utilizar são: 0, 1, 2, 3, 4, 5, 6, 7, 8, e 9
Vamos fixar o algarismo 2 que será o primeiro digito do telefone

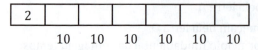

10 possibilidades para o segundo dígito, 10 para o terceiro, 10 para o quarto, 10 para o quinto e 10 para o sexto, pois os algarismos não precisam ser distintos. Pelo princípio multiplicativo da contagem temos:

$10 \cdot 10 \cdot 10 \cdot 10 \cdot 10 \cdot 10 = 10^6 = 1.000.000$

Alternativa "a".

---

13. (FATEC – SP) Quantos números distintos entre si e menores de 30 000 tem exatamente 5 algarismos não repetidos e pertencentes ao conjunto {1, 2, 3, 4, 5, 6}?
a) 90   b) 120   c) 180   d) 240   e) 300

Resolução:
1ª condição do problema: os números possuem 5 algarismos

2ª condição do problema: Estes números são distintos entre si e são menores que 30.000. Logo os número procurados começam pelos algarismos 1 e 2

Vamos fixar o algarismo 1 na casa da centena de milhar:

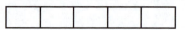

Casa da unidade de milhar	5 possibilidades
Casa da centena	4 possibilidades
Casa da dezena	3 possibilidades
Casa da unidade	2 possibilidades

Aplicando o princípio multiplicativo da contagem temos:
$5 \cdot 4 \cdot 3 \cdot 2 = 120$

Vamos fixar agora o algarismo 2 na casa da centena de milhar

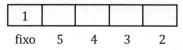

Casa da unidade de milhar	5 possibilidades
Casa da centena	4 possibilidades
Casa da dezena	3 possibilidades
Casa da unidade	2 possibilidades

Aplicando o princípio multiplicativo da contagem temos:
$5 \cdot 4 \cdot 3 \cdot 2 = 120$

Temos 120 números que começam com o algarismo 1 mais 120 números que começam com o algarismo 2, logo temos um total de 120 + 120 = 240

Alternativa "d".

---

14. (GAMA FILHO – RJ) Quantos são os inteiros positivos, menores que 1 000 que tem seus dígitos pertencentes ao conjunto { 1, 2, 3 }?
   a) 15   b) 23   c) 28   d) 39   e) 42

Resolução:
1) Podemos formar números com 1 algarismo: 1, 2 ou 3, total de números = 3
2) Podemos formar números de 2 algarismos:
   Casa da dezena = 3 possibilidades
   Casa da unidade = 3 possibilidades
   Total de números formados = 3 . 3 = 9
3) Podemos formar números de 3 algarismos:
   Casa da centena = 3 possibilidades
   Casa da dezena = 3 possibilidades
   Casa da unidade = 3 possibilidades
   Total de números formados = 3 . 3 . 3 = 27
   Total de números = 3 + 9 + 27 = 39

Alternativa "d".

---

15. (UECE) A quantidade de números inteiros compreendidos entre os números 1 000 e 4 500 que podemos formar utilizando os algarismos 1, 3, 4, 5 e 7 de modo que não figurem algarismos repetidos é:
   a) 48   b) 54   c) 60   d) 72   e) 144

Resolução:
Vamos calcular a quantidade de números compreendidos entre 1.000 e 4.000

1) Fixando o algarismo 1

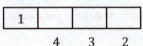

Casa da centena: 4 possibilidades (não podemos repetir o número **1**)
Casa da dezena: 3 possibilidades
Casa da unidade: 2 possibilidades
Total = 4 . 3 . 2 = 24

2) Fixando o algarismo 3

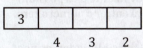

Casa da centena: 4 possibilidades (não podemos repetir o número **3**)

Casa da dezena: 3 possibilidades
Casa da unidade: 2 possibilidades
Total = 4 . 3 . 2 = 24
Total dos números entre 1.000 e 4.000
Total (1) = 2 . 24 = 48

Vamos calcular agora a quantidade dos números que estão entre 4.000 e 4.500

1) Vamos agora fixar dois algarismos 4 e 1

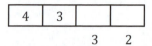

3   2

Casa da dezena: 3 possibilidades
Casa da unidade: 2 possibilidades
Total = 3 . 2 = 6

2) Vamos agora fixar dois algarismos 4 e 3

| 4 | 3 | | |

3   2

Casa da dezena: 3 possibilidades
Casa da unidade: 2 possibilidades
Total = 3 . 2 = 6

Total dos números entre 4.000 e 4.500
Total (2) = 2 . 6 = 12

Total de números = Total (1') + Total (2) = 48 + 12 = 60
Alternativa "c".

---

16. (UEPG – PR) Quantos números pares, distintos, de quatro algarismos, podemos formar com os algarismos 0, 1, 2, 3 e 4 sem os repetir?
a) 156 **b)** 60 **c)** 6 **d)** 12 **e)** 216

Resolução:
Possuímos um total de 5 algarismos, e os números que vamos formar devem ter quatro algarismos sem repeti-los.
Para o número formado ser par, deve terminar em 0, 2 ou 4, logo:

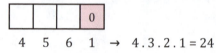

4   5   6   1   →   4 . 3 . 2 . 1 = 24

Quando os números terminam em 2 ou 4, eles não podem começar por zero.

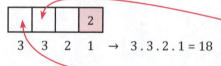

3   3   2   1   →   3 . 3 . 2 . 1 = 18

Nesta casa teremos novamente três possibilidades, pois aqui poderá entrar o número zero.

Nesta casa teremos 3 possibilidades, os possíveis números são: 1, 3 ou 4

Usaremos o mesmo raciocínio para os números pares terminados em 4.

			4
3	3	2	1	→ 3.3.2.1 = 18

Total de números pares = 24 + 18 + 18 = 60
Alternativa "b".

---

17. Quantos são os números naturais de dois algarismos que são múltiplos de 5?

Resolução:
Como o zero à esquerda de um número não é significativo, para que tenhamos um número natural com dois algarismos ele deve começar com um dígito de **1** a **9**, temos portanto **9** possibilidades.

Para que o número seja um múltiplo de 5, o mesmo deve terminar em **0** ou **5**.

	0
9	1	→ 9.1 = 9 possibilidades

	5
9	1	→ 9.1 = 9 possibilidades

Total de múltiplos de 5 = 9 + 9 = 18

---

18. Um edifício tem 14 portas. De quantas formas uma pessoa poderá entrar no edifício e sair por uma porta diferente de que usou para entrar?

Resolução:
Para entrar existem 14 possibilidades, em seguida, para sair existem 13 possibilidades. Pelo princípio fundamental da contagem, existem:

14 . 13 = 182 possibilidades

---

19. (Unesp 92) Determinar quantos são os números de três algarismos, múltiplos de 5, cujos algarismos das centenas pertencem a {1,2,3,4} e os demais algarismos a {0,5,6,7,8,9}.

Resolução:
Na casa das centenas temos 4 possibilidades, na casa das dezenas 6 possibilidades e na casa das unidades temos 2, zero ou 5, para que sejam divisíveis por 5, logo pelo princípio fundamental da contagem temos:

		0 ou 5
4	6	2	→ 4 . 6 . 2 = 48 números

20. (Cesgranrio 95) Durante a Copa do Mundo, que foi disputada por 24 países, as tampinhas de Coca-Cola traziam palpites sobre os países que se classificariam nos três primeiros lugares (por exemplo: primeiro lugar, Brasil; segundo lugar, Nigéria; terceiro lugar, Holanda). Se, em cada tampinha, os três países são distintos, quantas tampinhas diferentes poderiam existir?
a) 69   b) 2 024   c) 9 562   d) 12 144   e) 13 824

Resolução:
Para o primeiro lugar temos 24 possibilidades, para o segundo 23 e para o terceiro 22, pelo princípio fundamental da contagem temos:
24 . 23 . 22 = 12 144
Alternativa "d".

21. (Ufc 96) Atualmente, as placas dos veículos são formadas por três letras seguidas de quatro algarismos. Considerando estas informações, calcule o número de placas distintas que podem ser fabricadas, iniciadas pelas letras HUI, nesta ordem, e cujo último algarismo seja ímpar.

Resolução:
Os algarismos que podemos utilizar são: 0, 1, 2, 3, 4, 5, 6, 7, 8 e 9.
Condições do problema:
1) As placas devem ser iniciadas pelas letras HUI
2) O último algarismo deve ser **ímpar**. Temos aqui 5 possibilidades 1, 3, 5, 7 ou 9.

Para o primeiro algarismo 10 possibilidades, segundo algarismo 10 possibilidades, terceiro algarismo 10 possibilidades e último algarismo 5 possibilidades, logo:

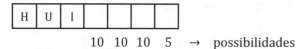

Número de placas = 10 . 10 . 10 . 5 = 5 000

22. (Ufba 96) Com os dígitos 1, 2, 3, 4, 6 e 8, podem-se formar x números ímpares, com três algarismos distintos cada um. Determine x.

Resolução:
Condições do problema:
1) Números ímpares: terminados pelos números 1 ou 3
2) Algarismos distintos: não podemos repetir o número.

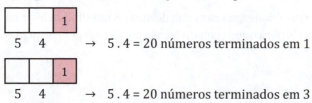

Podemos formar 20 + 20 = 40 números, ou seja, x = 40

23. (FGV) Uma pessoa vai retirar dinheiro num caixa eletrônico de um banco mas, na hora de digitar a senha, esquece-se do número. Ela lembra que o número tem 5 algarismos, começa com 6, não tem algarismos repetidos e tem o algarismo 7 em alguma posição. O número máximo de tentativas para acertar a senha é
a) 1 680   b) 1 344   c) 720   d) 224   e) 136

Resolução:
Condições do problema:
1) O número começa com o algarismo 6.
2) Não têm números repetidos
3) O algarismo 7 está em alguma posição

Os algarismos que podemos utilizar são: 0, 1, 2, 3, 4, 5, 6, 7, 8 e 9.
Vamos supor que o algarismo 7 esteja na segunda posição:

1ª posição	2ª posição
6	7

Teremos então: 8 . 7 . 6 = 336 números com o 6 e o 7 nesta posição
Usaremos o mesmo raciocínio para o sete na 3ª, 4ª e 5ª posição, logo teremos:
3 . 336 = 1 008 números para as demais posições
O número máximo de tentativas é = 1008 + 336 = 1344
Alternativa "b".

---

24. (FAAP) Quantas motos podem ser licenciadas se cada placa tiver 2 vogais (podendo haver vogais repetidas) e 3 algarismos distintos?
a) 25 000   b) 120   c) 120 000   d) 18 000   e) 32 000

Resolução:
Vogais: a, e, i, o, u
Algarismos: 0, 1, 2, 3, 4, 5, 6, 7, 8, 9 (distintos)

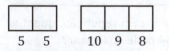

5   5   10   9   8

Número de placas = 5 . 5 . 10 . 9 . 8 = 18 000
Alternativa "d".

---

25. (UFMG) O número de múltiplos de 10, compreendidos entre 100 e 9999 e com todos os algarismos distintos, é:
a) 250   b) 321   c) 504   d) 576

Resolução:
Um número para ser múltiplo de 10 deve terminar em zero. Vamos determinar todos os múltiplos de 10 de três algarismos distintos.

9   8   → 9 . 8 = 72 números

Vamos determinar agora todos os múltiplos de 10 de quatro algarismos distintos.

| 9 | 8 | 7 | 0 | → 9 . 8 . 7 = 504

Total de números múltiplos de 10 é 576

Alternativa "d".

---

26. (Mackenzie) Os números pares com 4 algarismos distintos, que podemos obter com os elementos do conjunto {0; 3; 4; 5; 6; 7; 8}, são em número de:
a) 60   b) 420   c) 560   d) 540   e) 380

Resolução:
Um número para ser par deve terminar em 0, 4, 6 ou 8.
Terminado em zero:

| 6 | 5 | 4 | 0 | → 6 . 5 . 4 . 1 = 120

Terminado em 4, 6 ou 8 (três possibilidades)

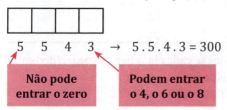

5 5 4 3 → 5 . 5 . 4 . 3 = 300

Não pode entrar o zero

Podem entrar o 4, o 6 ou o 8

Total de números pares = 300 + 120 = 420

Alternativa "b".

---

27. (PUCCAMP) Usando os algarismos 2, 3, 4, 5, 6, 8 e 9, sem repetição, quantos números pares de três algarismos e maiores que 234 pode-se formar?
a) 110   b) 119   c) 125   d) 129   e) 132

Resolução:
Maiores que 234 : 236, 238 (2 pares)
Fixando o 2 para a centena 4 para a dezena, temos: 246, 248 (2 pares)
Fixando o 2 para a centena 5 para a dezena, temos: 254, 256 e 258 (3 pares)
Fixando o 2 para a centena 6 para a dezena, temos: 264, 268 (2 pares)
Fixando o 2 para a centena 8 para a dezena, temos: 284, 286 (3 pares)
Fixando o 2 para a centena 9 para a dezena, temos: 294, 296 e 298 (2 pares)
Total (1) = 14 pares

Maiores que 300 e menores que 999

Números começando com a centena 3

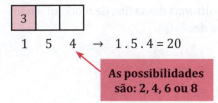

1 . 5 . 4 = 20

As possibilidades são: 2, 4, 6 ou 8

Usaremos o mesmo raciocínio para números começando com os algarismos 5 e 9, portanto temos 20 pares começando com a centena 5 e 20 pares começando com a centena 9.
Total (2) = 60

Números começando com a centena 4

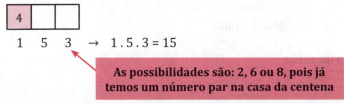

1 . 5 . 3 = 15

As possibilidades são: 2, 6 ou 8, pois já temos um número par na casa da centena

Usaremos o mesmo raciocínio para números começando com os algarismos 6 e 8, portanto temos 15 pares começando com a centena 6 e 15 pares começando com a centena 8.
Total (3) = 45

Total de pares = total (1) + total (2) + total (3) = 14 + 60 + 45 = 119
Alternativa "b".

---

28. (PUCMG) Um bufê produz 6 tipos de salgadinhos e 3 tipos de doces para oferecer em festas de aniversário. Se em certa festa devem ser servidos 3 tipos desses salgados e 2 tipos desses doces, o bufê tem x maneiras diferentes de organizar esse serviço. O valor de x é:
a) 180   b) 360   c) 440   d) 720

Resolução:
Possibilidades de salgados   Possibilidades de doces

6 5 4   3 2

Número de maneiras diferentes = (6 . 5 . 4) . (3 . 2) = 720
Alternativa "d".

---

29. (Mackenzie) Num avião, uma fila tem 7 poltronas dispostas como na figura abaixo.

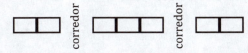

Os modos de João e Maria ocuparem duas poltronas dessa fila, de modo que não haja um corredor entre eles, são em número de:
a) 6   b) 7   c) 8   d) 10   e) 12

Resolução:

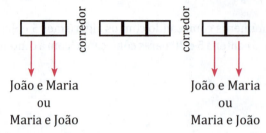

João e Maria
ou
Maria e João

João e Maria
ou
Maria e João

Possibilidades da poltrona do meio

João	Maria	
Maria	João	
João		Maria
Maria		João
	João	Maria
	Maria	João

6 possibilidades

Total de possibilidades = 6 + 2 + 2 = 10
Alternativa "d".

---

30. Escrevendo-se em ordem crescente todos os números de cinco algarismos distintos formados pelos algarismos 3, 5, 7, 8 e 9, a ordem do número 75389 é:
a) 54   b) 67   c) 66   d) 55   e) 56

Resolução:
Vamos determinar a quantidade de números distintos que começam com os algarismos 3 ou 5.

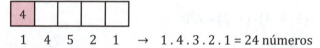

1   4   5   2   1   →   1 . 4 . 3 . 2 . 1 = 24 números

Usando o mesmo raciocínio para número que começa com o algarismo 5 teremos mais 24 números.

Vamos pensar nos números que começam com o algarismo 7
1ª momento: 73

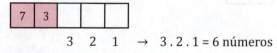

3   2   1   →   3 . 2 . 1 = 6 números

1º momento: 75
Neste caso o menor número seria 75389 (número dado do problema). Até chegarmos a este número temos 24 + 24 + 6 = 54 números, logo o número 75389 ocupa a 55ª posição.
Alternativa "d".

---

31. (Unesp) Considere todos os números formados por 6 algarismos distintos obtidos permutando-se, de todas as formas possíveis, os algarismos 1, 2, 3, 4, 5 e 6.
   a) Determine quantos números é possível formar (no total) e quantos números se iniciam com o algarismo 1.
   b) Escrevendo-se esses números em ordem crescente, determine qual posição ocupa o número 512346 e que número ocupa a 242ª posição.

Resolução:
a) Números possíveis = 6 . 5 . 4 . 3 . 2 . 1 = 720 (princípio fundamental de contagem)
Quantos números se iniciam com o algarismo 1:
Fixa o número 1

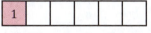

1   5   4   3   2   1   →   1 . 5 . 4 . 3 . 2 . 1 = 120 números

b) Vamos determinar a quantidade de números distintos que começam com o algarismos 1, 2, 3, e 4
Usando o raciocínio do item anterior temos:
120 números que se iniciam com 1, 120 com o 2, 120 com o 3 e 120 com o 4.

Fixando o número 5, o menor número seria o número 512346 dado do problema. Até chegarmos a este número temos 480 números, logo o número 512346 ocupa a 481ª posição.

Que número ocupa a 242ª posição?
Somando os números que começam com o algarismo 1 e 2 temos um total de 240 números. O primeiro número que começa com o algarismo 3 é o 312456 que ocupa a 241ª posição. 312465 ocupa a 242ª posição

---

32. (Unicamp) Sabendo que números de telefone não começam com 0 nem com 1, calcule quantos diferentes números de telefone podem ser formados com 7 algarismos.

Resolução:
Dígitos possíveis: 0, 1, 2, 3, 4, 5, 6, 7, 8, 9 (10 possibilidades)
Número de telefones = 8 . 10 . 10 . 10 . 10 . 10 . 10 = 8 . 10^6 = 8.000.000

Nesta posição não é possível entrar o zero e o um

---

33. (Ufes) Um "Shopping Center" possui 4 portas de entrada para o andar térreo, 5 escadas rolantes ligando o térreo ao primeiro pavimento e 3 elevadores que conduzem do primeiro para o segundo pavimento. De quantas maneiras diferentes uma pessoa, partindo de fora do "Shopping Center" pode atingir o segundo pavimento usando os acessos mencionados?

a) 12   **b)** 17   **c)** 19   **d)** 23   **e)** 60

Resolução:
Pelo Princípio Fundamental da Contagem temos:
4 . 5 . 3 = 60
Alternativa "e".

---

34. (Ufpe) Na figura a seguir temos um esboço de parte do centro da cidade do Recife com suas pontes. As setas indicam o sentido do fluxo de tráfego de veículos. De quantas maneiras, utilizando apenas o esboço, poderá uma pessoa ir de carro do ponto A ao ponto B (marco zero) e retornar ao ponto de partida passando exatamente por três pontes distintas?

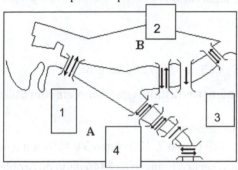

a) 8   **b)** 13   **c)** 17   **d)** 18   **e)** 20

Resolução:
Caminho de ida 1 – 2 – 3 – 4
1 . 3 . 4 = 12 possibilidades
Caminho de volta 4 – 3 – 2 – 1
4 . 2 . 1 = 8 possibilidades
Total = 12 + 8 = 20
Alternativa "e".

---

35. (UEL) Para responder a certo questionário, preenche-se o cartão apresentado a seguir, colocando-se um "x" em uma só resposta para cada questão.

CARTÃO RESPOSTA					
QUESTÕES	1	2	3	4	5
SIM	☐	☐	☐	☐	☐
NÃO	☐	☐	☐	☐	☐

De quantas maneiras distintas pode-se responder a esse questionário?
a) 3 125   b) 120   c) 32   d) 25

Resolução:
1ª questão: 2 possibilidades
2ª questão: 2 possibilidades
3ª questão: 2 possibilidades
4ª questão: 2 possibilidades
5ª questão: 2 possibilidades
Pelo princípio fundamental da contagem temos:
$2 \cdot 2 \cdot 2 \cdot 2 \cdot 2 = 2^5 = 32$

Alternativa "c".

36. (Unaerp) Uma fechadura de segredo possui 4 contadores que podem assumir valores de 0 a 9 cada um, de tal sorte que, ao girar os contadores, esses números podem ser combinados, para formar o segredo e abrir a fechadura. De quantos modos esses números podem ser combinados para se tentar encontrar o segredo?
a) 10 000   b) 64 400   c) 83 200   d) 126   e) 720

Resolução:
Pelo princípio fundamental da contagem temos:
10 possibilidades no primeiro contador, 10 no segundo, 10 no terceiro e 10 no quarto, logo:
$10 \cdot 10 \cdot 10 \cdot 10 = 10.000$

Alternativa "a".

37. (PUC-SP) Para ter acesso a certo arquivo de um microcomputador, o usuário deve realizar duas operações: digitar uma senha composta por três algarismos distintos e, se a senha digitada for aceita, digitar uma segunda senha, composta por duas letras distintas, escolhidas num alfabeto de 26 letras. Quem não conhece as senhas pode fazer tentativas. O número máximo de tentativas necessárias para ter acesso ao arquivo é
a) 4 120   b) 3 286   c) 2 720   d) 1 900   e) 1 370

Resolução:
Os algarismos que podemos utilizar são: 0, 1, 2, 3, 4, 5, 6, 7, 8, 9

1ª condição: três algarismos distintos
$10 \cdot 9 \cdot 8 = 720$

Para a segunda senha podemos utilizar 26 letras.

2ª condição: duas letras distintas
$26 \cdot 25 = 650$

$720 + 650 = 1\,370 \longrightarrow$ alternativa "e".

38. (UFRJ) Quantos números de 4 algarismos podemos formar nos quais o algarismo 2 aparece ao menos uma vez?

Resolução:

Ao menos 1 vez significa dizer que o número pode ter o algarismo 2, uma vez, duas vezes, três vezes ou quatro vezes.

Os algarismos que podemos utilizar são: 0, 1, 2, 3, 4, 5, 6, 7, 8, 9

1) O algarismo 2 aparece uma vez.

O algarismo 2 está na casa da unidade de milhar.

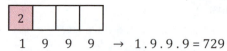

1   9   9   9   →   1 . 9 . 9 . 9 = 729

2) O algarismo 2 está na casa da centena

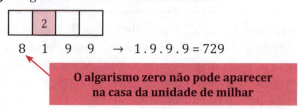

8   1   9   9   →   1 . 9 . 9 . 9 = 729

O algarismo zero não pode aparecer na casa da unidade de milhar

Total = 8 . 1 . 9 . 9 = 648

Usaremos este mesmo raciocínio quando o algarismo 2 estiver na casa da dezena (8 . 9 . 1 . 9) e na casa da unidade (8 . 9 . 9 . 1), logo:

Número total de números formados = 2 . 648 = 1.296

3) O algarismo 2 aparece duas vezes. Temos as seguintes possibilidades:

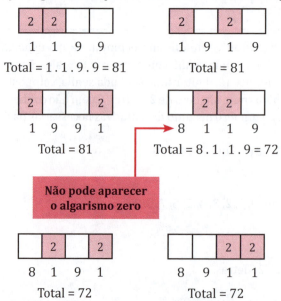

Total = 3 . 72 + 3 . 81 = 216 + 243 = 459

4) O algarismo 2 aparece três vezes. Temos as seguintes possibilidades:

2	2	2			2	2		2
---	---	---	---		---	---	---	---
1	1	1	9

| 2 | | 2 | 2 | | | 2 | 2 | 2 |

Um total de 4 possibilidades. Cada possibilidade possui 1 . 1 . 1 . 9 = 9 números
Um total de 4 . 9 = 36

5) O algarismo 2 aparece 4 vezes. Temos uma única possibilidade.

Total = total 1 + total 2 + total 3 + total 4 + total 5 = 729 + 1 296 + 459 + 36 + 1 =
= 2 521

39. (UFRJ) Um construtor dispõe de quatro cores (verde, amarelo, cinza e bege) para pintar cinco casas dispostas lado a lado. Ele deseja que cada casa seja pintada com apenas uma cor e que duas casas consecutivas não possuam a mesma cor. Por exemplo, duas possibilidades diferentes de pintura seriam:

Primeira: verde amarelo bege verde cinza

Segunda: verde cinza verde bege cinza

Determine o número de possibilidades diferentes de pintura.

Resolução:
1ª casa: 4 possibilidades
2ª casa: 3 possibilidades
3ª casa: 3 possibilidades
4ª casa: 3 possibilidades
5ª casa: 3 possibilidades
Pelo princípio fundamental de contagem temos:
4 . 3 . 3 . 3 . 3 = 324 possibilidades

40. (FATEC) A abertura de certo tipo de mala depende de dois cadeados. Para abrir o primeiro, é preciso digitar sua senha, que consiste num número de três algarismos distintos escolhidos de 1 a 9. Aberto o primeiro cadeado, deve-se abrir o segundo, cuja senha obedece às mesmas condições da primeira. Nessas condições, o número máximo de tentativas necessárias para abrir a mala é:
a) 10 024   b) 5 040   c) 2 880   d) 1 440   e) 1 008

Resolução:
1º cadeado:
Os algarismos que poderão ser utilizados: 1, 2, 3, 4, 5, 6, 7, 8, 9
9 . 8 . 7 = 504 possibilidades
2º cadeado
9 . 8 . 7 = 504 possibilidades
Total de possibilidades = 504 + 504 = 1008

41. (UFMG) Observe o diagrama.

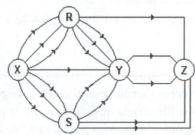

O número de ligações distintas entre X e Z é
a) 39   b) 41   c) 35   d) 45

Resolução:
Possíveis ligações entre X e Z

X ⟶ R ⟶ Y ⟶ Z
3 ligações   3 ligações   2 ligações   total = 3 . 3 . 2 = 18 possibilidades

X ⟶ S ⟶ Y ⟶ Z
3 ligações   2 ligações   2 ligações   total = 3 . 2 . 2 = 12 possib.

X ⟶ R ⟶ Z
3 ligações   1 ligação   total = 3 . 1 = 3 possibilidades

X ⟶ S ⟶ Z
3 ligações   2 ligações   total = 3 . 2 = 6 possibilidades

X ⟶ Y ⟶ Z
1 ligação   2 ligações   total = 1 . 2 = 2 possibilidades

Total = 18 + 12 + 3 + 6 + 2 = 41
Alternativa "b".

42. (UNIRIO) Uma família formada por 3 adultos e 2 crianças vai viajar num automóvel de 5 lugares, sendo 2 na frente e 3 atrás. Sabendo-se que só 2 pessoas podem dirigir e que as crianças devem ir atrás e na janela, o número total de maneiras diferentes através das quais estas 5 pessoas podem ser posicionadas, não permitindo crianças irem no colo de ninguém, é igual a:
a) 120   b) 96   c) 48   d) 24   e) 8

Resolução:
Chamaremos de A, B e C os adultos sendo A e B os adultos que dirigem.
Chamaremos de x e y as crianças.

Banco da frente: A dirige e B do lado
Banco de trás: x C y $\Bigr\}$ 1ª posição

Banco da frente: A dirige e B do lado
Banco de trás: y C x $\Bigr\}$ 2ª posição

Banco da frente: A dirige e C do lado
Banco de trás: x B y $\Bigr\}$ 3ª posição

Banco da frente: A dirige e C do lado
Banco de trás: y B x $\Bigr\}$ 4ª posição

Temos mais 4 posições quando B dirige, portanto temos um total de 8 posições.
Alternativa "e".

---

43. (ITA) Listando-se em ordem crescente todos os números de cinco algarismos distintos, formados com os elementos do conjunto {1, 2, 4, 6, 7}, o número 62417 ocupa o n-ésimo lugar. Então n é igual a:
a) 74   b) 75   c) 79   d) 81   e) 92

Resolução:
1) Determinemos a quantidade dos números que começam com o algarismo 1.

| 1 | | | | |

1 4 3 2 1 → total = 1 . 4 . 3 . 2 . 1 = 24

Usaremos o mesmo raciocínio para os algarismos 2 e 4, logo temos 24 números que começam com o algarismo 2 e 24 números que começam com o algarismo 4 totalizando 48 números.

2) Vamos determinar a quantidade de números que começam com os algarismos 6 e 1

| 6 | 1 | | | |

1 1 3 2 1 → total = 1 . 1 . 3 . 2 . 1 = 6

3) Vamos estudar agora os números que começam com os algarismos 62
   62147, 62174, 62417 (número dado do problema)

Total de números até o número dado = 24 + 48 + 6 + 2 = 80
O número 62417 ocupa a 81ª posição.

Alternativa "d".

44. (UNICAMP) Em um certo jogo são usadas fichas de cores e valores diferentes. Duas fichas brancas equivalem a três fichas amarelas, uma ficha amarela equivale a cinco fichas vermelhas, três fichas vermelhas equivalem a oito fichas pretas e uma ficha preta vale quinze pontos.
a) Quantos pontos vale cada ficha?
b) Encontre todas as maneiras possíveis para totalizar 560 pontos, usando, em cada soma, no máximo cinco fichas de cada cor.

Resolução:
a) 1 ficha preta vale 15 pontos
3 fichas vermelhas = 8 fichas pretas
3 fichas vermelhas = 8 . 15 = 120
1 ficha vermelha = 40 pontos
1 ficha amarela = 5 fichas vermelhas
1 ficha amarela = 5 . 40 = 200 pontos
2 fichas brancas = 3 fichas amarelas
2 fichas brancas = 3 . 200 = 600
1 ficha branca = 300 pontos

b) (1 branca, 1 amarela e 4 pretas) ou
(1 branca, 5 vermelhas e 4 pretas) ou
(2 amarelas e 4 vermelhas)

---

45. (PUC-PR) Dos anagramas da palavra CASTELO, quantos têm as vogais em ordem alfabética e juntas?
a) 180   b) 144   c) 120   d) 720   e) 360

Resolução:
Condição do problema: vogais em ordem alfabética e juntas.
Vamos considerar as vogais a, e, o como se fossem uma única letra da palavra castelo, logo devemos calcular os anagramas de 5 letras

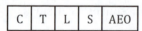

Pelo princípio fundamental da contagem temos:
5 . 4 . 3 . 2 . 1 = 120 anagramas
Alternativa "c".

---

46. (UFAL) Com os elementos do conjunto {1, 2, 3, 4, 5, 6, 7} formam-se números de 4 algarismos distintos. Quantos dos números formados NÃO são divisíveis por 5?
a) 15   b) 120   c) 343   d) 720   e) 840

Resolução:

1) Determinar a quantidade de números que podemos formar com quatro algarismos distintos

7 . 6 . 5 . 4 = 840 números

2) Determinar a quantidade de números que são divisíveis por 5.
Para ser divisível por 5 o número deve terminar em 5, portanto vamos fixar o algarismo 5 na casa da unidade.

			5
6	5	4	1

→ total = 6 . 5 . 4 . 1 = 120

Para saber quantos números não são divisíveis por 5 basta fazer a seguinte operação de subtração:

Não são divisíveis por 5 = 840 – 120 = 720

Alternativa "d".

---

47. (UFF) Diogo precisa que sua mulher, Cristina, retire dinheiro no caixa eletrônico e manda entregar-lhe o cartão magnético, acreditando que ela saiba qual é a senha. Cristina, entretanto, recorda que a senha, composta de seis algarismos distintos, começa por 75 – os dois algarismos finais indicativos do ano em que se casou com Diogo; lembra, ainda, que o último algarismo da senha é ímpar. Determine o tempo máximo necessário para Cristina descobrir a senha da conta de Diogo, caso ela gaste 10 segundos no teste de cada uma das possíveis senhas.

Resolução:
Condições do problema:
1) Algarismos distintos.
2) A senha é formada por seis algarismos.
3) A senha começa pelos algarismos 75
4) O último algarismo é ímpar

Algarismos que poderão ser utilizados nos problema: 0, 1, 2, 3, 4, 6, 8 e 9

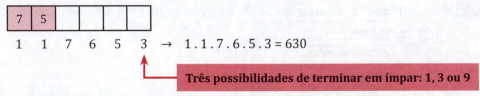

1 . 1 . 7 . 6 . 5 . 3 = 630

Três possibilidades de terminar em ímpar: 1, 3 ou 9

Tempo gasto por teste 10 s

Tempo total = 10 . 630 = 6.300 s

1 hora possui 60 minutos, 1 minuto 60 segundos, logo 1 hora 3600 segundos

6300 : 3600 = 1 h 45 minutos

48. (ENEM 2004) No Nordeste brasileiro, é comum encontrarmos peças de artesanato constituídas por garrafas preenchidas com areia de diferentes cores, formando desenhos. Um artesão deseja fazer peças com areia de cores cinza, azul, verde e amarela, mantendo o mesmo desenho, mas variando as cores da paisagem (casa, palmeira e fundo), conforme a figura ao lado.

O fundo pode ser representado nas cores azul ou cinza; a casa, nas cores azul, verde ou amarela; e a palmeira, nas cores cinza ou verde. Se o fundo não pode ter a mesma cor nem da casa nem da palmeira, por uma questão de contraste, então o número de variações que podem ser obtidas para a paisagem é

a) 6 **b)** 7 **c)** 8 **d)** 9 **e)** 10

Resolução:
Fundo pode ser representado nas cores: azul ou cinza.
Casa pode se representado nas cores: azul verde ou amarelo.
Palmeira pode ser representada nas cores: cinza ou verde.
O fundo não pode ter a mesma cor da casa nem da palmeira.

1ª opção
Fundo azul:
A casa pode ser representada pelas cores verde ou amarela (2 possibilidades)
Palmeira pode ser representada pelas cores cinza ou verde (2 possibilidades)
Pelo princípio fundamental da contagem temos: 2 . 2 = 4 possibilidades

2ª opção
Fundo cinza
A casa pode ser representada pelas cores verde, amarela ou azul (3 possibilidades)
Palmeira pode ser representada pela cor verde (1 possibilidade)
Pelo princípio fundamental da contagem temos: 3 . 1 = 3 possibilidades

Total de possibilidades = 4 + 3 = 7
Alternativa "b".

---

49. (UERJ) Observe o resultado de uma enquete do site britânico CentralNic.

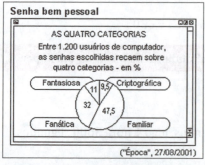

a) Determine, dentre os usuários de computador que participaram da enquete, o número daqueles que possuem senha na categoria familiar.

b) Admita que, para criar uma senha da categoria criptográfica, o usuário deva utilizar duas vogais seguidas de quatro algarismos distintos.
Calcule o número de senhas criptográficas diferentes que podem ser formadas.

Resolução:
a) A pesquisa foi realizada com 1.200 usuários de computador, 47,5% possuem senha na categoria familiar.
Número de pessoas = 47,5% de 1200
Número de pessoas = 0,475 . 1200 = 570 pessoas

b) Vogais: a, e, i, o, u
Algarismos: 0, 1, 2, 3, 4, 5, 6, 7, 8, 9

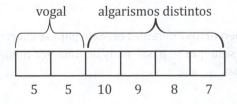

5   5   10   9   8   7   →   5 . 5 . 10 . 9 . 8 . 7 = 126 000

---

50. (UFSCAR) Considere a figura a seguir. O número de caminhos mais curtos, ao longo das arestas dos cubos, ligando os pontos A e B, é.
a) 2   **b)** 4   **c)** 12   **d)** 18   **e)** 36

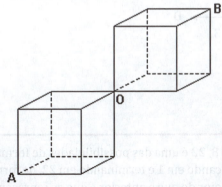

Resolução:
O cubo possui 6 faces indicando 6 caminhos diferentes de percurso, portanto

6 . 6 = 36 caminhos diferentes

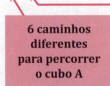

6 caminhos diferentes para percorrer o cubo A

6 caminhos diferentes para percorrer o cubo B

Alternativa "e".

51. (UFRN 99) A figura a seguir representa um mapa das estradas que interligam as comunidades A, B, C, D, E e F.

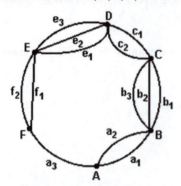

Assinale a opção que indica quantos percursos diferentes existem para se chegar à comunidade D (partindo-se de A), sem que se passe mais de uma vez numa mesma comunidade, em cada percurso.
a) 72   b) 12   c) 18   d) 36

Resolução:
Caminho: A $\xrightarrow{2}$ B $\xrightarrow{3}$ C $\xrightarrow{2}$ D.
Total de caminhos = 2 . 3 . 2 = 12

Caminho: A $\xrightarrow{1}$ F $\xrightarrow{2}$ E $\xrightarrow{3}$ D
Total de caminhos = 1 . 2 . 3 = 6

Número total de caminhos = 12 + 6 = 18
Alternativa "c".

---

52. (UFRJ) A sequência 1, 3, 5, 9, 13, 18, 22 é uma das possibilidades de formar uma sequência de sete números, começando em 1 e terminando em 22, de forma que cada número da sequência seja maior do que o anterior e que as representações de dois números consecutivos na sequência estejam conectadas no diagrama a seguir por um segmento.

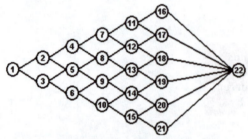

a) Quantas sequências diferentes, com essas características, podemos formar?
b) Quantas dessas sequências incluem o número 13?

Resolução:
a) Pelo desenho percebemos o seguinte:

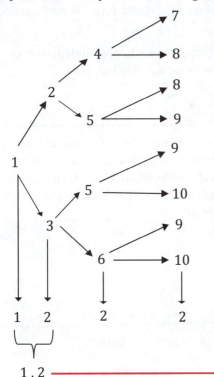

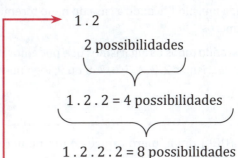

Como temos 6 disposições deste tipo teremos:
1 . 2 . 2 . 2 . 2 . 2 = 32 possibilidades, ou seja 32 sequências diferentes.

b) Até a 4ª disposição temos 12 sequências diferentes e o número 13 se encontra na 5ª disposição, portanto podemos concluir que estas 12 sequências podem incluir o número 13.

53. (UFRN) Um fenômeno raro em termos de data ocorreu às 20h02min de 20 de fevereiro de 2002. No caso, 20 : 02 20/02 2002 forma uma sequência de algarismos que permanece inalterada se reescrita de trás para a frente. A isso denominamos capicua. Desconsiderando as capicuas começadas por zero, a quantidade de capicuas formadas com cinco algarismos não necessariamente diferentes é
a) 120   b) 720   c) 900   d) 1 000

Resolução:
Vamos considerar estes números começando pelo algarismo 1.

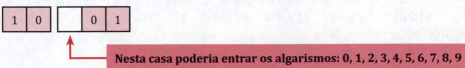

Temos, portanto 10 números deste tipo.
Vamos pensar agora na casa onde colocamos o algarismo zero.

Nestas duas casas podemos colocar os algarismos; 1, 2, 3, 4, 5, 6, 7, 8, 9, portanto mais 10 tipos diferentes. Contando que para cada tipo podemos montar mais 10 números, para cada um, modificando a casa do meio teremos um total de 90 números totalizando 100 números.

Considerando todos os algarismos que podemos utilizar, estes números podem começar com os algarismos 2, 3, 4, 5, 6, 7, 8 ou 9, logo podemos formar 900 números.

Alternativa "c".

---

54. (UEL) Um número capicua é um número que se pode ler indistintamente em ambos os sentidos, da esquerda para a direita ou da direita para a esquerda (exemplo: 5 335). Em um hotel de uma cidade, onde os jogadores de um time se hospedaram, o número de quartos era igual ao número de capicuas pares de 3 algarismos. Quantos eram os quartos do hotel?
a) 20   b) 40   c) 80   d) 90   e) 100

Resolução:
Condições do problema:
1) Os números são de 3 algarismos.
2) São números capicuas pares.

Como os números são pares, devem começar com par e terminar em par. Vamos considerar estes números começando pelo algarismo 2.

Nesta casa podem entrar os algarismos: 0, 1, 2, 3, 4, 5, 6, 7, 8, 9

Temos, portanto 10 números deste tipo. Considerando todos os algarismos que podemos utilizar, estes números podem começar e finalizar com os algarismos 4, 6 ou 8, logo podemos formar 40 números.

Alternativa "b".

---

55. (UFC) Dentre os cinco números inteiros listados abaixo, aquele que representa a melhor aproximação para a expressão: 2 . 2! + 3 . 3! + 4 . 4! + 5 . 5! + 6 . 6! é:
a) 5 030   b) 5 042   c) 5 050   d) 5 058   e) 5 070

Resolução:
2! = 2 . 1 = 2
3! = 3 . 2 . 1 = 6
4! = 4 . 3 . 2 . 1 = 24
5! = 5 . 4 . 3 . 2 . 1 = 120
6! = 6 . 5 . 4 . 3 . 2 . 1 = 720
2 . 2 + 3 . 6 + 4 . 24 + 5 . 120 + 6 . 720 = 4 + 18 + 96 + 600 + 4 320 = 5 038

Alternativa "b".

56. As letras do código Morse são formadas por sequências de traços (–) e pontos (.), sendo permitidas repetições. Por exemplo: (– ; .; – ; – ; .; .). Quantas letras podem ser representadas:
a) usando exatamente 4 símbolos?
b) usando no máximo 3 símbolos?

Resolução:
a) Usando 4 símbolos

1º lugar	2º lugar	3º lugar	4º lugar
↓	↓	↓	↓
2 possibilidades	2 possibilidades	2 possibilidades	2 possibilidades

Pelo princípio fundamental da contagem temos:
$2 \cdot 2 \cdot 2 \cdot 2 = 2^4 = 16$ símbolos

b) Usando no máximo 4 símbolos: significa dizer que podemos formar símbolos com dois duas sequências ou três ou quatro. Usando o raciocínio do item anterior temos:
Sequências com 1 símbolo: 2
Sequências com 2 símbolos: $2 \cdot 2 = 4$
Sequências com 3 símbolos: $2 \cdot 2 \cdot 2 = 8$
Sequências com 4 símbolos: $2 \cdot 2 \cdot 2 \cdot 2 = 16$

Número total = 2 + 16 + 4 + 8 = 30 sequências.

57. De quantas formas podemos responder 12 perguntas de um questionário, cujas respostas para cada pergunta são sim ou não?

Resolução:
Cada resposta do questionário consta de uma sequência:
1ª pergunta: sim ou não (2 possibilidades)
2ª pergunta; sim ou não (2 possibilidades)
3ª pergunta: sim ou não (2 possibilidades)
...
...
10ª pergunta: sim ou não (2 possibilidades)

Logo, pelo princípio fundamental de contagem temos:
$\underbrace{2 \cdot 2 \cdot 2 \cdot 2 \ldots 2}_{12 \text{ vezes}} = 2^{12} =$

58. (Hazzan) Caminhando sempre para a direita ou para cima, sobre a rede da figura a seguir, de quantas maneiras, se pode ir do ponto A até a reta BC?

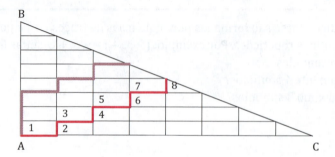

Resolução:
Notemos que a trajetória consiste em caminhar 8 momentos (para direita ou para cima). Logo pelo princípio fundamental da contagem temos:

$2 \cdot 2 \cdot 2 \cdot 2 \cdot 2 \cdot 2 \cdot 2 \cdot 2 = 2^8 = 256$

59. (Hazzan) Cada pedra de dominó é constituída de 2 números. As peças são simétricas, de sorte que o par de números não é ordenado. Exemplo:

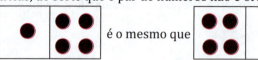 é o mesmo que

Quantas peças diferentes podem se formuladas, se usarmos os números 0, 1, 2, 3, 4, 5 e 6?

Resolução:
Podemos fazer as seguintes combinações numéricas:

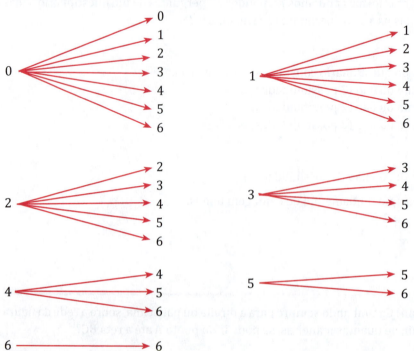

Começando com 0 temos 7 peças, com 1, 6 peças, com 2, 5 peças, com, 3, 4 peças, com 4, 3 peças, com 5, 2 peças e com 6, 1 peça.

Total de peças = 7 + 6 + 5 + 4 + 3 + 2 + 1 = 28

60. No início de um jogo Roberto tem R$ 3.000,00 e só pode jogar enquanto tiver dinheiro. Suponha que em cada jogada ele perde ou ganha R$ 1,000,00, quais são os possíveis resultados ao final de três jogadas?

Resolução:
Em três jogadas poderão acontecer os seguintes resultados:

1) Perder, Perder, Perder:
2) Perder, Perder, Ganhar
3) Perder, Ganhar, Perder
4) Ganhar, Perder, Perder
5) Ganhar, Ganhar, Ganhar
6) Ganhar, Ganhar, Perder
7) Ganhar, Perder, Ganhar
8) Perder, Ganhar, Ganhar

1º resultado: 3.000 − 1.000 − 1.000 − 1.000 = 0
2º resultado: 3.000 − 1.000 − 1.000 + 1.000 = 2.000
3º resultado: 3.000 − 1.000 + 1.000 − 1.000 = 2.000
4º resultado: 3.000 + 1.000 − 1.000 − 1.000 = 2.000
5º resultado: 3.000 + 1.000 + 1.000 + 1.000 = 6.000
6º resultado: 3.000 + 1.000 + 1.000 − 1.000 = 4.000
7º resultado: 3.000 + 1.000 − 1.000 + 1.000 = 4.000
8º resultado: 3.000 − 1.000 + 1.000 + 1.000 = 4.000

UNIDADE 8

RACIOCÍNIO LÓGICO

15. NOÇÕES DE LÓGICA

NOÇÕES DE LÓGICA MATEMÁTICA

Neste capítulo apresentamos algumas noções básicas da lógica matemática em nível bem elementar, introdutório à lógica proposicional. No intuito, sem pretensões, de mostrar que a lógica matemática nasce da tentativa de elaborar uma linguagem simbólica universal, eliminando possíveis erros na transcrição da linguagem natural para o discurso científico.

Apresentaremos situações problemas, testes de vestibulares e de concurso, em cujas resoluções, os raciocínios serão fundamentados pela lógica operando com proposições.

Na lógica matemática são consideradas proposições simples apenas as sentenças declarativas que podem ser classificadas em verdadeiras ou falsas.

Por exemplo:
1) Maria foi à festa
2) Ganhei um computador novo

Não são consideradas proposições, pela lógica matemática, apenas os nomes como" Maria" ou "computador novo" e, as orações interrogativas (Que horas são?), as exclamativas (Que dia lindo!) e as imperativas (Não fale alto!).

A lógica matemática se alicerça em dois princípios clássicos, que são regras fundamentais do pensamento:
- **Princípio da não contradição**: Uma proposição não pode ser verdadeira e falsa ao mesmo tempo.
- **Princípio do terceiro excluído**: Toda proposição ou é verdadeira ou é falsa não existindo uma terceira opção.

As proposições serão simbolizadas por letras maiúsculas do alfabeto latino (P, Q, R, S,...), por exemplo:
P: Maria foi á festa
Q: Ganhei um computador novo

Os valores lógicos das proposições são designados por V, se é Verdade, ou por F, se Falsidade.

Dada uma proposição P, que exprime um pensamento completo, tem valor lógico Verdade, representamos por V (P) = V.

Exemplo: P: 2 é um número par; V (P) = V

Dada uma proposição Q com valor lógico Falsidade, sentença declarativa falsa, representamos por V (Q) = F.

Exemplo: Q: São Paulo é a capital do Brasil; V (Q) = F

CONECTIVOS LÓGICOS

A partir de proposições dadas podemos construir outras, por meio dos conectivos:

Conectivos	Símbolos
não (negação)	~
e (conjunção)	∧
ou (disjunção)	∨
Se... então... (condicional ou implicação)	→
... se e somente se... (bicondicional ou bi implicação)	↔

Veremos a seguir a representação de cada conectivo:

1) Negação (~)
Dada a proposição P: Maria é professora, colocando-se "não" antes do verbo da proposição, obtemos a negação dessa proposição e a representamos por ~P.

P: Maria é professora
~P: Maria não é professora.

Podemos obter a negação antepondo expressões como: "Não é verdade que", "é falso que" e "não é o caso que".

Assim, temos na negação de P:
~P: Não é verdade que Maria seja professora.

2) Conjunção (∧)
A conjunção se obtém a partir da união de duas proposições com a utilização do conectivo "e ".

Dadas P: João é estudioso
Q: José é inteligente.

A conjunção João é estudioso e José é inteligente, é representada simbolicamente pela notação lógica: P ∧ Q.

3) Disjunção (∨)
A disjunção se obtém a partir da união de duas proposições com a utilização do conectivo "ou ".

Dadas P: João é estudioso
Q: José é inteligente.

A disjunção João é estudioso ou José é inteligente, é representada simbolicamente pela notação lógica: P ∨ Q.

Vale observar que o "ou" na fórmula acima tem sentido "inclusivo" pois:
a) João é estudioso
b) José é inteligente
c) João é estudioso e José é inteligente

Na linguagem comercial, para o caso do "ou" inclusivo, principalmente nos cheques de contas conjuntas, usa-se o termo "e/ou".

Há situações em que o "ou" tem sentido "exclusivo", como por exemplo:

Pedro nasceu na Espanha ou no Brasil.

Nessa afirmação não é possível acontecer que Pedro tenha nascido na Espanha e no Brasil. Neste caso é fácil perceber.

Normalmente, para dar o sentido do "ou exclusivo", utilizamos um recurso de linguagem: Ou João é estudioso ou José é inteligente (a repetição do "ou") e, muitas vezes ainda mais enfático: Ou João é estudioso ou José é inteligente, mas não as duas situações.

Em geral, usamos o símbolo "∨" para o "ou inclusivo". Para o ou exclusivo, alguns autores utilizam o símbolo "<u>∨</u>".

4) Condicional (→)
A partir de duas proposições e o conectivo "se... então..." obtém-se uma proposição condicional também chamada implicação material.

Dadas: P: Maria é professora
Q: José é inteligente.

A proposição condicional "Se Maria é professora então José é inteligente" é representada pela notação lógica: P → Q

A proposição P → Q lê-se: Se P então Q. Outras leituras: P é condição suficiente para Q; Q é condição necessária proveniente de P.

Na condicional P → Q, P é chamado antecedente e Q consequente.

5) Bicondicional (↔)
A partir de duas proposições e o conectivo "... se e somente se..." obtém-se uma proposição bicondicional.

Dadas: P: Maria é professora
Q: José é inteligente.

A proposição bicondicional "Maria é professora se, e somente se José é inteligente" é representada pela notação lógica: P ↔ Q

A proposição P ↔ Q lê-se: P se e somente se Q.

Outras leituras: P é condição necessária e suficiente para Q; Q é condição necessária e suficiente para P.

OBS.: Os conectivos apresentados anteriormente correspondem a várias outras leituras na linguagem corrente, além das já citadas:

~P: não P, não é verdade que..., é falso que..., não é o caso que..., não se dá que...

P ∧ Q: P e Q; P, mas Q; P, contudo Q; tanto P quanto Q; P, apesar de Q.

P∨ Q: P ou Q; P ou Q ou ambos; P e/ou Q.

P → Q: Se P então Q; Q se P; P apenas se Q; Tendo P resulta Q; Q admitindo P; P implica Q; Q, no caso de P; P somente quando Q; P somente se Q; P é condição suficiente para Q; Q é condição necessária para P.

P ↔ Q: P se e somente Q; P se e só Q; P se Q e Q se P; P exatamente quando Q; P é condição necessária e suficiente de Q.

---

1. Sejam as proposições P: Carlos é rico e Q: Carlos é trabalhador. Traduzir para a linguagem simbólica as seguintes proposições:
   a) Carlos não é rico.
   b) Não é verdade que Carlos seja trabalhador.
   c) Carlos não é nem rico e nem trabalhador.
   d) Se Carlos é trabalhador então não é rico.
   e) Carlos é rico se e somente se é trabalhador.
   f) É falso que Carlos seja rico ou que não seja trabalhador.

Solução:
a) ~P
b) ~Q
c) ~P ∧ ~Q
d) Q → ~P
e) P ↔ Q
f) ~ (P ∨ ~Q)

---

2. Simbolizar as seguintes sentenças utilizando os conectivos lógicos:
   a) Basta ter saúde e paz para ser feliz.
   b) Bom conhecimento de matemática é fundamental, salvo se o aluno já estudou lógica.
   c) É suficiente agir com cautela para não errar.
   d) O aluno realiza as tarefas e não se distrai se há motivação.
   e) Se o computador auxilia o usuário se e somente se agiliza seu trabalho, então é útil.
   f) Ítalo receberá o diploma se tiver boas notas nas provas; além disso, terá bom emprego, se e só se não for negligente e candidatar-se na época certa.
   g) Garantir a existência do ar é condição necessária para existir vida.

Solução:
Para simbolizar as proposições dadas vamos reescrevê-las para que, na maioria, fiquem explícitos os conectivos envolvidos.

a) Se tem saúde e paz então é feliz.
P: tem saúde Q: tem paz R: é feliz.
$P \wedge Q \to R$

b) Se o aluno já estudou lógica então o bom conhecimento de matemática do aluno **não** é fundamental.
P: o aluno já estudou lógica Q: bom conhecimento de matemática é fundamental.
$P \to \sim Q$

c) Agir com cautela é suficiente para não errar ou Se agir com cautela então não se erra.
P: agir com cautela Q: errar
$P \to \sim Q$

d) Se há motivação o aluno realiza as tarefas e não se distrai.
P: há motivação. Q: o aluno realiza as tarefas. R: o aluno se distrai
$P \to Q \wedge \sim R$

e) P: o computador auxilia o usuário.
Q: o computador agiliza o trabalho do usuário.
R: o computador é útil.
$(P \leftrightarrow Q) \to R$

f) I: Ítalo receberá o diploma. P: Ítalo terá boas notas nas provas.
E: ítalo terá bom emprego N: Ítalo é negligente
C: Ítalo se candidatará na época certa.
$(P \to I) \wedge (E \leftrightarrow \sim N \wedge C)$

g) Se existir vida então existe ar.
P: existe vida Q: existe ar
$P \to Q$.

---

3. Determinar o valor lógico das seguintes proposições:
  a) Todo número divisível por 5 é ímpar.
  b) $\sqrt{a+b} = \sqrt{a} + \sqrt{b}$
  c) $1^3 = 1$
  d) 1,24444... é uma dízima periódica simples.
  e) O número 125 é um cubo perfeito.

Solução:
Simbolizando as proposições, temos:
a) P: Todo número divisível por 5 é ímpar, então V(P) = F (lê-se valor lógico de P é falso)
b) Q: $\sqrt{a+b} = \sqrt{a} + \sqrt{b}$, então V(Q) = F
c) R: $1^3 = 1$, então V(R) = V

d) S: 1,24444... é uma dízima periódica simples, então V (S) = F
e) A: O número 125 é um cubo perfeito, então V (A) = V.

Segundo o Princípio do Terceiro Excluído, Toda proposição ou é verdadeira ou é falsa não existindo uma terceira opção, isto é, tem o valor lógico V (verdade) ou o valor lógico F (falsidade).

Assim, dada a proposição P: P < V / F

No caso de duas proposições P e Q:

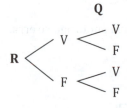

Temos os valores para P e Q na tabela verdade:

P	Q
V	V
V	F
F	V
F	F

Observe na tabela verdade, de forma prática, que para P os valores lógicos se alternam de dois em dois e para Q, de um em um.

No caso de três proposições P, Q e R:

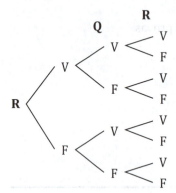

Temos os valores para P, Q e R na tabela verdade:

P	Q	R
V	V	V
V	V	F
V	F	V
V	F	F
F	V	V
F	V	F
F	F	V
F	F	F

Observe na tabela verdade que para P, os valores lógicos se alternam de 4 em 4, de 2 em 2 para Q e de 1 em 1 para R.

OPERAÇÕES LÓGICAS

De modo semelhante às operações básicas da aritmética, apresentaremos as chamadas operações lógicas em que se utilizam os conectivos lógicos, já apresentados. Para efetuar estas operações lógicas utilizamos algumas regras do cálculo proposicional.
A seguir, as tabelas verdades dos conectivos lógicos:

1) Negação

P	~P
V	F
F	V

> Temos que ~ P é falsa(verdadeira) se e somente se P é verdadeira(falsa)

2) Conjunção

P	Q	P∧Q
V	V	V
V	F	F
F	V	F
F	F	F

> Uma conjunção P ∧ Q é verdadeira se e somente se P e Q são verdadeiras.
>
> **V ∧ V = V**

3) Disjunção

P	Q	P∨Q
V	V	V
V	F	V
F	V	V
F	F	F

> Uma disjunção P ∨ Q é falsa se e somente se P e Q são falsas.
>
> **F ∨ F = F**

4) Condicional

P	Q	P→Q
V	V	V
V	F	F
F	V	V
F	F	V

> Uma condicional P → Q é falsa se e somente se P (o antecedente) é verdadeira e Q (o consequente) é falsa.
>
> **V → F = F**

5) Bicondicional

P	Q	P↔Q
V	V	V
V	F	F
F	V	F
F	F	V

> Uma bicondicional P ↔ Q é verdadeira se e somente se P e Q são verdadeiras ou se P e Q são falsas.
>
> **V ↔ V = V**
>
> **F ↔ F = V**

As regras do Cálculo proposicional apresentadas não são de fácil aceitação pois nem todas são justificadas pela intuição. As regras para a conjunção e para a disjunção são aceitas por serem mais intuitivas e ainda por podermos justificar por exemplos:

A proposição" Maria tem olhos pretos e cabelos castanhos" só é verdadeira se as proposições "Maria tem olhos pretos" e "Maria tem cabelos castanhos" são verdadeiras.

A proposição "Vou trabalhar as 7 horas ou vou ao cinema as 19 horas", só é falsa se "Vou trabalhar as 7 horas" e "vou ao cinema as 19 horas" são falsas.

Já numa proposição condicional, onde o antecedente e o consequente são falsos, é difícil aceitar que a condicional seja verdadeira. Por exemplo, Se 4 é impar então o sol é azul. A condicional é verdadeira apesar das proposições que a compõe serem falsas.

TABELAS VERDADE

O número de linhas de uma tabela verdade de uma proposição composta (combinação de proposições simples com os conectivos lógicos) está em função do número de proposições simples que a compõe.

Assim, o número de linhas de uma tabela verdade de uma proposição composta com n proposições simples é dada por 2^n.

Por convenção adotaremos a ordem de resolução dos conectivos na tabela verdade por uma ordem de precedência, sendo a ordem de atuação do menos abrangente para o mais abrangente, ou seja: $\sim, \wedge, \vee, \rightarrow, \leftrightarrow$. (A menos que haja um símbolo de pontuação (parêntese) que altere essa ordem).

Para construir a tabela verdade de uma proposição composta começa-se por determinar o número de linhas, 2^n onde n é o número de proposições simples, e depois atribuir os valores lógicos.

Vamos exemplificar:
Construir a tabela verdade da proposição $\sim (P \vee \sim Q)$

A tabela terá $2^2 = 4$ linhas, pois temos P e Q como proposições simples.

Formamos inicialmente duas colunas com os valores lógicos das duas proposições simples e à direita colocamos as colunas correspondentes à cada proposição e conectivos que compõe a proposição composta. Observe que para P temos os valores lógicos V e F de dois em dois e para Q de um em um.

P	Q	$\sim$	(P	$\vee$	$\sim$	Q)
V	V					
V	F					
F	V					
F	F					

Num segundo momento, colocamos os valores lógicos abaixo de P e Q correspondentes às duas colunas da esquerda.

P	Q	$\sim$	(P	$\vee$	$\sim$	Q)
V	V		V			V
V	F		V			F
F	V		F			V
F	F		F			F

Num terceiro momento, segundo a ordem de abrangência dos conectivos, completamos a coluna da negação ($\sim$). Observe que não completaremos, nesse momento, a coluna da negação à esquerda, pois há o parêntese (símbolo de pontuação) que indica que deverá ser resolvido no final.

P	Q	~	(P	V	~	Q)
V	V		V		F	V
V	F		V		V	F
F	V		F		F	V
F	F		F		V	F

Resolvemos, agora, a coluna da disjunção (V), relacionando a coluna da esquerda (P) com a coluna da direita (~). Lembrando que a disjunção só é falsa quando as duas proposições são falsas.

P	Q	~	(P	V	~	Q)
V	V		V	V	F	V
V	F		V	V	V	F
F	V		F	F	F	V
F	F		F	V	V	F

Finalmente, completamos a tabela resolvendo a negação à esquerda do parêntese. Observe que o conectivo atingiu o resultado do parêntese, que é a última operação realizada, no caso a disjunção.

P	Q	~	(P	V	~	Q)
V	V	**F**	V	V	F	V
V	F	**F**	V	V	V	F
F	V	**V**	F	F	F	V
F	F	**F**	F	V	V	F

Assim, colocando em uma única tabela com a ordem dos passos, temos:

P	Q	~	(P	V	~	Q)
V	V	F	V	V	F	V
V	F	F	V	V	V	F
F	V	V	F	F	F	V
F	F	F	F	V	V	F
1	1	5	2	4	3	2

O passo 5 indica o resultado da tabela verdade e sendo a negação o último conectivo a ser resolvido, é o conectivo principal.

---

4. Construir a tabela verdade da proposição: $P \vee Q \rightarrow\ \sim P \wedge R$

Solução:
Na proposição dada temos três proposições simples, portanto teremos $2^3 = 8$ linhas na tabela verdade.
Lembrando da ordem dos conectivos ($\sim, \wedge, \vee, \rightarrow, \leftrightarrow$) vamos colocar parênteses para facilitar a resolução: $(P \vee Q) \rightarrow (\sim P \wedge R)$

P	Q	R							
V	V	V							
V	V	F							
V	F	V							
V	F	F							
F	V	V							
F	V	F							
F	F	V							
F	F	F							
1	1	1							

No próximo passo, completamos as colunas P, Q, R, à direita, e resolvemos a negação.

P	Q	R	(P	∨	Q)	→	(~	P	∧	R)
V	V	V	V		V			F	V		V
V	V	F	V		V			F	V		F
V	F	V	V		F			F	V		V
V	F	F	V		F			F	V		F
F	V	V	F		V			V	F		V
F	V	F	F		V			V	F		F
F	F	V	F		F			V	F		V
F	F	F	F		F			V	F		F
1	1	1	2		2			3	2		2

No quarto passo, podemos resolver a disjunção e a conjunção pois não estão relacionadas. Lembrando que a disjunção se, e somente se, é falsa quando as duas proposições são falsas e, a conjunção é verdadeira se e só se as proposições são verdadeiras.

P	Q	R	(P	∨	Q)	→	(~	P	∧	R)
V	V	V	V	V	V		F	V	F	V
V	V	F	V	V	V		F	V	F	F
V	F	V	V	V	F		F	V	F	V
V	F	F	V	V	F		F	V	F	F
F	V	V	F	V	V		V	F	V	V
F	V	F	F	V	V		V	F	F	F
F	F	V	F	F	F		V	F	V	V
F	F	F	F	F	F		V	F	F	F
1	1	1	2	4	2		3	2	4	2

Observe que para obtermos a conjunção (∧) relacionamos a coluna da negação (3) com a coluna de R (2).

Finalmente, para resolvermos o conectivo da implicação, relacionamos a disjunção com a conjunção (as duas colunas 4). Lembrando que a condicional é falsa se e somente se o antecedente é verdadeiro e o consequente falso.

P	Q	R	(P	∨	Q)	→	(~	P	∧	R)
V	V	V	V	V	V	F	F	V	F	V
V	V	F	V	V	V	F	F	V	F	F
V	F	V	V	V	F	F	F	V	F	V
V	F	F	V	V	F	F	F	V	F	F
F	V	V	F	V	V	V	V	F	V	V
F	V	F	F	V	V	F	V	F	F	F
F	F	V	F	F	F	V	V	F	V	V
F	F	F	F	F	F	V	V	F	F	F
1	1	1	2	4	2	5	3	2	4	2

A resolução da tabela verdade é dada na coluna 5, e como o último conectivo a ser resolvido foi o da implicação (condicional), esse é o conectivo principal.

5. Determinar o valor lógico da proposição P∧ Q → (P↔Q), construindo sua tabela verdade.

Solução:

Na proposição dada há duas proposições simples distintas, então a tabela verdade tem $2^2 = 4$ linhas.

P	Q						
V	V						
V	F						
F	V						
F	F						

Completando as colunas de P e Q, temos:

P	Q	P	∧	Q	→	(P	↔	Q)
V	V	V		V		V		V
V	F	V		F		V		F
F	V	F		V		F		V
F	F	F		F		F		F
1	1	2		2		2		2

Resolvendo o conectivo no interior do parêntese:

P	Q	P	∧	Q	→	(P	↔	Q)
V	V	V		V		V	V	V
V	F	V		F		V	F	F
F	V	F		V		F	F	V
F	F	F		F		F	V	F
1	1	2		2		2	3	2

Observe que o bicondicional é verdadeiro se e somente se as proposições são ambas verdadeiras ou ambas falsas.

Próximo passo, resolvemos a conjunção (que só é verdadeira se e só se ambas as proposições forem verdadeiras):

P	Q	P	∧	Q	→	(P	↔	Q)
V	V	V	V	V		V	V	V
V	F	V	F	F		V	F	F
F	V	F	F	V		F	F	V
F	F	F	F	F		F	V	F
1	1	2	4	2		2	3	2

Finalmente resolvemos o condicional (somente V → F = F), relacionando a coluna da conjunção (4) com a coluna do bicondicional (3):

P	Q	P	∧	Q	→	(P	↔	Q)
V	V	V	V	V	V	V	V	V
V	F	V	F	F	V	V	F	F
F	V	F	F	V	V	F	F	V
F	F	F	F	F	V	F	V	F
1	1	2	4	2	5	2	3	2

O valor lógico desta proposição é sempre verdadeiro para quaisquer que sejam os valores lógicos de suas proposições simples.

Sempre que o resultado final (a última coluna a ser resolvida) da tabela verdade de uma proposição apresentar apenas o valor lógico V (verdade) para todas as linhas, dizemos que a proposição é uma **TAUTOLOGIA** ou uma **PROPOSIÇÃO TAUTOLÓGICA**.

Nesse exemplo observamos que o conectivo principal é o condicional, sendo uma tautologia, a proposição pode ser denominada **IMPLICAÇÃO TAUTOLÓGICA** ou **IMPLICAÇÃO LÓGICA**.

Simbolicamente, temos: P∧ Q → Q

6. Considere a seguinte situação: Há três suspeitos de um crime: o cozinheiro, a governanta e o mordomo. Sabendo-se que o crime foi cometido por um ou por mais de um deles considere que:
A – Se o cozinheiro é inocente, então a governanta é culpada.
B – Ou o mordomo é culpado ou a governanta é culpada, mas não os dois.
C – O mordomo não é inocente.
Pede-se:
a) Exprimir simbolicamente as afirmações.
b) Supondo que todos os depoimentos sejam verdadeiros, identifique os culpados.
c) Se todos são culpados, quem mentiu?
d) Se todos os depoimentos fossem falsos quem seria o culpado?

Solução:

a) Vamos simbolizar as proposições admitindo que todos sejam inocentes.

P: o cozinheiro é inocente
Q: a governanta é inocente
R: o mordomo é inocente

Passando para a linguagem simbólica as declarações (afirmações) temos:

A – Se o cozinheiro é inocente, então a governanta é culpada.
A: $P \to \sim Q$

B – Ou o mordomo é culpado ou a governanta é culpada, mas não os dois (o mordomo é culpado **ou** a governanta é culpada, **mas** não pode acontecer o fato de o mordomo ser culpado **e** a governanta ser culpada)
B: $(\sim R \vee \sim Q) \wedge \sim (\sim R \wedge \sim Q)$

C – O mordomo não é inocente.
C: $\sim R$

b) Vamos montar a tabela verdade:

PROPOSIÇÕES			DECLARAÇÕES		
P	Q	R	$P \to \sim Q$	$(\sim R \vee \sim Q) \wedge \sim (\sim R \wedge \sim Q)$	$\sim R$
V	V	V	V **F** F V	F V F **F** V F V F F V	**F** V
V	V	F	V **F** F V	V F V F V V V F F F V	**V** F
V	F	V	V **V** V F	F V V V F V V F V F V F	**F** V
V	F	F	V **V** V F	V F V V F **F** F V F V V F	**V** F
F	V	V	F **V** F V	F V F F V F V F V F F V	**F** V
F	V	F	F **V** F V	V F V F V V V F F F V	**V** F
F	F	V	F **V** V F	F V V V F V V F V F V F	**F** V
F	F	F	F **V** V F	V F V V F F F V F V V F	**V** F

Todos culpados ← (última linha)   Todos os depoimentos verdadeiros → (6ª linha)

Supondo que todos os depoimentos sejam verdadeiros, observando o campo das declarações, verificamos que ocorre na 6ª linha. Continuando na 6ª linha e observando o campo das proposições temos:

V (P) = F, significa que o cozinheiro é culpado
V (Q) = V, significa que a governanta é inocente
V (R) = F, significa que o mordomo é culpado

Logo, o cozinheiro e o mordomo são os culpados.

c) Admitindo-se que todos sejam culpados, obtemos essa situação no campo das proposições na última linha (8ª linha). Seguindo na mesma linha para o campo das declarações temos que:

V (P → ~ Q) = V, o depoimento de A é verdadeiro
V ((~ R V ~ Q) ∧ ~ (~ R ∧ ~ Q)) = F, o depoimento de B é falso
V (~ R) = V, o depoimento de C é verdadeiro

Portanto, quem deu o depoimento B mentiu.

d) Admitindo-se todos os depoimentos falsos, observando no campo das declarações a primeira linha que é a única nestas condições.

Continuando à esquerda nessa mesma linha, observamos no campo das proposições o seguinte:
V (P) = V, significa que o cozinheiro é inocente
V (Q) = V, significa que a governanta é inocente
V (R) = V, significa que o mordomo é inocente

Logo, nessa hipótese todos seriam inocentes, nenhum culpado.

---

7. Três jogadores de futebol afirmam:
Morgan: Renato não foi escalado para o jogo, Sóstenes foi.
Renato: Se Morgan não foi escalado, Sóstenes também não foi.
Sóstenes: Eu fui escalado, mas um dos colegas não foi.
a) Expressar simbolicamente as proposições e as afirmações.
b) Montar a tabela verdade.
c) Se os três não forem escalados para o jogo, alguém mentiu?
d) Se todos disseram a verdade, quem foi escalado?
e) Se apenas Sóstenes for escalado, quem disse a verdade?

Solução:
a) Vamos simbolizar cada proposição presente nas afirmações:
Seja R: Renato foi escalado
M: Morgan foi escalado
S: Sóstenes foi escalado.

Simbolizando as afirmações, temos:
Morgan: Renato não foi escalado para o jogo, Sóstenes foi.
Morgan: ~ R ∧ S
Renato: Se Morgan não foi escalado, Sóstenes também não foi.
Renato: ~ M → ~ S
Sóstenes: Eu fui escalado, mas um dos colegas não foi.
Sóstenes: S ∧ (~ R V ~ M) ∧ ~ (~ R ∧ ~ M)

b) Montando a tabela verdade, temos:

	PROPOSIÇÕES			DECLARAÇÕES		
	M	R	S	~R ∧ S	~M → ~S	S ∧ (~ R ∨ ~ M) ∧ ~ (~ R ∧ ~ M)
*c)	V	V	V	F	V	F
	V	V	F	F	V	F
	V	F	V	V	V	V	*d)
	V	F	F	F	V	F
	F	V	V	F	F	V
	F	V	F	F	V	F
*e)	F	F	F	F	V	F
	F	F	V	V	F	F

Tabela verdade da proposição: S ∧ (~ R ∨ ~ M) ∧ ~ (~ R ∧ ~ M)

S	∧	(~	R	∨	~	M)	∧	~	(~	R	∧	~	M)
V	F	F	V	F	F	V	F	V	F	V	F	F	V
F	F	F	V	F	F	V	F	V	F	V	F	F	V
V	V	V	F	V	F	V	V	V	V	F	F	F	V
F	F	V	F	V	F	V	F	V	V	F	F	F	V
V	V	F	V	V	V	F	V	V	F	V	F	V	F
F	F	F	V	V	V	F	V	V	F	V	F	V	F
V	V	V	F	V	V	F	F	F	V	F	V	V	F
F	F	V	F	V	V	F	F	F	V	F	V	V	F
1	4	2	1	3	2	1	5	4	2	1	3	2	1

c) Se os três forem escalados para o jogo, observando a primeira linha do campo Proposições com todos os valores lógicos iguais a V, temos em Declarações as seguintes respostas:
V (~R ∧ S) = F, significa que Morgan mentiu
V (~M → ~S) = V, significa que Renato disse a verdade
V (S∧ (~R∨~M)∧~ (~R∧~M)) = F, significa que Sóstenes mentiu

Assim, Morgan e Sóstenes mentiram.

d) Observando a terceira linha no campo das declarações, todos disseram a verdade. Então, na mesma linha no campo das proposições, temos:
V (M) = V, V (R) = F e V (S) = V

Traduzindo, para a linguagem corrente, temos:
Morgan foi escalado, Renato não foi escalado e Sóstenes foi escalado.

e) Se apenas Sóstenes for escalado, observamos no campo Proposições, que essa afirmação corresponde à sétima linha. Continuando na sétima linha, para as Declarações, temos:

V (~R ∧ S) = V, significa que Morgan disse a verdade
V (~M → ~S) = F, significa que Renato mentiu
V (S∧ (~R∨~M)∧~ (~R∧~M)) = F, significa que Sóstenes mentiu

Apenas Morgan disse a verdade.

PROPOSIÇÕES EQUIVALENTES

Duas proposições são equivalentes quando têm suas tabelas verdades idênticas.

Por exemplo:

1) ~~ P e P são equivalentes.

P	~P	~~P
V	F	V
F	V	F

são idênticas

Nesse caso a dupla negação equivale à afirmação. Simbolicamente, temos:

~~P ⇔ P

Observe que o símbolo ⇔ é de relação (representa equivalência) e o símbolo → um conectivo (de operação).

2) A condicional P → Q é equivalente à disjunção ~ P ∨ Q.

P	Q	P→Q	~	P	∨	Q
V	V	V	F	V	V	V
V	F	F	F	V	F	F
F	V	V	V	F	V	V
F	F	V	V	F	V	F

são idênticas

Portanto, P → Q ⇔ ~ P ∨ Q

---

8. Mostre que a bicondicional P ↔ Q e a conjunção (P → Q) ∧ (Q → P) são equivalentes.

Solução:
Para mostrar a equivalência, basta mostrar que as tabelas verdades das proposições são idênticas:

P	Q	P↔Q	(P	→	Q)	∧	(Q	→	P)
V	V	V	V	V	V	V	V	V	V
V	F	F	V	F	F	F	F	V	V
F	V	F	F	V	V	F	V	F	F
F	F	V	F	V	F	V	F	V	F

são idênticas

Portanto, P ↔ Q ⇔ (P → Q) ∧ (Q → P)

9. Mostre que a condicional P → Q e sua contraposição ~ Q → ~ P são equivalentes.

Solução:
Para mostrar a equivalência, basta mostrar que as tabelas verdades das proposições são idênticas:

P	Q	P→Q	(~	Q	→	~	P)
V	V	V	F	V	V	F	V
V	F	F	V	F	F	F	V
F	V	V	F	V	V	V	F
F	F	V	V	F	V	V	F

são idênticas

Portanto, P → Q ⇔ ~ Q → ~ P

10. Mostre que ~ (P ∧ Q) ⇔ ~ P ∨ ~ Q e que ~ (P ∨ Q) ⇔ ~ P ∧ ~ Q.

Solução:
Para mostrar as equivalências, basta mostrar que as tabelas verdades são idênticas:

P	Q	~	(P	∧	Q)	~	P	∨	~	Q
V	V	F	V	V	V	F	V	F	F	V
V	F	V	V	F	F	F	V	V	V	F
F	V	V	F	F	V	V	F	V	F	V
F	F	V	F	F	F	V	F	V	V	F

são idênticas

P	Q	~	(P	∨	Q)	~	P	∧	~	Q
V	V	F	V	V	V	F	V	F	F	V
V	F	F	V	V	F	F	V	F	V	F
F	V	F	F	V	V	V	F	F	F	V
F	F	V	F	F	F	V	F	V	V	F

são idênticas

Assim, ~ (P ∧ Q) ⇔ ~ P ∨ ~ Q e ~ (P ∨ Q) ⇔ ~ P ∧ ~ Q são as chamadas leis de Morgan, para a negação da conjunção e negação da disjunção.

Resumo das equivalências apresentadas:

~ ~ P	⇔	P	Dupla negação
P → Q	⇔	~ P ∨ Q	Definição de condicional
P ↔ Q	⇔	(P → Q) ∧ (Q → P)	Definição de bicondicional
P → Q	⇔	~ Q → ~ P	Contraposição
~ (P ∧ Q)	⇔	~ P ∨ ~ Q	Lei de Morgan
~ (P ∨ Q)	⇔	~ P ∧ ~ Q	Lei de Morgan

11. Dar a negação em linguagem corrente das proposições:
  a) João irá ao futebol ou ao cinema.
  b) Se quarta-feira for feriado não haverá aula.

Solução:
Para negar as seguintes proposições é necessária a tradução para a linguagem simbólica:

a) João irá ao futebol ou ao cinema
Seja P: João irá ao futebol
Q: João irá ao cinema

Temos $P \vee Q$
Indicamos a negação: $\sim (P \vee Q)$

Para efetuar a negação, utilizamos uma das leis de Morgan (veja a tabela com equivalências)
$\sim (P \vee Q) \Leftrightarrow \sim P \wedge \sim Q$

Traduzindo para a linguagem corrente, temos:
João não irá ao futebol **e** não irá ao cinema.

b) Se quarta-feira for feriado não haverá aula.
Seja P: Quarta-feira é feriado.
Q: Haverá aula

Temos $P \rightarrow \sim Q$
Indicamos a negação: $\sim (P \rightarrow \sim Q)$

Para efetuar a negação utilizamos uma das leis de Morgan. Mas, as leis de Morgan relacionam a negação com a conjunção ou disjunção.

Logo, devemos encontrar uma proposição equivalente ao condicional.

Observe no quadro de equivalências que:
$P \rightarrow Q \Leftrightarrow \sim P \vee Q$ (nega o antecedente e mantém o consequente), então
$P \rightarrow \sim Q \Leftrightarrow \sim P \vee \sim Q$

Logo, $\sim (P \rightarrow \sim Q) \Leftrightarrow \sim (\sim P \vee \sim Q) \Leftrightarrow$ (usando a lei de Morgan) $\Leftrightarrow P \wedge Q$.

Traduzindo para a linguagem corrente, temos:
Quarta-feira é feriado e haverá aula.

12. Considere as sentenças:
  I) Se houver uma grande recessão econômica nos USA, muitos países serão afetados.
  II) Se não houver uma grande recessão econômica nos USA, muitos países não serão afetados.
  Aparentemente, "II" é negação de "I".
  Mostrar, usando a linguagem simbólica e a lei de Morgan que isso não é verdade.

Solução:
Considerando a proposição "I":
Se houver uma grande recessão econômica nos USA, muitos países serão afetados.
Sejam P: Haverá uma grande recessão econômica nos USA.
Q: Muitos países serão afetados.

Traduzindo a proposição "I" para a linguagem simbólica, temos:
$P \rightarrow Q$
Indicamos a negação por $\sim (P \rightarrow Q)$
Usando a equivalência $P \rightarrow Q \Leftrightarrow \sim P \vee Q$, temos:
$\sim (P \rightarrow Q) \Leftrightarrow \sim (\sim P \vee Q) \Leftrightarrow$ (usando a lei de Morgan)
$\Leftrightarrow P \wedge \sim Q$

Traduzindo para a linguagem corrente temos a negação da proposição I):
Haverá uma grande recessão econômica nos USA **e** muitos países **não** serão afetados. (*)

Por outro lado, simbolizando a "II" – Se não houver uma grande recessão econômica nos USA, muitos países não serão afetados, temos:
$\sim P \rightarrow \sim Q$

Utilizando equivalências, temos:
$\sim P \rightarrow \sim Q \Leftrightarrow P \vee \sim Q$

Traduzindo para a linguagem corrente:
Haverá uma grande recessão econômica nos USA **ou** muitos países **não** serão afetados. (**)
Comparando (*) com (**), de fato percebemos que II) não é negação da I)

Vamos exercitar o raciocínio lógico, resolvendo algumas situações problemas:

---

13. Num sítio há porcos e galinhas sendo 178 pés e 73 cabeças. Por meio de um raciocínio lógico, determine quantos animais há nesse sítio.

Solução:
Se todos os animais fossem porcos, teríamos 4 . 73 = 292 pés de porcos. Como no sítio há galinhas também, e, o total de pés é 178, então há 292 pés – 178 pés = 114 pés.

Tendo cada galinha dois pés: 114 : 2 = 57 galinhas.

Se o número de galinhas é 57, então o número de porcos será 73 – 57 = 16 porcos.

Portanto, são 16 porcos e 57 galinhas.

---

14. Se a mãe de minha neta é neta de minha mãe, quem é essa pessoa e quantas pessoas estão envolvidas nessa relação de parentesco?

Solução:
Essa pessoa é minha filha e estão envolvidas 4 pessoas, eu, minha mãe, minha filha e minha neta.

15. Qual a massa de um tijolo e meio se dois tijolos têm a massa de 1 kg mais meio tijolo?

Solução:
Se dois tijolos têm a massa de 1 kg mais meio tijolo, então a massa de um tijolo e meio é 1 kg (dois tijolos menos meio tijolo é igual a um tijolo e meio)

16. A mãe de uma freira é a filha única de minha mãe. O que a freira é minha?

Solução:
A filha única de minha mãe sou eu. Se a mãe de uma freira é essa filha única. Então eu sou a mãe da freira.

Portanto a freira é minha filha.

17. Sabe-se que três tigres comem três pratos de trigo em três minutos, quantos tigres, em trinta minutos comerão trinta pratos de trigo?

Solução:
Uma resposta apressada seria 30 tigres. Mas, raciocinando com lógica, se o tempo é 10 vezes maior e a quantidade de trigo também, então o número de tigres mantém-se constante.

Portanto três tigres.

18. (TAHAN) A prova dos cinco discos: Conta uma lenda que três príncipes muitos sábios e conhecedores da Matemática pretendiam casar com a princesa Dahizé, filha do rei Cassim. A prova dos cinco discos foi proposta por um sábio da corte para eleger o mais inteligente dentre os três pretendentes.
Foram mostrados aos príncipes cinco discos, sendo dois pretos e três brancos, todos de mesmo peso e tamanho. Em seguida vendaram-lhe os olhos e, ao acaso, foi pendurado às costas de cada um dos três um disco. O rei proclamou que cada um seria interrogado particularmente e aquele que descobrisse a cor do disco que lhe coube por sorte seria proclamado vencedor.
O primeiro a ser interrogado poderia ver o disco dos outros dois, ao segundo seria permitido ver o disco do terceiro, e o terceiro teria que formular a resposta sem ver nada. Aquele que desse a resposta certa teria que justificá-la.
Aconteceu então que o príncipe Camozã quis ser o primeiro e após ver os dois discos dos adversários errou. Sabendo que Camozã havia errado, o príncipe Benefir se prontificou em ser o segundo, mas também errou. O terceiro príncipe Aradim acertou e justificou.
Qual foi a resposta de Aradim e como ele descobriu?

Solução:
A solução, segundo Malba Tahan: o príncipe Aradim afirmou que seu disco era branco e justificou da seguinte maneira: "Se Camozã (o primeiro a falar) tivesse visto 2 discos pretos, ele obviamente teria acertado (o dele só poderia ser branco visto que só haviam 2 discos pretos). Como ele errou, conclui-se que ele viu dois discos brancos, ou um branco e um preto.

Na hipótese de Benefir (o segundo a falar) ter visto em minhas costas um disco preto, ele (usando o mesmo raciocínio que fiz com relação a Camozã) teria acertado. Logo, ele só pode ter visto um disco branco e, portanto, o meu disco é branco".

---

19. (XX Olimpíada Brasileira de Matemática) João é mais velho que Pedro, que é mais novo do que Carlos, que é mais novo do que João. Antônio não é mais novo do que João e todos os quatro meninos têm idades diferentes. O mais jovem deles é:
a) João **b)** Antônio **c)** Pedro **d)** Carlos

Solução:
Atribuindo-se as letras J para João, P para Pedro, C para Carlos e A para Antônio, sabendo-se que os 4 têm idades diferentes e interpretando cada dado do problema, temos:
João é mais velho que Pedro: P J.
Pedro é mais novo do que Carlos e Carlos é mais novo que João: P C J.
Antônio não é mais novo do que João: P C J A.

O mais jovem, portanto, é Pedro, alternativa "c".

---

20. Três gerentes de um banco têm acesso ao cofre. Para que caso houvesse algum problema e apenas um fosse responsabilizado, resolveram colocar várias fechaduras diferentes no cofre.
Distribuíram as chaves de modo que nenhum deles pudesse abrir o cofre sozinho, mas dois deles pudessem em comum utilizar suas chaves para abri-lo. Qual o número mínimo de fechaduras que colocaram no cofre e quantas chaves receberá cada gerente?

Solução:
Três fechaduras são suficientes para que haja a necessidade de dois deles para abrir o cofre. Para melhor esclarecer, vamos chamar de C1, C2 e C3 as chaves das três fechaduras. Uma distribuição das chaves poderia ser feita da seguinte forma:
Gerente 1, ficará com as chaves C1 e C3
Gerente 2, ficará com as chaves C1 e C2
Gerente 3, ficará com as chaves C2 e C3.
Essa é uma das 6 possibilidades, pois basta que cada gerente tenha duas chaves e precise do outro para abrir o cofre, somente estando acompanhado de um dos outros dois terá as três chaves.

21. Que horas são? A quinta parte das horas que antecedem a meia noite é igual às horas que passaram do meio dia.

Solução:
O dia tem 24 h, do meio dia à meia noite são 12 horas.
O número de horas que passaram do meio dia é igual a quinta parte das horas que antecedem a meia noite.

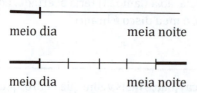

Assim, temos cada parte equivalente a 12 : 6 = 2 horas.

Portanto, são 14 horas ou 2 horas da tarde.

---

22. (Anhembi-Morumbi) Se Nestor disse a verdade, Julia e Raul mentiram. Se Raul mentiu, Lauro falou a verdade. Se Lauro falou a verdade, há um leão feroz nesta sala. Ora, não há um leão feroz nesta sala. Logo:
a) Nestor e Júlia disseram a verdade
b) Nestor e Lauro mentiram
c) Raul e Lauro mentiram
d) Raul mentiu ou Lauro disse a verdade
e) Raul e Júlia mentiram

Solução:
Considerando a afirmação: Ora, não há um leão feroz nesta sala.

Na proposição condicional: Se Lauro falou a verdade, há um leão feroz nesta sala; o consequente sendo falso, o antecedente também deverá ser para que a condicional seja verdadeira (é a contraposição, veja na tabela de equivalências). Assim, **Lauro não falou a verdade**.

Pela condicional "Se Raul mentiu, Lauro falou a verdade e temos que" Lauro não falou a verdade", concluímos que **Raul não mentiu.**

Se Nestor disse a verdade, Julia e Raul mentiram; mas Raul não mentiu.

Lembrando que a negação de "e" (conjunção) é "ou" (disjunção), pela lei de Morgan e pela contraposição, temos que:
Se Júlia ou Raul não mentiram então Nestor não disse a verdade; ou seja: Se Júlia ou Raul disseram a verdade, **Nestor mentiu.**

Resumindo, temos: Lauro e Nestor mentiram e Raul falou a verdade.

Portanto, alternativa "b".

23. Sabendo que um barco transporta com segurança até 120 kg, como transportar três homens até a outra margem sabendo que um deles pesa 120 kg, o outro 70 kg e o terceiro 50 kg?

Solução:
Podemos resolver da seguinte forma. Os homens com 50 kg e 70 kg tomam o barco e chegam à outra margem, ficando um deles do outro lado (por exemplo, o de 70 kg) e o outro (por exemplo o de 50 kg) volta com o barco.

Ele desce do barco, o homem com 120 kg toma o barco, atravessa até a outra margem, descendo do barco. O homem de 70 kg toma o barco e volta para buscar o de 50 kg.

24. Um chacareiro tem que atravessar um rio com uma galinha, uma raposa e sua pequena colheita de milho. Mas seu barco é muito pequeno e ele só pode carregar o viajante e um dos animais ou sua colheita. Observe que a raposa come galinhas que comem milho. Diga em quantas viagens o chacareiro conseguirá atravessar seus pertences sem perder nenhum deles.

Solução:
O chacareiro atravessa primeiro a galinha e a deixa do outro lado do rio. Volta, pega a raposa e a leva para o outro lado do rio. Ao deixar a raposa do outro lado, traz de volta com ele a galinha. Deixa a galinha, pegando todo o milho levando-o para a outra margem. Deixando o milho com a raposa, volta para buscar a galinha.

25. Einstein escreveu esse teste no século passado. Ele disse que 98% do mundo não pode resolvê-lo!
1) Há cinco casas de 5 diferente cores.
2) Em cada casa mora uma pessoa de diferente nacionalidade.
3) Esses cinco proprietários bebem diferentes bebidas, fumam diferentes tipos de cigarro e também têm um certo animal de estimação.
4) Nenhum deles tem o mesmo animal, fuma o mesmo cigarro ou bebe a mesma bebida.

Dicas:
1) O inglês vive na casa vermelha.
2) O sueco tem um cachorro como animal de estimação.
3) O dinamarquês bebe chá.
4) A casa verde fica à esquerda da casa branca.
5) O dono da casa verde bebe café.
6) A pessoa que fuma Pall Mall cria pássaros.
7) O dono da casa amarela fuma Dunhill.

8) O homem que vive na casa do centro bebe leite.
9) O norueguês vive na primeira casa.
10) O homem que fuma Blends vive ao lado do que tem gatos.
11) O homem que cria cavalos vive ao lado do que fuma Dunhill.
12) O homem que fuma Bluemaster bebe cerveja.
13) O alemão fuma Prince.
14) O norueguês vive ao lado da casa azul.
15) O homem que fuma Blends é vizinho do que bebe água.

Quem tem um peixe?

Solução:
Vamos montar uma tabela para organizar as informações.

Iremos preenchê-la passo a passo conforme as informações puderem ser interpretadas adequadamente:

Observe que ao lado está o número da informação dada no enunciado.

	Casa 1	Casa 2	Casa 3	Casa 4	Casa 5
cor		Azul (14)			
nacionalidade	Norueguês (9)				
bebida			Leite (8)		
cigarro					
animal de estimação					

Numa segunda leitura, temos que a casa verde fica a esquerda da branca (4) e que o dono da casa verde bebe café (5), a casa verde não pode ser a casa 3, pois já sabemos que o dono toma leite, então, podemos preencher:

	Casa 1	Casa 2	Casa 3	Casa 4	Casa 5
cor		Azul (14)		Verde (4)	Branca (4)
nacionalidade	Norueguês (9)				
bebida			Leite (8)	Café (5)	
cigarro					
animal de estimação					

Pela (1) O inglês vive na casa vermelha, e temos duas situações para o dinamarquês (que toma chá) e quem fuma Bluemaster (que toma cerveja)

	Casa 1	Casa 2	Casa 3	Casa 4	Casa 5
cor	Amarela	Azul (14)	Vermelha (1)	Verde (4)	Branca (4)
nacionalidade	Norueguês (9)	Dinamarques	Inglês (1)		Dinamarques
bebida		Chá/cerveja	Leite (8)	Café (5)	Cha/cerveja
cigarro	Dunhil (7)	Bluemaster			Bluemaster
animal de estimação		Cavalos (11)			

Supondo que o dinamarquês esteja na segunda casa:

	Casa 1	Casa 2	Casa 3	Casa 4	Casa 5
cor	Amarela	Azul (14)	Vermelha (1)	Verde (4)	Branca (4)
nacionalidade	Norueguês (9)	Dinamarques (3)	Inglês (1)		
bebida		Chá (3)	Leite (8)	Café (5)	Cerveja (12)
cigarro	Dunhil (7)				Bluemaster (12)
animal de estimação		Cavalos (11)			

Dessa forma supõe-se que a pessoa da primeira casa beba água.

	Casa 1	Casa 2	Casa 3	Casa 4	Casa 5
cor	Amarela	Azul (14)	Vermelha (1)	Verde (4)	Branca (4)
nacionalidade	Norueguês (9)	Dinamarques (3)	Inglês (1)		
bebida	Água	Chá (3)	Leite (8)	Café (5)	Cerveja (12)
cigarro	Dunhil (7)	Blends (15)			Bluemaster (12)
animal de estimação		Cavalos (11)			

O Alemão só pode estar na casa 4, pois fuma Prince. E, o sueco está na casa 5 e tem um cachorro.

	Casa 1	Casa 2	Casa 3	Casa 4	Casa 5
cor	Amarela	Azul (14)	Vermelha (1)	Verde (4)	Branca (4)
nacionalidade	Norueguês (9)	Dinamarques (3)	Inglês (1)	Alemão (13)	Sueco (2)
bebida	Água	Chá (3)	Leite (8)	Café (5)	Cerveja (12)
cigarro	Dunhil (7)	Blends (15)		Prince (13)	Bluemaster (12)
animal de estimação		Cavalos (11)			Cachorro (2)

A pessoa que fuma Pall Mall e cria pássaros é o inglês. Quem tem gatos mora na casa 1. Portanto, quem tem um peixe é o alemão.

	Casa 1	Casa 2	Casa 3	Casa 4	Casa 5
cor	Amarela	Azul (14)	Vermelha (1)	Verde (4)	Branca (4)
nacionalidade	Norueguês (9)	Dinamarques (3)	Inglês (1)	Alemão (13)	Sueco (2)
bebida	Água	Chá (3)	Leite (8)	Café (5)	Cerveja (12)
cigarro	Dunhil (7)	Blends (15)	Pall Mall (6)	Prince (13)	Bluemaster (12)
animal de estimação	Gatos (10)	Cavalos (11)	Pássaros (6)	**PEIXE**	Cachorro (2)

26. Fernando tem 8 bolas de ônix em sua coleção, mas apesar de aparentemente serem idênticas, uma delas pesa um pouco menos do que as outras. Como descobrir a mais leve fazendo apenas duas pesagens numa balança de dois pratos?

Solução:
Para ficar mais simples fazer referência a cada bola, vamos numerá-las: 1, 2, 3, 4, 5, 6, 7 e 8.

Se dividirmos as 8 bolas em 2 grupos e compararmos o desequilíbrio da balança, teríamos 4 delas (pois com certeza um prato contendo a bola mais leve ficaria mais acima) sendo uma delas a mais leve. Por exemplo, se num prato colocarmos 1, 2, 3, 4 e no outro 5, 6, 7, 8, e o prato contendo a 1, 2, 3, 4, ficou mais acima, então a mais leve está entre 1, 2, 3 e 4.

Tomando essas 4 bolas, por exemplo, que fossem 1, 2, 3 e 4 e dividindo-as em 2 grupos, como só temos mais uma pesagem, fica difícil descobrir qual delas é a mais leve pois se comparássemos as bolas 1, 2 com 3, 4 e o prato com as bolas 1, 2 puxasse o prato para baixo, então 5 ou 6 seria a mais leve. Mas, não temos mais pesagens para determinar exatamente qual é a mais leve.

Então, tentamos dividir as bolas em dois grupos com três bolas e um outro grupo com duas bolas, por exemplo:

1º grupo: 1, 2, 3
2º grupo: 4, 5, 6
3ª grupo: 7, 8.

Em primeiro lugar comparando o 1º grupo com o 2º grupo, podemos ter duas situações:

1ª situação: A balança fica em equilíbrio, significa que a bola mais leve não pertence ao 1º (bolas 1, 2, 3) nem ao 2º grupo (bolas 4, 5, 6). Portanto a bola mais leve deve ser a 7 ou a 8. Logo, com a segunda pesagem, comparamos a 7 com a 8 encontrando a mais leve.

2ª situação: Vamos tomar as bolas do 2º grupo e supor que o 2º grupo (bolas 4, 5, 6) fizesse com que o prato fosse para baixo, então as bolas do 1º grupo (1, 2, 3) são as candidatas à mais leve.

Tomando-se então as bolas 1, 2, 3, escolhendo-se duas delas, por exemplo 1 e a 2, comparando as duas, se a balança ficar equilibrada, então a mais leve é a 3.

Se, ao compararmos 1 com 2, um dos pratos ficar mais acima, conterá a mais leve.

Se no início dessa 2ª situação utilizássemos as bolas do 1º grupo procederíamos da mesma maneira.

---

27. Há três cartas viradas sobre uma mesa. Sabe-se que em cada uma delas está escrito um número inteiro positivo. São dadas a Carlos, Samuel e Tomas as seguintes informações:
1) Todos os números escritos nas cartas são diferentes;
2) A soma dá 13;
3) Os números estão em ordem crescente da esquerda à direita.

Primeiro, Carlos olha o número da carta da esquerda e diz: "Não tenho informações suficientes para determinar os outros dois números". Em seguida, Tomas olha o número na carta da direita e diz: "Não tenho informações suficientes para determinar os dois outros números". Por fim, Samuel olha a carta do meio e diz "Não tenho informações suficientes para determinar os dois outros números". Sabendo que cada um deles sabe que os outros dois são inteligentes e escuta os comentários dos outros, qual é o numero da carta do meio?

Solução:
Sabendo-se que:
1) Todos os números escritos nas cartas são diferentes;
2) A soma dá 13;
3) Os números estão em ordem crescente da esquerda à direita.

Temos as seguintes possibilidades para essas condições:
1 + 2 + 10   2 + 3 + 8
1 + 3 + 9   2 + 4 + 7   3 + 4 + 6
1 + 4 + 8   2 + 5 + 6
1 + 5 + 7

Como Carlos olhou a carta da esquerda e não conseguiu determinar as outras duas, com certeza não temos a sequência 3, 4 e 6.

Se Tomas olhou o número da carta da direita e não conseguiu determinar os outros dois, então, podemos eliminar as sequências: 2,5 e 6 (por que seria a única com 6) assim como, as sequências 1,2 e 10; 1,3 e 9.

Sobrando as sequências:
1 4 8
1 5 7
2 3 8
2 4 7

Como Samuel não conseguiu determinar os três números vendo apenas o da carta do meio, ela só poderia ser o 4 (pois há duas cartas com o 4).

28. Há um número de 10 algarismos em que a primeira posição representa a quantidade de algarismos 0 desse número, a segunda posição representa a quantidade de algarismos 1 desse numero, e assim por diante, até a décima posição, que representa a quantidade de algarismos 9 do número.
Qual é esse número?

Solução:
O número é 6 2 1 0 0 0 1 0 0 0.
Pelas condições pedidas, temos o 6 (é a quantidade de zeros), 2 (é a quantidade de algarismos 1), 1 (quantidade do algarismo 2), 0 (quantidade de 3), 0 (quantidade de 4), 0 (quantidade de 5), 1 (quantidade de 6), 0 (quantidade de 7), 0 (quantidade de 8) e 0 (quantidade de 9).

29. José é caixa de um banco e arrumou moedas em 8 pilhas com 10 moedas cada pilha, sendo todas de mesmo valor e aparentemente pesando 10 gramas cada uma. Porém, uma das pilhas contem moedas falsas pesando 8 gramas cada uma, mas apenas José sabe disso. Qual procedimento para descobrir em uma única pesagem a pilha de moedas falsas?

Solução:
Como só temos uma única pesagem, temos que utilizar moedas das 8 pilhas simultaneamente. Tomando-se uma moeda de cada pilha e supondo todas verdadeiras, teríamos como peso 8 . 10 = 80 g.

Se tomássemos uma moeda de cada pilha e pesássemos, com certeza o peso seria 7 . 10 + 1 . 8 = 78 g, mas ainda assim não saberíamos de qual pilha retiramos a mais leve.

Assim, uma maneira de resolver essa situação é retirar uma quantidade diferente de moedas de cada pilha.

Sendo 8 pilhas, tiramos uma moeda da 1ª pilha, duas moedas da 2ª pilha, três moedas da 3ª pilha e assim sucessivamente até a 8ª pilha.

Temos então 1 + 2 + 3 + 4 + 5 + 6 + 7 + 8 = 36 moedas na balança.

Se todas fossem verdadeiras teríamos 36 . 10 = 360 g.

Sendo uma das pilhas com moedas falsas, as 36 moedas pesarão menos. Lembrando que cada moeda falsa pesa 8g, portanto 2 g a menos que as verdadeiras.

Se pesarem 2 g a menos, a primeira pilha será a pilha de moedas falsas, se pesarem 4 g a menos, será a segunda pilha de moedas falsas, se 6 g a menos, a terceira pilha é a que contem moedas falsas e assim por diante, descobriremos qual é a pilha com moedas falsas.

Por exemplo, se as 36 moedas pesarem 350g, com 10 g a menos saberíamos que a pilha de moedas falsas é aquela em que retiramos 5 moedas.

30. (XX Olimpíada Brasileira de Matemática) Passarinhos brincam em volta de uma velha árvore. Se dois passarinhos pousam em cada galho, um passarinho fica voando. Se todos os passarinhos pousam, com três em um mesmo galho, um galho fica vazio. Quantos são os passarinhos?
    a) 6   **b)** 9   **c)** 10   **d)** 12   **e)** 15

Solução:
Se dois passarinhos pousam em cada galho, um passarinho fica voando, o número de passarinhos é impar.

Se todos os passarinhos pousam, com três em um mesmo galho, um galho fica vazio, então o número de passarinhos é múltiplo de 3.

Mas temos que contemplar as duas condições com o mesmo número par de galhos. Das alternativas dadas, podem ser 9 ou 15 passarinhos.

Vamos testar.
- Se fossem 9 passarinhos, teríamos quatro galhos se dispostos dois em cada galho ficaria um voando e se três pousassem em cada galho, um galho ficaria vazio.

- Se fossem 15 passarinhos, dividindo dois em cada galho para sobrar um voando, teríamos 7 galhos (que é impar)

Porém colocando três passarinhos em cada galho, usaríamos 6 galhos e um ficaria vazio, mas teríamos 18 passarinhos. Para 15 passarinhos, precisaríamos de 5 galhos para dispor três em cada galho e um galho ficar vazio. A árvore tem o número de galhos constante, não conseguimos com 15 passarinhos contemplar as duas condições.

Assim, temos 9 passarinhos, alternativa "b".

---

31. Maria e José têm filhos dos dois sexos. Cada filho tem o número de irmãos igual ao número de irmãs e, cada filha tem o número de irmãs igual à metade do número de irmãos. Quantos são os filhos e as filhas de Maria e José?
 a) 4 **b)** 6 **c)** 3 **d)** 5 **e)** 7

Solução:
Se cada filho tem o número de irmãos igual ao número de irmãs, então o número de filhos é um a mais que o número de filhas (são números consecutivos)

Logo, João e Maria têm um número impar de total de filhos.

Cada filha tem o número de irmãs igual à metade do número de irmãos, ou cada filha tem o número de irmãos igual ao dobro do número de irmãs. Então o número de filhas é impar.

Logo, o número de filhos é par, o número de filhas é impar de forma que cada filha tenha o dobro de irmãos do que tem de irmãs.

Vamos chamar de H para cada filho e M para cada filha.

Nas alternativas dadas, se fossem 3 filhos no total, H H M, a filha não teria irmãs. Para 5 filhos no total, HHHMM, o número de irmãos de cada filha não é o dobro do número de irmãs. Para 7 filhos no total, HHHH MMM, cada filho tem o mesmo número de irmãos e irmãs e cada filha tem o número de irmãos igual ao dobro do número de irmãs.

Portanto, alternativa "e".

---

32. Um lógico quis saber da enigmática senhora, que estava ao seu lado, qual era a idade de seus três filhos. Ocorreu o seguinte diálogo:
- O produto de suas idades é 36.
- Ainda não sei, respondeu o lógico.

- A soma das idades é o número da casa aí em frente.
- Ainda não, respondeu o lógico.
- O filho mais velho toca piano.
- Agora já sei, respondeu o lógico.

Quais as idades dos três filhos da enigmática senhora?

Solução:

O primeiro dado sobre as idades dos filhos da senhora é que o produto é 36.

Fatorando o 36 temos $1 \cdot 2^2 \cdot 3^2$, assim temos as seguintes possibilidades:

1 . 2 . 18	1 . 3 . 12	1 . 4 . 9	1 . 6 . 6
2 . 2 . 9	2 . 3 . 6	3 . 3 . 4	1 . 1 . 36

Realmente, não dá para saber quais as idades.

Vejamos as somas:

1 + 2 + 18 = 21	1 + 3 + 12 = 16	1 + 4 + 9 = 14	**1 + 6 + 6 = 13**
2 + 2 + 9 = 13	2 + 3 + 6 = 11	3 + 3 + 4 = 10	1 + 1 + 36 = 38

Observe que temos duas possibilidades com a mesma soma. A senhora diz que a soma das idades é o número da casa da frente.

O lógico, apesar de poder ver o número da casa da frente, não consegue determinar quais são as idades, podendo ser 2,2 e 9 ou 1,6 e 6.

Com a última frase da senhora: – O filho mais velho toca piano, o lógico concluiu que as idades são 2,2 e 9 pois só há um filho mais velho.

---

33. (Revista da Olimpíada de Matemática-GO-2000) Uma planta aquática tem a propriedade de dobrar sua superfície a cada dia que passa. Colocando-se uma muda dessa planta num certo lago, em 30 dias ela cobrirá o lago todo.

a) Em quantos dias ela cobrirá metade do lago?
b) E se colocarmos duas mudas no lago, em quantos dias ele estará coberto?

Solução:

a) Segundo o enunciado a planta tem a propriedade de dobrar sua superfície a cada dia e no 30º dia o lago estará todo coberto pela planta. Então, no dia anterior ao 30º dia (29º dia), a planta terá coberto a metade do lago (pois de um dia para o outro dobra a superfície coberta).

Portanto, em 29 dias a planta terá coberto metade do lago.

b) Agora temos duas mudas da planta, se cada muda cobre metade do lago em 29 dias, então com duas mudas o lago todo estará coberto nos 29 dias.

34. (Revista da Olimpíada de Matemática-GO-2000) Como é possível retirar de um rio exatamente 6 litros de água se só se dispõe, para medir a água, de dois baldes um com 4litros e outro com 9 litros de capacidade?

Solução:
Vamos utilizar uma tabela para descrever o processo:

Situações	Variação da quantidade de água em litros	
	Balde com 9 litros	Balde com 4 litros
Balde com 9 l cheio	9	0
Despejamos a água no balde de 4l	5	4
Jogamos no rio a água do balde de 4l	5	0
Despejamos novamente a água do balde maior no menor	1	4
Jogamos no rio novamente a água do balde menor	1	0
Passamos para o balde menor o que restou do maior	0	1
Enchemos o balde maior	9	1
Completamos a água do balde menor com a água do maior	6	4

Assim, no balde maior teremos 6 litros de água do rio.

35. Em uma vinícola ha três jarras com capacidade para 4 litros, 5 litros e 9 litros, sendo que apenas a de 9 litros está cheia de vinho e as outras duas estão vazias. Como o vinicultor fará para servir um cliente que deseja comprar um litro de vinho, sem desperdício e usando apenas as 3 jarras?

Solução:
Vamos montar uma tabela para descrever as passagens:

Situações	Variação da quantidade de vinho em litros		
	Jarra com 9 litros	Jarra com 5 litros	Jarra com 4 litros
Jarra com 9 l cheia	9	0	0
Despejamos o vinho na jarra de 5 l	4	5	0
Despejamos o vinho da jarra de 5 l e enchemos a de 4l	4	1	4

36. (XXI Olimpíada Brasileira de Matemática) Pedro distribuiu 127 moedas de 1 real em sete caixas e colocou em cada uma delas uma etiqueta dizendo o número de moedas da caixa. Essa distribuição foi feita de forma que qualquer quantia de R$ 1,00 a R$ 127,00 pudesse ser paga entregando-se apenas caixas fechadas. De que maneira Pedro fez essa distribuição?

Solução:
Para efetuar os pagamentos de 1 real à 127 reais, distribuímos as moedas nas 7 caixas com as respectivas quantias: 1, 2, 4, 8, 16, 32 e 64 moedas de 1 real cada.

Para pagamentos de 1, 2, 4, 8, 16, 32 e 64 basta uma caixa de cada. Para pagamentos de 3 reais, 3 = 2 + 1; de 5 = 1 + 4; de 6 = 2 + 4 ; de 7 = 1 + 2 + 4.

Para pagamentos de 9 à 15, basta adicionar a caixa com 8 moedas às caixas das somas anteriores. (9 = 1 + 8; 10 = 2 + 8; 11 = 8 + 1 + 2;...)

Adicionando-se a caixa com 16 moedas às 15 somas anteriores, Pedro poderá efetuar os pagamentos de 17 à 31 reais.

Acrescentando a caixa com 32 moedas às anteriores efetuará pagamentos de 33 à 63 reais. E finalmente com a caixa contendo 64 moedas efetuará pagamentos de 65 à 127 reais (1 + 2 + 4 + 8 + 16 + 32 + 64 = 127).

37. (SERPRO) Considere a seguinte sentença: "Paulo passará no exame, pois é um aluno estudioso, e alunos estudiosos passam no exame". A conclusão ao argumento expresso por esta sentença é:
a) Paulo é estudioso
b) Existem alunos estudiosos
c) Paulo passará no exame
d) Alunos estudiosos passam no exame
e) Paulo é estudioso ou existem alunos estudiosos

Solução:
Dado o argumento::"Paulo passará no exame, pois é um aluno estudioso, e alunos estudiosos passam no exame "

Nota:
Um argumento é formado por um conjunto de premissas (no mínimo uma) e uma única conclusão que decorre logicamente das premissas

A conclusão deriva logicamente das premissas.
Podemos, então reescrevê-lo:
Paulo é um aluno estudioso (premissa)
Alunos estudiosos passam no exame (premissa)
Paulo passará no exame (conclusão)

Portanto,
Alternativa "c".

38. (SERPRO) Se Carlos é mais alto do que Paulo, logo Ana é mais alta do que Maria. Se Ana é mais alta do que Maria, João é mais alto do que Carlos. Ora, Carlos é mais alto do que Paulo. Logo:

a) Ana é mais alta do que Maria e João é mais alto do que Paulo.
b) Carlos é mais alto do que Maria e Paulo é mais alto do que João.
c) João é mais alto do que Paulo e Paulo é mais alto do que Carlos.
d) Ana não é mais alta do que Maria ou Paulo é mais alto do que Carlos.
e) Carlos é mais alto do que João ou Paulo é mais alto do que Carlos.

Solução:
As proposições dadas são condicionais com exceção da última. Se a condicional é verdadeira e o antecedente é verdadeiro, então o consequente deve ser verdadeiro. Ou seja:

É dada a afirmação: Carlos é mais alto do que Paulo

Sendo Carlos mais alto do que Paulo, na condicional: Se Carlos é mais alto do que Paulo, logo Ana é mais alta do que Maria.

Sendo Ana mais alta do que Maria na condicional: Se Ana é mais alta do que Maria, João é mais alto do que Carlos

Sendo João mais alto do que Carlos e Carlos é mais alto do que Paulo, João é mais alto do que Paulo (pela transitiva).

Ana é mais alta do que Maria e João é mais alto do que Paulo.

Portanto, alternativa "a".

39. (SERPRO) Uma sentença logicamente equivalente: Pedro é economista, então Luisa é solteira, é:
a) Pedro é economista ou Luisa é solteira.
b) Pedro é economista ou Luisa não é solteira.
c) Se Luisa é solteira, Pedro é economista.
d) Se Pedro não é economista, então Luisa não é solteira.
e) Se Luisa não é solteira, então Pedro não é economista.

Solução:
Temos a seguinte afirmação: Pedro é economista, então Luisa é solteira.
Sejam P: Pedro é economista
Q: Luisa é solteira.
$P \rightarrow Q$

Temos as seguintes equivalências para o condicional:
1) $P \rightarrow Q \Leftrightarrow \sim P \vee Q$ (verifique no item proposições equivalentes)
2) $P \rightarrow Q \Leftrightarrow \sim Q \rightarrow \sim P$ (contraposição)

Traduzindo para a linguagem corrente, temos:
1) Pedro não é economista ou Luisa é solteira
2) Se Luisa não é solteira então Pedro não é economista.

Portanto, alternativa "e".

40. (SERPRO) Sete pessoas – A, B, C, D, E, F, G – foram divididas entre dois grupos: o Grupo 1, com 4 pessoas, e o Grupo 2, com 3 pessoas. Na divisão, obedeceu-se as seguintes restrições:
A) B e D devem estar no mesmo grupo;
B) A não pode estar no mesmo grupo nem com B e nem com C. Ora, sabe-se que, na divisão final, A e F foram colocados no Grupo 1. Então, necessariamente, o Grupo 2 tem os seguintes participantes:
a) B, C, D   **b)** B, C, E   **c)** B, C, G   **d)** C, D, E   **e)** C, D, G

Solução:
Sete pessoas – A, B, C, D, E, F, G – foram divididas entre dois grupos:
O Grupo 1, com 4 pessoas, e o Grupo 2, com 3 pessoas.

Temos as restrições:
a) B e D devem estar no mesmo grupo;
b) A não pode estar no mesmo grupo nem com B e nem com C;
c) Sabe-se que, na divisão final, A e F foram colocados no Grupo 1.

Então, no Grupo 1 foram colocados A, F

Se A não pode estar no mesmo grupo nem com B e nem com C; temos no Grupo 2: B, C

Se B e D devem estar no mesmo grupo; Grupo 2: B, C, D

E o Grupo 1: A, F, E, G

Portanto, alternativa "a".

---

41. Três casais de namorados marcaram um encontro em um cinema da cidade para assistir à uma estreia. Inácio comprou os ingressos pela internet e tinha certeza que seria o primeiro a chegar para entregar os ingressos aos amigos. Mas, ao chegar, na entrada do cinema, encontrou Karina com seu namorado e ainda seus outros três amigos. Inácio, Flávio e Enrico, com suas namoradas, Júlia, Vivian e Karina, não respectivamente, compraram pipoca e refrigerantes para assistir o filme. Por meio de um raciocínio lógico determine os três casais.

Solução:
Se Inácio encontrou Karina com seu namorado, então Karina não pode ser a namorada de Inácio (pela lógica).

Pelo enunciado: Inácio, Flávio e Enrico, com suas namoradas, Júlia, Vivian e Karina, **não respectivamente**, compraram pipoca e refrigerantes para assistir o filme.

Assim, Júlia não deve ser a namorada de Inácio.

Portanto, por exclusão a namorada de Inácio é Vivian.

Com o mesmo raciocínio, Karina não é namorada de Enrico, e Vivian é namorada de Inácio, então a namorada de Enrico deve ser Júlia.

E, por exclusão, a namorada de Flávio é Karina.

Portanto, os casais são: Inácio e Vivian, Flávio e Karina, Enrico e Júlia.

42. (AFTN) Os carros de Artur, Bernardo e César são, não necessariamente nessa ordem, uma Brasília, uma Parati e um Santana. Um dos carros é cinza, um outro é verde, e o outro é azul. O carro de Artur é cinza, o carro de Cesar é o Santana, o carro de Bernardo não é verde e não é uma Brasília. As cores da Brasília, da Parati e do Santana são, respectivamente:
a) cinza, verde e azul
b) azul, cinza e verde
c) azul, verde e cinza
d) cinza, azul e verde
e) verde, azul e cinza

Solução:
Organizando os dados do problema, temos.

Artur	Bernardo	Cesar
cinza	~~verde~~	Santana
	~~Brasília~~	

Temos três cores para os carros: cinza, verde e azul, se o carro de Bernardo não é verde, e o carro de Artur é cinza, logo o carro de Bernardo só pode ser azul.
Assim, o carro de César é verde

Se Bernardo não tem a Brasília e o Santana é de Cesar, então o carro dele é a Parati. Temos:

Artur	Bernardo	Cesar
cinza	azul	verde
Brasília	Parati	Santana

Portanto, alternativa "d".

---

43. (AFC) Três irmãs – Ana, Maria e Cláudia – foram a uma festa com vestidos de cores diferentes. Uma usa vestido azul, a outra branco e a terceira, preto. Chegando à festa, o anfitrião perguntou quem era cada uma delas. A de azul respondeu:" Ana é a que está de branco". A de branco falou: "Eu sou Maria". E a de preto disse: "Cláudia é quem está de branco". Como o anfitrião sabia que Ana sempre diz a verdade, que Maria às vezes diz a verdade e que Cláudia nunca diz a verdade, ele foi capaz de identificar corretamente quem era cada pessoa. As cores dos vestidos de Ana, Maria e Cláudia eram, respectivamente:
a) preto, branco, azul
b) preto, azul, branco
c) azul, preto, branco
d) azul, branco, preto
e) branco, azul, preto

Solução:
Se uma das irmãs sempre diz a verdade, vamos supor que quem está de preto esteja dizendo a verdade. Conforme o enunciado, o anfitrião sabe que quem diz a verdade sempre é Ana. Supondo Ana, que está de preto, disse a verdade, então Cláudia está de branco.

Como Cláudia nunca diz a verdade, estando de branco diz que é Maria (portanto, mente).

A irmã vestida de azul, deve ser Maria, que como às vezes diz a verdade, nesse caso mente pois diz que é Ana quem está de branco.

Sendo assim, temos: Cláudia está de vestido branco, Maria de vestido azul e Ana está de preto.

As cores dos vestidos de Ana, Maria e Cláudia, são, respectivamente: preto, azul e branco.

Portanto, alternativa "b".

---

44. (XX Olimpíada Brasileira de Matemática) Pedro e Maria formam um estranho casal. Pedro mente às quartas, quintas e sextas-feiras, dizendo a verdade no resto da semana. Maria mente aos domingos, segundas e terças feiras, dizendo a verdade no resto da semana. Certo dia, ambos dizem: "Amanhã é dia de mentir". O dia em que foi feita essa afirmação era:
a) segunda-feira   b) terça-feira   c) sexta-feira   d) sábado   e) domingo

Solução:
Pedro mente às quartas, quintas e sextas-feiras, falando a verdade segunda, terças, sábado e domingo.

Maria mente aos domingos, segundas e terças feiras, falando a verdade nas quartas, quintas, sextas e sábados.

Precisamos encontrar dois dias consecutivos em que um dia é de mentir e o seguinte de falar a verdade ou vice-versa.

A afirmação não foi dita numa segunda-feira, pois Pedro fala a verdade na segunda e na terça; Maria mente na segunda e na terça.

A afirmação foi dita **na terça-feira** pois Pedro fala a verdade na terça e mente na quarta. Maria mente na terça e fala a verdade na quarta-feira.

A afirmação não foi feita numa sexta-feira pois apesar de Pedro mentir na sexta feira e falar a verdade no sábado, Maria fala a verdade na sexta e no sábado.

A afirmação não foi feita no sábado pois Pedro fala a verdade no sábado e no domingo.

A afirmação não foi feita no domingo pois Maria mente no domingo e na segunda –feira e Pedro fala a verdade nos dois dias.

Portanto, alternativa "b".

45. Um caçador de tesouros encontrou uma gruta onde estava escondido um antigo tesouro. Mas o mais difícil não foi encontrar o local do tesouro, mas sim encontrar a entrada correta, pois havia duas entradas e em cada uma delas um enorme eunuco. O caçador sabia que uma das entradas conduzia à sala do tesouro, mas a outra, assim que ele entrasse seria atingido por centenas de flechas com o veneno da cobra naja. Os eunucos sabem exatamente qual entrada leva ao tesouro, mas o pior é que um dos eunucos sempre mente e o outro sempre fala a verdade; contudo, o caçador só poderá fazer uma única pergunta à um dos eunucos.
Como fará o caçador de tesouros se ele só poderá escolher a entrada mediante a reposta de um dos eunucos?

Solução:
Pela situação descrita, não temos condições de saber qual dos eunucos sempre diz a verdade. Uma forma simples de resolver essa situação é fazer a seguinte pergunta a um dos eunucos: Qual das duas entradas o seu parceiro diria que leva à sala do tesouro?

Vamos chamar as entradas de A e B e suponhamos que a entrada B seja a correta.

Fazendo a pergunta a qualquer um dos eunucos, poderíamos ter duas situações:
1) Se ele sempre mente, o parceiro diz a verdade. Então o parceiro diria a entrada B pois é a correta. Como ele sempre mente, responderia que a entrada correta é a A.
2) Se ele sempre fala a verdade, o parceiro mente. Então o parceiro diria que a entrada correta é a A. Assim, ele dizendo a verdade, diria que seu parceiro responderia que A é a entrada correta.

Desta forma, para o caçador encontrar a sala do tesouro ele deverá escolher a entrada oposta a que o eunuco responder.

---

46. Um biólogo caminhava pela selva à procura de ervas medicinais quando foi capturado por índios antropófagos. Levado à aldeia, havia um caldeirão com muitos temperos à sua espera. O chefe da tribo, que havia aprendido Lógica com um grande lógico, que fora seu prisioneiro, se dirigiu ao biólogo fazendo a seguinte proposta: – Faça uma afirmação. Se sua afirmação for verdadeira você será cozido no caldeirão com muitos temperos e devorado por toda a tribo. Se sua afirmação for falsa, então você será comido vivo.
Se este biólogo foi libertado pelo chefe, qual afirmação feita por ele?

Solução:
A afirmação não pode ser interpretada como verdadeira e não pode ser interpretada como falsa.

Assim, ele deve ter dito: Eu serei comido vivo.

Se admitirmos a frase verdadeira, ele será então comido vivo, mas contraria a afirmação do chefe que disse que nesse caso ele seria cozido no caldeirão.

Se admitirmos a frase falsa, ele não será comido vivo, o que contraria novamente a afirmação do chefe.

Dessa forma, ele foi libertado.

Essa situação mostra que nem toda afirmação pode ser interpretada como verdadeira ou falsa como estudada na Lógica Proposicional Clássica.

---

47. Três homens têm cada um dois filhos e todos entram num estádio de futebol para assistir Palmeiras × Corinthians. Só há 7 ingressos mas cada um tem seu lugar. Como isso é possível?

Solução:
Se três homens, cada um com dois filhos, compareceram ao estádio para assistir ao jogo; inicialmente poderíamos pensar em 9 pessoas no total, ou seja:

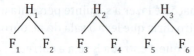

Mas, se havia 7 ingressos e todos conseguiram o seu lugar, então há um grau de parentesco entre estes três homens e seus filhos, ou seja: Um avô (A), dois filhos (F_1 e F_2) e quatro netos (N_1, N_2, N_3 e N_4).

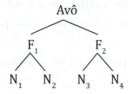

---

48. Uma quadra de tênis deve ser cercada com um alambrado e estacas. Sabendo-se que cada lado da quadra, de formato retangular, deve haver 18 estacas, quantas estacas no total serão necessárias?

Solução:
Se em cada lado da quadra deve haver 18 estacas então sendo a quadra de forma retangular, 4 lados, teríamos 4 . 18 = 72 estacas.

Mas, contando 18 em cada lado, as estacas dos cantos da quadra (os vértices) serão contadas duas vezes.

Daí temos 72 – 4 = 68 estacas.

---

49. Paulinho ganhou R$ 100,00 de seu avô. Todo mês ele tem retirado R$ 40,00 para pagar a escola de futebol, mas em compensação sua mãe lhe dá uma mesada de R$ 30,00. Em qual mês Paulinho ficará sem dinheiro para pagar o futebol?

Solução:
No primeiro mês, Paulinho gastará 40 reais então sobrará 100 – 40 = 60. Como ganhará 30 reais de sua mãe, ficará com 60 + 30 = 90 reais.

No segundo mês, dos 90 reais gastará 40, ficando com 50 reais, ganhará 30 de sua mãe finalizando com 50 + 30 = 80 reais.

No terceiro mês 80 – 40 = 40, recebendo 30 de sua mãe, ficará com 70 reais.

No quarto mês 70 – 40 = 30, depois recebendo 30 de sua mãe, terá 60 reais.

No quinto mês 60 – 40 = 20, recebendo 30 da mãe, terá 50 reais.

No sexto mês 50 – 40 = 10, recebendo 30, ficará com 40 reais.

No sétimo mês 40 – 40 = 0.

Mesmo recebendo 30 reais de sua mãe, no oitavo mês, Paulinho não terá dinheiro para pagar a escola de futebol.

50. Utilizando as propriedades semânticas verificar se há equivalência entre:
   I) Se Brad não se casa com Jennifer, casa-se com Angelina.
   II) Não ocorre que Brad não se case com Jennifer e não se case com Angelina.

Solução:
Sejam as proposições simples:
J: Brad se casa com Jennifer
A: Brad se casa com Angelina.

Simbolizando as proposições compostas, temos:
I) $\sim J \to A$
II) $\sim (\sim J \land \sim A)$

Utilizando as equivalências, temos:
I) $\sim J \to A \Leftrightarrow \sim\sim J \lor A \Leftrightarrow J \lor A$ (definição de condicional e dupla negação)
II) $\sim (\sim J \land \sim A) \Leftrightarrow \sim\sim J \lor \sim\sim A \Leftrightarrow J \lor A$ (lei de Morgan e dupla negação)
Nas duas afirmações temos que Brad se casa com Jennifer ou com Angelina.

De fato, "I" e "II" são equivalentes.

51. Um grupo de 4 pessoas será formado, escolhendo-se entre 3 homens (F, G, H) e 4 mulheres (W, X, Y, Z). O grupo deverá ter pelo menos 2 homens e as seguintes condições deverão ser respeitadas:
F se recusa a trabalhar com Y
G se recusa a trabalhar com W
Y se recusa a trabalhar com Z
Se Y pertencer ao grupo, quais serão os outros membros?

Solução:

Um grupo deve ser formado por 4 pessoas, escolhendo-se entre 3 homens (F, G, H) e 4 mulheres (W, X, Y, Z).

i) O grupo deverá ter pelo menos 2 homens.
ii) F se recusa a trabalhar com Y
iii) G se recusa a trabalhar com W
iv) Y se recusa a trabalhar com Z

Supondo que Y seja escolhida: Não podem fazer parte desse grupo, o homem F (pela "ii") e a mulher Z (pela "iv").

Assim, pela "i", os homens G e H devem pertencer ao grupo.

Pela "iii", W não deverá fazer parte desse grupo.

Assim, o grupo é composto por G, H, X e Y.

---

52. Quatro casais vão juntos a um clube a fim de se divertirem. Os seus nomes são Camila, Talita, Ana, Graça, Nelson, Alex, Paulo e Gustavo. Em certo momento foi possível constatar que:
A mulher de Nelson não dança com o marido, mas com o de Camila.
Graça e Gustavo não dançam.
Alex toca violão acompanhado ao piano por Ana.
Graça não é mulher de Alex.
Quem é mulher de Gustavo?

Solução:
Se Graça e Gustavo não dançam e a mulher de Nelson não dança com o marido, mas com o de Camila, **Graça não é mulher de Nelson e nem Gustavo é marido de Camila.**

Alex toca violão acompanhado ao piano por Ana, então **Ana não é mulher de Nelson e nem Alex marido de Camila.**

E, obviamente, Camila não é mulher de Nelson.

Logo, Talita é mulher de Nelson.

Graça não é mulher de Alex.

Como Camila não é mulher de Alex, nem Graça e nem Talita, então Ana é a mulher de Alex.

Se Camila não é mulher de Gustavo, nem de Nelson e nem de Alex, logo, é de Paulo.

Portanto, Graça é mulher de Gustavo.

---

53. Na gaveta de meu armário há seis pares de meias pretas e seis pares azuis. A escuridão no quarto onde está o armário é total. Qual o número mínimo de meias que devem ser tiradas para se ter certeza de que um par seja de meias da mesma cor sem acender a luz?

Solução:
Como há duas cores de meias, para se ter a certeza de que se obtenha um par da mesma cor temos que tirar 3 meias, no mínimo.

---

54. Num posto de combustível há três bombas: X, Y, Z. Uma é de gasolina, a outra é de álcool e a outra, ainda, de diesel, não necessariamente nessa ordem. Supondo-se que *somente uma das afirmações é verdadeira*:
X é de álcool
Y não é de álcool
Z não é de gasolina
Quais os conteúdos das bombas X, Y e Z?

Solução:
Sendo três tipos de combustível diferentes, temos 6 possibilidades para X, Y e Z a seguir:

álcool, gasolina e diesel	álcool, diesel e gasolina
gasolina, diesel e álcool	gasolina, álcool e diesel
diesel, gasolina e álcool	diesel, álcool e gasolina

Comparando as possibilidades com as afirmações dadas, obtemos:
X é de álcool Y não é de álcool Z não é de gasolina

álcool, gasolina e diesel			álcool, diesel e gasolina		
V	V	V	V	V	F
gasolina, diesel e álcool			gasolina, álcool e diesel		
F	V	V	F	F	V
diesel, gasolina e álcool			diesel, álcool e gasolina		
F	V	V	F	F	F

Pelo exposto acima, observamos que há apenas uma situação em que torna apenas uma das afirmações apresentadas verdadeira.

gasolina, álcool e diesel		
F	F	V

Assim, temos X é uma bomba de gasolina, Y de álcool e Z de diesel.

---

55. Alex é um especialista em lógica e resolveu comprar um anel de noivado para sua namorada Loisse. Aí pensou em lhe fazer uma surpresa, contudo seria preciso que ela usasse um raciocínio lógico para descobrir onde o anel estaria. Alex disse:
– Minha querida, o presente que você tanto espera está em uma das três caixas. Mas, você só poderá abrir uma delas, pense bem, a única pista são as inscrições nas caixas. Lembre-se que apenas uma das inscrições é verdadeira.

Caixa 1   Caixa 2   Caixa 3

Solução:
Se o anel estivesse na caixa 1, as inscrições das caixas 1 e 2 seriam verdadeiras o que contraria a hipótese do problema, ou seja, apenas uma das inscrições é verdadeira.

Se o anel estivesse na caixa 3, teríamos como verdadeiras as inscrições nas caixas 2 e 3, novamente contraria a hipótese do problema.

Portanto, o anel só pode estar na caixa 2, sendo assim a inscrição verdadeira é a da caixa 3.

Logo, o anel de Loisse está na caixa 2.

56. (Revista da Olimpíada de Matemática-GO) Para testar os conhecimentos de um sargento, o capitão ordenou que separasse 10 soldados e os dispusesse em 5 fileiras com 4 homens. Como o sargento conseguiu realizar essa tarefa?

Solução:
Uma maneira de resolver é dispor os soldados em forma de estrela:

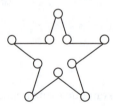

57. Há três caixas de botões fechadas, sendo uma de botões brancos, outra somente com botões pretos e a terceira com botões misturados, etiquetadas, respectivamente com as letras B, P, M. Renato que é muito brincalhão trocou todas as etiquetas. Sua mãe, muito esperta, abrindo uma única caixa conseguiu descobrir o conteúdo de cada uma. Explique o raciocínio lógico da mãe de Renato.

Solução:
Como são três caixas de botões e todas as etiquetas foram trocadas, então, a mãe de Renato abrindo qualquer uma das caixas descobriu o conteúdo de cada uma delas com o seguinte raciocínio:

Vamos supor que as caixas estejam etiquetadas da seguinte forma:

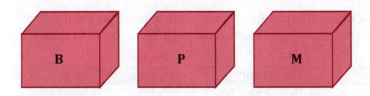

Como todas estão com as etiquetas trocadas, por exemplo, a mãe de Renato se abrisse a primeira caixa com a etiqueta B, com certeza não haveria botões brancos, se caso fossem pretos, então a segunda caixa (P) teriam botões misturados e a caixa (M) teria botões brancos.

Caso a primeira caixa (B) tivesse botões misturados, então a segunda caixa (P) teria botões brancos e a terceira (M) teria botões pretos.

58. Lucas, Giulio e Guilherme apostaram suas figurinhas do álbum da Copa numa competição, combinando que o que ficasse em último lugar numa partida dobraria as quantidades de figurinhas dos outros dois. Após três partidas, cada um deles tinha exatamente 32 figurinhas. Se Guilherme foi o último colocado na primeira partida, Lucas na segunda e Giulio na terceira, Quantas figurinhas tinha cada um no início da competição?

Solução:
Existem várias formas de resolver esse problema, mas vamos resolvê-lo pelo método inverso.

Partindo da afirmação de que cada garoto terminou a competição com 32 figurinhas e que Giulio foi o último colocado na terceira partida temos: – que ele dobrou a quantidade de figurinhas dos outros dois, então na partida anterior (segunda partida) Lucas e Guilherme tinham a metade, ou seja, 16 figurinhas.

Já que Giulio dobrou a quantidade de figurinhas dos outros dois, e o número total de figurinhas deve ser sempre o mesmo, Giulio tinha as suas 32 e mais a quantidade suficiente para dobrar as quantidades de figurinhas dos amigos, ou seja, 32 + 16 + 16 = 64

	Início	1ª partida	2ª partida	3ª partida
Lucas			16	32
Giulio			32 + 16 + 16=64	32
Guilherme			16	32

Lucas, foi o ultimo colocado no final da segunda partida, então se ele dobrou a quantidade dos colegas, no final da partida anterior (1ª partida) Giulio (com 32) e Guilherme (com 8) tinham a metade das figurinhas. E, Lucas, tinha as suas 16 e mais a quantidade suficiente para ter dobrado as quantidades de figurinhas dos colegas, 16 + 32 + 8.

	Início	1ª partida	2ª partida	3ª partida
Lucas		16 + 32 + 8 = 56	16	32
Giulio		32	32 + 16 + 16 = 64	32
Guilherme		8	16	32

Ao final da primeira partida, foi Guilherme que ficou em último lugar, portanto dobrou a quantidade de figurinhas de seus colegas. Giulio (com 16) e Lucas (com 28) tinham a metade de figurinhas.

	Início	1ª partida	2ª partida	3ª partida
Lucas	28	16 + 32 + 8 = 56	16	32
Giulio	16	32	32 + 16 + 16 = 64	32
Guilherme	8 + 28 + 16 = 52	8	16	32

Assim, os garotos iniciaram a competição da seguinte forma:
Lucas com 28 figurinhas, Giulio com 16 e Guilherme com 52.

59. Um casal, marido e mulher, trajando bermuda e camiseta, foram à praça e fizeram a seguinte declaração:
- Sou o marido dela, disse a pessoa com bermuda vermelha e camiseta branca.
- Sou a mulher dele, disse a pessoa com bermuda branca e camiseta vermelha.

Se uma delas está mentindo, quem é o marido e quem é a mulher?

Solução:
Para as duas afirmações poderíamos ter os seguintes valores lógicos: VV, VF, FV e FF.

Se uma delas mente, então descartamos VV.

Se considerarmos a situação VF, a segunda pessoa que disse ser a mulher, seria o marido, mas a primeira também estaria mentindo visto pelo enunciado que há um homem e uma mulher.

Não havendo dois maridos, as duas mentiram.

Assim, a mulher é a pessoa com bermuda vermelha e camiseta branca e o marido, a pessoa com bermuda branca e camiseta vermelha.

60. A negação da afirmação "Todo chocolate é gostoso" é:
a) Todo chocolate é gostoso.
b) Todo chocolate não é gostoso.
c) Nenhum chocolate é gostoso.
d) Algum chocolate não gostoso.
e) Algum chocolate é gostoso.

Solução:

> $\forall$ – quantificador universal (todo, qualquer)
> $\exists$ – quantificador existencial (algum, existe)

Dos quantificadores apresentados, temos o quantificador universal (todo) e o quantificador existencial (algum).

A negação de todo é algum (e a negação de algum é todo)

Assim, a negação da proposição dada é: Algum chocolate não é gostoso.

Alternativa "d".

61. (BACEN)

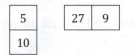

a) | 35 |
   |----|
   | 175|

b) | 30 | 180 |

c) | 240 |
   |-----|
   | 40 |

d) | 90 | 15 |

e) | 25 |
   |-----|
   | 150 |

Solução:
Observando a sequência dada verificamos que:

Na primeira tabela (na vertical) 5 é a metade de 10

Na segunda tabela (na horizontal) 27 é o triplo de 9.

Na terceira tabela (na vertical) 48 é o quádruplo de 12

Na quarta tabela (na horizontal) 20 é a quinta parte de 100

A próxima tabela deve estar na vertical, seguindo o padrão.

E o primeiro termo deverá ser a sexta parte do outro.

Assim, já eliminamos as alternativas "b" e "d" por estarem na horizontal e a alternativa "a" pois 35 não ser a sexta parte de 175.

Logo, alternativa "e" pois 25 é a sexta parte de 150.

---

62. (BACEN) Assinale a opção que contém a sequência correta das quatro bolas, de acordo com as alternativas abaixo.
I) A bola amarela está depois da branca
II) A bola azul está antes da verde
III) A bola que está imediatamente após a azul é maior do que a que está antes dessa.
IV) A bola verde é a menor de todas.
a) Branca, amarela, azul e verde
b) Branca, azul, amarela e verde
c) Branca, azul, verde e amarela
d) Azul, branca, amarela e verde
e) Azul, branca, verde e amarela

Solução:
Primeiro vamos indicar as bolas:

| Amarela = Am | Azul = Az | Branca = B | Verde = V |

Pelas afirmações I, II e IV, poderíamos obter a sequencia:

| B | Am | Az | V |

Mas, pela afirmação III, a bola que está imediatamente após a azul é maior do que a que está antes dessa.

Logo, sendo a verde a menor de todas, basta inverter o lugar da amarela com o lugar da azul, ou seja:

| B | Az | Am | V |

Portanto, alternativa "b".

---

63. (Agente Fiscal de Rendas-ICMS) Continuando a sequencia 4, 10, 28, 82,..., temos:
  a) 256   b) 254   c) 246   d) 244   e) 236

Solução:
Observando a sequencia, verificamos que a diferença entre os termos são múltiplos de 6.
Vejamos:

4, 10, 28, 82,...
 _/ _/ _/
  6   18   54

Diferença entre os termos:
$6 = 1 \cdot 6 = 3^0 \cdot 6 \ (2º - 1º)$
$18 = 3 \cdot 6 = 3^1 \cdot 6 \ (3º - 2º)$
$54 = 9 \cdot 6 = 3^2 \cdot 6 \ (4º - 3º)$

A diferença entre o quinto termo e o quarto termo deve ser $3^3 \cdot 6 = 27 \cdot 6 = 162$

Assim, o quinto termo é $82 + 162 = 244$

Portanto, alternativa "d".

---

64. (Agente Fiscal de Rendas-ICMS) Se Rodrigo mentiu, então ele é culpado. Logo:
  a) Se Rodrigo não é culpado, então ele não mentiu
  b) Rodrigo é culpado
  c) Se Rodrigo não mentiu, então ele não é culpado
  d) Rodrigo mentiu
  e) Se Rodrigo é culpado, então ele mentiu.

Solução:
Dada a condicional: Se Rodrigo mentiu, então ele é culpado.
Sejam P: Rodrigo mentiu e Q: Rodrigo é culpado

Passando a condicional para a linguagem simbólica, temos:
$P \rightarrow Q$

Temos as seguintes proposições equivalentes: (vide tabela de proposições equivalentes)
$P \rightarrow Q \Leftrightarrow \sim P \vee Q$ (I)
$P \rightarrow Q \Leftrightarrow \sim Q \rightarrow \sim P$ (II)

Passando para a linguagem corrente, temos:
(I) Rodrigo não mentiu ou é culpado
(II) Se Rodrigo não é culpado então ele não mentiu.

Observando as alternativas apresentadas, concluímos que a correta é a letra "a".

65. (Agente Fiscal de Rendas-ICMS) O paciente não pode estar bem e ainda ter febre. O paciente está bem. Logo, o paciente:
a) Tem febre e não está bem
b) Tem febre ou não está bem
c) Tem febre
d) Não tem febre
e) Não está bem

Solução:
Temos as seguintes afirmações:

O paciente não pode estar bem e ainda ter febre. (premissa)

O paciente está bem. (premissa)

Um argumento é formado por um conjunto de premissas (no mínimo uma) e uma única conclusão que decorre logicamente das premissas.

Das premissas dadas decorre logicamente a conclusão: O paciente não tem febre.

Portanto, alternativa "d".

66. (Agente Fiscal de Rendas-ICMS) Observe a figura abaixo e verifique que a faixa é formada por três linhas de quadradinhos em que a primeira e a terceira linhas são formadas apenas por quadradinhos brancos. A segunda linha alterna quadradinhos brancos com quadradinhos pretos.

O número de quadradinhos brancos necessários para formar uma faixa completa, de acordo com a figura, mas contendo 60 quadradinhos pretos é:
a) 292   b) 297   c) 300   d) 303   e) 480

Solução:
Observando a figura e estabelecendo uma relação entre o número total de quadradinhos e o número de quadradinhos pretos, temos:

Tomando-se uma parte da faixa com 9 quadradinhos, temos 1 preto.

Para uma faixa com 15 quadradinhos, temos 2 pretos.

Para uma faixa com 21 quadradinhos, temos 3 pretos.

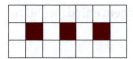

Observe que a cada 6 quadradinhos a mais, temos 1 preto.

Então:
9 quadradinhos = 9 + 0 . 6 → 1 quadradinho preto
15 quadradinhos = 9 + 1 . 6 → 2 quadradinhos pretos
21 quadradinhos = 9 + 2 . 6 → 3 quadradinhos pretos

E assim sucessivamente.

Portanto para 60 quadradinhos pretos teremos um total de quadradinhos:
9 + 59 . 6 = 9 + 354 = 363

Logo 363 quadradinhos menos os 60 quadradinhos pretos, temos 303 quadradinhos brancos.

Portanto, alternativa "d".

67. (Auditor Fiscal-MG-2005) O reino está sendo atormentado por um terrível dragão. O mago diz ao rei: "O dragão desaparecerá amanhã se e somente se Aladim beijou a princesa ontem". O rei, tentando compreender melhor as palavras do mago, faz as seguintes perguntas ao lógico da corte:
1) Se a afirmação do mago é falsa e se o dragão desaparecer amanhã, posso concluir corretamente que Aladim beijou a princesa ontem?
2) Se a afirmação do mago é verdadeira e se o dragão desaparecer amanhã, posso concluir corretamente que Aladim beijou a princesa ontem?
3) Se a afirmação do mago é falsa e se Aladim não beijou a princesa ontem, posso concluir corretamente que o dragão desaparecerá amanhã?

O lógico da corte, então, diz acertadamente que as respostas logicamente corretas para as três perguntas são, respectivamente:
a) Não, sim, não
b) Não, não, sim
c) Sim, sim, sim
d) Não, sim, sim
e) Sim, não, sim

Solução:
Dada a afirmação do mago: "O dragão desaparecerá amanhã se e somente se Aladim beijou a princesa ontem"

Sejam as proposições:
P: O dragão desaparecerá amanhã
Q: Aladim beijou a princesa ontem.

Simbolizando a afirmação, temos: $P \leftrightarrow Q$

Esta bicondicional é verdadeira se e somente se as proposições P e Q forem ambas verdadeiras ou ambas falsas.

Vamos analisar as perguntas feitas ao lógico da corte:

1) Se a afirmação do mago é falsa e se o dragão desaparecer amanhã, posso concluir corretamente que Aladim beijou a princesa ontem?

Se a afirmação é falsa, a bicondicional sendo falsa temos P é verdadeira e Q é falsa ou vice-versa. Mas, se o dragão desaparecer amanhã, (significa P verdadeira) então Q deve ser falsa, ou seja, Aladim não beijou a princesa ontem.

Logo, a reposta do lógico para essa pergunta foi NÃO.

2) Se a afirmação do mago é verdadeira e se o dragão desaparecer amanhã, posso concluir corretamente que Aladim beijou a princesa ontem?

Se a afirmação é verdadeira, a bicondicional é verdadeira, então P e Q são verdadeiras ou P e Q são falsas. Mas, se o dragão desaparecer amanhã, significa P verdadeira, então Q deve ser verdadeira, ou seja, Aladim beijou a princesa ontem.

Logo, a reposta do lógico para essa pergunta foi SIM.

3) Se a afirmação do mago é falsa e se Aladim não beijou a princesa ontem, posso concluir corretamente que o dragão desaparecerá amanhã?

A bicondicional é falsa e Q é falsa (Aladim não beijou a princesa ontem) então P deve ser verdadeira, ou seja, o dragão desaparecerá amanhã.

Logo, a reposta do lógico para essa pergunta foi SIM

Portanto, alternativa "d".

68. (Auditor Fiscal-MG-2005) Se André é culpado, então Bruno é inocente. Se André é inocente, então Bruno é culpado. Se André é culpado, Leo é inocente. Se André é inocente, então Leo é culpado. Se Bruno é inocente, então Leo é culpado. Logo, André, Bruno e Leo são, respectivamente:
a) Culpado, culpado, culpado.
b) Inocente, culpado, culpado.
c) Inocente, culpado, inocente.
d) Inocente, inocente, culpado.
e) Culpado, culpado, inocente

Solução:
Temos as seguintes afirmações:
Se André é culpado, então Bruno é inocente. (I)
Se André é culpado, Leo é inocente. (II)
Se Bruno é inocente, então Leo é culpado. (III)

E, ainda:
Se André é inocente, então Bruno é culpado. (IV)
Se André é inocente, então Leo é culpado. (V)

De "I" e "III", temos que Leo é culpado se André é culpado o que contraria a "II"

Por outro lado, de "IV" e "V", temos André é inocente, Bruno culpado e Léo culpado.

Portanto, alternativa "b".

---

69. (MPOG-2005) Carlos não ir ao Canadá é condição necessária para Alexandre ir à Alemanha. Helena não ir à Holanda é condição suficiente para Carlos ir ao Canadá. Alexandre não ir à Alemanha é condição necessária para Carlos não ir ao Canadá. Helena ir à Holanda é condição suficiente para Alexandre ir à Alemanha. Portanto:
 a) Helena não vai à Holanda, Carlos não vai ao Canadá, Alexandre não vai à Alemanha.
 b) Helena vai à Holanda, Carlos vai ao Canadá, Alexandre não vai à Alemanha.
 c) Helena não vai à Holanda, Carlos vai ao Canadá, Alexandre não vai à Alemanha.
 d) Helena vai à Holanda, Carlos não vai ao Canadá, Alexandre vai à Alemanha.
 e) Helena vai à Holanda, Carlos não vai ao Canadá, Alexandre não vai à Alemanha.

Solução:
Vamos reescrever as proposições utilizando os condicionais:

Carlos não ir ao Canadá é condição necessária para Alexandre ir à Alemanha, é equivalente à: Se Alexandre for à Alemanha, Carlos não irá ao Canadá. (I)

Helena não ir à Holanda é condição suficiente para Carlos ir ao Canadá, ou seja: Se Helena não for à Holanda então Carlos irá ao Canadá. (II)

Alexandre não ir à Alemanha é condição necessária para Carlos não ir ao Canadá, ou seja: Se Carlos não for ao Canadá então Alexandre não irá à Alemanha. (III)

Helena ir à Holanda é condição suficiente para Alexandre ir à Alemanha, ou seja: Se Helena for à Holanda então Alexandre irá à Alemanha. (IV)

As proposições I) e III) são contraditórias, pois:

Se Alexandre for à Alemanha, Carlos não irá ao Canadá. (I), equivale a Se Carlos for ao Canadá, Alexandre não irá á Alemanha.

E, Se Carlos não for ao Canadá então Alexandre não irá à Alemanha. (III)

Analisando "II" e "IV".

Se Helena não for à Holanda então Carlos irá ao Canadá. (II)

Se Helena for à Holanda então Alexandre irá à Alemanha. (IV)

Logo, Helena não irá à Holanda, Carlos irá ao Canadá e Alexandre não irá á Alemanha.

Alternativa "c".

70. (MPOG-2005) Mauro, José e Lauro são três irmãos. Cada um deles nasceu em um estado diferente: um é mineiro, outro é carioca, e outro é paulista (não necessariamente nessa ordem). Os três têm, também, profissões diferentes: um é engenheiro, outro é veterinário, e outro é psicólogo (não necessariamente nessa ordem). Sabendo que José é mineiro, que o engenheiro é paulista, e que Lauro é veterinário, conclui-se corretamente que:
a) Lauro é paulista e José é psicólogo.
b) Mauro é carioca e José é psicólogo.
c) Lauro é carioca e Mauro é psicólogo.
d) Mauro é paulista e José é psicólogo.
e) Lauro é carioca e Mauro é engenheiro.

Solução:
Vamos organizar os dados: José é mineiro e o engenheiro é paulista.

Origem	Nomes	Profissão
mineiro	José	
carioca		
paulista		engenheiro

Se Lauro é veterinário, temos:

Origem	Nomes	Profissão
mineiro	José	
carioca	Lauro	veterinário
paulista		engenheiro

Então, Mauro só pode ser paulista e, José, psicólogo:

Origem	Nomes	Profissão
mineiro	José	psicólogo
carioca	Lauro	veterinário
paulista	Mauro	engenheiro

Lauro é carioca e Mauro é engenheiro, alternativa "e".

Mauro é paulista e José é psicólogo, alternativa "d".

71. (AFC-STN-2005) A afirmação "Alda é alta, ou Bino não é baixo, ou Ciro é calvo" é falsa. Segue-se, pois, que é verdade que:

a) se Bino é baixo, Alda é alta, e se Bino não é baixo, Ciro não é calvo.
b) se Alda é alta, Bino é baixo, e se Bino é baixo, Ciro é calvo.
c) se Alda é alta, Bino é baixo, e se Bino não é baixo, Ciro não é calvo.
d) se Bino não é baixo, Alda é alta, e se Bino é baixo, Ciro é calvo.
e) se Alda não é alta, Bino não é baixo, e se Ciro é calvo, Bino não é baixo.

Solução:
A afirmação "Alda é alta, ou Bino não é baixo, ou Ciro é calvo" é uma disjunção falsa. Dessa forma as proposições devem ser falsas, pois uma disjunção só é falsa quando as proposições são todas falsas.

Temos: Alda não é alta (é baixa), Bino é baixo e Ciro não é Calvo.

Interpretando as alternativas e lembrando que uma proposição condicional é equivalente à negação do antecedente ou o consequente. (P → Q ⇔ ~P ∨ Q)

a) Se Bino é baixo, Alda é alta, traduzindo o condicional, equivalente à Bino não é baixo ou Alda é alta (falsa)

Se Bino não é baixo, Ciro não é calvo, ou seja, Bino é baixo ou Ciro não é calvo (verdadeira)

Falso e verdadeiro resulta falso.

A conjunção das proposições é falsa.

b) Se Alda é alta, Bino é baixo, e Se Bino é baixo, Ciro é calvo.

Se Alda é alta, Bino é baixo, equivale a Alda é baixa ou Bino é baixo. (verdadeira)

Se Bino é baixo, Ciro é calvo, equivale a Bino é alto ou Ciro é calvo (falsa)

Verdadeira e falsa resulta falsa.

c) Se Alda é alta, Bino é baixo, e se Bino não é baixo, Ciro não é calvo.

Se Alda é alta, Bino é baixo, equivale a Alda é baixa ou Bino é baixo (verdadeira)

Se Bino não é baixo, Ciro não é calvo, equivale a Bino é baixo ou Ciro não é calvo (verdadeira)

A conjunção é verdadeira.

d) Se Bino não é baixo, Alda é alta, e se Bino é baixo, Ciro é calvo.

Se Bino não é baixo, Alda é alta, equivale a Bino é baixo ou Alda á alta. (verdadeira)

Se Bino é baixo, Ciro é calvo, equivale a Bino não é baixo ou Ciro é calvo (falsa)

A conjunção é falsa.

e) Se Alda não é alta, Bino não é baixo, e se Ciro é calvo, Bino não é baixo.

Se Alda não é alta, Bino não é baixo, equivale a Alda é alta ou Bino não é baixo (falsa)

Se Ciro é calvo, Bino não é baixo, equivale a Ciro não é calvo ou Bino não é baixo (verdadeira)

A conjunção é falsa.

Portanto, alternativa "c".

72. (AFC-STN-2005) Se Marcos não estuda, João não passeia. Logo,
a) Marcos estudar é condição necessária para João não passear.
b) Marcos estudar é condição suficiente para João passear.
c) Marcos não estudar é condição necessária para João não passear.
d) Marcos não estudar é condição suficiente para João passear.
e) Marcos estudar é condição necessária para João passear.

Solução:
Dada a proposição: Se Marcos não estuda, João não passeia, temos que:
Marcos não estudar é condição suficiente para João não passear.
João não passear é condição necessária para Marcos não estudar.

Pela contraposição de: Se Marcos não estuda, João não passeia, temos: Se João passeia, Marcos estuda.

Daí, João passear é condição suficiente para Marcos estudar.

Marcos estudar é condição necessária para João passear.

Portanto, alternativa "e".

---

73. (IBMEC-2005) Considere a declaração abaixo:
"Uma pessoa ingressa na comunidade virtual de relacionamento TUKRO somente se é convidada."
Supondo que a declaração acima seja verdadeira, é correto afirmar que:
a) "Se uma pessoa quer ingressar na TUKRO, então ela é convidada"
b) "Se uma pessoa é convidada para entrar na TUKRO, então ela quer ingressar nesta comunidade"
c) "Se uma pessoa é convidada para entrar na TUKRO, então ela ingressa nesta comunidade"
d) "Se uma pessoa ingressar na TUKRO, então ela foi convidada".
e) "Se uma pessoa não ingressar na TUKRO, então ela não foi convidada".

Solução:
Podemos reescrever a declaração dada na forma:

Se uma pessoa ingressa na comunidade virtual TUKRO, então ela foi convidada. (consulte nas diferentes leituras do conectivo condicional no início do capítulo)

Temos as seguintes proposições:
P: Uma pessoa ingressa na comunidade virtual TUKRO.
Q: Uma pessoa é convidada a entrar na comunidade virtual TUKRO.

A declaração é simbolizada por P → Q

Nas alternativas "a" e "b" o ingresso de uma pessoa na comunidade TUKRO depende da vontade dela e não do convite.

Na alternativa "c", temos Q → P

Na alternativa "e", para ser correta, a negação deveria ser: Se uma pessoa não é convidada então ela não ingressa na TUKRO.

Portanto, alternativa "d".

---

74. (Cesgranrio-IBGE-2006) Na sequência (1,2,4,7,11,16,22,...) o número que sucede 22 é:

a) 28   b) 29   c) 30   d) 31   e) 32

Solução:
Observamos na sequência (1,2,4,7,11,16,22,...) que de 1 para 2, a razão é 1, de 2 para 4 a razão é 2, de 4 para 7 a razão é 3, de 7 para 11 a razão é 4, de 11 para 16 a razão é 5, de 16 para 22 a razão é 6 então, o número que sucede 22 é 22 + 7 = 29

Alternativa "b".

---

75. (Cesgranrio-IBGE-2006) Em um quarto totalmente escuro, há uma gaveta com 3 pares de meias brancas e 4 pares de meias pretas. Devido à escuridão, é impossível ver a cor das meias. Quantas meias devem ser retiradas para que se tenha certeza de que, entre as meias retiradas, haja pelo menos um par de meias pretas?

a) 8   b) 6   c) 5   d) 4   e) 2

Solução:
Existem meias brancas e meias pretas. Se retirarmos 3 meias teremos certeza de que retiramos um par, branco ou preto.

Para ter certeza de que retiramos um par de meias pretas, devemos retirar 8 meias pois 6 meias são brancas.

Portanto, alternativa "a".

---

76. (Cesgranrio-IBGE-2006) Um certo jogo consiste em colocar onze pessoas em círculo e numerá-las de 1 a 11. A partir da pessoa que recebeu o número 1, incluindo-a, conta-se de 3 em 3, na ordem natural dos números, e cada 3ª pessoa é eliminada, ou seja, são eliminadas as pessoas de números 3,6, etc. Depois de iniciada, a contagem não será interrompida, ainda que se complete uma volta. Nesse caso, a contagem continua normalmente com aqueles que ainda não foram eliminados. Vence quem sobrar. O vencedor é a pessoa de número:

a) 2   b) 5   c) 7   d) 9

Solução:
Podemos simplesmente eliminar os valores de 3 em 3 na sequência de 1 a 11.

1 2 ~~3~~ 4 5 ~~6~~ 7 8 ~~9~~ 10 11
~~1~~ 2 4 ~~5~~ 7 8 ~~10~~ 11
2 ~~4~~ 7 8 ~~11~~
2 7 ~~8~~
~~2~~ 7

Portanto, alternativa "c".

---

77. (IBMEC-2006) Num tribunal foram interrogados dois envolvidos em um crime, Fulam e Rotiele. Um deles sempre diz a verdade e o outro sempre mente. Do depoimento de Fulam foi extraída a frase:
"Se Rotiele confiou em mim, então esse júri também confia".
E do depoimento de Rotiele foi extraída a frase:
"É impossível que Fulam somente cuide do dinheiro de todas as pessoas que não cuidam do próprio dinheiro".
Dessa forma, a afirmação verdadeira entre as alternativas abaixo é:
a) O júri não confia em Furlam.
b) Furlam é o que diz a verdade.
c) Rotiele não confiou em Furlam.
d) Se Rotiele está no júri, então ainda confia em Furlam.
e) O trecho acima citado do depoimento de Rotiele também poderia ter aparecido no depoimento de Furlam.

Solução:
A proposição "Fulam somente cuida do dinheiro de todas as pessoas que não cuidam do próprio dinheiro" é uma contradição e é conhecido como o paradoxo de Russell.

Então, a frase "É impossível que Fulam somente cuide do dinheiro de todas as pessoas que não cuidam do próprio dinheiro" é verdadeira.

Sendo a frase verdadeira, Rotiele é quem diz a verdade.

Conforme o enunciado um sempre fala a verdade e o outro sempre mente, então Furlam sempre mente.

Assim, a frase de Fulam, "Se Rotiele confiou em mim, então esse júri também confia" é falsa. Logo, é verdadeira a afirmação: O júri não confia em Fulam.

Portanto, alternativa "a".

---

78. (ENAP-2006) Sete meninos, Armando, Bernardo, Cláudio, Délcio, Eduardo, Fábio e Gelson, estudam no mesmo colégio e na mesma turma de aula. A direção da escola acredita que se esses meninos forem distribuídos em duas diferentes turmas de aula haverá um aumento em suas respectivas notas. A direção propõe, então, a formação de duas diferentes turmas: a turma T_1 com 4 alunos e a turma T_2 com 3 alunos. Dada as características dos alunos, na formação das novas turmas, Bernardo e Délcio devem estar na mesma turma. Armando não pode estar na

mesma turma nem com Bernardo, nem com Cláudio. Sabe-se que, na formação das turmas, Armando e Fábio foram colocados na turma T_1. Então, necessariamente, na turma T_2, foram colocados os seguintes alunos:
a) Cláudio, Délcio e Gelson
b) Bernardo, Cláudio e Gelson
c) Cláudio, Délcio e Eduardo
d) Bernardo, Cláudio e Délcio
e) Bernardo, Cláudio e Eduardo

Solução:
A direção da escola propôs a divisão dos sete alunos em duas turmas, sendo a turma T_1 com 4 alunos e a turma T_2 com 3 alunos.
Com as seguintes condições:
- Bernardo e Délcio devem estar na mesma turma.
- Armando não pode estar na mesma turma nem com Bernardo, nem com Cláudio.
- Armando e Fábio foram colocados na turma T_1.

Assim, temos:
T_1: Armando, Fábio
T_2: Bernardo, Cláudio, Délcio

Como a turma T_1 deve ficar com 4 alunos, então na T_1: Armando, Fábio, Eduardo e Gelson.
T_2: Bernardo, Cláudio e Délcio.

Portanto, alternativa "d".

---

79. (ESAF-ANEEL-2006) A negação da afirmação condicional "Se Ana viajar, Paula vai viajar" é:
a) Ana não está viajando e Paula vai viajar.
b) Se Ana não viaja, Paula vai viajar.
c) Ana está viajando e Paula não vai viajar.
d) Ana não está viajando e Paula não vai viajar.
e) Se Ana estiver viajando, Paula não vai viajar.

Solução:
Dada a afirmação condicional "Se Ana viajar, Paula vai viajar", simbolizando A: Ana viaja e P: Paula viaja, temos:
$A \rightarrow P$

Como $A \rightarrow P$ é equivalente (por definição) à $\sim A \vee P$, então a negação é dada por:
$\sim (\sim A \vee P) \Leftrightarrow A \wedge \sim P$

Ana viaja e Paula não viaja.

Portanto, alternativa "c".

80. (ESAF-ANEEL-2006) Se o anão foge do tigre, então o tigre é feroz. Se o tigre é feroz, então o rei fica no castelo. Se o rei fica no castelo, então a rainha briga com o rei. Ora, a rainha não briga com o rei, logo:
a) O rei não fica no castelo e o anão não foge do tigre.
b) O rei fica no castelo e o tigre é feroz.
c) O rei não fica no castelo e o tigre é feroz.
d) O tigre é feroz e o anão foge do tigre.
e) O tigre não é feroz e o anão foge do tigre.

Solução:
Temos três afirmações condicionais:
1) Se o anão foge do tigre, então o tigre é feroz.
2) Se o tigre é feroz, então o rei fica no castelo.
3) Se o rei fica no castelo, então a rainha briga com o rei.

A quarta proposição é uma negação: Ora, a rainha não briga com o rei.

Sabendo que numa condicional, se o antecedente é falso, para que a condicional seja verdadeira é preciso que o antecedente seja falso, então:
Na 3, O rei não fica no castelo.
Se o rei não fica no castelo, na 2, o tigre não é feroz.
Se o tigre não é feroz, então, na 1, O anão não foge do tigre.

Logo, o rei não fica no castelo e o anão não foge do tigre.

Alternativa "a".

81. (ENAP-2006) Dizer que "Ana não é alegre ou Beatriz é feliz" é do ponto de vista lógico, o mesmo que dizer:
a) Se Ana não é alegre, então Beatriz é feliz.
b) Se Beatriz é feliz, então Ana é alegre.
c) Se Ana é alegre, então Beatriz é feliz.
d) Se Ana é alegre, então Beatriz não é feliz
e) Se Ana não é alegre, então Beatriz não é feliz.

Solução:
Seja a afirmação "Ana não é alegre ou Beatriz é feliz".

Temos as seguintes proposições:
A: Ana é alegre
B: Beatriz é feliz.

Simbolizando a afirmação, temos:
$\sim A \vee B$ que é equivalente à $A \rightarrow B$

Traduzindo para a linguagem corrente, temos:
Se Ana é alegre então Beatriz é feliz

Portanto, alternativa "c".

82. (ENAP-2006) Nas férias, Carmem não foi ao cinema. Sabe-se que sempre que Denis viaja, Denis fica feliz. Sabe-se, também, que nas férias, ou Dante vai à praia ou vai á piscina. Sempre que Dante vai á piscina, Carmem vai ao cinema, e sempre que Dante vai à praia, Denis viaja. Então, nas férias,
a) Denis não viajou e Denis ficou feliz.
b) Denis não ficou feliz, e Dante não foi á piscina.
c) Dante foi à praia e Denis ficou feliz.
d) Denis viajou e Carmem foi ao cinema.
e) Dante não foi à praia e Denis não ficou feliz.

Solução:
Foram dadas as seguintes afirmações:
1) Carmem não foi ao cinema.
2) Sempre que Denis viaja, Denis fica feliz.
3) Dante vai à praia ou vai à piscina.
4) Sempre que Dante vai à piscina, Carmem vai ao cinema.
5) Sempre que Dante vai à praia, Denis viaja.

Podemos simbolizar os conectivos que ligam duas ideias em cada afirmação:
1) Carmem não foi ao cinema.
2) Denis viaja → Denis fica feliz.
3) Dante vai à praia ∨ Dante vai à piscina.
4) Dante vai à piscina → Carmem vai ao cinema.
5) Dante vai à praia → Denis viaja.

Pela primeira afirmação, Carmem não foi ao cinema, então faz com que o consequente da implicação 4, seja falso.

Para que a → (implicação) seja verdadeira, sendo o consequente falso, temos que o antecedente deve ser falso também.

Assim, Dante não foi à piscina.

Na afirmação 3 (Dante vai á praia ∨ Dante vai à piscina) sendo uma falsa (Dante não foi à piscina), para que a disjunção seja verdadeira, a afirmação Dante vai á praia é verdadeira.

Se a afirmação Dante vai á praia é verdadeira, então a 5 é verdadeira se Denis viaja for verdadeira.

Sendo a afirmação Denis viaja, verdadeira, para que 2 seja verdadeira, Denis fica feliz é verdadeira.

Assim, temos:
Carmem não foi ao cinema
Dante não foi à piscina
Dante vai á praia Denis fica feliz e Denis viaja

Logo, alternativa "c".

83. (ENAP-2006) Ana, Beatriz e Carla desempenham diferentes papéis em uma peça de teatro. Uma delas faz o papel de bruxa, a outra de fada, e, a outra o de princesa. Sabe-se que: Ou Ana é bruxa, ou Carla é bruxa; ou Ana é fada, ou Beatriz é princesa; ou Carla é princesa, ou Beatriz é princesa,; ou Beatriz é fada, ou Carla é fada. Com essas afirmações conclui-se que os papéis desempenhados por Ana e Carla são, respectivamente:
a) bruxa e fada
b) bruxa e princesa
c) fada e bruxa
d) princesa e fada
e) fada e princesa

Solução:
Temos as seguintes afirmações, todas disjunções exclusivas:
1) ou Ana é bruxa, ou Carla é bruxa
2) ou Ana é fada, ou Beatriz é princesa
3) ou Carla é princesa, ou Beatriz é princesa
4) ou Beatriz é fada, ou Carla é fada

Para que uma disjunção exclusiva seja verdadeira uma das proposições deve ser verdadeira, mas não ambas. Como no enunciado está claro que cada uma das meninas desempenha papéis distintos, então:

Vamos supor que Carla seja fada. Na afirmação 4, Beatriz não é fada.
Na 3, sendo Carla fada, não é princesa, então Beatriz é princesa.
Na 2, sendo Beatriz princesa e Carla fada, Ana não é fada.
Na 1, Carla sendo fada não é bruxa, portanto Ana é bruxa.

Assim, Ana é bruxa e Carla é fada.
Alternativa "a".

84. (IBMEC-2007) Considere a afirmação abaixo, feita a respeito de um número natural n:"Se n é múltiplo de 8 e n é quadrado perfeito, então n é menor do que 20". Dependendo do valor que se atribui a n, essa afirmação pode se tornar verdadeira ou falsa. Dentre os valores apresentados abaixo para n, o único que torna a afirmação **falsa** é:
a) 81 b) 64 c) 24 d) 16 e) 9

Solução:
Vamos simbolizar as proposições presentes na afirmação dada:
P: n é múltiplo de 8
Q: n é quadrado perfeito
R: n é menor do que 20.

Passando a afirmação:"Se n é múltiplo de 8 e n é quadrado perfeito, então n é menor do que 20", para a linguagem simbólica, temos:
P∧ Q → R

Para que a implicação seja falsa o antecedente (P∧ Q) deve ser verdadeiro e o consequente (R) deve ser falso.

Logo, n deve ser múltiplo de 8 e um quadrado perfeito mas, **não** deve ser menor do que 20. Dessa forma já eliminamos as alternativas "d" e "e" pois 16 e 9 são menores do que 20.

A alternativa "a" não satisfaz pois 81 não é múltiplo de 8 apesar de ser um quadrado perfeito.

A alternativa "c" não satisfaz pois 24 é múltiplo de 8 mas não é um quadrado perfeito.

Portanto, a alternativa "b" torna falsa a afirmação pois, 64 é múltiplo de 8, é um quadrado perfeito e não é menor do que 20.

85. (IBMEC-2007) Das três afirmações abaixo, apenas uma é verdadeira.
I) Se há mais homens do que ratos na cidade, então a cidade vencerá a guerra.
II) A cidade vencerá a guerra ou construirá uma igreja, ou as duas coisas.
III) A cidade não construirá uma igreja e não há mais homens do que ratos na cidade.
É correto concluir que.
a) Não há mais homens do que ratos na cidade, mas a cidade vencerá a guerra e construirá uma igreja.
b) Não há mais homens do que ratos na cidade, a cidade não vencerá a guerra, mas construirá uma igreja.
c) Não há mais homens do que ratos na cidade, a cidade não vencerá a guerra e não construirá uma igreja.
d) há mais homens do que ratos na cidade, mas a cidade não vencerá a guerra, entretanto construirá uma igreja.
e) há mais homens do que ratos na cidade, a cidade vencerá a guerra, mas não construirá uma igreja.

Solução:
Vamos simbolizar as proposições:
P: há mais homens que ratos na cidade.
Q: a cidade vencerá a guerra.
R: a cidade construirá uma igreja.

Simbolizando as afirmações, temos:
I. P → Q
II. Q ∨ R
III. ~ R ∧ ~ P

Vamos montar a tabela verdade:

PROPOSIÇÕES			AFIRMAÇÕES		
P	Q	R	I $P \to Q$	II $Q \vee R$	III $\sim R \wedge \sim P$
V	V	V	V	V	F
V	V	F	V	V	F
V	F	V	F	V	F
V	F	F	F	F	F
F	V	V	V	V	F
F	V	F	V	V	V
F	F	V	V	V	F
F	F	F	V	F	V

Se das três afirmações apenas uma é verdadeira, observando no campo das afirmações verificamos que a linha 3 contempla a imposição.

Assim, observando na mesma linha no campo das proposições, temos:
V (P) = V, significa que há mais homens que ratos na cidade
V (Q) = F, significa que a cidade **não** vencerá a guerra.
V (R) = V, significa que a cidade construirá uma igreja.

Portanto, alternativa "d".

---

86. (Cesgranrio-2007) Augusto está em uma fila de pessoas. Quando as pessoas na fila são contadas de trás para frente, Augusto é o 8º, no entanto, se contadas da frente para trás, ele ocupa a 10ª posição. Quantas pessoas há nessa fila?
a) 20   b) 19   c) 18   d) 17   e) 16

Solução:
Temos a seguinte situação:

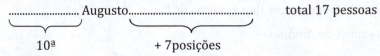

.... Augusto..   total 17 pessoas

    10ª   + 7posições

Portanto, alternativa "d".

---

87. (Cesgranrio-2007) Ana, Bruna e Carla têm cada uma um único bicho de estimação. Uma delas tem um cachorro, outra tem um gato e a terceira um jabuti. Sabe-se que:
• Ana não é a dona do cachorro.
• Carla é a dona do gato.
Com base nas informações acima é correto afirmar que:

a) Ana é dona do gato
b) Ana é dona do jabuti
c) Bruna não é dona do cachorro
d) Bruna é dona do jabuti
e) Carla é dona do cachorro

Solução:
Das informações dadas:
• Ana não é a dona do cachorro.
• Carla é a dona do gato.

Deduz-se, logicamente, que Ana só pode ser a dona do jabuti.

Alternativa "b".

88. (UFMG-2007-adaptado) Raquel, Júlia, Rita, Carolina, Fernando, Paulo, Gustavo e Antônio divertem-se em uma festa. Sabe-se que:
• Essas pessoas formam quatro casais;
• Carolina não é esposa de Paulo.
Em um dado momento, observa-se que a mulher de Fernando está dançando com o marido de Raquel, enquanto Fernando, Carolina, Antônio, Paulo e Rita estão sentados, conversando. Então, qual é a esposa de Antônio?

Solução:
Temos os seguintes dados:
• Carolina não é esposa de Paulo.
• A mulher de Fernando está dançando com o marido de Raquel.
• Enquanto Fernando, Carolina, Antônio, Paulo e Rita estão sentados, conversando.

Destes podemos concluir que:
Como a mulher de Fernando está dançando com o marido de Raquel. Nem Raquel, nem Carolina e nem Rita são mulheres de Fernando. Então, a mulher de Fernando é Júlia.
O marido de Raquel é Gustavo, pois os outros três estavam sentados conversando.

Se Carolina não é esposa de Paulo, então, Rita é esposa de Paulo.

Portanto, Carolina é a esposa de Antônio.

89. (Cesgranrio-2007) Considere verdadeira a declaração abaixo:
"Todo ser humano é vaidoso".
Com base na declaração é correto afirmar que:
a) Se é vaidoso então não é humano.
b) Se é vaidoso então é humano.
c) Se não é vaidoso então não é humano.
d) Se não é vaidoso, então é humano.
e) Se não é humano então não é vaidoso.

Solução:
Da a afirmação, podemos interpretá-la como uma implicação (condicional): Se é humano então é vaidoso.

Admitindo H: é humano
V: é vaidoso

Temos H → V que é equivalente a ~H ∨ V
~ H ∨ V ⇔ V ∨ ~H
V ∨ ~ H, pela definição de implicação equivale a ~V → ~H, ou seja:

Se não é vaidoso então não é humano.

Portanto, alternativa "c".

---

90. (IBMEC-2008) Considere as duas sentenças abaixo:
(1) Se o filme já começou, então o telefone está desligado.
(2) O telefone está desligado se, e somente se, o cidadão é educado.
Sabendo que a sentença (1) é falsa e a sentença (2) é verdadeira, é correto concluir que:
a) O filme já começou, o telefone não está desligado e o cidadão é educado.
b) O filme já começou, o telefone está desligado e o cidadão é educado.
c) O filme já começou, o telefone não está desligado e o cidadão não é educado.
d) O filme não começou, o telefone está desligado e o cidadão é educado.
e) O filme não começou, o telefone não está desligado e o cidadão não é educado.

Solução:
Se a sentença (1) é falsa, sendo uma implicação a única situação é V → F. Então, necessariamente, o filme já começou e o telefone não está desligado

Sendo a sentença (2) verdadeira e sendo uma bi implicação, temos duas situações: V↔V ou F ↔ F. Mas, pela analise da sentença (1), o telefone não está desligado, portanto falsa.

Assim, só poderemos ter F ↔ F, o telefone não está desligado e o cidadão não é educado.

Portanto, alternativa "c".

---

91. (IBMEC-2008) Se a afirmação "Se não é verdade eu dizer que eu não saiba onde ela está, então ela não sabe dizer onde eu não estou" é falsa, então
a) Eu sei onde ela não está e ela sabe onde eu não estou
b) Eu sei onde ela está e ela sabe onde eu não estou
c) Eu sei onde ela não está e ela sabe onde eu estou
d) Eu sei onde ela está e ela sabe onde eu estou
e) Eu não sei onde ela não está e ela não sabe onde eu não estou.

Solução:

Vamos representar simbolicamente as proposições:
Seja P: É verdade eu dizer que eu sei onde ela está
Q: Ela sabe dizer onde eu estou.

Podemos simbolizar a afirmação: $\sim P \rightarrow \sim Q$

Se a afirmação é falsa, então só há uma forma de que essa implicação seja falsa. O antecedente deve ser verdadeiro e o consequente deve ser falso.

Então, temos.

Antecedente verdadeiro:" Não é verdade eu dizer que eu não saiba onde ela está", ou seja, eu sei onde ela não está.

Consequente falso: negação de "ela não sabe dizer onde eu não estou", ou seja, ela sabe dizer onde eu estou.

Portanto, alternativa "c".

---

92. (IBMEC-2008) Para responder a essa questão, considere que todo indivíduo que contrai dengue apresenta febre alta e dores musculares. Carlos e Sílvio deram entrada num hospital com suspeita de dengue. Carlos apresentava febre alta e dores musculares, enquanto Sílvio se queixava de dores musculares, mas não apresentava febre. A partir dessas informações, pode-se concluir que:
a) Carlos e Sílvio certamente contraíram dengue.
b) Carlos certamente contraiu dengue, e Sílvio pode ou não ter contraído a doença.
c) Carlos certamente contraiu dengue, e Sílvio certamente não contraiu a doença.
d) Carlos pode ou não ter contraído dengue, o mesmo ocorrendo com Sílvio.
e) Carlos pode ou não ter contraído dengue, e Sílvio certamente não contraiu a doença.

Solução:
Conforme o enunciado: todo indivíduo que contrai dengue apresenta febre alta e dores musculares, Carlos pode ou não ter contraído dengue.

Sílvio, que apresentava apenas dores musculares, certamente não contraiu a doença.

Portanto, alternativa "e".

---

93. (IBMEC-2008) Os participantes do programa de televisão "Show da Lógica" foram desafiados a descobrir o valor de um número inteiro n compreendido entre 1 e 100. Para tanto, foram fornecidas três informações sobre n, todas verdadeiras, reproduzidas abaixo:
(1) Se n é ímpar, então n é um quadrado perfeito
(2) Se n é par, então o resto da divisão de n por 11 é igual a 5.
(3) A soma dos algarismos de n é igual a 11 se, e somente se, n é menor do que 30.

Um dos participantes disse, então, que não era possível descobrir o valor de n, pois havia mais de um número inteiro entre 1 e 100 que satisfazia nas condições dadas. Descubra quais são esses números, explicando seu raciocínio.

Solução:
Os números ímpares entre 1 e 100 que são quadrados perfeitos, que satisfazem (1), são 1,9, 25,49 e 81. Os únicos pares cuja divisão por 11 tem resto 5 são: 16, 38, 60 e 82. (satisfazem a (2)).

Destes números, candidatos à n, a soma de seus algarismos, que chamaremos de S (n), é:
S (1) = 1; S (9) = 9; S (25) = 7; S (49) = 13; S (81) = 9
S (16) = 7 ; S (38) = 11; S (60) = 6 e S (82) = 10.

Apenas os valores em que satisfazem o bicondicional, serão soluções, ou seja, "i" se a soma dos algarismos de n é 11 então n deve ser menor ou igual a 30 e, "ii" se n é menor ou igual a 30 a soma de seus algarismos deve ser 11.

Dos valores encontrados, 38 não satisfaz a condição "i", pois apesar de S (38) = 11, temos 38 > 30.
Os valores 1,9,25 e 16 são menores que 30 mas a soma de seus algarismos não é 11, não satisfazem a "ii".

Lembrando que uma proposição bicondicional é verdadeira se e somente se as sentenças são ambas verdadeiras ou ambas falsas.

Os valores n = 49, 81, 60 e 82 não satisfazem a "i" e nem a "ii", tornam falsas as duas condições satisfazendo a bicondicional, logo, são os valores de n procurados.

94. (IBMEC-2008) Partindo de duas ou mais declarações, pode –se obter uma nova declaração unindo as primeiras por meio de conectivos (expressões como e, ou, se... então...). Essa nova declaração é chamada de tautologia quando for sempre verdadeira, independentemente das declarações que a formaram serem verdadeiras ou falsas. Assim, a declaração "O céu é azul ou o céu não é azul" é um exemplo de tautologia.
Dentre as declarações abaixo, assinale aquela que representa uma tautologia.
a) Se o Brasil ganhar da França e a Argentina perder da Itália, então a França ganhará do Brasil
b) Se Paulo é brasileiro e tem mais de 18 anos, então ele nasceu na Bélgica ou tem mais de 15 anos.
c) Se João tem dois ou mais filhos, então ele tem quatro filhos.
d) Se me pagarem R$ 500,00 ou me derem a passagem de avião, então eu terei na carteira mais de R$ 400,00.
e) Se o prefeito ou o governador comparecerem, então o presidente não virá.

Solução:
Dadas as proposições condicionais, uma delas representa uma tautologia se e somente se sendo o antecedente verdadeiro o consequente deverá ser verdadeiro (nas demais

possibilidades sendo o antecedente falso, o consequente pode ser verdadeiro ou falso que a condicional será verdadeira).

a) P: Brasil ganha da França
   Q: Argentina perde da Itália.
   Observe que França ganha do Brasil é a negação de Brasil ganha da França. Assim:
   $P \wedge Q \rightarrow \sim P$
   Para que $P \wedge Q$ seja verdadeira, P e Q devem ser verdadeiras. E, ~P seria falsa. Logo, não temos uma tautologia.

b) P: Paulo é brasileiro
   Q: Paulo tem mais de 18 anos
   R: Paulo nasceu na Bélgica
   S: Paulo tem mais de 15 anos.
   Simbolizando a proposição: $P \wedge Q \rightarrow R \vee S$
   e P é verdadeira e Q verdadeira então $P \wedge Q$ é verdadeira.
   Se P é verdadeira, R é falsa mas S é verdadeira.
   $R \vee S$ é verdadeira, pois a disjunção é falsa quando as duas proposições são falsas.
   Assim $V (P \wedge Q) = V, V (R \vee S) = V$, a condicional $P \vee Q \rightarrow R \wedge S$ é uma tautologia

c) Neste item é simples apresentar uma situação que mostra que a proposição não é uma tautologia.
   Suponhamos que João tenha 5 filhos. Torna o antecedente (João tem dois ou mais filhos) verdadeiro mas torna o consequente (João tem 4 filhos) falso.

d) Analisando a proposição:
   Se me pagarem R$ 500,00 ou me derem a passagem de avião, então eu terei na carteira mais de R$ 400,00.
   Para que o antecedente seja verdadeiro (a disjunção) basta que apenas uma das proposições seja verdadeira. Seja verdadeira a proposição "me deram a passagem de avião" e falsa a proposição "me pagaram R$ 500,00". Assim, não temos como determinar a veracidade da proposição "eu terei na carteira mais de R$ 400,00".

e) Na proposição "Se o prefeito ou o governador comparecerem, então o presidente não virá", podemos ter a situação em que o antecedente é verdadeiro (basta que um deles, prefeito ou governador compareça) e que o consequente é falso (o presidente virá). Logo, não temos uma tautologia.

Portanto, alternativa "b".

95. (IBMEC-2010) Dois irmãos gêmeos, Gilberto e Roberto, apesar de fisicamente idênticos, têm uma característica que os diferencia: um deles sempre fala a verdade, enquanto o outro sempre mente. Uma pessoa precisa descobrir qual deles é Gilberto, fazendo uma única pergunta a apenas um dos dois irmãos, que deverá responder com somente uma dentre duas palavras: sim ou não. Nessas condições,

dentre as perguntas abaixo, a única que, respondida por qualquer um dos dois irmãos, permite identificar quem é Gilberto é:
a) Você é Gilberto?
b) Seu irmão gêmeo se chama Gilberto?
c) O Brasil fica na América do Sul?
d) Gilberto é mentiroso?
e) O Brasil fica na Europa?

Solução:
Se Gilberto for o mentiroso, responderá não às perguntas "a" e "c". E, responderá sim, às perguntas "b" e "e". No entanto se Gilberto fala a verdade, responderá sim às perguntas "a" e "c" e responderá não às perguntas "b" e "e".

Logo, não é possível identificar Gilberto com essas perguntas. Portanto, fazendo a pergunta "d" Gilberto responderá "não" sendo ele mentiroso ou caso fale a verdade. E, Roberto responderá sim caso seja mentiroso ou fale a verdade.

A pergunta "d" permitirá identificar Gilberto.

96. (IBMEC-2010) Numa noite das férias escolares, Leo, Gil e Bia disputaram diversas partidas de um jogo pela internet. Em cada partida, apenas um deles fazia a jogada inicial, os três disputavam, mas apenas um ganhava, sem empates. Eles combinaram que o vencedor da noite seria aquele que acumulasse três partidas ganhas.
Foi uma noite bastante competitiva, dado que:
I) Ninguém que tenha feito a jogada inicial de uma partida, o que conferia vantagem ao jogador que o fizesse, conseguiu ganhar a respectiva partida.
II) Leo fez a primeira jogada inicial, depois foi a vez de Gil, seguido de Bia, voltando a Leo e repetindo-se esta sequência até alguém ser o vencedor da noite.
III) O ganhador da primeira partida não conseguiu ser o vencedor da noite.
IV) Ninguém conseguiu ganhar duas partidas consecutivas.
Conclui-se corretamente das informações acima que:
a) Gil ganhou a terceira partida e foi o vencedor da noite.
b) Bia ganhou a segunda partida e foi a vencedora da noite.
c) Leo ganhou a terceira partida e foi o vencedor da noite.
d) Gil não ganhou a primeira partida e não foi o vencedor da noite.
e) Bia não ganhou a quarta partida e não foi a vencedora da noite.

Solução:
Seja L: Leo
G: Gil e B: Bia.

Temos as seguintes possibilidades de sequência de vencedores, segundo as afirmações dadas:
− G, B, L, B, L, G, B
− G, B, L, G, B, L, B

Então Bia ganhou a 2ª partida e foi a vencedora da noite.

97. (IBMEC-2010) Numa família, tem-se os seguintes parentescos:
- João é avô de Tiago e de Felipe, mas não de Jorge.
- Antonio é avô de Felipe e de Jorge mas não de Tiago.
- Tiago, Jorge e Felipe são filhos únicos.
- Antonio e João têm apenas dois filhos cada um.

Sabendo-se que Daniela e Reinaldo são tios consanguíneos de Felipe, é correto afirmar que, necessariamente;

(Considere que tio e tia consanguíneo de uma pessoa é aquele ou aquela que é irmão ou irmã de um dos pais da pessoa. Esposas e maridos de tios consanguíneos não se incluem nesta categoria)

a) Daniela é mãe de Jorge e tia consanguínea de Tiago.
b) Se Reinaldo é pai de Jorge, então Daniela é mãe de Tiago.
c) Se Daniela não é mãe de Jorge, então é filha de Antonio.
d) Reinaldo e Daniela são irmãos.
e) Reinaldo e Daniela têm o mesmo parentesco com Jorge.

Solução:

Pelos dados do problema temos que Felipe é neto de João e Antonio, seus pais são portanto, um, filho de João, e outro, filho de Antônio.

Daniela e Reinaldo são tios de Felipe, então um deles também é filho de João e o outro filho de Antonio (Já que João e Antonio têm dois filhos cada um).

Então, Tiago é filho de Daniela e Jorge é filho de Reinaldo.

Se Reinaldo é pai de Jorge, então Tiago é filho de Daniela.

Alternativa "b".

98. Observe a figura abaixo, feita com 12 palitos de fósforo. Faça o que se pede em cada item e registre a solução:

a) Retire 2 fósforos para formar 2 quadrados.
b) Mexa 4 fósforos para formar 2 quadrados.
c) Mexa 4 fósforos para formar 3 quadrados.

d) Mexa 3 fósforos para formar 3 quadrados.
e) Mexa 2 fósforos para formar 3 quadrados grandes e 4 pequenos.

Solução:

a)

d)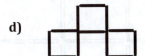

b)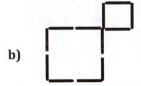

e)

c)

99. Construa a figura abaixo, e faça o que se pede em cada item, anotando as respostas:

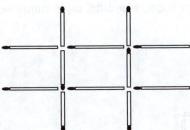

a) Mexa 3 fósforos para formar 3 quadrados.
b) Mexa 4 fósforos para formar uma cruz.

Solução:

a)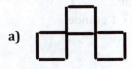

b)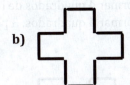

Capítulo 15   NOÇÕES DE LÓGICA

100. Construa agora, a figura a seguir e faça o que é pedido, registrando sempre a solução:

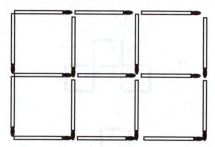

a) Retire 5 fósforos para que restem 3 quadrados.
b) Retire 6 fósforos para que restem 2 quadrados.

Solução:

a)  b)

101. Construa agora, a figura a seguir e faça o que é pedido, registrando sempre a solução:

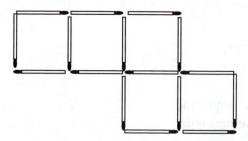

a) Mexa 4 fósforos para formar 6 quadrados.
b) Mexa 2 fósforos para formar 4 quadrados de lados iguais.
c) Mexa 2 fósforos para formar 4 quadrados: 3 pequenos e 1 grande.

Solução:

a)   b) 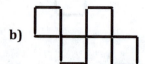 c)

102. Quantos quadrados há na figura seguinte?

Solução:
Para contarmos todos os quadrados da figura, vamos agrupá-los por tamanho de acordo com a quantidade de quadrados menores que cada um contém.

Assim, são 16 quadrados formados por 1 quadradinho cada.

São 9 quadrados formados por 4 quadradinhos.

Por exemplo:

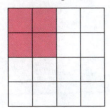 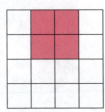 ... até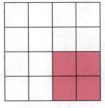

São 4 quadrados formados por 9 quadradinhos.

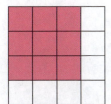 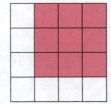 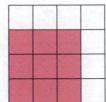 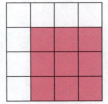

E, 1 quadrado formado por 16 quadradinhos.

Total: 16 + 9 + 4 + 1 = 30 quadrados.

Quantos quadrados há na figura seguinte?

Solução.

Para começar, nós, contar os quadrados da figura, vamos agrupá-los por tamanho de acordo com a quantidade de unidades do seu lado. Desta maneira, cada um contém assim os 16 quadradinhos formados por 1 quadradinho cada.

Os quadrados formados por 4 quadradinhos são nove.

Por exemplo,

São os quadrados formados por 9 quadradinhos.

E, finalmente, temos 1 formado por 16 quadradinhos.

Total: 16 + 9 + 4 + 1 = 30 quadrados.

UNIDADE 9

MISTURAS E LIGAS

16. MISTURAS E LIGAS

1. **(UERJ)** João solicitou à garçonete café com leite na base de 75% de leite e 25% de café. Suponha que a garçonete tenha decidido misturar água ao café com leite. Num copo de 300 ml, colocou 20 ml de água e completou o restante de acordo com o pedido do freguês. Quantos ml o freguês tomou a menos, de café e de leite? (adaptado).

Solução:

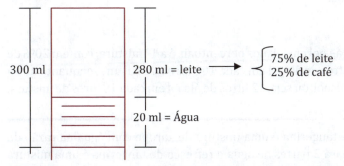

Nos 280 ml (restante) a garçonete colocou 75% de leite e 25% de café.

75% de 280 = 210 → leite

25% de 280 = $\frac{70}{280}$ → café

Então, em 300 ml o freguês tomou 210 ml de leite e 70 ml de café.

Se não tivesse colocado água, João tomaria:

25% . 300 ml de café = 75 ml

75% . 300ml de leite = $\frac{225 \text{ ml}}{300 \text{ ml}}$

Portanto, na realidade João tomou a menos:
a) 225 − 210 = 15 ml de leite.
b) 75 − 70 = 5 ml de café.

Resposta:
João tomou 15 ml a menos de leite e 5 ml a menos de café.

2. Têm-se duas misturas de álcool com água; uma contem 40 litros de álcool em 200 litros de mistura e a outra, 60 litros de álcool em 500 litros de mistura. Qual a mistura que contem mais álcool, em termos percentuais?

Solução:
Calculemos as porcentagens de álcool que contem cada mistura.

1ª mistura:
40 litros de álcool em 200 L de mistura
x_1 litros de álcool em 100 L de mistura

$$x_1 = \frac{40}{200} \cdot 100 = 20\% \text{ de álcool}$$

2ª mistura:
60 litros de álcool em 500 L de mistura
x_2 litros de álcool em 100 L de mistura

$$x_2 = \frac{60}{500} \cdot 100 = 12\% \text{ de álcool}$$

Resposta:
A mistura que contem mais álcool em termos percentuais é a 1ª mistura; contem 20% de álcool, ou seja, contem 20 litros de álcool em cada 100 litros de mistura, enquanto que a 2ª mistura contem 12% de álcool, ou seja, 12 litros de álcool em cada 10 litros de mistura.

---

3. Em um bar, suco de tangerina é uma mistura de xarope com água na razão de 1 parte de xarope para 2 partes de água e refresco de tangerina é uma mistura de xarope com água na razão de 1 para 5. Juntando 2 copos de suco com 1 de refresco, obtemos uma mistura de xarope com água na razão de:
a) 1 para 3
b) 2 para 5
c) 3 para 5
d) 5 para 13
e) 6 para 17

Solução:

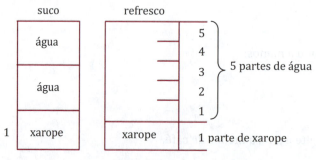

	água	xarope
2 sucos	4	2
1 refresco	5	1
3 copos	9	3

Relação → $\dfrac{\text{xarope}}{\text{água}} = \dfrac{3}{9} = \dfrac{1}{3}$

Resposta: Letra "a".

---

4. (Mat. nos Vestibulares – Ed. Policarpo) Um reservatório com 40 litros de capacidade, já contém 30 litros de uma mistura de gás/álcool com 18% de álcool. Deseja-se completar o tanque com uma nova mistura gás/álcool de modo que a mistura resultante tenha 20% de álcool. A porcentagem de álcool nessa nova mistura deve ser de:

a) 20%
b) 22%
c) 24%
d) 26%
e) 28%

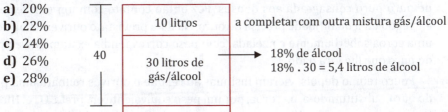

Solução:
1) Na mistura inicial há 18% de álcool, isto é: 18% . 30 litros = 5,4 litros de álcool.
2) A mistura resultante deve conter 20% de álcool (em 40 litros); 20% . 40 = 8,0 litros de álcool.
3) Logo deverá ser adicionado: 8 – 5,4 = 2,6 litros de álcool na nova mistura.
4) 10 litros → 100%
   2,6 → x $x = \dfrac{2{,}6 \cdot 100}{10} = 26\%$

Resposta: Alternativa "d".

---

5. (UFMG) Dois caminhões tanque carregam o mesmo volume de misturas de álcool e gasolina. A mistura de um contém 3% de álcool e a do outro, 5% de álcool. Os 2 caminhões descarregam sua carga em um reservatório que estava vazio. A razão do volume de álcool para o de gasolina na mistura formada no reservatório, após os caminhões terem descarregado, é:

a) $\dfrac{1}{25}$ b) $\dfrac{1}{24}$ c) $\dfrac{1}{16}$ d) $\dfrac{1}{12}$ e) $\dfrac{1}{8}$

Solução:
Como cada caminhão tem, respectivamente, em cada 100 litros de mistura:
a) 3 litros de álcool em cada 97 litros de gasolina.

b) 5 litros de álcool em cada 95 litros de gasolina.

A mistura contém: 8 litros de álcool em cada 192 litros de gasolina.

Logo, a razão do álcool para a gasolina, após a mistura é de: $\dfrac{8}{192} = \dfrac{1}{24}$

Resposta: Item "b".

UM POUCO DE HISTÓRIA
Arquimedes, densidade e a origem do nome Eureka!

O experimento de Arquimedes de Siracusa sobre a densidade relativa dos corpos é muito engenhoso. A história de sua descoberta foi relatada pelo arquiteto romano Vitrúvio no livro IX de De Arquitectura.

Segundo Vitrúvio, o rei Híeron II teria decidido, no momento da sua ascensão ao trono de Siracusa, comemorar o evento depositando, em um templo, uma coroa de ouro puro consagrada aos deuses. Fez então contato com um ourives e lhe entregou uma quantidade precisa de ouro. Na data prevista, o ourives levou ao rei uma coroa soberbamente cinzelada, cujo peso correspondia exatamente ao peso do ouro que lhe fora dado.

Pouco tempo depois, vieram insinuar ao rei que o ourives roubara uma parte do ouro, substituindo-a, na coroa, por um peso equivalente em prata. O rei Híeron, furioso mas não sabendo como descobrir a verdade, pediu a Arquimedes que lhe fornecesse a prova da culpa ou da inocência do homem.

Preocupado com o assunto, Arquimedes dirigiu-se para às termas. Então, notou que quanto mais afundava o corpo na banheira, mais água derramava para fora. Quando o seu corpo estava totalmente imerso, uma quantidade determinada de água tinha sido derramada. Impressionado com esse fenômeno, de aparência banal, descobriu a solução para o problema de Híeron e saiu do banho precipitando-se para a casa completamente nu – pelo menos assim disse Vitrúvio – e gritando: Eureka!, Eureka! – "Achei! Achei!". A água derramada correspondia ao peso (em volume de água) do seu corpo imerso: a sua quantidade era pois inversamente proporcional à densidade do seu corpo.

Para resolver o dilema de Híeron, bastava então estudar o comportamento do ouro e da prata na água. Se uma coroa de ouro puro imersa em um recipiente deslocava uma quantidade de água diferente da de uma coroa de prata com a mesma massa, imersa nas mesmas condições, é porque o ouro e a prata tinham densidades diferentes; uma coroa feita de uma liga de ouro e prata teria então a sua densidade própria, diferente da densidade das duas outras coroas. Para verificar isso, bastava medir a quantidade de água que cada massa deslocava, e se houvesse divergência, uma fraude eventual poderia ser desmascarada.

Arquimedes tomou então dois objetos do mesmo peso que a coroa do ourives: um de ouro puro, o outro de prata pura. Em seguida, encheu um vaso com água até a borda e mergulhou o objeto de ouro puro e depois o de prata pura. A cada vez, mediu a quantidade de água derramada, e viu que o ouro deslocava menos água que a prata (de fato, o valor moderno da densidade do ouro é de 19,42; o da prata de 10,54). Enfim, mergulhou a coroa do ourives e descobriu que ela deslocava uma quantidade de água intermediária entre a quantidade de água deslocada pelo objeto de ouro puro e pelo de prata pura. Assim, obteve a prova de que a coroa foi feita de uma liga de ouro e prata.

Fonte: www.obm.org.br/eureka/origem.htm

6. Um lingote (barra de metal fundido) de ouro e prata pesa 2 kg. Quando submerso em água, desloca 125 gramas de água. Qual é a composição do lingote, sabendo-se que o peso específico do ouro é 19 e o da prata é 10,5?

Solução:
Quando um corpo é submerso na água e desloca 125 gramas de água significa que ele deslocou 125 cm³ de água, pois o peso específico da água é igual a 1.

Portanto, o volume desse lingote é 125 cm³.

Então, temos um lingote que tem um volume de 125 cm³ e pesa 2 kg (2 000 gramas).

Seja "x" o volume de ouro no lingote e "y" o volume de prata nesse lingote.

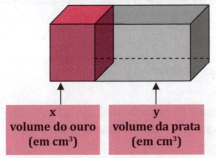

x volume do ouro (em cm³)
y volume da prata (em cm³)

Sabe-se, pelo problema, que o peso específico (densidade) do ouro é 19 e o peso específico (densidade) da prata é 10,5.

Antes de prosseguirmos na solução do problema proposto, vamos descrever, sucintamente e de forma simples, o significado de peso específico (densidade).

DENSIDADE

Densidade é a relação entre a massa de um corpo e seu respectivo volume, e é expressa pela fórmula: $d = \dfrac{m}{v}$, em que "m" é a massa do corpo ou substância.

No Sistema Internacional (SI) a unidade de densidade é o kg/m³. Na prática, utiliza-se mais o g/cm³: $\dfrac{1\,g}{cm^3} = \dfrac{1\,000\,kg}{m^3}$.

A tabela a seguir apresenta algumas substâncias e suas respectivas densidades.

Sólidos	Densidade (g/cm³)	Líquidos	Densidade (g/cm³)
Alumínio	2,7	Álcool etílico (Etanol)	0,81 (0°C)
Cobre	8,9	Glicerina	1,25 (0°C)
Cortiça	0,24	Mercúrio	13,60 (0°C)
Gelo (0°C)	0,92	Óleo lubrificante	0,90 (20°C)
Ferro	7,5	Água pura	1,00 (4°C)
Madeira (pinho)	0,6	Água do mar	1,03 (15°C)
Ouro	19,0		
Prata	10,5		

Peso específico é $\frac{m}{V} \cdot g$, onde m é a massa, V, o volume e "g" a força da gravidade.

Massa é aquilo que é pesada numa balança. Para um mesmo corpo a massa é igual em qualquer parte do globo terrestre. Já o peso depende do lugar em que está esse corpo, pois, como está sujeito à força da gravidade, ele será maior nos polos e menor no equador.

* * *

Continuando a resolução do problema, podemos então afirmar que os volumes de ouro e prata contidos no lingote são, usando a fórmula que expressa a densidade em função da massa e volume:

$d = \frac{m}{x} \rightarrow m = d \cdot x$ $\{$ onde "x" é o volume do ouro e "y" o volume da prata.

massa do ouro: $m_o = 19 \cdot x$
massa da prata: $m_p = 10,5\, y$

Como a soma dessas massas é igual a 2 000 gramas teremos:

Massa: **19x + 10,5y = 2 000** (1)

Volumes: como "x" é o volume do ouro e "y" é o volume da prata nesse lingote e sabendo-se que a soma desses volumes é 125cm³, expressaremos essa afirmação como segue:
x + y = 125 (2)

Agora, basta resolver esse sistema, formado pelas equações "(1)" e "(2)", cujo resultado vai expressar os volumes do ouro e da prata contidos nesse lingote; e com esses volumes conhecidos, basta multiplicá-los pelos seus pesos específicos (densidades) para obtermos os pesos do ouro e da prata, referidos.

Multiplicando-se ambos os membros da equação (2) por "-19" e somando-os algebricamente, teremos:

$$\begin{array}{r} 19x + 10,5y = 2000 \\ -19x - 19y = -19 \cdot 125 \\ \hline -8,5y = -375 \end{array}$$ $\{$ Multiplicando ambos os membros por (-1) e

calculando o valor de y, teremos:

$(3) \quad y = \frac{375}{8,5} = 44,1176\, cm^3$

O volume da prata (y) contido no lingote é 44,1176 cm³.

Sendo x + y = 125 e substituindo nessa equação o valor de "y" obtido acima, teremos o valor de "x", que é o volume do ouro contido no lingote.

$x + 44,1176 = 125 \rightarrow x = 125 - 44,1176 \rightarrow x = 80,8824 \, cm^3$.

Mas o problema pede o peso (massa) do ouro e o peso (massa) da prata contidos no lingote. Isso pode ser obtido, multiplicando seus volumes, separadamente, pelos seus respectivos pesos específicos, densidades como segue:

a) peso do ouro: 19 . 80,8824 = 1 536,7656 gramas
b) peso da prata: 10,5 . 44,1176 = 463,2344 gramas
Soma = 2 000,0000

Resposta: O lingote é composto de 1 536,7656 gramas de ouro e de 463,2344 gramas de prata.

---

7. Um litro de uma mistura de 75% de álcool com 25% de água pesa 960 gramas. Sabendo-se que 1 litro de água pesa 1 kg, pede-se o peso do litro de uma mistura contendo 48% de álcool e 52% de água.

Solução:
1ª mistura:
Em 1 litro dessa mistura temos $\begin{cases} 75\% = 0,75 \text{ de Álcool} \\ 25\% = 0,25 \text{ de Água} \end{cases}$

Se 1 litro de água pesa . . . . 1 000 gramas
0,25 litro de água nessa mistura pesa . . . . x gramas

$x = \dfrac{0,25 \cdot 1000}{1} = 250 \text{ gramas de água}$

Ora, o peso total de 1 litro de mistura é de 960 gramas. Logo, o peso do álcool nessa mistura é = 960 – 250 = 710 gramas.

Então, quanto pesará 1 litro de álcool?
Se 75% (0,75) desse álcool pesa . . . . . 710 gramas
Então 100% desse álcool pesará. . . . . x gramas

$x = \dfrac{710}{0,75} = \dfrac{710}{\frac{3}{4}} = \dfrac{710 \cdot 4}{3} = \dfrac{2840}{3}$ gramas de álcool = 946,66 gramas

Portanto, 1 litro desse álcool pesará $\dfrac{2840}{3}$ gramas = 946,66 gramas

2ª mistura:
O peso da 2ª mistura será 48% de $\underbrace{\dfrac{2840}{3}}_{\text{álcool}}$ + 52% de $\underbrace{1\,000}_{\text{água}}$ =

$0,48 \cdot \dfrac{2840}{3} + 0,52 \cdot 1000 =$

$= 454,40 + 520 = 974,40 \text{ gramas}$

Resposta: O peso de 1 litro da 2ª mistura é de 974,40 gramas.

8. Qual a porcentagem de ouro, quando se fundem 3 barras desse metal com as seguintes taxas de pureza (em ouro):
a) 3 kg com 85% de pureza = 2,55 kg
b) 5 kg com 90% de pureza = 4,50 kg
c) $\underline{8\text{ kg}}$ com 95% de pureza = $\underline{7,60\text{ kg}}$
16 kg   14,65 kg

Solução:
Como o peso da liga é de 16 kg e contém 14,65 kg de ouro puro, sua titulagem percentual será de:

$$t = \frac{14,65}{16} \cdot 100 = 91,56\%$$

Resposta: A titulagem da liga é de 91,56% de ouro puro.

---

9. Misturam-se 50 litros de vinho de R$ 15,00/litro com 70 litros de R$ 20,00/litro e 80 litros de R$ 30,00/litro. Qual o preço médio da mistura?

Solução:
50 litros . R$ 15,00 =   R$ 750,00
70 litros . R$ 20,00 =   R$ 1 400,00
$\underline{80\text{ litros}}$. R$ 30,00 = $\underline{R\$\,2\,400{,}00}$
200 litros   R$ 4 550,00

Portanto, 1 litro de mistura vale:

Preço médio $\left\{ P = \dfrac{4550}{200} = R\$\,22{,}75 \right.$

Resposta: O preço médio dessa mistura é de R$ 22,75.

---

10. Quanto vale a mistura de 30 kg de café de R$ 3,00/kg, 40 kg de R$ 3,50/kg e 50 kg de R$ 4,00/kg?

Solução:
30 kg . 3,00 =   90,00
40 kg . 3,50 =   140,00
$\underline{50\text{ kg}}$. 5,00 = $\underline{250,00}$
120 kg de mistura = 480,00

1 kg dessa mistura = $\dfrac{480}{120}$ = R$ 4,00 / kg

Resposta: O valor da mistura é de R$ 4,00/kg.

UNIDADE 10

CURIOSIDADES DA MATEMÁTICA

17. CURIOSIDADES DA MATEMÁTICA

"Os números governam o mundo"
Platão

1. 1 089 é um número mágico.

1 089 é conhecido como o **número mágico**. Veja por que:
Escolha qualquer número de três algarismos distintos: por exemplo, 932
Agora escreva este número de trás para frente e subtraia o menor do maior:
932 − 239 = 693
Agora inverta também esse resultado e faça a soma:
693 + 396 = **1 089** (o número mágico)

2. Curiosidade com números de três algarismos.

Escolha um número de três algarismos:
Exemplo: 254
Repita este numero na frente do mesmo:
254254
Agora divida por 13:
254254 / 13 = 19558
Agora divida o resultado por 11:
19558 / 11 = 1778
Divida novamente o resultado, só que agora por 7:
1778 / 7 = 254
O resultado é igual ao numero de três algarismos que você havia escolhido

3. Data histórica: 20/02 de 2002.

Quarta-feira, dia 20 de fevereiro de 2002 foi uma data histórica. Durante um minuto, houve uma conjunção de números que somente ocorre duas vezes por milênio.

Essa conjugação ocorreu exatamente às 20 horas e 02 minutos de 20 de fevereiro do ano 2002, ou seja, 20 : 02 20/02 2002.

É uma simetria que na matemática é chamada de capicua (algarismos que dão o mesmo número quando lidos da esquerda para a direita, ou vice-versa). A raridade deve-se ao fato de que os três conjuntos de quatro algarismos são iguais (2002) e simétricos em si (20 : 02, 20/02 e 2002).

A última ocasião em que isso ocorreu foi às 11h11 de 11 de novembro do ano 1111, formando a data 11h11 11/11/1111. A próxima vez será somente às 21h12 de 21 de dezembro de 2112 (21h12 21/12/2112). Provavelmente não estaremos aqui para presenciar. Depois, nunca mais haverá outra capicua. Em 30 de março de 2030 não ocorrerá essa coincidência matemática, já que não existe a hora 30.

4. Quadrados de números inteiros.

O quadrado de um número é um dos inteiros da série 1, 4, 9, 16, etc. Não se torna difícil verificar a relação entre os membros consecutivos desta série. Verificamos que se somarmos o quadrado de x, mais duas vezes x mais 1, o próximo quadrado sucessivo é obtido. Por exemplo, $4^2 + 2 \cdot 4 + 1 = 16 + 8 + 1 = 25 = 5^2$

Se soubermos o valor de um determinado número ao quadrado, o próximo número é facilmente obtido.

Exemplo: Sabendo que o quadrado de 15 é 225, temos:
$16^2 = 15^2 + 2 \cdot 15 + 1 = 225 + 30 + 1 = \mathbf{256}$

5. Quadrados perfeitos e suas raízes.

Os pares de quadrados perfeitos: 144 e 441, 169 e 961, 14884 e 48841 e sua respectivas raízes: 12 e 21, 13 e 31, 122 e 221 são formados pelos mesmos algarismos, porém escritos em ordem inversa.

O matemático Thébault investigou os pares que têm esta curiosa propriedade e encontrou, por exemplo, a seguinte dupla:
$1113^2 = 1.238.769$ e $3.111^2 = 9.678.321$

6. Os números ímpares.

Pitágoras descobriu que existe outra forma de calcular potências: através da soma de números ímpares. Ele descobriu que $\mathbf{n^2}$ é igual a soma dos **n** primeiros números naturais ímpares. Exemplo:
$5^2 = 1 + 3 + 5 + 7 + 9 = 25$

7. Os números triangulares.

Um **número triangular** é um número natural que pode ser representado na forma de triângulo equilátero. Foi desenvolvido por Gauss em 1788 quando ele tinha somente 10 anos.

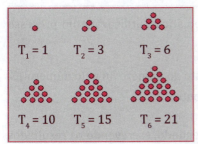

Fonte: http://pt.wikipedia.org/wiki/N%C3%BAmero_triangular

Os números triangulares podem ser calculados através das fórmulas:

$$T_n = \frac{n(n+1)}{2} \text{ ou}$$

$T_1 = 1$, $T_2 = 1 + 2 = 3$, $T_3 = 1 + 2 + 3 = 6$, $T_4 = 1 + 2 + 3 + 4 = 10$, ou seja,

$$T_n = \sum_{k=1}^{n} k$$

8. O quadrado da soma de uma série de números naturais começando por 1 é igual à soma do cubo de suas parcelas.

$(1 + 2 + 3 + 4)^2 = 1^3 + 2^3 + 3^3 + 4^3$
$100 = 1 + 8 + 27 + 64$

9. Você sabia que adicionando o número 1 à multiplicação de quatro números consecutivos você obtém um quadrado perfeito?

Exemplo: $1 . 2 . 3 . 4 + 1 = 25$

10. Esta é uma maneira simples de efetuarmos multiplicações (de 1 a 10) por 9. Devemos considerar os dedos contando da esquerda para a direita e numerando-os sequencialmente de 1 a 10. Então, basta baixarmos o dedo correspondente ao número que queremos multiplicar por 9, e teremos o resultado.

Por Exemplo: 4 × 9. Baixamos o dedo correspondente ao numero 4. Repare que ficaram 3 dedos do lado esquerdo e 6 dedos do lado direito do dedo baixado. Agora é só unir o 3 e o 6, ou seja, o resultado é 36.

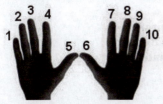

Fonte: http://www.somatematica.com.br/mundo.php

11. Os camponeses russos, segundo alguns matemáticos, utilizavam um processo curioso de multiplicação.

Vamos ver um exemplo, no qual iremos obter o produto do número 36 pelo número 13.
Escrevemos os dois fatores (36 e 13), um ao lado do outro:

36 ------- 13

Determinamos a metade do primeiro e o dobro do segundo, escrevendo os resultados abaixo dos fatores correspondentes:

36 ------- 13
18 ------- 26

Procedemos do mesmo modo com os resultados obtidos:

36 ------- 13
18 ------- 26
9 ------- 52

Novamente, repetimos a operação. Como chegamos a um número ímpar (que é 9), devemos subtrair uma unidade e tomar a metade do resultado. De 9, subtraindo 1 ficamos com 8, cuja metade é 4. Procedemos desta forma até chegarmos ao termo igual a 1 na coluna à esquerda.

Temos, portanto:

36 ------- 13
18 ------- 26
9 ------- 52 **(X)**
4 ------- 104
2 ------- 208
1 ------- 416 **(X)**

Somando os números da coluna à direita que correspondem aos números ímpares da coluna à esquerda (ou seja, os que marcamos com um **X**), teremos: 52 + 416 = 468

O resultado obtido (468) será o produto do número 36 por 13.

Fonte: *http://www.somatematica.com.br/mundo.php*

12. Multiplicação pela esquerda.

Uma multiplicação é, em geral, efetuada iniciando-se pelo algarismo da direita do multiplicador. Observe o exemplo abaixo em que começamos a multiplicação pelo algarismo da esquerda:

```
     632
  ×  517
  ------
    3160
     632
    4424
  ------
  326744
```

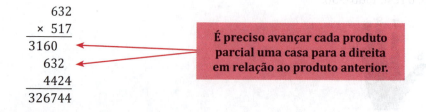

É preciso avançar cada produto parcial uma casa para a direita em relação ao produto anterior.

Ao contrário da multiplicação padrão em que se recua uma casa para a esquerda:

```
      632
    × 517
    ─────
     4424
      632
     3160
    ──────
    326744
```

13. Observe que no número 21578943 aparecem todos os algarismos com exceção do 0 e do 6. Ao multiplicarmos este número por 6, obtemos:

```
    21578943
    ×      6
    ─────────
   129473658
```

É um número formado por todos os algarismos do multiplicando inclusive o 6. Um curioso das transformações numéricas observou que os algarismos mudaram de posição de forma a fazer uma "gentileza" ao único algarismo do multiplicador.

14. Um Sofisma. 2 = 3??????

Vamos provar que 2 = 3
Seja a igualdade: 0 = 0
2 − 2 = 3 − 3
2 (1 − 1) = 3 (1 − 1)
Cancelando o fator comum aos dois membros da igualdade, temos:
2 (1 −~~1~~) = 3 (1 −~~1~~)
2 = 3 um absurdo!!!!
O absurdo está em cancelar o termo (1 − 1), ou seja, dividimos ambos os membros por (1 −1), isto é, dividimos por zero que não é definida.

15. O número 100.

Podemos escrever uma expressão igual a 100 utilizando todos os 9 algarismos sem repetição. Vejamos duas maneiras:
100 = 1 + 2 + 3 + 4 + 5 + 6 + 7 + 8 × 9
100 = 91 + 5742 : 638

16. O número 12345679.

Se multiplicarmos o número 12345679 por qualquer múltiplo de 9, entre 9 e 81, iremos obter um produto cujo algarismo que se repete é o próprio multiplicador dividido por 9.

12345679 × 9 = 111.111.111 (9 / 9 = 1)
12345679 × 18 = 222.222.222 (18 / 9 = 2)
12345679 × 27 = 333.333.333 (27 / 9 = 3)
12345679 × 36 = 444.444.444 (36 / 9 = 4)
12345679 × 45 = 555.555.555 (45 / 9 = 5)
12345679 × 54 = 666.666.666 (54 / 9 = 6)
12345679 × 63 = 777.777.777 (63 / 9 = 7)
12345679 × 72 = 888.888.888 (72 / 9 = 8)
12345679 × 81 = 999.999.999 (81 / 9 = 9)

17. O número 142857.

Dentre os produtos curiosos, o número 142857, pela disposição de seus algarismos, apresenta resultados muito interessantes sendo incluído nos chamados números cabalísticos.
Multiplicando por 2 : 142857 × 2 = 285714 (os algarismos, aos pares trocam de lugar)
Multiplicando por 3 : 142857 × 3 = 428571 (os mesmos números com ordem diferente)
Assim:
142857 × 4 = 571428
142857 × 5 = 714285
142857 × 6 = 857142

Ao multiplicarmos por 7:
142857 × 7 = 999999

E, por múltiplos de 7:
142857 × 14 = 1999998
142857 × 21 = 2999997
142857 × 28 = 3999996

No produto por 7, aparecem seis algarismos 9, no segundo produto, um nove é decomposto em 1 e 8; no terceiro 2 e 7 e assim por diante.

18.

1 × 8 + 1 = 9
12 × 8 + 2 = 98
123 × 8 + 3 = 987
1234 × 8 + 4 = 9876
12345 × 8 + 5 = 98765
123456 × 8 + 6 = 987654
1234567 × 8 + 7 = 9876543
12345678 × 8 + 8 = 98765432
123456789 × 8 + 9 = 987654321

19.

$1 \times 9 + 2 = 11$
$12 \times 9 + 3 = 111$
$123 \times 9 + 4 = 1111$
$1234 \times 9 + 5 = 11111$
$12345 \times 9 + 6 = 111111$
$123456 \times 9 + 7 = 1111111$
$1234567 \times 9 + 8 = 11111111$
$12345678 \times 9 + 9 = 111111111$
$123456789 \times 9 + 10 = 1111111111$

20.

$9 \times 9 + 7 = 88$
$98 \times 9 + 6 = 888$
$987 \times 9 + 5 = 8888$
$9876 \times 9 + 4 = 88888$
$98765 \times 9 + 3 = 888888$
$987654 \times 9 + 2 = 8888888$
$9876543 \times 9 + 1 = 88888888$
$98765432 \times 9 + 0 = 888888888$

21.

$4^2 = 16$
$34^2 = 1156$
$334^2 = 111556$
$3334^2 = 11115556$
$33342 = 11115556$

22.

$1 \times 1 = 1$
$11 \times 11 = 121$
$111 \times 111 = 12321$
$1111 \times 1111 = 1234321$
$11111 \times 11111 = 123454321$
$111111 \times 111111 = 12345654321$
$1111111 \times 1111111 = 1234567654321$
$11111111 \times 11111111 = 123456787654321$
$111111111 \times 111111111 = 12345678987654321$

23. Potências de 11.

$11 \times 11 = 121$
$11 \times 11 \times 11 = 1331$
$11 \times 11 \times 11 \times 11 = 14641$

24.

$9^2 = 81$
$99^2 = 9801$
$999^2 = 998001$
$9999^2 = 99980001$

25. Observe os produtos abaixo:

$9 \times 9 = 81$
$9 \times 98 = 882$
$9 \times 987 = 8883$
$9 \times 9876 = 88884$

Apresentam uma singularidade, o algarismo 8 é repetido 1,2,3,4,... vezes conforme o algarismo da unidade á direita.

26. Pense em um número de dois algarismos; some os dois algarismos. Subtraia essa soma do número que você pensou. **A soma dos algarismos desse resultado é sempre nove.**

Por exemplo, somando-se os algarismos de 67 resulta 6 + 7 = 13. Subtraindo-se esse resultado do número original, resulta 67 − 13 = 54, cuja soma dos algarismos resulta 9.

27. Invertendo-se um número de três algarismos que não seja palíndromo (que da esquerda para a direita e da direita para a esquerda seja o mesmo número).

Por exemplo, 431 e 134, e subtraindo o maior do menor, **o algarismo central do resultado será 9 e a soma dos extremos será também 9**: 431 − 134 = 297.

28. Você sabe o que são números regulares?

Um número é dito regular se sua decomposição em fatores primos apresenta apenas potências de 2, 3 e 5.
Exemplo: 60 é um número regular, pois $60 = 2^2 \cdot 3 \cdot 5$.
Outros números regulares são: 90, 108, 120 e 135. Verifique.

29. Se dois números de dois algarismos têm iguais os algarismos das dezenas e têm algarismos das unidades cuja soma é 10, pode-se calcular seu produto facilmente, multiplicando-se o algarismo da dezena pelo seu consecutivo e acrescenta-se a direita o produto dos algarismos das unidades.

Por exemplo: 77 × 73 multiplica-se 7 × 8 = 56 e 7 × 3 = 21, assim 77 × 73 = 5621.

30. Termos Pitagóricos.

Quando três números inteiros a, b e c (não nulos) satisfazem à relação:
$a^2 = b^2 + c^2$

Dizemos que esses números formam um terno de números pitagóricos, ou simplesmente, um terno pitagórico. Veja alguns exemplos: 5, 4 e 3
$5^2 = 4^2 + 3^2$
$25 = 16 + 9$
$25 = 25$

Mais alguns ternos:
10, 8 e 6
13, 12 e 5
17, 15 e 8

31. Parentesco numérico.

Os números 32 e 49 apresentam uma singularidade, vejamos
$32^2 = 1024$ $32^4 = 1048576$
$49^2 = 2401$ $49^4 = 5764801$
As potências do mesmo grau são formadas com os mesmos números.

32. A sucessão de Fibonacci.

A sucessão numérica de Fibonacci é muito simples, embora muito curiosa,
0, 1, 1, 2, 3, 5, 8, 13, 21, 34, 55, ...
É apontada como uma das mais famosas em Matemática.
Veja uma das características desta sucessão:
Suprimindo o zero escrevemos a sucessão:
1, 1, 2, 3, 5, 8, 13, 21, ...
Obtemos o número 2 da soma dos dois números anteriores, 1 e 1
2 = 1 + 1
O número 3 da soma dos dois números anteriores, 2 e 1
3 = 2 + 1

O número 5 da soma dos dois números anteriores, 3 e 2
5 = 2 + 3

O número 8 da soma dos dois números anteriores, 3 e 5
8 = 5 + 3, e assim sucessivamente.

33. O número de ouro.

O Número de Ouro é um número irracional misterioso e enigmático que nos surge numa infinidade de elementos da natureza na forma de uma razão, ele é considerado por muitos como o símbolo da harmonia.

$$\emptyset = \frac{1+\sqrt{5}}{2} \cong 1,618033989$$

A razão áurea, ou número de ouro, é definida algebricamente como:

$$\emptyset = \frac{a+b}{a}$$

O número de ouro aparece na arte, na arquitetura e na natureza. Pesquise e veja a beleza deste número irracional

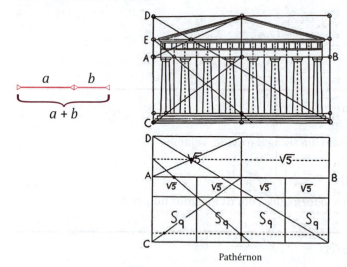

Pathérnon

Fonte: http://www.educ.fc.ul.pt/icm/icm2002/icm203/numeros.htm#Fibonacci%20vs%20Natureza

34. Número perfeito.

É um número inteiro tal que a soma de seus próprios divisores, excluindo o próprio número, é igual a ele mesmo.

Por exemplo, o número 28 é um número perfeito. Seus divisores, com exceção dele mesmo são: 1,2,4,7,14.

A soma dos divisores é 1 + 2 + 4 + 7 + 14 = 28

Só conhecemos números perfeitos pares, entre os já calculados, 6,28, 496 e 8128.

35. Números amigáveis.

Números amigáveis são pares de números onde a soma dos divisores de um número é igual a soma dos divisores do outro número.

Exemplo: Os divisores de 220 (excluindo o 220) são: 1, 2, 4, 5, 10, 11, 20, 22, 44, 55 e 110 cuja soma é 284.

Os divisores de 284 (excluindo o 284) são: 1, 2, 4, 71 e 142 e cuja soma é 220.

Fermat descobriu também que 17.296 e 18.416 possuem a mesma característica. E Descartes descobriu os números 9.363.584 e 9.437.056

36. Um método alternativo para o cálculo do mdc e do mmc.

O método apresentado abaixo fornece, ao mesmo tempo, o mdc e o mmc de dois ou mais números naturais, diferentes de zero, com a vantagem de exigir uma menor quantidade de cálculos.

Como exemplo, vamos calcular o mdc e o mmc dos números 200 e 140. Fazemos a decomposição simultânea em fatores primos pelo método tradicional. O processo é interrompido quando na coluna da esquerda encontramos uma linha de números que não admitem um divisor primo comum.

200	140	2
100	70	2
50	35	5
10	7	

O mdc é o produto dos fatores primos que estão na coluna da direita:
mdc (200,140) = 2 . 2 . 5 = 20

O mmc é o produto desse mdc pelos números primos entre si que sobraram na última linha à esquerda:
mmc (200, 140) = 20 . 10 . 7 = 1.400

37. Dois Números de Dois Algarismos.

Os números 46 e 96 possuem uma propriedade curiosa: o produto deles não se altera, ainda que seus algarismos troquem de lugar. Com efeito:
46 . 96 = 4416 = 64 . 69

Vamos verificar que existem outros números de dois algarismos com a mesma propriedade:

Sejam x,y,z e t os algarismos de números em questão, teremos a equação:
(10x + y) (10 z + t) = (10 y + x) (10 t + x)

Tirando os parênteses e reduzindo os termos semelhantes, teremos:
xz = yt onde x,y,z,t são números inteiros e menores que 10.

Para determinar a solução, formaremos todos os pares possíveis cujos produtos sejam iguais aos de outros pares:

1 . 4 = 2 . 2   1 . 8 = 2 . 4
1 . 6 = 2 . 3   1 . 9 = 3 . 3
2 . 8 = 4 . 4   3 . 8 = 4 . 6
2 . 9 = 3 . 6   4 . 9 = 6 . 6
2 . 6 = 3 . 4

Há ao todo, 9 igualdades dessas. De cada uma delas pode-se extrair um dos grupos de algarismos procurados. Por exemplo, da igualdade 1 . 4 = 2 . 2 obtém-se: 12 . 42 = 21 . 24

Da igualdade 1 . 6 = 2 . 3, temos: 12 . 63 = 21 . 36 e 13 . 62 = 31 . 26

Seguindo com o mesmo raciocínio, encontramos as seguintes 14 soluções:

12 . 42 = 21 . 24   23 . 96 = 32 . 69
12 . 63 = 21 . 36   24 . 63 = 42 . 36
12 . 84 = 21 . 48   24 . 84 = 42 . 48
13 . 62 = 31 . 26   26 . 93 = 62 . 39
13 . 93 = 31 . 39   34 . 86 = 43 . 68
14 . 82 = 41 . 28   36 . 84 = 63 . 48
23 . 64 = 32 . 46   46 . 96 = 64 . 69

38. O problema dos 35 camelos (Malba Tahan).

Beremiz viajava com um amigo pelo deserto, ambos montados em um único camelo, quando encontram três homens discutindo acaloradamente.

Eram três irmãos. Haviam recebido uma herança de 35 camelos do pai, sendo a metade para o mais velho, a terça parte para o irmão do meio e a nona parte para o irmão mais moço. O motivo da discussão era a dificuldade em dividir a herança:

O mais velho receberia a metade.

Acontece que a metade de 35 camelos corresponde a 17 camelos inteiros mais meio camelo.

O irmão do meio receberia a terça parte, ou seja, 35 dividido por 3, o que resulta em 11 camelos inteiros mais $\frac{2}{3}$ de camelo!

O caçula receberia a nona parte de 35 camelos, ou seja, 3 camelos inteiros e $\frac{8}{9}$ de camelo.

Naturalmente, cortar camelos em partes para repartir a herança seria destruí-la. Ao mesmo tempo, nenhum irmão queria ceder a fração de camelos ao outro. Mas o sábio Beremiz resolveu o problema. Vejamos o que ele propôs:

Encarrego-me de fazer com justiça essa divisão, se permitirem que eu junte aos 35 camelos da herança este belo animal que, em boa hora, aqui vos trouxe.

Os camelos agora são 36 e a divisão é fácil:

- o mais velho recebe: $\frac{1}{2}$ de 36 = 18

- o irmão do meio recebe: $\frac{1}{3}$ de 36 = 12

- o caçula recebe: $\frac{1}{9}$ de 36 = 4

Os irmãos nada têm a reclamar. Cada um deles ganha mais do que receberia antes. Todos saem lucrando.

E nosso herói Beremiz perdeu um camelo?

Ouçamos de novo nosso matemático:

O primeiro dos irmãos recebeu 18, o segundo, 12 e o terceiro, 4. O total é 18 + 12 + 4 = 34 camelos. Sobram, 2 camelos. Um deles pertence a meu amigo. Foi emprestado a vocês para permitir a partilha da herança, mas agora pode ser devolvido. O outro camelo que sobra, fica para mim, por ter resolvido a contento de todos este complicado problema de herança.

Veja, colega, que intrigante mistério. Os três irmãos lucraram e Beremiz também. Como isso é possível? De onde surgiu o camelo "a mais"?

Vejamos

Agora, vamos à explicação. Ela é mais simples do que parece. Basta examinar a situação sob outro ponto de vista.

Consideremos como unidade (ou total) o conjunto dos camelos que seriam divididos e vejamos se a soma das frações determinadas pelo pai equivale a 1:

$$\frac{1}{2}+\frac{1}{3}+\frac{1}{9}=\frac{18+12+4}{36}=\frac{34}{36}$$

$$\frac{34}{36}<\frac{36}{36}, \text{ ou seja}: \frac{34}{36}<1$$

Logo a herança estava mal dividida. Vejamos quantos camelos estavam incluídos na partilha inicial.

$$17\frac{1}{2}+11\frac{2}{3}+3\frac{8}{9}=(17+11+3)+\left(\frac{1}{2}+\frac{2}{3}+\frac{8}{9}\right)=$$

$$=31+\frac{37}{18}=31+2\frac{1}{18}=33\frac{1}{18}$$

Chegamos à conclusão de que, na partilha inicial estavam incluídos somente 33 camelos e $\frac{1}{18}$ de camelo.

Quantos camelos sobravam? Façamos a subtração:

$$35-\left(33+\frac{1}{18}\right)$$

$$2-\frac{1}{18}$$

$$\frac{36-1}{18}=\frac{35}{18}$$

Transformando em fração mista, temos: $1\frac{17}{18}$

Portanto, sobravam quase 2 camelos, ou seja, $1\frac{17}{18}$

---

39. O maior número primo conhecido.

O maior número primo conhecido é $2^{6972593}-1$, que tem 2 098 960 dígitos e foi descoberto em 01/06/1999 por Nayan Hafratwala, um participante do GIMPS, um projeto cooperativo para procurar primos de mersenne.

---

40. O número π (Pi).

São conhecidos 51 539 600 000 casas decimais de π (Pi), calculadas por Y. Kamada e D. Takahashi, da Universidade de Tokio em 1997. E que em 21/08/1998 foi calculada pelo projeto Pihex a 5000000000000ª. casa binária de (Pi).

---

41. O que são números ascendentes?

Um número natural é chamado de **ascendente** se cada um dos seus algarismos é estritamente maior do que qualquer um dos algarismos colocados à sua esquerda. Por exemplo, o número 3589.

---

42. Quanto vale um centilhão?

O maior número aceito no sistema de potências sucessivas de dez, é o **centilhão**, registrado pela primeira vez em 1852. Representa a centésima potência de um milhão, ou o número 1 seguido de 600 zeros (embora apenas utilizado na Grã-Bretanha e na Alemanha).

GLOSSÁRIO

1. SIMBOLOGIA DE CONJUNTOS

a. ∞ infinito
b. $=$ símbolo de igualdade
c. $\neq$ diferente
d. $<$ menor
e. $>$ maior
f. $\leq$ menor ou igual
g. $\geq$ maior ou igual
h. $\forall$ qualquer
i. $\cup$ união
j. $\cap$ intersecção
k. $\emptyset$ conjunto vazio
l. $\exists$ símbolo de existe
m. $\nexists$ símbolo de não existe
n. $\in$ pertence
o. $\notin$ não pertence
p. $\subset$ está contido
q. $\supset$ contém
r. $\mathbb{R}$ conjunto dos números reais
s. $\mathbb{I}$ conjunto dos números irracionais
t. $\mathbb{Z}$ conjunto dos números inteiros
u. $\mathbb{N}$ conjunto dos números naturais
v. $\mathbb{Q}$ conjunto dos números racionais
w. ( ) parênteses
x. { } chaves
y. [ ] colchetes

2. OPERADORES MATEMÁTICOS

a. + mais
b. − menos
c. ÷ divisão
d. ± mais ou menos
e. / barra de divisão
f. ∧ operador lógico *e*
g. ∨ operador lógico *ou*
h. ≡ idêntico a
i. ≅ aproximadamente
j. → condicional
k. ↔ bicondicional
l. ⇒ implicação lógica
m. ⇔ equivalência
n. $\sqrt{}$ raiz quadrada
o. $\sqrt[3]{}$ raiz cúbica
p. $\sqrt[n]{}$ raiz *n*-ésima
q. % porcentagem

3. UMA DEFINIÇÃO IMPORTANTE

Numeral é uma palavra que exprime número de ordem, múltiplo ou fração. Os numerais classificam-se em:

1. **Cardinais:** um, dois, três, quatro, cinco, seis, sete, oito, nove, dez, treze, catorze, vinte, trinta, quarenta, cinquenta, cem, mil, milhão, bilhão.
2. **Ordinais:** primeiro, segundo, terceiro, etc.
3. **Fracionários:** meio, um terço, um quarto, um quinto, um sexto, um sétimo, um oitavo, um nono, um décimo, treze avos, catorze avos, vinte avos, trinta avos, quarenta avos, cinquenta avos, centésimo, milésimo, milionésimo, bilionésimo.
4. **Multiplicativos:** dobro, triplo, quádruplo, quíntuplo, sêxtuplo, sétuplo, óctuplo, nônuplo, décuplo, cêntuplo.
   (fonte: http://www.algosobre.com.br/portugues/numeral.html)

4. A DIFERENÇA ENTRE NÚMERO, NUMERAL E ALGARISMO

Número: É a ideia de quantidade que nos vem à mente quando contamos, ordenamos e medimos. Assim, estamos pensando em números quando contamos as portas de um automóvel, enumeramos a posição de uma pessoa numa fila ou medimos a altura de uma pessoa.

Numeral: É toda representação de um número, seja ela escrita, falada ou indigitada.

Algarismo: É todo símbolo numérico que usamos para formar os numerais escritos.

Exemplo:
O **número** vinte e cinco pode ser representado pelo **numeral** XXV (no sistema romano), pelo **numeral** 25 (no sistema indo-arábico) e de muitas outras maneiras. No sistema indo-arábico, sua prepresentação usou os **algarismos** 2 e 5, e no sistema romano usou os **algarismos** X e V

5. UNIDADES DE MEDIDAS

a. m metro
b. m² metro quadrado
c. a are
d. m³ metro cúbico
e. l litro
f. g grama
g. s segundo
h. ° grau

6. ALFABETO GREGO

Nome Grego	Símbolos Gregos		Nome Grego	Símbolos Gregos	
	Minúscula	Maiúscula		Minúscula	Maiúscula
Alfa	α	A	Nu	ν	N
Beta	β	B	Csi	ξ	Ξ
Gama	γ	Γ	Ômicron	o	O
Delta	δ	Δ	Pi	π	Π
Épsilon	ε	E	Ro	ρ	P
Zeta	ζ	Z	Sigma	σ	Σ
Eta	η	H	Tau	τ	T
Teta	θ	Θ	Upsilon	υ	Y
Iota	ι	I	Fi	φ	Φ
Capa	κ	K	Chi	χ	Ξ
Lambda	λ	Λ	Psi	ψ	Ψ
Mu	μ	M	Ômega	ω	Ω

7. NÚMEROS ROMANOS

I → 1	X = 10
II → 2	XX = 20
III → 3	XL = 40
IV → 4	L = 50
V → 5	LX = 60
VI → 6	XC = 90
VII → 7	C = 100
VIII → 8	D = 500
IX → 9	M = 1000

8. SISTEMA MÉTRICO DECIMAL

Tetra (T) = 10^{12}		Deca (D) = 10	
Giga (G) = 10^9		Deci (d) = 10^{-1}	
Mega (M) = 10^6		Centi (c) = 10^{-2}	
Miria (ma) = 10^4		Mili (m) = 10^{-3}	
Kilo (k) = 10^3		Micro (u) = 10^{-6}	
Hecto (h) = 10^2		Nano (n) = 10^{-9}	
		Pico (p) = 10^{-12}	

9. UNIDADES UNIDIMENSIONAIS

UNIDADES DE COMPRIMENTO

múltiplos $\begin{cases} \text{km = quilômetro = 1 000 m} \\ \text{hm = hectômetro = 100 m} \\ \text{dam = decâmetro = 10 m} \end{cases}$

unidade principal → m = metro = 1 m

submúltiplos $\begin{cases} \text{dm = decímetro = 0,1 m} \\ \text{cm = centímetro = 0,01 m} \\ \text{mm = milímetro = 0,001 m} \end{cases}$

Cada unidade de comprimento é dez vezes maior que a unidade imediatamente inferior. Exemplo: 1 km = 10 hm; 1 hm = 10 dam; ...

UNIDADES DE CAPACIDADE

múltiplos $\begin{cases} k\ell = \text{quilolitro} = 1\,000\,\ell \\ h\ell = \text{hectolitro} = 100\,\ell \\ da\ell = \text{decalitro} = 10\,\ell \end{cases}$

unidade principal → ℓ = litro = 1 l

submúltiplos $\begin{cases} d\ell = \text{decilitro} = 0{,}1\,\ell \\ c\ell = \text{centilitro} = 0{,}01\,\ell \\ m\ell = \text{mililitro} = 0{,}001\,\ell \end{cases}$

Cada unidade é dez vezes maior que a unidade imediatamente inferior.
Exemplo: 6,2 daℓ = 62 ℓ; 42 kℓ = 42 000 ℓ; ...

UNIDADES DE MASSA

múltiplos $\begin{cases} T = \text{tonelada} = 1\,000\,000\text{ g} \\ kg = \text{quilograma} = 1\,000\text{ g} \\ hg = \text{hectograma} = 100\text{ g} \\ dag = \text{decagrama} = 10\text{ g} \end{cases}$

unidade principal → g = grama = 1 g

submúltiplos $\begin{cases} dg = \text{decigrama} = 0{,}1\text{ g} \\ cg = \text{centigrama} = 0{,}01\text{ g} \\ mg = \text{miligrama} = 0{,}001\text{ g} \end{cases}$

Cada unidade de massa é 10 vezes maior que a unidade imediatamente inferior.

Atenção: É feita deslocando-se a vírgula o mesmo número de casas, e no mesmo sentido que corresponder à mudança.

10. UNIDADES BIDIMENSIONAIS

km²	hm²	dam²	m²	dm²	cm²	mm²

Cada unidade de superfície é 100 vezes maior que a unidade imediatamente inferior.

11. UNIDADES TRIDIMENSIONAIS

km³	hm³	dam³	m³	dm³	cm³	mm³

Cada unidade de volume é 1 000 vezes maior que a unidade imediatamente inferior.

BIBLIOGRAFIA

ANDRINI, Álvaro; VASCONCELLOS, Maria José. *Novo Praticando Matemática (coleção atualizada) – 5ª série*. Editora do Brasil, 2002.

ARANHA, Álvaro Zimmermann, et. al. *Matemática nos Vestibulares (Enunciados, Ajudas e dicas para cada questão, Resoluções comentadas) – Volume 4*. Editora Policarpo.

ARANHA, Álvaro Zimmermann; RODRIGUES, Manoel Benedito. *Exercícios de Matemática – Volume 1 (Revisão do Ensino Fundamental)*. Editora Policarpo.

BRASIL, Ministério da Educação, Secretaria de Educação Média e Tecnológica. *Parâmetros Curriculares Nacionais: Ensino Médio e Tecnológico*. Brasília: Ministério da Educação, 1999.

_____. Secretaria da Educação. *Parâmetros Curriculares Nacionais: Matemática*. Brasília. MEC, SEF, 1997.

BIGODE, Antonio José Lopes. *Matemática Hoje é Feita Assim – 5ª série*. Editora FTD.

BOYER, Carl Benjamin. [Tradução: GOMIDE, Elza F.]. *História da Matemática*. Editora Edgard Blücher LTDA, 1974.

CARAÇA, Bento de Jesus. *Conceitos Fundamentais da Matemática (Coleção Ciência Aberta)*. Gradiva, 2002.

CASTRUCCI, Benedito. *Elementos de Teoria dos Conjuntos (Grupo de Estudos do Ensino da Matemática G.E.E.M. – São Paulo) – Série Professor nº 3*. Livraria Nobel S.A, 1971.

CASTRUCCI, Benedito. *Introdução à Lógica Matemática (Grupo de Estudos do Ensino da Matemática – G.E.E.M. – São Paulo) – Série Professor nº 4*. Livraria Nobel S.A, 1982.

CASTRUCCI, Giovanni; JUNIOR, Giovanni. *A Conquista da Matemática. Caderno de Atividades. Coleção didática: 5ª série / 6º ano, 6ª série / 7º ano, 7ª série / 8º ano, 8ª série/ 9º ano*. Editora FTD, 2008.

CENTURIÓN, M. *Conteúdo e Metodologia da Matemática: Números e Operações*. São Paulo: Editora Scipione, 1995.

CUMMINGS, Alyece B.; M.A. [Il.: HAMILTON, Laurie]. *Painless Fractions*. 2ª ed. Barron's, 2006.

CUREL, Pierre et Josyane; RIEU, René; FAUVERGUE, Paul; SARNETTE, André. MATHS, 6e, 5e, 4e, 3e (Maxi Mémento) *– 136 fiches pour tout savoir na collège! – Travaux numériques, Travaux Géométriques, Fonctions et Gestion de Donnée*. Hachette Éducation, 2000.

FREITAS, José Luiz M.; BITTAR, Marilena. *Fundamentos e Metodologia de Matemática para os ciclos iniciais do Ensino Fundamental*. Campo Grande: Ed. UFMS, 2004.

GARCIA, Milton de Paula. *Matemática – 5ª série*. Editora do Brasil, 1987.

GARDNER, Martin. [Tradução: MAZA, Bruno]. *Divertimentos Matemáticos*. Ibrasa – Instituição Brasileira de Difusão Cultural S.A., 1967.

GIBILISCO, Stan. *Everyday Math Demystified (A Self-Teaching Guide)*. McGraw-Hill, 2004.

GIOVANNI, José Ruy; BONJORNO, José Roberto; JUNIOR, José Ruy Giovanni. *Matemática Fundamental – Uma Nova Abordagem – Guia Pedagógico*. Editora FTD.

GIOVANNI, José Ruy; CASTRUCCI, Benedito; JUNIOR, José Ruy Giovanni. *A Conquista da Matemática Teoria e Aplicação – 5ª série (Atividades)*. Editora FTD, 2002.

GUELLI, Oscar. *Contando a História da Matemática nº 1 (A Invenção dos Números)*. Editora Ática, 1996.

_____. *Contando a História da Matemática nº 4 (História de Potências e Raízes)*. Editora Ática, 1996.

_____. *Matemática em Construção. Coleção didática: 5ª série, 6ª série, 7 série, 8 ª série*. Editora Ática, 2004.

HEGENBERG, Leônidas. *Lógica – Exercícios – I (Tabelas e Argumentos)*. E.D.U (Editora Pedagógica e Universitária LTDA) – EDUSP (Editora da Universidade de SP), 1978.

IEZZI, Gelson; DOLCE, Osvaldo; MACHADO, Antonio. *Matemática e Realidade. Coleção didática – Edições 2009; 6º ano, 7º ano, 8º ano, 9º ano*. Atual Editora, 2009.

IEZZI, Gelson; HAZZAN, Samuel; DEGENSZAJN, David. *Fundamentos de Matemática Elementar (Matemática Comercial, Matemática Financeira, Estatística Descritiva)*. Atual Editora, 2009.

JAKUBOVIC, José "Jacubo"; LELLIS, Marcelo. *Matemática na Medida Certa – 5ª série*. Editora Scipione, 1990.

JULIUS, Edward H. *More Rapid Math – Tricks and Tips (30 Days to Number Mastery)*. John Wiley & Sons, Inc, 1996.

KRIVKA, Iveta. *Math Grade 8 Based on Canadian Curriculum (Go beyond your limits)*. The Academic Edge Ltda.

LIMA, Elon Lages Lima; CARVALHO, Paulo Cezar Pinto; WAGNER, Eduardo; MORGADO, Augusto César. *Temas e Problemas – Terceira Edição – Coleção do Professor de Matemática*. Sociedade Brasileira de Matemática, 2001.

LIMA, Elon L. *Meu professor de Matemática e outras histórias. Coleção do Professor de Matemática*. SBM, 2000.

LIMA, Maria Aparecida Barroso de; FILHO, Nicola Siani; FILHO, Thales do Couto. *Matemática Você Constrói – 5ª série*. 1ª Edição. Ediouro Publicações S.A, 1996.

MALAVAL, Joël; COURBON, Denise; BRANDEBOURG, Patrick; MOREAU, Robert; PLANCHAT, Christiane; SÉRÈS, Philippe. *Math Programme 99 – 3e (Noveau Transmath)*. Nathan, 1999.

MARIN, André Pérez Y. *Aritmética Teórico – Prática*. 10ª ed. Revista e Melhorada, 1939.

MORI, Iracema; ONAGA, Dulce Satiko. *Matemática Idéias e Desafios 5ª série (9ª edição reformulada e ampliada – 2000)*. Saraiva, 2000.

NAME, Miguel A. *Vencendo com a Matemática. 6ª série*. São Paulo: Editora do Brasil, 2005.

_____. *Vencendo com a Matemática. 7ª série*. São Paulo: Editora do Brasil, 2005.

NETTO, Scipione Di Pierro [Coordenador]; MUNHOZ, Aida F. da Silva; NANO, Wanda; IKIEZAKI, Iracema; VIEIRA, Alcebiades. *TD – O Trabalho Dirigido no ensino da 'Matemática – Curso Moderno (6ª série, 8ª série / 1º Grau)*. Edição Saraiva, 1973.

NETTO, Scipione Di Pierro. *Matemática: Conceito e Operações: 6ª série*. São Paulo: Saraiva, 1982.

_____. *Matemática: Conceito e Operações: 7ª série*. São Paulo: Saraiva, 1982.

OLIVEIRA, Carolina Rennó Ribeiro de. *Questionário de Aritmética e Geometria (Perguntas e Respostas), para o 4º e 5º anos Primários e Admissão*. Editora do Mestre, 1965.

PERELMANN, J. *Aprenda Álgebra Brincando*. Hemus Livraria Editora, 1970.

_____. *Aprenda Matemática Brincando*. Hemus Livraria Editora, 1970.

PIRES, Célia Carolino; CURI, Edda; PIETROPAOLO, Ruy. *Educação Matemática – 5ª série*. Atual Editora, 2002.

POLYA, G. [Tradução: Heitor Lisboa de Araújo]. *A Arte de Resolver Problemas*. Editora Interciência, 2006.

REIS, Ismael. *Fundamentos da Matemática – 5 série*. 1ª ed. Editora Moderna. 1997.

SANTOS, Vania M. P. dos; REZENDE, Jovana F. *Números: linguagem universal. Projeto Fundão*. Instituto de Matemática. Rio de Janeiro: Editora UFRJ, 1996.

SÉRATES, Jonofon. *Raciocínio Lógico: lógico matemático / quantitativo / numérico / analítico / crítico*. v. 1. 7ª ed. Brasília: Editora Jonofon, 1998.

_____. *Raciocínio Lógico: lógico matemático / quantitativo / numérico / analítico / crítico*. v. 1. 9ª ed. Brasília: Editora Jonofon, 2000.

_____. *Sistemas Decimais e não Decimais. Terceira Edição com Inúmeros Exercícios Resolvidos, Propostos e Testes*. Teixeira Gráfica e Editora, 1999.

SÉRATES, Jonofon; LOCIKS, Júlio; LIMA, Márcio; VASCONCELOS, Roberto. *Raciocínio Matemático*. 2ª Ed. Editora Vest-Com, 1996.

SLAVIN, Steven. *All The Math You'll Ever Need (A Self-Teaching Guide Revised Edition)*. John Wiley & Sons, 1999.

SOBRINHO, José Dutra Vieira. *Matemática Financeira*. 7ª ed. Editora Atlas, 2009.

SPINELLI, Walter; SOUZA, Maria Helena. *Matemática – 5ª série – Com Manual Pedagógico*. Editora Ática, 1999.

TAHAN, Malba. *As Maravilhas da Matemática*. 6ª ed. Editora Bloch, 1987.

_____. *O Homem que Calculava*. Rio de Janeiro: Record, 2000.

_____. *Matemática Divertida e Curiosa*. Rio de Janeiro: Record, 2001.

TINOCO, Lucia A. A. *Razões e Proporções. Projeto Fundão.* Instituto de Matemática / Universidade Federal do Rio de Janeiro, 2006.

TOSATTO, Cláudia Miriam; PERACCHI, Edilaine do Pilar F.; ESTEPHAN, Violeta Maria. *Coleção Idéias e Relações – Manual do Professor de Matemática.* Nova Didática Editora, 2001.

TROTTA, Fernando. *Matemática por Assunto 2 (progressão aritmética, progressão geométrica e logaritmos).* Editora Scipione, 1988.

_____. *Matemática por Assunto 8 (números complexos, polinômios e equações algébricas).* Editora Scipione, 1988.

REVISTA DA OLIMPÍADA. Universidade Federal de Goiás – Instituto de Matemática e Estatística. Goiânia: Centro Editorial e Gráfico – Editora da UFG. 2000-2002.

VANCLEAVE, Janice. *Matemática para Jovens (Coleção Ciência para Jovens).* Publicações Dom Quixote, 1994.

ZEGARELLI, Mark. *Matemática Básica & Pré-Álgebra (para leigos) for Dummies.* Alta Books.

CONHEÇA TAMBÉM:

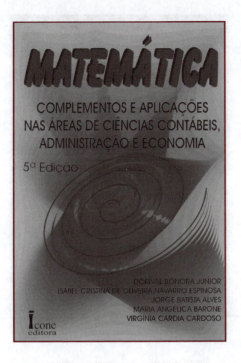

MATEMÁTICA: COMPLEMENTOS E APLICAÇÕES EM CIÊNCIAS CONTÁBEIS/ADMINISTRAÇÃO/ECONOMIA
5ª EDIÇÃO

Autores: Prof. Dorival Bonora Jr./Jorge B. Alves
ISBN: 978-85-274-1091-5
Número de páginas: 512

Matemática – complementos e aplicações nas áreas de Ciências Contábeis, Administração e Economia trabalha os seguintes pontos: nos dois primeiros capítulos, o texto faz uma revisão da teoria dos conjuntos, dos principais conjuntos numéricos e da teoria das funções, procurando-se, destarte, precisar os conceitos e estabelecer uma linguagem comum. No terceiro capítulo são discutidos os conceitos econômicos, rediscutidos nos capítulos seguintes ao se estudar as funções logarítmica, exponencial, hiperbólica, etc., encerrando-se a exposição com o estudo dos limites e derivadas no décimo capítulo.

www.iconeeditora.com.br

CONHEÇA TAMBÉM:

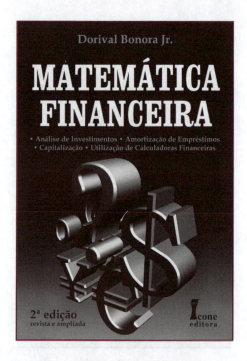

MATEMÁTICA FINANCEIRA
2ª EDIÇÃO

Autor: Prof. Dorival Bonora Jr.
ISBN: 978-85-274-0995-7
Número de páginas: 248

Matemática financeira é tema obrigatório em qualquer conteúdo programático para os cursos de Economia, Administração de Empresas e Ciências Contábeis. A exposição desse assunto foi disposta em sete capítulos com teoria, seguida de exercícios resolvidos e exercícios propostos ao final. Cada item recebe um tratamento matemático quanto ao seu significado e à sua demonstração, numa linguagem clara, e à identificação dos parâmetros utilizados. São ao todo 295 exercícios entre resolvidos e propostos, todos com respostas, e alguns deles apresentam mais de uma maneira de resolução, possibilitando ao leitor uma comparação quanto à abordagem feita. A razão disso também é apresentar como as planilhas de cálculo do tipo microcomputador e calculadora eletônica financeira realizam uma tarefa. Havendo uma resolução matemática ao lado, tem-se uma idéia ou noção de todo o encaminhamento do problema e o significado das variáveis nele envolvidas.

www.iconeeditora.com.br